The Soviet Gulag

Evidence, Interpretation, and Comparison

•

Edited By
Michael David-Fox

University of Pittsburgh Press

2016

Феномен ГУЛАГА

Интерпретации, сравнения, исторический контекст

•

Под общей редакцией
Майкла Дэвида-Фокса

Academic Studies Press
БиблиоРоссика
Бостон / Санкт-Петербург
2020

УДК 94(47)
ББК 63.3(2)6
Ф42

Перевод с английского К. Тверьянович, О. Бараш, В. Сокова, И. Буровой, И. Нахмансона, М. Абушика, А. Чёрного, М. Маноцковой, А. Рудаковой, Е. Нестеровой

Серийное оформление и оформление обложки Ивана Граве

Ф42 Феномен ГУЛАГа: интерпретации, сравнения, исторический контекст / под ред. М. Дэвида-Фокса; [пер. с англ. К. Тверьянович, О. Бараш, В. Сокова, И. Буровой, И. Нахмансона, М. Абушика, А. Чёрного, М. Маноцковой, А. Рудаковой, Е. Нестеровой]. — СПб.: Academic Studies Press / БиблиоРоссика, 2020. — 632 с. : ил. — (Серия «Современная западная русистика» = «Contemporary Western Rusistika»).

ISBN 979-8-8978370-1-4 (Academic Studies Press)
ISBN 978-5-6044208-9-8 (БиблиоРоссика)

В этой книге исследователи из США, Франции, Германии и Великобритании рассматривают ГУЛАГ как особый исторический и культурный феномен. Советская лагерная система предстает в большом разнообразии ее конкретных проявлений и сопоставляется с подобными системами разных стран и эпох — от Индии и Африки в XIX столетии до Германии и Северной Кореи в XX веке. Читатели смогут ознакомиться с историями заключенных и охранников, узнают, как была организована система распределения продовольствия, окунутся в визуальную историю лагерей и убедятся в том, что ГУЛАГ имеет не только глубокие исторические истоки и множественные типологические параллели, но и долгосрочные последствия. Помещая советскую лагерную систему в широкий исторический, географический и культурный контекст, авторы этой книги представляют русскому читателю новый, сторонний взгляд на множество социальных, юридических, нравственных и иных явлений советской жизни, тем самым открывая новые горизонты для осмысления истории XX века.

УДК 94(47)
ББК 63.3(2)6

ISBN 979-8-8978370-1-4
ISBN 978-5-6044208-9-8

Дэвид Р. Ширер

Предисловие к русскому изданию

Сорок три года минуло с тех пор, как А. И. Солженицын дал разрешение на публикацию своего монументального исследования советской системы принудительно-трудовых лагерей — книги «Архипелаг ГУЛАГ» [Солженицын 1973–1975].

Публикация эта не только стала безусловным обвинительным актом против советского режима; она создала образ лагерной системы как архипелага — образ, который на протяжении нескольких десятилетий оставался центральным в научной и популярной литературе о советской пенитенциарной практике. Этот образ был тесно связан с дискуссиями о секретности и сепаратности системы ГУЛАГа. Система эта была закрытой, о ней не говорили в широких кругах советского общества: схватив свою жертву, она ее пожирала. В солженицынской системе ГУЛАГа сообщение между внутренним и внешним миром практически, а то и вовсе, отсутствовало. ГУЛАГ был как бы особым миром, со своими правилами, обычаями и культурой.

С тех пор многие ученые ставили под сомнение этот образ лагерей как отдельного мира внутри советского общества. В их трудах подчеркивается, что отношения между системой ГУЛАГа и остальной частью советского общества были более взаимопроникающими. Для характеристики этих взаимоотношений они подобрали новые метафоры: карусельные двери, проницаемые границы, зеркальные образы и континуумы. Большинство статей в настоящей книге отражает именно такое, более динамичное, понимание ГУЛАГа. В то же время они охватывают весь тот тематический диапазон, которым обусловлена столь высокая значимость исследований ГУЛАГа.

Много работ посвящено советской системе принудительно-трудовых лагерей и колоний. В числе их авторов — как отдельные ученые, так и целые коллективы, но, пожалуй, ни один из них не отличается такой проницательностью, широтой охвата и глубиной архивного поиска, как труды, собранные в настоящей книге. Следует отдать должное редактору-составителю за крайне удачный подбор участников. Ни одна из работ, включенных в эту книгу, не приносит разочарования, а все вместе они образуют сложное единство. Особенно ценным и практически беспрецедентным является тот факт, что в книгу также вошли компаративные исследования о британских концентрационных лагерях, о китайских системах принудительного труда, о северокорейских тюремных лагерях, а также о немецких лагерях для военнопленных. Как и все советское, система ГУЛАГа отражала многие противоречия, присущие истории СССР, и компаративные статьи, вошедшие в эту книгу, дают представление об истории, которая одновременно и соответствует, и противоречит магистральным тенденциям девятнадцатого и двадцатого веков.

Компаративный подход, использующийся в этой книге, связан не только с пространством, но и со временем. Составившие ее статьи охватывают двухвековой период и тем самым помещают советскую систему в непрерывный исторический поток — от практики ссылок в России начала девятнадцатого века и до современной тюремной системы. Такой значительный охват, как и широта тематики исследований, дают богатый материал для размышлений. Редактор тщательно подобрал работы, охватывающие весь диапазон советских пенитенциарных и принудительных практик, от политических «изоляторов» до хорошо оборудованных научно-исследовательских институтов и практически не охраняемых колоний-поселений. Тематический охват статей необыкновенно широк и отражает не только микро-, но и макроисторию системы ГУЛАГа. В них показан опыт как заключенных, так и административных работников; рассматривается и порядок распределения продовольствия, и жестокая, чудовищная эксплуатация, и военная мобилизация, и воспоминания ссыльных о периоде после Второй мировой войны. Специалистам по этнической истории будет интересно узнать о том, как в мире ГУЛАГа решались национальные вопросы. Внимание военных историков привлекут статьи о мобилизации и о лагерях для военнопленных. В главах о британских, советских, северокорейских и коммунистических китайских лагерях читатели обнаружат неожиданные параллели в том, что касается методов работы и идеологической подоплеки разных стран. В этих статьях отмечены противоречивость и сложность советских практик принуждения, тем самым многое сказано о многокомпонентном устройстве советского общества и государства, выработавшего столь сложную систему. Эта книга — не просто собрание статей о советских трудовых лагерях. Это труд по социальной истории двадцатого века. Как отметила в конце своей работы Беттина Грайнер, система ГУЛАГа стала своеобразным олицетворением создавшего ее государства. Кроме того, она являлась неотъемлемой частью того общества, в котором существовала.

Эта книга стала результатом конференции, которая прошла в Джорджтаунском университете в апреле 2013 года. Конференция собрала международную группу ученых, и по ее итогам летом 2015 года был издан специальный выпуск журнала «Kritika: Explorations in Russian and Eurasian History» [Soviet Gulag 2015]. В книге, созданной на основе этого журнального выпуска, список авторов и тематический охват были расширены, как и компаративный и международный контекст советских пенитенциарных практик. Критика встретила публикацию этой книги положительными отзывами. Теперь же новое русскоязычное издание представляется еще более многообещающим, поскольку авторы исправили и дополнили свои статьи. Те авторы, чьи статьи для английской книги были переведены с русского языка, обновили для этого нового издания свои оригинальные русские тексты. Перевод англоязычных текстов на русский язык удалось осуществить благодаря финансовой поддержке Мемориального фонда исследований ГУЛАГа им. Жака Росси (Jacque Rossi Memorial

Gulag Research Fund) Джорджтаунского университета. Предлагаемая книга должна стать особенно ценной для русскоязычных читателей, поскольку история ГУЛАГа рассматривается в ней не только сквозь призму советского опыта, но и в контексте всемирной истории девятнадцатого и двадцатого столетий.

Библиография

Солженицын 1973–1975 — Солженицын А. И. Архипелаг ГУЛаг: 1918–1956: Опыт художественного исследования: В 3 т. [Paris]: YMCA-Press, 1973–1975.

Soviet Gulag 2015 — The Soviet Gulag: New Research and New Interpretations // Kritika: Explorations in Russian and Eurasian History. 2015. Vol. 16. № 3.

Дэвид Р. Ширер — профессор истории имени Томаса Манси Кита в Университете Делавэр (США), специалист по советской истории и истории Европы XX века; читает курсы лекций по советской истории. Автор книг «Policing Stalin's Socialism: Social Order and Mass Repression in the Soviet Union, 1924–1953» (2009) («Сталинский военный социализм: репрессии и общественный порядок в Советском Союзе, 1924–1953 гг.» (М.: РОССПЭН, 2014)) и «Stalin and the Lubianka: A Documentary History of the Political Police and Security Organs in the Soviet Union, 1922–1953» (2015, в соавторстве с Владимиром Хаустовым).

Майкл Дэвид-Фокс

Введение

От изоляции к сопоставлению

Обновленная история ГУЛАГа

ГУЛАГ долгое время рассматривался как замкнутая система, как сеть изолированных лагерей, разбросанных по отдаленным углам советского пространства. Смысл основной метафоры, содержащейся в заглавии эпохального труда Солженицына «Архипелаг ГУЛАГ» (1973), — метафоры гигантской цепи островов — состоял отчасти в том, чтобы приподнять завесу молчания, окружавшую лагеря, как вода окружает участки суши. Солженицын предал широкой огласке ранее малоизвестную аббревиатуру («Главное управление исправительно-трудовых лагерей, трудовых поселений и мест заключения» при ГПУ — НКВД, а позднее МВД), сделав ее метонимическим обозначением не только сети трудовых лагерей и колоний при НКВД, но и, обобщенно, всех советских лагерей, а позднее, в еще более широком смысле, — символом сталинских репрессий как таковых. Это символическое значение, придаваемое термину, несомненно, способствовало восприятию ГУЛАГа как некоего дискретного единства, отделенного от советского «материка».

Первые научные исследования истории ГУЛАГа не только велись под сильным влиянием солженицынской метафоры, в них, как правило, применялся системный подход, согласно которому сеть лагерей и колоний рассматривалась как единое целое. Наиболее значимые труды такого рода появились до «архивной революции» 1990-х годов, важной особенностью которой была «статистическая война» за общее число жертв[1]. Кроме того, изучение истории ГУЛАГа было ограничено узкими хронологическими рамками — в основном годами сталинизма, поскольку лагеря как массовая система принудительного труда возникли под наблюдением политической полиции в 1930 году, вскоре после того, как Сталин сосредоточил в своих руках единоличную власть, а через несколько лет после его смерти, во время хрущевской оттепели[2], их количество было радикально сокращено. И наконец, в тех ранних исследованиях почти не присутствовало или полностью отсутствовало сопоставление истории ГУЛАГа с историей лагерей или принудительного труда в другие эпохи и в других странах.

Солженицынская метафора архипелага была вдохновлена реальным архипелагом — Соловецкими островами в Белом море, где размещался Соловецкий лагерь особого назначения (СЛОН). Этот лагерный комплекс находился под контролем политической полиции во времена Новой экономической политики (НЭП) и послужил образцом для расширения системы лагерей в начале сталинского периода. Именно здесь были первоначально разработаны задачи и методы экономической эксплуатации труда заключенных и освоения Крайнего Севера; в результате во время быстрого расширения сети ГУЛАГа и персонал лагеря, и сама его модель были перемещены в другие лагеря. Один из многочисленных знаменитых узников Соловков, будущий академик Д. С. Лихачев, был арестован в 1928 году и провел в лагере пять лет. Он

---

1 Системный подход, явным образом вдохновленный Солженицыным, см. [Иванова 1997, 2006]. В качестве важнейшего исследования одного лагерного комплекса см. [Бердинских 2001]. Чтобы получить представление о состоянии вопроса в свете западной «концентрации на количественных характеристиках», см. [Barnes 2000: 377–390].

2 Хотя, безусловно, ее истоки следует также искать в периоде Первой мировой войны и истории советской лагерной системы 1917–1930 годов. См.: Jakobson M. Origins of the GULAG: The Soviet Prison Camp System, 1917–1934. Lexington: UP of Kentucky, 1993.

вспоминает, как через много лет он поделился своими записями по истории лагеря на беломорском архипелаге с Солженицыным, который провел в лагерях одиннадцать лет, — в то время каждый из них готовил к публикации свои произведения на эту тему. В течение трех дней Лихачев рассказывал Александру Исаевичу о начальнике лагеря латыше Дегтяреве, так называемом «главном хирурге» и «начальнике войск Соловецкого архипелага». Солженицын воскликнул: «Это то, что мне нужно». «Так, — рассказывает Лихачев, — родилось название его книги — “Архипелаг ГУЛАГ”» [Лихачев 1999].

Подход к ГУЛАГу, применяемый и обосновываемый в данной книге, во многих отношениях отличается от подхода, преобладавшего в течение четверти века после того, как Солженицын опубликовал свой magnum opus. Изучение истории системы советских лагерей, которое начало довольно медленными темпами развиваться после открытия давних советских архивов, к настоящему моменту набрало беспрецедентные обороты. Существенным стимулом к такому прорыву стала публикация в 2004–2005 годах на русском языке эпохального семитомного собрания документов «История сталинского ГУЛАГа» [Безбородов 2004–2005].

С тех пор темпы изучения ГУЛАГа в международном масштабе ускорились, в особенности на русском, английском, французском и немецком языках, поскольку новый материал стал стимулом к новым направлениям анализа.

Самым инновационным моментом в новой волне исследований ГУЛАГа стало то, что они приобрели сопоставительный характер. При том что большая часть новейших трудов строится на углубленных тематических исследованиях, а не на системном освещении, ученые, прежде всего, стали четко осознавать, сколько разных типов лагерей с совершенно разными режимами существовало в Советском Союзе. В 2007 году Л. Виола обратила внимание на «неизвестный ГУЛАГ» спецпоселений, созданных во время принудительной коллективизации, — крестьянский мир, весьма отличный от лагерей, но также являющийся частью ГУЛАГа [Виола 2011]. Сами лагеря также сильно разнились. Вот лишь один яркий пример разнообразия лагерных режимов. Вяземлаг (названный по городу Вязьма в Смоленской области) в середине 1930-х годов получил задание построить стратегически важное шоссе Москва — Минск. Этот лагерь можно назвать полной противоположностью таких отдаленных заполярных лагерей, как Колыма, ужасающие, нечеловеческие условия которых описал Варлам Шаламов. Расположенный в центральном районе страны Вяземлаг фактически стал передвижным поселением, которое перемещалось по мере строительства шоссе. Лагерь имел контакты с местным населением и минимальную охрану, так как условия были относительно привилегированными, а содержались в нем узники с небольшими остаточными сроками заключения [Корнилова 2014][3]. В будущем историки, несомненно, станут уделять все больше внимания обобщению многочисленных тематических исследований и сопоставлению различных типов лагерей.

Метафора Солженицына, столь широко распространившаяся и столь долго используемая, была продуктивным образом поставлена под сомнение новейшими исследованиями. Хотя сам Солженицын, предполагая, что вся советская жизнь в большей или меньшей степени состоит из зон, как бы предвосхитил современные подходы, метафора архипелага часто использовалась, чтобы показать, что лагерный мир был настолько же замкнутым, насколько и географически отдаленным. Напротив, исследования XXI века подчеркивают тот факт, что многие лагеря имели «дырявые» границы и свободные группы населения могли смешиваться с несвободными[4]. В них также поднимается важная проблема сопоставительного плана, о которой речь пойдет ниже: размытые границы между вольным и подневольным трудом.

---

3 См. также доклад «ГУЛАГ от Москвы до Минска: строительство первой советской автомагистрали Москва — Минск (1936–1941)», прочитанный О. Корниловой в рамках семинара по истории России в Джорджтаунском университете (Вашингтон, округ Колумбия) в 2015 г.

4 Например, [Bell 2013: 116–141; Barenberg 2009: 513–534].

Таким образом, компаративные исследования перемещают ГУЛАГ, используя выражение К. Браун, «из одиночного заключения» в основное русло советской истории [Brown 2007]. Для этого необходимо понимать связи, отслеживать взаимодействия и проводить параллели с более широкой советской цивилизацией за пределами колючей проволоки. Эту книгу открывает серьезная попытка известного российского историка сталинизма О. В. Хлевнюка проследить взаимосвязь между Гулагом и «не-Гулагом». Именно Хлевнюк наиболее точно и систематично придерживается компаративного подхода, но такой подход также присутствует почти во всех главах книги. Так, например, У. Белл рассматривает интегрированность сибирского ГУЛАГа в общую экономику войны, А. Сиддики помещает научные шарашки (группы инженеров и ученых в ГУЛАГе) в более широкий контекст истории советских специалистов. Сиддики описывает, как иллюзия бесплатного принудительного труда даже побудила НКВД к попыткам нацеливать научно-техническую интеллигенцию на профессии, полезные для деятельности ГУЛАГа, например профессию геолога, чтобы потом путем ареста «вербовать» на работу на горнодобывающих или промышленных предприятиях. Д. Хили, в свою очередь, рассматривает ГУЛАГовскую медицину и лагеря для инвалидов в свете общей советской политики по отношению к инвалидам. Будучи неотъемлемой частью авторских интерпретаций, подобные параллели способствуют возвращению ГУЛАГа в историю Советского Союза в целом.

Наконец, ставится под сомнение резкость перелома 1956–1958 годов, которую принято подчеркивать в исторических исследованиях. Научный подход к проблемам лиц, вернувшихся из ГУЛАГа, интеграции выживших узников в советское общество и тесной связи лагерей ГУЛАГа с их окружением показывает, что она преувеличена. Все три фактора присутствовали, в частности, в поселениях и даже городах, возникших вокруг лагерей и продолжавших существовать после окончания эпохи сталинских массовых репрессий [Добсон 2009; Barenberg 2014]. В данной книге содержатся исследование Э. Кустовой о реинтеграции спецпоселенцев из Литвы и Западной Украины в советское общество и размышления Дж. Пэллот о пережитках ГУЛАГа в постсоветской пенитенциарной политике. Хронологические сопоставления, присутствующие в обеих работах, выводят читателя за пределы временных границ, издавна принятых в исследованиях ГУЛАГа.

Наиболее смелые и далеко идущие сопоставления в данной книге обусловлены тем, что она содержит богатый, наводящий на размышления фактический материал для сравнений. То ли из-за относительной изолированности советских исследований от других областей, то ли из-за акцента на исключительность тоталитарной парадигмы (не считая сравнений с национал-социализмом и фашизмом) и, конечно, из-за длительного недостатка эмпирически насыщенных архивных исследований в истории ГУЛАГа удивительным, даже поразительным образом недооценивался сравнительный элемент. Одна из главных целей этой книги — начать исправлять эту ситуацию. Поскольку именно немецкая наука в последние годы стала лидером в сравнительных исследованиях концентрационных лагерей, написать заключение была приглашена Б. Грайнер, внесшая большой вклад в литературу на эту тему[5].

Две главы, авторства Д. Бира и Дж. Пэллот, посвящены сопоставлению разных эпох российской истории. Проведенное ими сравнение института ссылки в царской России и постсоветской российской пенитенциарной системы, то есть предыстории и постистории ГУЛАГа, неизбежно влияет на наше понимание советской эпохи, заставляя нас увидеть в ГУЛАГе черты, которые предшествовали коммунистическому строю и пережили его. Работа Э. Форта о британских лагерях в Африке и Индии, посвященная изучению «либеральной империи» в долгом XIX веке, задолго до эры высокого модернизма, включена в книгу совершенно преднамеренно. Некоторые удивительные параллели с ГУЛАГом, которые Форт метко определяет как «фамильное сходство», могут оказаться самой познавательной и, возможно,

---

[5] См. [Greiner, Kramer 2013; Jahr, Thiel 2013], а также литературу, процитированную Б. Грайнер и Д. Байрау в этой книге.

неожиданной частью этой книги для тех особенно западных историков советского времени, которые редко заглядывают за пределы истории XX века и которые выросли на «тоталитарном» сравнении нацистской и советской систем.

По меньшей мере один факт о ГУЛАГе, вытекающий из вышеупомянутого сравнения, известен всем историкам: то, что советские лагеря не были лагерями уничтожения и поэтому отличаются от нацистских лагерей с их индустрией смерти. Д. Байрау, однако, возвращается к этому навязчивому сопоставлению нацистской и советской систем, рассматривая при этом все лагеря Третьего рейха, а не только те, что он называет «лагерями чистого истребления», то есть Хелмно, Собибор, Треблинку, Майданек и Освенцим-Биркенау. Эти лагеря смерти создавались во время Второй мировой войны, после массовых расстрелов 1941 года и «окончательного решения еврейского вопроса»; но все нацистские лагеря «до Освенцима» и в нацистской «империи» в целом, как бы страшны они ни были, не являлись лагерями смерти [Wünschmann 2015; Wachsmann 2015]. Всесторонне охватывая весь спектр немецких лагерей и сопоставляя их с советским материалом, рассмотренным на основе новой историографии, Байрау в состоянии выявить множество других сходств и различий. Это переосмысление к тому же происходит в то время, когда наше понимание холокоста в первую очередь как индустрии уничтожения в лагерях смерти дополнилось новым знанием о «пулевом холокосте» в Восточной Европе[6].

Кроме того, ученые, желающие заново переосмыслить сходство советской системы с нацистской, наверняка примут во внимание новый впечатляющий материал Г. Алексопулос о том, как в лагерях ГУЛАГа систематически «использовали, эксплуатировали, а затем просто выбрасывали» людей, нередко освобождая умирающих узников, чтобы уменьшить показатели смертности. Алексопулос отмечает, что «существует и обоснованное желание избежать ложной эквивалентности между нацистскими лагерями смерти и советскими трудовыми лагерями», и признает, что

---

[6] См. [David-Fox, Holquist, Martin 2014].

строгость режимов разнилась от лагеря к лагерю. В то же время Алексопулос приходит к выводу, что соотношение «изнурительного труда и карательного голода» было формой уничтожения, систематической и преднамеренной в том смысле, что предполагало полное истощение всех ресурсов человеческого организма: «Сталинское руководство, возможно, не планировало истреблять заключенных в своих лагерях, но намеревалось извлечь из них всю имеющуюся энергию, чтобы эксплуатировать физически в максимально возможной степени»[7]. Еще два компаративных исследования относятся к Китаю и Северной Корее. Оба показывают, что системы лагерей, которые первоначально находились под сильным воздействием как советского примера, так и советских консультантов, в ряде аспектов существенно отличались от ГУЛАГа. Например, китайский лаогай далеко ушел по пути идеологического перевоспитания и отчаянной массовой мобилизации, притом что там в значительной степени копировались сугубо экономические функции ГУЛАГа, тогда как в Северной Корее упор делался на стигматизацию, что очевидным образом не позволяло воспроизвести ту экономическую роль, которую играл подневольный труд в советской принудительной индустриализации.

Ключевой вопрос, содержащийся в ряде глав этой книги и требующий более углубленного сравнительного подхода, связан с модерностью ГУЛАГа. Инновации XIX века, как идеологические, так и технические, создали предпосылки для лагерей XX века. Форт в своей главе утверждает: «Британское правление помогло создать структурные и теоретические предпосылки для развития и управления лагерями». Как предполагает Байрау, Первая мировая война стала, как и во многих других отношениях, международным поворотным пунктом как в отношении масштабов, так и продолжительности лагерного опыта, который, так же как и сам

---

[7] Последнее исследование по этой теме: Mikhail Nakonechyi «"They Won't Survive for Long": Soviet Officials on Medical Release Procedure» в «Rethinking the Gulag: Sources, Identities, Legacies», ed. Alan Barenberg and Emily D. Johnson (Indiana UP, в печати).

ГУЛАГ, был достаточно разнообразным и включал много разных типов лагерей. Форт напрямую связывает XX век с XIX через концепцию модерности, утверждая: «На базовом уровне британские и советские лагеря образовались в структурных условиях западной разделяемой модерности. Они развивались в соответствии с одними и теми же принципами "чистоты" и "грязи" и основывались на производительном труде, финансовых ограничениях и страхе перед социальной и политической опасностью». ГУЛАГ, как и концентрационный лагерь, нередко рассматривается как квинтэссенция тоталитаризма XX века и, следовательно, сугубо модерное явление. Так, М. Левен в своем компаративном исследовании, посвященном геноциду на европейских пограничных землях с 1939 по 1953 год, уверенно называет НКВД «передовым краем советского высокого модернизма», учитывая его относительную эффективность и большие материально-технические возможности по сравнению с нацистской СС [Levene 2013: 316].

В то же время, когда речь заходит о чертах сталинизма, которые нередко приводились как аргумент prima facie в пользу атавистичности советской системы, на первый план выступают как сами масштабы советского политического насилия, так и сущность ГУЛАГа. То, что значительная часть советской экономики и населения была задействована, по сути, в определенной форме рабского труда, часто с использованием примитивных орудий труда или при полном их отсутствии, побудило В. А. Бердинских, историка ГУЛАГа, в самом начале своего исследования провести аналогию со строительством египетских пирамид. Еще один пример: А. Эткинд рассматривает советскую систему как «целиком и полностью антисовременную». Опираясь в немалой степени на историю ГУЛАГа, Эткинд выдвигает «концепцию "контрсовременностей", или, возможно, "антисовременных сил современности"», смоделированную по образцу концепции контрпросвещения Исайи Берлина [Бердинских 2017; Etkind 2005: 172, 175].

В этой книге, как представляется, присутствует весь спектр мнений о модерности ГУЛАГа. У. Белл, например, подчеркивает прагматичную адаптацию ГУЛАГа к экономике военного времени после 1941 года; в своей диссертации он определяет его как разновидность неотрадиционализма, обосновывая это большим разрывом между централизованным планированием и фактическим состоянием дел на местах в ГУЛАГе [Bell 2011: 114–125]. На другом полюсе спектра Байрау, оперируя понятиями тоталитарных институтов и абсолютной власти, неявно подчеркивает нелиберальную модерность ГУЛАГа, хотя для того, чтобы объяснить неизбежное несоответствие намерений их реализации, ему требуется ввести понятие «потайной жизни» в лагерях. Алексопулос, описывая систематизированный режим крайней физической эксплуатации в масштабах ГУЛАГа, безусловно, вносит свой вклад в наше понимание модерности ГУЛАГа, так как в столь широком масштабе это может быть осуществлено только государственной властью, администрациями лагерей и медицинским персоналом, пусть даже большая часть труда выполнялась с помощью самых примитивных орудий.

Я бы предложил внимательному читателю этих глав постараться разбить спорную проблему модерности на более конкретные исторические и теоретические вопросы. Одна из ключевых проблем подобного рода касается возможностей государства. Глава Бира, посвященная этапированию в Сибирь и институту ссылки в царской России, как раз касается пределов государственной власти в дореволюционной Российской империи. Хотя по своей природе как лагеря ГУЛАГа, так и поселения ссыльных основывались на минимизации числа охранников и персонала, необходимого для принуждения к труду большого количества заключенных, контраст между царским и советским государствами был огромен. Само собой разумеется, что амбиции советского государства были намного больше, чем его реальные возможности, но без учета этих амбиций сами масштабы ГУЛАГа почти непредставимы. Вторая проблема, относящаяся к вопросу о модерности ГУЛАГа, связана с существенной ролью науки, медицины и специалистов, рассматриваемой в главах Алексопулос, Хили и Сиддики. Третий вопрос касается особых экономических и идеологических задач, связанных с подневольным трудом в ГУЛАГе, начиная с первой пятилетки. В то время как британские лагеря, как показывает Форт, не только использовали труд заключенных, но и отражали целую идеологию труда, центральное место подневольного ГУЛАГовского труда в принудительной индустриализации и внутренней колонизации — то, что К. Герлах и Н. Верт назвали «насилием, связанным с развитием», — следует считать основным аспектом советского коммунизма [Герлах, Верт 2011: 192]. К. Мюльхан в своей работе предполагает, что китайская система лаогай (аббревиатура лозунга «исправление через труд») разделяла с ГУЛАГом «сильный, даже доминирующий акцент на экономических функциях лагерей». Это еще одна причина считать маоизм разновидностью сталинизма.

Возможно, самая большая проблема, порождаемая новым сопоставлением Гулага и не-Гулага в советской системе, проблема, требующая более углубленных компаративных исследований, — это отношения между «свободным» и гулаговским трудом. Многие главы этой книги содержат материал, подтверждающий недавний вывод А. Баренберга: «прямое разграничение вольнонаемных работников и заключенных, с которым часто можно столкнуться в архивных документах и мемуарах, а также в большей части историографии ГУЛАГа, не в состоянии показать социальную сложность лагерных комплексов и окружающих их сообществ» [Barenberg 2014: 9]. Например, Хлевнюк говорит о пограничном пространстве между Гулагом и не-Гулагом, состоящем из десятков миллионов людей, которых он называет полусвободными. Под «свободным» в данном контексте подразумевается, конечно, «не заключенный». Однако понимание того, что едва ли можно считать какой-либо труд в сталинский период по-настоящему свободным, то есть никак не связанным напрямую с принуждением, не ново в историографии не-Гулага. Вся колхозная система, возникшая в результате коллективизации сельского хозяйства, осуществленной в тот же исторический момент, когда был создан ГУЛАГ, может рассматриваться как форма подневольного труда для сельского населения. Эта тема также предоставляет обширное поле для сопоставлений. Не только авторы новой волны науки о ГУЛАГе (в том числе Хлевнюк, Белл и Сиддики в этой книге), но и историки-экономисты, исследующие другие времена и контексты, ставят под сомнение резкую дихотомию между вольным и подневольным трудом[8].

Наконец, представленный в книге компаративный подход заставляет задуматься о тех бесчисленных сферах жизни, в которых ГУЛАГ переплетался со сталинским режимом, определение и сущность которого сами по себе являются важной проблемой, а также о том, почему ГУЛАГ стал неотъемлемой частью советской системы сталинского периода[9]. Самая подходящая отправная точка — петля обратной связи между политикой и экономикой, или, более конкретно, то, как преследование политических врагов усиливало эксплуатацию подневольного труда, и наоборот. Советские власти привыкли к постоянному, кажущемуся неисчерпаемым потоку рабочей силы ГУЛАГа, хотя сама администрация лагерей порой занижала число заключенных, поставляемое государственной властью. Безусловно, ГУЛАГ, несмотря на его огромные размеры, был во всесоюзном масштабе лишь одной, довольно небольшой частью формирующейся командной экономики. Но важность подневольного труда ГУЛАГа обусловлена положением ГУЛАГа в экономике как высокоприоритетного сектора, управляемого мощной тайной полицией: его использовали для добычи золота и полезных ископаемых, монументальных строек той эпохи и стратегически важных проектов. Кроме того, в командной экономике труд заключенных, предоставляемый по договору тайной полицией, регулярно направлялся на удовлетворение самых разнообразных нужд за пределами ГУЛАГа[10].

---

8 Среди них выделяется провокационная работа [Stanziani 2008], а также [Stanziani 2014] и новое исследование Уилларда Сандерленда о широком спектре типов крепостных крестьян и крепостного права в Российской империи: The Imperial Emancipations: Abolition and Empire in Tsarist Russia (лекция, прочитанная в рамках семинара по истории России в Джорджтаунском университете, Вашингтон, округ Колумбия, 5 ноября 2015 года).

9 Споры о сталинизме слишком многочисленны, чтобы приводить их здесь; моя точка зрения на связанные с ним теоретические проблемы изложена в [Дэвид-Фокс 2014: 176–195].

10 См. [Gregory, Lazarev 2003], о чиновниках, грубо недооценивающих число заключенных [Gregory 2003: 4]. О «гулагизации» советской экономики см. [Бердинских 2014], а также его готовящуюся к изданию историю ГУЛАГа в одном томе.

Суть в том, что в сталинский период советская система была неразрывно связана с ГУЛАГом. Немалую роль в этом сыграло отношение сталинского руководства и советских властей: они оказались в плену иллюзий, полагая, что принудительный труд обходится практически без затрат или, что, возможно, более точно, в течение десятилетий они вели себя так, будто производимые затраты оправдывают себя[11]. Кроме того, на условия и рост населения ГУЛАГа непосредственно влияли циклы революционных атак, или репрессий, чередующихся с периодами упадка, когда режим колебался от кризиса к кризису, начиная с неожиданных последствий коллективизации около 1930 года[12].

При сталинском режиме дефицит «поставки» заключенных, поставляемых посредством арестов и породивших их кампаний, возникал редко. Значит ли это, что политическое насилие сталинского периода, первоначально создавшее предложение рабского труда ГУЛАГа и наделившее НКВД собственной экономической империей, в конечном счете стимулировало спрос на аресты, жестоко имитируя законы рынка? Здесь причинно-следственные связи и уровни преднамеренности остаются открытыми для дополнительных исследований и интерпретаций. Но еще важнее то, что существовала политико-экономическая взаимосвязь, в которой политическое насилие и подневольный труд были двумя сторонами сталинской медали. Результатом стала система лагерей, которая превзошла все предшествующие. Ее следует считать составной частью советской системы, которая выкристаллизовалась при Сталине, и поэтому рассматривать как немаловажную особенность построения советского социализма, этого некапиталистического пути к модерности.

---

[11] О собственном взгляде Сталина на политических и экономических врагов как «составной части риторики и мировоззрения режима» см. [Kotkin 2014: 530, 658, 676]. С течением времени, когда стало ясно, что ГУЛАГу требуется материал и побудительные стимулы помимо принуждения, граница между подневольным и вольным трудом стала еще более размытой. Об этом см. [Gregory 2003: 6].

[12] О кризисах 1930-х годов и их неожиданных последствиях см. [Shearer 2013: 105–122].

Однако очень важно, рассматриваем ли мы модерность ГУЛАГа просто с точки зрения особенностей, общих как для советских, так и для прочих модерных явлений, или же пытаемся представить конкретную, альтернативную советскую модерность со своими собственными чертами, узнаваемо модерными и в то же время являющимися частью русско-советской исторической траектории[13]. Мы можем только надеяться, что эта книга послужит стимулом к разрешению подобных теоретических проблем, поскольку компаративная история ГУЛАГа находится пока на начальной стадии. Кроме того, компаративная программа дополняется вопросами, наиболее четко поднятыми в этой книге Айданом Фортом и касающимися исследовательской программы, также находящейся в зачаточном состоянии: в какой степени страны, организовавшие лагеря и принудительный труд, извлекают уроки из опыта и практики друг друга? Любой ответ на этот вопрос требует перехода от сопоставительных исследований к транснациональным.

Л. Д. Троцкий, как известно, знал о британских концентрационных лагерях в Южной Африке из газетных материалов, освещавших Англо-бурскую войну. Первые упоминания о концентрационных лагерях в России, как показал П. Холквист, связаны с тем вниманием, которое российские военнослужащие и российская пресса обращали на британский прецедент. К 1920 году, когда ЧК и военным комиссариатам было поручено создать концентрационные лагеря для побежденных белых офицеров и казаков на Дону, советские власти уже приступили к классовому анализу подозрительного населения и «значительно расширили использование таких лагерей» [Holquist 2002: 201; 2003: 635–636]. Подобные прямые связи, однако, представляют собой лишь крошечные частицы огромного явления. Как предполагает Клаус Мюльхан, рассматривая «темную сторону глобализации»,

> глобальное распространение институтов массового интернирования показывает, как за относительно короткий промежуток времени эти институты и их основные концепции пересекали

---

[13] О моем понимании «общей» современности против «альтернативной» см. [David-Fox 2015: ch. 1–2].

> границы и присваивались другими странами, в то время как мировые правящие элиты искали мощные стратегии, чтобы положить конец оппозиции и сопротивлению их проектам расширения и консолидации.

Он продолжает:

> Одновременное появление современных институтов массового заключения в Латинской Америке, Африке, России, Японии и Китае было не столько запоздалым копированием европейской модели, сколько синхронным присвоением глобально циркулирующей идеи [Mühlhahn 2009].

В то же время присвоение практик и моделей всегда включает интерпретацию, одомашнивание и, как правило, адаптацию, поскольку эти практики реализуются в другом контексте. Любая межнациональная проблематика в исследованиях ГУЛАГа касается не только прецедентов, которые повлияли на российский и советский опыт в эпоху войн и революций. Она включает также проблемы экспорта уже сформированной модели ГУЛАГа в такие страны, как Китай, Северная Корея и государства Восточной Европы, — страны, где велико было влияние советских консультантов, коммунистов, побывавших в Советском Союзе, и модели сталинского СССР в целом.

И межнациональная, и компаративная история ГУЛАГа находится пока в зачаточном состоянии. Понимая, сколько работы еще предстоит проделать, рассмотрим более подробно отдельные главы, составляющие эту книгу.

Олег Хлевнюк открывает сборник наиболее масштабным сопоставлением: в его главе представлено широкое, полное переосмысление отношений между Гулагом и советской системой как таковой, «Гулаг и не-Гулаг как единое целое». Масштаб темы таков, что Хлевнюк вынужден разделить свое исследование на четыре обозримых направления анализа: границы Гулага; каналы его взаимодействия с внешним миром; его роль в качестве модели для не-Гулага; его место в многослойном, иерархическом советском обществе. Среди основных выводов Хлевнюка можно отметить следующие: границы состояли из большой пограничной зоны полусвободной рабочей силы; каналы связи были надежными, поскольку десятки миллионов перемещались между Гулагом и не-Гулагом; Гулаг как модель породил более широкую стратегию внутренней колонизации на советской периферии, поскольку особая субкультура Гулага распространялась на окружающий мир через большие скопления бывших заключенных. Но самые далеко идущие выводы Хлевнюка связаны с последним направлением анализа, социально-политической иерархией Гулага. Автор полагает, что способы, которыми Гулаг порождал различные слои жертв, выгодоприобретателей и «прокуроров» партийного государства внутри и за пределами своих границ, повлияли не только на период с 1930-х по 1950-е годы, но и имели соответствующие долгосрочные последствия. Последствия сказались в циклах десталинизации и ресталинизации, во время которых возникали соответственные группы апологетов и критиков сталинизма. Хлевнюк предполагает, что это наследие сохранилось по сей день и напрямую влияет на консервативное возрождение путинской России.

Важное исследование Гольфо Алексопулос о смертности, нормировании и политике здравоохранения в лагерях ставит не менее серьезные вопросы, чем работа Хлевнюка. Автор утверждает, что мрачный, но остроумный каламбур Солженицына «истребительно-трудовые лагеря» вместо официального термина «исправительно-трудовые лагеря» послужил совершенно точным определением лагерного режима, разрушительного по замыслу. Публикуя новые материалы о постепенных изменениях списка заболеваний в документах Санитарного отдела ГУЛАГа, Алексопулос описывает ступенчатую, эволюционирующую систему, в рамках которой более слабые заключенные с пониженной трудоспособностью получали меньше калорий. Класс заключенных, стоявших на нижней части лестницы, так называемых доходяг, регулярно освобождали из лагерей перед смертью, в связи с чем Алексопулос подробно анализирует показатели смертности в ГУЛАГе и процент заключенных, выпущенных в качестве неизлечимых. Алексопулос описывает режим медико-политической эксплуатации (в том смысле, что врачи ГУЛАГа подчинялись административным и лагерным властям), жестокость которого усиливалась на протяжении сталинского периода и достигла пика после войны, в последние годы жизни Сталина, когда ГУЛАГ был расширен до максимальных размеров. При этом сама структура оставалась стабильной и была заложена еще при рождении ГУЛАГа, в самом начале сталинского периода.

Из многочисленных вопросов для дальнейшего обсуждения и исследования, которые вытекают из главы Алексопулос, я упомяну только два. Во-первых, систематическое уничтожение, которое Алексопулос считает неотъемлемой частью системы, побуждает нас пересмотреть идею «перековки», которая легла в основу официальной идеологии исправительного (а не истребительного) труда. Превращению этой идеи в официально-ортодоксальную точку зрения в немалой степени способствовал М. Горький, архитектор сталинизма в культуре, после того как посетил Соловки в 1929 году[14]. Алексопулос не указывает напрямую, как ее выводы должны влиять на наше понимание идеологии перевоспитания, связанной с ГУЛАГом[15]. Баренберг в своей книге приводит пример циничного отношения начальника лагеря к этой идеологии. Он ссылается на воспоминания сценариста, посетившего Воркутлаг в 1946 году и встреченного начальником лагеря Мальцевым: «Значит, писать будете? — Пауза. — Про перековку? <...> Я в ответ помычал что-то невразумительно отрицательное... — Это правильно. — Генерал посопел и прибавил размеренно: — Здесь лагерь. И наша задача — медленное убийство людей»[16]. «Если Мальцев действительно это сказал, — заключает Баренберг, — это была удивительно точная оценка лагеря, хотя разрушение человеческой жизни едва ли можно было назвать “медленным”» [Barenberg 2014: 61]. Однако, даже если Мальцев

14 См. [Tolczyk 1999; David-Fox 2012: ch. 4].

15 См. важное исследование на эту тему [Barnes 2011].

16 Речь идет о Л. Аграновиче, авторе сценария фильма «68 параллель», который так и не был снят. См. [Агранович 2003]. — *Примеч. пер.*

произнес эти слова, вряд ли это означает, что идеологическое обоснование ГУЛАГа не имело значения, несмотря на растущее вопиющее несоответствие между распространявшейся идеологией и распространявшейся практикой. Это скорее означает, что мы должны переосмыслить их соотношение и пропасть между ними[17].

И второе: Алексопулос вскользь упоминает, что политика распределения продовольствия в не-ГУЛАГе стала особенно острой во время беспрецедентного кризиса, порожденного Второй мировой войной на Восточном фронте. В те годы советские административные решения о поставках продовольствия становились вопросом жизни и смерти для людей, не являвшихся заключенными. Тем не менее в недавно изданной содержательной книге о продовольственной политике в советском тылу ГУЛАГ упоминается редко. И это очередное поле для новых сопоставительных исследований[18].

Дан Хили также обращается к малоизученной теме медицины ГУЛАГа, но его глава посвящена в первую очередь влиятельной медицинской инфраструктуре лагеря, в частности крупномасштабному Санитарному отделу ГУЛАГа, в котором работало значительное число заключенных врачей, медсестер и других медицинских работников. Объясняя и обосновывая, Хили применяет введенное М. Фуко понятие биополитики к эпохе сталинизма. Несмотря на явно нелиберальный, некапиталистический и даже нерациональный характер пенитенциарно-экономического режима ГУЛАГа, Хили утверждает, что с помощью концепции биополитики возможно объяснить, по какому принципу медицинская служба ГУЛАГа распределяла продовольствие, жилье, одежду, оказывала санитарную и врачебную помощь: по принципу оптимальной пригодности населения лагеря к производительному труду. Хотя главы Алексопулос и Хили, безусловно, частично пересекаются — первая признает различия в режимах

---

17 Об этом см.: Viola L. The Aesthetic of Stalinist Planning and the World of the Special Villages // Kritika: Explorations in Russian and Eurasian History. 2003. Vol. 4. № 1. P. 101–128.

18 См. [Filtzer 2015: 307–308].

лагерей, притом что второй подчеркивает высокий уровень смертности и жестокую эксплуатацию слабых и нетрудоспособных заключенных, — невозможно не заметить разницы в их подходах. Алексопулос считает, что Солженицын в целом прав насчет разрушительной природы лагерей, но Хили не разделяет презрения Солженицына к медицине ГУЛАГа, описывая большое число групп для ослабленных заключенных и реабилитационных групп, а также отдельные лагеря для инвалидов. Возможно, это расхождение будет стимулировать будущие исследования, которые прольют свет на поднятые вопросы.

За этими разногласиями скрывается, по сути, одна достаточно фундаментальная проблема: если ГУЛАГ основывался на эксплуатации труда заключенных, разве он не был бы заинтересован хотя бы в поддержании здоровья зэка? Алексопулос подчеркивает, что «мясорубка» ГУЛАГа обращалась с людьми как с сырьем, из которого можно было выжимать все ресурсы, отчасти потому, что его запасы были неиссякаемы. Напротив, Хили, указывая, что заключенные со слабым здоровьем и инвалиды почти всегда так или иначе были вовлечены в производство, неявно подчеркивает, что «биополитика» ГУЛАГа была все же ориентирована на их использование, а не на уничтожение как таковое. Таким образом, «усиленное питание истощенных» и медицинская помощь слабым и инвалидам, пусть в весьма ограниченной степени, все же имели место, но усиленные пайки с целью оздоровления были циничным образом предназначены для «работников-заключенных, которых можно было вернуть в строй, и, по возможности, на профилактической основе, чтобы избежать длительного периода восстановления». Хили показывает приоритет производства в ГУЛАГе и жестокость по отношению к инвалидам как еще более жесткий, преступный вариант «бездушной официальной политики по отношению к инвалидам в гражданском советском обществе. Таким образом, он делает вывод, что «советская гражданская биополитика и ее ГУЛАГовская версия стали походить друг на друга».

В главе Асифа Сиддики подробно исследуются шарашки — феномен общеизвестный, но малоизученный. Сиддики привлекает наше внимание к интеллигенции и другим относительно привилегированным слоям заключенных и, исследуя положение ученых и специалистов-прикладников, часто работавших над проектами военного назначения, акцентирует его на роли интеллектуального труда в целом в ГУЛАГе. Эта роль стала заметной уже в 1920-х годах на Соловках, которые известны как место заключения многочисленных интеллектуалов и священников; эта среда не ограничивалась представителями точных наук, инженерами и техническими специалистами. Но в ходе событий начала сталинского периода и существования ГУЛАГа сформировалась практика мобилизации заключенных ученых и специалистов для выполнения высокоскоростных, высокоприоритетных прикладных проектов. В 1930 году, в год показательного процесса по делу Промпартии, советский инженерный корпус был в большей степени уничтожен. Эта атака совпала с более широкой кампанией разгона «буржуазных специалистов». В самом деле, в эпоху принудительной индустриализации вся система академических и научных учреждений была на осадном положении, поскольку происходила ее переориентация на прикладные государственные проекты и одновременно ее разрушение путем социально-политической атаки на «врагов». Возникший в период НЭПа призрак независимо мыслящей, состоящей из специалистов «технократии», столь памятно описанный Л. Грэхэмом, был уничтожен; вместо него сформировалась безоглядная, недальновидная технократия сталинского образца, ставившая перед собой цель кардинально трансформировать природу. Шарашки были одним из отражений и побочным продуктом этого рокового сдвига [Graham 1996].

Одним из ключевых выводов Сиддики является то, что пики распространения или возрождения шарашек приходились на моменты интенсивных «чисток» среди интеллигенции в сталинский период: начало 1930-х годов, время Большого террора, и конец 1940-х годов. Сиддики показывает, что в начале 1930-х годов система использования тайной полицией ученых и специалистов-заключенных породила конфликты с управлением промышленным производством, а период относительного спокойствия после 1931 года привел к временному расформированию шарашек. Вторая и третья волна принудительного возобновления пришлись на конец 1930-х и конец 1940-х годов. Тот факт, что ученые-узники работали в лагерной научной системе вместе с вольными специалистами, только подчеркивает актуальность обсуждения размытых границ между тюремным и свободным трудом. Но самые далеко идущие выводы Сиддики связаны с тем, как феномен шарашек «отбрасывает длинную тень на советскую экономику» еще долгие годы после его исчезновения. Поколение научно-технической элиты времен холодной войны было «выпускниками» ГУЛАГа и играло важнейшую роль в исследованиях и разработках советского военно-промышленного комплекса. Вместе с ними передалось то, что Сиддики называет особым организационным менталитетом:

> То, что они принимали, временами с энтузиазмом, некоторые черты организационной культуры советской научной и инженерной системы — чрезвычайную секретность, строгую иерархию, практику принуждения, жесткое протоколирование и ответственность, — во многом обязано их общему опыту с аналогичными особенностями, характерными для системы шарашек.

Глава Уилсона Белла вносит вклад в изучение ГУЛАГа во время войны[19]. То, что работа посвящена Западной Сибири, выявляет региональный аспект массовой мобилизации принудительного труда для самой тотальной из тотальных войн. Но глава Белла также непосредственно связана с научными дискуссиями о функции ГУЛАГа — о том, как мы должны понимать многочисленные функции сети лагерей и колоний и оценивать самую ее сущность с течением времени. Действительно, именно эта обманчиво простая проблема лежит в основе многих недавних научных исследований. Белл не преуменьшает карательную, политическую и репрессивную роль системы лагерей, которая наказывала и, говоря советским языком, изолировала широкий круг преступных, этнических и политических категорий людей. Например, он

---

[19] Из более ранних исследований см. [Bacon 1994]. Из недавних работ см. [Mochulsky 2013: 83].

отмечает, что, хотя многие узники освобождались для участия в боевых действиях, отношение к политзаключенным было более суровым, на них возможность освобождения не распространялась. Но в целом Белл подчеркивает именно экономическую функцию, поскольку сибирский ГУЛАГ сразу же после нацистского вторжения перешел на выпуск продукции для военных нужд. В то же время автор приходит к выводу, что гулаговский труд, предельно непроизводительный, в первую очередь из-за тяжелых условий и высокой смертности, все же занимал периферийное место в региональной тыловой экономике.

Белл прекрасно понимает, что экономические, карательные и идеологические функции ГУЛАГа, «конечно же, не являются взаимоисключающими». Однако, хотя экономические факторы, безусловно, заметны и доступны для анализа, легко упустить из виду, насколько тесно экономические задачи были переплетены с основными идеологическими задачами государственного социализма. Нужно добавить, что с ГУЛАГом было связано множество экономических задач, в том числе достаточно утопических. Они варьировались от мечтаний о внутренней колонизации обширных участков периферии, актуальных и даже решающих в то время, когда ГУЛАГ только начинал формироваться, до непосредственного кризиса производства военного времени, который описывает Белл. Поскольку экономические мотивы были множественными, их трудно полностью отделить от других функций ГУЛАГа. Взаимосвязь множества функций, в противовес их аналитическому разделению, заслуживает дальнейшего изучения в спорах о природе ГУЛАГа.

Глава Белла также содержит примечательный сопоставительный аспект. Белл утверждает, что ГУЛАГ, «кажется, был менее важен для вопросов государственной власти и контроля, чем другие системы лагерей в военное время»; он задается вопросом, вписывается ли ГУЛАГ в популярную ныне концепцию Дж. Агамбена, определяющего концентрационные лагеря как внеправовое «чрезвычайное положение», созданное под предлогом войны или чрезвычайной ситуации. Как отмечает Белл, концепция Агамбена в большой степени вытекает из работ К. Шмитта, впоследствии «коронованного юриста Третьего рейха», теории которого часто и странным образом внеисторичны и не могут рассматриваться как обусловленные своим политико-идеологическим контекстом. Здесь стоит задуматься над тем, что большевизм и сталинизм уже были вовлечены в некую эрзац-войну — классовую борьбу, или мобилизацию против политических и социальных врагов, напоминающую военные действия. Масштаб Большого террора в мирное время, хотя и в ожидании войны, также необычен в сравнительной перспективе. Рассмотрение более общего соотношения между периодом войны и сталинским режимом в целом достаточно показательно.

Сталинский режим ответил на войну по крайней мере тремя различными способами. Во-первых, он пошел на определенные идеологические и политические компромиссы в рамках общей традиции давно установившихся циклических моделей. Во-вторых, эти уступки сочетались с репрессиями и адаптацией к войне на уничтожение на Восточном фронте. Наконец, он мобилизовался в соответствии с новыми требованиями самой тотальной на то время войны, и масштаб и интенсивность этой мобилизации вывели на новый уровень те функции, которые он уже демонстрировал ранее. То, чего сталинский режим *не* делал во время Второй мировой войны, — он не раскрывал своей истинной природы, не искал выхода для своих давних устремлений, не пытался достичь кульминации глубоко укоренившихся идеологических тенденций, которым требовалась искра войны, чтобы выйти наружу. Здесь контраст с нацизмом наиболее явный. Радикальная или революционная энергия в большевизме и сталинизме оказалась направлена главным образом внутрь, на глубокое революционное переустройство общества, в то время как расистские и военно-революционные мечты национал-социализма с самого начала были неразрывно связаны с войной и изначально направлены вовне, к мировому господству, расовой колонизации и Lebensraum [Дэвид-Фокс 2014].

Исследование Эмилии Кустовой о спецпоселенцах из Литвы и Западной Украины обращает наше внимание на этническое измерение советских репрессий. Глава основана на серии интервью, проведенных в Иркутске, устная история в ней призвана восстановить голоса и воссоздать живой опыт бывших спецпоселенцев. Большинство опрошенных родились в 1930-х годах и были депортированы в спецпоселения после Второй мировой войны, когда они были детьми или подростками. Многие из них впервые говорили о своей ссылке, и им не хватало больших коллективных нарративов, в которые можно было бы встроить свои истории. В большинстве своем эти спецпоселенцы не были частью крестьянского ГУЛАГа эпохи коллективизации, описанного Виолой. Они были другой национальности, и к тому же чужаками в этом регионе, но чувствовали, что окружающие местные жители не-ГУЛАГа «жили лишь немногим лучше, чем поселенцы». Эти ссыльные имели возможность интегрироваться в советское общество и преодолеть свою изоляцию.

Превращение послевоенных спецпоселений в средство советизации фактически и составляет малоизученную центральную тему главы. В первую очередь здесь идет речь о «механизмах и границах интеграции жертв послевоенной депортации в советское общество». В главе рассматриваются условия особых поселений, особенности труда ссыльных, их национальное самосознание и, не в последнюю очередь, их долгие, тяжелые попытки улучшить условия своего существования; все это открывает целую область в истории советской повседневной жизни. Читая работу Кустовой, мы увидим и подвижность границы между спецпоселенцами и советскими гражданами, то есть между ссыльными и местными жителями, между ГУЛАГом и не-ГУЛАГом, и в то же время доказательства того, что изоляционная и дискриминационная логика репрессий сохранялась даже в конце 1980-х годов, через много лет после ликвидации спецпоселений. Таким образом, одна из отличительных черт работы Кустовой состоит в том, что она предлагает нам заглянуть далеко за пределы ГУЛАГа в узком смысле слова.

«Тезисы» Аглаи Глебовой о визуальной истории и ГУЛАГе приводят нас в первую очередь в мир репрезентаций, и ее работа, таким образом, стоит особняком среди других глав. Но включение ее оказалось необходимым, как выяснилось в ходе поисков изображений ГУЛАГа для этой книги. Как говорит Глебова в первом же абзаце: «У нас нет фотографий ГУЛАГа как зверства». В своем эссе Глебова объясняет почему. «Архивная революция», случившаяся после 1991 года, сделала доступными многочисленные визуальные материалы о ГУЛАГе, но вездесущность советского идеологического и культурного режима гарантировала, что ни на одной из фотографий не была изображена гибель людей, и все они были в некоторой степени постановочными. Эссе Глебовой, однако, показывает, что и существующие визуальные материалы не стоит списывать со счетов, если использовать их должным образом. Во-первых, она рассматривает их как средство для анализа определенного способа визуализации, который не просто наложил отпечаток на весь соцреализм, но и являлся продолжением давней имперской традиции «управления визуальностью». Так, по словам Глебовой, российские модели и экспозиции на Четвертом международном пенитенциарном конгрессе в 1890 году уже предвосхитили визуальные образы, впоследствии использованные советской пропагандой. Как утверждает Глебова, визуальность, возникшая в сталинское время, была производным и от соцреализма, и от модернизма и поэтому находила отражение как в «малой зоне», так и в «большой зоне» (ГУЛАГ и не-ГУЛАГ). Во-вторых, Глебова отмечает, что два типа визуальных источников, наиболее часто приводимых в постсоветских публикациях о ГУЛАГе, — фотографии из личных дел заключенных и материалы пропагандистской вакханалии вокруг Беломорканала — лишь капля в море доступных в наше время визуальных материалов. Даже постановочные, «лакированные» и отфильтрованные фотографии, по ее словам, неуправляемы, открыты для контекстуализации и осмысления «на наше усмотрение». Для этой книги Глебова отобрала фотографии, тематически связанные с текстами других глав. Их смысл раскрывается в сочетании с текстом, и таким образом происходит та контекстуализация, к которой призывает Глебова. Они становятся полезным, пусть и изначально недостаточным видом исторического источника.

Компаративный раздел книги начинается с исследования Дэниэла Бира о царском институте ссылки; в этой работе не проводятся прямые сравнения с ГУЛАГом, однако она позволяет нам рассмотреть существенную преемственность между царской и советской пенитенциарной практикой. Сделав центральной темой работы этапирование ссыльных в Сибирь, Бир обращает внимание читателя на пространственный фактор в истории пенитенциарной практики в России и, соответственно, в Советском Союзе и Российской Федерации. Историческая география, в частности проект «Картографирование ГУЛАГа», продемонстрировала то, что Пэллот называет поразительной «пространственной преемственностью» в топографии лишения свободы, особенно начиная с 1930-х годов и до наших дней[20]. Бир возвращает нас в более далекое прошлое. Его внимание к этапированию как составной части института ссылки в царской России наглядно демонстрирует, что преодоление большого пространства — насильственная мобильность, или принудительное движение — было само по себе глубоко укоренившимся компонентом российской уголовной практики. И это продолжалось, несмотря на то что в царскую эпоху, как показывает Бир, государство не считало этапирование как таковое наказанием, рассматривая его просто как предварительное перемещение в места ссылки и каторги.

Жестокие и беспощадные «шествия беды» — этапы, которые никакие технократические реформы так и не смогли изменить к лучшему со времен М. М. Сперанского, явно показывают, таким образом, принуждение к перемещению, которое практиковалось также в советскую (и постсоветскую) эпоху. Но в ходе своих рассуждений Бир отмечает и другие ключевые моменты в преемственности между пенитенциарной системой царских времен и ГУЛАГа. Например, он указывает на использование заключенных в местах, требующих рабочей силы, начиная с Петра Великого, на лишение свободы как средство дальнейшей колонизации Сибири, начиная с екатерининских времен, и на «исправление» в качестве официального оправдания пенитенциарной системы, начиная с Великих реформ.

---

[20] См. [Pallot 2015: 80–105]. Карты доступны на электронном ресурсе Mapping the Gulag. URL: http://www.gulagmaps.org/ (дата обращения: 15.10.2019).

Бир также затрагивает показательный и важный как в российском, так и советском контексте вопрос о различных и частично пересекающихся способах наказания (которые он называет применительно к царскому институту ссылки государственными, экономическими, колониальными и дисциплинарными).

В конечном счете Бир весьма ярко описывает то, что хорошо знакомо любому советскому специалисту: зияющую пропасть между намерениями государства и неожиданными последствиями, постоянно растущими из-за нехватки ресурсов и непосредственно ведущими к болезням и перенаселению, к появлению коррумпированных и корыстных местных чиновников, к неформальным отношениям, которые практикуются наряду с официальными. В конце главы Бир рассуждает о том, как география — большие расстояния, достаточная удаленность для возможности применения любой системы наказания, условия окружающей среды, нередко экстремальные, и отсутствие инфраструктуры — оказала определяющее влияние на пенитенциарные системы, возникшие при царизме и в более поздние периоды.

В главе «Британский архипелаг лагерей» Айдан Форт прослеживает генеалогию концлагеря в британском колониальном контексте. На материале истории Британской империи сюжет перемещается от работных домов для бедных в имперской метрополии, послуживших шаблоном для будущих лагерей, в Британскую Индию как «главную лагерную арену» в XIX веке. Племенные лагеря для преступников, возникшие в результате чрезвычайных ситуаций, вызванных в 1890-е годы голодом и чумой, в свою очередь, послужили образцом для мест заключения, которые впервые назовут концентрационными лагерями во время Англо-бурской войны. Из этой генеалогии вытекает несколько важных следствий. Во-первых, существовало живое взаимодействие между метрополией и колониальной периферией, между работными домами в центре и лагерями на периферии, между классовым и расовым дискурсами. Это может предоставить аналогию, mutatis mutandis, для дальнейшего изучения взаимодействия между советским центром и периферией, между ГУЛАГом и не-ГУЛАГом. Во-вторых, не только Британия, но и другие колониальные державы «почерпнули многие культурные, материальные и политические предпосылки принудительного лагеря» в долгом XIX веке. Примечательно, что во время Наполеоновских войн армейские лагеря в некоторых организационных аспектах послужили моделью концентрационных лагерей для мирных жителей. В-третьих, как и в советском случае, эти культурные предпосылки включали мощные метафоры «чистоты» и «грязи».

Отдаленное, но заметное «фамильное сходство», тянущееся из XIX в XX век, которое демонстрирует Форт, предостерегая при этом от упрощенных сравнений, таким образом, включает не только административные и организационные технологии, но и культурные и идеологические мотивы, которые простирались от центров власти до периферийных точек злоупотребления властью. Лагеря создавались государствами всего политического спектра, но, несмотря на радикально отличающиеся политические идеологии, глубинная культурно-идеологическая логика, лежащая в основе лагерей, кажется очень схожей. В то же время, расширяя положения Белла о «чрезвычайных положениях», Форт поясняет, что британские лагеря были «естественными продуктами чрезвычайных ситуаций», таких как голод, болезни и войны, и были обречены на внеправовое исключение. И таким образом, они подтверждают суждение о современных лагерях как о «чрезвычайных положениях» в том смысле, который неприменим к ГУЛАГу, хотя последнее и спорно, и нетипично. В любом случае, Форт прав, когда призывает к компаративным исследованиям, выходящим за пределы круга «обычных подозреваемых», а также к таким, которые могут изменить представление об «удобных различиях» между либеральными и нелиберальными государствами.

В очередной раз переосмысливая параллель между нацистскими и советскими лагерями, о которой говорилось выше, Байрау вносит свой вклад в традицию анализа лагерей как «тотального института», ставшего стержнем и символом двух самых тоталитарных диктатур в коротком XX веке — эпохе крайностей[21].

---

[21] Коротким XX веком называют период с 1914 года (начало Первой мировой войны) до 1991-го (распад СССР). — *Примеч. пер.*

Особенностью главы Байрау является внимание, уделяемое количественным оценкам двух лагерных систем. Общая численность ГУЛАГа в сталинские годы неуклонно росла: с 1,2 млн в лагерях и колониях в 1936 году до 1,7 млн в 1940 году и 2,3 млн в 1953 году. Что касается советских лагерей в целом, то, как сообщает Байрау, между 1934 и 1953 годами через ГУЛАГ прошло 18–19 млн человек, а в годы войны заключенные составляли 3–4 % всей советской рабочей силы. Период войны, как хорошо известно, был исключением в процессе линейного роста размеров ГУЛАГа: заключенных-инвалидов выпустили на свободу, а штрафные батальоны, состоявшие из освобожденных лагерников, были отправлены сражаться на фронт. Что касается немецких концентрационных лагерей, в 1935 году в них содержалось всего лишь четыре тысячи заключенных, а в 1939 году это число достигло 30 тысяч. Но стремление к войне и мировому расовому господству послужило непосредственному высвобождению смертоубийственного правого революционного и утопического потенциала национал-социализма. Согласно данным, приведенным Байрау, общая численность населения 24 концентрационных лагерей и тысячи лагерей-спутников в Рейхе и оккупированной Европе оценивается в 2,5–3,5 млн человек. При том что Форт убедительно доказывает, что сравнения сталинизма исключительно с нацизмом недостаточно, одни только масштабы и влиятельность этих двух систем требуют постоянного внимания компаративистов.

С помощью своей концепции «лагерных миров» Дитрих Байрау пытается провести такой сравнительный обзор нацистских и советских лагерей, который, несмотря на разнообразие лагерей в каждой системе, синтезировал бы их основные черты как институтов. Так, и в том и в другом случае удивительным кажется небольшое число охранников и персонала, под надзором которых находилось большое количество заключенных, — и нередко фактическая власть оказывалась в руках преступных группировок. Хотя Байрау и описывает лагеря как тотальные институты, подлинное тотальное руководство было невозможным, а центральные власти были далеки от того, чтобы полностью контролировать пространство внутри колючей проволоки. Однако власти, безусловно, сыграли важную роль в установлении иерархии в лагерях, — собственно, эти иерархии и являются центральным элементом анализа Байрау. В случае нацистских лагерей иерархии были в основном расовыми, но те, кто имел делегированные полномочия, тюремные функционеры, пользовались большими привилегиями. В советских лагерях роль национальной принадлежности, безусловно, возрастала, а разграничение между «политическими» и «уголовниками» хорошо известно[22]. Байрау также заключает, что в лагерях обоих высокоидеологичных режимов, вступивших в смертельную схватку идеологий на Восточном фронте, «специальная обработка в форме идеологической пропаганды не играла важной роли». Анализ Байрау, учитывая существенное сходство между нацистскими и советскими лагерями, обнаруживает и ряд конкретных различий: так, советская классовая и политическая классификация заключенных была менее жесткой, чем нацистская расовая классификация, и в советском случае статус заключенных был более подвижным. Разрыв между охранниками и персоналом с одной стороны и заключенными — с другой, столь огромный в немецких лагерях, был меньшим в советском контексте. Наконец, что не менее важно, при коммунизме не было лагерей, открыто предназначенных для геноцида или прямого истребления.

Помещенная в этой книге статья Клауса Мюльхана наряду с другими его исследованиями китайской пенитенциарной системы и лагерей XX века позволяет нам рассмотреть влияние Советского Союза в ряду других ключевых факторов, способствовавших созданию и развитию системы лаогай. В книге «Уголовное правосудие в Китае» Мюльхан объяснил, что некоторые «широкие подходы и базовые концепции» были «усвоены на советском примере, хотя впоследствии подверглись частичным изменениям в Китае». Советская модель, принятая китайскими коммунистами как верная, никогда не была образцом для «слепого и некритического подражания». В китайской пенитенциарной политике под-

[22] Более подробную информацию о том, как в обоих случаях определяли врагов, см. [Браунинг, Сигельбаум 2011].

ходы, в общем и целом вытекающие из советской модели, включали в себя сочетание тюремного заключения с экономическими функциями, в частности с важной ролью труда заключенных в индустриализации, а также упор на перевоспитание и функционалистский подход к закону [Mühlhahn 2009a: 148, 159].

Однако некоторые влияния на формирование лаогая были столь же сильными или даже сильнее, чем советское. Во-первых, китайские коммунисты десятилетиями участвовали в революционном движении, что дало им организационный опыт задолго до их прихода к власти. Уже в конце 1920-х годов, а затем, более систематически, после Длинного марша 1934–1935 годов они разрабатывали свои собственные революционные суды и право [Mühlhahn 2009: 160]. Не менее важным было историческое наследие докоммунистического Китая. Националистический Китай тесно сотрудничал с нацистской Германией в 1933–1936 годах; функционеры Гоминьдана интересовались нацистскими лагерями и пытались подражать им в Китае. Ведущие шанхайские юристы и криминологи оглядывались как на Германию, так и на СССР и оценивали исправительные работы в лагерях для интернированных как прогрессивные.

Лагерь Сифэн («Сигнальный огонь»), созданный в 1938 году и расформированный в 1946-м, был крупным концентрационным лагерем, который, согласно Мюльхану, и послужил главным образцом. При этом на его устройство повлияли не только тоталитарные державы: концлагеря в республиканском Китае посещали и американские спецслужбы, и Гоминьдан рассчитывал на сотрудничество с разведкой США. Устройство и практика Сифэна напоминали методы позднего лаогая и продолжали существовать и после того, как лагерь был распущен [Mühlhahn 2009a].

В результате этих встречных влияний, как заключает Мюльхан в своей главе, и возникли по меньшей мере три основных различия между лаогаем и ГУЛАГом. Во-первых, в Китае не было централизованного управления лагерями, подобного тому, которое в Советском Союзе осуществлял НКВД. Во-вторых, в китайских лагерях практике перевоспитания и идеологической перековки придавалось гораздо большее значение, чем в Советском Союзе. В-третьих, — и это напрямую связано с предыдущими пунктами — «отчаянная массовая мобилизация», хотя и находила «некоторые аналоги» в сталинизме и советской истории, присутствовала в качественно большей степени и представляла собой «децентрализованный метод принуждения и повсеместный волюнтаризм как среди жертв, так и среди палачей». И снова взгляд на ГУЛАГ в сопоставительном аспекте приводит нас к размышлениям о более широком характере сталинизма. Также возникают вопросы о десятилетиях формирования китайского коммунизма, учитывая, что китайско-советская межнациональная и сравнительная история остается, по языковым и историографическим причинам, почти неосвещенной.

Сонгмин Чо предлагает еще более оригинальный, поистине уникальный подход к лагерям Северной Кореи в сравнении с советским опытом. Система лагерей тюремного режима в Северной Корее сохранилась по сей день, и на данный момент она существует примерно вдвое дольше, чем ее советская предшественница. Хотя некоторые документы первых послевоенных лет в Северной Корее доступны ученым, большая часть информации об этом крайне засекреченном и изолированном режиме исходит из свидетельств тех, кто бежал из страны. Чо сопоставляет то, что известно о северокорейских лагерях, с историей советского ГУЛАГа. Хотя его подход вынужденно является одновременно синтетическим и компаративным, Чо приводит некоторые интересные описания того, как советская модель влияла на северокорейцев. Когда в 1945 году Москва создала коммунистическое правительство в Пхеньяне и направила туда консультативную группу, в ее состав входили сотрудники советской службы безопасности и уроженец Советского Союза, начальник службы безопасности Северной Кореи Пан Хак Се, сыгравший в последующие годы первостепенную роль в создании северокорейских лагерей. В конце концов Чо приходит к выводу, что экономическая роль северокорейских лагерей была гораздо скромнее, чем в условиях сталинской системы. Система северокорейских лагерей также, возможно, отклонилась от советской модели в результате семейных принципов идеологии чучхе.

Глава Джудит Пэллот о наследии ГУЛАГа в постсоветской пенитенциарной системе Российской Федерации может послужить достойным эпилогом ко всей книге, поскольку она дает нам инструменты для анализа преемственности в российский пенитенциарной практике, начавшейся в 1917 году и сохранившейся после 1991 года. Давний интерес автора к пространственному перемещению как форме наказания напрямую связан с главой Бира об институте сибирской ссылки, поскольку граница между ссылкой и тюремным заключением была размыта задолго до большевистской революции. Коллективизм, включая совместное проживание и самоорганизацию заключенных под надзором администрации как основу группового управления, можно возвести к принципу круговой поруки, который был важной чертой российского крепостничества. Российские режимы тюремного заключения были «жесткими» — понятие, которому Пэллот дает толкование и в абсолютном, и в сопоставительном смысле, — и до 1917-го, и после 1991 года. Но Пэллот ясно дает понять, что специфическое «географическое разделение труда», характерное для современной российской пенитенциарной системы и физической организации тюремно-лагерного пространства, коренится в 1930–50-х годах.

Если ГУЛАГ по своим масштабам, множественности функций и интеграции в сталинский не-ГУЛАГ во многих отношениях может рассматриваться как исключительное или необычное явление как в российской, так и в мировой истории, то как объяснить эти признаки исторической преемственности? Глава Пэллот, отличающаяся глубиной постановки теоретических вопросов, рассматривает положения теории модернизации, концепцию дисциплины Фуко и культурный переворот в пенологии. Склоняясь к тому, что именно последним объясняется строгость наказаний и другие моменты российско-советской преемственности, Пэллот полагает, что они не поддаются простому объяснению телеологией модернизации пенитенциарных систем либо усиления дисциплинарной власти. По ее мнению, их легче понять, если рассматривать наказание как производное культурных традиций, а пенитенциарные учреждения понимать как места совершения ритуалов. Тем не менее Пэллот избегает провозглашать «культуру» причиной из причин и спешит добавить, что экономические и политические факторы, а также технологии, безусловно, формируют пенитенциарные режимы.

Возможно, самым провоцирующим на размышления аспектом работы Пэллот является раздел о том, как поливалентные «коллективистские» практики переходили через границы между имперской, советской и постсоветской историей, о том, как они перекодировались и объяснялись по-разному при разных режимах с XIX по XXI век. Благодаря этому можно увидеть, как одни и те же уголовно-правовые практики получали разное оправдание и подавались в совершенно разных идеологических обертках. Мне бы хотелось добавить, что подобное перекодирование способно, с одной стороны, замаскировать преемственность, но с другой — воззвать к традиции и таким образом продолжить ее, что и произошло при недавнем консервативном повороте в путинской России. Таким образом, глава Пэллот важна для всех, кто сталкивается со сложными теоретическими вопросами преемственности и изменений, связанными с главными поворотными пунктами российской и советской истории. И это один из теоретических бонусов, возникших в результате попытки дать в этой книге сопоставительные характеристики ГУЛАГа в хронологическом, географическом и тематическом плане.

Библиография

Агранович 2003 — Агранович Л. Воркута. Воспоминания // Искусство кино. 2003. № 4. URL: http://old.kinoart.ru/archive/2003/04/n4-article28 (дата обращения: 13.10.2019).

Безбородов 2004–2005 — История сталинского ГУЛАГа. Конец 1920-х — первая половина 1950-х годов. Собрание документов: В 7 т. М.: РОССПЭН, 2004–2005.

Бердинских 2001 — Бердинских В. А. История одного лагеря (Вятлаг). М.: Аграф, 2001.

Бердинских 2014 — Бердинских В. А. ГУЛАГ в Советском Союзе: идеология и экономика подневольного труда. URL: http://illhkomisc.ru/wp-content/uploads/2014/11/berdinskih.pdf (дата обращения: 13.10.2019).

Бердинских, Меньковский 2017 — Бердинских В. А., Меньковский В. И. ГУЛАГ: идеология и экономика подневольного труда в XX веке. Сыктывкар: ИЯЛИ, 2017.

Браунинг, Сигельбаум 2011 — Браунинг К. Р., Сигельбаум Л. Х. Социальная инженерия. Сталинский план создания «нового человека» и нацистское «народное сообщество» // За рамками тоталитаризма. Сравнительные исследования сталинизма и нацизма / Ред. М. Гейер и Ш. Фицпатрик; пер. с англ. Г. И. Германенко. М.: РОССПЭН; Фонд «Президентский центр Б. Н. Ельцина», 2011.

Виола 2011 — Виола Л. Крестьянский ГУЛАГ: Мир сталинских спецпоселений / Пер. с англ. Е. Осокиной. М.: РОССПЭН, 2011.

Герлах, Верт 2011 — Герлах К., Верт Н. Государственное насилие — общество насилия // За рамками тоталитаризма. Сравнительные исследования сталинизма и нацизма / Ред. М. Гейер и Ш. Фицпатрик; пер. с англ. Л. Е. Сидикова. М.: РОССПЭН; Фонд «Президентский центр Б. Н. Ельцина», 2011.

Добсон 2009 — Добсон М. Холодное лето Хрущева: Возвращенцы из ГУЛАГа. Преступность и трудная судьба реформ после Сталина / Пер. с англ. Д. А. Благова. М.: РОССПЭН, 2014.

Дэвид-Фокс М. Размышления о сталинизме, войне и насилии // СССР во Второй мировой войне: Оккупация. Холокост. Сталинизм / Пер. с англ. И. Махаловой; ред. О. Будницкий и Л. Новикова. М.: РОССПЭН, 2014.

Иванова 1997 — Иванова Г. М. ГУЛАГ в системе тоталитарного государства. М.: МОНФ, 1997.

Иванова 2006 — Иванова Г. М. История ГУЛАГа. 1918–1958. Социально-экономический и политико-правовой аспекты. М.: Наука, 2006.

Корнилова 2014 — Корнилова О. Как строили первую советскую автомагистраль Москва — Минск. 1936–1941. Смоленск: Свиток, 2014.

Лихачев 1999 — Лихачев Д. С. Место под нарами: Соловки, 1928–1931 годы // Первое сентября. 1999. 6 ноября. URL: https://ps.1sept.ru/article.php?ID=199907707 (дата обращения: 13.10.2019).

Bacon 1994 — Bacon E. The Gulag at War: Stalin's Forced Labour System in the Light of the Archives. New York: Macmillan, 1994.

Barenberg 2009 — Barenberg A. Prisoners without Borders: Zakonniki and the Transformation of Vorkuta after Stalin // Jahrbücher für Geschichte Osteuropas. 2009. Bd. 57. № 4.

Barenberg 2014 — Barenberg A. Gulag Town, Company Town: Forced Labor and Its Legacy in Vorkuta. New Haven: Yale UP, 2014.

Barnes 2000 — Barnes S. A. Researching Daily Life in the Gulag // Kritika: Explorations in Russian and Eurasian History. 2000. Vol. 1. № 2. P. 377–390.

Barnes 2011 — Barnes S. A. Death and Redemption: The Gulag and the Shaping of Soviet Society. Princeton, New Jersey: Princeton UP, 2011.

Bell 2011 — Bell W. T. The Gulag and Soviet Society in Western Siberia. 1929–1953. PhD diss. University of Toronto, 2011. URL: https://tspace.library.utoronto.ca/bitstream/1807/29921/1/Bell_Wilson_T_201106_PhD_thesis.pdf (дата обращения: 20.10.2019).

Bell 2013 — Bell W. T. Was the Gulag an Archipelago? De-Convoyed Prisoners and Porous Borders in the Camps of Western Siberia // Russian Review. 2013. Vol. 72. № 1.

Brown 2007 — Brown K. Out of Solitary Confinement: The History of the Gulag // Kritika: Explorations in Russian and Eurasian History. 2007. Vol. 8. № 1. P. 67–103.

David-Fox 2012 — David-Fox M. Gorky's Gulag // Showcasing the Great Experiment: Cultural Diplomacy and Western Visitors to the Soviet Union, 1921–1941. New York: Oxford UP, 2012.

David-Fox 2015 — David-Fox M. Crossing Borders: Modernity, Ideology, and Culture in Russia and the Soviet Union. Pittsburgh: Pittsburgh UP, 2015.

David-Fox, Holquist, Martin 2014 — The Holocaust in the East: Local Perpetrators and Soviet Responses / Ed. by M. David-Fox, P. Holquist, A. M. Martin. Pittsburgh: University of Pittsburgh Press, 2014.

Etkind 2005 — Etkind A. Soviet Subjectivity: Torture for the Sake of Salvation? // Kritika: Explorations in Russian and Eurasian History. 2005. Vol. 6. № 1. P. 171–186.

Filtzer 2015 — Filtzer F. Starvation Mortality in Soviet Home-Front Industrial Regions during World War II // Hunger and War: Food Provisioning in the Soviet Union during World War II / Ed. by W. Z. Goldman and D. Filtzer. Bloomington: Indiana UP, 2015.

Graham 1996 — Graham L. The Ghost of the Executed Engineer: Technology and the Fall of the Soviet Union. Cambridge, MA: Harvard UP, 1996.

Gregory, Lazarev 2003 — Economics of Forced Labor: The Soviet Gulag / Ed. by P. R. Gregory, V. Lazarev. Stanford, CA: Hoover Institution Press, 2003.

Gregory 2003 — An Introduction to the Economics of Forced Labor / Ed. by P. R. Gregory, V. Lazarev. Economics of Forced Labor: The Soviet Gulag. Stanford, CA: Hoover Institution Press, 2003. P. 1–21.

Greiner, Kramer 2013 — Welt der Lager: Zur «Erfolgsgeschichte» einer Institution / Hg. von B. Greiner und A. Kramer. Hamburg: Hamburger Edition, 2013.

Holquist 2002 — Holquist P. Making War, Forging Revolution: Russia's Continuum of Crisis, 1914–1921. Cambridge, Massachusetts: Harvard UP, 2002.

Holquist 2003 — Holquist P. 1905–1921 // Kritika: Explorations in Russian and Eurasian History. 2003. Vol. 4. № 3.

Jahr, Thiel 2013 — Lager vor Auschwitz: Gewalt und Integration im 20. Jahrhundert / Hg. von C. Jahr und J. Thiel. Berlin: Metropol, 2013.

Kotkin 2014 — Kotkin S. Stalin: Paradoxes of Power, 1878–1928. New York: Penguin, 2014.

Levene 2013 — Levene M. The Crisis of Genocide, 2: Annihilation: The European Rimlands, 1939–1953. Oxford: Oxford UP, 2013.

Mochulsky 2011 — Mochulsky F. Gulag Boss: A Soviet Memoir. New York: Oxford UP, 2011.

Mühlhahn 2009 — Mühlhahn K. Criminal Justice in China: A History. Cambridge, Massachusetts: Harvard UP, 2009.

Mühlhahn 2009a — Mühlhahn K. The Dark Side of Globalization: The Concentration Camps in Republican China in Global Perspective // World History Connected. 2009. Vol. 6. № 1. URL: http://worldhistoryconnected.press.illinois.edu/6.1/muhlhahn.html#_ftnref47 (дата обращения: 13.10.2019).

Pallot 2015 — Pallot J. The Topography of Incarceration: The Spatial Continuity of Penality and the Legacy of the Gulag in Twentieth and Twenty-First Century Russia // Laboratorium: Russian Review of Social Research. 2015. Vol. 7. № 1. P. 26–50.

Shearer 2013 — Shearer D. R. Stalinist Repression, Modernity, and the Social Engineering Argument // The Anatomy of Terror: Political Violence under Stalin / Ed. J. Harris. Oxford: Oxford UP, 2013. P. 105–122.

Stanziani 2008 — Stanziani A. Free Labor — Forced Labor: An Uncertain Boundary? The Circulation of Economic Ideas between Russia and Europe from the 18th to the Mid-19th Century // Kritika: Explorations in Russian and Eurasian History. 2008. Vol. 9. № 1.

Stanziani 2014 — Stanziani A. Bondage: Labor and Rights in Eurasia from the Sixteenth to the Early Twentieth Centuries. New York: Berghahn, 2014.

Tolczyk 1999 — Tolczyk D. See No Evil: Literary Cover-Ups and Discoveries of the Camp Experience. New Haven: Yale UP, 1999.

Wachsmann 2015 — Wachsmann N. KL: A History of the Nazi Concentration Camps. New York: Farrar Straus and Giroux, 2015.

Wünschmann 2015 — Wünschmann K. Before Auschwitz: Jewish Prisoners in the Prewar Concentration Camps. Cambridge, Massachusetts: Harvard UP, 2015.

Майкл Дэвид-Фокс — историк, профессор Джорджтаунского университета в Вашингтоне, научный руководитель Международного центра истории и социологии Второй мировой войны и ее последствий Высшей школы экономики, редактор-основатель журнала «Kritika: Explorations in Russian and Eurasian History». Русское издание последней книги Дэвида-Фокса выходит в НЛО в 2020 году: «Пересекая границы: модерность, идеология и культура в России и Советском Союзе».

Часть I

СВИДЕТЕЛЬСТВА И ИНТЕРПРЕТАЦИИ

Глава 1

Олег Хлевнюк

Гулаг — не-Гулаг

Взаимодействие единого[1]

Трудно назвать другую проблему советского прошлого, которая изучалась бы в последние десятилетия столь интенсивно, как история сталинского Гулага[2]. На основе документов государственных и личных архивов, многочисленных интервью написаны тысячи работ. Подробно исследованы репрессивная политика сталинского режима, структура Гулага, деятельность его администрации — от низовых звеньев до главных управлений, принципы организации принудительного труда и внутрилагерной жизни. Введены в оборот данные о численности лагерей и заключенных, основные показатели экономики Гулага. Изучаются ключевые события в истории Гулага, такие, например, как восстания заключенных. Все чаще предметом рассмотрения становятся различные аспекты существования лагерного социума[3].

---

1 Статья подготовлена в рамках Программы фундаментальных исследований Национального исследовательского университета «Высшая школа экономики» (НИУ ВШЭ).

2 Понятие «Гулаг» в современной историографии используется для обозначения как собственно лагерной системы, так и более широкой совокупности мест лишения свободы (тюрьмы, колонии, специальные поселения и т. д.). В случае, когда речь идет о ведомстве — Главном управлении лагерей, используется написание прописными буквами — ГУЛАГ.

3 Литература о сталинских лагерях и других элементах карательной системы чрезвычайно велика. Среди обобщающих работ по разным аспектам проблемы см. [Иванова 2015; Земсков 2003; Бердинских, Бердинских и Ве-

В целом историография проблемы все ближе подходит к той границе, за которой начинаются повторы или добавление деталей к уже нарисованной картине. Ощущается необходимость осмысления имеющейся литературы, нацеленного на определение перспектив и исследовательских лакун. Очевидно, что появление новых подходов и тем в значительной мере связано с открытием очередных комплексов источников[4]. Вместе с тем многое зависит от уточнения нашего взгляда на традиционные вопросы и проблемы, от преодоления неизбежной в условиях «архивной революции» узкой исследовательской нацеленности и специализации.

Задачей данной статьи является привлечение внимания к некоторым комплексным вопросам истории Гулага, а именно: определению его границ, каналов взаимодействия с нелагерным социумом и последствиям этого взаимодействия, как кратковременным, так и долгосрочным. В общей постановке такие вопросы не являются новыми. Достаточно вспомнить идеи А. И. Солженицына о кругах (иначе говоря, о границах) Гулага и его представления о разделении советского общества на «малую» и «большую» зоны [Солженицын 1989]. Однако историки, оперируя ранее неизвестными знаниями и фактами, постоянно уточняют или даже пересматривают привычные представления, намечают новые направления исследований.

ремьев 2017; Barnes 2011; Cadiot et Elie 2017; Khlevniuk 2004; Бородкин, Грегори и Хлевнюк 2008; Эпплбаум 2015; Bell 2018; Виола 2010; Alexopoulos 2017].

4 Пока недоступен, например, такой важный комплекс документов, как материалы службы безопасности лагерей. Очевидно, что эти архивные фонды, содержащие донесения внутрилагерной агентуры и отчеты лагерных чекистов о положении в лагерях, о настроениях заключенных, о раскрытии реальных или вымышленных «заговоров», являются незаменимым историческим источником. Однако засекреченность таких документов как содержащих информацию оперативного характера не позволяет оценить даже степень их сохранности. Некоторые документы оперативных структур Гулага, в основном директивного характера, опубликованы в книге [История сталинского Гулага 2004, 6].

Определение границ

Основанные на архивах работы последних десятилетий создали впечатляющую картину советской действительности 1920–50-х годов, в том числе показали, каким было значение в развитии страны карательной системы. Разветвленная сеть лагерей, колоний, тюрем, спецпоселений и других относительно временных и специализированных подразделений изоляции и принудительного труда охватывала значительную часть населения страны. Обобщение имеющейся статистики позволяет утверждать, что в целом через различные места лишения свободы, а также ссылку за 1930–1952 годы прошли от 20 до 25 млн человек. По подсчетам А. И. Кокурина и Ю. Н. Морукова, за этот период было вынесено 18,9 млн приговоров к лишению свободы. Учет повторных приговоров сокращает, по мнению авторов, количество реально осужденных на 10–15 %, т. е. примерно до 16 млн человек [Кокурин и Моруков 2001: 100–101][5]. До 1 млн человек в 1930–1952 годах было расстреляно или замучено до смерти во время следствия[6].

Отчетность по арестам и обвинительным приговорам по делам органов госбезопасности демонстрирует устойчивую тенденцию значительного превышения первого показателя по отношению ко второму. Так, в 1930–1936 годах было арестовано 2,3 млн человек, а осуждено 1,4 млн [История сталинского Гулага 2004, 1: 609]. Такие данные позволяют говорить о наличии большого количества узников, которые некоторое время (часто достаточно долго) содержались под арестом, но в конце концов не осуждались

---

[5] Эти подсчеты основаны на данных об осуждениях по делам, возбуждаемым органами ОГПУ — НКВД — МВД — МГБ (как правило, внесудебные приговоры), с данными судебной статистики, что делает их более точными. Вместе с тем показатели судебной статистики за 1930–1936 годы могут быть неполными, поскольку она плохо велась и плохо сохранилась.

[6] Согласно ведомственной статистике, по делам, возбужденным органами ОГПУ — НКВД — МГБ СССР, было осуждено к расстрелу за 1930–1952 годы около 840 тысяч человек [История сталинского Гулага 2004, 1: 608–609]. В эти цифры не входили все категории расстрелянных; особенно это касалось периода войны.

и не попадали в соответствующую статистику. Вместе с тем предварительное заключение в переполненных тюрьмах и изоляторах было тяжелейшим наказанием и нередко заканчивалось смертью. Дополнительную категорию недоучета заключенных составляли осужденные, которые получили приговоры, не связанные с лишением свободы, но по разным причинам все же отправились в лагеря.

Не менее 6 млн человек за 1930–1952 годы подвергались высылке и содержались в полулагерных условиях в специальных поселениях [Земсков 2003: 281]. В основном это были «кулаки» и представители «репрессированных народов». Многие советские граждане во время войны прошли через проверочно-фильтрационные лагеря и т. д.

В целом в каждый отдельно взятый год сталинского правления в различных местах лишения свободы находилось несколько миллионов человек. Ко времени смерти Сталина, на 1 января 1953 года, в лагерях и колониях содержались около 2,5 млн человек, в тюрьмах — более 150 тысяч, в спецпоселениях и ссылке — более 2,8 млн, всего — 5,5 млн [Кокурин и Петров 2000: 435, 447; Земсков 2003: 225].

«Население» Гулага отличалось заметной неоднородностью и имело внутреннюю социальную иерархию, в значительной мере зеркально отражавшую иерархию не-Гулага. Политические заключенные, многие из которых занимали высокие ступени на социальной лестнице в не-Гулаге, нередко попадали на низшие позиции в Гулаге, уступая уголовным преступникам [Varese 1998]. Многоликим, повторявшим социальный состав не-Гулага был мир спецпоселений. Крестьяне в ссылке смешивались с украинскими и прибалтийскими партизанами-националистами и депортированными народами Северного Кавказа, с горожанами, выселяемыми в процессе паспортизации, и т. д.

Проблема определения внутренних границ Гулага и стратификации осужденных в сталинский период в последние годы приобрела в России острое политическое звучание. Широко распространены суждения, что реальными жертвами террора нужно считать «лишь» около 4 млн человек, осужденных в 1921–1953 годах за «контрреволюционные преступления»[7]. Сама по себе эта совсем не маленькая цифра вряд ли является окончательной и очевидной. Прежде всего, она не учитывает депортированных. Сомнительно также включение в состав уголовных преступников многих из осужденных по иным статьям, чем печально известная политическая 58-я статья советского Уголовного кодекса.

Исходной точкой для понимания действительного статуса многих неполитических заключенных может служить вывод одного из крупнейших исследователей советской юстиции и карательной политики П. Соломона: чрезвычайно жестокое сталинское законодательство «превращало все советское уголовное правосудие в систему, где оставалось все меньше правосудия» [Соломон 2008: 422][8]. В лагеря и колонии в большом количестве попадали люди, тяжесть наказания которых совершенно не соответствовала опасности их преступлений или проступков. Число настоящих уголовных преступников, тем более рецидивистов, в лагерях было сравнительно небольшим. Основную часть заключенных составляли обычные советские граждане, преступавшие чрезвычайно жестокие законы в силу тяжелых условий жизни или попадавшие под удар разного рода показательных кампаний по «наведению порядка». Именно по этой причине значительную долю среди осужденных составляли женщины [Верт 2010: 427–428]. В общем, значительная часть осужденных по неполитическим («бытовым») статьям по существу являлась жертвами чрезвычайно жестокой и неправосудной политики режима. Зачислить их в разряд «уголовников» можно только в случае специфического понимания основополагающих принципов правосудия.

На втором крайнем полюсе советской иерархии располагалось формально свободное население. Отсутствие реальных свобод и чрезмерная жестокость законов затрудняют определение этого

---

7 Источником этой цифры является ведомственная статистика органов госбезопасности о количестве арестованных и осужденных по политическим делам [ГАРФ. Ф. Р-8131. Оп. 32. Д. 4009. Л. 6–10].

8 О модели наказаний в сталинской диктатуре см. [Belova and Gregory 2009: 463–478].

социального пространства, расположенного за пределами сталинских лагерей. В словаре Ж. Росси внетюремный, внелагерный мир назван «волей». «Выскочить на волю», по Росси, означало освободиться [Росси 1991, 1: 59]. Очевидно, что заключенные лагерей, пережившие страшные страдания, должны были воспринимать момент освобождения как праздник, выход на «волю». С другой стороны, Ж. Росси, так же как А. И. Солженицын и многие другие, полагал, что «советский ГУЛАГ был... самым точным воплощением создавшего его государства. Не зря ведь об освобождаемом зэке говорили, что его переводят из "малой" зоны в "большую"» [Росси 1994: 178]. С учетом этих обстоятельств, видимо, правильнее определять внелагерный советский социум как не-Гулаг. Не-Гулаг составляла та часть населения страны, которая не подвергалась крайним формам государственного террора — расстрелам и изоляции в лагерях, тюрьмах и ссылке.

О невозможности определения внелагерной части советского общества как «свободного» дополнительно свидетельствует наличие в нем многочисленной категории полусвободного населения. Его вполне обоснованно как включать в состав не-Гулага, так и рассматривать в качестве особого промежуточного слоя советской социальной иерархии. В 1930–1952 годах судебными и внесудебными органами было вынесено около 30 млн приговоров, предусматривавших меры наказания, не связанные с лишением свободы. В основном это были приговоры к исправительно-трудовым работам без заключения в лагеря и колонии [История сталинского Гулага 2004, 1: 616–619; Khlevniuk 2004: 303–305][9]. Во многих случаях положение этих людей было чрезвычайно тяжелым. Отчисления значительной части заработной платы в пользу государства в условиях крайне низкого уровня жизни ставило семьи осужденных к исправительно-трудовым работам на грань выживания. Кроме того, над ними постоянно висела реальная угроза в случае повторных нарушений попасть в лагерную зону.

Помимо осужденных условно или к принудительным работам к категории полусвободного населения можно отнести также

---

[9] В эти показатели включалось какое-то количество повторно осужденных.

несколько других групп. Советские карательные и правоохранительные органы с небывалой легкостью прибегали к возбуждению уголовных дел и многочисленным задержаниям, которые в последующем не имели судебной перспективы. Только в 1935 году милицией были возбуждены уголовные дела против 2,4 млн человек, из которых почти 600 тысяч арестованы. Впоследствии 800 тысяч человек были признаны невиновными [История сталинского Гулага 2004, 1: 221]. В общем, миллионы людей, которых не учитывала судебная статистика, фактически попадали под удар сталинской карательной машины.

Еще несколько миллионов человек постоянно дискриминировались по социальным, политическим или национальным признакам. Они подвергались различным преследованиям: не могли получить работу по специальности, выселялись из столиц и крупных городов, лишались жилища и т. д. Главной предпосылкой такой дискриминации были практики коллективной (семейной, родовой, национальной, социальной) ответственности, которые широко использовались как важный элемент репрессий [Alexopoulos 2008].

В совокупности десятки миллионов дискриминируемых (приговоренных к наказаниям, не связанным с лишением свободы, и не осужденных, но преследуемых) существовали в своеобразной пограничной полосе между Гулагом и не-Гулагом. Так и не став узниками Гулага, они максимально приближались к нему. Испытывая серьезные материальные трудности, политическую дискриминацию, подвергаясь краткосрочным арестам, эти люди входили в группы риска, являвшиеся первостепенными целями террора, и чаще, чем другие категории населения, попадали в Гулаг.

Наличие огромной зоны «полусвободы» можно рассматривать как своеобразный символ размытости границ между Гулагом и не-Гулагом. Конечно, эту размытость и проницаемость границ не следует абсолютизировать. Понятно, что жизнь вне лагеря при любых обстоятельствах была лучше жизни в лагере, а статус свободного гражданина, пусть во многих отношениях формальный, был лучше статуса заключенного. Однако более детальное исследование сталинской повседневности усложняет эту априорно очевидную картину.

Прежде всего, как Гулаг, так и не-Гулаг не являлись однородными социально-экономическими образованиями. Существенными были различия между многочисленными подсистемами Гулага. Лагерь не равнялся колонии. Трудовые поселения и ссылка существенно отличались от лагерей. Разными были условия существования в старых, более благоустроенных, и новых лагерях, где зачастую наблюдалась повышенная смертность. Заключенные одного и того же лагеря нередко имели различные права и возможности. С другой стороны, существенно различались условия жизни в различных пространствах не-Гулага. Горожане пользовались привилегиями, недоступными крестьянам. «Социально чуждое» население подвергалось более значительной дискриминации, чем молодые выдвиженцы, которые занимали многочисленные вакансии, образовавшиеся в результате террора, и т. д.

В целом не будет преувеличением утверждать, что наиболее «благополучные» зоны Гулага и наиболее неблагополучные зоны не-Гулага максимально приближались друг к другу. Более того, в некоторых случаях уровень жизни в Гулаге был выше, чем в не-Гулаге. Известны примеры превосходства коллективных хозяйств крестьян-спецпереселенцев над окружающими их «свободными» колхозами. Бывшие «кулаки», находясь в ссылке, вели свое хозяйство более рационально и жили заметно богаче местных крестьян [ГАРФ. Ф. Р-9479. Оп. 1. Д. 60. Л. 136–140; Khlevniuk 2004: 267–269].

Крайняя нужда большинства населения страны, особенно крестьян, которые оплачивали индустриализацию, оказывала решающее влияние на соотношение Гулага и не-Гулага. Главным образом за счет нищенского существования крестьян общий уровень материального обеспечения населения не-Гулага по ряду ключевых параметров приближался к соответствующим показателям Гулага. Например, в 1939 году соотношение рациона питания в Гулаге и не-Гулаге было следующим [Нефедов 2012: 75, 76; Кокурин и Петров 2000: 477][10]:

---

[10] Конечно, приведенные статистические данные не в полной мере отражали реальную ситуацию. Нормы, предусмотренные для заключенных, далеко не всегда обеспечивались ресурсами. Однако верно и то, что бюджетные обсле-

	Потребление продуктов питания крестьянами в граммах в день	Потребление продуктов питания рабочими в граммах в день	Минимальная норма довольствия заключенных в ИТЛ и колониях в граммах в день
Хлеб, мука, макароны	565	549	610
Крупа	36	24	100
Картофель и овощи	465	393	500
Мясо	70	114	30
Рыба	4	26	128
Жиры (масло растительное и коровье, сало)	18,8	18	Не предусматривалось
Молоко и молочные продукты	176	79	Не предусматривалось
Сахар и кондитерские изделия	18,6	76	10
Яйца	3,6	3	Не предусматривалось

Как видно из таблицы, рацион питания «свободного» населения, в первую очередь крестьян, по своей структуре и объемам вплотную приближался к нормам, предусмотренных для заключенных. Эта тенденция наблюдалась и в последующие годы.

Границы Гулага и не-Гулага размывало также применение принципов принудительного труда не только в лагерной зоне и ссылке, но и в «свободном» секторе экономики. С начала 1930-х годов крестьяне, а с 1940 года рабочие и служащие были в значительной мере прикреплены к колхозам и промышленным предприятиям. Самовольное увольнение грозило тюремными сроками. Одним из

дования в не-Гулаге также приукрашали действительность. При этом важно подчеркнуть, что для сравнения брались минимальные нормы для заключенных, а именно норма № 1, которая устанавливалась для заключенных, не выполнявших производственные задания, или неработающих инвалидов.

крайних проявлений этой системы закрепощения формально вольнонаемных работников были так называемые «трудовые резервы» и школы рабочей молодежи. Через эту мобилизационную систему молодых людей направляли в промышленность. Условия жизни и труда в таких школах и училищах были исключительно тяжелыми, что порождало массовое дезертирство, несмотря на угрозу осуждения к тюремному заключению [Фильцер 2011].

Каналы взаимодействия

Таким образом, сама попытка определить границы Гулага и не-Гулага приводит нас к осознанию их тесной взаимосвязи. Жилые дома и тюрьмы располагались по соседству, и расстояние между ними представляло величину минимальную как с географической, так и с правовой точки зрения. Гулаг не был изолирован от не-Гулага непроницаемой стеной. В «стене» было много легальных калиток и полулегальных проломов. Вместе с тем для историка такая констатация — лишь исходный пункт проблемы. Сама же проблема заключается в том, чтобы понять реальные практики взаимодействия Гулага и не-Гулага, краткосрочные и долговременные последствия их взаимного влияния.

Интерес к этим вопросам неизбежно усилился после того, как в целом было завершено исследование основных параметров собственно Гулага. Прежде всего, началось изучение тех каналов, по которым осуществлялось взаимодействие Гулага и не-Гулага. Большое значение имело появление целой серии работ о возвращении и адаптации заключенных после смерти Сталина [Адлер 2013; Weiner 2006; Elie 2006; Добсон 2014; Коэн 2011]. В ряде важных исследований обращается внимание на масштабность освобождения заключенных уже в сталинское время. Это происходило в результате истечения срока осуждения и различных амнистий [Alexopoulos 2005][11]. По официальным данным, около

[11] Рассмотрение Гулага как открытой системы, при помощи которой осуществлялось «перевоспитание» миллионов заключенных, является важной частью концепции книги [Barnes 2011].

Рис. 1.1. Двое бывших заключенных ГУЛАГа узнают друг друга по одинаковым чемоданам. Кадр из фильма «Холодное лето пятьдесят третьего...» (Александр Прошкин, 1987)

7 млн заключенных были освобождены из лагерей в 1934–1952 годах (вряд ли значительная их часть повторно) [История сталинского Гулага 2004, 4: 111, 135–136][12]. Количество освобождений по тюрьмам и колониям пока неизвестно вообще. Оно могло быть значительным, особенно по колониям, где содержались заключенные с небольшими сроками. Большие группы спецпереселенцев, особенно из числа молодежи, получали официальное разрешение на выезд из ссылки. Сотни тысяч заключенных и особенно спецпереселенцев бежали из мест заключения и ссылки.

Очевидно, что столь значительные перемещение из Гулага в не-Гулаг были важным каналом взаимодействия этих двух частей советского общества. Эти передвижения, как считает Г. Алексопулос, означали, что «мир Гулага и не-Гулага регулярно взаимодействовали и что сталинская система принудительного

---

[12] Отсутствуют данные за 1948 год. Г. Алексопулос считает, что в статистику освобожденных заключенных лагерей не включались освобожденные по массовым амнистиям [Alexopoulos 2005: 275]. Важно также помнить, что во многих случаях заключенные лагерей, как отмечается в литературе, «освобождались, чтобы умереть» (инвалиды, неизлечимо больные). См. [Ellman 2002: 1152].

Рис. 1.2. Заключенные и вольнонаемные работники на месте строительства железной дороги Чум — Лабытнанги, 1954 (Общество «Мемориал»)

труда воздействовала на советское общество многими способами» [Alexopoulos 2005: 306]. К аналогичным выводам приходит исследователь феномена «зазонников» — заключенных, которым позволялось жить вне лагерей [Barenberg 2009][13]. Эта санкционированная властями (чаще местными, реже центральными) практика в отдельные периоды получала широкое распространение. С одной стороны, она была вызвана экономическими причинами. С другой — являлась легализацией фактически существовавшего тесного взаимодействия Гулага и не-Гулага.

«Зазонники», жившие и работавшие вне лагерных зон, представляли собой наиболее полное воплощение приоритета экономических интересов Гулага над политическими и режимными предписаниями. По своему статусу к ним приближались так называемые «бесконвойные», «расконвоированные» — заключенные, жившие в лагерях, но свободно передвигавшиеся за пределами лагерей на различных производственных объектах [Bell 2013]. В исследованиях по экономике принудительного труда фиксируется распространенность такого явления, как совместная работа заключенных и вольнонаемных работников

[13] С. Барнс отмечает аналогичную практику в Карлаге [Barnes 2011: 44].

на многочисленных предприятиях НКВД — МВД и других министерств [Bell 2018: 39]. В 1950 году МВД выделял другим ведомствам четверть заключенных лагерей и колоний [ГАРФ. Ф. Р-9414. Оп. 1. Д. 326. Л. 25, 31]. Значительным было и встречное движение. В первом полугодии 1950 года в основном производстве и капитальном строительстве МВД (без вольнонаемного состава лагерей) было занято 662 тысячи вольнонаемных, около 40 % общей численности работающих на объектах МВД [История сталинского Гулага 2004, 3: 36].

Эта последняя цифра напоминает нам о том, что важным каналом взаимодействия Гулага и не-Гулага являлось наличие в стране значительной по размерам группы населения, обслуживающей работу карательной и лагерной системы. По своему статусу служащие Гулага находились на одной из низших ступеней в советской карательной системе. Неблагоприятные условия службы в отдаленных, плохо пригодных для жизни регионах были незавидными. Не случайно руководителями лагерных подразделений периодически назначались чекисты и чиновники, осужденные за служебные злоупотребления или попадавшие в опалу. Охрана лагерей формировалась путем мобилизации. Охранников постоянно не хватало, что, как известно, породило такое явление, как «самоохрана» — использование в качестве охранников заключенных из числа уголовников. Служащие лагерной системы получали специфический профессиональный и жизненный опыт, который может рассматриваться как социальный результат взаимодействия Гулага и не-Гулага. Характерными чертами этого опыта были привычка к насилию и злоупотреблению властью, тесное взаимодействие с уголовным миром и усвоение его принципов «поддержания порядка» [Эпплбаум 2015: гл. 13; Хейнцен 2008; Захарченко 2013: 451–461][14].

Наличие многочисленных каналов, соединявших Гулаг и не-Гулаг, передвижение между ними десятков миллионов людей, активные контакты лагерного и нелагерного населения в силу

---

[14] О слабостях немногочисленных мемуаров гулаговских служащих как исторического источника см. [Hooper 2013].

экономической необходимости позволяют предполагать, что воздействие Гулага на советское общество, советскую политическую и экономическую системы было значительным. Главная сложность, однако, заключается в том, чтобы выявить конкретные параметры и признаки, по которым можно судить о влиянии Гулага.

Гулаг как модель

В 1930–50-е годы Гулаг стал важнейшим фактором развития советской системы, что лучше всего изучено на примере интенсивной экспансии экономики принудительного труда. Многочисленные данные позволяют рассматривать включенность экономики Гулага в советскую экономическую систему как абсолютную, а не фрагментарную. Иначе говоря, лагерный принудительный труд не представлял собой изолированный сектор советской экономики, а был встроен в нее как важнейший и необходимый элемент. Накануне смерти Сталина Министерство внутренних дел СССР являлось крупнейшим строительным ведомством. Оно осваивало не менее 10 % общесоюзных капитальных вложений. По многим важнейшим видам промышленной продукции экономика МВД занимала лидирующие или исключительные позиции. После войны МВД сосредоточило в своих руках всю добычу золота, серебра, платины, кобальта. В 1952 году МВД обеспечивало производство примерно 70 % олова и трети никеля и т. д. По плану 1953 года вывозка деловой древесины и дров предприятиями МВД должна была составить более 15 % от общесоюзной [История сталинского Гулага 2004, 3: 41–44]. Такие масштабы экономики Гулага свидетельствовали о том, что она неизбежно была тесно связана с экономикой не-Гулага. Между ними происходил постоянный обмен ресурсами.

Наличие значительных контингентов подневольных рабочих поддерживало мобилизационный характер советской экономики. Правительство и отраслевые министерства постоянно обращались к заключенным как к ресурсу для решения срочных задач в неблагоприятных условиях. Наличие такого ресурса позволяло игнорировать экономические стимулы развития, способствовало распространению чрезвычайных командно-административных методов управления. Широкое применение принудительного труда сдерживало развитие социальной инфраструктуры: лагерные бараки заменяли нормальное жилье, лагерная медицина — регулярную систему здравоохранения [Alexopoulos 2017][15]. Массовые аресты и расстрелы сокращали трудовой потенциал страны. Были уничтожены, умерли раньше срока или превратились в инвалидов миллионы мужчин и женщин трудоспособного возраста, многие из которых обладали значительным уровнем квалификации. Только часть образованных кадров использовалась в Гулаге по назначению (известный пример — так называемые «шарашки»[16]). Инженер, направленный с лопатой на тяжелые земляные работы, был обычным явлением на хозяйственных объектах НКВД — МВД. Общий низкий уровень профессиональной подготовки лагерной рабочей силы при ее многочисленности и доступности тормозил механизацию производства. Распространение принудительного труда являлось важным фактором реализации многочисленных амбициозных, но экономически несостоятельных мегапроектов. Многие из них в разное время с легкостью начинались, но не доводились до конца. Это явление стало одним из наиболее ярких примеров высокой ресурсозатратности как экономики Гулага, так и советского народного хозяйства в целом [Gestwa 2010; Mildenberger 2000; Рогачев 2000].

Как отмечается в литературе, Гулаг был основным орудием и в значительной мере порождением советской модели внутренней колонизации[17]. Экономика и социальная инфраструктура отдаленных богатых ресурсами окраин страны формировалась в рамках больших лагерных комплексов. Коренное население

---

[15] См. также статью Д. Хили в настоящем издании.

[16] См. статью А. Сиддики в настоящем издании.

[17] В последнее время концепция внутренней колонизации в России приобрела популярность благодаря работам культурологов. См. [Эткинд 2018]. Вместе с тем ищут свои подходы к этой важной проблеме также историки советского периода. См. [Pallot 2002; Широков 2013; Viola 2014; Хили 2012; Sprau 2018].

в таких регионах было относительно немногочисленным, а поэтому заключенные лагерей составляли заметную долю трудовых ресурсов. В конце 1930-х годов, например, заключенные и их охранники составляли примерно четверть населения республики Коми и Карелии, до 20 % населения Дальнего Востока и т. д. [Поляков 1992: 23–25, 229, 233]. Прирост населения таких регионов происходил также за счет досрочно освобожденных колонизированных заключенных и заключенных остававшихся здесь после полного отбытия срока. Этому способствовала политика властей, которые запрещали проживание бывших заключенных во многих областях страны и нередко повторно преследовали тех из них, кто выезжал за пределы отдаленных регионов. Кроме того, как показывают исследования, территории лагерных комплексов были наиболее благоприятной средой для социальной адаптации освободившихся заключенных как при Сталине, так и после его смерти [Barenberg 2013: 143–175; Sprau 2018].

В результате вокруг крупных лагерных комплексов складывались особые «серые» зоны, представлявшие собой нечто среднее между Гулагом и не-Гулагом. Они формировались на севере Европейской части СССР (Коми АССР, Карельская АССР, Архангельская область), в Сибири и на Дальнем Востоке. Исследование таких зон применительно к сталинскому периоду почти не проводилось. Демографическая статистика позволяет предполагать, что это были социально неблагополучные регионы, в которых наблюдалась более высокая, чем в среднем по стране, смертность населения в целом и детей в возрасте до года в частности [Юрков 1998: 114, 115, 136].

Колонизуемые Гулагом окраины являлись примером максимальной концентрации населения, имевшего опыт заключения. Однако жестокость законов привела к тому, что к особой лагерной субкультуре приобщались миллионы людей во всех регионах страны. Огромный Гулаг в значительной мере способствовал воспроизводству уголовной преступности, вовлекая в число рецидивистов людей, приговоренных к большим срокам заключения за малосущественные нарушения, совершенные в силу крайне тяжелых условий жизни. Масштабы и повседневность социума профессиональной преступности в СССР, его связи с Гулагом и не-Гулагом требуют исследования, хотя это и затрудняется почти полной закрытостью документов МВД[18]. Пока с полным основанием можно утверждать, что наличие большого количества освобожденных и беглецов из Гулага (главным образом бывших кулаков) чрезвычайно беспокоило сталинское руководство. Это была важная причина для периодических чисток, самой известной из которых были массовые операции 1937–1938 годов[19].

Важным следствием жестоких репрессий и произвола явились конфликтные и даже враждебные отношения между государством и значительной частью советского общества. Массовыми были представления о несправедливости советской карательной политики, об отсутствии правосудия и социальном разрыве между верхами и низами. Острую реакцию в советском обществе вызвало, например, принятие указов Президиума Верховного Совета СССР от 4 июня 1947 года о борьбе с хищениями государственной и личной собственности. Они предусматривали непомерно жестокие меры наказания за сравнительно незначительные проступки, причем нередко вызванные сложными жизненными обстоятельствами, последствиями послевоенной бедности и разрухи. Именно этот аспект проблемы подчеркивали авторы сохранившихся писем в адрес советских вождей. Ученик сельской школы А. Е. Багно, рассказывая о тяжелой жизни своей семьи и односельчан, открыто писал Сталину:

> ...Тут не уворуешь — не проживешь без средств со стороны. Вот и сейчас двух колхозниц <...> будут судить за хлеб. Что же они с жиру пошли его воровать? Может быть их детям нечего будет есть зимой. А в колхозе сколько там дадут. Если бы они жили на

---

[18] Отдельные работы об уголовной преступности и борьбе с ней, основанные на закрытых архивах МВД, демонстрируют значительный информационный потенциал этих документов. См., например, [Говоров 2003; Говоров 2004].

[19] О связи массовых операций 1937–1938 годов и борьбы с уголовной преступностью см. [Ширер 2014]. О ситуации в деревне в связи с возвращением высланных кулаков см. [Фицпатрик 2008].

> положении «повышенного быта», тогда уж другое дело. Можно бы и 10 лет дать. А раз их, считай, к этому принудили, а теперь 10 или сколько там лет тюрьмы дали — это уже несправедливо. Создайте сносные материальные условия, а потом судите [Горская 2015: 278–280].

Это письмо, как и другие похожие обращения, было положено на стол Сталину, но осталось без последствий[20].

Подобные установки массового сознания формировали привычку к государственному насилию, правовой нигилизм, презрение к правоохранительной и судебной системе, социальную пассивность. Эти качества среднего советского человека на долгие десятилетия предопределили развитие страны как при социализме, так и после его падения. В январе 1934 года корреспондент «Крестьянской газеты» сообщал в служебной записке в редакцию:

> По дороге в Ленинград мне пришлось беседовать с колхозниками. Меня поразило то, что колхозники не считают зазорным приговор суда на «принудиловку» [осуждение к принудительным работам. — *О. Х.*]. В разговоре они без конца перечисляют и упоминают, «что вот, мол, приехал с принудиловки», «послали на принудиловку» и т. д., как будто принудиловка — дом отдыха или курорт [Лившин и Орлов 2002: 236].

Е. Ю. Зубкова отмечает героизацию образа уголовника-рецидивиста в советской молодежной культуре после войны [Зубкова 1999: 93–94]. Джон Раунд, встречавшийся с бывшими заключенными в Магадане уже в наше время, также столкнулся с долгосрочными социальными последствиями государственного насилия: «Хотя прошло уже полстолетия со времени их освобождения, интервьюируемые все еще чувствуют, что другие слои общества презирают их, и они по-прежнему чрезвычайно боятся властей. Они стараются жить максимально анонимно, минимально взаимодействуя с государственными структурами...» [Round 2006: 22].

---

[20] Письмо было включено в сводку писем за август-сентябрь 1952 года, представленных Сталину и направленных на рассмотрение Г. М. Маленкову.

Массовые репрессии по национальному признаку, трагический опыт ссылки, пережитый некоторыми народами СССР, имели долгосрочные негативные последствия в сфере межнациональных отношений. Широко распространено понимание того, что «месть прошлого» [Suny 1993][21], включая сталинское наследие, была важным фактором острых национальных конфликтов и распада СССР в 1980-е годы. Как показывают документы, межнациональные конфликты, в том числе принимавшие форму вооруженной борьбы, и нараставшее недовольство «наказанных народов» в ссылке являлись характерными чертами сталинской системы, свидетельством ее кризисного состояния [Кошелева 2013]. Декриминализация национальной политики после смерти Сталина позволила предотвратить назревавший взрыв, однако не устранила глубинных противоречий, порожденных национальными чистками 1930-х — начала 1950-х годов.

Страты по Гулагу

В конечном счете сталинский террор и наличие огромного Гулага фактически формировали новую структуру советского общества. Это была своеобразная иерархия страт, статус которых определялся степенью примененного к ним государственного насилия. Условно эту иерархию можно представить следующим образом:

— заключенные и ссыльные;

— осужденные к мерам наказания, не связанным с лишением свободы, а также находившиеся под следствием и временным арестом, но в конечном счете не осужденные;

— «подозрительные» — родственники репрессированных, слои населения, подвергавшиеся дискриминации по социальным, национальным признакам, но не попавшие в Гулаг;

— избежавшие Гулага, но не получившие от этого явных социальных преимуществ;

---

[21] Об исследованиях национальной ссылки см. [Ro'i 2009].

— «выдвиженцы террора», получившие в результате кадровых чисток социальные преимущества, но непосредственно не причастные к организации террора;

— исполнители террора — сотрудники карательного аппарата и других звеньев партийно-государственной машины, причастных к организации и исполнению террора.

Взаимодействие и противостояние отмеченных страт прослеживается в советском и российском социально-политическом развитии в течение многих десятилетий. Разлагающе действуя на политико-моральное состояние советского общества, опыт Гулага при определенных условиях мог стать важным фактором преодоления сталинизма. Долг свидетеля, требующего справедливости и предупреждающего об опасности, становился смыслом жизни многих жертв Гулага[22]. Такие свидетельства явились самым сильным, эмоциональным и убедительным аргументом в борьбе антисталинистов за будущее страны.

Возможности для свидетельствования, конечно, зависели от общей политической ситуации. Сталинское государство прилагало огромные усилия, чтобы правда о Гулаге не проникала за пределы лагерей. Письма заключенных подвергались цензуре. Практика свиданий с родственниками в лагерях была чрезвычайно ограниченна. Страх перед свидетельствами наряду с другими причинами заставлял власти максимально изолировать бывших заключенных. После отбытия срока им запрещали селиться в больших городах и других «режимных местностях», отправляли в ссылку в отдаленные районы, держали под постоянным контролем.

Изоляция и наказания за свидетельство, несомненно, давали свои результаты. На многие годы в среде бывших узников Гулага сформировалась устойчивая привычка молчания. Вытесняя из памяти страшный опыт, многие старались обезопасить себя и своих детей. «...Они жили маскируясь и молча почти 70 лет.

---

22 О проблеме свидетелей и свидетельства применительно к узникам нацистских концлагерей см. [Агамбен 2012].

Одна из опрошенных подчеркивала, что она не говорила никому, даже собственным детям, о своем опыте», — пишет М. Кацнельсон, бравший интервью у детей спецпереселенцев в Сибири в 2003 году [Kaznelson 2007: 1164].

Возможности для свидетельствования существенно расширились после смерти Сталина. Социальная активность бывших политических заключенных была важной частью хрущевской оттепели. Критика сталинизма в 1950–60-е годы, отчасти мотивированная политическими расчетами власти, для бывших узников Гулага являлась способом своеобразного социального реванша и восстановления справедливости. Очевидно, что такой подход мог быть активно поддержан многочисленными жертвами сталинского произвола и их близкими, тем более что антисталинизм и возвращение к Ленину стали официальной идеологической доктриной. Лояльные антисталинисты, сохранившие верность партии и идеалам социализма, составляли авангард оттепели, пользуясь поддержкой государства[23].

Вместе с тем десталинизация не удержалась в заданных сверху рамках. Сталинизм все чаще рассматривался как воплощение социализма, а ленинский террор приравнивался к сталинскому. Манифестом этого влиятельного направления стал «Архипелаг ГУЛАГ» А. И. Солженицына, основанный на большом количестве неортодоксальных мемуаров. Солженицын и его единомышленники определили взгляд на сталинизм нескольких послесталинских поколений.

В ответ на этот вызов уже в ходе десталинизации вполне очевидно обозначилась тенденция ресталинизации, определения узких границ критики сталинского прошлого[24]. Эта политика получила ускорение после снятия Хрущева. Ресталинизация

---

[23] Об этой категории бывших политических заключенных см. [Адлер 2013]. О требованиях оптимистического переживания лагерного опыта см. [Jones 2008].

[24] О противоречивых тенденциях десталинизации, в том числе о консервативном повороте в реорганизации лагерной системы в начале 1960-х годов, см. [Elie 2013: 125–132; Hardy 2016].

в значительной мере опиралась на интересы и представления выдвиженцев террора. Именно к этой категории принадлежали высшие руководители страны в 1960-е — начале 1980-х годов. Не имея намерений полностью реабилитировать сталинизм и массовый террор, они предпочитали замалчивать эти проблемы и делать акцент на трудностях строительства нового общества во враждебном окружении. Эта формула вполне устраивала непосредственных исполнителей террора. В большинстве вряд ли протестовала против «тихой ресталинизации» и та часть населения, которая избежала сталинского террора. Предсказуемое авторитарное развитие советской системы без всплесков государственного насилия стимулировало безразличие к преступлениям прошлого. Из таких разных (и в разной степени активных) сил формировалась общность защитников Гулага.

Однако посеянные свидетелями семена дали новые всходы во второй половине 1980-х годов. На этот раз дело зашло гораздо дальше, чем при Хрущеве[25]. Массовые реабилитации и возможность самоорганизации антисталинских сил, важным свидетельством чего было создание общества «Мемориал», породили новую ситуацию. Заметное участие в формировании памяти о Гулаге приняла не только традиционно активная часть бывших политических заключенных, но и более широкие слои жертв сталинского и послесталинского террора. Проигравшими в этой борьбе памятей о Гулаге оказались как выдвиженцы террора, так и — особенно — его исполнители. Несколько громких скандалов периода перестройки было связано с разоблачением бывших чекистов, в почете и благополучии доживавших свой век.

Свой шанс на реванш защитники террора получили в связи с изменением российской ситуации в двухтысячные годы. Многочисленные социально-экономические и политические причины поворота к «мягкому авторитаризму» являются предметом специального рассмотрения. С точки зрения темы данной статьи важно отметить, что составной частью такого поворота являются специфические массовые исторические представления о ста-

---

25 См. подробную хронику этих событий в работах [Davies 1989; Davies 1997].

Рис. 1.3. Празднование 75-летия Усольлага. Увеличенный кадр из телевизионного новостного репортажа

линизме и Гулаге [Adler 2005; Рогинский 2011; Дубин 2011]. Несмотря на их многообразие и нюансы, эти точки зрения вполне поддаются систематизации на основании обозначенных выше критериев стратификации по Гулагу.

Умонастроения узников Гулага и жертв послесталинского произвола вполне прослеживаются в непрерывающейся линии осуждения сталинизма. Вместе с тем в массовом сознании современной России наблюдается неагрессивное безразличие к теме террора и Гулага. Его источниками, скорее всего, является усталость от эмоциональных и политических переживаний, превращение сталинизма в прошлое, не затрагивающее реальные интересы современного гражданина России. С точки зрения гулаговской стратификации носителями таких настроений могут быть семьи, в свое время благополучно пережившие террор, хотя и не получившие от этого явных социальных преимуществ.

Позицию выдвиженцев террора в определенной мере можно различить в распространенных теориях «сталинской модернизации»: «жертвы были ужасны, но исторически необходимы». Предпочтения исполнителей террора и отчасти его выдвиженцев демонстрирует многочисленная апологетическая литература. Целенаправленное отрицание Гулага в современной России в основном имеет две ипостаси. Первая — политико-пропагандистская, объявляющая курс Сталина абсолютно верным. Вторую можно назвать ведомственной. Она утверждает, что сталинский Гулаг был обычной пенитенциарной системой, и всячески подчеркивает героические свершения советской карательной системы как в борьбе с преступностью, так и в экономической области[26].

Приверженцами ведомственной презентации Гулага в современной России выступают прежде всего историки и служащие, связанные со структурами российского Министерства внутренних дел и пенитенциарной системы. Одним из последних примеров ведомственных умонастроений, вызвавшим активные комментарии в интернет-сообществе, было празднование в Пермской области 75-летия Усольского лагеря (рис. 1.3).

Усольский лагерь являлся одним из символов «Большого террора» 1937–1938 годов. Он входил в число семи лесозаготовительных лагерей, срочно созданных в конце 1937 года в связи с необходимостью размещения массы заключенных, осужденных «тройками» в ходе массовых операций НКВД [ГАРФ. Ф. Р-5446. Оп. 22а. Д. 139. Л. 21]. Заключенные этих лагерей, организованных на скорую руку, существовали в особенно ужасных условиях. К 1 января 1938 года в этих лагерях числились около 90 тысяч заключенных. За первые полгода их существования умерли более 12,5 тысяч, более 20 тысяч перешли в разряд нетрудоспособных, в том числе около пяти тысяч стали инвалидами [ГАРФ. Ф. Р-9114. Оп. 1. Д. 1138. Л. 59, 63; Д. 2740. Л. 53]. Новые лесные лагеря, организованные в 1937 году, по существу оказались лагерями смерти. Игнорируя эти доступные исторические факты, руководство Усольского лагеря и управления Федеральной службы исполнения наказаний по Пермской области отметило юбилей лагеря под лозунгом:

> В январе 1938 года в Усольском ИТЛ НКВД СССР были заложены традиции, которые имеют ценность и в нынешнее время. Это верность Родине, взаимовыручка, уважение к ветеранам. Усольлаг — это тысячи километров дорог, сотни лесных поселков,

---

[26] О ведомственной литературе о Гулаге см. [Иванова 2006: 9].

более 60 тысяч сотрудников, рабочих и служащих, трудившихся на протяжении 75 лет, это школы, детсады, клубы [Наконечный 2013][27].

* * *

Долгие годы тезис о системообразующей роли Гулага основывался на представлениях об огромных размерах лагерей. Речь шла о том, что одновременно в них находились многие миллионы и даже десятки миллионов заключенных. В последние двадцать лет в связи с открытием архивов удалось достичь в этом вопросе относительной ясности — в лагерях и колониях в моменты их максимального роста содержалось около 2,5 млн человек. Означает ли это, что террор и Гулаг не играли столь большой роли в сталинской системе, которую им приписывали? На самом деле новые документы лишь показали, что террор и государственное насилие при Сталине имели более сложную и разветвленную структуру, чем предполагалось ранее. Наряду с расстрелами и заключением в лагеря миллионы людей отправлялись в ссылку, подвергались арестам, хотя впоследствии не осуждались, не попадая в судебную статистику и т. д. Десятки миллионов человек приговаривались к различным наказаниям без лишения свободы, прежде всего к исправительно-трудовым работам. В стране были многочисленные категории населения, которые подвергались различным преследованиям и дискриминации и существовали на грани ареста. Наиболее известны из них члены семей «врагов народа». В общем, прямые репрессии разного рода касались значительной части взрослого населения страны.

Широкий размах и сложная структура государственного насилия имели столь же многочисленные и сложные последствия

[27] Аналогичные факты и тенденции фиксируют исследования в других регионах массового сосредоточения лагерей. См. [Pallot, Piacentini and Moran 2010]. Настроения в пользу своеобразной реабилитации Гулага имеют также важные экономические предпосылки: в ряде районов России лагеря до сих пор остаются единственными работодателями для местного населения [Pallot 2005: 109–110].

для формирования и последующего развития советской системы. Условно их можно разделить на краткосрочные и долгосрочные. Уже в период максимального распространения сталинского Гулага, в 1930–50-е годы, он оказывал заметное воздействие на развитие практически всех сфер жизни советского общества. Многочисленные факты, лишь некоторые из которых обобщены в этой статье, позволяют изучать каналы проникновения Гулага в не-Гулаг, параметры их тесного взаимодействия. Широкое применение труда заключенных и спецпоселенцев поддерживало мобилизационную модель советской экономики, способствовало распространению методов принуждения и ослаблению экономических стимулов. Создание разветвленной сети лагерей и спецпоселений позволяло режиму в огромных масштабах применять насилие для поддержания социальной стабильности, несмотря на катастрофическое снижение уровня жизни. Как обычно, террор являлся фактором уничтожения значительной части интеллектуального потенциала страны, деформации общественной морали и отрицательной социальной селекции. В системах, построенных на насилии, худшие всегда имеют больше шансов для выживания и успешного социального продвижения.

Постепенный демонтаж сталинской репрессивной системы и Гулага после смерти вождя был важной, но недостаточной предпосылкой для преодоления наследия сталинизма. С одной стороны, преодолев диктатуру, страна оставалась авторитарной. С другой — многие социальные последствия террора и Гулага оказались устойчивыми и глубоко укорененными. Долгосрочное воздействие имело формирование разветвленного государственного карательного аппарата, не ограниченного в своих действиях какими-либо законами. Длительное влияние террора и Гулага способствовало снижению порога социальной чувствительности к произволу, формированию «привычки к несвободе» как устойчивого состояния массового сознания, подавляющего социальную активность. Границы между Гулагом и не-Гулагом демонстрируют свою проницаемость и условность в длительной исторической перспективе.

Источники

Горская 2015 — Последние письма Сталину. 1952–1953 / Под ред. Г. В. Горской и др. М.: РОССПЭН, 2015.

История сталинского Гулага 2004 — История сталинского ГУЛАГа: конец 1920-х — первая половина 1950-х годов. Собрание документов: В 7 т. Т. 1. Массовые репрессии в СССР / Под ред. Н. Верта и С. В. Мироненко; Т. 3. Экономика Гулага / Под ред. О. В. Хлевнюка; Т. 4. Население Гулага / Под ред. А. Б. Безбородова; Т. 6. Восстания, бунты и забастовки заключенных / Под ред. В. А. Козлова. М.: РОССПЭН, 2004.

Кокурин и Петров 2000 — ГУЛАГ. 1917–1960 / Сост. А. И. Кокурин, Н. В. Петров. М.: МФД, 2000.

Лившин и Орлов 2002 — Письма во власть. 1928–1939. Заявления, жалобы, доносы, письма в государственные структуры и советским вождям / Под ред. А. Я. Лившина и А. Б. Орлова. М.: РОССПЭН, 2002.

Юрков 1998 — Население России за 100 лет (1897–1997). Статистический сборник / Ред. Ю. А. Юрков и др. М.: Госкомстат, 1998.

Архивы

ГАРФ — Государственный архив Российской Федерации.

Библиография

Агамбен 2012 — Агамбен Дж. Homo sacer. Что остается после Освенцима: архив и свидетель / Пер. И. Левиной и др. М.: Европа, 2012.

Адлер 2013 — Адлер Н. Сохраняя верность партии: коммунисты возвращаются из ГУЛАГа. М.: РОССПЭН, 2013.

Бердинских, Бердинских и Веремьев 2017 — Бердинских В., Бердинских И., Веремьев В. Система спецпоселений в Советском Союзе 1930–1950-х годов. М.: Политическая энциклопедия, 2017.

Бородкин, Грегори и Хлевнюк 2008 — ГУЛАГ: Экономика принудительного труда / Под ред. Л. Бородкина, П. Грегори, О. Хлевнюка. М.: РОССПЭН, 2008.

Верт 2010 — Верт Н. Террор и беспорядок. Сталинизм как система / Пер. с фр. А. И. Пигалева. М.: РОССПЭН, 2010.

Виола 2010 — Виола Л. Крестьянский ГУЛАГ: мир сталинских спецпоселений / Пер. с англ. Е. Осокиной. М.: РОССПЭН, 2010.

Говоров 2003 — Говоров И. В. Разгул преступности в послевоенном Ленинграде // Вопросы истории. 2003. № 4.

Говоров 2004 — Говоров И. В. Негласная агентура советской милиции в 1940-х гг. // Вопросы истории. 2004. № 4.

Добсон 2014 — Добсон М. Холодное лето Хрущева: возвращенцы из ГУЛАГа, преступность и трудная судьба реформ после Сталина. М.: РОССПЭН, 2014.

Дубин Б. В. Россия нулевых: политическая культура, историческая память, повседневная жизнь. М.: РОССПЭН, 2011.

Захарченко 2013 — Захарченко А. В. НКВД и формирование авиапромышленного комплекса в Поволжье. 1940–1943 гг. Самара, 2013.

Земсков 2003 — Земсков В. Н. Спецпоселенцы в СССР. 1930–1960. М.: Наука, 2003.

Зубкова 1999 — Зубкова Е. Ю. Послевоенное советское общество: политика и повседневность. 1945–1953. М.: РОССПЭН, 1999.

Иванова 2005 — Иванова Г. М. История ГУЛАГа, 1918–1958: Социально-экономический и политико-правовой аспекты. М.: РОССПЭН, 2015.

Кокурин и Моруков 2001 — Кокурин А. И., Моруков Ю. Н. ГУЛАГ: структура и кадры // Свободная мысль — XXI. 2001. № 12. С. 96–116.

Кошелева 2013 — Советская национальная политика. Идеология и практики. 1945–1953 / Под ред. Л. П. Кошелевой и др. М.: РОССПЭН, 2013.

Коэн 2011 — Коэн С. Жизнь после ГУЛАГа: возвращение сталинских жертв. М.: АИРО-XXI, 2011.

Наконечный 2013 — Наконечный М. Праздник людоедов // Псковская губерния. 2013. Т. 627. № 5. 6–12 февр.

Нефедов 2012 — Нефедов С. А. Продовольственное потребление советских трудящихся в 1930-е гг. // Вопросы истории. 2012. № 12. С. 71–91.

Поляков 1992 — Всесоюзная перепись населения 1939 года. Основные итоги / Под ред. Ю. А. Полякова. М.: Наука, 1992.

Рогачев 2000 — Рогачев М. Б. УСЕВЛОН и история «Мертвой дороги» // Покаяние: Мартиролог: В 12 т. / Под ред. М. Б. Рогачева. Т. 3. Сыктывкар: Коми книжное изд-во, 2000. С. 345–373.

Рогинский 2011 — Рогинский А. Б. Память о сталинизме // История сталинизма: итоги и проблемы изучения. Материалы международной научной конференции. Москва, 5–7 декабря 2007 года. М.: РОССПЭН, 2011. С. 21–27.

Росси 1991 — Росси Ж. Справочник по ГУЛАГу: В 2 ч. М.: Просвет, 1991.

Росси 1994 — Росси Ж. Реальный социализм // Воля: журнал узников тоталитарных систем. 1994. № 2–3. С. 174–185.

Солженицын 1989 — Солженицын А. И. Архипелаг ГУЛАГ. 1918–1956. Опыт художественного исследования: В 3 т. М.: Советский писатель — Новый мир, 1989.

Соломон П. Советская юстиция при Сталине / Пер. с англ. Л. Максименкова. М.: РОССПЭН, 2008.

Фильцер 2011 — Фильцер Д. Советские рабочие и поздний сталинизм: рабочий класс и восстановление сталинской системы после окончания Второй мировой войны / Пер. с англ. А. Л. Раскина. М.: РОССПЭН, 2011.

Фицпатрик 2008 — Фицпатрик Ш. Сталинские крестьяне: социальная история Советской России в 30-е годы: деревня / Пер. Л. Ю. Пантиной. М.: РОССПЭН, 2008.

Хейнцен 2008 — Хейнцен Дж. Коррупция в ГУЛАГе: дилеммы чиновников и узников // ГУЛАГ: Экономика принудительного труда / Под ред. Л. Бородкина, П. Грегори, О. Хлевнюка. М.: РОССПЭН, 2008. С. 157–176.

Хили 2012 — Хили Д. Наследие ГУЛАГа: Принудительный труд советской эпохи как внутренняя колонизация // Там внутри: практики внутренней колонизации и культурной истории России / Под ред. А. Эткинда, Д. Уффельманна и И. Кукулина. М.: Новое литературное обозрение, 2012. С. 684–728.

Ширер 2014 — Ширер Д. Сталинский военный социализм: репрессии и общественный порядок в Советском Союзе, 1924–1953 гг. М.: РОССПЭН, 2014.

Широков 2013 — Широков А. И. Принудительный труд и вторая волна колонизации российского Севера // Принудительный труд в СССР. Экономика, политика, память. М.: РОССПЭН, 2013. С. 55–64.

Эпплбаум 2015 — Эпплбаум Э. ГУЛАГ. М.: АСТ, Corpus, 2015.

Эткинд 2018 — Эткинд А. Внутренняя колонизация: имперский опыт России. М.: Новое литературное обозрение, 2018.

Adler 2005 — Adler N. The Future of the Soviet past Remains Unpredictable: The Resurrection of Stalinist Symbols Amidst the Exhumation of Mass Graves // Europe-Asia Studies. 2005. Vol. 57. № 8. P. 1093–1119.

Alexopoulos 2005 — Alexopoulos G. Amnesty 1945: The Revolving Door of Stalin's Gulag // Slavic Review. 2005. Vol. 64. P. 274–306.

Alexopoulos 2008 — Alexopoulos G. Stalin and the Politics of Kinship: Practices of Collective Punishment, 1920s–1940s // Comparative Studies in Society and History. 2008. Vol. 50. № 1. P. 91–117.

Alexopoulos 2017 — Alexopoulos G. Illness and Inhumanity in Stalin's Gulag. New Haven; London: Yale UP, 2017.

Barenberg 2009 — Barenberg A. Prisoners Without Borders: Zazonniki and the Transformation of Vorkuta after Stalin // Jahrbücher für Geschichte Osteuropas, Neue Folge. 2009. Bd. 57. № 4. S. 513–534.

Barenberg 2013 — Barenberg A. From Prisoners to Citizens? The Experience of Ex-Prisoners in Vorkuta during the Thaw // The Thaw: Soviet Society and Culture during the 1950s and 1960s / Ed. by Denis Kozlov and Eleonory Gilburd. Toronto, 2013.

Barnes 2011 — Barnes S. Death and Redemption. The Gulag and the Shaping of Soviet Society. Princeton: Princeton UP, 2011.

Bell 2013 — Bell W. T. Was the Gulag an Archipelago? De-Convoyed Prisoners and Porous Borders in the Camps of Western Siberia // Russian Review. 2013. Vol. 72. № 1. P. 116–141.

Bell 2018 — Bell W. T. Stalin's Gulag at War: Forced Labour, Mass Death, and Soviet Victory in the Second World War. University of Toronto Press, 2018.

Belova and Gregory 2009 — Belova E., Gregory P. Political Economy of Crime and Punishment under Stalin // Public Choice. 2009. Vol. 140. № 3–4.

Cadiot et Elie 2017 — Cadiot J., Elie M. Histoire du Goulag. La Découverte, 2017.

Davies 1989 — Davies R. W. Soviet History in the Gorbachev Revolution. Basingstoke: Macmillan, 1989.

Davies 1997 — Davies R. W. Soviet History in the Yeltsin Era. Basingstoke: Macmillan, 1997.

Elie 2006 — Elie M. Les politiques à l'égard des libérés du Goulag. Amnistiés et réhabilités dans la région de Novosibirsk, 1953–1960 // Cahiers du monde russe. 2006. T. 47. № 1–2. P. 327–348.

Elie 2013 — Elie M. Khrushchev's Gulag: the Soviet Penitentiary System after Stalin's Death, 1953–1964 // The Thaw: Soviet Society and Culture during the 1950s and 1960s / Ed. by D. Kozlov and E. Gilburd. Toronto: University of Toronto Press, 2013. P. 109–142.

Ellman 2002 — Ellman M. Soviet Repression Statistics: Some Comments / Europe-Asia Studies. 2002. Vol. 54. № 7. P. 1151–1172.

Gestwa 2010 — Gestwa K. Die Stalinschen Großbauten des Kommunismus: Sowjetische Technik- und Umweltgeschichte, 1948–1967. München, 2010.

Hardy 2016 — Hardy J. S. The Gulag After Stalin: Redefining Punishment in Khrushchev's Soviet Union, 1953–1964. Cornell UP, 2016.

Hooper 2013 — Hooper C. V. Bosses in Captivity? On the Limitation of Gulag Memoir // Kritika: Explorations in Russian and Eurasian History. 2013. Vol. 14. № 1. P. 117–142.

Jones 2008 — Jones P. Memories of Terror or Terrorizing Memories? Terror, Trauma and Survival in Soviet Culture of the Thaw // The Slavonic and East European Review. 2008. Vol. 86. № 2. P. 346–371.

Kaznelson 2007 — Kaznelson M. Remembering the Soviet State: Kulak children and dekulakisation // Europe-Asia Studies. 2007. Vol. 59. № 7. P. 1163–1177.

Khlevniuk 2004 — Khlevniuk O. The History of the GULAG. From Collectivization to the Great Terror. London, New Haven: Yale UP, 2004.

Mildenberger 2000 — Mildenberger F. Die Polarmagistrale. Zur Geschichte strategischer Eisenbahnprojekte in Rußlands Norden und Sibirien (1943 bis 1954) // Jahrbücher für Geschichte Osteuropas, Neue Folge. 2000. Bd. 48. № 3. S. 407–419.

Pallot 2002 — Pallot J. Forced Labour for Forestry: The Twentieth Century History of Colonization and Settlement in the North of Perm' Oblast' // Europe-Asia Studies. 2002. Vol. 54. № 7. P. 1055–1083.

Pallot 2005 — Pallot J. Russia's Penal Peripheries: Space, Place and Penalty in Soviet and Post-Soviet Russia // Transactions of the Institute of British Geographers, New Series. 2005. Vol. 30. № 1. P. 109–110.

Pallot, Piacentini and Moran 2010 — Pallot J., Piacentini L., Moran D. Patriotic Discourses in Russia's Penal Peripheries: Remembering the Mordovan Gulag // Europe-Asia Studies. 2010. Vol. 62. № 1. P. 1–33.

Round 2006 — Round J. Marginalized for a Lifetime: The Everyday Experiences of Gulag Survivors in Post-Soviet Magadan // Geografiska Annaler. Series B: Human Geography. 2006. Vol. 88. № 1.

Ro'i 2009 — Ro'i Y. The Transformation of Historiography on the «Punished Peoples» // History and Memory. Special Issue: Historical Scholarship in Post-Soviet Russia / Ed. by Gabriel Gorodetsky. Vol. 21. № 2. P. 150–176.

Sprau 2018 — Sprau M. Kolyma nach dem GULAG. Entstalinisierung im Magadaner Gebiet 1953–1960. Berlin: De Gruyter Oldenbourg, 2018.

Suny 1993 — Suny R. G. The Revenge of the Past: Nationalism, Revolution, and the Collapse of the Soviet Union. Stanford: Stanford UP, 1993.

Varese 1998 — Varese F. The Society of the vory-v-zakone, 1930s–1950s // Cahiers du monde russe. 1998. Vol. 39. № 4. P. 515–538.

Viola 2014 — Viola L. Stalin's Empire: The Gulag and Police Colonization in the Soviet Union in the 1930s // Stalin and Europe: Imitation and Domination, 1928–1953 / Ed. by T. Snyder and R. Brandon. New York: Oxford UP, 2014. P. 18–43.

Weiner 2006 — Weiner A. The Empires Pay a Visit: Gulag Returnees, East European Rebellions, and Soviet Frontier Politics / The Journal of Modern History. 2006. Vol. 78. № 2. P. 333–376.

Хлевнюк Олег Витальевич — доктор исторических наук, ведущий научный сотрудник Международного центра истории и социологии Второй мировой войны и ее последствий, профессор Школы исторических наук НИУ Высшая школа экономики, автор работ по советской истории 1920–50-х годов, в том числе монографий «Хозяин. Сталин и утверждение сталинской диктатуры» (2010), «Холодный мир. Сталин и завершение сталинской диктатуры» (2011, в соавторстве с Й. Горлицким), «Сталин. Жизнь одного вождя» (2015), «The History of the GULAG. From Collectivization to the Great Terror» (2004).

Глава 2

Гольфо Алексопулос

Истребительно-трудовые лагеря

Переосмысление игры слов Солженицына

Выражаю благодарность Уилсону Беллу, Алену Блюму, Майклу Дэвиду-Фоксу, Сэму Динеру, Полу Р. Грегори, Дэну Хили, Питеру Холквисту, Деборе Кейпл, Джудит Пэллот, Валери Сперлинг, а также анонимным рецензентам журнала «Kritika: Explorations in Russian and Eurasian History» за их замечания к ранней редакции этой статьи. Настоящее исследование получило поддержку Национальной стипендии Кэмпбелла в Гуверовском институте. Приводимые здесь архивные документы в основном взяты из институтской коллекции микрофильмов, касающихся деятельности КПСС и советских государственных архивов. Основу этой главы составляют материалы из моей последней книги «Страдания и жестокость в Сталинском ГУЛАГе»[1].

Александра Солженицына называли «одним из великих правдоискателей XX века» и разрушителем «блокады молчания» [Remnick 2014: 19; Чуковская 2001: 534], царившей вокруг советского режима. Кроме того, этот писатель, впервые открывший своим соотечественникам и всему миру бесчеловечность совет-

---

[1] Alexopoulos G. Illness and Inhumanity in Stalin's Gulag. New Haven: Yale UP, 2017.

ской лагерной трудовой системы, мастерски владел языком. Как и Жак Росси, чей «Справочник по ГУЛАГу» раскрыл альтернативную концептуальную вселенную лагерей, Солженицын сосредоточил свое внимание на гулаговской лексике [Росси 1991]. Он отверг сталинский термин «исправительно-трудовые лагеря», применявшийся для обозначения системы использования рабского труда, и заменил его собственным «истребительно-трудовые» [Солженицын 2006: 5]. Этот каламбур, игра советских слов, подчеркивал, что труд в ГУЛАГе в большей степени носил смертоносный характер, нежели исправительный. Как писал сам Солженицын, «ибо изобретены лагеря — на истребление» [Солженицын 2006: 6]. Автор выделил такие направленные на уничтожение элементы ГУЛАГа, как бесчеловечные условия транспортировки заключенных и драконовские правила, регламентирующие нормы питания и труда. У Солженицына не было доступа к советским служебным документам, однако архивные материалы подтверждают его уверенность в истребительном предназначении ГУЛАГа. Я настаиваю, что сталинский ГУЛАГ по своей сути представлял собой институт экстремальной физической эксплуатации человека, преднамеренно носящей губительный характер. Кроме того, как показывает настоящая работа, система физической эксплуатации в лагерях с 1930-х по 1950-е годы становилась все более жестокой. При Сталине ГУЛАГ производил огромное число так называемых доходяг, то есть заключенных, находящихся на грани смерти. Чтобы разгрузить лагеря, сохранить ресурсы и искусственно снизить уровень смертности в ГУЛАГе, сталинское руководство регулярно освобождало этих полумертвых узников. Таким образом, сталинский ГУЛАГ не только истреблял людей, но и осознанно скрывал свою разрушительную сущность.

В литературе о ГУЛАГе исследователи перечисляют причины человеческих страданий и смертности, но, как правило, не утверждают, что непосредственной целью сталинских лагерей было истребление[2]. Мы знаем, что советская служба безопасности

---

[2] См., например, [Бердинских 1998; Khlevniuk 2004; Эпплбаум 2006; Barnes 2011; Viola 2007; Ivanova 2000; Werth 2007].

ОГПУ — НКВД — МВД, руководившая арестами, транспортировкой и содержанием миллионов людей в трудовых лагерях и поселениях, явно не была озабочена сохранностью человеческих жизней. С другой стороны, из первичного изучения рассекреченных государственных и партийных документов вовсе не следует, что существовал какой-либо целенаправленный план уничтожения заключенных. Таким образом, хотя историки и подчеркивали жестокость системы, мало кто утверждал, что ГУЛАГ был предназначен для уничтожения людей[3]. Более распространено мнение о том, что ГУЛАГ представлял собой некий институт массовой смертности, но никак не массового убийства. Ученые доказывали, что люди умирали от жестоких условий транспортировки в закрытых вагонах в отдаленные лагеря, от убийственного северного климата, от халатного, некомпетентного и жестокого обращения со стороны лагерного начальства и сокамерников. В мемуарах и исторической литературе подчеркиваются и внесистемные причины смертности в ГУЛАГе: низкий уровень жизнеобеспечения (плохая санитария и инфраструктура), насилие преступных группировок, нехватка и кражи продовольствия, садизм охранников или даже внешние факторы с точки зрения самой системы — суровый климат и война. Все это, вместе взятое, противоречит образу трудовых лагерей как системы, предназначенной для уничтожения. Хотя Солженицын остается выдающимся исследователем ГУЛАГа, его анализ «истребительно-трудовых» лагерей не получил широкого распространения в исторической литературе.

На это есть много причин. Как уже отмечалось, руководство никогда официально не выражало намерения проводить планомерное уничтожение заключенных на государственном уровне; напротив, мы обнаружили множество официальных претензий, вызванных ростом лагерной заболеваемости и смертности, а также выявили попытки партийного руководства так или иначе стимулировать принудительный труд и повышать производительность труда за счет материального вознаграждения. Все

---

[3] В частности, к таким исключениям относится Р. Конквест [Conquest 1978].

более распространенным становится сравнение Советов и нацистов, но существует и обоснованное желание избежать ложных параллелей между нацистскими лагерями смерти и советскими трудовыми лагерями[4]. Более того, обширная мемуарная литература, очевидно, подчеркивает выживаемость заключенных в советских лагерях. Некоторые мемуаристы, например Евгения Гинзбург, провели в заключении почти два десятилетия[5]. В ГУЛАГе существовали и больницы, и медпункты, а лагерным докторам не поручали проведение экспериментальных и «милосердных» убийств, как это делалось у нацистов[6]. Наоборот, многие лагерные врачи считались настоящими целителями и часто старались повысить шансы заключенных на выживание[7]. Руководство ГУЛАГ НКВД регулярно критиковало лагерную администрацию, если заболеваемость и смертность превышали установленные нормы.

Кроме того, сталинский режим много вкладывал в идею реабилитации человека через созидательный труд или «перековку» посредством исправительно-трудовых лагерей[8]. Серьезные экономические функции, выполняемые сталинскими лагерями, похоже, опровергают любые предположения о том, что эти институты предназначались для истребления[9]. Зачем же экономической системе преднамеренно уничтожать собственный капитал? Эти соображения и противоречивые свидетельства заставили многих игнорировать анализ Солженицына и утверждать, что писатель умышленно преувеличивал, возможно ради

---

4 О различии физического насилия в нацистской и советской лагерных системах см. [Грейер 2011; Holquist 2003: 19–45; Неймарк 2012; Снайдер 2015; Weiner 2002].

5 Тем не менее Е. С. Гинзбург отмечала, что «из заключенных до старости никто не доживает». См. [Гинзбург 2008: 308].

6 См., например, [Lifton 1988; Proctor 1988].

7 О медицинской практике и врачах ГУЛАГа см. [Кауфман 1973; Нахапетов 2009; Самсонов 1990; Саполнова 2009; Healey 2016, a, b].

8 Идейно-культурологический аспект ГУЛАГа рассматривается в [Горький 1934; Barnes 2011]. Также см. [Дэвид-Фокс 2015; Kotkin 1995; Vatulescu 2010].

9 См., например, [Khlevniuk 2004: 111–129; Gregory 2003: 1–23; Ertz 2006].

усиления драматического эффекта своего «опыта художественного исследования». Однако открытые архивы позволяют нам переключить внимание с «несистемного» насилия на «системное» и пересмотреть взгляды на деструктивную сущность ГУЛАГа. Через 40 лет после первой публикации «Архипелага ГУЛАГ» пришло время вернуться к Солженицыну.

В своей будущей книге (в которую войдет и эта глава) я показываю, что вышеупомянутые парадоксы гулаговского режима вовсе не обязательно подрывают обоснованность аргументации Солженицына. Сталин создал обширную иерархическую сеть трудовых лагерей и колоний, функционировавшую почти как развитая рабовладельческая система: к людям относились как к товару и эксплуатировали их труд. Хотя у лагерной администрации и были определенные стимулы для сохранения человеческого капитала, они в значительной мере существовали лишь при дефиците рабочей силы. В условиях постоянного притока в лагеря более трудоспособных заключенных этих стимулов для сохранения жизни имевшихся заключенных становилось значительно меньше. Крайне недоукомплектованные и относительно бесправные в системе лагерной иерархии медсанчасти ГУЛАГа были ограничены квотами на допустимое число больных и неработающих заключенных. Более того, мемуаристы, сумевшие выживать в лагерях годами, объясняли это лишь тем, что трудились в закрытых помещениях. Они работали врачами, медсестрами, художниками-оформителями или бухгалтерами и не занимались в течение длительного времени такими видами тяжелого физического труда, как добыча полезных ископаемых, лесозаготовки или строительство. В своих приказах и директивах ГУЛАГ НКВД, возможно, и призывало лагеря сохранять человеческий капитал, но сталинское руководство оказывало более сильное противодействие. Лагеря должны были минимизировать затраты, максимизировать объемы производства и при этом соблюдать очень высокие квоты на число работающих заключенных.

ГУЛАГ представлял собой систему эксплуатации людей и узаконенного насилия, воплощая то, что Славой Жижек назвал объективным, системным и анонимным насилием, присущим нормальному положению вещей [Жижек 2010]. Дегуманизация и эксплуатация заключенных ГУЛАГа представлялась нормальным явлением. Невозможно полностью понять ГУЛАГ, не оценив центральную роль его эксплуататорской функции. Исследователи ГУЛАГа проанализировали вспышки насилия в лагерях в виде забастовок заключенных, столкновений этнических групп, нападений уголовных элементов на политзаключенных, преднамеренного пренебрежения детьми и жестокого обращения с женщинами[10]. Моя работа проливает свет на системное насилие в ГУЛАГе, которое носило неэпизодический характер, было безжалостным и, возможно, более значимым по своему воздействию на человеческие страдания. Медицинские документы ГУЛАГа раскрывают тщательно проработанный режим экстремальной физической эксплуатации, который гарантировал, что заключенные в конце концов будут полностью истощены и обессилены. Этот эксплуатационный режим был общим для всех лагерей, входящих в обширную систему ГУЛАГа, хотя, конечно, реализовывался он по-разному. В одних лагерях смертность была выше, чем в других, а в некоторых в большей степени проявлялся садизм начальников. Тем не менее система физической эксплуатации, установленная сталинским руководством, распространялась на все лагеря, и именно эта общая действующая система находится в центре внимания настоящей работы.

В отличие от лагерей при В. И. Ленине или Л. И. Брежневе, сталинский ГУЛАГ являлся во многих отношениях не столько системой концентрационных лагерей, сколько системой принудительного труда, и не столько тюремной системой, сколько системой рабства. На протяжении сталинских лет преступники-контрреволюционеры и политзаключенные составляли меньшую часть лагерного контингента. Обычные советские суды, а не печально известные секретные органы осуждали большинство узников ГУЛАГа. Мелкие уголовники (указники, бытовики) из простых рабочих и крестьян составляли большинство заключен-

---

[10] Об опыте содержания женщин и детей в лагерях см. [Frierson, Vilensky 2010; Gregory 2013; Vilensky 1999].

ных и являлись костяком сталинской лагерной рабочей силы[11]. Рассматривая режим эксплуатации человека в сталинских лагерях, можно заметить, что ГУЛАГ напоминает собой систему рабства Нового Света со всей его рутинной дегуманизацией и узаконенным насилием[12]. В годы сталинского правления тотальная эксплуатация труда заключенных являлась одной из основных функций ГУЛАГа. Как пояснял О. В. Хлевнюк, «для руководителей, не озабоченных нравственностью, преимущества принудительного труда были неоспоримы. Эксплуатация заключенных являлась естественным элементом экономической системы, направленной на экстенсивный рост любой ценой... Возможности этой неограниченной эксплуатации, включая и гибель самих рабочих, высоко ценилась высшими политическими руководителями и хозяйственниками» [Khlevniuk 2004: 337].

Сталин использовал ГУЛАГ для строительства новых городов и гидроэлектростанций, для добычи выгодно экспортируемых ресурсов: золота, никеля, древесины, угля, алюминия и меди. Система ГУЛАГа производила тонны сырья и воплощала грандиозные строительные проекты, но при этом системный лагерный режим уничтожал заключенных посредством изнурительного труда и карательных голодных пайков. Более того, сталинский режим скрывал истребительную сущность ГУЛАГа, сохраняя ресурсы за счет систематического освобождения ослабленных и нетрудоспособных инвалидов. Как объясняет А. М. Эткинд, «Выжив в лагере, Солженицын считал, что лагерь функционирует по аналогии с телом, которое не может не избавляться от продуктов распада. Так и ГУЛАГ “отделяет на дно свой главный отброс — доходяг”» [Эткинд 2016]. Целью «разгрузок» и «медицинских актирований» лагерных доходяг являлось снижение затрат и уровня смертности. ГУЛАГ уничтожал заключенных физически, а затем массово выбрасывал отходы.

---

11 См. [Соломон 1998; Герлах, Верт 2011; Hagenloh 2009; Ширер 2014].

12 См. [Davis 2006; Patterson 1982].

Человек в качестве сырья

В сталинской системе трудовых лагерей людей использовали, эксплуатировали, а затем просто выбрасывали, как это делается с затратами капитала на сырье в любом производственном процессе. Руководству ГУЛАГа требовались человеческие ресурсы, которые могли выполнять тяжелую физическую работу на лесозаготовках, в горнодобывающей промышленности и строительстве, поэтому изначально тела заключенных анатомически осматривались на предмет пригодности. Труд заключенных оказался очень мобильным и эффективным, поскольку их можно было направлять в малопригодные для жизни места и заставлять выполнять ту работу, которая не привлекала обычные гражданские кадры. Как объясняет П. Грегори, в Советском Союзе в 1940-х — 1951-м годах заключенным был каждый пятый строитель, лагерники составляли примерно 40 % от всех советских рабочих, занятых добычей никеля и меди, 70 % —добычей олова и фантастически ошеломляющие 85–100 % — добычей золота, алмазов и платины [Gregory 2003: 19–20]. Сталинские лагеря стремились к максимальному использованию труда заключенных для промышленного развития, чтобы, как настаивал советский лидер, догнать и опередить передовые капиталистические страны.

Рабочие ГУЛАГа представляли собой критические затраты капитала в рамках плана индустриализации страны. По Солженицыну, сталинское руководство рассматривало заключенных с экономической точки зрения как «товар» или как «человеческое сырье» [Солженицын 2006: 70][13]. Узников ГУЛАГа оценивали по мышечной массе. Г. Херлинг описывал, как «начальник Ерцевского лаготделения... с довольной улыбкой трогал бицепсы, плечи и спины новоприбывших» [Герлинг-Грудзинский 1989]. Советские органы госбезопасности не только регистрировали

[13] Особое внимание Солженицына привлек антигуманный термин «человеческое сырье», который Горький использовал для описания труда заключенных на строительстве Беломорско-Балтийского канала [Горький 1934: 609]. Похожий термин «человеческий материал» Горький употребил в аналогичном контексте в этой же книге [Горький 1934: 248].

заключенных как преступников и врагов государства, но и документировали состояние их тел, чтобы определить пригодность к тому или иному физическому труду. Сразу после прибытия в лагерь заключенные подвергались медицинскому освидетельствованию и получали формальную категорию физической трудоспособности[14]. С появлением сталинских лагерей задача определения физической трудоспособности заключенных перестала быть исключительной ответственностью врачей, как это было в ленинской системе концлагерей[15], и это мощно символизировало разрыв Сталина с прошлым.

Сталинское лагерное начальство имело большее влияние на всю политику здравоохранения, чем сами врачи. Гулаговские чиновники, ведавшие производством, возглавляли врачебно-трудовую комиссию, которая присваивала категории физического труда. Как правило, председателем этой комиссии был начальник или помощник начальника лагерного участка. В состав комиссии также входили представители учетно-распределительной части, главного производственного отдела и медицинский персонал. Однако сам акт о состоянии здоровья заключенного составлялся администрацией лагеря и подписывался начальником санчасти и лечащим врачом[16]. Таким образом, руководители ОГПУ — НКВД — МВД, отвечавшие за производство, в значительной степени контролировали оценку состояния здоровья заключенных.

Пережившие ГУЛАГ относительно мало рассказывают о процедуре общего медицинского освидетельствования и присвоении категории. Ученые обратили внимание на подобные пробелы в рассказах бывших заключенных. По словам Л. Токер, они хранили определенного рода молчание и не описывали свои худшие

---

14 ГАРФ. Ф. 9414. Оп. 1. Д. 2737. Л. 2.

15 Расследование, проведенное в апреле 1930 года в Соловецких лагерях, показало, что категории трудоспособности заключенных определялись «специальной комиссией», состоящей из врачей и лагерной администрации. До 1930 года определение категорий находилось исключительно в компетенции медиков [Безбородов 2004: 139].

16 ГАРФ. Ф. 9414. Оп. 1. Д. 2737. Л. 1.

гулаговские переживания: «Хотя гулаговские мемуаристы были свидетелями зверств, которых никогда и не могли себе представить, обычно остается какое-то “неопрятное место”, которое они боятся затронуть, некая сугубо личная оруэлловская комната “один на один”. Каждый автор неохотно сталкивается с воспоминаниями о каком-то особом типе страдания, разврата или ужаса... Это одна из причин, по которой гулаговские мемуары никогда не воспринимаются как самодостаточные и законченные произведения» [Toker 2000: 88–90][17]. Нежелание многих выживших в ГУЛАГе говорить о плановом медицинском осмотре, по-видимому, отражает глубоко унижающее человеческое достоинство содержание этой процедуры. Лагерный врач, сам бывший заключенный, писал, что медицинские осмотры и присвоение категорий физической трудоспособности проводились визуально, без использования каких-либо медицинских инструментов: «Решающим фактором при осмотре была упругость кожи и наличие жирового слоя под ней, поэтому нас всегда щипали за ягодицы. Процедура актировки была бесчеловечным и унизительным зрелищем... Заключенные, догола раздетые, выстраивались в длинные шеренги» [Касабова 2005: 550–551].

В сталинском ГУЛАГе заключенные работали до полного истощения. Сталинское руководство, возможно, и не планировало истреблять узников лагеря, но намеревалось извлечь из них всю имевшуюся энергию, максимально эксплуатируя физически. М. Мазовер писал об узниках нацистских концлагерей: «Как и сам Гитлер, немецкий бизнес никогда не смотрел на заключенных как на ограниченный или ценный ресурс, а уж тем более как людей, которых нужно беречь и сохранять. Скорее, это был дешевый товар, который нужно было эксплуатировать на износ. Сталин, как и Гитлер, верил в изнурительный труд» [Mazower 2008]. Из письменного указания Л. Берии один исследователь вычленил цель, поставленную гулаговскому руководству: «выжать из них [лагерных заключенных] как можно больше пользы для прави-

---

[17] На эту тему см. [Applebaum 2011; Gheith, Jolluck 2011; Gheith 2007: 159–175; Мерридейл 2019].

тельства» [Безбородов 2004: 352–353]. Это подразумевало максимальную эксплуатацию заключенных на каждом этапе ухудшения их здоровья. В мае 1939 года руководители ГУЛАГа утверждали: «Все инвалиды лагерей и колоний, способные выполнять ту или иную работу, должны быть использованы»[18]. Женщина, отбывавшая наказание в лагере в Казахстане в конце 1930-х годов, рассказывала, что тяжелобольным заключенным, не имеющим возможности вставать с постели, давали работу, которую они могли выполнять лежа[19]. Таким образом, сталинское руководство настаивало на максимальном использовании заключенных. Один из бывших начальников Печорлага описывал восприятие этой установки центральной лагерной администрацией следующим образом: «план строительства железной дороги был священным делом... Ощущение было такое: ты можешь сделать все. Просто работай с каждым заключенным как можно усерднее» [Mochulsky 2011]. Как отмечал Солженицын, высшим законом Архипелага стала формула: «От заключенного нам надо взять все... а потом он нам не нужен!» [Солженицын 2: 41].

Физическая эксплуатация и перечень заболеваний

Гулаговская система использования труда и физической трудоспособности в полной мере обнажает жестокость в эксплуатации человека в сталинских лагерях. 3 февраля 1931 года первый начальник сталинского ГУЛАГа, а впоследствии и начальник Беломорстроя Л. И. Коган издал новые инструкции по эксплуатации заключенных, переработав в том числе и категории физического труда[20]. Методические рекомендации по определению

---

18 ГАРФ. Ф. 9414. Оп. 1. Д. 2576. Л. 219.

19 «Мемориал»: Москва. Ф. 2. Оп. 1. Д. 5. Л. 135.

20 До издания новых инструкций прибывшим в Соловецкие трудовые лагеря (1930 год) назначалась одна из следующих категорий: четвертая — способные ко всем формам труда; третья — способные к труду, кроме особо тяжелого; вторая — способные к легкому труду; и первая — инвалиды [Безбородов 2004: 139–140].

классификации заключенных были разработаны И. Гинзбургом, начальником Санитарного отдела ГУЛАГа[21]. К первой категории относились те, кто оказывался пригодным для «полноценного выполнения любого вида производительной физической деятельности». Вторая категория применялась к «неполноценной рабочей силе с пониженной способностью к неквалифицированному физическому труду, а также пригодной к квалифицированному физическому труду в соответствии со своей профессией». Третья категория резервировалась для «инвалидов, пригодных к легким формам физического труда, и полных инвалидов, не способных ни к какому виду деятельности»[22]. Виола описывает аналогичную систему классификации и для кулацких ссыльных, живших в спецпоселениях в начале 1930-х годов[23].

«Перечень болезней, дающих основание для условно-досрочного освобождения» гулаговского Санитарного отдела (далее по тексту — «перечень») дает наиболее наглядное представление о политике ГУЛАГа по «выжимке» лагерников. В перечне указывалось, что должен использоваться труд даже тяжелобольных заключенных, и только наиболее истощенное «человеческое сырье» может быть освобождено, как неизлечимое. Этот перечень — тоже порождение сталинской лагерной системы[24]. В нем указывалось, как распределять заключенных по трем категориям трудоспособности. В частности, документ был ориентирован на низший уровень или третью категорию — «инвалид, пригодный к выполнению легких видов физического труда, или полный

[21] ГАРФ. Ф. 9414. Оп. 1. Д. 2737. Л. 3–11.

[22] ГАРФ. Ф. 9414. Оп. 1. Д. 2737. Л. 1.

[23] Спецпоселенцы разделялись на пять рабочих групп: (A) — годные к любому физическому труду; (B) — годные к легкому физическому труду; (C) — негодные к физическому труду, но способные к выполнению различных сезонных работ внутри и вокруг мест спецпоселений (сбору грибов, ягод и т. п.) и к кустарному производству; (D) — недееспособные; (E) — дети до 16 лет [Viola 2007].

[24] Самая ранняя ссылка на перечень болезней, которую мне удалось увидеть, относится к апрелю 1930 года. Это говорит о том, что Соловецкие лагеря только начинали применять перечень на практике по приказу администрации северных лагерей (УСЛОНа) [Безбородов 2004: 139].

инвалид, не способный выполнять какой-либо вид работ». В соответствии с перечнем, заключенные могли быть классифицированы как инвалиды только в том случае, если страдали от самых тяжелых заболеваний, таких как явно выраженная старческая немощь и дряхлость, органические болезни сердца, чрезвычайно большие грыжи, препятствующие ходьбе, и туберкулез легких, сопровождающийся нарушением функций сердца и легких и резко сниженным аппетитом[25]. Средняя категория трудоспособности применялась к заключенным только с пониженной способностью к неквалифицированному физическому труду, но и эти заключенные не относились к числу здоровых людей. Ко второй категории относились заключенные с неизлечимыми нарушениями функций пищеварения, явными признаками дистрофии, сердечными заболеваниями, выраженной эмфиземой, анемией, туберкулезом, тяжелыми формами гонореи, прогрессирующей мышечной атрофией, а также заключенные, которые испытывали затрудненное движение, вызванное пороками развития, хроническими заболеваниями, искривлениями или другими изменениями в области таза. Эта же вторая категория применялась к лицам с неизлечимыми заболеваниями, значительными повреждениями и дефектами костей и мягких тканей лица, языка, нёба, носа, гортани, дыхательного горла, горла или пищевода, сопровождаемыми нарушением жизненно важных функций. По мнению сталинского руководства, такие заключенные обладали лишь ограниченной способностью к тяжелому физическому труду. Заключенные первой категории, считавшиеся способными выполнять все виды физического труда, также не обязательно должны были быть здоровыми. Ценная рабочая сила ГУЛАГа включала людей с более легкими формами бронхиальной астмы, сердечными заболеваниями, туберкулезом, доброкачественными опухолями и многими другими болезнями[26].

Подобная классификация не зависела от наличия болезни, поскольку здоровье всех заключенных было и так серьезно подорва-

---

[25] ГАРФ. Ф. 9414. Оп. 1. Д. 2747. Л. 1, 11.

[26] ГАРФ. Ф. 9414. Оп. 1. Д. 2747. Л. 3–10.

но. Другими словами, приписанные категории физического труда в сталинском ГУЛАГе скорее отражали лишь предполагаемую тяжесть заболеваний. Как правило, болезни, описываемые как поддающиеся лечению, классифицировали заключенного по второй категории, то есть как ограниченно способного к неквалифицированному физическому труду, в то время как более тяжелые заболевания приводили к присвоению третьей категории или инвалидности. Например, заключенные с болезнями, вызванными длительным неполноценным питанием, в частности больные пеллагрой, относились ко второй категории, но только если болезнь казалась тяжелой, но излечимой[27]. Слепые на один глаз также причислялись ко второй категории, а полностью слепые заключенные — к третьей категории или к инвалидам. Приведенный перечень показывает, что многие, даже тяжелобольные заключенные, были вынуждены продолжать работать. Лагерникам с тяжелыми формами инвалидности ГУЛАГ назначал «работу для инвалидов»[28]. Заключенных вынуждали трудиться, даже когда их здоровье ухудшалось. Как пишет С. Барнс, «жестокость сама по себе была неотъемлемой частью идеологии труда в ГУЛАГе» [Barnes 2011: 36–38].

Эти три простые категории не могли полностью охватить изможденную лагерную рабочую силу Сталина. В течение 1930-х годов ГУЛАГ создавал все больше категорий физической трудоспособности для своих больных и инвалидов. Заключенные, не способные на тяжелый физический труд, были отнесены к категории физического труда средней тяжести, а самые слабые, когда-то попадавшие только в одну категорию, теперь были разделены на две — на способных к легким формам труда и инвалидов. Таким образом, к концу 1930-х годов появились четыре категории трудоспособности — заключенные, способные к тяжелому физическому труду, среднему физическому труду, легкому физическому труду и нетрудоспособные или инвалиды[29]. В то

---

[27] ГАРФ. Ф. 9414. Оп. 1. Д. 2747. Л. 4.

[28] ГАРФ. Ф. 9414. Оп. 1. Д. 2747. Л. 11.

[29] ГАРФ. Ф. 9414. Оп. 1. Д. 352. Л. 264. Как следует из доклада НКВД Смоленской области от 1939 года, распределение заключенных производилось именно по указанным четырем категориям.

же время, по-видимому, до окончания Второй мировой войны в этих категориях было мало единообразия. Число тяжелобольных и истощенных заключенных резко возросло после советского вторжения в Польшу в 1939 году и нападения нацистской Германии на Советский Союз в 1941-м. Как гражданское советское население, так и заключенные ГУЛАГа все чаще страдали от болезней, вызванных голодом [Manley 2015: 206–264]. В результате были созданы новые категории физического труда, охватывавшие увеличение истощенной рабочей силы ГУЛАГа. В приказе НКВД от августа 1940 года было выделено уже шесть категорий трудоспособности: трудоспособные, ограниченно трудоспособные, ослабленные, больные, инвалиды и заключенные, нуждающиеся в постоянной помощи [Кокурин 2000: 866]. Во время войны руководство ГУЛАГа создавало все больше «инвалидных» рабочих мест. В одной из памяток НКВД военного времени инвалиды и хронически больные узники лагерей распределялись по пяти категориям физического труда: госпитализированные инвалиды, инвалиды, нуждающиеся в постоянном уходе, инвалиды, полностью утратившие трудоспособность, инвалиды, трудоспособность которых ограничена до 25 %, и психически больные[30]. По мере роста численности тяжелобольных заключенных категории физической трудоспособности для истощенной рабочей силы ГУЛАГа увеличивались и количественно, и в описательной части.

В конечном счете многочисленные описания физической трудоспособности заключенных стали более упрощенными и стандартизированными. В 1944 году в докладе Берии начальник ГУЛАГа В. Г. Наседкин разделил заключенных на четыре категории: первая категория — годные к тяжелому физическому труду, вторая категория — годные к среднему физическому труду, третья категория — годные к легкому физическому труду и четвертая категория — инвалиды и ослабленные [Кокурин 2000: 278]. Третья категория (легкий физический труд) включала в себя подкатегорию индивидуального легкого труда. Таким образом,

---

[30] ГАРФ. Ф. 9414. Оп. 1 (доп.). Д. 366. Л. 80 (1942).

по существу были утверждены пять различных классификаций. Новые категории физической трудоспособности требовали и новых указаний относительно их применения. Повторный документ от 14 июня 1944 года, подготовленный директором Санитарного отдела ГУЛАГа Д. М. Лойдиным, назывался «Перечень основных болезней, физических недостатков и дефектов для определения категории трудоспособности заключенных или отнесения их к инвалидам»[31]. Обновленный перечень болезней 1944 года, включивший более ста болезней с соответствующей трудовой категорией, высветил два ключевых элемента политики ГУЛАГа. В соответствии с этим документом заключенные отправлялись на тяжелые физические работы даже будучи тяжело больными, и только лица, признанные инвалидами (почти мертвые доходяги), могли рассчитывать на освобождение как неизлечимые.

Перечень болезней 1944 года иллюстрирует не только тяжесть физической эксплуатации людей, имевшей место в ГУЛАГе, но и сами способы этой эксплуатации больных на каждой стадии их изнурительных заболеваний. Вопрос заключался не в том, должен ли заключенный с сердечными заболеваниями, астмой или туберкулезом отправляться на работы. В большей степени врачебно-трудовые комиссии лишь оценивали степень прогрессирования болезни и, придерживаясь перечня, относили больных заключенных к соответствующей категории трудоспособности. Заключенные с общим нарушением питания (пеллагра, острая дистрофия или недоедание), нуждавшиеся в лечении, считались работниками легкой третьей категории, в то время как инвалиды четвертой категории (острое недоедание) считались неизлечимыми или нуждавшимися в многомесячном лечении. Заключенных со злокачественными опухолями без признаков метастазирования причисляли к «легким» работникам третьей категории, а имевших прогрессирующие или неоперабельные формы — к инвалидам четвертой категории. Так или иначе, и в итерации 1944 года, и в версии 1930-х годов категории физической трудо-

---

[31] ГАРФ. Ф. 9414. Оп. 2. Д. 165. Л. 39–45.

способности зависели не от болезни, а от степени ухудшения здоровья заключенного.

Трудовые классификации ГУЛАГа отражали этапы ухудшения физического состояния, причем каждая категория сопровождалась определенными словами и фразами. Например, с точки зрения заболеваний средний физический труд считался приемлемым при «отсутствии изменений в патологии» или при «отсутствии выраженных объективных признаков и дисфункций». Легкий физический труд подразумевал такие понятия, как «умеренные нарушения» и «подлежащий лечению». Последняя инвалидная классификация относилась к заключенным, имевшим самые мрачные прогнозы, и включала в себя термины «неизлечимый», «требующий длительного специализированного лечения», «устойчивая потеря трудоспособности», «сильно ограниченная или полная потеря трудоспособности», «устойчивое и глубокое функциональное нарушение», «полная потеря движения» и «четко выраженная дисфункция». Кроме того, повторяющиеся понятия, обозначавшие категории среднего, легкого и инвалидного труда, также применялись и к описанию состояния заключенных, назначенных для выполнения тяжелых физических работ. Таким образом, очевидно, что заключенный мог иметь любую болезнь или недуг и назначаться при этом на выполнение тяжелых работ до тех пор, пока у него не проявлялись явные функциональные нарушения или четко выраженные симптомы. Проводимые медицинские обследования в большей мере касались функциональности заключенных, а не вопросов здоровья и служили лишь для осмысления их физического состояния.

Кроме того, медицинские учреждения ГУЛАГа функционировали в крайне стесненных условиях. Существовала хроническая острая нехватка врачей, медикаментов, медицинских инструментов и дополнительных пайков для больных. Множество лечащих медработников сами являлись заключенными и находились под сильным давлением администрации, призванной привлекать к работам весь лагерный контингент. От лагерной администрации требовали соблюдения практически невыполнимых квот на больных и неработающих заключенных, а врачей обязывали

Рис 2.1. Перевыполнение плана на Беломорско-Балтийском канале. Фото: Александр Родченко («СССР на стройке», декабрь 1933 года). Публикуется с разрешения УПРАВИС

назначать своих же сокамерников на самые напряженные виды работ для максимального задействования рабочей силы. Руководство ГУЛАГ НКВД рассчитывало, что коэффициент трудового использования заключенных в основной работе лагеря должен составлять не менее 70 %. Такие квоты, наряду с высокими производственными целями (рис. 2.1), заставляли врачей назначать слабых и истощенных заключенных на выполнение тяжелых физических работ, что только ухудшало их состояние. В саму систему встраивалось давление, требующее пересмотра классификации заключенных в пользу более тяжелых категорий физической трудоспособности. Эти категории не просто присваивались единожды, после чего вопрос закрывался, а постоянно пересматривались и переоценивались[32]. Врачей, несущих ответственность за всю классификацию, обязывали расширять пределы физических возможностей заключенных.

Врачи и медицинские трудовые комиссии не могли применять свое независимое суждение и переквалифицировать заключенных «вниз», даже если это оправдывалось медицинскими показаниями.

---

[32] Больные заключенные должны были подвергаться повторному обследованию с целью определения достаточности восстановления сил и пригодности к физическому труду. ГАРФ. Ф. 9414. Оп. 2. Д. 2737. Л. 2.

Как объясняет Д. Фильцер, в сталинской системе гражданского здравоохранения существовал сильный карательный аспект, который требовал от врачей «строго ограничивать количество выписываемых больничных листов». Тем не менее множество гражданских врачей предпочитало относиться к рабочим более мягко, чем этого требовал режим [Фильцер 2011: 140]. Врачи ГУЛАГа находились под сильнейшем административным давлением, требующим направлять заключенных на работы, и весьма рисковали, проявляя снисходительность. С другой стороны, врачи-заключенные старались избегать любых действий, которые могли бы стать причиной их перевода из относительно выживаемых условий лагерной клиники на тяжелые физические работы: труд в закрытых помещениях ГУЛАГа относился к числу самых желанных. Врачи-заключенные не рисковали оспаривать режимную политику максимального использования рабочей силы. По этой причине Солженицын отмечал, что врачи ГУЛАГа становились соучастниками принуждения к эксплуатации: «Когда происходит квартальная комиссовка — эта комедия общего медицинского осмотра лагерного населения с квалификацией на ТФТ, СФТ, ЛФТ и ИФТ (тяжелый-средний-легкий-индивидуальный физический труд), — много ли возражают добрые врачи злому начальнику санчасти, который сам только тем и держится, что поставляет колонны тяжелого труда?» [Солженицын 2006: 172].

Обратная зависимость социального положения и человечности

При сравнении «Перечней болезней» 1931 и 1944 годов становится очевидным, что жесткость эксплуатации ГУЛАГа не ослабевала с течением времени. Тяжелобольные нетрудоспособные заключенные продолжали выполнять тяжелую физическую работу, что еще больше подрывало их здоровье. Тем не менее высшее руководство ГУЛАГа выставило «Перечень болезней» 1944 года как документ, созданный для улучшения физического состояния заключенных. Начальник Санитарного отдела Лойдин настаивал на том, что новый перечень «внес определенную ясность в определение категории заключенных и в значительной степени позволил устранить неопределенность и путаницу, которые существовали в этой области. Этот документ, разрабатываемый Санитарным отделом в течение многих лет, сыграл огромную роль в улучшении и сохранении физического состояния контингентов»[33]. Аналогичным образом в мае 1947 года начальник ГУЛАГа Наседкин восхвалял Приказ НКВД № 00640, касающийся снижения заболеваемости, смертности и кардинального улучшения физического состояния заключенных. С его точки зрения, это распоряжение внесло радикальные изменения («коренной перелом») в лагерные условия[34].

Но не все были с этим согласны. Начальники лагерных санчастей, которым приходилось применять «Перечень болезней» на местах, рассматривали документ 1944 года как жесткий ревизионный шаг. На встрече с Лойдиным в сентябре 1945 года начальник Санитарного управления Новосибирских областных лагерей и колоний, некий Прохоров, подверг «Перечень» резкой критике. Он обратил внимание на инструкции, регламентирующие наиболее распространенные заболевания, в частности пункт 38, который предписывал «категорию три — индивидуальный труд» при «обширных рубцах, переходящих в язвы или в ткани, препятствующие движению или надеванию одежды и обуви»[35]. По словам Прохорова, большинство этих заключенных относилось не просто к нетрудоспособным, а к «инвалидам, практически прикованным к постели», которые должны были признаваться таковыми и подлежать освобождению как неизлечимые. Кроме того, он процитировал пункт 43, который относил к «категории три — легкий физический труд» тех, чьи болезни предполагали «полную неподвижность или малоподвижность крупных суставов, значительно ограниченное движение конечностей в результате травматического повреждения или хронического заболевания костей,

---

[33] ГАРФ. Ф. 9414. Оп. 2. Д. 169. Л. 126.

[34] ГАРФ. Ф. 9414. Оп. 1. Д. 374. Л. 47.

[35] В стенограмме обсуждаемая категория отмечена как четвертая, что, скорее всего, является опечаткой.

мышц, сухожилий и суставов»[36]. Прохоров настаивал на том, что в большинстве случаев эти заключенные ни на что не способны и не в состоянии что-либо делать, поэтому им нельзя назначать даже легкий физический труд третьей категории. Лойдин отверг эту критику и высказал мнение, что «Перечень болезней», по сути, и так слишком мягок. «Возьмите колхозы, — возразил он Прохорову. — Вы найдете в них пожилых людей с [острыми] грыжами, но они работают!»[37] Однако неустрашимый Прохоров продолжал настаивать на своем. Он сослался на пункт 67, в котором говорилось: «Отсутствие, значительная укороченность или неподвижность двух пальцев или одного большого или указательного пальца на правой руке; отсутствие фаланговых костей на двух и более пальцах правой руки без утраты функций конечностей — категория два»[38]. Прохоров утверждал, что заключенные без большого пальца строго ограничены в возможностях и далеко не всегда могут относиться ко второй категории, предусматривающей средний физический труд[39].

Несмотря на критику со стороны подчиненных, начальник Санитарного отдела ГУЛАГа отказался принимать во внимание аргумент, что новый «Перечень болезней» является серьезным пересмотром прежней практики. Солженицын называл это «общим законом об обратной зависимости социального положения и человечности» [Солженицын 2006: 449]. Защитная позиция Лойдина хорошо показывает менталитет сталинского руководства. Он утверждал, что было бы очень просто назначать заключенным с признаками выраженного недостаточного питания «категорию три — легкий физический труд» вместо «категории два — средний физический труд», как диктует перечень, одновременно предупредив «товарищей, подверженных панике», о необходимости рассмотрения последствий подобных изменений:

---

[36] ГАРФ. Ф. 9414. Оп. 2. Д. 165. Л. 39–45.

[37] ГАРФ. Ф. 9414. Оп. 2. Д. 169. Л. 22.

[38] ГАРФ. Ф. 9414. Оп. 2. Д. 165. Л. 39–45.

[39] ГАРФ. Ф. 9414. Оп. 2. Д. 169. Л. 22.

> Мы думали об этом, товарищи. Но рассудите сами, сколько людей сейчас испытывают нехватку питания. Я утверждаю, что это изменение можно легко внести, однако если мы его примем, то сделаем большую ошибку... Мы «перевернем контингент» с ног на голову. Весь наш полезный «полноценный» контингент попадет в неполезную категорию. Была проведена большая работа по составлению этих инструкций. Вы сами знаете, что мы жили без инструкций... Это [внесение изменений в «Перечень болезней»] может и не оказать большого влияния на ваш собственный контингент, но для другого контингента, например, в таежном лагере, это имеет очень важное значение[40].

Такой комментарий Лойдина ошеломляет, поскольку является фактом признания того, что классификация заключенных в соответствии с истинными показателями плохого здоровья, особенно в самых жестоких районах, таких как тайга, лишила бы ГУЛАГ рабочей силы.

Солженицын назвал ГУЛАГ «мясорубкой для неугодных миллионов», что так же хорошо подтверждается фактами [Солженицын 2006: 512]. В соответствии с собственными гулаговскими категориями и определениями, явно занижавшими критические показатели состояния здоровья, трудовые лагеря производили истощенных и инвалидов поистине в массовом масштабе. В 1930 году 44 % заключенных считались годными ко всем видам работ, а к 1940 году уже только около трети всех заключенных считались годными к тяжелому физическому труду, то есть к основному труду в ГУЛАГе [Безбородов 2004: 139–140]. Во время войны физическое состояние заключенных стало еще хуже. В 1941–1945 годах примерно половина всех заключенных ГУЛАГа была признана либо инвалидами, либо годными только к легкому физическому труду. Инвалидные и легкие трудовые категории применялись к наиболее истощенному и ослабленному лагерному контингенту. Физическое уничтожение заключенных продолжалось и после войны, поскольку факты свидетельствуют о том, что со временем жестокость режима ГУЛАГа

---

[40] ГАРФ. Ф. 9414. Оп. 2. Д. 169. Л. 113. Лойдин ссылался на таежные лагеря, поскольку они особенно прославились своими наиболее суровыми условиями.

только усиливалась. 1947–1948 годы ознаменовались ошеломляющим показателем: 60 % всех заключенных сталинских трудовых лагерей и колоний были признаны либо инвалидами, либо годными только к легкому физическому труду[41].

Мясорубка продолжает перемалывать

После 1947 года ГУЛАГ значительно расширился и в годы, предшествующие смерти Сталина в 1953 году, достиг своего апогея во многих аспектах. Численность заключенных резко возросла, и МВД взяло на себя новые, более серьезные экономические задачи. В последние годы сталинского правления число заключенных ГУЛАГа почти удвоилось и составило около 2,5 млн человек. Увеличились и сроки наказания как за политические, так и за уголовные преступления. Двадцатипятилетний приговор, относительно редко назначаемый в предвоенные годы, после войны стал для контрреволюционеров обычным явлением [Кокурин 2000: 433–434; Соломон 1998: 405–444]. Сталинскими указами от 4 июня 1947 года о хищении государственной и личной собственности рядовые рабочие и крестьяне приговаривались к лагерным срокам до 25 лет[42]. В основном именно в результате этих драконовских указов о хищениях в лагеря и колонии хлынули новые заключенные, что привело к серьезной переполненности и ухудшению условий жизни, выражавшихся в нехватке продовольствия и плохой санитарии, а это, в свою очередь, снижало и здоровье заключенных, и производительность труда. В конце 1940-х годов, по словам Й. Горлицкого и О. В. Хлевнюка, «при продолжении такого курса масштабы ГУЛАГа и удельный вес населения, подвергавшегося различным преследованиям и дискриминации, могли достичь критического уровня, угрожавшего подорвать социальную стабильность» [Горлицкий, Хлевнюк 2011: 155].

---

41 ГАРФ. Ф. 9414. Оп. 1. Д. 459 (доп.). Л. 59–62. Д. 469 (доп.). Л. 4.

42 УК РСФСР: 142–143. О драконовских сталинских мерах по борьбе с хищениями, принятых в 1947 году, см. [Соломон 1998; Фильцер 2011; Gorlizki 1999: 1245–1265; Gregory 2008; Heinzen 2005: 456–475].

Одновременно в последние годы сталинского правления эксплуататорский режим ГУЛАГа не ослабевал, а, напротив, усиливался. Мемуаристы отмечают, что в 1940-е годы «все это приобрело массовый характер... раньше было мягче... чем больше лагеря расширялись, чем больше начались события ближе к 37 году, тем больше режим ужесточался» [Эпплбаум 2006: 134][43]. В конце 1940-х годов Сталин инициировал новые кампании политических репрессий как в своей стране, так и в Восточной Европе [Kramer 2014: 295–315]. В это же время режим разработал очередной «Перечень болезней», усиливающий гулаговскую эксплуатацию. 25 июня 1949 года МВД издало приказ № 0418, касающийся последнего пересмотра категорий физической трудоспособности и перечня заболеваний. В его преамбуле министр внутренних дел С. Н. Круглов выразил удовлетворение предыдущей версией категорирования и объявил, что она больше не актуальна. Круглов расхваливал приказ НКВД № 00640 от 1944 года за то, что он «ввел практику распределения заключенных по различным категориям физического труда в соответствии с их физическим состоянием» и другие «меры по улучшению условий их содержания и применения в работе» [ГАРФ. Ф. 9401. Оп. 1а. Д. 313. Л. 7]. Примечательно, что этот руководитель охарактеризовал документ 1944 года как мягкий, снисходительный и соответствующий только военному времени и непосредственно следовавшими за ним послевоенным условиям. Круглов продолжал безосновательно утверждать, что «в настоящее время... условия содержания заключенных в целом улучшились», и заявлял, что поставки продуктов питания, одежды и других товаров для заключенных осуществляются бесперебойно[44]. Таким образом, по словам Круглова, наступило время упорядочения категорий физической трудоспособности.

Новый «Перечень болезней» полностью разоблачил нарастающую жестокость режима ГУЛАГа. Приказ МВД № 0418 возвратил-

---

[43] Записано со слов Ольги Васильевой, выполнявшей в конце 1930-х и в 1940-е годы административную, инженерную и инспекторскую работу на дорожных стройках ГУЛАГа.

[44] ГАРФ. Ф. 9401. Оп. 1а. Д. 313. Л. 7.

ся к старой трехуровневой системе и определил три категории более строго, чем версия 1931 года[45]. В 1949 году первая категория применялась ко всем заключенным, практически годным к физическому труду. Другими словами, заключенные просто должны были быть работоспособными или пригодными для использования, следовательно, большее число людей принуждалось к тяжелому физическому труду. В отличие от перечня 1944 года, обновленную первую категорию теперь присуждали всем заключенным, пригодным к тяжелым и средним работам. Таким образом, заключенные, назначенные ранее на среднюю работу, автоматически переводились на тяжелый физический труд. Вторая категория теперь охватывала большее число инвалидов и применялась к физически неполноценным заключенным, которые не могли быть привлечены к тяжелому физическому труду. Они перемещались в категорию легкого физического труда со скидкой 15 % [в производственных целях], либо в категорию среднего со скидкой 30 %, либо для них определялись специальные виды работ без каких-либо послаблений[46]. Так и осталось неясным, разрабатывал ли ГУЛАГ какие-то директивы относительно тех видов работ, которые должны были назначаться наиболее истощенным заключенным[47].

---

[45] ГАРФ. Ф. 9401. Оп. 1а. Д. 313. Л. 8. Трехуровневая система должна была вступить в силу с 1 августа 1949 года. В ноябрьском письме 1950 года Г. П. Добрынина к С. Н. Круглову начальник ГУ ИТЛ МВД пересказывает содержание приказа МВД № 0418 и напоминает Круглову о категориях, как будто нарком внутренних дел не располагал этой информацией в свободном доступе. Это категорирование в основном предназначалось для внутреннего использования в ГУЛАГе (ГАРФ. Ф. 9414. Оп. 1. Д. 2854. Л. 82–83).

[46] ГАРФ. Ф. 9401. Оп. 1а. Д. 313. Л. 8. Введение этой практики, по-видимому, было осуществлено приказом МВД 1947 года, который одобрил использование заключенных «категории три — легкий физический труд» на работах средней тяжести с сокращением рабочей нормы на 25 %. Эти истощенные заключенные должны были выполнять поставленные производственные задачи, поскольку от этого зависели их продовольственные пайки [Безбородов 2004: 426].

[47] ГАРФ. Ф. 9414. Оп. 2. Д. 169. Л. 144. С одной стороны, начальник Санитарного отдела ГУЛАГа в 1945 году заявил, что санитарные начальники на местах имеют в своем распоряжении список рабочих мест и соответствующий им уровень физической сложности (номенклатуру всех видов работ по тяжести

В конце 1940-х годов режим ГУЛАГа по своей сути стал более эксплуататорским. Перечень 1949 года свел старые категории тяжелого, среднего и (в меньшей степени) легкого труда в первую категорию — «практически годен к физическому труду». Вторая категория предназначалась для очень ослабленных и для тех, кто ранее попадал в «категорию три — индивидуальный труд», но при этом все еще находились на ступень выше категории инвалидов. В значительной степени вторая категория в версии 1949 года соответствовала «категории три — индивидуальный труд» в версии 1944-го, то есть назначалась тем, кто был еще слабее заключенных, которым ранее обычно полагался легкий физический труд[48]. Как и в предыдущих вариантах, предполагалось переосвидетельствование наиболее ослабленных каждые три месяца для выяснения возможности их перевода в более напряженную категорию физического труда, в то время как заключенные, считавшиеся пригодными для тяжелого физического труда, застревали в своей классификации на шесть месяцев[49]. И наконец, категория инвалидов стала назначаться «заключенным, страдающим тяжелыми хроническими заболеваниями или физическими ограничениями, в связи с которыми они не могут ни работать, ни использоваться в работе в соответствии с их

труда): «Медицинские работники, контролирующие использование труда, должны знать этот документ и использовать его ежедневно в своей работе» (ГАРФ. Ф. 9414. Оп. 2. Д. 169. Л. 144). С другой стороны, некоторые начальники санчастей указывали, что им не хватает руководящих указаний относительно того, какие рабочие места представляют собой тяжелую, среднюю и легкую формы труда.

[48] ГАРФ. Ф. 9414. Оп. 1 (доп.). Д. 372. Л. 110. Отчет о физическом состоянии заключенных в Борском лагере за 1949 год отражает резкий переход с пяти категорий на три в период с августа по сентябрь. В сентябре заключенные второй категории были переведены в первую, а третьей (включая и категорию индивидуального труда) — во вторую.

[49] ГАРФ. Ф. 9401. Оп. 1а. Д. 313. Л. 10. МВД постановило, что заключенные второй категории и инвалиды должны проходить медицинское переосвидетельствование ежеквартально, в то время как для заключенных первой категории переосвидетельствование полагалось только два раза в год, в январе и июле.

“остаточной трудоспособностью”»[50]. Таким образом, инвалидная категория стала заключительным этапом «выжимки» заключенных в процессе труда. «Перечень болезней» 1949 года принуждал всех, за исключением совершенно ослабленных, к тяжелому физическому труду.

В последние годы сталинского правления руководство ГУЛАГ МВД особенно заботилось о максимизации коэффициента использования рабочей силы, что отражено документально. В перечне 1949 года весьма четко подчеркивался сам факт трудовой эксплуатации. Полное название этого документа «Перечень основных заболеваний, физических недостатков и недостатков в развитии, препятствующих отнесению заключенных к категории № 1» четко свидетельствовало о произошедшем смещении акцентов. Сталинское руководство все более сосредоточивалось на том, чтобы заключенные не могли получать освобождение от тяжелого физического труда. Более ранние версии «Перечней» назывались по-разному, но в них подчеркивалась недопустимость неверной классификации или досрочного освобождения, например «Перечень болезней для досрочного освобождения» (1931) и «Перечень основных болезней, физических недостатков и пороков развития для определения соответствующих категорий или признания инвалидности» (1944). Таким образом, в предыдущие годы руководство ГУЛАГа ориентировалось на минимизацию числа заключенных, классифицируемых как инвалиды и, следовательно, имеющих право на досрочное освобождение. Теперь же ставилась иная главная цель — максимальное привлечение заключенных к тяжелому физическому труду. Руководящие указания направлялись представителям лагерной администрации, от которых зависело освобождение заключенных от тяжелого физического труда. Максимизация этой формы работ стала первостепенной задачей для всех, кроме самых изможденных и нетрудоспособных. «Перечень болезней» 1949 года был направлен на увеличение коэффициента трудового использования заключенных путем принуждения более слабых к более тяжелым работам.

---

[50] ГАРФ. Ф. 9401. Оп. 1а. Д. 313. Л. 8.

Лишь только для самых больных и изможденных заключенных ГУЛАГ приберегал понятие «инвалид». Чтобы классифицироваться таким образом, человек должен был быть полностью слепым, иметь силикоз третьей стадии или не менее четырех приступов астмы в месяц. К категории инвалидов также относились лица с «обезображивающим воспалением», хроническими заболеваниями сухожилий, мышц и суставов, приводящими к полной потере подвижности, а также заключенные, демонстрирующие выраженные признаки старческой дряхлости. Вторая категория также содержала не менее яркие описательные образы, на что были свои причины. МВД использовало эти инструкции с целью донести до лагерной администрации, что только самые тяжелобольные заключенные могут быть освобождены от тяжелого физического труда. Под классификацию второй категории попадали доброкачественные опухоли, затрудняющие ношение одежды или ухудшающие работу органов, очень большие грыжи, зоб, ухудшающий работу соседних органов, и потеря зрения на один глаз[51]. Эволюция различных версий «Перечня болезней» показывает, что вариант 1949 года значительно усилил физическую эксплуатацию: почти все заключенные были вынуждены выполнять тяжелую физическую работу.

С 1930-х по 1950-е годы все большее распространение приобретала практика привлечения заключенных к тяжелому физическому труду независимо от состояния их здоровья. Руководители МВД и ГУЛАГа хотели выделять как можно меньше рабочих мест больным и инвалидам. В письме Круглову от 4 ноября 1950 года начальник Главного управления ИТЛ МВД Г. П. Добрынин утверждал, что категории физической трудоспособности должны быть в значительной мере отброшены и учитываться только при переводе заключенных в другие лагеря. Он считал, что ГУЛАГу больше нет необходимости продолжать подбирать заключенных для тех или иных работ исходя из состояния их здоровья. Кроме того, лагеря не должны переводить ослабленных заключенных на менее напряженную работу. Добрынин писал руководителю МВД следующее:

---

[51] ГАРФ. Ф. 9401. Оп. 1а. Д. 313. Л. 14–18.

> В настоящее время, в связи с введением денежных выплат за выполненную работу и общим улучшением физического состояния заключенных, их интерес к результатам собственного труда значительно возрос. Таким образом, отпадает необходимость делить заключенных на категории в зависимости от их физического состояния. Именно поэтому ГУЛАГ МВД СССР считает целесообразным ликвидировать разделение заключенных по категориям физического состояния, установленным Приказом МВД № 00418. [Нам] больше не нужно предоставлять какие-либо скидки для менее трудоспособного контингента, используемого на работе в лагерях и колониях. Отмена этих категорий позволит нам улучшить использование заключенных на производстве[52].

Фактически это означало отход от прежней политики ГУЛАГа, эскалацию режима эксплуатации человека в лагерях и отсутствие каких-либо смягчений требований по отношению к ослабленным заключенным, привлеченных к тяжелому труду.

В последние годы сталинского правления система эксплуатации усилилась, когда начальник ГУЛАГа отменил все поблажки для ослабленных. И здесь снова обнаруживается обратная зависимость между социальным положением и человечностью. Добрынин искренне считал, что заключенные с ухудшающимся здоровьем должны использоваться на основных лагерных работах, а не на более легких видах работ, а персоналу лагеря следует стремиться максимально использовать заключенных именно на основных работах. В июле 1951 года Санитарному отделу было поручено «пересмотреть существующую систему использования труда лагерных заключенных в свете изменения категорий, использования большего количества контингента на основной работе и максимального использования их труда»[53]. Даже самые ослабленные заключенные назначались на основные работы и привлекались к тяжелому физическому труду. Таким образом, в последние годы сталинской власти руководство ГУЛАГ МВД лишь увеличивало интенсивность физической эксплуатации в лагерях.

---

[52] ГАРФ. Ф. 9414. Оп. 1. Д. 2854. Л. 82–83.

[53] ГАРФ. Ф. 9414. Оп. 1. Д. 621. Л. 46–47.

После пересмотра категорий физической трудоспособности в 1949 году большая часть заключенных была вынуждена выполнять тяжелую физическую работу. Поскольку политика «закручивания гаек» была направлена именно на заключенных, их здоровье ухудшалось еще сильнее. Согласно собственной статистике ГУЛАГа, только около 60 % людей, содержавшихся в сталинских трудовых лагерях и колониях, могли соответствовать самой нижней планке, которая квалифицировала бы их как «в основном пригодных для физического труда». В 1949–1951 годах общее физическое состояние заключенных по всей системе ГУЛАГа было следующим: примерно 60 % относились к первой категории, 30 % — ко второй и 9 % составляли инвалиды[54]. Однако в отдельных лагерях картина была еще хуже. Например, в марте 1950 года в лагерях и колониях, находившихся в ведении МВД Хабаровского края, содержалось 24 235 заключенных, причем «в основном пригодных для физического труда» было менее половины[55].

Недавно рассекреченные архивные документы ГУЛАГа, касающиеся здоровья заключенных, раскрывают последствия тяжелой физической эксплуатации и невозможность достижения утопических производственных целей за счет максимального использования больного и ослабленного контингента. Подобные документы всех видов окружала большая секретность, специальным и инвалидным лагерям давались загадочные или эвфемистические названия, а любые упоминания о болезнях, смертях или работоспособности заключенных в телеграммах маскировались с помощью кодовых слов[56]. Строжайший режим секретности, соблюдавшийся в ГУЛАГе, предусматривал засекречивание

---

[54] ГАРФ. Ф. 9414. Оп. 1 (доп.). Д. 378. Л. 322.

[55] ГАРФ. Ф. 9414. Оп. 1. Д. 2854. Л. 33. В ИТЛ и колониях Хабаровского края было зарегистрировано 44,8 % заключенных первой категории, 43,9 % — второй и 11,2 % инвалидов.

[56] Приказ НКВД от 20 августа 1940 года содержал тщательно проработанный список кодовых слов для использования в телеграфных сообщениях в отношении заключенных ГУЛАГа [Кокурин 2004: 866].

данных не только о массовом голоде и болезнях, но и о самой природе и расположении лагерей. Учреждение использовало условные коды для описания наиболее смертоносных мест заключения и запрещало обозначать их на топографических картах. Как объясняет М. Харрисон, «печатные карты не были востребованы, поскольку содержащаяся в них информация относилась к числу главных государственных секретов советской эпохи» [Harrison 2013: 1115]. Информация о смертности заключенных в лагерях также скрывалась и искажалась. Сталин систематически маскировал уничтожение людей в исправительно-трудовых лагерях, применяя часть 8 статьи 457 Уголовно-процессуального кодекса, которая делала возможным плановое освобождение «неизлечимых» из ГУЛАГа.

«Разгрузка балласта» ради «ликвидации смертности»

В антиутопии В. Н. Войновича «Москва 2042» советскому государству будущего Москорепу удалось ликвидировать смертность с помощью «надежного и экономного способа». Одна из так называемых комунянок объясняет:

> Просто тяжело больные люди, а также пенсионеры и инвалиды... переселяются в Первое Кольцо и заканчивают свою жизнь там. А здесь остаются только редкие случаи смертности от несчастных случаев, ну и еще от инфарктов и инсультов. Впрочем, и эти случаи единичны, поскольку людей с сердечно-сосудистыми заболеваниями тоже заблаговременно отправляют за пределы Москорепа, а если с кем случится припадок или приступ аппендицита, скорая помощь отвозит его туда же [Войнович 1993: 180–181].

Возможно, и это не удивительно, что блестящий советский писатель-сатирик совершенно точно описал, каким образом ГУЛАГ снижал показатели смертности. Как и в Москорепе, сталинская система исправительно-трудовых лагерей регулярно отправляла самых слабых и умирающих за пределы зоны.

После открытия архивов официальные данные о смертности в ГУЛАГе удивили многих историков. Показатели смертности, представленные в виде среднемесячных и годовых показателей, составляли, как правило, 1–6 % от общей численности заключенных, причем в отдельные годы они значительно колебались. Иногда эти колебания кажутся вполне логичными. Например, во время голода 1933 года смертность в ГУЛАГе достигала 15 %, а в худшие военные 1942–1943 годы — 22–25 %. В других же случаях данные явно озадачивают. Одни из самых низких показателей смертности были зафиксированы в годы, когда условия в лагерях резко ухудшились, например во время чисток 1936–1937 годов (менее 3 %), голода 1947 года (менее 4 %) и позднего сталинского периода, во время «кризиса» ГУЛАГа [Кравери, Хлевнюк 1995: 179–190]. В 1950–1953 годах, когда число заключенных в лагерях достигло максимума, то есть примерно 2,5 млн человек, официальный уровень смертности оставался ниже 1 % ежегодно, что являлось совершенно неправдоподобным в свете данных о физической трудоспособности заключенных [Кокурин 2004: 441–442; Эпплбаум 2006: 536; Barnes 2011: 76, 116].

Исследователи ГУЛАГа соблюдали оправданную осторожность, ссылаясь на статистику НКВД — МВД, касающуюся лагерной смертности, поскольку администрация на местах была вынуждена держать ее уровень в пределах установленных квот. Начальники лагерей ГУЛАГа находились под большим давлением всех видов, требующим максимально использовать труд заключенных, достичь или превысить установленные производственные показатели, ликвидировать эпидемии и избегать потерь трудодней. Директивы и указания руководителей ГУЛАГа НКВД — МВД, совершенно не учитывавшие реалий лагерной жизни, не были редкостью. В 1945 году, после разрушительной войны и периода, во время которого в ГУЛАГе был зафиксирован самый высокий уровень смертности, начальник Санитарного отдела Лойдин, проводя совещание с подчиненными, заявил, что уровень смертности заключенных не должен превышать 2 %, а уровень заболеваемости — 5 %[57]. Таким образом, совсем неудивительно, что официальный уровень смертности в 1946 году составил около 2 %.

---

[57] ГАРФ. Ф. 9414. Оп. 2. Д. 169. Л. 26.

Находясь под давлением вышестоящего руководства, требующего от лагерного начальства оставаться в пределах невыполнимых квот, должностные лица зачастую сообщали не точные реальные цифры, а санкционированные сверху показатели. ГУЛАГ поддерживал низкий уровень смертности благодаря фальсификациям, ложным методикам подсчета и, что более важно, посредством массовых освобождений. Установившаяся практика освобождения истощенных и ослабленных заключенных являлась основным способом снижения смертности в сталинских лагерях.

И действительно, ГУЛАГ систематически освобождал своих заключенных. Рассекреченные архивы показывают, что с 1934 по 1953 год освобождалось 20–40 % лагерного состава ежегодно [Getty, Rittersporn, Zemskov 1993: 1017–1049]. Досрочный выход на свободу предоставлялся в связи с исполнением заявленной задачи лагерей по перевоспитанию и в качестве вознаграждения за исключительную производительность труда [Barnes 2011; Бородкин, Эртц 2004]. Многих заключенных власть освобождала через специальные амнистии, а также как опекунов инвалидов или малолетних родственников, что было особенно актуально в послевоенные годы [Alexopoulos 2005: 274–306; 2009: 563–579]. Вместе с тем многие получали свободу вследствие разрушительного воздействия лагеря на человека. Зачастую освобождаемые находились в состоянии полного истощения. Как пишет Э. Эпплбаум, «не случайно как архивные материалы, так и мемуары показывают, что обычной практикой во многих лагерях было досрочно освобождать умирающих, тем самым улучшая статистику» [Эпплбаум 2006: 540]. Современные историки смотрят на эту проблему более пристально. Недавняя работа М. Наконечного демонстрирует, что показатели смертности в ГУЛАГе были сильно искажены за счет систематического освобождения доходяг. По словам Наконечного, «лагерная статистика учитывала только тех заключенных, которые умерли в пределах лагерных ворот или в лагерной санчасти. Умершие вскоре после освобождения, будучи “полными инвалидами” или “тяжелобольными”, не портили лагерную статистику, хотя их смерть происходила в результате заключения в ГУЛАГе» [Наконечный 2013: 337–380].

ГУЛАГ систематически отторгал заключенных, которых больше не мог использовать, или тех, кто оказывался экономически невыгодным для дальнейшего содержания. С самого начала сталинский ГУЛАГ регулярно выпускал тяжелобольных заключенных, правда, это не касалось большинства политических преступников и рецидивистов. Освобождение по инвалидности или другим медицинским показаниям в основном распространялось на обычных уголовников, которые составляли подавляющее большинство заключенных в сталинских трудовых лагерях и колониях. Лица, признанные инвалидами, могли быть освобождены по закону, который позволял выпускать заключенных с тяжелыми, неизлечимыми или психическими заболеваниями[58]. Таким образом, сталинское руководство использовало Уголовно-процессуальный кодекс для искусственного снижения смертности в ГУЛАГе. ГУЛАГ не только освобождал находившихся между жизнью и смертью, но и, возможно, причислял часть погибших к числу освобожденных [Khlevniuk 2004]. Освобождение по медицинским показаниям (актирование) вычеркивало неизлечимо больных и нетрудоспособных из списков ГУЛАГа. Люди, освобождаемые как неизлечимые, часто были смертельно больны, и администрация всех лагерей это осознавала. В. А. Исупов отмечает, что инвалиды актировались и освобождались для того, чтобы умереть [Исупов 2000]. В марте 1934 года начальник ГУЛАГа М. Д. Берман осудил одного медика из Белбалтлага, который не успел задокументировать освобождение больного заключенного до того, как тот умер на рабочем месте[59]. 28 февраля 1935 года прокурор Дмитлага Московской области обратился в Прокуратуру СССР с просьбой пересмотреть процедуру досрочного освобождения заключенных по болезни, ссылаясь на Уголовно-процессуальный кодекс[60]. Его жалоба заключалась в том, что иногда на рассмотрение дел таких заключенных уходили месяцы, и зачастую они просто не доживали до освобождения. Прокурор

---

[58] УПК РСФСР. Ст. 457. Ч. 8.

[59] ГАРФ. Ф. 9414. Оп. 1. Д. 2743. Л. 6.

[60] ГАРФ. Ф. 8131. Оп. 12. Д. 38. Л. 2.

утверждал, что, если бы местный народный или областной суд мог рассматривать подобные дела для Дмитлага, они могли бы быть решаться в течение двух-трех дней, и, следовательно, резкого увеличения смертности в лагере можно было бы избежать[61]. Сотрудники ОГПУ — НКВД — МВД освобождали заключенных, которые больше не считались полезными. Вот что пишет об этом выживший в ГУЛАГе Олег Волков:

> Их скапливалось так много, этих беспомощных, износившихся на работе заключенных, стариков с переставшими гнуться суставами, с пудовыми грыжами, тронувшихся умом, оглохших и ослепших, что надо было их куда-то сбывать — освобождать скрипучий рабочий организм ГУЛАГа от этого балласта... Вот и стали пачками выпроваживать за зону. Пусть сами отыскивают себе нору, куда заползти, как почуявшие близкую смерть старые собаки, и где дождаться Великой Избавительницы... Я видел, как выпускали за зону этих гулаговских ветеранов труда [Волков 2000].

Гулаговские чиновники прекрасно осознавали свои действия. По словам М. Элмана, «политика освобождения» непригодного для работы балласта «была мерой сокращения расходов, позволяющей сэкономить на потреблении продуктов питания, на охранниках и другом персонале, и, следовательно, уменьшить дефицит и повысить производительность труда в ГУЛАГе» [Ellman 2002: 1151–1172].

Лагерные начальники часто переводили больных и инвалидов в другие лагеря, чтобы улучшить собственные показатели заболеваемости и смертности. В 1945 году начальник Санитарного отдела лагерей и колоний Хабаровского края, некто Ходаков, обвинял начальство другого лагеря в том, что оно умышленно

---

[61] ГАРФ. Ф. 8131. Оп. 12. Д. 38. Л. 4. Фактически эти дела рассматривались различными органами. 20 октября 1935 года из Дальлага, расположенного на Крайнем Севере, докладывали, что в нем находилось более тысячи дел о досрочном освобождении инвалидов, которые рассматривались судом, лагерной комиссией, военными трибуналами или ГУЛАГом (ГАРФ. Ф. 8131. Оп. 12. Д. 38. Л. 9).

переводит к ним туберкулезников и других больных заключенных. Он жаловался, что Приморский лагерь «освободился от своего балласта и тем самым улучшил статистические показатели»[62]. Начальник Санитарного отдела Молотовского областного УИТЛК, некая Тома, поясняла, что смертность в ее учреждении была бы ниже, если бы ей разрешили освобождать больных заключенных: «С августа 1944 года мы почти никогда не отпускали людей как неизлечимых... Я думаю, это объясняет <...> высокую смертность, которую мы имеем в настоящее время. У нас был бы более низкий уровень смертности, если бы мы освободили людей немного раньше, чем могли»[63]. Освобожденные же умирали в буквальном смысле. Бывший заключенный, работавший в ГУЛАГе помощником фельдшера, рассказывал, что медперсоналу было приказано готовить умирающего заключенного к освобождению: «Перед exitus мы были обязаны ввести умирающему под кожу инъекцию камфары» [Ирани 2005: 553].

Поскольку ярлык инвалидности навешивался на всех находящихся при смерти, большинство из них умирало вскоре после освобождения. Екатерина Гольц, досрочно освобожденная в 1944 году по состоянию здоровья из лагеря в Коми, вернулась в Москву в дом своего брата. Племянница вспоминала радость освобождения Кати: «Ее лицо светилось, она была невероятно счастлива. Не имея возможности оставаться в Москве, она пробыла с нами всего одну ночь... На следующий день Катя отправилась в дом родственников одной из заключенных, где-то в 100 километрах от Москвы. Через несколько дней она внезапно умерла. Думаю, это был инсульт». Меньше чем через неделю после освобождения Катя потеряла сознание, на что племянница заметила: «Конечно, они выпустили ее из лагеря, чтобы она умерла дома. Таков уж был подлый обычай»[64]. И действительно, «разгрузка балласта» была в ГУЛАГе обычным делом. Как писал Солжени-

---

[62] ГАРФ. Ф. 9414. Оп. 2. Д. 169. Л. 93.

[63] ГАРФ. Ф. 9414. Оп. 2. Д. 169. Л. 13.

[64] Из беседы И. Сусловой с Н. Г. Гольц. Москва, 13 октября 2010 года («Мемориал»: Санкт-Петербург. Ф. Б-1. Оп. 1).

цын, «начальство-то ведь хитрозадое, оно тех и актирует, кому подыхать через месяц» [Солженицын 2006: 175].

Ряд исследователей ГУЛАГа — Хлевнюк, Эпплбаум, Эллман, Исупов, Наконечный и другие — выявили тот факт, что ГУЛАГ искусственно поддерживал низкий показатель уровня смертности, освобождая заключенных, находящихся при смерти. Новые данные показывают, что освобождение ради смерти являлось огромной частью внутренней политики ГУЛАГа. По-видимому, только ежеквартально от 10 до 50 % заключенных в сталинских трудовых лагерях и колониях освобождались как неизлечимые. С 1930-х по 1950-е годы примерно 10 % заключенных ежеквартально освобождались как инвалиды, но эта цифра представляется более высокой, если принять во внимание специальные амнистии и освобождение из колоний, где концентрировались наиболее тяжелобольные. Например, в четвертом квартале 1952 года более 90 000 заключенных ГУЛАГа были освобождены в качестве актированных инвалидов, что составило 10 % от всех освобожденных из лагерей и более 56 % от всех освобожденных из колоний[65]. В региональных лагерях или колониях, где ГУЛАГ концентрировал самых ослабленных, уровень освобождения больных и нетрудоспособных выглядит чрезвычайно высоким. В третьем квартале 1952 года около 18 % от почти 600 000 заключенных, содержавшихся в системе областных трудовых колоний (УИТЛК — ОИТК МВД — УМВД), были освобождены как неизлечимые в соответствии со статьей 457 Уголовно-процессуального кодекса, что составило почти две трети от примерно 169 000 заключенных, освобожденных в том же квартале[66]. Это число может быть даже больше, поскольку многие доходяги официально освобождались и по другим причинам, например в связи с окончанием срока отбывания наказания. Сталинский ГУЛАГ систематически «разгружался» за счет освобождения заключенных, труд которых уже нельзя было эксплуатировать по причине плохого здоровья. Лагеря признавали заключенных

---

[65] ГАРФ. Ф. 9414. Оп. 1 (доп.). Д. 492. Л. 111.

[66] ГАРФ. Ф. 9414. Оп. 1 (доп.). Д. 493. Л. 54.

тяжелобольными, чтобы освободить их ради сокращения расходов и улучшения показателей смертности.

Эксплуатация человека — безжалостная, карательная и все более жестокая — была определяющей чертой сталинского ГУЛАГа. Как только мы начинаем рассматривать ГУЛАГ через призму физической эксплуатации, сразу становится очевидной его преднамеренно смертоносная сущность. В сталинском ГУЛАГе заключенные должны были работать до полного истощения. В то время как нацистские лагеря смерти стремились к полному уничтожению, сталинские трудовые лагеря предназначались для полной физической эксплуатации. Целью ГУЛАГа было не истребление заключенных, а их максимальное использование, и такая трудовая система уже сама по себе носила деструктивный характер. Гулаговская эксплуатация, разрушая здоровье заключенных, произвела миллионы доходяг. Сталинские лидеры скрывали разрушительную направленность ГУЛАГа и поддерживали низкий уровень смертности, освобождая миллионы умирающих заключенных.

В пределах колючей проволоки создавались тюремные рабочие руки, затем ими управляли, а в конце концов выбрасывали как отработанное человеческое сырье. Чтобы полностью выжать из заключенных все производительные силы, ГУЛАГ установил категории физической трудоспособности. Каждый раз, пересматривая трудовые специальности и внося изменения в «Перечень болезней», руководство ГУЛАГ ОГПУ — НКВД — МВД пыталось принудить к тяжелому физическому труду все больше больных заключенных. Эксплуатация их труда со временем только усиливалась, тогда как чиновники скрывали жестокость ГУЛАГа посредством обычных процедур по освобождению недееспособных и хронически больных. Заключенных освобождали только для того, чтобы те скончались вне гулаговской юрисдикции. Даже в конце 1940-х годов, когда война уже перестала служить оправданием, способными к тяжелому физическому труду оказалось явное меньшинство. Не обращая внимания на разрушительный потенциал существующей системы, руководство ГУЛАГ МВД бюрократически поменяло классификации таким образом, что все заключенные оказывались в категории «в основном пригодных» для работы. Но затем система отказалась даже от этого крайне низкого порога и переложила обвинения в физическом упадке на самих заключенных. Система ГУЛАГа полностью истощила и бесчеловечно отбросила своих работников-заключенных, или, как писал Варлам Шаламов, свои «людские отходы, останки, отбросы» [Шаламов 1992: 115]. В этом и заключалась сущность истребительно-трудовых лагерей.

Источники

ГАРФ — Государственный архив Российской Федерации, Москва.

«Мемориал» — архив международного общества «Мемориал».

Войнович 1993 — Войнович В. Н. Москва 2042 // Войнович В. Н. Малое собрание сочинений: В 5 т. Т. 3. М.: Фабула, 1993.

Волков 2000 — Волков О. В. Погружение во тьму: Из пережитого. М.: Советская Россия, 2000.

Герлах, Верт 2011 — Герлах К., Верт Н. Государственное насилие — общество насилия // За рамками тоталитаризма. Сравнительные исследования сталинизма и нацизма / Ред. М. Гейер и Ш. Фицпатрик / Пер. с англ. Л. Е. Сидикова. М.: РОССПЭН; Фонд «Президентский центр Б. Н. Ельцина», 2011.

Гинзбург 2008 — Гинзбург Е. Крутой маршрут. М.: Аст, 2008.

Горький 1934 — Беломорско-Балтийский канал имени Сталина: История строительства, 1931–1934 / Под ред. М. Горького, Л. Л. Авербаха, С. Г. Фирина. М.: История фабрик и заводов, 1934.

Солженицын 2006 — Солженицын А. И. Архипелаг ГУЛАГ: В 3 т. Т. 2. Екатеринбург: У-Фактория, 2006.

УК РСФСР — Уголовный кодекс РСФСР. Официальный текст с изменениями на 1 июля 1950 года с приложением постатейно-систематизированных материалов. М.: Гос. изд-во юридической литературы, 1950.

УПК РСФСР — Уголовно-процессуальный кодекс РСФСР с изменениями на 1 декабря 1938 года. Официальный текст с приложением постатейно-систематизированных материалов. М.: Юридическое изд-во Народного комиссариата юстиции СССР, 1938.

Шаламов 1992 — Шаламов В. Т. Колымские рассказы: В 2 т. Т. 1. М.: Советская Россия, 1992.

Библиография

Безбородов 2004 — История сталинского ГУЛАГа: Собрание документов: В 7 т. / Ред. А. Б. Безбородов, В. М. Хрусталев. Т. 4. М.: РОССПЭН, 2004.

Бердинских 1998 — Бердинских В. А. Вятлаг. Киров: Кировская областная типография, 1998.

Бородкин, Эртц 2004 — Бородкин Л. И., Эртц С. Структура и стимулирование принудительного труда в ГУЛАГе: Норильлаг, конец 30-х — начало 50-х гг. // Экономическая история: Ежегодник. 2003. М.: РОССПЭН, 2004. С. 177–233.

Герлинг-Грудзинский 1989 — Герлинг-Грудзинский Г. И. Иной мир: Советские записки / Пер. с польск. Н. Е. Горбаневской. Лондон: Overseas Publications Interchange, 1989.

Горлицкий, Хлевнюк 2011 — Горлицкий Й., Хлевнюк О. Холодный мир: Сталин и завершение сталинской диктатуры. М.: РОССПЭН, 2011.

Дэвид-Фокс 2015 — Дэвид-Фокс М. Витрины великого эксперимента: культурная дипломатия Советского Союза и его западные гости, 1921–1941 годы / Пер. с англ. В. Макарова. М.: Новое литературное обозрение, 2015.

Жижек 2010 — Жижек С. О насилии / Пер. с англ. А. Смирнова. М.: Европа, 2010.

Ирани 2005 — Ирани Б. Потеряв всякую самостоятельность, свободу, имя, я в конце концов стал простым номером О-159 — презренным рабом // О времени, о Норильске, о себе: воспоминания. Кн. 6 / Ред. Г. И. Касабова. М.: Полимедиа, 2005. С. 518–563.

Исупов 2000 — Исупов В. А. Демографические катастрофы и кризисы в России в первой половине XX века: Историко-демографические очерки. Новосибирск: Сибирский хронограф, 2000.

Кауфман 1973 — Кауфман А. И. Лагерные врачи. Тель-Авив: AM OVED, 1973.

Кокурин 2000 — ГУЛАГ (Главное управление лагерей) 1917–1960 / Сост. А. И. Кокурин, Н. В. Петров. М.: Материк, 2000.

Кравери, Хлевнюк 1995 — Кравери М., Хлевнюк О. Кризис экономики МВД (конец 1940-х — 1950-е годы) // Cahiers du monde russe. 1995. Vol. 36 (1–2). P. 170–190.

Мерридейл 2019 — Мерридейл К. Каменная ночь: Смерть и память в России XX века. М.: Corpus, 2019.

Наконечный 2013 — Наконечный М. Ю. Сазлаг ОГПУ-НКВД как лагерь перманентной катастрофы со смертностью заключенных: сравнение с Бухенвальдом СС // Труды III Международных исторических чтений, посвященных памяти профессора Генерального штаба генерал-лейтенанта Головина Н. Н. (1875–1944), Санкт-Петербург, 18–20 октября 2012 г. / Ред. К. М. Александров и С. В. Шешунова. СПб.: Скрипториум, 2013. С. 337–380.

Нахапетов 2009 — Нахапетов Б. А. Очерки истории санитарной службы ГУЛАГа. М.: РОССПЭН, 2009.

Неймарк 2012 — Неймарк Н. Геноциды Сталина / Пер. с англ. И. Давидян. М.: АИРО-XXI, 2012.

Росси 1991 — Росси Ж. Справочник по ГУЛАГу. М.: Просвет, 1991.

Самсонов 1990 — Самсонов В. А. Жизнь продолжается: Записки лагерного лекпома. Петрозаводск: Карелия, 1990.

Саполнова 2009 — Люди в белых халатах / Ред. С. Ф. Саполнова, Т. А. Векшина, Ф. Г. Каней. Сыктывкар: Коми республиканская типография, 2009.

Снайдер 2015 — Снайдер Т. Кровавые земли: Европа между Гитлером и Сталиным / Пер. с англ. Л. Зурнаджи. Київ: Дуліби, 2015.

Соломон 1998 — Соломон П. Советская юстиция при Сталине / Пер. с англ. Л. Максименкова. М.: РОССПЭН, 1998.

Фильцер 2011 — Фильцер Д. Советские рабочие и поздний сталинизм. Рабочий класс и восстановление сталинской системы после окончания Второй мировой войны / Пер. с англ. А. Л. Раскина. М.: РОССПЭН, 2011.

Хлевнюк 2004 — История сталинского ГУЛАГа: Собрание документов: В 7 т. / Ред. О. В. Хлевнюк. Т. 3. М.: РОССПЭН, 2004.

Чуковская 2001 — Чуковская Л. Прорыв немоты // Чуковская Л. Сочинения: В 2 т. Т. 2. М.: Арт-Флекс, 2001.

Ширер 2014 — Ширер Д. Р. Сталинский военный социализм: репрессии и общественный порядок в Советском Союзе, 1924–1953 гг. / Пер. с англ. А. Л. Раскина. М.: РОССПЭН, 2014.

Эпплбаум 2006 — Эпплбаум Э. ГУЛАГ. Паутина большого террора / Пер. с англ. Л. Мотылева. М.: Московская школа политических исследований, 2006.

Эткинд 2016 — Эткинд А. М. Кривое горе. Память о непогребенных. М.: Новое литературное обозрение, 2016.

Alexopoulos 2005 — Alexopulos G. Amnesty 1945: The Revolving Door of Stalin's Gulag // Slavic Review. 2005. Vol. 64. № 2. P. 274–306.

Alexopulos 2009 — Alexopoulos G. Exiting the Gulag after War: Women, Invalids, and the Family // Jahrbücher für Geschichte Osteuropas. 2009. Bd. 57. № 4. S. 563–579.

Applebaum 2011 — Applebaum A. Gulag Voices: An Anthology. New Haven: Yale UP, 2011.

Barnes 2011 — Barnes S. Death and Redemption: The Gulag and the Shaping of Soviet Society. Princeton, NJ: Princeton UP, 2011.

Conquest 1978 — Conquest R. Kolyma: The Arctic Death Camps. New York: Viking, 1978.

Davis 2006 — Davis D. Inhuman Bondage: The Rise and Fall of Slavery in the New World. Oxford: Oxford UP, 2006.

Ellman 2002 — Ellman M. Soviet Repression Statistics: Some Comments // Europe-Asia Studies. 2002. Vol. 54. № 7.

Ertz 2006 — Ertz S. Zwangsarbeit im stalinistischen Lagersystem: Eine Untersuchung der Methoden, Strategien und Zieleihrer Ausnutzung am Beispiel Norilsk, 1935–1953. Berlin: Duncker & Humblot, 2006.

Frierson, Vilensky 2010 — Frierson C., Vilensky S. Children of the Gulag. New Haven: Yale UP, 2010.

Gheith, Jolluck 2011 — Gheith J., Jolluck K. Gulag Voices: Oral Histories of Soviet Incarceration and Exile. New York: Palgrave Macmillan, 2011.

Gheith 2007 — Gheith J. I Never Talked: Enforced Silence, Non-Narrative Memory, and the Gulag // Memoria, Memory, and Commemoration. Special issue of Mortality 12. 2007. № 2. P. 159–175.

Gorlizki 1999 — Gorlizki Y. Rules, Incentives, and Soviet Campaign Justice after World War II // Europe-Asia Studies 51. 1999. № 7.

Getty, Rittersporn, Zemskov 1993 — Getty J., Rittersporn G., Zemskov V. Victims of the Soviet Penal System in the Pre-War Years: A First Approach on the Basis of Archival Evidence // American Historical Review. 1993. Vol. 98. № 4. P. 1017–1049.

Gregory 2003 — An Introduction to the Economics of Forced Labor // Ed. by P. R. Gregory, V. Lazarev. Economics of Forced Labor: The Soviet Gulag. Stanford, CA: Hoover Institution Press, 2003. P. 1–21.

Gregory 2008 — Gregory P. R. Lenin's Brain and Other Tales from the Secret Soviet Archives. Stanford. CA: Hoover Institution Press, 2008.

Gregory 2013 — Women of the Gulag: Portraits of Five Remarkable Lives / Ed. by P. R. Gregory. Stanford, CA: Hoover Institution Press, 2013.

Hagenloh 2009 — Hagenloh P. Stalin's Police: Public Order and Mass Repression in the USSR, 1926–1941. Baltimore: Johns Hopkins UP, 2009.

Harrison 2013 — Harrison M. Secrecy, Fear, and Transaction Costs: The Business of Soviet Forced Labour in the Early Cold War. Europe-Asia Studies. 2013. Vol. 65. № 6. P. 1112–1135.

Healey 2016 — Healey D. Dramatological Trauma in the Gulag: Malingering and Self-Inflicted Injuries and the Prisoner-Patient // Geschichte(n) des Gulag-Realität und Fiktion / Ed. by F. Fischer von Weikersthal and Karoline Thaidigsmann. Heidelberg: Winter-Verlag, 2016. Vol. 21. P. 37–62.

Healey a — Healey D. «Send Me as Far Away as Possible!» The Gulag Doctor's Notebook as Heroic Genre [не опубликовано].

Healey b — Healey D. Gulag Spas: Healing Technologies behind Barbed Wire, 1930–1953 [не опубликовано].

Heinzen 2005 — Heinzen J. Corruption in the Gulag: Dilemmas of Officials and Prisoners // Comparative Economic Systems 47. 2005. June.

Holquist 2003 — Holquist P. State Violence as Technique: The Logic of Violence in Soviet Totalitarianism // Landscaping the Human Garden: Twentieth-Century Population Management in a Comparative Framework / Ed. by A. Weiner. Stanford, CA: Stanford UP, 2003. P. 166–184.

Ivanova 2000 — Ivanova G. Labor Camp Socialism: The Gulag in the Soviet Totalitarian System. Armonk, New York: M. E. Sharpe, 2000.

Khlevniuk 2001 — Khlevniuk O. The Economy of the Gulag // Behind the Facade of Stalin's Command Economy: Evidence from the Soviet State and Party Archives / Ed. By Gregory P. R. Stanford, CA: Hoover Institution Press, 2001.

Khlevniuk 2004 — Khlevniuk O. V. History of the Gulag: From Collectivization to the Great Terror. New Haven: Yale UP, 2004.

Kotkin 1995 — Kotkin S. Magnetic Mountain: Stalinism as a Civilization. Berkeley: University of California Press, 1995.

Kramer 2014 — Kramer M. Stalin, the Split with Yugoslavia, and Soviet-East European Efforts to Reassert Control, 1948–1953 // Stalin and Europe: Imitation and Domination, 1928–1953 / Ed. by Snyder and R. Brandon. New York: Oxford UP, 2014. P. 813–832.

Lifton 1988 — Lifton R. The Nazi Doctors: Medical Killing and the Psychology of Genocide. NY: Basic Books, 1988.

Manley 2015 — Manley R. Nutritional Dystrophy: The Science and Semantics of Starvation // World War II. Hunger and War: Food Provisioning in the Soviet Union during World War II / Ed. by W. Goldman and D. Filtzer. Bloomington: Indiana UP, 2015. P. 206–264.

Mazower 2008 — Mazower M. Hitler's Empire: How the Nazis Ruled Europe. New York: Penguin, 2008.

Mochulsky 2011 — Mochulsky F. Gulag Boss: A Soviet Memoir. New York: Oxford UP, 2011.

Patterson 1982 — Patterson O. Slavery and Social Death: A Comparative Study. Cambridge, MA: Harvard UP, 1982.

Proctor 1988 — Proctor R. Racial Hygiene: Medicine under the Nazis. Cambridge, MA: Harvard UP, 1988.

Remnick 2014 — Remnick D. Putin's Pique // The New Yorker. 2014. 17 March.

Toker 2000 — Tolker L. Return from the Archipelago: Narratives of Gulag Survivors. Bloomington: Indiana UP, 2000.

Vatulescu 2010 — Vatulescu C. Police Aesthetics: Literature, Film, and the Secret Police in Soviet Times. Stanford, CA: Stanford UP, 2010.

Vilensky 1999 — Till My Tale Is Told: Women's Memoirs of the Gulag / Ed. by S. Vilensky. Bloomington: Indiana UP, 1999.

Viola 2007 — Viola L. The Unknown Gulag: The Lost World of Stalin's Special Settlements. Oxford: Oxford UP, 2007.

Weiner 2002 — Weiner A. Making Sense of War: The Second World War and the Fate of the Bolshevik Revolution. Princeton, NJ: Princeton UP, 2002.

Werth 2007 — Werth N. Cannibal Island: Death in a Siberian Gulag. Princeton, NJ: Princeton UP, 2007.

Гольфо Алексопулос — профессор Школы междисциплинарных глобальных исследований и директор Русского института Университета Южной Флориды. Автор книг «Illness and Inhumanity in Stalin's Gulag» (2017) и «Stalin's Outcasts: Aliens, Citizens, and the Soviet State, 1926–1936» (2003).

Глава 3

Дан Хили

Жизнь, списанная со счетов

Ослабленные заключенные, заключенные-инвалиды и биополитика ГУЛАГа

Имелась ли у ГУЛАГа биополитика? Связанные между собой понятия «биовласть» и «биополитика» были в общих чертах определены М. Фуко и подхвачены историками медицины и тела, изучающими разнообразные исторические контексты [Фуко 1996: 238–267][1]. Предположение, что советская система лагерей принудительного труда использовала политику («биополитику») для управления качеством и характером жизни на уровне личности и на коллективном уровне контингента, помещенного в лагерь, может показаться противоречащим интуиции. Масштабы смертности в лагерях были чудовищными, явно опровергая наличие какой бы то ни было заботы властей о здоровье заключенных. Хотя и имеются разногласия по поводу точного количества заключенных, погибших из-за недоедания, изматывающего труда, болезней и насилия, уровень смертности в лагерях был очень высок, особенно в период Второй мировой войны и голодные годы[2]. Однако при этом в ГУЛАГе существовали медицинские

[1] См. также [Фуко 2005: 255–277].

[2] См., например, [Getty, Rittersporn, Zemskov 1993: 1017–1049; Pohl 1997; Keep 1997: 91–112; Applebaum 2003: 518–521] и дискуссию с участием С. Роузфилда, С. Уиткрофта, Дж. Кипа, Р. Конквиста и др. в журнале «Europe-Asia Studies», в особенности в публикациях с 1996 по 2000 год.

учреждения, призванные следить за физическим состоянием заключенных и якобы способствовать его улучшению, и работа таких учреждений определялась правилами и нормативами, которые заслуживают систематического и тщательного изучения. Рассекречивание и научная публикация административных архивов ГУЛАГа предоставила нам ранее отсутствовавшую возможность составить представление о том, что говорило и делало лагерное руководство, и в настоящее время большинство ученых полагают, что эти документы представляют собой небезупречные, но достоверные рассказы о методах работы ГУЛАГа (включая сокрытие правды и ложь)[3]. Внимательное прочтение этих документов и критический взгляд помогут нам оценить, что эти начальники и работавшие на них врачи думали по поводу своих действий относительно труда заключенных. Понимание истории лагерной медицины начинается с тщательного исследования официальных установок и действий[4].

Иными словами, истории ГУЛАГа обошли стороной анализ важной медицинской инфраструктуры лагерей, которая с начала 1930-х годов находилась в подчинении у ОГПУ — НКВД — МВД. Санитарный отдел ГУЛАГа, или Санотдел, обслуживал и узников, и вольнонаемных работников[5]. Хотя его представители и учре-

---

[3] Двадцать лет назад Кип отвергал официальные архивы ГУЛАГа как фрагментарные и лживые [Keep 1997], но редакторы «Истории сталинского ГУЛАГа», одного из наиболее полных собраний документов, в своей вступительной статье продемонстрировали ценность этих архивов. См.: История сталинского ГУЛАГа. Конец 1920-х — первая половина 1950-х годов. Собрание документов: В 7 т. М.: РОССПЭН, 2004–2005. (Далее ссылки на это издание даются с указанием номера тома и страницы. — *Примеч. ред.*) Об этом издании [Brown 2007: 67–103].

[4] Данная глава является частью более крупного проекта «Медицина в Архипелаге ГУЛАГ», поддержанного компанией Wellcome Trust (грант № 085948). Выражаю признательность доктору К. О. Россиянову (Российская академия наук) за помощь при работе в архивах и наши плодотворные дискуссии. Точки зрения, изложенные в этой статье, принадлежат исключительно мне.

[5] Название отдела слегка менялось в период с 1930 по 1953 год. Основанные на фактах сведения об истории Санотдела приводятся в [Нахапетов 2001: 126–136; Нахапетов 2009]. О краеведении, опирающемся на архив Музея

ждения всегда обеспечивались хуже, чем гражданские медицинские службы, в системе лагерей они присутствовали повсеместно. Архивные записи позволяют оценить масштабы деятельности этой «встроенной» медицинской службы — ведомственной службы, аналогичной медико-санитарным службам, действовавшим при Народных комиссариатах по военным и морским делам, а также путей сообщения. Центральным аппаратом Санотдела в Москве руководил врач, который распоряжался штатом медиков и гражданских служащих, работавших медицинскими инспекторами, специалистами по санитарии и статистиками; накануне Второй мировой войны они составляли 8,6 % персонала центрального ГУЛАГа[6]. К 1939 году сеть Санотдела ГУЛАГа насчитывала 1171 лазарет, медпункт и больницу на 39 839 коек. Во время Второй мировой войны она увеличилась до 165 000 коек, а к 1953 году, накануне смерти Сталина и последовавшего за ней освобождения миллионов заключенных, в распоряжении медицинской службы ГУЛАГа имелось 111 612 коек[7]. В 1938 году в системе было 1830 дипломированных врачей, из которых, вероятно, треть была заключенными, а также 7556 медсестер и фельдшеров, многие из которых тоже были заключенными[8]. По мере расширения лагерной системы ее потребности в профессиональных медицинских работниках неуклонно возрастали. Врачей-заключенных отбирали во время этапа и направляли на медицинскую службу, тем самым позволяя им избежать доводящих до смерти «общих работ» на шахтах и лесоповалах ГУЛАГа; потребность в них была такова, что, по крайней мере, с 1939 года

истории здравоохранения г. Ухта, см. [Kühlbrandt 2011]. Всесторонний анализ статистики смертности по ГУЛАГу и манипуляции данными см. [Nakonechnyi 2020].

6 В мае 1941 года на долю аппарата Санотдела приходились 45 из 526 наиболее высоких должностей в ГУЛАГе; см. Утверждение штата центрального аппарата ГУЛАГа 1941 г.: ГАРФ. Ф. 9414. Оп. 1. Д. 847. Л. 19–21.

7 О данных на 1939 год см. [Khlevniuk 2004: 210]; о данных военного времени (1943 год) см.: ГАРФ. Ф. 9414. Оп. 1. Д. 68. Л. 23; о данных на 1 января 1953 года см.: ГАРФ. Ф. 9414. Оп. 1а. Д. 627. Л. 62.

8 ГАРФ. Ф. 9414. Оп. 1. Д. 2750. Л. 1–4 [История ГУЛАГа 2004–2005, 4: 485–489].

использовать свои профессиональные навыки заключенные-врачи могли гораздо чаще, чем инженеры и другие квалифицированные специалисты[9]. На местах они контролировались вольнонаемными докторами и медицинскими чиновниками, работниками Санотдела. Были и «вольные» работники низшего звена. Начиная с 1938 года представители ГУЛАГа набирали на работу только что окончивших медицинские институты и училища молодых специалистов — врачей, медсестер, фельдшеров, стоматологов и фармацевтов — прямо через комиссии по распределению[10]. Многие заключенные получали фельдшерскую и сестринскую подготовку на собственных курсах ГУЛАГа, которые различались по качеству подготовки и местонахождению[11]. Заключенные сами обучались основам медицины и делали карьеру в лагерных лазаретах[12]. Медицинская служба была разносторонним и динамичным элементом системы ГУЛАГа, отличаясь от советской гражданской и других медицинских систем ведом-

---

[9] Постановление о лагерном режиме, изданное в 1939 году, разрешало трудоустраивать по специальности врачей, осужденных по статье 58: см. «Временную инструкцию о режиме содержания заключенных в ИТЛ НКВД СССР» [Кокурин 2000: 467]. В 1947 году по специальности работали три четверти всех квалифицированных специалистов, тогда как медицинские специалисты были трудоустроены по специальности на 88,2 %; см. [Земсков 1991, 6: 10–27; 7: 3–16, 11].

[10] Подробно о распределении выпускников в различные ведомственные медицинские службы и в систему гражданских медицинских учреждений см.: «Отдел кадров, сектор распределения оканчивающих вузы НКЗ СССР» (ГАРФ. Ф. 8009. Оп. 14).

[11] По-видимому, первые курсы возникли на местах в отдельных лагерях, например, в Карагандинском лагере они появились еще в 1931 году (см.: ГАРФ. Ф. 9414. Оп. 2. Д. 108. Л. 220–235), а в Дмитлаге — в 1933 году (см.: ГАРФ. Ф. 9489. Оп. 2. Д. 25. Л. 254). В 1936 году присланное из Москвы основополагающее распоряжение требовало организовать в лагерях шестимесячные курсы по подготовке медицинских сестер и фельдшеров; см. [Нахапетов 2009: 88]. В. Шаламов прошел обучение на фельдшера в Магадане в 1946 году, см. [Шаламов 2009: 230]. Он описал эти курсы в двух рассказах: «Курсы» [Шаламов 1998: 445–485] и «Вейсманист» [Шаламов 1998: 494–501].

[12] См., например, [Бардах, Глисон 2002; Гинзбург 2019; Керсновская 2006].

ственного подчинения тем, что большинство ее пациентов и многие работники имели статус заключенных.

Для прошедших через лагеря мемуаристов и историков существование медицинской службы в ГУЛАГе воспринимается неоднозначно как в политическом, так и в моральном аспектах, она остается загадкой для тех, кто выступает с осуждением сталинского террора. А. И. Солженицын относился к медицине ГУЛАГа с пренебрежением. В «Архипелаге ГУЛАГ», произведении, посвященном детальному анализу лагерной жизни во всех ее проявлениях, нет главы, посвященной медицине. По всему произведению разбросаны фрагменты, в которых Солженицын пренебрежительно отзывается о медицинской помощи. Для него санчасть была тем же, что остальные лагерные властные структуры: «дьяволом рождена, дьяволовой кровью и налита» [Солженицын 2006: 174]. Он отрицал как мифологизирующую легенду положительную, по его мнению, оценку лагерных санчастей В. Т. Шаламовым [Солженицын 2006: 171, 174]. Шаламов уцелел в колымских лагерях благодаря их медицинским службам и начиная с 1946 года работал фельдшером, пройдя подготовку в ГУЛАГе. Менее пристрастное прочтение документальной прозы и автобиографических очерков Шаламова дает гораздо более противоречивую картину гулаговской медицины, но историки еще не подвергли систематическому анализу этот комментарий по поводу медицинской этики и медицинского персонала трудовых лагерей [Шаламов 2009; Шаламов 2011: 727–756][13]. Аналогичным образом проницательный и талантливый мемуарист Е. С. Гинзбург, гулаговская медсестра-самоучка, лишь эпизодически рассуждала о смысле медицинской работы на каторге, явно озадаченная ее двусмысленностью [Гинзбург 2019: 326–327, 379–387][14].

---

13 Краткое описание медицинской службы на Колыме, основанное на текстах Шаламова, приводится в [Conquest 1978: 136–139]. О литературном творчестве Шаламова в целом см. [Toker 2000: 141–187].

14 Также о лагерной медицине см. [Керсновская 2006; Росси 1991, 1: 36 (*больница*); 2: 347–349 (*санчасть*)].

Несмотря на преимущества, предоставляемые доступом к архивным источникам, современные авторитетные специалисты по ГУЛАГу продолжают обходить этот вопрос стороной. Э. Эпплбаум лишь походя упоминает о медпунктах и врачах, избегая, подобно Солженицыну, какого-либо основанного на фактах анализа роли медицины за колючей проволокой. Это было одно «из многого, что было необычным в лагерной жизни», бюрократическим «парадоксом», «неотъемлемым элементом лагерной системы», который, как полагает автор, был пронизан перевернутой с ног на голову медицинской этикой [Эпплбаум 2006: 346, 348]. С. Барнс выдвинул провокационное предположение, что начальство ГУЛАГа использовало угрозу смерти в качестве стимула, побуждавшего заключенных к более высокой производительности труда и самоперековке; однако он не учитывает, какую роль сыграла медицинская инфраструктура лагерей в процессе сортировки заключенных на тех, кому суждено умереть, и тех, кому суждено искупить свои ошибки [Barnes 2011][15]. Существование Санотдела и его влияние на узников ГУЛАГа требует более тщательного анализа, предпочтительно в сравнительном аспекте, однако это не входит в задачу данной главы[16].

Понятие биополитики может помочь нам оценить показатели жизни и смерти в советском производственно-хозяйственном

---

15 Предположение о том, что медицину следует рассматривать как один из рычагов стимулирования заключенных, высказывается в [Kühlbrandt 2011: 12–13].

16 Об истории пенитенциарной медицины написано мало, поэтому Санотдел ГУЛАГа трудно с чем-то сравнивать. Помимо печально известного, совершенно другого, случая медицинского насилия над узниками нацистских лагерей, тюремной медицине посвящено очень мало исторических трудов, а специалисты в области общественных наук сталкиваются с тем, что в либеральных демократиях современные пенитенциарные медицинские системы с поразительным упорством сопротивляются научным исследованиям. С 1877 по 2006 год Тюремная медицинская служба Англии была полностью «внутренней» медицинской структурой; только после 2006 года британские заключенные получили возможность пользоваться гражданской Государственной службой здравоохранения (учрежденной в 1948 году). См. [Ginn 2012; Sim 1990]. Женские тюрьмы в современной России подробно исследуются в [Pallot, Piacentini, Moran 2012].

пенитенциарном комплексе. Фуко в основном определял биополитические задачи как нацеленные на приспособление человеческого тела к потребностям современной экономики[17]. Капитализм, писал он, был бы невозможен без «контролируемого включения тел в аппарат производства» и «подгонки феноменов народонаселения к экономическим процессам» [Фуко 1996: 245]. Опираясь на понятия надзора за телом и его тренировки, которое он ввел в своей истории современной тюрьмы «Надзирать и наказывать», Фуко сначала высказал предположение, что биовласть состоит из двух полярных противоположностей: она фокусируется на индивиде, позволившем властям оптимизировать его способности и встроить их в системы производства и управления, и на обществе, которое обеспечивает его оптимальное воспроизводство, здоровье и трудоспособность [Фуко 1999][18]. Впоследствии он провел более четкую грань между этими полюсами, даже назвал их по-разному: дисциплинарная власть навязывает отдельным телам нормы и пространственное расположение, тогда как биовласть использует нормы, чтобы способствовать росту и воспроизводству всего народонаселения [Фуко 2005: 257; Фуко 1996: 240]. Даже при этом более позднем уточнении конечные цели биовласти остались прежними. С ее помощью власти пытались позитивным образом влиять на жизнь, «ею управлять, ее усиливать и умножать, осуществлять педантичный контроль над ней и ее регулирование в целом». Накопление медицинского и научного опыта предоставило властям возможность подгонять жизнь под потребности конкретной политической экономии, используя нормы управления, общественного здравоохранения, гигиены, а также планирование. Биовласть в меньшей степени опиралась на силу закона и делала больший акцент на «регули-

---

[17] Фуко не опубликовал свое окончательное представление о биовласти, а в лекциях, прочитанных в Коллеж де Франс в 1970-х годах, изменил концепцию, изложенную им в первом томе «Истории сексуальности». Полезным руководством, позволяющим проследить развитие идеи, является [Wallenstein 2013].

[18] Впервые опубликовано в 1975 году.

рующие и корректирующие механизмы», которые «квалифицируют, измеряют, оценивают, иерархизируют» тела и их расположение. Действительно, эти новые нормы оказались настолько эффективны по сравнению с правовыми механизмами отлаживания жизни, что в современных обществах, какими они представлялись Фуко, норма стала брать верх над правом в качестве определяющего инструмента власти [Фуко 1996: 240][19].

Своеобразие социалистической пенитенциарной экономики и критика работ Фуко историками России означают, что понятие биополитики можно применять к ГУЛАГу только с существенными оговорками[20]. Советское государство стремилось к тотальному контролю над обществом; опираясь на дореволюционные радикальные прецеденты, оно адаптировало и использовало дисциплинарные знания без сдерживающего влияния ограничений, накладываемых либеральным принципом верховенства закона. В России не закрепился тот продуктивный симбиоз права и дисциплинирующих норм, который был выявлен Л. Энгельштейн в либеральных демократиях (и к которому Фуко и другие относились с сомнением) [Engelstein 1993: 342–344][21]. Сам Фуко не мог решить, представлял ли собой ГУЛАГ допросветительскую форму наказания или пример современного (в его типично европоцентристском понимании) тюремного заключения. Я. Плампер показал, сколь продуктивно Фуко генерировал веские парадоксальные характеристики советской системы наказаний, даже не

---

[19] О нормах как общем явлении как дисциплинарной, так и биовласти см. [Фуко 2005: 266–267]. Даже в более поздних лекциях Фуко начал вписывать биополитику в более широкую модель государственного управления, ориентированную на либеральную и неолиберальную политические системы; см. [Wallenstein 2013]. Фуко рассматривал эти формы власти (которые преуспели, но не вытеснили «суверенную» власть — «право заставить умереть или позволить жить») как складывающиеся в исторической преемственности, но не затмевающие друг друга. Скорее, они продуктивно взаимодействовали в определенных контекстах: см. [Lemke 2013: 38–40].

[20] О критических замечаниях русских историков см. [Engelstein 1993: 338–353; Plamper 2002: 255–280].

[21] Более пессимистическая точка зрения на либеральные проекты излагается в [Beer 2008].

определяя место ГУЛАГа в предлагаемых им схемах исторического прогресса. В частности, Фуко был озадачен картиной как бы социалистического государства рабочих, в котором он одновременно являлся и критерием гражданской сознательности, и средством наказания, и путем к реабилитации [Plamper 2002: 261–268].

Здесь я рассматриваю биополитику ГУЛАГа как динамическую установку, лежащую в основе санитарных и медицинских норм и механизмов надзора, использовавшихся Санотделом ГУЛАГа. Основой биополитики являются решения, принимаемые в отношении ресурсов, связанных с поддержанием и улучшением жизни (еда, жилье, одежда, санитария, медицина). Я полагаю, что деятельность Санотдела не представляла собой, выражаясь словами Эпплбаум, одно из проявлений «необычного в лагерной жизни» и на деле — с переменной степенью осознанности — была направлена на достижение управляемого «включения тел в аппарат производства» посредством специфических норм и механизмов гулаговской медицины.

В этом историческом контексте очевидно, что соотношение норм и законов следовало советским, а не либерально-демократическим образцам. Симбиоз права и норм был менее продуктивен, хотя пока рано полностью отрицать его возможность, и было множество случаев, когда «верховная власть» (в формулировке Фуко — право убивать или оставлять в живых) откровенно попирала нормы дисциплинарной власти или биовласти[22]. Также требуется поговорить о некапиталистической, а с точки зрения многих экспертов, и иррациональной природе экономической деятельности ГУЛАГа. Фуко признавал символическое несоответствие в том, что так называемое государство рабочих наказывало отщепенцев принудительным трудом. Многие критики сталинизма решительно, по вполне понятным мотивам, утверждали, что ГУЛАГ приносил мало пользы: мелководные

[22] История юридического надзора за ГУЛАГом не написана. За соблюдением закона в ГУЛАГе следил Отдел Прокуратуры СССР по надзору за местами заключения. См.: ГАРФ. Ф. 8131. Оп. 37. Также обратите внимание на значительную подборку относящихся к ГУЛАГу дел Прокуратуры СССР, приводимых в [История ГУЛАГа 2004–2005, 7: 191–276].

каналы, бесполезные железные дороги, дутые производственные показатели. Первостепенная задача наказания и неимоверно высокая цена, заплаченная человеческими жизнями, перевешивали создание любой подлинной ценности. Более того, осторожные ученые также ставят под сомнение эффективность советского принудительного труда[23]. Несмотря на эти оговорки, осуждая преступность сталинистского принудительного труда, историки экономики, основываясь на архивных источниках, указывают, что пенитенциарная империя НКВД все же дала советской экономике значительную долю товаров основной товарной группы [Gregory, Lazarev 2003][24]. Между тем сохранение городков ГУЛАГа после 1953 года указывает на нежелание десталинизаторов забрасывать возведенные трудом заключенных промышленные комплексы как бесполезные, несмотря на то что руководитель МВД Л. П. Берия объявил их банкротами[25]. Нам необходимо представить себе ту пенитенциарно-экономическую модель, которая имела хоть какой-то смысл для чиновников НКВД — МВД, пытавшихся руководить ею. Их управление ресурсами, включая принимаемые ими биополитические решения, явно было направлено на повышение производительности даже в условиях лишений, небрежения и ложных сведений. Более того, начальники ГУЛАГа и Санотдела изобретали биополитику лагерей не на пустом месте. В значительной мере они адаптировали к пенитенциарным условиям многие политические решения касательно ресурсов, относившихся к советскому гражданскому обществу. Эта адаптация гражданских норм к пенитенциар-

---

[23] См., например, [Солженицын 2006: 70–75, 118–122; Swianiewicz 1965; Иванова 1997: 82–147; История ГУЛАГа 2004–2005, 3: 21–52].

[24] Обзор русских точек зрения на производительность ГУЛАГа см. в [Белых 2011: 171–187].

[25] «16 июня Берия внес на рассмотрение Совета Министров СССР и Президиума ЦК КПСС предложение: “Ликвидировать сложившуюся систему принудительного труда ввиду экономической неэффективности и бесперспективности”» [Иванова 1997: 145]. О решениях продолжать работы на угольных шахтах Воркуты после 1953 года см. [Barenberg 2014]; об аналогичных решениях по Магаданской области см. [Гребенюк 2007].

ному контексту и непреднамеренное стирание границы «Гулаг — не-Гулаг» отмечается О. В. Хлевнюком применительно к гулаговской экономике и, в более широком масштабе, применительно к контингенту трудовых лагерей, — У. Беллом[26].

В этой главе я уделяю внимание ГУЛАГу сталинской эпохи, начиная примерно с 1929 года и до середины 1950-х. Специфическая биополитика ГУЛАГа быстро развивалась и коренным образом мутировала в эпоху великих строек коммунизма и создания крупных проектов строительства пенитенциарных учреждений в начале 1930-х годов. Существовавший ранее медицинский контроль и нормы, унаследованные от Соловецких лагерей особого назначения (СЛОН), способствовали формированию более поздних норм, однако начиная с 1929 года более широкая советская гражданская биополитика и ее гулаговская версия стали походить друг на друга во многих важных отношениях. В тот год советская гражданская медицина (руководимая Комиссариатом здравоохранения) была официально перенацелена с недостижимого революционного стремления обеспечить всеобщее медицинское обслуживание на «мобилизационную» повестку дня, приоритетом которой был «производительный» контингент, в основном городские рабочие[27]. Заключенным выпала особо суровая форма мобилизационной медицинской помощи, но, как будет показано, у нее было много общего с медицинским обслуживанием обычных граждан. Конец исследуемого здесь периода обозначил сдвиг в гражданской и пенитенциарной биополитике, связанный с принятием партийным руководством более великодушных решений, например относительно больных туберкулезом, и соблюдением «социалистической законности». После смерти Сталина Санотдел ГУЛАГа подвергся соответствующей

---

[26] Убедительное сравнение гулаговской / не-гулаговской экономики приводится в [Хлевнюк 2013]; о проницаемости границ лагерей ГУЛАГа см. [Bell 2013: 116–141].

[27] Знаками этой перемены стали постановление ЦК «О медицинском обслуживании рабочих и крестьян», принятое 18 декабря 1929 года, и замена старого большевика Н. А. Семашко М. Ф. Владимирским в феврале 1930 года [Davis 1990: 156].

реформе, в том числе сменил название, став Медицинским отделом, который стал более гуманно относиться к заключенным как к заслуживающим не только санитарного, но и медицинского внимания.

Приводимые ниже рассуждения концентрируются вокруг отношения ГУЛАГа к слабым и нетрудоспособным заключенным, демонстрировавшего биополитику, проводившуюся лагерным начальством. Обращение с ослабленными работниками-заключенными устанавливало основные параметры, которые отчасти определяли, кто был достоин спасения от многих превратностей гулаговской жизни. Биополитика нетрудоспособности в ГУЛАГе была прямо связана с экономический деятельностью лагерей: обуза, которую представляли собой инвалиды и неработающие заключенные, становилась постоянной проблемой для тех чиновников, которые создавали представление о прибыльности гулаговского производства. Посредством различных форм регулярного медицинского контроля и нормотворчества заключенные разделялись на категории трудоспособности, учитывавшиеся в балансе рабочей силы, или перечни. Система учета выявляла, сортировала и снимала слабых и нетрудоспособных заключенных с балансов лагерей. Анализ этой системы может выявить некоторые черты советской пенитенциарной биополитики. В ряде существенных аспектов опыта ГУЛАГа нельзя разобраться, исходя только из административной деятельности и биополитики. Один из них — принятие Санотделом решений за закрытыми дверями, решений, которые скупо задокументированы, и поэтому намерения, с которыми они принимались, необходимо определять исходя из дат, авторства и языка инструкций, директив и указов. Другая очевидная лакуна — это опыт заключенных, содержавшихся под стражей. Нормы и правила, разработанные Санотделом, только намекают на виктимизацию и поддержку ослабленных и нетрудоспособных заключенных. Здесь в качестве источников я использую воспоминания заключенных-инвалидов, которые иллюстрируют особенности определенных режимов и реакцию заключенных на них. Это в первую очередь мемуары представителей интеллигенции, несправедливо осужденных по политическим статьям, а голоса более широкого круга обитателей лагерей, как политзаключенных, так и уголовников (а неопределенность границ между ними печально известна), менее слышны. То, что следует дальше, не является социальной историей инвалидов ГУЛАГа, но представляет собой попытку описания того биополитического режима, в котором они содержались, которая сделает «историю глазами низов» более реалистичной[28].

Советские гражданские лица и заключенные как инвалиды

Медицина сталинской эпохи определяла инвалида как человека, утратившего трудоспособность по причине болезни или несчастного случая; утрата иного жизненного потенциала едва ли бралась в расчет [БСЭ 1952, 17: 611–612][29]. Советский подход к нетрудоспособности ставил во главу угла функциональные возможности личности и, в частности, был направлен на максимальное повышение трудоспособности [Phillips 2009]. В 1932 году, по мере ускорения темпов индустриализации, сложные схемы, разработанные Комиссариатом здравоохранения в 1920-е годы для классификации получивших травмы и утративших трудоспособность гражданских работников, были упразднены в пользу системы трех категорий, строго ограничивавшей возможность получения пенсии по инвалидности; большинство инвалидов должны были переводиться на вспомогательные должности

---

[28] О доводах в пользу оправданности отдельного изучения правительственных мер и «социальной истории», поскольку это «разные типы исследований, требующие применения специфических методов анализа», см. [Lemke 2013: 47].

[29] Серьезная критическая история инвалидности среди гражданского населения России еще не написана, однако появляются социологические и антропологические исследования инвалидности в наши дни. См. [McCagg, Siegelbaum 1989; Романов, Ярская-Смирнова 2006] и специальный выпуск «Журнала исследований социальной политики», посвященный инвалидности [Журнал исследований 2012]. В этой статье слова «инвалид» и «нетрудоспособный» используются как синонимы, однако очевидно, что требуется дальнейшее изучение, чтобы поднять проблему использования этих терминов в российском и советском контекстах.

в знакомых им отраслях. Несмотря на то что в теории сталинская Конституция 1936 года гарантировала утратившему трудоспособность работнику право на государственную поддержку, специалисты Комиссариата социального обеспечения продвигали «применение инвалидного труда» как в реабилитации, так и в экономике в целом. К 1937 году чиновники Комиссариата социального обеспечения отвоевали у Комиссариата здравоохранения контроль над врачебно-трудовыми экспертными комиссиями (ВТЭКами), которые проводили осмотр инвалидов и назначали им группу инвалидности. Финансовые ограничения, накладываемые пятилетним планом, перевешивали в этих комиссиях гиппократовские или гуманитарные ценности[30]. Врачи ВТЭК Комиссариата социального обеспечения разрабатывали упражнения, процедуры и «трудотерапию» (с короткими периодами работы и адаптивной физической подготовкой) для реабилитации больных туберкулезом и инвалидов, способных трудиться в облегченном режиме [Коробов, Дубинина, Карпов 2008: 5–11]. Еще до 1941 года официально предполагалось, что большинство гражданских инвалидов, многие из которых были жертвами несчастных случаев на производстве, должны продолжать трудиться, и врачей ВТЭК принуждали ограничивать присуждение первой группы, предполагающей назначение пенсии[31].

Во время войны нагрузка на ВТЭКи возросла, только в 1944 году они обследовали почти 1,7 млн инвалидов. К 1948 году в СССР было 1 521 000 официально признанных инвалидов войны. Система назначения групп инвалидности участникам войны была суровой: только 29 000, или 1,9 %, имели первую группу, т. е. получали пенсию; 321 000 (22 %) человек имели вторую группу и не получали пособия, хотя в наиболее тяжелых случаях их могли определять в интернаты. Эти интернаты были настолько убогими

---

[30] Об индустриализации, осуществляемой ускоренными темпами, и давлении на тех, кто изучал процессы труда, см. [Siegelbaum 1989: 85–118; Siegelbaum 1984: 45–68].

[31] Об отношении к инвалидам в советской промышленности в 1930–40-е годы см. [Field 1957: 170–172].

и непопулярными, что в 1948–1952 годах этот комплекс был частично закрыт, а бездомных инвалидов войны еще больше удалили от общества, чтобы они не бросались в глаза [Коробов, Дубинина, Карпов 2008: 11–12; Fieseler 2008; Dale 2013]. Государство относилось к своим заслуживающим наибольшего внимания гражданам-инвалидам, как рабочим, так и участникам войны, с поразительной суровостью, и об этом надо помнить при исследовании особых обстоятельств, в которых находились инвалиды-заключенные.

В ГУЛАГе инвалидность быстро приобрела статистическую значимость, так как тяжелый каторжный труд в экстремальных условиях и при скудном рационе вел к недоеданию, истощению и болезням, вызванным голодом, которые во время Второй мировой войны советская медицинская система стала называть алиментарной дистрофией [Manley 2015: 206–264]. Из-за однообразного питания у ошеломляюще больших групп развился поддающийся профилактике авитаминоз (в особенности цинга и пеллагра). За время существования ГУЛАГа степень недоедания и голодания то уменьшалась, то возрастала; были и хорошие годы, и несколько плохих (в особенности во время периодов голода, охватывавших всю страну, и в военные годы). Множество заключенных стали слишком больны, чтобы работать, и их приходилось освобождать от неквалифицированного физического труда, т. е. от основной экономической деятельности любого отдельно взятого лагеря (в основном от работы в шахтах, на лесоповалах и стройках). Нетрудоспособность также возникала вследствие несчастных случаев на производстве, от ран, которые заключенные наносили себе, чтобы избежать общих работ, а также из-за драк[32].

С точки зрения хозяйственного управления ГУЛАГа нетрудоспособный заключенный был дорогостоящим бременем, и начиная с 1930-х годов лагерное начальство и врачи стремились пересматривать степень нетрудоспособности заключенных и находить способы снижения связанных с этим издержек. Для обеспечения бесперебойного функционирования экономики

---

32 О членовредительстве и симуляции см. [Healey 2016].

ГУЛАГа начальникам требовались учетные списки трудовых ресурсов заключенных. Затем составлялись планы, определявшие задачи каждого лагерного комплекса. По регулярным статистическим отчетам московское начальство ГУЛАГа постоянно отслеживало трудоиспользование в системе. Эта практика выросла на основе принципов, разработанных на Соловецких островах в 1920-е годы. Изначально соловецкие узники освидетельствовались не врачами, а нарядчиками; начиная с января 1927 года в соответствии с указом была создана Постоянная врачебная комиссия для оценки пригодности заключенных к труду, которую возглавлял начальник санчасти[33]. Складывается впечатление, что в течение краткого промежутка, до 1931 года, сортировкой заключенных по степени их трудоспособности занимались только врачи. Но если бы так оно и было, такой полностью медицинский отбор рабочей силы не смог бы выдержать нагрузку в условиях расширения системы, когда началась реализация крупных строительных проектов. В любом случае, учитывая коллективистский и мобилизационный дух, который официально преобладал в советской медицине после 1929 года независимо от контингента, который она обслуживала, — гражданского, военного или отбывающего наказание в заключении, нет оснований считать, что для отдельных заключенных было бы более благоприятным распределение рабочей силы, санкционированное медиками[34].

---

[33] См.: Доклад начальника УСЛОНа о деятельности Управления Соловецких лагерей особого назначения ОГПУ за 1926–1927 гг.: ГАРФ. Ф. 9414. Оп. 1. Д. 2918. Л. 41.

[34] Комиссия А. М. Шанина, после массовых нареканий инспектировавшая Соловки в апреле 1930 года, утверждала, что степень работоспособности определяли только врачи. См. документ «Из отчета Комиссии ОГПУ по обследованию режима и быта заключенных Соловецких лагерей» [История ГУЛАГа 2004–2005, 4: 139–146]. Этот документ и доклад 1927 года, упоминаемый в предыдущем примечании, должны были убедить читателей в том, что управление Соловецким лагерем осуществлялось на должном уровне. О мобилизационной природе советской медицины см. [Field 1957: 146–180, 221–224]. Несмотря на стремление принимать клинические решения «в советском духе», как показали послевоенные обзоры классификаций, среди медиков такое постоянство во взглядах явно не было широко распространено. См. [Burton 2005].

В 1931 году в каждом лагере были официально созданы врачебно-трудовые комиссии, состоявшие из врачей, часть которых и сами были заключенными, непосредственно подчинявшимися начальнику лагеря и руководителям производства. В этих комиссиях, ярко показывавших взаимосвязь необходимости наказания и производительности труда, определявшую деятельность ГУЛАГа, бок о бок заседали представители государственной, дисциплинарной и биовласти[35]. Все заключенные дважды в год проходили через такие комиссии, определявшие их степень трудоспособности[36]. Как и в гражданских ВТЭКах, медицинские решения подлежали окончательному утверждению чиновниками с учетом финансовой и правовой подоплеки[37]. Заключенные, признанные пригодными к труду, считались включенными в баланс трудовых ресурсов, категорийными заключенными. При прохождении этих комиссий выявлялась (или подтверждалась) стойкая нетрудоспособность. Заключенный, освобожденный от работы постоянно или в течение длительного периода выздоровления, назывался забалансовым, т. е. снятым с баланса трудовых ресурсов. Периодическая категоризация заключенных по их трудоспособности осуществлялась на протяжении всего существования ГУЛАГа и позволяла руководству оценивать физическое состояние заключенных и соответствующим образом распределять их. Комиссии превратились в крупные общественные мероприятия, на которых обычно председательствовали гулаговское начальство и врачи санчасти, восседавшие за покрытым скатертью столом с горой личных дел заключенных; заключенные с горечью вспоминали, как одинаково поверхностно осматрива-

---

[35] О смешанных целях ГУЛАГа и о том, как одно способствовало другому, см. [Хлевнюк 2013].

[36] О постановлении 1931 года, возлагавшем на медицинские комиссии задачу определять степень трудоспособности, см.: ГАРФ. Ф. 9414. Оп. 1. Д. 2737. Л. 1–1 об., 2–3, 11. Часть этого циркуляра «Об установлении трех категорий трудоспособности заключенных в исправительно-трудовых лагерях ОГПУ» опубликована в [История ГУЛАГа 2004–2005, 3: 72–74].

[37] О работе гражданских комиссий в 1930-е годы см. [Field 1957: 166–170]. О подобном давлении в капиталистических странах см. [Sturdy 2000: 217–234].

ли их и вольнонаемные врачи, и врачи-заключенные[38]. Заключенные, пригодные к тяжелому физическому труду (ТФТ), направлялись на тяжелые общие работы в лесах, шахтах и на стройках; пригодность к труду средней тяжести (СФТ) зачастую означала выполнение тех же задач, но с «пониженной» нормой выработки; легкий физический труд (ЛФТ) обычно означал выполнение вспомогательных работ[39]. Постоянные медицинские комиссии оценивали состояние новоприбывших и недавно пострадавших заключенных и наблюдали за заключенными — пациентами лагерных лазаретов. Медицинское обследование физического состояния отдельного пациента как фактор экономических процессов ГУЛАГа было обычной и динамичной составляющей многочисленных систем учета и контроля, которые регулировали лагерную жизнь[40].

---

[38] Ритуал был описан одним из заключенных, арестованных в 1948 году: «Значит, приезжала комиссия, это в основном высшие чины, ну, конечно, не генералы, а ну там капитаны медицинской службы, лейтенанты в серебряных погонах выходили, иногда даже эта комиссовка осуществлялась прямо в зоне на открытом воздухе, не в бараке, а на открытом воздухе. Прямо, значит, на улице стол накрывался сукном красным или зеленым там, сидели писали там у них в свои "Талмуды" раскрыты были, вызывали каждого по анкете заключенного, и ты должен был прийти, значит, тебя заставляли подойти к столу, потом говорили — сними штаны. Ты снимал штаны. — Обернись. Обёртывался. Они тыкали пальцами в задницу и говорили — Иди. Если мясо есть, если, так сказать, кость не прощупывалась пальцем, то, значит, тогда все еще более или менее ничего, ты можешь работать» (из интервью, взятого автором у Юрия Львовича Фидельгольца в Москве 23 марта 2009 года). Рассказ фельдшера-заключенного о том, как были организованы медицинские комиссии в конце 1940-х годов, приводится в [Самсонов 2000: 145–149].

[39] На протяжении истории ГУЛАГа фактические названия и критерии категорий существенно варьировались, а долгосрочное сравнение статистических данных о численности заключенных-инвалидов дает ненадежные результаты; изменение категорий позволяло лагерному начальству скрывать ослабленных заключенных.

[40] Для поддержания порядка и принятия решений по индивидуальному наказанию и реабилитации представители власти сортировали узников ГУЛАГа по многочисленным критериям (классовое происхождение, вид преступления, пол, национальность, производительность труда, политические взгляды). См. [Barnes 2011: 79–106].

Система распределения инвалидов и ее эволюция

В 1930-е годы в лагерях появились три важные структуры, занимавшиеся нетрудоспособными заключенными: сначала слабосильные команды, потом оздоровительные команды, а затем отдельные лагеря для инвалидов при основных лагерных комплексах. Эти структуры пережили периоды потрясений, обрушившихся на ГУЛАГ, и чиновники государственного и местного уровня их регулярно переориентировали и реформировали. Тем не менее, несмотря на значительное давление сверху, гулаговское начальство никогда не переставало поддерживать эти особые структуры.

Слабосильные и оздоровительные команды

В ноябре 1930 года заместитель начальника ГУЛАГа М. Д. Берман подписал первую директиву об организации в ГУЛАГе команд слабосильных заключенных[41]. Начиная с 1 января 1931 года в лагерях этой стремительно развивающейся системы должны были повсеместно создаваться команды, в которые следовало направлять ослабленных и нетрудоспособных заключенных на период от одного до двух месяцев, предоставлять им заметно облегченный режим труда и особый рацион, чтобы подкормить их и восстановить здоровье. Основным контингентом слабосильных команд становились «физически ослабевшие в результате тяжелой физической работы» и недавно госпитализированные заключенные, которых невозможно было отправить обратно на работу. Другая ключевая группа подчеркивает одну из основных опасностей жизни в ГУЛАГе: этапирование в лагеря осуществлялось долго и в плохих условиях, в результате чего заключенные прибывали истощенными и больными; таким образом, прибывшие по этапу также определялись в подобные команды. В каждом лагере в них могло состоять не более 1,5 % заключенных. Для того чтобы попасть в слабосильную команду, со стороны гула-

---

[41] См. «О слабосильных командах»: ГАРФ. Ф. 9414. Оп. 1. Д. 2736. Л. 4.

говских властей, вероятно органов внутренней безопасности и / или агитаторов Культурно-просветительского отдела, заключенному требовалась характеристика, удостоверявшая «хорошее поведение и добросовестное отношение к труду». Направлению в слабосильные команды явно не подлежали заключенные, «на полное восстановление трудоспособности которых нельзя рассчитывать» по состоянию здоровья. Таким образом, слабосильные команды были созданы для того, чтобы подкормить тех, кого можно было вернуть на общие работы, и исключали попадание в них тех, кто уклонялся от работ, и бедолаг, находившихся на грани смерти, зачастую в результате изнуряющего труда. В феврале 1931 года по распоряжению начальника ГУЛАГа Л. И. Когана цель слабосильных команд стала еще более очевидной: по восстановлении каждый направленный туда заключенный должен был вернуться к тяжелому труду. Перед периодическими медицинскими комиссиями была поставлена задача определять наиболее подходящих кандидатов, которых можно было бы восстановить до наиболее физически крепкой трудовой категории [История ГУЛАГа 2004–2005, 3: 72–74][42].

Эволюция слабосильных команд в системе медицинского контроля ГУЛАГа начала 1930-х годов показывает, что на раннем этапе управление ими было менее централизовано, чем хотелось Москве. Такой непорядок возник на фоне первых попыток избавить ГУЛАГ от десятков сотен нетрудоспособных заключенных посредством амнистий. В своем докладе руководству ОГПУ в мае 1933 года гулаговские начальники призывали к освобождению 64 000 «инвалидов и неработоспособных»[43]. К тому времени, по

---

[42] В этом распоряжении также упоминались команды «выздоравливающих» заключенных; очевидно, они предназначались для заключенных, недавно выписанных из переполненных гулаговских лазаретов, которым и далее требовалась медицинская помощь.

[43] Записка начальника ГУЛАГ М. Д. Бермана, начальника финансового отдела ГУЛАГ Л. И. Берензона и начальника строительства канала Москва — Волга Л. И. Когана заместителям председателя ОГПУ Г. Г. Ягоде и Г. Е. Прокофьеву об улучшении использования заключенных лагерей на производстве. 17.05.1933 [История ГУЛАГа 2004–2005, 3: 106–111].

оценкам НКВД, приведенным в докладе Сталину, из полумиллиона заключенных, содержавшихся в лагерях, 3,2 % (12 700 человек) были полными инвалидами, а еще 25 % (около 100 000 человек) — нетрудоспособными по причине болезней и потери здоровья при недавнем этапировании[44]. Несмотря на амнистии, условия в лагерях продолжали порождать ослабленных заключенных, и врачей призывали выявлять кандидатов в слабосильные команды на ранних стадиях, прежде чем здоровье ухудшится настолько, что потребуется много времени на лечение и выздоровление. Директивы помощника начальника ГУЛАГа С. Г. Фирина, изданные в 1933 году, пытались ограничить пребывание заключенных в слабосильных командах максимум двумя неделями, но благодаря вмешательству Бермана (в то время начальника ГУЛАГа) этот жесткий срок был увеличен еще на две недели, хотя квота на разрешение такого продления была ограничена 10 %[45].

То, как формировались слабосильные команды в отдельных лагерях, можно оценить по приказу некого Флейшмейкера, начальника Санотдела Дмитлага, лагеря, занимавшегося строительством канала Москва — Волга. Этот приказ носит желательный характер, и маловероятно, что содержащиеся в нем установки всегда могли быть выполнены в местных подразделениях лагеря, где медицинское обслуживание осуществлялось вольнонаемными врачами и врачами-заключенными. Кандидатов в слабосильные команды следовало отбирать среди истощенных и больных, только что прибывших с этапа; среди тех, кто, не являясь протестующим, был не в состоянии выполнить норму на общих работах без «скидки»; среди тех, кто недавно выписался из больницы; и, наконец, среди тех, кто, находясь в хорошей физической форме,

---

[44] Докладная записка заместителя председателя ОГПУ Г. Г. Ягоды И. В. Сталину об итогах хозяйственной деятельности лагерей за 1932 и первый квартал 1933 г. (не ранее 26 апреля 1933 года) [История ГУЛАГа 2004–2005, 3: 95–106].

[45] Циркуляр ГУЛАГ № 669600 об оздоровлении слабосильных заключенных и улучшении использования рабочей силы в лагерях от 31 августа 1933 года: ГАРФ. Ф. Р-9414. Оп. 1. Д. 2741. Л. 47–47 об.]; см. также распоряжение от 5 ноября 1933 года, продлевающее срок содержания еще на 14 дней: ГАРФ. Ф. Р-9414. Оп. 1. Д. 2741. Л. 57.

выполнял и даже перевыполняли трудовые нормы — в этих случаях врачи предписывали отдых по строго медицинским причинам. Заключенных, попавших в слабосильные команды, следовало содержать отдельно, в хорошо обставленных и оборудованных бараках, и кормить очень хорошим больничным пайком, который предусматривал 900 граммов хлеба в день, не считая других продуктов. Им также полагались антипеллагрические добавки и талоны, которые можно было отоварить в лагерных магазинах военторга. Под строгим медицинским контролем они должны были соблюдать полустационарный ежедневный график, устанавливаемый медицинским персоналом, который определял, кто из заключенных в состоянии выполнять очень легкие задания — работу в лагерных помещениях и хозблоке — в течение неполного рабочего дня. В балансе трудовых ресурсов заключенные из слабосильных команд должны были учитываться отдельно как заключенные с легкой степенью истощения, которых не следовало смешивать с госпитализированными. В печатном варианте этого распоряжения не указывалось никаких квот для слабосильных команд, но ограниченные ресурсы и давление со стороны начальников строительства должны были влиять на ограничение зачисленных в них заключенных ничуть не меньше, чем прописанные квоты[46]. Слабосильные команды и команды выздоравливающих явно держались в резерве для временно нетрудоспособных и, по крайней мере на бумаге, предназначались для повторного ввода в строй заключенных, которых можно было легко восстановить для выполнения тяжелых работ. Фактический эффект от этих команд, судя по воспоминаниям тех, кто в них находился, был в лучшем случае неоднозначным.

Константин Петрович Гурский, бывший зэк, вспоминает, как в 1936 году в соответствии с разнарядкой медицинский работник, лекпом, отправил заключенных из слабосильной команды собирать грибы и ягоды; эти продукты явно предназначались для других заключенных. В отряды фуражиров входили заключенные, кото-

---

[46] См. «Положение о слабосильных в ДМИТЛАГе ОГПУ» от 28 февраля 1934 года: ГАРФ. Ф. 9489. Оп. 2. Д. 46. Л. 90–93.

рых их товарищи считали доходягами. Тем не менее, по мнению Гурского, слабосильная команда заключенных была ступенью к получению в дальнейшем медицинской помощи, она давала возможность заручиться сочувствием медработника и получить лечение, которое, возможно, привело бы к выздоровлению[47].

По мере расширения системы лагерей в середине — конце 1930-х годов такие команды заметно разрослись. Число неработающих заключенных резко увеличилось в результате Террора, и многие из них были временно или постоянно нетрудоспособны. По мере развития ГУЛАГА в 1930-е годы, несмотря на его «вращающуюся дверь», в нем накапливалось все больше инвалидов, которым инкриминировались совершение в прошлом все более тяжких «преступлений», ввиду чего — с официальной точки зрения — их освобождение становилось невозможным[48]. В отчетах Сталину руководители ГУЛАГа подчеркивали, что контингент неизлечимых, не подлежащих освобождению, неработающих хронических больных и инвалидов, а также тех, кто не работал по другим причинам, к 1935 году насчитывал около 100 000, а к 1938-му — 179 000 заключенных[49]. В конце 1937 года и в течение всего 1938-го Террор отправил в лагеря сотни тысяч заключенных; слабосильные команды и команды выздоравливающих — или упомянутые выше лагеря для инвалидов — не могли вместить резко возросшее количество инвалидов и больных, и из донесений, критикующих эту практику, следует, что госпитализация

---

47 Гурский К. П. По дорогам ГУЛАГа: Воспоминания. Кн. 1. Ухтпечлаг. «Мемориал»: Москва. Ф. 2. Оп. 3. Д. 17. Л. 19–20, 27. См. аналогичные впечатления в [Шаламов 2009: 204–207].

48 Об амнистиях см. [Alexopoulos 2005: 274–306].

49 Данные на 1935 год приводятся в Справке ГУЛАГ об использовании контингентов исправительно-трудовых лагерей НКВД на 11 января 1935 года от 23 января 1935 года [История ГУЛАГа 2004–2005, 3: 116–117]; на 1938 год в Объяснительной записке начальника ГУЛАГ И. И. Плинера к сводке о трудовом использовании заключенных в лагерях НКВД за май 1938 года (июнь 1938 года) [История ГУЛАГа 2004–2005, 3: 144–145]. В 1938 году примерно половина неработающих либо содержалась в штрафных изоляторах, считаясь злостными отказчиками от работы, либо не имела возможности трудиться из-за отсутствия одежды или обуви.

многих инвалидов осуществлялась импровизированно и в явно примитивных условиях[50]. Вероятно, значительная часть погибла в невыносимых условиях; в 1938 году официально зарегистрирована смерть 108 654 заключенных, и этот пик смертности не был превышен до начала войны[51]. В конце декабря 1938 года по приказу центрального Санотдела была реформирована структура слабосильных команд — их разделили на две группы[52]. Кандидатами в обе группы были лица, ослабевшие на общих работах, при этапировании или после недавно перенесенной болезни; как и прежде, им требовалась рекомендация врача, справка о производительности труда и характеристика от руководителя работ и чиновников культпросвета. Этот приказ явно не касался хронических инвалидов, у которых не было надежды восстановить трудоспособность, а также «злостных отказчиков, беглецов, штрафников и проигрывающих пайки». Как и прежде, ничего не было сказано об исключениях в связи с характером преступления,

---

50 ГАРФ. Ф. 9414. Оп. 1. Д. 2753 Л. 134–135 (5 апреля 1938 г.); Л. 234–235 (6 июня 1938 г.). «Госпитализация» в ГУЛАГе раннего периода могла означать просто разрешение остаться в бараке, с получением медицинской помощи или без нее, особенно в новых лагерях, где не было лазаретов и не хватало медицинских работников. Мобильность гулаговской пенитенциарной экономики с этапированием в пустынные места, где надлежало создать лагерь, означала, что многие заключенные подвергались госпитализации в примитивных условиях. В обустроенных лагерях имелись лазареты с койками для нуждающихся в госпитализации, но они всегда были заняты; сложилась система подчинения лагерных лазаретов на местах центральным больницам со специализированными палатами, лабораториями и другими медицинскими объектами. Приказ по ГУЛАГу от октября 1944 года свидетельствует о том, что руководство Санотдела и начальник ГУЛАГа намеревались создать сеть центральных и местных современных, работающих на научной основе больниц со специализированными отделениями и лабораториями, хотя подобные учреждения стали появляться только после 1945 года. См.: ГАРФ. Ф. 9414. Оп. 2. Д. 165. Л. 85–87.

51 Общие сведения о смертях в лагерях, колониях и тюрьмах: ГАРФ. Ф. 9414. Оп. 1. Д. 2740. Л. 52–53.

52 «Положение о командах слабосильных в лагерях и колониях НКВД СССР» от 21 декабря 1938 года, подписанное заместителем начальника Сантодела, неким Соколовым: ГАРФ. Ф. 9414. Оп. 1. Д. 2753. Л. 372–379.

за которое был осужден заключенный; формально и после начала Террора в слабосильные команды могли направляться и политические заключенные. В первой группе слабые заключенные должны были оставаться на прежних рабочих местах, жить в специально оборудованных бараках и иметь четыре выходных дня в месяц, раз в десять дней проходить медицинский осмотр и получать дополнительные пайки. Определенные во вторую группу должны были жить в условиях лазарета и получать соответствующие пайки; предполагалось, что они трудились только по разрешению медиков и не более шести часов в день, выполняя легкую работу по хозяйству или в мастерских по изготовлению предметов народного потребления. Они должны были находиться под ежедневным медицинским наблюдением и раз в пять дней проходить осмотр у врача. В зависимости от физического состояния лагерного контингента во вторую группу слабосильных команд могли быть направлены не более 1–2 % среднегодовой численности заключенных в лагере; и не более 2–5 % — в первую группу. Эти квоты, в совокупности составлявшие 3–7 % от населения лагеря, были послаблением по сравнению с полуторапроцентным лимитом, установленным в 1931 году, и завуалированным признанием серьезно ухудшившегося состояния контингента заключенных[53]. Заключенные из первой группы должны были оставаться в балансе трудовых ресурсов; неработающие заключенные из второй группы снимались с баланса. Также требуют пересмотра документация и донесения в Москву, касающиеся этих команд[54]. Реорганизация групп слабосильных заключенных, утвержденная вновь назначенным начальником ГУЛАГА Г. В. Филаретовым, представляла собой ранний пример «реформ» Берии, направленных на стабилизацию экономики ГУЛАГа после хаоса Террора [История ГУЛАГа 2004–2005, 3: 186–235].

---

[53] Статистика с мест дает более мрачную картину, чем централизованная. Так, 1 июня 1938 года из 19 974 узников Севжелдорлага трудиться могли всего 8483 человека; остальные были ослабленные, инвалиды, госпитализированные или страдающие от нехватки витаминов. См. [Азаров 2005: 130, табл. 6].

[54] ГАРФ. Ф. 9414. Оп. 1. Д. 2753. Л. 377–378.

Отдельные лагеря для инвалидов

В 1930-е годы в ГУЛАГе было создано значительное количество лагерей для лиц со стойкой нетрудоспособностью. Пространственное отделение инвалидов от физически крепких заключенных, очевидно, облегчило начальству контроль за моральным духом и трудовой дисциплиной в обеих группах, делая менее заметными самых нетрудоспособных. В различных районах, колонизированных НКВД, лагеря для инвалидов принимали различные формы. К концу 1930-х годов эти лагеря стали хорошо зарекомендовавшей себя частью ГУЛАГа, эксплуатируемой Санотделом, и все занимались некой формой экономической деятельности, которая если не обеспечивала их функционирование, то, по крайней мере, оправдывала их существование.

Один из первых примеров был подан опять-таки Дмитлагом. В распоряжении начальника Санотдела Дмитлага Флейшмейкера, датированном 1934 годом, подробно излагается режим содержания стойко нетрудоспособных в инвалидном городке[55]. В него могли направляться: 1) те, кто был полностью нетрудоспособен и нуждался в постороннем уходе (госпитализированные хронические больные); 2) те, кто был полностью нетрудоспособен, но не нуждался в уходе; и 3) истощенные и ослабленные, для восстановления трудоспособности которых требовалось более двух месяцев (лица с «временной инвалидностью»). Таким образом, в инвалидном городке должны были находиться госпитализированные, абсолютно нетрудоспособный контингент и группы с ограничениями трудовой деятельности. Все обитатели городка должны были находиться под наблюдением медицинского персонала и направляться на работу только с визой врача, определяющей тип работ, которые они могли выполнять, и максимальную продолжительность рабочего дня. Трудоспособные инвалиды могли работать в мастерских — изготавливать предметы народного потребления для лагерных нужд. Госпитализированные инвалиды должны были получать медицинские пайки; ин-

---

[55] ГАРФ. Ф. 9489. Оп. 2. Д. 46. Л. 89–90 об.

валиды, работавшие в мастерских, получали базовый паек, дополненный поощрением за работу. Все должны были получать антипеллагрические добавки. Также было распоряжение выращивать в городке сельскохозяйственные культуры на специально отведенных для этого участках. Заключенных исключали из баланса трудовых ресурсов и заносили в отдельный учетный список как инвалидов.

Г. В. Князев вспоминал, как в 1938 году в Адаке под Воркутой, в 20 километрах от ближайшего населенного пункта, с нуля строился лагерь для инвалидов. Трудоспособные бригады отправляли расчищать лес для установки палаток. Среди самых ослабленных заключенных в лагере Князева нарастало беспокойство — они боялись, что их отправят в это пустынное место. Князев слышал, что первые заключенные-инвалиды «живут в палатках, ни бани, ни кухни, пищу варят в огромном котле под открытым небом. И несмотря на все это неустройство, туда прибывают одна за другой партии слабосильных и "неполноценных" зеков»[56]. Туда же отправляли и престарелых. Позднее, в том же году, и самого Князева отправили в Адак. Работы для заключенных было мало, и самые слабые просто лежали на нарах и мечтали о еде. В распоряжении врача инвалидного лагеря, тоже зэка, было совсем немного продовольственных запасов, и он мало что мог сделать, чтобы предотвратить смерть людей от голода[57]. Однако Князев достаточно окреп для перевода в другой лагерь и в конце концов устроился на работу санитаром в лагерном лазарете.

Вероятно, некоторые мастерские лагерей для инвалидов выпускали большую часть предметов народного потребления для нужд ГУЛАГа. В 1933 году начальство ГУЛАГа уже могло похвастаться тем, что в 1932 году в лагерях было произведено множество разнообразных предметов на сумму 11 млн рублей, в том числе мебели, игрушек, товаров для дома, метизов, кожгалантереи

---

[56] Григорий Власович Князев. Воспоминания: В 3 т. Т. 2. С. 282. Общество «Мемориал»: Санкт-Петербург (без присвоения номеров фонда / описи).

[57] Григорий Власович Князев. Воспоминания: В 3 т. Т. 2. С. 318–323.

и музыкальных инструментов. О том, кому предназначались эти товары, не сообщалось, но было отмечено, что в будущем производимые предметы будут предназначены в основном для внутреннего потребления в лагерях. Предполагаемыми потребителями, скорее всего, должны были стать коменданты лагерей, руководство и их родственники [История ГУЛАГа 2004–2005, 3: 105]. З. Д. Усова научилась делать мебель в плотницкой мастерской в инвалидном лагере в Талагах под Архангельском в конце 1930-х годов. Она охотно освоила это ремесло и гордилась своими табуретками, столами и тумбочками. Однако рацион в ее лагере составлял всего 700 граммов хлеба в день, а рабочий день был намного длиннее, чем для контингента слабосильных команд: десять часов, начиная с семи утра[58]. В то же самое время в 23 километрах от Магадана, на другом конце СССР, в хорошо оборудованном инвалидном лагере трудился Лев Лазаревич Хургес, сначала в столярной мастерской, а затем в ателье по изготовлению игрушек, получая 800 граммов хлеба при неопределенной продолжительности рабочего дня. Изготовление игрушек, писал он, «вселяло в душу некоторую радость. Раскрашивал я кукол, паяцев и мишек, и всегда, взяв в руки очередную игрушку и представляя себе улыбающуюся детскую мордашку, я забывал и голод, и все унижения своей теперешней жизни» [Хургес 2012: 602]. Эти примеры, в отличие от случая Князева в новом лагере для инвалидов, показывают, что назначение в давно существующий инвалидный лагерь давало возможность путем полезных занятий обрести своего рода достоинство — то, о чем мечтали инвалиды как внутри ГУЛАГа, так и за его пределами.

Организация отдельных инвалидных лагерей получила дополнительный импульс во времена Террора, когда резко возросло количество инвалидов. В директиве, подписанной в марте 1938 года заместителем наркома внутренних дел С. Б. Жуковским, всем лагерям приказывалось организовать инвалидные подразделения с мастерскими для производства товаров народного

---

[58] Зинаида Даниловна Усова. ЧСИР: Воспоминания. Москва, 1988. Общество «Мемориал»: Москва. Ф. 2. Оп. 1. Д. 118. Л. 53–55.

потребления, в которых заключенные содержались бы отдельно от физически здоровых и снимались бы с баланса трудовых ресурсов[59]. Эта директива была разослана как часть более длинной серии безумных директив, которыми пытались упорядочить перевод заключенных из городских тюрем в отдаленные лагерные комплексы; заключенные-инвалиды, по всей видимости, стали головной болью для управленцев, ответственных за организацию их транспортировки. Согласно одному неполному обследованию, проведенному в 28 лагерях, в мае 1938 года насчитывалось приблизительно 33 000 инвалидов и ослабленных из почти 900 000 заключенных (3,7 % от этого общего числа). К концу года положение не улучшилось. В первом квартале 1939 года гулаговские специалисты по финансовому планированию отмечали контингент из 63 000 инвалидов (3,11 % из чуть более 2 млн заключенных), из которых от 35 000 до 40 000 человек были абсолютно нетрудоспособны и должны были содержаться за счет казны ГУЛАГа, субсидируемой государством[60]. Разумеется, эти цифры относятся к актированным инвалидам, признанным таковыми администрацией. Некоторые лагерные комплексы, такие как Норильский и Колымский, из-за крайней удаленности отказывались принимать ослабленных заключенных и заключенных-инвалидов с материка (хотя, конечно же, сами они порождали и содержали нетрудоспособных заключенных, таких как Хургес и Шаламов), а давление, оказывавшееся на всех местных комендантов ГУЛАГа с целью выполнения производственных задач, в любом случае отбивало у них желание принимать подобных заключенных[61].

---

[59] ГАРФ. Ф. 9414. Оп. 1. Д. 1138. Л. 39 (март 1938 года).

[60] ГАРФ. Ф. 9414. Оп. 1. Д. 1140. Л. 176–177. Эти общие цифры относятся к лагерям и колониям; об общей численности контингента см. [Getty, Rittersporn, Zemskov 1993: 1023].

[61] О возражениях против ограничения пересылки на Колыму лиц, находившихся в наиболее подходящей физической форме, см.: ГАРФ. Ф. 9414. Оп. 1. Д. 1140. Л. 38–41. Воспоминания о депортации заключенных-инвалидов с Колымы в материковые лагеря в восточной Сибири в 1940 году пережившего ее инвалида см.: Григорий Моисеевич Муравин. Из мрака культа личности. Воспоминания. Общество «Мемориал»: Санкт-Петербург (без присвоения номеров фонда, описи, дела).

Заключенный-инвалид мог вписаться в экономическую модель ГУЛАГа только за счет систематического исключения нетрудоспособных из учетного списка трудовых ресурсов и за счет субсидий.

Влияние войны на отношение к ослабленным и нетрудоспособным заключенным

С началом войны в июне 1941 года власти ГУЛАГа призвали инвалидов внести свой вклад в победу, и мобилизация охватила даже госпитализированных и обычно считавшихся нетрудоспособными. ГУЛАГ военного времени пережил пиковые за всю его историю показатели смертности: максимум пришелся на 1942 год, и в 1943 году они были немногим меньше[62]. Даже способные эффективно работать, физически полноценные заключенные ГУЛАГа получали по 800–1500 калорий в день, меньше, чем требовалось для работы, которую они должны были выполнять; гулаговское начальство несло ответственность за снижение рациона и падение производительности труда, обрекавшие огромное количество заключенных на медленную смерть от болезней, вызванных голодом. Как и в гражданском обществе, за редким исключением, недоедание и сопутствующие ему заболевания, в особенности туберкулез, были распространены повсеместно. Заключенные разделяли судьбу свободных советских граждан, питание которых резко ухудшилось во время войны и оставалось явно недостаточным долгое время после нее. Д. Фильцер показал, что тогда смертность советских граждан в городском тылу достигла двух значительных пиков. Первый, в 1941–1942 годах, был результатом внезапного потрясения из-за сокращения запасов продовольствия, эвакуации и ухудшения условий жизни и вызвал резкое повышение смертности среди пожилых и детей младшего

---

[62] Эпплбаум приводит задокументированные показатели смертности: 115 484 (6,1 %) в 1941 году; 352 560 (24,9 %) в 1942 году; 267 826 (22,4 %) в 1943 году; 114 481 (9,2 %) в 1944 году и 81 917 (5,95 %) в 1945 году [Applebaum 2003: 519].

возраста. Второй пик смертности — среди находившихся в тылу мужчин трудоспособного возраста в 1943 году — явился результатом длительного голодания, сопровождавшегося болезнями, лечение которых предусматривало правильное питание, в особенности туберкулезом [Filtzer 2015: 265–338][63]. Судя по проведенному Фильцером анализу вызванной недоеданием смертности гражданского населения, не приходится удивляться тому, что пик смертей в ГУЛАГе был достигнут несколько ранее, в 1942 году, учитывая уже и без того плохое питание и то, что положение не изменилось и на следующий год. Подобно тому, как в 1944 году благодаря программам усиленного питания начала сокращаться смертность среди гражданского населения советских городов, когда правительство обеспечило лучший контроль над запасами продовольствия, в гораздо более скромном масштабе аналогичные программы действовали и за колючей проволокой[64]. Узники ГУЛАГа не были изолированы от советского общества, когда дело касалось биополитики распределения продовольствия, но испытывали на себе крайнюю форму ее проявления[65]. Даже в этих отчаянных обстоятельствах инвалид в ГУЛАГе не считался «жизнью, недостойной жизни». В конце 1941 года, когда дела на войне у Советского Союза шли плохо, гулаговские специалисты по финансовому планированию заложили на 1942 год почти 86 млн рублей на содержание примерно 57 000 лиц, признанных инвалидами. Эти планы предполагали поразительно малое снижение (примерно на 8 %) расходов на душу населения по сравнению с предыдущим годом, когда число признанных инвалидами было меньше (53 528) и на их содержание было израсходовано 87,6 млн рублей[66].

---

[63] По поводу недоедания рабочих см. [Filtzer 2010: 163–253].

[64] Гражданские программы восстановления физических сил были ориентированы на важнейших для промышленности рабочих [Filtzer 2015: 323, 327–328].

[65] Государственная политика распределения продовольствия описывается в [Goldman 2015: 44–97].

[66] См. Объяснительную записку к финансовому плану УИТК ГУЛАГа на 1942 год от 3 ноября 1941 года: ГАРФ. Ф. 9414. Оп. 1. Д. 2006. Л. 4, 14.

Реальность 1941–1942 годов и нечеловеческие условия жизни в некоторых лагерях, усугубленные войной, фактически означали, что инвалидов зачастую привлекали к общим работам, как если бы они были физически здоровыми. Бесполезность и жестокость такой практики очевидна из расследований, проведенных представителями закона. В одном прокурорском отчете по лесоповальному лагерю Усольлаг в Пермском крае описываются три случая наказания комендантов за использование инвалидов на общих работах. Нетрудоспособных заключенных отправляли соединять бревна в плоты для сплава по реке на обработку[67]. Весной 1942 года в восточносибирском Южлаге прокурор, инспектировавший фабрику по производству бочек, успешно опротестовал нарушение прав лишенных ног инвалидов, которым не снизили нормы выработки[68]. На самом деле, к 1942–1943 годам огромная доля контингента заключенных ГУЛАГа была официально признана инвалидами или ослабленными и непригодными для общих работ. В 1942 году в эти категории попали ошеломляющие 801 350 из 1 777 043 заключенных — чуть больше 40 % всего контингента заключенных. В 1943 году цифры снизились до 411 921 из 1 286 294 заключенных, но это все еще было значительно больше по сравнению с 20–25 % неработающих заключенных, которые так беспокоили работников ГУЛАГа в 1930-е годы[69]. Говорилось, что в одном инвалидном лагере, Черноисточинском, организованном в 1942 году для Тагильского лагерного комплекса, в мастерских по изготовлению товаров народного потребления работала только треть его обитателей; остальные числились слабыми и больными[70]. На первых два года войны заключенная Талажского лагеря для инвалидов Усова, ранее работавшая в мебельной мастерской, была переведена в сапожную мастерскую. Рабочий день был увеличен до 12 часов, а паек уменьшен; в мастерскую приходили партии запятнанных кровью валенок убитых

---

[67] ГАРФ. Ф. 8131. Оп. 37. Д. 1253. Л. 154–156.

[68] ГАРФ. Ф. 8131. Оп. 37. Д. 1253. Л. 209.

[69] ГАРФ. Ф. 9414. Оп. 1. Д. 1181. Л. 35.

[70] ГАРФ. Ф. 9414. Оп. 1. Д. 1181. Л. 49.

солдат, и в мастерских чинили эти валенки для повторного использования[71]. Мемуарные источники свидетельствуют, что жизнь в инвалидных лагерях требовала невероятной стойкости: лагеря для инвалидов создавались в панике и закрывались с такой же скоростью; назначенная заведующей домом инвалидов заключенная прилагала отчаянные усилия, чтобы по заснеженным степям привезти еду и спасти своих подопечных; существовал жуткий ритуал распределения материала для плетения корзин между прикованными к постели умирающими туберкулезными больными[72].

В то время как резко снижалась работоспособность и возрастал уровень заболеваемости, Москва пыталась насадить в лагерных медицинских учреждениях те же приоритеты, что существовали в военной медицине. В январе 1943 года Берия напомнил всему медицинскому персоналу ГУЛАГа, что его главная задача состоит в сосредоточении усилий на возвращении заключенных к труду[73]. Это указание адаптировало для ГУЛАГа основные принципы военной сортировки, применявшейся во время войны: при оказании медицинской помощи на поле боя военврачи Красной армии уделяли первоочередное внимание тем солдатам, которых можно было вернуть на фронт[74]. В конце 1943 года руководство Центрального санотдела провело кампанию, направленную на освобождение переполненных лагерных госпиталей

---

[71] Усова З. Д. ЧСИР: Воспоминания. Москва, 1988. Общество «Мемориал»: Москва. Ф. 2. Оп. 1. Д. 118. Л. 53–55.

[72] О том, как быстро возникали и закрывались лагеря близ Потьминского ИТЛ, см.: Анна Филипповна Рабинович. Воспоминания. Общество «Мемориал»: Москва. Ф. 2. Оп. 1. Д. 99. Л. 40. О том, как волокли продовольствие по степям в окрестностях Акмолинского ИТЛ, см.: Раиса Львовна Волынская. Воспоминания. Общество «Мемориал»: Москва. Ф. 2. Оп. 1. Д. 13. Л. 14–15. О распределении работы между заключенными, находившимися при смерти, в Тындинском ИТЛ, см.: Григорий Моисеевич Муравин. Из мрака культа личности. Воспоминания. Общество «Мемориал»: Санкт-Петербург (без присвоения номеров фонда, описи, дела).

[73] ГАРФ. Ф. 9414. Оп. 1. Д. 2785. Л. 16.

[74] О медицинских приоритетах на фронте см., например, [Иванов, Георгиевский, Лобастов 1985: 24–26; Гладких, Локтев 2005: 45; 48].

от болеющих долгое время и нетрудоспособных, которых следовало переводить в «полустационарные учреждения»[75]. Госпитализации подлежали заключенные, здоровье которых можно было быстро восстановить, но не безнадежно или хронически больные. Между тем лагерные администрации начали использовать труд инвалидов более систематически.

По мере приближения окончания войны и начала восстановления народного хозяйства труд заключенных-инвалидов становился объектом более пристального изучения и проектирования увеличения его производительности. Начальство центрального лагеря продвигало концепцию индивидуального труда, учитывавшую возможности каждого ослабленного, выздоравливающего или хронически больного заключенного. В декабре 1944 года в инструкции, полученной от начальника ГУЛАГа В. Г. Наседкина, лагерному начальству объяснялось, как организовать в лазаретах индивидуальный труд для производства товаров народного потребления; такая работа должна была рассматриваться как трудотерапия, с резким сокращением ранее установленных норм и стимулированием дополнительным питанием за перевыполнение норм выработки. В одном из донесений того же времени подробно говорилось о том, как в нескольких лесоповальных лагерях были организованы новые подразделения для наиболее ослабленных работающих и нетрудоспособных заключенных. В них для каждого заключенного начальство определяло индивидуальные трудовые задания в сельском хозяйстве или в мастерских по производству товаров народного потребления[76]. Во время и после войны официально санкционированные эксперименты с трудотерапией на-

---

[75] Директивы, подписанные руководителями Санотдела в июне и ноябре 1943 года, см.: ГАРФ. Ф. 9414. Оп. 1. Д. 2785. Л. 49, 100–100 об.

[76] См.: Указание ГУЛАГ № 42/173961 начальникам исправительно-трудовых лагерей и колоний об использовании выздоравливающих и хронически больных заключенных на работах по изготовлению предметов ширпотреба» от 1 декабря 1944 года [История ГУЛАГа 2004–2005, 4: 523]; Справка о выполнении... приказа НКВД СССР № 0202 «Об организации специальных лагподразделений и колоний для содержания заключенных III категории трудоспособности — индивидуального труда»: ГАРФ. Ф. 9414. Оп. 1. Д. 325. Л. 13.

чали проводиться в Санитарных отделах некоторых лагерей в Ухтинско-Печорском районе Республики Коми и в других местах, исходя из того, что, если трудовые задания назначать под контролем врачей, можно будет полностью восстановить трудоспособность ослабленных заключенных[77]. Гулаговские эксперименты с трудотерапией повторяли многолетнее и широко распространенное использование подобных режимов гражданской медициной в отношении участников войны и выздоравливающих туберкулезных и психиатрических больных [Коробов, Дубинина, Карпов 2008: 5–11; Геллерштейн 1943; БСЭ 1956, 43: 333–334].

Поразительной биополитической чертой гулаговских экспериментов с трудотерапией для инвалидов была медикализация практически всех норм и критериев, относящихся к заключенному-инвалиду. Группы для этих экспериментов набирались врачами по известным критериям: находили ослабленного или нетрудоспособного кандидата, еще не превратившегося в неизлечимого больного (из-за голодания или туберкулеза), оценивали его психологический портрет и отслеживали во время экспериментов[78]. Врачи называли выдаваемые трудовые предписания дозировкой[79]. Иногда нормы выработки привязывались к стимулирующим пайкам; в других экспериментах ослабленные заключенные получали лазаретные пайки независимо от своей выра-

---

[77] См. исследования, посвященные трудотерапии, проведенные в Северном железнодорожном лагере (Севжелдорлаге) в Ухте-Печоре (ныне хранятся в ГАРФ): Солодовников С. А. Методы оздоровления категорийных больных; Равич Н. Н. Опыт работы с неполноценными категориями в условиях лагеря (Ф. 9414. Оп. 2. Д. 168. Л. 36–45, 176); «Трудотерапия (дозированный труд и его роль в деле восстановления рабочей силы)» (выполненные докторами Дубровским и Солодовниковым) (Ф. 9414. Оп. 2. Д. 172. Л. 3); Мебурнутов О. А. «Лечение трудом» (по материалам Центральной больницы Ухтокомбината МВД) (Ф. 9414. Оп. 2. Д. 178–179).

[78] Испытуемые, по-видимому, были малообразованными, но имели некоторый опыт в строительстве легких сооружений и кустарном производстве, т. е. навыки, характерные для крестьянства. См.: ГАРФ. Ф. 9414. Оп. 2. Д. 172. Л. 11 об., 24–25; Д. 178. Л. 6–9, в особенности Л. 7.

[79] См. документ, в котором описывается трудотерапевтический эксперимент в Унжлаге, поставленный на выздоравливающих больных туберкулезом: ГАРФ. Ф. 9414. Оп. 2. Д. 178. Л. 9; Д. 171. Л. 15 об.

ботки[80]. Врачи определяли условия содержания заключенных, обеспечивали их мылом и постельным бельем, разрабатывали для них ежедневные графики. Они следили за физическим состоянием испытуемых, используя физиологические и антропометрические критерии, а также показатели набора веса[81]. За выражениями «индивидуальный труд» и «дозированный труд» стояла усиливающаяся борьба гулаговского начальства за трудоспособных работников всех типов и постепенное осознание того, что, как и всем руководителям послевоенной советской экономики, им придется использовать больше рабочих со сниженными физическими возможностями[82]. Если до 1941 года нетрудоспособные зэки работали в импровизированных условиях на местах, то теперь они были потенциальным материалом для попыток врачей встроить их искалеченные тела в процесс производства. Такие требования отражали ожидания, возлагаемые на гражданских лиц; большинство инвалидов труда и войны могли быть официально признаны инвалидами, но это не избавляло их от обязанности трудиться.

Санотдел ГУЛАГа распространял опыт индивидуализированной трудотерапии по всей своей системе, но условия для широкого внедрения такого интенсивного использования ресурсов существовали далеко не везде[83]. Тем не менее в 1940-е годы меди-

---

[80] См. эксперимент по установлению норм выработки: ГАРФ. Ф. 9414. Оп. 2. Д. 172. Л. 15–18 об.; Д. 178. Л. 1–2 (выработка не подлежит квотированию).

[81] См.: ГАРФ. Ф. 9414. Оп. 2. Д. 178. Л. 11. В этих экспериментах главным критерием успеха был прирост массы тела, а самые лучшие тела заключенных, демонстрирующих такое улучшение, могли фотографироваться для служебного пользования; см.: ГАРФ. Ф. 9414. Оп. 6. Д. 40. Л. 4 об.: Фотоальбом «2-х месячный дополнительный оздоровительный пункт Соликамского ИТЛ», 1946.

[82] См. комментарии управленцев, присутствовавших на конференциях, посвященных подрядам на использование труда заключенных ГУЛАГа, заключаемых с гражданскими министерствами: ГАРФ. Ф. 9414. Оп. 1. Д. 1208 (1944).

[83] Начальник ГУЛАГа Наседкин расхваливал эти эксперименты и 6 марта 1945 года распорядился провести их во всех лагерях; см.: ГАРФ. Ф. 9414. Оп. 1. Д. 2801. Л. 35–36 об. О планах конференции в Печорлаге для обсуждения исследования питания и публикации результатов в системе Санотдела в 1946 г. см.: ГАРФ. Ф. 9414. Оп. 1а. Д. 619. Л. 8 об.

цинское начальство лагерей, используя аналогичный подход, делало попытки рационализировать существующие структуры, ориентированные на заключенных, здоровье которых может быть восстановлено, и на заключенных-инвалидов. В военное время слабосильные и оздоровительные команды 1930-х годов были преобразованы в оздоровительные пункты / команды; как и прежде, они стремились к возвращению в строй временно нетрудоспособных заключенных, исключая хронически нетрудоспособных[84]. Оздоровительные пункты предназначались для относительно трудоспособных, нуждавшихся в двухнедельном отдыхе (рис. 3.1). Оздоровительные пункты, рассчитанные на организованные рабочие контингенты, описанные Фильцером, явно копировали программы дополнительного питания [Filtzer 2015]. Санотдел пояснял, что команды выздоравливающих предназначались для заключенных, которые на общих работах могли выполнять лишь сниженную норму, и существовали для того, чтобы откормить их и тем самым восстановить их здоровье[85]. Авторы мемуаров вспоминают, что оздоровительными командами и оздоровительными пунктами злоупотребляла «аристократия» заключенных-уголовников, имевшая влияние на охранников или вынуждавшая врачей направлять их туда, но врачи также использовали эту возможность, чтобы спасти тех заключенных, которым симпатизировали [Солженицын 2006, 2: 172–174][86]. В расположенном под Архангельском поселке Талаги в конце 1942 года Усову на десять дней отправили в оздоровительно-профилактический пункт (ОПП), вероятно, после того как ее осмотрела медицинская комиссия. Усова считала, что ее отобрали потому, что она освоила профессию сапожника, из-за чего ее «имело смысл поддержать». Она вспомнила, что товарищи «в шутку называли ОПП “домом отдыха”», и добавила:

---

84 См. лекции начальника ГУЛАГа Наседкина для Высшей школы НКВД СССР, 1945 год: ГАРФ. Ф. 9414. Оп. 1. Д. 77. Л. 38.

85 ГАРФ. Ф. 9414. Оп. 1. Д. 2790. Л. 2 (январь 1944 года).

86 О том, как в этот период на Колыме врач направил в команду выздоравливающих священника, которому симпатизировал, см. [Лесняк 2004: 310–318].

> В ОПП мы не работали, кормили нас лучше, чем обычно, и настроение несколько поднялось. Особенно этому способствовало то, что нам дали возможность отмыться и даже выдали чистое белье, правда, мужское. «Путевка» была на десять дней и мы решили использовать эти дни как только возможно эффективнее. Заставили себя выбросить из головы все мрачные мысли, рассказывали забавные истории, играли в шашки, шахматы, домино. Это была передышка, которая запомнилась надолго. Здоровья своего мы, конечно, там особенно не поправили, но от края могилы отошли еще немного[87].

В 1946 году было издано распоряжение о создании «оздоровительных лагерей» в масштабе всей системы. Их надлежало организовывать при существующих сельскохозяйственных лагерях, чтобы подкармливать ослабленных заключенных; как и прежде, медицинские комиссии производили отбор кандидатов сообразно возможности восстановить их трудоспособность. Предполагалось, что врачи будут направлять заключенных на работы, соответствующие их физическому состоянию. В оздоровительных лагерях заключенного разрешалось содержать до пяти месяцев[88]. В июне 1947 года был составлен перечень медицинских показаний, дающих заключенному право на направление в оздоровительный лагерь; новшеством был перечень запретов на получение направления. Как это часто бывало и ранее, в него официально были внесены безнадежные больные. Истощенных, больных туберкулезом и сердечников направляли только в том случае, если их состояние могло быть улучшено. Остальных из списка не подлежавших направлению в оздоровительные лагеря — лиц с психиатрическими и неврологическими заболеваниями (эпилепсией, травматическими неврозами, тяжелыми психиатриче-

---

[87] Общество «Мемориал»: Москва. Ф. 2. Оп. 1. Д. 118. Л. 83–84. Усова ссылалась на свое ослабленное физическое состояние как на причину, по которой ее некоторое время назад не перевели из лагеря.

[88] Приказ МВД СССР № 0154 «Об организации специальных подразделений для оздоровления физического состояния заключенных, содержащихся в ИТЛ и колониях МВД» от 27 мая 1946 года [История ГУЛАГа 2004–2005, 4: 529–531].

Рис. 3.1. «Каждый солнечный день используют больные в оздоровительно-профилактических пунктах. Только за апрель м-ц из ОПП и лазаретов восстановлено на работу 2886 человек» (Тагильский исправительно-трудовой лагерь, 1943). ГАРФ. Ф. 9414. Оп. 6. Д. 6. «Фотоальбом Тагильского ИТЛ, 1: 1943»

скими заболеваниями); беременных; страдающих заболеваниями, передающимися половым путем, — предполагалось лечить в других учреждениях сети Санотдела[89].

Тем временем в конце войны и в послевоенные годы ГУЛАГ создал растущую сеть отдельных лагерей для инвалидов, территориально и финансово отделенных от общих лагерей. В ноябре 1946 года было издано распоряжение, по которому по всей системе лагеря преобразовывались в специальные лагеря для лиц со стойкой нетрудоспособностью, которые должны были финансироваться за счет специально выделенных средств из бюджета МВД. Эти лагеря были исключены из общего финансирования, на основании которого, предположительно, МВД получало под-

[89] См. «Расписание болезней для отбора заключенных в оздоровительные подразделения...» от 30 июня 1947 года [История ГУЛАГ 2004–2005, 4: 541–542]. Психические больные и беременные периодически амнистировались или, если их нельзя было освободить, должны были содержаться в психиатрических отделениях больниц ГУЛАГа или лагерных родильных отделениях соответственно. Пациенты с заболеваниями, передающимися половым путем, изолировались в «лагерях для венерических больных» (вензонах), где, как предполагалось, их было проще содержать и лечить.

тверждения выгодности принудительного труда[90]. Эффект оказался обманчивым. В это время центральное руководство лагерями осознало, что на местах коменданты скрывали множество инвалидов в категориях ресурсов с наименьшей трудоспособностью. Отчасти эта практика возникла потому, что в послевоенный период руководители работ потеряли множество трудоспособных рабочих, так как ГУЛАГ «подрядил» десятки тысяч трудоспособных заключенных на работы по послевоенному восстановлению народного хозяйства по линии гражданских министерств экономики. Число слабосильных и неработающих заключенных в лагерях увеличилось[91]. Опять-таки, эти последствия отражали условия, в которых жили граждане Советского Союза: инвалиды выполняли работу, которая в обычных обстоятельствах должна была выполняться физически здоровыми людьми. В 1952 году в Тайшетской системе лагерей медицинская комиссия признала инвалидом Ивана Михайловича Евсеева, который был переведен в особый лагерь, где «нас, инвалидов, по 4 человека впрягали в сани и гоняли в лес за дровами. В день делали два конца — это около 7–8 километров»[92]. Другое массовое явление, вероятно, было вызвано расширением сети гулаговских медпунктов, лазаретов и больниц после 1945 года: в послевоенные годы явно резко возросло членовредительство, порождая еще один источник увеличения числа нетрудоспособных заключенных[93].

---

[90] См. приказ МВД СССР № 0390 «О специальных инвалидных лагерях МВД» от 19 ноября 1946 года [История ГУЛАГа 2004–2005, 4: 535–536], а также письмо, направленное Сталину работниками ГУЛАГа 7 марта 1948 года, в котором признается, что инвалиды получали поддержку из государственного бюджета, а не содержались за счет средств лагеря (ГАРФ. Ф. 9414. Оп. 1. Д. 1312. Л. 189).

[91] ГАРФ. Ф. 9414. Оп. 1. Л. 1347. Л. 23 (заключенные-инвалиды замаскированы под наиболее слабосильные трудовые категории); Д. 5–6 (подряды по контрактам лишают ГУЛАГ наиболее трудоспособных заключенных).

[92] Иван Михайлович Евсеев. Вид на жительство (Воспоминания). Общество «Мемориал»: Москва. Ф. 2. Оп. 1. Д. 60. Л. 71.

[93] При обследовании 3336 лагерников, переведенных в тюрьмы Центральной России в 1951 году, треть были больными или инвалидами, а 294 человека (26 %) из них считались инвалидами, поскольку у них отсутствовала минимум одна конечность, в основном в результате членовредительства с целью уклонения от работы (ГАРФ. Ф. 9413. Оп. 1. Д. 129. Л. 131); см. также [Healey 2016].

Биополитика нетрудоспособности в ГУЛАГе

Накануне смерти Сталина инфраструктура, предназначенная для содержания слабосильных и нетрудоспособных, разрослась до размеров, которые ставили под сомнение даже утверждения МВД относительно рентабельности труда заключенных. В ряде лагерных комплексов имелось множество госпитализированных, ослабленных заключенных и лагерных подразделений для инвалидов, иногда составлявших до трети всего контингента комплекса[94]. 1 января 1953 года по всей системе 11,3 % заключенных являлись официально признанными инвалидами[95]. Несмотря на амнистии и реформу трудовых лагерей в 1950-е годы, нетрудоспособные оставались крупной подгруппой в контингенте заключенных, и медицинские работники исправительных учреждений продолжали обсуждать, как улучшить их лечение[96].

В ГУЛАГе биовласть обычно подчинялась суверенной и дисциплинарной властям по концепции Фуко, представленным в центре комиссарами НКВД и руководством ГУЛАГа, а на местах, в лагерях — комендантами с их администрацией и службой государственной безопасности. Приказы, определявшие изменение режимов для нетрудоспособных заключенных, издавались московским аппаратом Санотдела не самостоятельно, но с санкций начальни-

---

[94] В начале 1952 года в Минеральном лагере было 33 подразделения, восемь из которых предназначались для госпитализированных / ослабленных заключенных, в Печорском лагере было 105 подразделений, 14 из которых имели такие же функции [Упадышев 2007: 286–288, 294–302].

[95] Георгий Валентинович Устинченко. О состоянии медико-санитарного обслуживания заключенных и вольнонаемного состава в ИТК-УИТЛК-ОИТК и мерах по его улучшению (не позднее 11 марта 1956 года): ГАРФ. Ф. 9414. Оп. 1. Д. 2888. Л. 79.

[96] В апреле 1957 года во всех лагерях и колониях находились 78 815 инвалидов; теперь к заключенным применялась гражданская система определения групп инвалидности, и 1,27 % имели I группу, 23,7 % — II группу, а 75,03 % — III группу (ГАРФ. Ф. 9414. Оп. 1а. Д. 627. Л. 123). В повестке дня конференций медицинского персонала ГУЛАГа стояло улучшение обслуживание неработающих заключенных-инвалидов (ГАРФ. Ф. 9414. Оп. 1. Д. 2886. Л. 33–43, 46 (конференция 1955 года); ГАРФ. Ф. 9414. Оп. 1. Д. 2888. Л. 174 (1956 год)).

Рис. 3.2. Медицинская конференция. Абезь, Печорлаг, 1947 год. Вольнонаемные Санотдела и заключенные врачи (Печорский историко-краеведческий музей. Ф. 31. Оп. 39. Д. 8).

ка ГУЛАГа и его заместителей. До сведения Санотдела была доведена проблема постоянного ухудшения состояния здоровья заключенных, созданная суверенной и дисциплинарной властями. Дилемма была практически неразрешимой, учитывая ограниченность полномочий Санотдела и скудость ресурсов, которыми он располагал. Можно утверждать, что московские начальники Санотдела предлагали решения и составляли эти приказы для их последующего одобрения начальством, которое руководило ГУЛАГом. Руководители Санотдела, которые с самого начала его существования в 1930 году лично инспектировали лагеря и получали огромное количество донесений из них, а в последующие годы председательствовали на региональных конференциях (рис. 3.2) подчиненных им работников медицинской службы ГУЛАГа, прекрасно осознавали препятствия для их деятельности, создаваемые особым положением пациентов-заключенных[97].

---

[97] Первый начальник Санотдела И. Г. Гинзбург ездил в Кемь, Котлас, Архангельск, Кунгур под Свердловском, Новосибирск и т. д. с целью инспекции лагерей и раздачи указаний (ГАРФ. Ф. 9414. Оп. 1. Д. 1. Л. 10, 26 об.; Д. 2736. Л. 2–3 об.). Очевидно, впервые начальники местных Санотделов были собраны вместе на конференции в Новосибирске, проводившейся в сентябре 1945 года (ГАРФ. Ф. 9414. Оп. 2. Д. 169).

Сталкиваясь со своими наиболее уязвимыми подопечными — нетрудоспособными и умирающими заключенными, — Санотдел пытался упорядочить ресурсы, следуя установкам, навязываемым ему начальством; точно такая же логика действовала в гражданской отраслевой и военной медицине. Восстановление истощенных стоило применять только к тем работникам-заключенным, которых можно было вернуть в строй, и, по возможности, на профилактической основе, чтобы избежать длительного периода выздоровления; квоты на эти программы были ограничены, имело значение то, как заключенный относится к работе, и только в исключительных случаях нетрудоспособный заключенный освобождался от труда в той или иной форме, пусть даже символической. Там, где скапливалось большое количество нетрудоспособных заключенных, возникала очевидная необходимость их территориальной изоляции от трудоспособных зэков, без сомнения, для того, чтобы поддерживать трудовую дисциплину среди этой большей части заключенных. Бухгалтеры ГУЛАГа также старались сделать нетрудоспособных заключенных невидимыми, не учитывая их в списках учета рабочей силы. В пределах таких прореженных списков в ГУЛАГе более позднего периода врачам Санотдела предоставлялась возможность медикализировать все аспекты существования заключенного-инвалида при прохождении трудотерапии и установлении индивидуальных режимов труда. Даже здесь охранник был суверенной властью, ограничивая применение биовласти показательными экспериментами для ограниченной публики, состоящей из медицинских чиновников и представителей администрации.

Биополитика нетрудоспособности в ГУЛАГе была жестокой, но отражала бездушную официальную политику по отношению к инвалидам в гражданском советском обществе, которая, в свою очередь, определялась более масштабной биополитикой, осуществлявшейся сталинским руководством в целях оптимизации ресурсов и людских контингентов для нужд промышленного производства и, с 1941 по 1945 годы, для победы в войне. Советские биополитические решения мобилизовывали скудные ресурсы развивающейся экономики на благо целевых групп населения;

членство в коллективе определяло степень доступа к благам, будь то медицинское обслуживание, предметы гигиены или другие товары, необходимые для поддержания жизненно важных функций организма. Распределение было подчинено сложной логике, продиктованной стратегическими приоритетами мирного и военного времени и, конечно же, идеологии. Как отметил Фильцер относительно позднего сталинского периода, режим сознательно отказался от вложений в городскую инфраструктуру, которая обеспечивала оптимальное здоровье населения в классическом, западноевропейском смысле (очистка воды и канализация, современное жилье с внутренним водопроводом, здоровая среда и безопасное оборудование на рабочем месте). У советских специалистов по планированию были другие приоритеты. С эпидемиями и массовой преждевременной смертностью среди гражданского населения боролись только санитарными мерами, такими как карантины, дезинфекционные барьеры, общественные бани, в которых выдавался скромный кусок мыла, частые медосмотры целевых групп населения и «санитарное просвещение» [Filtzer 2010: 127–62]. Такой минималистский медико-санитарный режим преобладал за пределами ГУЛАГа. Внутренний же биополитический режим ГУЛАГа представлял собой его преступно усеченный вариант. Обращение с нетрудоспособными заключенными отражало эту безжалостную логику.

Архивы

ГАРФ — Государственный архив Российской Федерации, Москва.

«Мемориал» — архив международного общества «Мемориал».

Источники

БСЭ — Большая советская энциклопедия: В 51 т. 2-е изд. / Под ред. С. И. Вавилова, Б. А. Введенского. М.: Большая советская энциклопедия, 1949–1958.

Гинзбург 2019 — Гинзбург Е. С. Крутой маршрут: хроника времен культа личности. М.: АСТ, 2019.

История ГУЛАГа 2004–2005 — История сталинского ГУЛАГа: Собрание документов: В 7 т. / Ред. А. Б. Безбородов и др. М.: РОССПЭН, 2004–2005.

Лесняк 2004 — Лесняк Б. Н. Войцех Дажицкий (Отец Мартыньян) // Доднесь тяготеет: В 2 т. / Ред. С. С. Виленский. Т. 2. Колыма. М.: Возвращение, 2004.

Самсонов 2000 — Самсонов В. А. К тебе, Онего, все пути: Записки лагерного лекпома, студента, врача, преподавателя. Петрозаводск: Изд-во Петрозаводского ун-та, 2000.

Солженицын 2006 — Солженицын А. И. Архипелаг ГУЛАГ: В 3 т. Т. 2. Екатеринбург: У-Фактория, 2006.

Хургес 2012 — Хургес Л. Москва — Испания — Колыма. М.: Время, 2012.

Шаламов 1998 — Шаламов В. Т. Собр. соч.: В 4 т. Т. 1. М.: Художественная литература; Вагриус, 1998.

Шаламов 2009 — Шаламов В. Т. Несколько моих жизней: Воспоминания, записные книжки, переписка, следственные дела. М.: Эксмо, 2009.

Шаламов 2011 — Шаламов В. Т. Перчатка // Преодоление зла. М.: Эксмо, 2011.

Библиография

Азаров 2005 — Азаров О. И. Железнодорожные лагеря НКВД (МВД) на территории Коми АССР (1938–1959 гг.): Дисс. ... канд. ист. наук. Сыктывкарский гос. ун-т, 2005.

Бардах, Глисон 2002 — Бардах Я., Глисон К. Человек человеку волк: Выживший в ГУЛАГе / Пер. с англ. А. И. Ильф. М.: Текст, 2002.

Белых 2011 — Белых Н. Ю. Экономика ГУЛАГа как систем подневольного труда (на материалах Вятлага 1938–1953 гг.). М.: РОССПЭН, 2011.

Геллерштейн 1943 — Геллерштейн С. Г. Восстановительная трудовая терапия в системе работы эвакогоспиталей. М.: Медгиз, 1943.

Гладких, Локтев 2005 — Гладких П. Ф., Локтев А. Е. Служба здоровья в Великой Отечественной войне 1941–1945 гг.: Очерки истории отечественной военной медицины. СПб.: Дмитрий Буланин, 2005.

Гребенюк 2007 — Гребенюк П. Колымский лед: Система управления на северо-востоке России 1953–1964. М.: РОССПЭН, 2007.

Журнал исследований 2012 — Журнал исследований социальной политики / Ред. М. Г. Муравьева. 2012. Т. 10. № 2.

Земсков 1991 — Земсков В. Н. ГУЛАГ (Историко-социологический аспект) // Социологические исследования. 1991. № 6–7.

Иванов, Георгиевский, Лобастов 1985 — Иванов Н. Г., Георгиевский А. С., Лобастов О. С. Советское здравоохранение и военная медицина в Великой Отечественной войне 1941–1945. Л.: Медицина, 1985.

Иванова — Иванова Г. М. Гулаг в системе тоталитарного государства. М.: Московский общественный научный фонд, 1997.

Керсновская 2006 — Керсновская Е. А. Сколько стоит человек. М.: РОССПЭН, 2006.

Кокурин 2000 — ГУЛАГ (Главное управление лагерей) 1917–1960 / Сост. А. И. Кокурин, Н. В. Петров. М.: Материк, 2000.

Коробов, Дубинина, Карпов 2008 — Коробов М. В., Дубинина И. А., Карпов Л. Н. Медико-социальная экспертиза в России: Этапы становления и развития. М.: Федеральное агентство по здравоохранению и социальному развитию; Санкт-Петербургский ин-т усовершенствования врачей-экспертов, 2008.

Нахапетов 2001 — Нахапетов Б. А. К истории санитарной службы Гулага // Вопросы истории. 2001. № 6.

Нахапетов 2009 — Нахапетов Б. А. Очерки истории санитарной службы Гулага. М.: РОССПЭН, 2009.

Романов, Ярская-Смирнова 2006 — Романов П. В., Ярская-Смирнова Е. Р. Политика инвалидности: Социальное гражданство инвалидов в современной России. Саратов: Научная книга, 2006.

Росси 1991 — Росси Ж. Справочник по ГУЛАГу: В 2 т. М.: Просвет, 1991.

Упадышев 2007 — Упадышев Н. В. Гулаг на европейском севере России: Генезис, эволюция, распад. Архангельск: Поморский ун-т, 2007.

Фуко 1996 — Фуко М. Право на смерть и власть над жизнью // Фуко М. Воля к истине: по ту сторону знания, власти и сексуальности / Пер. с фр. С. Табачниковой. М.: Касталь, 1996.

Фуко 2005 — Фуко М. Нужно защищать общество. Курс лекций, прочитанных в Коллеж де Франс в 1975–1976 учебном году / Пер. с фр. Е. А. Самарской. СПб.: Наука, 2005.

Хлевнюк 2013 — Хлевнюк О. В. Зоны советской экономики: Разделение и взаимодействие // История сталинизма: Принудительный труд в СССР. Экономика, политика, память / Ред. Л. И. Бородкин, С. А. Красильников, О. В. Хлевнюк. М.: РОССПЭН, 2013.

Эпплбаум 2006 — Эпплбаум Э. ГУЛАГ. Паутина большого террора. М.: МШПИ, 2006.

Applebaum 2003 — Applebaum A. Gulag: A History of the Soviet Camps. London: Allen Lane, 2003.

Alexopoulos 2005 — Alexopoulos G. Amnesty 1945: The Revolving Door of Stalin's Gulag // Slavic Review. 2005. Vol. 64. № 2. P. 274–306.

Getty, Rittersporn, Zemskov 1993 — Getty J. R., Rittersporn G. T., Zemskov V. N. Victims of the Soviet Penal System in the Pre-War Years: A First Approach on the Basis of Archival Evidence // American Historical Review. 1993. Vol. 98. № 4. P. 1017–1049.

Barenberg 2014 — Barenberg A. Gulag Town, Company Town: Forced Labor and Its Legacy in Vorkuta. New Haven: Yale UP, 2014.

Barnes 2011 — Barnes S. Death and Redemption: The Gulag and the Shaping of Soviet Society. Princeton, NJ: Princeton UP, 2011.

Beer 2008 — Beer D. Renovating Russia: The Human Sciences and the Fate of Liberal Modernity, 1880–1930. Ithaca, NY: Cornell UP, 2008.

Bell 2013 — Bell W. T. Was the Gulag an Archipelago? De-Convoyed Prisoners and Porous Borders in the Camps of Western Siberia // Russian Review. 2013. Vol. 72. № 1.

Brown 2007 — Brown K. Out of Solitary Confinement: The History of the Gulag // Kritika: Explorations in Russian and Eurasian History. 2007. Vol. 8. № 1. P. 116–141.

Burton 2005 — Burton Ch. Soviet Medical Attestation and the Problem of Professionalisation under Late Stalinism, 1945–1953 // Europe-Asia Studies. 2005. Vol. 57. № 8. P. 1211–1230.

Conquest 1978 — Conquest R. Kolyma: The Arctic Death Camps. New York: Viking, 1978.

Dale 2013 — Dale R. The Valaam Myth and the Fate of Leningrad's Disabled Veterans // Russian Review. 2013. Vol. 72. № 2. P. 260–284.

Davis 1990 — Davis Ch. M. Economics of Soviet Public Health, 1928–1932: Development Strategy, Resource Constraints, and Health Plans // Health and Society in Revolutionary Russia / Ed. by S. GrossSolomon, J. F. Hutchinson. Bloomington: Indiana UP, 1990.

Engelstein 1993 — Engelstein L. Combined Underdevelopment: Discipline and the Law in Imperial and Soviet Russia // American Historical Review. 1993. Vol. 98. № 2. P. 338–353.

Field 1957 — Field M. G. Doctor and Patient in Soviet Russia. Cambridge, MA: Harvard UP, 1957.

Fieseler 2008 — Fieseler B. «La protection sociale totale»: Les hospices pour grands mutilés de guerre dans l'Union soviétique des années 1940 // Cahiers du monde russe. 2008. T. 49. № 2–3. P. 419–440.

Filtzer 2010 — Filtzer D. The Hazards of Urban Life in Late Stalinist Russia: Health, Hygiene, and Living Standards, 1943–1953. Cambridge: Cambridge UP, 2010.

Filtzer 2015 — Filtzer D. Starvation Mortality in Home-Front Industrial Regions during World War II // Hunger and War: Food Provisioning in the

Soviet Union during World War II / Ed. by W. Z. Goldman, D. Filtzer. Bloomington: Indiana UP, 2015.

Ginn 2012 — Ginn S. Prison Environment and Health // BMJ. 2012; 345: e5921. / URL: http://www.bmj.com/content/345/bmj.e5921 (дата обращения: 21.10.2019).

Goldman 2015 — Goldman W. Z. Not by Bread Alone: Food, Workers, and the State // Hunger and War: Food Provisioning in the Soviet Union during World War II / Ed. by W. Z. Goldman, D. Filtzer. Bloomington: Indiana UP, 2015. P. 44–97.

Gregory, Lazarev 2003 — An Introduction to the Economics of Forced Labor / Ed. by P. R. Gregory, V. Lazarev. Economics of Forced Labor: The Soviet Gulag. Stanford, CA: Hoover Institution Press, 2003. P. 1–21.

Healey 2016 — Healey D. «Dramatological» Trauma in the Gulag: Malingering and Self-Inflicted Injuries and the Prisoner-Patient // (Hi-)Stories of the Gulag: Fiction and Reality / Ed. by F. Fischer von Weikersthal, K. Thaidigsmann. Heidelberg: Winter-Verlag, 2016. S. 37-62.

Keep 1997 — Keep J. Recent Writing on Stalin's Gulag: An Overview // Crime, histoire et societies. 1997. Vol. 1. № 2. P. 91–112.

Khlevniuk 2004 — Khlevniuk O. The History of the Gulag: From Collectivization to the Great Terror. New Haven: Yale UP, 2004.

Kühlbrandt 2011 — Kühlbrandt Ch. S. Rereading the Gulag through Medicine: Ukhta 1929–1955. MA Thesis. University of Cambridge, 2011.

Lemke 2013 — Lemke T. Foucault, Politics and Failure: A Critical Review of Studies of Governmentality // Foucault, Biopolitics, and Governmentality / Ed. by J. Nillson and S.-O. Wallenstein. Södertörn: Philosophical Studies, 2013. P. 35–53.

Manley 2015 — Manley R. Nutritional Dystrophy: The Science and Semantics of Starvation // Hunger and War: Food Provisioning in the Soviet Union during World War II / Ed. by W. Z. Goldman, D. Filtzer. Bloomington: Indiana UP, 2015. P. 206–264.

McCagg, Siegelbaum 1989 — The Disabled in the Soviet Union: Past and Present, Theory and Practice / Ed. W. O. McCagg and L. H. Siegelbaum. Pittsburgh: University of Pittsburgh Press, 1989.

Nakonechnyi 2020 — Nakonechnyi M. Factory of Invalids: mortality, disability and early release on medical grounds from GULAG, 1930–1955: DPhil diss. University of Oxford, 2020.

Pallot, Piacentini, Moran 2012 — Pallot J., Piacentini L., Moran D. Gender, Geography, and Punishment: The Experience of Women in Carceral Russia. Oxford: Oxford UP, 2012.

Phillips 2009 — Phillips S. D. «There Are No Invalids in the USSR!» A Missing Soviet Chapter in the New Disability History // Disability Studies Quarterly. 2009. Vol. 29. № 3. URL: http://dsq-sds.org/article/view/936/1111#endnoteref00 (дата обращения: 22.10.2019).

Plamper 2002 — Plamper J. Foucault's Gulag // Kritika: Explorations in Russian and Eurasian History. 2002. Vol. 3. № 2. P. 255–280.

Pohl 1997 — Pohl O. J. The Stalinist Penal System: A Statistical History of Soviet Repression and Terror, 1930–1953. Jefferson, North Carolina: McFarland, 1997.

Siegelbaum 1984 — Siegelbaum L. H. Soviet Norm Determination in Theory and Practice, 1917–1941 // Soviet Studies. 1984. Vol. 36. № 1. P. 45–68.

Siegelbaum 1989 — Siegelbaum L. H. Industrial Accidents and Their Prevention in the Interwar Period // The Disabled in the Soviet Union: Past and Present, Theory and Practice / Ed. by W. O. McCagg and L. H. Siegelbaum. Pittsburgh: University of Pittsburgh Press, 1989. P. 85–119.

Sim 1990 — Sim J. Medical Power in Prisons: The Prison Medical Service in England, 1774–1989. Milton Keynes: Open UP, 1990.

Sturdy 2000 — Sturdy S. The Industrial Body // Medicine in the Twentieth Century / Ed. by R. Cooter, J. Pickstone. Amsterdam: Harwood Academic Publishers, 2000.

Swianiewicz 1965 — Swianiewicz S. Forced Labour and Economic Development: An Enquiry into the Experience of Soviet Industrialization. London: Oxford UP, 1965.

Toker 2000 — Tolker L. Return from the Archipelago: Narratives of Gulag Survivors. Bloomington: Indiana UP, 2000.

Wallenstein 2013 — Wallenstein S.-O. Introduction: Foucault, Biopolitics, and Governmentality // Foucault, Biopolitics, and Governmentality / Ed. by J. Nilsson and S.-O. Wallenstein. Stockholm: Södertörn Philosophical Studies, 2013. P. 7–35.

Дан Хили — профессор современной российской истории Колледжа Святого Антония Оксфордского университета. Автор ряда работ по истории сексуальности, гендерных вопросов и медицины в России и Советском Союзе. Его последняя опубликованная книга — «Russian Homophobia from Stalin to Sochi» (2018). В настоящее время Хили завершает работу над книгой об истории врачей и медицинской помощи в сталинском ГУЛАГе.

Глава 4

Асиф Сиддики

Ученые и специалисты в Гулаге

Жизнь и смерть в сталинской «шарашке»

К началу 1970-х годов самиздат стал в Советском Союзе очень опасным, но привычным способом распространения информации в диссидентской среде. Эта плохо изданная запрещенная литература — стихи, беллетристика, хроника текущих событий — пользовалась огромным спросом у участников подпольной сети[1]. Один из этих машинописных текстов объемом менее 200 страниц затронул сердца очень многих читателей самиздата, несмотря на довольно необычный предмет повествования: речь там шла о работе тремя десятилетиями ранее авиаконструкторского бюро. Как писал один историк, эта рукопись, известная под названием «Туполевская шарага», «заинтересовала множество читателей, став... классикой диссидентской литературы» [Von Hardesty 1996: 2]. Анонимный автор книги живым языком рассказывал о том, как работал инженером в особом тюремном конструкторском бюро, возглавляемом титаном советской авиации А. Н. Туполевым (рис. 4.1). Являвшаяся частью Гулага специальная тюрьма, созданная в конце 1930-х годов, стала приста-

[1] О культуре самиздата см. [Komaromi 2009; Johnston 1999].

Рис. 4.1.
А. Н. Туполев
в Омске. 1942 год

нищем для сотен ведущих советских авиаконструкторов, которые в изоляции от остального мира преодолевали физические и психологические трудности, конструируя новые самолеты для советской авиационной промышленности. По случайному совпадению, Туполев скончался вскоре после того, как эта рукопись начала ходить по рукам. Он был похоронен в Москве с государственными почестями, его заслуги перед страной отметил сам Л. И. Брежнев, однако, что неудивительно, в некрологе Туполева ни слова не было сказано о его аресте, заключении и работе в спецтюрьме в сталинскую эпоху[2]. Эти анонимные мемуары, контрабандой переправленные на Запад и вышедшие на английском языке, явились странной аномалией, намекавшей на то, что в официальной биографии Туполева есть скрытые от постороннего глаза лакуны[3].

Хотя «Туполевская шарага» была единственным значимым текстом о жизни Туполева в тюрьме, это была не первая публикация, в которой рассказывалось о научной и технической работе

---

[2] Андрей Николаевич Туполев // Известия. 1972. 24 дек.

[3] [Шарагин 1971]. В 1973 году вышел перевод этой книги на французский.

в лагерях: в романе Солженицына «В круге первом» рассказывается о заключенных ученых и инженерах — «специалистах», как их тогда называли, — которым приходилось делать сложный нравственный выбор между требованиями совести и идеологии [Солженицын 1968]. Роман Солженицына, написанный в язвительно-ироничном стиле, поведал читателям о неизвестном эпизоде из истории советской интеллигенции. Обе эти рукописи — и документальная, и художественная — первыми рассказали о практически неизвестном до того феномене сталинской системы: устройстве и быте тюрем, предназначенных исключительно для ученых, инженеров и техников. В эпоху гласности открылись новые подробности[4]. Анонимные мемуары, уже значительно дополненные, были наконец опубликованы под настоящим именем автора — Л. Л. Кербера, известного советского авиаконструктора[5]. Многие другие ученые и интеллектуалы опубликовали воспоминания о своей жизни в подобных лагерях, которые сами заключенные называли шарагами или шарашками — словом, которое на советском жаргоне означало жульническое предприятие или воровскую компанию[6]. Отчасти из-за множества свидетельств об истории шарашек, а отчасти из-за того, что эти воспоминания подтверждают расхожее мнение о разрушительном идеологическом вмешательстве советского государства в науку, шарашки можно считать классическим примером невзгод и страданий советских ученых. И все же по сравнению с лысенковщиной — дру-

---

[4] Впервые без купюр рукопись о Туполеве была напечатана в семи частях в 1988 году в журнале «Изобретатель и рационализатор» (№ 3, 4, 5, 6, 7, 8, 9) под заголовком «А дело шло к войне». Продолжение последовало в первых пяти номерах того же журнала в 1990 году под заголовком «Эпопея бомбардировщика Ту-4».

[5] Целиком рукопись была впервые издана на английском в 1996 году [Kerber 1996]. На русском языке она была напечатана как [Кербер 1999].

[6] См., например, такие мемуары о шарашках: [Тимофеев-Ресовский 1993; Емельяненков 2006; Берзин 1991; Мордухович 1990; Жуков 2006a]. См. также [Kopelev 1981]. В словарях русского жаргона слово «шарага» обычно определяется как «группа или компания воров». См., например, [Мокиенко и Никитина 2000].

гой знаменитой кампанией против ученых, также затрагивающей треугольник из идеологии, науки и государства, — истории шарашек историками уделялось намного меньше внимания.

Для многих современных исследователей истории советской науки и техники, особенно российских, феномен шарашки интересен только с биографической точки зрения: как явление, показывающее «трагические судьбы советских ученых и специалистов»[7]. Немало ученых уделяли внимание этой уникальной тюремной практике. Однако хотя их работы имеют значительную ценность, как правило, речь в них идет либо о том, как сталинский террор сбил советскую науку с нормального курса, либо в героическом ключе описываются жизни советских ученых и инженеров, прошедших через эту систему[8]. В первом случае предполагается существование нормативной науки, тогда как труды второго типа превращаются в агиографии. В обоих случаях система шарашек преподносится как сокрушительный удар по советской науке. Ученые и эксперты предстают беспомощными колесиками в машине, управляемой всемогущей, монолитной, централизованной и сверхстатичной структурой. Государство и наука зачастую показаны как две обособленные сущности с противоположными мотивациями. Наконец, хотя в литературе о советской науке произошел фундаментальный методологический сдвиг и появился доступ к ранее закрытым архивам, исследователи, как правило, уклонялись от пересмотра самого страшного периода в истории советской науки — Большого террора. Возможно, это связано с тем, что ужасы Большого террора предполагают нарратив с разделением на палачей и жертв, удобно вписывающийся в прежние односторонние социальные модели, где всемогущее государство, вооруженное коммунистической идеологией, нападает на беспомощных благородных ученых, не совершающих никаких действий.

---

[7] См. [Куманев 1995].

[8] См., например, [Соболев 2000; Помогайбо 2004; Солдатова 2004; Симоненков 2011; Симоненков 2014; Солдатова 2009]. В последнем издании особого внимания заслуживает статья Р. Н. Парамоновой (с. 183–193).

Хотя о системе шарашек действительно можно говорить в контексте истории советской науки и всех тех невзгод, которые она претерпела, она также дает отличную возможность по-новому взглянуть на связь между советской интеллигенцией и сталинскими репрессиями. Цель данной работы состоит не в детальном описании особых тюрем для ученых, а в том, чтобы история шарашек перестала быть материалом для агиографий знаменитых ученых и конструкторов, таких как Туполев, а стала частью более широкой истории советского Гулага. В последнее десятилетие историография Гулага развивается небывалыми темпами. Используя новые архивные источники и методологии, историки и социологи изучили Гулаг как на конкретных примерах, так и на макроуровнях. Перестав воспринимать Гулаг лишь как результат государственного террора, направленного против населения, ученые рассмотрели его и как составляющий элемент сталинской экономики, и как средство установления жесткого контроля за общественным пространством и мобильностью граждан, и как место лишения свободы, и как систему реабилитации и искупления[9]. Несмотря на это изобилие научных работ, сравнительно мало было написано о роли интеллектуального труда в жизни Гулага. Историки Гулага, признавая важность шарашек, не уделяли должного внимания описанию этого явления[10]. Поместив историю интеллектуального труда в общий контекст истории Гулага, мы сможем понять, как деятельность советской интеллигенции — по принуждению или добровольная — усилила и расширила роль Гулага в советской экономике.

Вопрос о том, насколько Гулаг и, говоря шире, советское общество в целом могут восприниматься как смежные или отдель-

---

[9] Вот лишь некоторые из недавних исследований, посвященных Гулагу: [Barnes 2011; Khlevniuk 2004; Иванова 2006; Gregory and Lazarev 2003; Viola 2007]. В эту же категорию необходимо включить и мемуарную литературу [Mochulsky 2011; Gheith 2011].

[10] Большинство работ о Гулаге содержат лишь несколько небольших абзацев, упоминающих о шарашках, где нередко говорится лишь о том, что эта тема требует дальнейшего исследования. См. [Khlevniuk 2004: 32–34, 196–198, 385; Applebaum 2003: 110–111, 193, 521; Иванова 2006: 370–373].

ные объекты исследования, интересует многих исследователей. Концепция Гулага и не-Гулага, предлагаемая О. В. Хлевнюком, утверждение Гольфо Алексопулос о том, что «миры Гулага и не-Гулага часто соприкасались», и заключение Г. М. Ивановой, что география Гулага «практически совпадает с территорией Советского Союза», — все это помогает лучше понять роль Гулага в истории СССР[11]. Если, как пишет Кейт Браун, Гулаг располагался в «тюремном континууме», представленном в виде «сложного узора из изолированных пространственных объектов» [Brown 2007], то где тогда в этом континууме место для системы шарашек, особенно с учетом существования других изолированных мест, в которых в советское время производилось научное знание, таких как печально известные «закрытые города» (ЗАТО)? Как опыт шарашек помогает нам понять институциональную роль и историю Гулага, особенно различия между тем, как планировалась его деятельность, и тем, как она осуществлялась на практике, и в целом оценить экономическую эффективность лагерной системы? Именно эти вопросы и составляют предмет данного исследования.

Замечание по поводу терминологии: хотя историки используют различные термины для обозначения заключенных, работавших в шарашках, администрация Гулага всегда называла их «специалистами». Этот термин вошел в широкий обиход после 1917 года, когда большевики спорили, стоит ли привлекать «буржуазных специалистов» для работы на социалистическом производстве; сам Ленин признал, что «поднять производительные силы... без буржуазных специалистов нельзя» [Ленин 1967, 166]. Тогда это слово тесно ассоциировалось с зарождающейся научно-технической интеллигенцией, к которой принадлежали инженеры, техники, а также ученые, занимавшиеся прикладной наукой, — то есть те, чья деятельность была связана с массовым

---

[11] О. В. Хлевнюк. Гулаг — не-Гулаг: Взаимодействие единого. Доклад, представленный на конференции «Советский Гулаг: новые исследования, новые интерпретации» в Джорджтаунском университете 26–27 апреля 2012 года и опубликованный в настоящем издании; [Alexopoulos 2005; Ivanova 2000: 188].

производством[12]. Однако в 1930-е годы многие ученые, занятые теоретическими исследованиями в области фундаментальных наук, тоже переключились на прикладную деятельность. С учетом этих изменений ко времени Второй мировой войны специалисты, собранные в шарашках, представляли собой смесь из ученых-теоретиков, ученых, занимавшихся прикладной наукой, инженеров и техников, большинство из которых пришли из таких областей науки, как аэронавтика, баллистика, металлургия, машиностроение и прикладная химия. В своей работе я использую термин «специалист» или «эксперт» для обозначения людей именно этой большой группы, кроме тех случаев, когда это особо оговаривается.

Происхождение системы

Несмотря на все сложности и противоречия, возникающие при изучении истории шарашек, для описания этого явления можно воспользоваться очень удобным методом датировки, так как его ключевые даты совпадают с началом (1929) и концом (1953) правления Сталина. Соответственно, важнейшие моменты в истории шарашек в той или иной степени соответствуют основным периодам сталинской эпохи — Великому перелому, Большому террору, последовавшей за ним войне и позднему сталинизму, наступившему после ее окончания. Хотя каждый из этих периодов протекал по-своему, существовали и некоторые общие правила, не изменявшиеся со временем. Так, ни в одном из этих случаев ученые и инженеры никогда не арестовывались и не заключались под стражу специально для того, чтобы заниматься интеллектуальным трудом; на самом деле решение привлекать заключенных к научной деятельности каждый раз принималось уже после непродолжительных, но интенсивных волн арестов среди советской интеллигенции. Необходимым условием для принятия такого рода решения был избыток лагерной рабо-

---

12 Кендалл И. Бэйлз в своей классической работе [Bailes 1978] дает схожее определение научно-технической интеллигенции, причисляя к ней «инженеров, агрономов, техников и ученых, занимающихся прикладной наукой», хотя его исследование посвящено в основном «инженерам с высшим образованием».

чей силы, ставший следствием массовых репрессий. Но почему вообще арестовывали ученых и инженеров?

С самого прихода большевиков к власти отношения между политической верхушкой (руководством партии и страны) и научно-технической элитой были сложными. С одной стороны, партийные лидеры, такие как Ленин, Бухарин и Троцкий, понимали, что ученые и инженеры необходимы для модернизации России. С другой, они относились к научно-технической интеллигенции с глубоким недоверием, так как эти люди олицетворяли собой все то, что революция обещала уничтожить: буржуазную культуру, элитаризм и склонность к академизму, удаленному с повестки дня. Эта конфликтная ситуация привела к тому, что по мере того, как все больше ученых и инженеров занимали ключевые посты в системе советской экономики, у большевиков все сильнее развивалось чувство собственной уязвимости. Как писал в своих классических работах Кендалл И. Бэйлз, советские лидеры решали эту проблему двумя способами: во-первых, они сажали в тюрьмы «старых» специалистов, а во-вторых, воспитывали новое поколение так называемых «красных специалистов» — молодых мужчин и женщин, более лояльных к требованиям большевистской эпохи [Bailes 1978; Lampert 1980][13]. Говоря о первом способе, необходимо прежде всего вспомнить атаку на старую научно-техническую интеллигенцию во время процессов по Шахтинскому делу и делу Промпартии в 1928 и 1930 годах соответственно. Тысячи человек были арестованы за вредительство, многие были осуждены, некоторые казнены [Bailes 1978: 69–158; Красильников 2011–2012; Беляков 1999б; Гончаров и Нехотин 1998]. В то же время в московские профессионально-технические училища массово призывались молодые студенты, в большинстве своем из крестьянской среды [Fitzpatrick 1979; David-Fox 1997]. Этот комплексный подход — арест старых специалистов и набор новых — оказался эффективен, по крайней мере поначалу, однако он породил новые трудности: для обучения новой интеллигенции требовалось время, а пока что стране не хватало квалифицированных ученых

---

13 См. также [Schattenberg 2002]. На русском языке [Шаттенберг 2011].

и инженеров для выполнения плана первой пятилетки. То есть решение одной проблемы создало новую, для которой опять-таки требовалось новое решение.

И здесь ключевую роль сыграло ОГПУ, специальный орган государственной безопасности СССР. В то время ОГПУ существенно увеличивало советскую пенитенциарную систему, чтобы использовать труд заключенных на масштабных стройках коммунизма. Возможно, неслучаен тот факт, что ОГПУ создало первую тюрьму для специалистов приблизительно тогда же, когда на свет официально появился Гулаг с его системой исправительно-трудовых лагерей. Использование труда квалифицированных экспертов-заключенных в новых проектах, особенно тех, где требовался контроль над разработками, эффективно решило проблему «старых специалистов», которые были одновременно незаменимы и неблагонадежны. В циркуляре от 15 мая 1930 года, подготовленном В. В. Куйбышевым и Г. Г. Ягодой, где говорится о создании спецтюрем, содержится противоречие, которое так никуда и не делось за все время существования шарашек[14]. Авторы циркуляра писали, что «за последние два-три года органами ОГПУ раскрыты контрреволюционные вредительские организации в ряде отраслей нашего хозяйства» и арестованы идеологически неблагонадежные специалисты. В связи с этим ОГПУ предложило «использовать вредителей... таким образом, чтобы работа их проходила главным образом в помещении органов ОГПУ. Для этого отбирать заслуживающих доверие специалистов. Оказывать им содействие в деле постановки опытных работ»[15]. Ягода считал, что вопрос о том, кто заслуживает доверия, а кто нет, может быть решен только в стенах ОГПУ, и утверждал, что «условия работы в военизированной обстановке способны обеспечить эффективную деятельность специалистов в противовес разлагающей обстановке гражданских учреждений»[16].

---

14 В то время Куйбышев был председателем Высшего совета народного хозяйства СССР (ВСНХ), а Ягода — председателем ОГПУ.

15 Документ цитируется по [Стецовский 1997, 2: 166–167].

16 Письмо Ягоды к В. М. Молотову. Цит. по: [Соболев 2000].

Претворять эту стратегию в жизнь ОГПУ начало с авиационной промышленности, в то время бурно развивавшейся, однако полученный опыт в этой области был быстро перенесен и в другие сферы советской промышленности.

В 1928 и 1929 годах около 30 человек, среди которых знаменитые авиаконструкторы Д. П. Григорович и Н. Н. Поликарпов, были арестованы в рамках следствия по делу Промпартии[17]. Сначала Поликарпов, сын священника, был без суда приговорен к смертной казни, однако в конце 1929 года его неожиданно конвоировали в печально известную Бутырку и там привели на второй этаж отдельного здания внутри тюрьмы, где обнаружилось просторное светлое помещение со стоящими в ряд чертежными досками и небольшой библиотекой научно-технической литературы. Григорович, уже находившийся там, объявил всем приведенным в эту комнату конструкторам и инженерам, многие из которых были хорошо знакомы между собой, что ему поручено сформировать конструкторскую группу для создания новой авиационной техники. Через месяц эти люди были переведены уже на настоящий авиационный завод, также находившийся в Москве, где они составили ядро самой первой шарашки — тюрьмы, в которой все заключенные принадлежали к научно-технической интеллигенции[18].

С самого начала ОГПУ выстроило систему с крайне необычной структурой: под бдительным оком офицеров ОГПУ в лабораториях вместе трудились заключенные и вольнонаемные сотрудники. Эта странная организация труда, при которой свободные мужчины и женщины работали рука об руку со своими заключенными под стражу коллегами — в конце рабочего дня одни уходили домой, а другие возвращались в свои бараки, — стала

---

[17] Д. П. Григорович был арестован 1 октября 1928 года, а Н. Н. Поликарпов — год спустя, 24 октября 1929 года. Список других видных конструкторов и руководителей авиационной промышленности, которые были арестованы, см. в [Иванов 2009: 314–315].

[18] Первоначально эта организация называлась «Конструкторское бюро внутренняя тюрьма» (КБ ВТ). После переезда на завод № 39 им. Менжинского она была переименована в Центральное конструкторское бюро № 39 (ЦКБ-39).

новшеством, дожившим до самого конца системы шарашек. Такое положение дел явилось источником явной социальной напряженности, усугубленной тем фактом, что, как правило, заключенные сотрудники были высококвалифицированными и старшими по возрасту учеными и инженерами, а свободные специалисты, обычно называемые «вольными», были младше их по возрасту и должности. Это разделение было одновременно и реальным, и символичным, отражая пропасть между старым и новым, империей и большевиками, угнетением и свободой. Еще больше ситуацию осложняло то, что ОГПУ решало, кому быть начальниками, а кому подчиненными. Как вспоминал впоследствии В. Б. Шавров: «Мы, вольные, были подчинены последним [заключенным инженерам], хотя они жили под стражей и даже не могли отлучаться с завода. Арестованные были нашими начальниками, а над ними — ГПУ, которое постоянно во все вмешивалось»[19]. Судя по всему, ОГПУ не доверяло ни старым специалистам, потому что они были *слишком* умны, ни новым «красным» специалистам, потому что они были *недостаточно* умны.

Находясь под сильнейшим давлением со стороны органов госбезопасности, требовавших от конструкторов быстрых результатов, состоящее из заключенных бюро работало в большой спешке. Командующий ВВС РККА Я. А. Алкснис, посетивший ЦКБ-39, дал его сотрудникам задание построить истребитель с двигателем воздушного охлаждения, который не уступал бы самолетам, производимым на Западе. К работе в бюро были привлечены десятки вольнонаемных техников и конструкторов, однако зачастую это приводило лишь к хаосу. Выдающийся авиаконструктор А. С. Яковлев, ставший впоследствии личным советником Сталина по вопросам авиации, вспоминал, что шарашка была «многолюдная и бестолковая, расходы большие, и отдача слабая. Только Поликарпов работал блестяще» [Яковлев

[19] Цитата Шаврова приводится по: [Григорьев 1992: 125]. На уровне ОГПУ реальными руководителями были Г. Е. Прокофьев (1895–1937), начальник ЭКУ, Л. Г. Миронов (1895–1938) и А. Г. Горянов (1898–1937), оба последовательно начальники 5-го Специально-технического отделения, и Н. Е. Пауфлер (1891–1934), директор авиазавода № 39.

1973: 73]. Однако уже первые результаты впечатлили кураторов из ОГПУ. В мае 1931-го, через полтора года с момента создания шарашки, в своем докладе, адресованном Президиуму ЦИК СССР, К. Е. Ворошилов и Г. К. Орджоникидзе отмечали «небывалое увеличение темпов... опытного строительства» и радовались «большим достижениям завода № 39 и его Конструкторского бюро»[20]. Из семи моделей самолетов, спроектированных и построенных тюремным бюро за полгода, шесть оказались непригодными к использованию, однако седьмой, одноместный боевой биплан, получивший впоследствии название И-5, состоял на вооружении советских ВВС еще почти десять лет (и некоторые из этих самолетов использовались для обучения летчиков во время Второй мировой войны). Было построено свыше 800 машин этой модели, разработанной главным образом Поликарповым, а первый прототип, не без горькой иронии, назвали ВТ-11, где ВТ было сокращением от «Внутренняя тюрьма» [Greenwood 1998].

Очевидно, что изначально не существовало никакого систематического плана по созданию групп из заключенных в тюрьмы специалистов, однако в 1931 году Экономическое управление ОГПУ (ЭКУ), отвечавшее за расследования экономических преступлений и случаев вредительства, официально взяло на себя ответственность за функционирование шарашек[21]. В то же самое время успех, которого добилось конструкторское бюро Григоровича и Поликарпова в авиационной промышленности, побудил ОГПУ организовать подобные группы и в других местах и сферах деятельности. К сентябрю 1931 года ОГПУ создало в Москве, Ленинграде, Ростове-на-Дону и Западной Сибири тюремные научно-технические бюро, в которых работали свыше

---

[20] Ворошилов и Орджоникидзе Президиуму ЦИК СССР (май 1931-го). ГАРФ. Ф. Р-3316. Оп. 64. Д. 1130. Л. 1–4. На тот момент Ворошилов был наркомом по военным и морским делам, а Орджоникидзе — председателем ВСНХ.

[21] 1 апреля 1931 года начальник ЭКУ ОГПУ Г. Е. Прокофьев подписал приказ № 160/96, согласно которому его заместителем, ответственным за работу 5-го Специально-технического отделения по использованию осужденных специалистов, назначался Л. Г. Миронов; тем самым ОГПУ формально взяло на себя ответственность за работу сети шарашек.

четырехсот ученых и инженеров, арестованных за шпионаж, терроризм, диверсантскую деятельность, руководство контрреволюционными организациями и членство в Промпартии. Большинство были обвинены в том, что они являлись активными контрреволюционерами[22]. Заключенные в этих лагерях поначалу занимались только работой, связанной с военной промышленностью: авиация, танки, артиллерия, дизели и моторы, подводные лодки, транспортеры, артприборы, химия, защита против иприта. Вскоре этих специалистов стали использовать и в других крупных проектах, таких как химико-энергетическое машиностроение, котел высокого давления, блюминг, электромоторы, электроэнергетика, текстиль, уголь[23].

Контроль, осуществляемый ОГПУ над создаваемой системой шарашек, вызывал недовольство со стороны руководителей советской промышленности, и этот конфликт, судя по всему, не затухал все время существования спецтюрем. В мае 1930 года, когда Ворошилов и Орджоникидзе обратились к Сталину с просьбой «полностью амнистировать... конструкторов-вредителей, приговоренных коллегией ОГПУ к различным мерам социальной защиты», руководство ОГПУ возражало против их освобождения[24]. Это противостояние четко прослеживается в письмах, которыми в 1931 и 1932 годах обменивались руководители советской промышленности, в частности Орджоникидзе, и начальники ОГПУ. В августе 1931 года Орджоникидзе писал члену Политбюро и секретарю ЦК Л. М. Кагановичу: «Я думаю, что в настоящее время такое использование инженеров нецелесообразно. Мы освободили значительное количество специалистов, надо освободить и остальных, конечно, за исключением особо злост-

---

22 Докладная записка И. А. Акулова Л. М. Кагановичу от 7 сентября 1931 года. АПРФ. Ф. 3. Оп. 58. Д. 142. Л. 2.

23 О разработках заключенных специалистов, работающих в техническом отделении ЭКУ ОГПУ (от 7 сентября 1931 года). АПРФ. Ф. 3. Оп. 58. Д. 142. Л. 3–19.

24 Ворошилов и Орджоникидзе Президиуму ЦИК СССР. ГАРФ. Ф. Р-3316. Оп. 64. Д. 1130. Л. 1–4.

ных, и ликвидировать все существующие проектные и конструкторские бюро при ОГПУ, передав их промышленности»[25]. ОГПУ, в свою очередь, писало непосредственно Сталину; так, например, в феврале 1932 года оно отправило руководству страны большой отчет о различных успехах, якобы достигнутых 423 заключенными специалистами, остававшимися в распоряжении ОГПУ[26]. Сталин, похоже, не был впечатлен этим документом, и Орджоникидзе победил. 16 марта 1932 года на заседании Политбюро было решено, что технические бюро нужно «временно сохранить», чтобы дать специалистам «закончить работу», а затем закрыть. Освободившихся специалистов планировалось передать Комиссариату тяжелой промышленности (Наркомтяжпрому)[27]. К 1933 году почти все тюремные технические бюро — даже те, которые еще не завершили работу над начатыми проектами, — были распущены, но несколько из них просуществовали до 1935 года. Хотя большинство содержавшихся в тюрьмах специалистов были переведены на оплачиваемую гражданскую службу, некоторые несчастные заключенные получили новые бумаги и были отправлены в обычные тюрьмы.

Почему эта система была ликвидирована именно тогда? Во-первых, руководство страны, в особенности Сталин, стало более снисходительно относиться к дореволюционной научно-технической интеллигенции. В свете перегибов, допущенных в ходе культурной революции, Сталин и другие руководители

---

[25] Орджоникидзе Кагановичу от 28 августа 1931 года. АПРФ. Ф. 3. Оп. 58. Д. 142. Л. 23.

[26] Эта справка, составленная начальником ЭКУ ОГПУ Мироновым, содержала информацию о четырнадцати различных направлениях деятельности осужденных специалистов: автотанкотракторостроение; дизелестроение; химия, ОВ и взрывчатые вещества; пороха и взрывчатые вещества; азот; ассимиляция целлюлозного производства с пироксилиновым; резиновая промышленность; снаряды и взрыватели; броня; бериллий; судостроение; по транспортеру; кабельная экспедиция; микробиология. См.: Миронов Сталину от 22 февраля 1932. АПРФ. Ф. 3. Оп. 58. Д. 142. Л. 5–44.

[27] Выписка из протокола № 92 заседания Политбюро ЦИК от 16 марта 1932 года. АПРФ. Ф. 3. Оп. 58. Д. 142. Л. 47.

советской промышленности, такие как Ворошилов и Орджоникидзе, в начале 1930-х годов заговорили о примирении с буржуазными специалистами, так как советская тяжелая промышленность нуждалась в быстром подъеме, предусмотренном Вторым пятилетним планом [Shearer 1996; Lewis 1979]. Сталин сам высказался о судьбе этих специалистов в одной из своих программных речей:

> Если в период разгара вредительства наше отношение к старой технической интеллигенции выражалось, главным образом, в политике разгрома, то теперь, в период поворота этой интеллигенции в сторону Советской власти, наше отношение к ней должно выражаться, главным образом, в политике привлечения и заботы о ней[28].

О том, что это было прямым указанием об освобождении из тюрем заключенных специалистов, стало ясно, когда в июле 1931 года в «Правде» было напечатано об амнистии всех авиационных инженеров из ЦКБ-39 (рис. 4.2)[29].

Вторая, более прозаическая, причина роспуска шарашек заключалась в том, что почти все они были собраны для работы над конкретными проектами — и работы быстрой. Так, например, после того как одно авиаконструкторское бюро завершило проект по созданию самолета-перехватчика, все его участники были выпущены на свободу в августе 1931 года, поскольку их задача была выполнена. Также и Л. К. Рамзин был заключен в спецтюрьму ОГПУ для разработки прямоточного котла, и как только такой котел был создан и введен в эксплуатацию Мосэнерго, ОГПУ сняло надзор с этого конструкторского бюро, которое продолжило работать на том же месте как обычная исследовательская организация.

---

28 Эту речь Сталин произнес 23 июня 1931 года на совещании хозяйственников. См.: «Новая обстановка — новые задачи хозяйственного строительства» // Правда. 1931. 5 июля.

29 О награждении завода № 39 за исключительные достижения по самолетостроению гражданской авиации // Правда. 1931. 10 июля.

Рис. 4.2. Члены ЦКБ-39, включая Кербера и Григоровича, в 1931 году

Но, пожалуй, самым важным фактором, вызвавшим временное прекращение работы шарашек, стал конфликт между ОГПУ и Наркоматом тяжелой промышленности, спровоцированный борьбой за контроль над этими проектными бюро. Известные факты однозначно говорят о том, что верхушка ОГПУ хотела продлить существование спецтюрем как можно дольше и руководить их работой. Однако этого не произошло, что свидетельствует об ослаблении роли ОГПУ в управлении советской промышленностью в середине 1930-х. В январе 1932 года в ходе масштабной реорганизации советской промышленности Орджоникидзе добился создания Наркомтяжпрома — своего рода сверхминистерства, которому было поручено выполнение второй пятилетки. Теперь этому наркомату подчинялось огромное множество промышленных предприятий. Одной из причин такой консолидации стало желание сократить дистанцию между научными разработками и серийным производством[30]. Несмотря на

---

[30] См. записку Ворошилова в Наркомат обороны, в которой он призывал создавать исследовательские группы, подчиняющиеся Наркомтяжпрому, так как именно это министерство могло оказать им существенную поддержку на стадии производства: Ворошилов Тухачевскому от 28 апреля 1934 года. РГВА. Ф. 4. Оп. 14. Д. 1171. Л. 54–59.

Рис. 4.3. Инженер С. П. Королев вскоре после ареста в 1938 году

хвастливые заявления представителей ОГПУ о якобы грандиозных успехах, достигнутых в шарашках, Орджоникидзе и другие руководители промышленности СССР справедливо сомневались в правдивости этих утверждений. За исключением немногочисленных успешных проектов, таких как создание самолета И-5, первое поколение шарашек не принесло особой пользы ни советской промышленности, ни военным. Как с горечью писал впоследствии В. Б. Шавров, авиаконструктор и историк авиации, сам работавший в шарашке: «Система, придуманная ГПУ, себя не оправдала. Она начисто обанкротилась. Оказалось, что, сколько ни бросай людей на одно дело, оно от этого быстрее не пойдет»[31].

Вторая волна

Вторая волна создания трудовых лагерей не столько совпала по времени с Большим террором 1937–1938 годов, сколько последовала за ним. В этом нет ничего удивительного, если задуматься о том, что в страшные дни террора НКВД больше заботилось о проведении массовых чисток, чем об экономическом росте; этой задаче стало уделяться больше внимания после разрастания системы Гулага с его огромной рабочей силой. На пике Большого

[31] Цит. по: [Иванов 2009: 330].

террора репрессии затронули практически все отрасли науки и техники, обрушившись и на институты, подчиненные Академии наук, и на те учреждения, что находились в ведении промышленных комиссариатов; особенно тяжелым был удар по исследовательским институтам и заводам, работавшим на оборонную промышленность. В одной только авиационной промышленности брошенными в тюрьмы оказались практически все крупные конструкторы, в том числе Р. Л. Бартини, К. А. Калинин, В. М. Мясищев, А. В. Надашкевич, В. М. Петляков, С. П. Королев и А. Н. Туполев (рис. 4.3). Особенно серьезно пострадали руководители заводов. На одном крупном авиазаводе, занимавшемся изготовлением двигателей, было арестовано по меньшей мере пятьдесят человек, в том числе директор, замдиректора и главный механик[32].

Большинство исторических и биографических свидетельств указывают, что инициатором и создателем системы спецтюрем для ученых после чисток 1937–1938 годов был глава НКВД Л. П. Берия [Симонов 1996: 113]. Однако возобновление системы шарашек было более сложным процессом, начавшимся еще до того, как Берия возглавил НКВД в декабре 1938 года. Любопытно, что одними из инициаторов воссоздания шарашек выступили сами заключенные специалисты. В начале 1938 года группа авиаконструкторов, ожидая приговора в застенках Лубянки, подготовила два кратких предложения, одно из которых относилось к самолетам, а другое к авиационным двигателям. Опасаясь, что их отправят заниматься тяжелым физическим трудом в сибирские лагеря, авторы этих докладных записок перечислили ряд усовершенствований, которые они могли были сделать, если им предоставят необходимые условия для работы; эти предложения были направлены непосредственно ветерану авиационной промышленности Л. М. Кагановичу, ставшему преемником Орджоникидзе на посту главы Наркомтяжпрома. Каганович переслал записки тогдашнему главе НКВД Н. И. Ежову, снабдив их соб-

---

[32] Речь идет об авиационном заводе № 24 в Москве, известном также как завод им. М. В. Фрунзе. См.: РГАЭ. Ф. 7515. Оп. 1. Д. 153. Л. 417–418; [Симонов 1996: 110–111].

ственными комментариями по различным техническим аспектам этих предложений: некоторые из них он одобрил, другие нет. Он писал: «Ознакомившись с предложениями арестованных конструкторов-самолетчиков, считаю целесообразным оформить их в группу»[33]. Ежов, очевидно, не возражал против этой идеи и собирался принять предложения Кагановича по поводу самолетов и авиационных двигателей.

Каганович, возможно, этого и не знал, но на тот момент, когда он получил письмо от арестованных авиаспециалистов, в Ленинграде уже с 1 декабря 1937 года функционировала спецтюрьма для ученых и конструкторов. Около 150 старших конструкторов с огромного завода «Большевик», арестованных независимо друг от друга в предыдущие месяцы и годы, были помещены в «Кресты» — одну из самых больших тюрем Европы — для работы над проектами по созданию морской артиллерии. Письмо Кагановича, судя по всему, побудило Ежова поставить это дело на поток, и 20 апреля 1938 года его заместитель подписал приказ о создании Особого конструкторского бюро (ОКБ) НКВД в Ленинградской области[34]. Бюро в «Крестах» изначально состояло из заключенных, ранее работавших на заводе «Большевик», однако, разросшись, стало включать в себя ученых, инженеров и конструкторов с различных артиллерийских заводов. Главным конструктором ОКБ был назначен талантливый инженер С. И. Лодкин, специалист по турбинам, который был арестован в 1933 году и много лет трудился на общих работах на строительстве Беломорско-Балтийского канала, где чуть не умер от туберкулеза. После перевода в «Кресты» он возглавил группу, занимавшуюся разработкой двухорудийной 130-миллиметровой артиллерийской установки [Крук 2001].

Осенью 1938 года карьера Ежова оказалась под угрозой, и руководство делами НКВД постепенно перешло в руки его первого

---

33 Каганович Ежову от 13 марта 1938 года. РГАЭ. Ф. 7515. Оп. 1. Д. 408. Л. 83–84. См. также л. 1, где Каганович дает оценку предложениям заключенных конструкторов-авиамоторщиков А. Д. Чаромского, Б. С. Стечкина и А. М. Колосова.

34 Приказ народного комиссара внутренних дел Союза ССР за 1938 год № 00240. ГАРФ. Ф. 9401. Оп. 1а. Д. 20. Л. 160.

заместителя Берии. 25 ноября Берия официально сменил Ежова на посту главы НКВД [Jansen and Petrov 2002]. Хотя он с рвением взялся за исправление всех ошибок, допущенных его предшественником, первым делом, разумеется, вычистив из органов окружение Ежова, одну из идей предыдущего руководителя НКВД — а именно систему шарашек — Берия не тронул. Едва вступив в должность главы НКВД, он распорядился объединить шарашки в единую систему, официально подчиняющуюся непосредственно ему. В начале января Берия написал Сталину о недостатках возрожденной системы шарашек, существовавшей при Ежове, и выдвинул свои предложения («мною приняты меры к улучшению бытового обслуживания заключенных, состав работников бюро пополнен молодыми специалистами»). Особенно важной представляется следующая фраза: «Для придания большего значения работе по использованию заключенных специалистов Особое бюро будет возглавляться Народным Комиссаром»[35]. На следующий день, 8 января 1939 года, Политбюро одобрило запрос Берии и утвердило положение об Особом техническом бюро (ОТБ) при НКВД. Задача этой новой организации была сформулирована как «организация конструирования и внедрения в производство новых средств вооружения армии и флота»[36].

Но зачем же вновь понадобилось возвращаться к практике спецтюрем, где ученые, инженеры и специалисты работали под надзором конвоиров? Во-первых, в конце 1930-х НКВД (особенно под руководством Берии) стал играть более важную роль в перевооружении РККА перед готовящейся войной с Германией. Как показал историк Н. С. Симонов, при Берии НКВД существен-

---

[35] Берия Сталину от 9 января 1939 года. АПРФ. Ф. 3. Оп. 58. Д. 142. Л. 72–73.

[36] См. Положение об особом техническом бюро при народном комиссаре внутренних дел СССР. АПРФ. Ф. 3. Оп. 58. Д. 142. Л. 70–71. Также этот документ хранится в ГАРФ. Ф. 9401. Оп. 1. Д. 513. Л. 58–64. Приказ НКВД см. в: АПРФ. Ф. 3. Оп. 58. Д. 142. Л. 77. Прежде чем получить название ОТБ, система шарашек называлась Отдел особых конструкторских бюро НКВД (29 сентября — 21 октября 1938 года), Четвертый спецотдел НКВД (21 октября 1938 — 9 января 1939 года) и, наконец, Особое техническое бюро НКВД. См. [Кокурин и Петров 1997: 129].

но увеличивает свою роль в укреплении обороноспособности страны по линии строительства стратегических шоссейных дорог, производственного освоения отдаленных территорий с богатыми месторождениями полезных ископаемых и руководства различными металлургическими заводами [Симонов 1996: 113]. Во-вторых, контроль над ведущими учеными и инженерами позволял НКВД расширить свою масштабную экономическую инфраструктуру, основанную на использовании рабочей силы Гулага, и с их помощью Берия мог эффективнее пользоваться имевшимися в его наличии огромными людскими ресурсами; третьей и, пожалуй, наиболее важной причиной возрождения шарашек было то обстоятельство, что в годы Большого террора НКВД нанес настолько серьезный удар по научным и исследовательским организациям, что необходимо было принять какие-то восстановительные меры, чтобы исправить положение. НКВД создал новую систему шарашек во многом ради того, чтобы свести к минимуму ущерб от собственной деятельности.

В приказе о создании новой системы шарашек, находящейся в его непосредственном подчинении, Берия вычленил в составе этого бюро восемь групп по специальностям (позже их осталось семь). Каждая группа соответствовала независимой команде специалистов, работавшей при том или ином заводе[37]. Он также возобновил практику привлечения в группы «вольнонаемных специалистов, в первую очередь из числа молодых специалистов», которые должны были работать вместе с заключенными. При планировании работы бюро НКВД учитывал «предложения заключенных», но также делал и собственные заявки; окончательное утверждении всех проектов находилось в ведении Государственного комитета обороны (ГКО), которым руководил лично Сталин.

---

[37] Первоначально были созданы следующие восемь групп: группа самолетостроения и авиационных винтов; группа авиационных моторов и дизелей; группа военно-морского судостроения; группа порохов; группа артиллерии, снарядов и взрывателей; группа броневых сталей; группа боевых отравляющих веществ и противохимической защиты; группа внедрения в серию авиадизеля АН-1 (при заводе № 82). (См. «Положение об особом техническом бюро».)

К середине 1939 года ОТБ при НКВД состояло по меньшей мере из трех крупных групп ученых, работавших в разных местах: группа в «Крестах», занимавшаяся разработкой морской артиллерии, две независимые команды на заводе в Тушино на северо-западе Москвы, трудившиеся над разными проектами авиационных двигателей, и новейшее бюро, собранное из лучших советских авиаконструкторов под руководством патриарха советской авиации А. Н. Туполева, которое располагалось в подмосковном Болшеве[38]. Вмешательство Берии обеспечило этим шарашкам доступ ко всем возможным ресурсам, в том числе первоначальное финансирование в небывалом размере — 35 870 000 рублей[39]. Хотя вскоре расходы на содержание шарашек стали выражаться в менее астрономических суммах, важным финансовым преимуществом этой системы являлось то обстоятельство, что заключенным не надо было платить зарплату[40].

Все ученые и инженеры, попадавшие в шарашку, оказывались там по одной и той же схеме. О той странной смеси ужаса и облегчения, которую им приходилось при этом испытывать, можно судить по истории одного конкретного инженера. М. А. Храпко работал в Челябинске на одном из больших советских заводов, построенных в годы первой пятилетки, где участвовал в создании первого в СССР трактора с дизельным двигателем, пущенного в серийное производство[41]. Этот трактор С-65 (Сталинец-65) превозносился партийными руководителями как идеальная замена гужевым повозкам (или, при везении, тракторам «Фордзон»), массово использовавшимся в колхозах по всей стране. В начале

---

[38] Это были завод № 172 (Ленинград); завод № 82 (Тушино), где работали две команды конструкторов; и спецтюрьма НКВД в Болшеве. В феврале 1940 года группа Туполева была перемещена из Болшева на московский завод № 156.

[39] Решение от 31.3.39 г. 127: Об ассигнованиях НКВД СССР. АПРФ. Ф. 3. Оп. 58. Д. 142. Л. 83. Для сравнения: столько же получил ведущий советский реактивный институт НИИ-3 *за весь период* с 1934 по 1940 год. См. [Siddiqi 2003].

[40] Хотя итоговые суммы нам неизвестны, в 1940 и 1941 годах на финансирование шарашек было потрачено 4,1 и 4,8 млн рублей соответственно (Ворошилов Молотову от 20 января 1941 года. ГАРФ. Ф. 8418. Оп. 25. Д. 635. Л. 32).

[41] Это был Челябинский тракторный завод (ЧТЗ).

1930-х годов Храпко со своим начальником Элиазаром Гуревичем, одним из самых талантливых челябинских инженеров, посетил Соединенные Штаты, и эта поездка определила их судьбу в годы Большого террора. Гуревич был взят в сентябре 1937 года, а Храпко арестовали два месяца спустя вместе с по меньшей мере тремястами другими сотрудниками завода. Храпко еще повезло, поскольку многие из его коллег, включая Гуревича, были расстреляны.

После нескольких ужасных месяцев в челябинской тюрьме Храпко был переведен на Лубянку, жестоко там избит и затем направлен в Бутырку, служившую «сортировочным центром», откуда заключенных специалистов направляли для работы в ту или иную шарашку. Многие из этих специалистов прибывали из трудовых лагерей Норильска или Колымы, но некоторые, как Храпко, попадали в шарашку прямо с Лубянки. В итоге Храпко был командирован в Тушино на завод № 82 для участия в разработке дизельных двигателей для самолетов. В то время ему было 35 лет. Условия жизни в Тушине были спартанскими: он спал в сыром и темном тюремном бараке, где располагались тридцать две койки. Как и многие другие заключенные, в шарашке он радовался различным мелочам, которых был лишен с момента своего ареста. Храпко вспоминает одну из таких житейских радостей: заключенные могли пользоваться туалетом в любое время дня, в отличие от Бутырки, где на все выделялись два десятиминутных перерыва [Гуревич 2008; Гуревич 2009].

Подбор специалистов для работы в шарашках происходил по-разному. Сначала за это отвечал В. А. Кравченко, в ноябре 1939 года сменивший Берию на посту начальника ОТБ[42]. Кравченко, окончивший Одесский институт инженеров связи, был

---

[42] Официально сетью шарашек руководили М. А. Давыдов (21.10.1938–15.01.1939), затем Л. П. Берия (15.01.1939–04.09.1939), снова Давыдов (04.09.1939–08.10.1939) и В. А. Кравченко (с 08.10.1939 до самого конца). Фактическое руководство деятельностью шарашек с октября 1938 года до своего ареста 8 октября 1939 года осуществлял Давыдов. Будучи ставленником Ежова, Давыдов был «вычищен» из рядов НКВД в рамках кампании, проводимой Берией, приговорен к казни 7 июля 1941 года и расстрелян 27 августа 1941 года. Биографию Давыдова см. в [Кокурин и Петров 2000: 812].

в работе немногословен и беспощаден. Он приходил в тюрьму на Лубянке, читал дела заключенных, переводил выбранных им специалистов в Болшево и распределял их по различным конструкторским бюро. По мере расширения сети шарашек Кравченко переложил часть этой работы на плечи своих заместителей, в частности Г. Я. Кутепова — малообразованного человека, работавшего в молодости слесарем на одном из московских авиазаводов, который был назначен начальником авиационной шарашки. Кутепов, видимо сознавая свою недостаточную компетентность в этой области, доверил комплектование бюро самим заключенным — главным образом А. Н. Туполеву, фактическому отцу советской авиации, переведенному в шарашку в 1939 году [Ямской 2006].

К середине 1939 года ядро ОТБ при НКВД состояло из более чем трехсот человек (исключительно мужчин) и включало в себя лучших в СССР специалистов в области авиации, судостроения, артиллерии и производства стрелкового оружия[43]. Хотя эти люди были арестованы по обычным обвинениям в шпионаже, вредительстве и участии в контрреволюционной деятельности, многих из них перевели в спецтюрьмы еще *до* суда и приговора, и таким образом, с юридической точки зрения их статус был неясен. Впрочем, Берию это обстоятельство волновало мало. Он писал Сталину:

> Возобновить следствие по этим делам и передать их в суд в обычном порядке нецелесообразно, так как, во-первых, это отвлечет арестованных специалистов на длительное время от работ по проектированию важнейших объектов... и, во-вторых, следствие не даст по существу положительных результатов вследствие того, что арестованные, находясь длительное время во взаимном общении во время работы, договорились между собой о характере данных ими показаний на предварительном следствии[44].

---

[43] В донесении от 4 июля 1939 года Берия пишет о 316 специалистах, работающих в шарашках: Берия Сталину от 4 июня 1939 года. АПРФ. Ф. 3. Оп. 58. Д. 142. Л. 84–86.

[44] АПРФ. Ф. 3. Оп. 58. Д. 142. Л. 84–86.

Обходясь без такой формальности, как суд, Берия разделил арестованных на три группы с разными сроками заключения: по десять, пятнадцать и двадцать лет лишения свободы[45]. Берия считал, что заключенные будут трудиться с бóльшим желанием, если обещать им возможность суда в будущем, который, возможно, скостит им сроки за хорошую работу.

Условия жизни в тюремных бюро были намного лучше, чем в сибирских трудовых лагерях или обычных тюрьмах НКВД, таких как Лубянка или Бутырка. Новоприбывшие заключенные не верили своим глазам. Ходили слухи, что Туполева, арестованного в 1937 году за то, что он будто бы был «главой антисоветской вредительской организации и французским шпионом», доставили в Болшево с узелком в руках, в котором хранились пайка хлеба и несколько кусков сахара, и он отказывался расставаться с этим узелком даже после того, как ему сказали, что в этом лагере хорошо кормят[46]. Кербер, автор знаменитой «Туполевской шараги», вспоминал, что «после лагерей такое питание без физического труда способствовало тому, что из скелетов мы стали приобретать человеческий облик» [Кербер 1999: 134]. Берия быстро отреагировал на жалобы заключенных о плохом качестве кормежки и приказал руководству тюрьмы улучшить пайки [Жуков 2006а]. В авиаконструкторском бюро Туполева работа обычно начиналась в девять утра и продолжалась до семи вечера с часовым перерывом на обед. После начала войны условия работы ухудшились. Храпко, работавшей в шарашке в Казани, вспоминал о нехватке топлива для обогрева цехов, четырнадцатичасовом рабочем дне и питании, которое стало плохим, а иногда несъедобным [Гуревич 2009].

---

[45] Эти приговоры были заочно вынесены 28 мая 1940 года по делам 307 ученых, конструкторов, инженеров и специалистов. См. докладную записку А. Л. Дедова, П. В. Баранова и И. А. Серова Н. С. Хрущеву от 23 февраля 1955 года. АПРФ. Ф. 3. Оп. 24. Д. 440. Л. 56–58.

[46] Туполев был арестован 21 октября 1937 года. См.: Докладная записка А. Л. Дедова, П. В. Баранова и И. А. Серова Н. С. Хрущеву о реабилитации А. Н. Туполева, В. М. Мясищева, В. М. Петлякова и других от 23 февраля 1955 года [Артизов и др. 2000: 192–193].

Рис. 4.4. Здание КОСОС, где располагалось ЦКБ-29, сегодня.

Группа Туполева какое-то время работала в Болшеве, но затем переехала в большое здание, принадлежащее московскому заводу № 156. Заключенные трудились на первом этаже дома на улице Радио, а под ними на трех верхних этажах находились большие общие спальни, в которых жили двести человек. Заключенным было позволено гулять по плоской крыше здания КБ, огороженной решетками; они называли ее «обезьянником». Специалисты всегда находились под вооруженной охраной, которая следила за всеми их разговорами и не оставляла их наедине друг с другом, за исключением времени сна. Все окна и двери были защищены решетками. Многие заключенные тяжелее всего переносили изоляцию от внешнего мира: информация о внешних событиях строго дозировалась, а семьи арестованных ничего не знали о судьбе своих близких — даже то, были ли они живы. Это изменилось после 1940 года, когда заключенным разрешили десятиминутные свидания с родственниками в Бутырской тюрьме раз в несколько месяцев. Социальная структура КБ существенно осложнялась присутствием в нем вольнонаемных специалистов, которые находились в подчинении у «врагов народа», но могли уйти домой в конце рабочего дня. Некоторые из бывших заключенных вспоминали, что отношения между этими двумя группами были по большей части теплыми, однако другие пишут об отчужденности и о том, что вольных специалистов воспринимали как сотрудников НКВД, настроенных против заключенных[47]. В авиационном бюро Туполева ЦКБ-29 (рис. 4.4) около тысячи вольнонаемных инженеров ежедневно отчитывались о проделанной работе своим заключенным руководителям, перед тем как уйти вечером домой [Соболев 2000: 52].

Некоторое количество арестованных специалистов было освобождено во время войны, но большинство оставалось в заключении до тех пор, пока исход войны не стал окончательно ясен. С 1944 года тюремные конструкторские бюро стали понемногу закрываться, и на свободу потянулся тонкий ручеек освобожденных специалистов, а потом наступил 1948 год, когда истекли десятилетние сроки заключения, полученные в ходе Большого террора. Типичный случай такой амнистии произошел в июле 1944 года, когда были выпущены на свободу 35 человек, работавших на заводе № 16 в Казани[48]. В письме Сталину Берия обосновывает это на первый взгляд неожиданное освобождение тем, что система шарашек справилась со своей задачей так хорошо, что теперь в ней больше нет необходимости. Он пишет: «Учитывая важность проведенных работ, НКВД СССР считает целесообразным освободить, со снятием судимости, особо отличившихся заключенных специалистов, с последующим направлением их на работу в авиапромышленность»[49]. Берия перечислил заслуги каждого из тридцати пяти освобождаемых специалистов, указав их вклад в создание оружия, которое помогло победить в войне[50].

Была ли система шарашек Гулага продуктивной во время войны? Пожалуй, по большей части да. Строжайший контроль, четко поставленные цели и внушительное финансирование позволяли инженерам решать стоявшие перед ними задачи.

---

[47] Различных точек зрения по этому вопросу придерживаются, например, Храпко и Жуков [Гуревич 2009; Жуков 2006а].

[48] Протокол № 18 от 27 июля 1944 года. АРАН. Ф. 1546. Оп. 1. Д. 28. Л. 1.

[49] Берия Сталину от 16 мая 1944 года. ГАРФ. Ф. 9401. Оп. 2. Д. 65. Л. 385–386.

[50] [Список заключенных]. ГАРФ. Ф. 9401. Оп. 2. Д. 65. Л. 386–392.

Судя по отчету о работе отвечавшего за систему шарашек Четвертого спецотдела НКВД, выпущенному в 1944 году, НКВД оценивал результаты своей деятельности в высшей степени положительно. Авторы этого отчета перечислили двадцать важных видов вооружения и разработок — в том числе бомбардировщиков, авиационных двигателей, реактивного топлива, средств радиосвязи, многочисленных артиллерийских систем и новых средств химической войны, — созданных заключенными. По меньшей мере 12 из этих проектов были запущены в серийное производство — весьма высокий процент по сравнению с довоенными показателями подобных разработок. Почти все эти проекты достигли этапа сертификационных испытаний[51]. Как отмечал Берия, «в результате внедрения многих мероприятий, предложенных специалистами и реализованных на различных заводах, достигнута многомиллионная экономия государственных средств»[52]. Правда ли это и как вообще это можно посчитать — вероятно, не столь важно по сравнению с самим фактом, что Берия пытался убедить в этом Сталина. Система шарашек по крайней мере на бумаге выглядела инновационным триумфом НКВД. Никому и в голову не приходило, что эти заключенные могли бы достичь таких же, если не больших успехов, если бы их не держали в тюрьме.

Последняя волна

Окончание Второй мировой войны пробудило надежду у миллионов советских граждан. После ужасов Террора и войны многие верили, что сталинское государство откажется от политики репрессий. И какое-то недолгое время казалось, что эти надежды могут сбыться. К 1948 году почти вся система шара-

---

51 Краткий отчет о работах 4-го спецотдела НКВД СССР с 1939-го по 1944 г. От 14 августа 1944 года. ГАРФ. Ф. 9401. Оп. 2. Д. 88. Л. 155–161. Этот объемный документ должен был стать частью планировавшейся, но так и не опубликованной книги о деятельности НКВД во время войны.

52 ГАРФ. Ф. 9401. Оп. 2. Д. 88. Особенно Л. 159.

шек — Четвертый спецотдел НКВД — была распущена, и сотни специалистов, отбыв назначенные сроки наказания, вышли на свободу[53]. Однако эта передышка длилась недолго. Большинство специалистов, освобожденных после войны, были арестованы снова. Так, менее чем через два года после выхода на свободу был вновь арестован и приговорен к пожизненной ссылке в Сибирь Михаил Храпко; там, в Игарке, в 150 с лишним километрах к северу от Полярного круга, он и продолжил (неофициально) заниматься своей работой. Многие из его коллег в конце 1940-х годов тоже испытали ужасы повторного ареста. Павел Жуков, работавший во время войны в Тушине и заново арестованный в 1948 году, на основании доносов от секретных осведомителей был обвинен в «пораженческих настроениях» [Жуков 2006б].

Такие случаи повторного ареста были обычным делом, особенно во время третьей и последней волны создания шарашек, совпавшей с возобновившимися репрессиями в отношении ученых и инженеров в конце 1940-х и начале 1950-х годов. Благодаря полуавтобиографическому роману Солженицына «В круге первом» это самый известный период в истории советской тюремной науки. Солженицынская смесь квазиисторического нарратива, лирической прозы и моральных вопросов произвела глубокое впечатление на западного читателя в конце 1960-х и в 1970-х, и для многих, особенно в России, именно Марфинская шарашка — спецтюрьма в северо-восточном районе Москвы, где заключенные занимались изготовлением шпионской аппаратуры для органов госбезопасности, — стала образцом тюремного конструкторского бюро[54]. Как ни странно, послевоенная система шарашек хуже всего описана историками: большинство научных работ посвя-

---

[53] В сентябре 1945 года в НКВД обсуждалась идея полного роспуска Четвертого спецотдела, но это предложение так и не было реализовано. После войны появилось только одно новое тюремное бюро — ОКБ-86 при заводе № 86 в Таганроге, которым руководил итальянский авиаконструктор Р. Л. Бартини. Оно было расформировано в 1948 году. Еще одна шарашка, ОКБ-172 в «Крестах», видимо, являлась единственным крупным тюремным бюро, пережившим войну и существовавшим до середины 1950-х.

[54] В 2006 году на российском телевидении вышла десятисерийная экранизация романа «В круге первом» Глеба Панфилова, имевшая большой успех.

щены Туполевской шарашке, во многом из-за того, что там трудились несколько знаменитых советских ученых и конструкторов. В шарашках эпохи послевоенного сталинизма, напротив, было сравнительно мало видных представителей советской интеллигенции. Эта система возродилась в результате новых массовых репрессий во второй половине 1940-х годов и расцвела благодаря значительному росту Гулага (и его экономики) и необходимости скорейшего восстановления страны, разрушенной недавней войной. Все эти факторы, отсутствовавшие в довоенной системе шарашек, привели к тому, что спецтюрьмы периода позднего сталинизма оказались укомплектованы рядовыми специалистами, принадлежавшими к научно-технической интеллигенции.

Новая волна репрессий после Второй мировой войны случилась не на пустом месте. В этот период экономика Гулага росла небывалыми темпами, и к 1950 году в различных трудовых лагерях и колониях содержались около 2,5 млн заключенных. Примерно половина из них, находившаяся в ведении печально известного Третьего управления Гулага, занималась добычей золота и физическим трудом в тяжелейших условиях. Еще треть была занята в послевоенном восстановлении страны — на лесозаготовках, строительстве железных дорог, оборонном производстве, возведении гидроэлектростанций и других крупных объектов [Gregory 2003: 13]. Вся эта деятельность требовала участия ученых, инженеров и технических специалистов, которые занимались бы проектированием и осуществляли надзор за строительством; многие из этих специалистов являлись штатными сотрудниками МВД, но других, уже находившихся в тюрьме, заставили работать на благо экономики Гулага принудительно. С точки зрения администрации Гулага, создание новой системы шарашек было логичным решением в условиях вызванного массовыми репрессиями социального напряжения, экономического роста Гулага и необходимости восстановления страны после войны.

По любопытному и не вполне случайному стечению обстоятельств, многие представители научно-технической интеллигенции, арестованные в последние годы правления Сталина, владели профессиями, полезными для работы на окраинах страны. Так, в 1949 году в рамках Красноярского дела МВД начало кампанию против советских геологов, многие из которых были евреями, якобы из-за сокрытия урановых месторождений на территории Красноярского края. Затем волна арестов прокатилась по всем крупным городам СССР, и были задержаны десятки геологов, получивших длительные тюремные сроки по стандартным обвинениям в шпионаже и вредительстве. Примечательно, что геологические учреждения обвинялись еще и в предпочтении старых ученых и задвигании молодых советских специалистов; именно такие обвинения звучали и во время первой волны репрессий, направленных против ученых и инженеров в конце 1920-х годов[55]. Почти все эти геологи — и сотни представителей других прикладных наук, таких как металлургия, — в итоге оказались в шарашках в удаленных уголках Советского Союза.

В эпоху позднего сталинизма система шарашек раздулась до небывалых размеров. Произошло это в основном благодаря тому, что МВД сделало спецтюрьмы фундаментальной частью производственной экономики Гулага, включающей в себя добычу ценных металлов на востоке СССР и масштабное строительство. На самом деле объем капитального строительства, выполненного руками заключенных, почти удвоился в период с 1949 по 1952 год, что приблизительно совпадает с пиком третьей волны шарашек [Khlevniuk 2003: 53]. Одним из важнейших элементов этой новой системы стало созданное МВД в 1949 году Особое техническое бюро № 1 (ОТБ-1), в котором работали геологи и металлурги. Их задача заключалась в поиске и исследовании руд и минералогических образцов полезных ископаемых, очистке руд и минералов (особенно сурьмы, используемой в аккумуляторах), разработке процессов переплавки руд и металлоконцентратов и проектировании нового оборудования для добычи, обработки и обогащения руды[56]. Это конструкторское бюро,

---

[55] Приказ Министерства геологии. Цит. по [Беляков 1999а]. См. также [Годлевская и Крейтер 1994].

[56] Приказ Министерства внутренних дел Союза ССР № 0880: Об организации особого технического бюро № 1 от 22 августа 1949 года. URL: http://www.memorial.krsk.ru/LAGER/Eniisroy/490822.htm (дата обращения: 21.10.2019).

имевшее филиалы по всей Восточной Сибири, подчинялось одновременно Енисейстрою — крупному отделению Гулага, заведовавшему десятью трудовыми лагерями, — и старому Четвертому спецотделу МВД, которой вновь возглавил руководитель военной сети шарашек и ветеран службы В. А. Кравченко[57]. А система шарашек продолжала расширяться. В ноябре 1949 года Четвертый спецотдел МВД и администрация Гулага совместно организовали еще пять конструкторских бюро, которые должны были комплектоваться из «спецпоселенцев... имеющих высшее и среднее техническое образование». О важности работы этих заключенных говорилось прямым текстом. Они должны были заниматься «научно-исследовательскими и проектно-конструкторскими работами» для «максимального использования экономических ресурсов во вновь осваиваемых предприятиями и стройками МВД СССР отдаленных районах Союза»[58].

Из мемуарной литературы вырисовывается сюрреалистичная картина послевоенной шарашки. В. Г. Переломова, вольнонаемная сотрудница ОТБ-1, вспоминает разношерстную команду заключенных, трудившихся в глухом районе Сибири: бывшие профессора, геологи, эксперты в области металлургии, специалисты по петроглифам, фотографы и даже художники, составлявшие макеты официальных отчетов для МВД. Время от времени организовывались научно-исследовательские экспедиции в неисследованные районы тайги, а иногда узники умирали от болезней, подхваченных в тюрьме. Из почти двух сотен заключенных практически все были политическими, осужденными по печально известной 58-й статье. Переломова познакомилась со своим будущим мужем Ю. Ф. Погоней-Стефановичем в лагере, где, вопреки всем обстоятельствам, между ними вспыхнуло романтиче-

---

[57] С 14 марта 1947 года по 3 мая 1949 года Кравченко занимал другие должности в системе МВД [Кокурин и Петров 2000: 827].

[58] Об организации в составе 4-го Спецотдела МВД 8-го отделения и особых бюро 4-го Спецотдела МВД СССР в системе главков и строек МВД СССР от 9 ноября 1949 года. URL: http://www.memorial.krsk.ru/DOKUMENT/USSR/491109.htm (дата обращения: 21.10.2019). Новые шарашки должны были называться ОКБ-2, ОПКБ-3, ОПБ-4, ОТБ-5 и ОТБ-6.

ское чувство[59]. Такая связь являлась исключением из правил, поскольку отношения между заключенными и вольнонаемными специалистами в ОТБ-1 были, как правило, натянутыми. М. И. Левичек, первый директор ОТБ-1, называл впоследствии эти отношения враждебными, в отличие от доброжелательной атмосферы шарашек 30-х годов, и говорил следующее: «Объяснение, вероятно, в том, что в 30-х гг. еще сохранялись традиционные отношения к заключенным как к пострадавшим, и моральное разложение общества, присущее сталинскому режиму, еще не достигло такой глубины, как в 50-х гг.»[60].

Что же заставляло столь многих ученых и инженеров усердно или по крайней мере продуктивно трудиться в шарашках? Во время войны, безусловно, важным мотивирующим фактором являлся патриотизм, и этому имеется много свидетельств. Однако нельзя сбрасывать со счетов и принуждение в самых разных его формах, например в виде угрозы отправки обратно в трудовые лагеря заниматься тяжелым физическим трудом. Впрочем, бюрократы из МВД быстро поняли, что само по себе принуждение является зачастую неэффективным и затратным методом, особенно с учетом сравнительно высоких жалований, получаемых десятками тысяч охранников, и огромных логистических затрат на содержание лагерей в отдаленных регионах в условиях полной секретности. Продуктивность труда была серьезной проблемой, и для улучшения трудовых показателей в МВД даже пошли на материальное стимулирование заключенных. В 1948 году администрация Гулага ввела заработную плату. В различные периоды МВД вводило практику зачетов рабочих дней для некоторых категорий заключенных: по сути эти зачеты уменьшали тюремные сроки на два дня или больше за каждый день с перевыполнением плана [Sokolov 2003: 40; Borodkin and Ertz 2005]. Специалистов, оформлявших патенты на изобретения, МВД даже пыталось

---

59 Сообщение В. Г. Переломовой. URL: http://www.memorial.krsk.ru/svidet/mperel.htm (дата обращения: 21.10.2019).

60 ОТБ-1: Страницы памяти. URL: http://www.memorial.krsk.ru/Work/Konkurs/06/Korj/OTB.htm (дата обращения: 21.10.2019).

как-то наградить: в 1952 году Берия подписал приказ, согласно которому заключенным полагались 25 % от «обычной» суммы, выплачиваемой за патент[61]. Несмотря на эти вполне радикальные меры, в начале 1950-х годов общая производительность труда продолжала медленно снижаться. Хотя принуждение и материальное стимулирование заставляли заключенных выполнять работу, все это не делало их более продуктивными и инициативными работниками.

К моменту смерти Сталина в 1953 году общую экономическую неэффективность системы Гулага — особенно это касалось огромной массы заключенных, занимавшихся тяжелым физическим трудом, — больше невозможно было игнорировать. Система шарашек тоже подверглась пересмотру. 30 марта 1953 года, всего через три недели после смерти Сталина, по распоряжению Берии был распущен Четвертый спецотдел МВД, занимавшийся спецтюрьмами. Несколько шарашек продолжили функционировать до 1955 года, но как официальное институциональное явление они перестали существовать [Кокурин и Петров 1997: 129]. Как и большой Гулаг, шарашки оказались экономически неэффективны. Скрытые финансовые издержки этой системы, в частности расходы на охрану и необходимость сохранения существования этих организаций в строжайшей тайне, делали ее явно невыгодной по сравнению со свободным научно-техническим сообществом. И все же в течение двадцати с лишним лет система шарашек считалась эффективным решением стоявших перед страной экономических проблем, хотя все факты, особенно в эпоху позднего сталинизма, говорили об обратном. Объясняя, как государство экономически обосновывало функционирование Гулага, историк В. Лазарев заметил, что «рациональный диктатор... мог учредить и поддерживать такое предприятие, как Гулаг, несмотря на все связанные с этим издержки, исходя из ложного представления о том, что труд заключенных Гулага был “бесплатным” и ничего не стоил обществу» [Lazarev 2003: 190–191]. В конечном итоге ключевой характеристикой шарашек оказалась

---

[61] ГАРФ. Ф. Р-5446. Оп. 86а. Д. 7799. С. 18–25.

невидимость для общества всего, что было с ними связано, — людей, мест и информации; это было справедливо в отношении не только их существования, но и их исчезновения.

Незадолго до смерти бывшего министра и дипломата В. М. Молотова спросили о том, почему лучшие советские ученые и инженеры были брошены в тюрьмы. Вот что он ответил:

> А тогда ведь интеллигенция отрицательно относилась к Советской власти! Вот тут надо найти способ, как этим делом овладеть. Туполевых посадили за решетку, чекистам приказали: обеспечивайте их самыми лучшими условиями, кормите пирожными, всем, чем только можно, больше, чем кому бы то ни было, но не выпускайте! Пускай работают, конструируют нужные стране военные вещи. Это нужнейшие люди. Не пропагандой, а своим личным влиянием они опасны. И не считаться с тем, что в трудный момент они могут стать особенно опасны [Чуев 1991: 240][62].

Этот циничный монолог Молотова раскрывает одну очень важную идею: в глазах большевиков (а потом сталинистов) самая главная угроза, исходившая от представителей научно-технической интеллигенции, заключалась не в их идеологии, а в том, каким авторитетом и влиянием они обладали. Однако большевики пришли к выводу, что их стремление превратить Россию в современную социалистическую утопию неосуществимо без квалифицированных специалистов. В этой непростой ситуации система шарашек казалась логичным решением.

Этот конфликт интересов был необходимым, но недостаточным условием для создания и функционирования сети шарашек. Для понимания этого явления мы должны искать другие объяснения в рамках существовавшего исторического контекста. Всем трем периодам в истории системы шарашек предшествовали гигантские социальные потрясения советского общества — культурная революция, Большой террор и последняя волна сталинских репрессий. В каждом случае органы госбезопасности, зачастую при помощи руководителей партии и государства, организовы-

---

62 Также цит. в [Иванова 2006: 371].

вали масштабные чистки, и одной из их мишеней была научно-техническая интеллигенция. Массовые аресты, следовавшие за этими чистками, однозначно ухудшали ситуацию в важных областях экономики — тех самых, которые предполагалось укрепить с помощью Гулага. Для временного решения проблемы, которую сам НКВД и создал, ученые и инженеры были заключены в спецтюрьмы. Целью всего этого являлась стабилизация пошатнувшихся секторов экономики.

Глядя на историю Гулага с его подъемами и спадами, мы видим, что во всех трех ситуациях, когда после грандиозных социальных потрясений оживлялась деятельность шарашек, события протекали по одному и тому же сценарию. Становится очевидным, что институционально Гулаг был по сути аморфной структурой, в том смысле, что планирование в нем было ситуативным и случайным и редко опиралось на предыдущий опыт, поэтому на каждой новой стадии шарашки формировались и создавали свою культуру заново. Мы все сильнее убеждаемся в том, что рождение, функционирование и в конце концов исчезновение Гулага были продиктованы внешними обстоятельствами. Само предназначение этой организации было неясно ее создателям, а ставившиеся перед ней задачи постоянно менялись в связи с новыми проблемами, которые экономисты-плановики и чекисты обнаруживали в советском государстве.

Руководители советской промышленности и подчиненные Берии, включая администрацию Гулага, часто расходились во мнениях относительно того, как лучше использовать шарашки. При Сталине большинство сотрудников органов госбезопасности активно поддерживали концепцию спецтюрем, но люди, отвечавшие за экономическое и техническое развитие страны, выступали против этого. Лучше всего это видно при изучении бюджетных запросов. Например, в 1941 году Берия хотел получить 9,6 млн рублей для одной из своих тюрем, но Ворошилов согласился выделить только 4,8 млн[63]. Взлеты и падения системы шарашек во многом повторяют историю конфликта этих двух властных

---

[63] Ворошилов Молотову от 20 января 1941 года. ГАРФ. Ф. 8418. Оп. 25. Д. 635. С. 32.

группировок, так как властям приходилось делать выбор между усилением безопасности и повышением эффективности.

Шарашки стали успешным примером принудительного труда, но были ли они успешны в экономическом отношении? «Многомиллионную экономию государственных средств», о которой говорил Берия в 1944 году, невозможно точно измерить, потому что это утверждение не подтверждается фактами. Однако и сегодня есть исследователи, которые считают систему шарашек удачной организационной инновацией и своего рода предтечей Кремниевой долины или проекта «Сколково» в России[64]. Российский историк М. Ю. Моруков пишет в своей книге «Правда ГУЛАГа: из круга первого»: «Правда ГУЛАГа... заключается в том, что изоляция ученых, разработчиков и рабочих-мастеров в местах лишения свободы для работы на оборону стала необходимым и единственно правильным условием для их личного выживания и нашей общей Победы» [Моруков 2006: Задняя сторона обложки]. Автор этого утверждения обходит стороной тот факт, что четыре года войны составляют всего лишь *малую* долю от общего времени функционирования этой системы, существовавшей почти четверть века.

Аргументация Морукова явно несостоятельна и при этом все равно не отвечает на более общий вопрос об экономической эффективности системы Гулага в целом. Недавние исследования производительности Гулага и его роли в советской экономике позволяют дать более точную оценку этой стороне его деятельности. Общая неэффективность Гулага не подлежит сомнению: с учетом только лишь людских потерь Гулаг предстает в высшей степени бесчеловечным и убыточным предприятием [Gregory and Lazarev: ch. 1, 2 and 3]. Исходя из экономических показателей, к началу 1950-х годов и администрации Гулага, и руководству партии было понятно, что производительность труда в лагерях была на 50–60 % ниже, чем за их пределами. В итоге Гулаг был разрушен из-за фундаментального противоречия, заложенного в нем самом: система, предназначенная для наказания заключен-

---

[64] См., например, [Симоненков 2011].

ных и эксплуатации их труда, успешно справлялась с первой задачей, но провалилась со второй.

Хотя шарашки остались погребенными в руинах прошлого, они отбросили длинную тень на всю советскую экономику, особенно на оборонный сектор. В частности, наследием шарашек стала особая ментальность, присущая организациям такого типа. Поскольку комплектование тюремных бюро происходило при участии заключенных, привлекавших к работе в шарашках своих друзей по прежней жизни, вся эта система породила поколение ученых и инженеров, которые не только были знакомы друг с другом до ареста, но и разделили ужасный травматический опыт заключения, повлиявший на всю их дальнейшую жизнь. Многие элитные ученые и инженеры, арестованные во время второй волны репрессий в конце 1930-х годов, возглавили собственные конструкторские и инженерные бюро в послесталинскую эпоху. Представители этой когорты отвечали за важнейшие исследования и научные разработки, особенно внутри оборонно-промышленного комплекса, создавая военную мощь советского государства на протяжении почти всей холодной войны. Вся организационная культура возглавляемых ими советских КБ и НИИ, построенная на исключительной секретности, строгой иерархии, силовых методах руководства и полной отчетности, во многом выросла из системы шарашек, через которую они все прошли. Для этих людей шарашка была не только совместно пережитым испытанием, но и школой, где они получили навыки принуждения, мотивирования и соблюдения секретности, которые затем и перенесли в свои организации.

Также интересно обсудить, насколько опыт шарашек повлиял на утаивание в СССР информации о некоторых географических объектах, фактах и людях. Как и весь остальной Гулаг, шарашки были скрыты от мира. Спецтюрьмы никогда не изображались на картах, и производимое ими научное знание не обсуждалось публично. Руководство Гулага творчески подходило к соблюдению режима секретности. В частности, использовался особый искусственный язык, состоявший из чисел, акронимов и ложных названий. В конце 1930-х годов пространство Советского Союза было покрыто сетью «почтовых ящиков», «спецобъектов», «хозяйств» и т. д.; за этими названиями скрывались лагеря и колонии. Неслучайно те же самые названия использовались в 1950-х годах сотнями тысяч мужчин и женщин, работавших в НИИ и на ОПК, — это такой же перечень почтовых ящиков, спецобъектов, псевдонимов и фиктивных городов[65]. Для многих ученых и инженеров, прошедших шарашки Гулага, такая терминология была привычной и являлась своего рода «языком для своих» — для тех, кто имел опыт пребывания в изолированных от остального мира местах производства научного знания.

Тайная география шарашек сразу вызывает ассоциации с «закрытыми городами», официально называемыми ЗАТО (закрытые административно-территориальные образования). Эти городки — числом около сорока — были искусственно созданы во время холодной войны для работы над различными проектами, преимущественно связанными с ОПК. Они никогда не указывались на советских картах, и их существование было массово рассекречено только в 1991 году, когда на картах России появились 44 новые «точки»[66]. В советское время ученые, инженеры и специалисты, жившие в этих секретных городках, имели специальные пропуска и были скрыты от всего остального мира, не имея права рассказывать о месте проживания или своей работе друзьям и родственникам, живущим в «открытых» городах.

---

[65] Неполный список имен прошедших через шарашки ведущих специалистов (главных конструкторов) и названий институтов, которые они возглавили в 1960-е годы, показывает, что эта странная, в чем-то эзотерическая и основанная на числах номенклатура была частью их повседневной жизни: А. И. Берг (специалист по радиолокации, возглавлявший ЦНИИ-108), Н. А. Доллежаль (ядерные реакторы, НИИ-8), В. П. Глушко (ракетное двигателестроение, ОКБ-456), С. П. Королев (ракеты и космическая программа, ОКБ-1), С. Н. Ковалев (подводные лодки, ЦКБ-18), В. М. Мясищев (бомбардировщики, ОКБ-23), Д. Д. Севрук (ракетное двигателестроение, ОКБ-3), М. Ю. Цирульников (артиллерия, ОКБ-172) и А. Н. Туполев (самолеты, ОКБ-156).

[66] Большая часть научной литературы о ЗАТО состоит из трудов историков спецслужб, а не специалистов в области гуманитарных исследований. По истории и социологии ЗАТО см. [Rowland 1996; Gang and Stuart 1999; Buckley 1995; Shearer 2004].

Помимо секретности, выраженной в использовании особого языка и в отсутствии на картах, шарашки и ЗАТО имели еще три общие ключевые характеристики: это были экспериментальные проекты, созданные для производства научного знания; укомплектованы они были большей частью элитными и высококвалифицированными экспертами в своих областях, являясь своего рода клубами для избранных; и это были строго охраняемые режимные объекты, выбраться откуда было очень сложно. Жизнь и работа в ЗАТО или шарашке означала изоляцию от внешнего мира: в первом случае добровольную, во втором — вынужденную. Эта изоляция была в каждом случае организована по-своему: представители советской интеллигенции, особенно ученые, инженеры и технические специалисты, имели серьезную мотивацию для переезда в закрытые города, где жизнь была вполне комфортной и в продаже имелось много дефицитных товаров. У сотрудников шарашек тоже была мотивация (это было лучшее место работы, чем трудовой лагерь), но все равно это была часть Гулага, где человеческая жизнь стоила очень мало.

Шарашки и ЗАТО были изначально созданы как места, где производится научное знание, однако на практике знание там исчезало, как и сами эти объекты с географических карт. Все здесь являлось государственной тайной: личности тех, кто там работал, предмет их исследований, организации, которые с ними сотрудничали, численность персонала, даже сами границы этих объектов. Такие места, как Туполевская шарашка, спецтюрьма в Марфино, где побывал Солженицын, или ЗАТО вроде Красноярска-26 или Челябинска-65, работали преимущественно на нужды ОПК. Созданные для модернизации советской промышленности, эти объекты стали цитаделями знания, где информация исчезала из публичного пространства, словно втянутая в черную дыру. Отсутствующие на картах и не упоминавшиеся в разговорах, шарашки и ЗАТО стали особыми объектами умолчания. Разумеется, эта секретность была неидеальной — когда преднамеренно (ведь в шарашках вместе работали заключенные и вольнонаемные специалисты), а когда и случайно (слухи о шарашках и ЗАТО ходили по всему Советскому Союзу).

Все это приводило к интересным последствиям. Что, например, произошло с шарашками после 1953 года, когда они перестали быть частью Гулага? Во многих случаях спецтюрьмы, состоявшие под охраной конвоиров, просто стали на следующий день свободными предприятиями, сотрудникам которых в конце рабочего дня было разрешено отправляться домой. Так, тюремная лаборатория, в которой работал Солженицын (специальная тюрьма № 16), была переименована в НИИ автоматики. Она существует до сих пор и разрабатывает секретные коммуникационные системы для российского правительства[67]. Красноярская шарашка сейчас называется Сибирским проектным и научно-исследовательским институтом цветной металлургии[68]. Многие заключенные из шарашек последней волны просто остались там, куда были сосланы, и эти чужие города стали их родиной, где они вырастили своих детей. Ленинградец П. И. Жуков, арестованный после Второй мировой войны и сосланный в Караганду, остался в Казахстане и после освобождения. После реабилитации в 1956 году он получил право вернуться в Ленинград, но все пережитое сломило Жукова, и он нашел работу в местном НИИ, основанном там же, где прежде располагалась его спецтюрьма. Он женился, вырастил детей и по-прежнему живет в Караганде, больше не являясь гражданином России. Несмотря на почти двадцать лет, проведенных в Гулаге, Жуков считает, что ему повезло, так как он почти не занимался тяжелым физическим трудом. «Однако, — пишет он, — в любом случае молодость, проведенную в неволе с клеймом отпетого врага, даже если ты делаешь что-то осмысленное и общаешься с выдающимися людьми, полноценной назвать нельзя. Это калечит душу навсегда» [Жуков 2006б: 79].

---

[67] Эта организация теперь называется ОАО Концерн «Автоматика». URL: http://ao-avtomatika.ru/ (дата обращения: 21.10.2019).

[68] Эта организация известна как Сибцветметниипроект. В 1954 году ОТБ-1 было переведено из ведения МВД в юрисдикцию Министерства цветной металлургии. 24 января 1956 года оно стало называться «Сибцветметпроект», а 13 июня 1958 года получило наименование «Сибцветметниипроект». URL: http://sibmetproekt.ru/about/history/ (дата обращения: 16.03.2020).

Товарищ Жукова по заключению, отец советской космической программы С. П. Королев, выбрал в жизни другой путь, однако тоже не смог забыть о своем прошлом. Говорят, став главным конструктором советской космической программы, Королев шутил, что его охрана, полагавшаяся ему по должности, вероятно, состоит из тех же самых людей, которые следили за ним в шарашке. В обоих случаях охранники выполняли одну и ту же работу, воздвигая непреодолимую стену между ученым и внешним миром. И в этом смысле шарашки вместе с породившим их Гулагом создали стены внутри гражданского советского общества, продолжавшие стоять еще долгие годы после того, как сам Гулаг отправился на свалку истории.

Архивы

АПРФ — Архив Президента Российской Федерации.
АРАН — Архив Российской академии наук.
ГАРФ — Государственный архив Российской Федерации.
РГАЭ — Российский государственный архив экономики.
РГВА — Российский государственный и военный архив.

Библиография

Артизов и др. 2000 — Реабилитация: как это было. Т. 1: Март 1953 — февраль 1956 гг. / Сост. А. Н. Артизов, Ю. В. Сигачев, В. Г. Хлопов, И. Н. Шевчук. М.: МФД, 2000.

Беляков 1999а — Беляков Л. П. Красноярское дело // Репрессированные геологи. 3-е изд. / Отв. ред. Л. П. Беляков и Е. М. Заболоцкий. М.: МОР РФ, 1999. С. 422–427.

Беляков 1999б — Беляков Л. П. Шахтинское дело // Репрессированные геологи. 3-е изд. / Отв. ред. Л. П. Беляков и Е. М. Заболоцкий. М.: МОР РФ, 1999. С. 395–398.

Берзин 1991 — Берзин А. А. Паровоз за колючей проволокой // Вопросы истории естествознания и техники. 1991. № 4. С. 35–37.

Годлевская и Крейтер 1994 — Годлевская Н. Ю. и Крейтер И. В. Красноярское дело геологов // Репрессированная наука / Под ред. М. Г. Ярошевского. СПб.: Наука, 1994. Вып. 2. С. 158–166.

Гончаров и Нехотин 1998 — Дела «промпартии» и «трудовой крестьянской партии» (ТКП) // Просим освободить из тюремного заключения: Письма в защиту репрессированных / Сост. В. Гончаров, В. Нехотин. М.: Современный писатель, 1998. С. 173–177.

Григорьев 1992 — Григорьев А. Б. Меж двух стихий: Очерки о конструкторах. М.: Машиностроение, 1992.

Гуревич 2008 — Гуревич В. Жизнь инженера Гуревича // Заметки по еврейской истории. 2008. № 2. URL: http://berkovich-zametki.com/2008/Zametki/Nomer2/Gurevich1.htm (дата обращения: 21.10.2019).

Гуревич 2009 — Гуревич В. Дизельные шараги // Заметки по еврейской истории. 2009. № 6. URL: http://berkovich-zametki.com/2009/Zametki/Nomer6/Gurevich1.php (дата обращения: 21.10.2019).

Емельяненков 2006 — Емельяненков А. Вышли мы все из шарашек... // Союз. Беларусь — Россия. 2006. 2 февр.

Жуков 2006а, б — Жуков П. И. Моя «шарашка» // Наука и жизнь. 2006. № 9. С. 86–92; № 10. С. 74–79.

Иванов 2009 — Иванов В. Неизвестный Поликарпов. М.: Эксмо-Яуза, 2009.

Иванова 2006 — Иванова Г. М. История Гулага, 1918–1958. М.: Наука, 2006.

Кербер 1999 — Кербер Л. Л. Туполев. Санкт-Петербург: Политехника, 1999.

Кокурин и Петров 1997 — Лубянка: ВЧК–ОГПУ–НКВД–НКГБ–МГБ–МВД–КГБ, 1917–1960. Справочник / Сост. А. И. Кокурин и Н. В. Петров. М.: Мемориал, 1997.

Кокурин и Петров 2000 — Гулаг: Главное управление лагерей. 1918–1960 / Сост. А. И. Кокурин, Н. В. Петров. М.: Материк, 2000.

Красильников 2011–2012 — Шахтинский процесс 1928 г. Подготовка, проведение, итоги: В 2 кн. / Отв. ред. С. А. Красильников. М.: РОССПЭН, 2011–2012.

Крук 2001 — Крук Н. С. История ОКБ-172 // Вестник Мемориала. СПб.: Мемориал, 2001. № 6. С. 46–54.

Куманев 1995 — Куманев В. А. Трагические судьбы: Репрессированные ученые Академии наук СССР. М.: Наука, 1995.

Ленин 1967 — Ленин В. И. ПСС. 5-е изд.: В 55 т. Т. 38. М.: Ин-т марксизма-ленинизма, 1967.

Мокиенко и Никитина 2000 — Мокиенко В. М., Никитина Т. Г. Большой словарь русского жаргона. СПб.: Норинт, 2000.

Мордухович 1990 — Мордухович М. М. Наказание без преступления // Наука и жизнь. 1990. № 3. С. 96–105; № 4. С. 88–94.

Моруков 2006 — Моруков М. Правда ГУЛАГа: из круга первого. М.: Алгоритм, 2006.

Помогайбо 2004 — Помогайбо А. Оружие победы и НКВД: Советские конструкторы в тисках репрессий. М.: Вече, 2004.

Симоненков 2011 — Симоненков В. И. «Шарашки»: инновационный проект Сталина. М.: Эксмо-Алгоритм, 2011.

Симоненков 2014 — Симоненков. В. И. Судьбы ученых в сталинских спецтюрьмах. М.: Авторская книга, 2014.

Симонов 1996 — Симонов Н. С. Военно-промышленный комплекс СССР в 1920–1950-е годы. М.: РОССПЭН, 1996.

Соболев 2000 — Соболев Д. А. Репрессии в советской авиапромышленности // Вопросы естествознания и техники. 2000. № 4. С. 44–58.

Солдатова 2004 — Солдатова О. Н. Изобретатели в ГУЛАГе: Исторический очерк. Самара: Научно-технический центр, 2004.

Солдатова 2009 — Политические репрессии первой половины XX века в судьбах технической интеллигенции России: Материалы всероссийской научной конференции / Отв. ред. О. Н. Солдатова. Самара: Научно-технический центр, 2009.

Солженицын 1968 — Солженицын А. И. В круге первом. Франкфурт-на-Майне: Fischer, 1968.

Стецовский 1997 — Стецовский Ю. И. История советских репрессий. М.: Знак-СП, 1997.

Тимофеев-Ресовский 1993 — Истории Тимофеева-Ресовского, рассказанные им самим // Человек. 1993. № 2. С. 148–162.

Чуев 1991 — Чуев Ф. И. Сто сорок бесед с Молотовым: Из дневника Ф. Чуева. М.: Терра, 1991.

Шарагин 1971 — Шарагин А. [Л. Л. Кербер]. Туполевская шарага. Франкфурт: Possev-Verlag, 1971.

Шаттенберг 2011 — Шаттенберг С. Инженеры Сталина: Жизнь между техникой и террором в 1930-е годы. М.: РОССПЭН, 2011.

Яковлев 1973 — Яковлев А. С. Цель жизни. М.: Политиздат, 1973.

Ямской 2006 — Ямской Н. НИИ «Шарашка» // Совершенно секретно. 2006. 1 сент.

Alexopoulos 2005 — Alexopoulos G. Amnesty 1945: The Revolving Door of Stalin's Gulag // Slavic Review. 2005. Vol. 64. № 2. P. 274–306.

Applebaum 2003 — Applebaum A. Gulag: A History. New York: Doubleday, 2003.

Bailes 1978 — Bailes K. E. Technology and Society under Lenin and Stalin: Origins of the Soviet Technical Intelligentsia, 1917–1941. Princeton, NJ: Princeton UP, 1978.

Barnes 2011 — Barnes S. A. Death and Redemption: The Gulag and the Shaping of Soviet Society. Princeton, NJ: Princeton UP, 2011.

Borodkin and Ertz 2005 — Borodkin L., Ertz S. Forced Labour and the Need for Motivation: Wages and Bonuses in the Stalinist Camp System // Comparative Economic Studies. 2005. Vol. 47. № 2. P. 418–436.

Brown 2007 — Brown K. Out of Solitary Confinement: The History of the Gulag // Kritika: Explorations in Russian and Eurasian History. 2007. Vol. 8. № 1. P. 67–103.

Buckley 1995 — Buckley C. The Myth of Managed Migration: Migration Control and Market in the Soviet Period // Slavic Review. 1995. Vol. 54. № 4. P. 896–916.

David-Fox 1997 — David-Fox M. Revolution of the Mind: Higher Learning among the Bolsheviks, 1918–1929. Ithaca, NY: Cornell UP, 1997.

Fitzpatrick 1997 — Fitzpatrick Sh. Education and Social Mobility in the Soviet Union, 1921–1934. Cambridge: Cambridge UP, 1979.

Gang and Stuart 1999 — Gang I. N., Stuart R. C. Where Mobility Is Illegal: Internal Migration and City Growth in the Soviet Union // Journal of Population Economics. 1999. Vol. 12. № 1. P. 117–134.

Gheith 2011 — Gulag Voices: Oral Histories of Soviet Incarceration and Exile / Ed. by Jehanne M. Gheith. New York: Palgrave Macmillan, 2011.

Greenwood 1998 — Greenwood J. T. The Designers: Their Design Bureaux and Aircraft // Russian Aviation and Air Power in the Twentieth Century / Ed. by R. Higham, J. T. Greenwood, V. Hardesty. London: Frank Cass, 1998. P. 164–166.

Gregory 2003 — Gregory P. R. An Introduction to the Economics of the Gulag // The Economics of Forced Labor: The Soviet Gulag / Ed. P. R. Gregory and V. V. Lazarev. Stanford: Hoover Institution Press, 2003. P. 1–21.

Gregory and Lazarev 2003 — The Economics of Forced Labor: The Soviet Gulag / Ed. by P. R. Gregory and V. Lazarev. Stanford, CA: Hoover Institution Press, 2003.

Hardesty 1996 — Hardesty V. Introduction // L. L. Kerber. Stalin's Aviation Gulag: A Memoir of Andrei Tupolev and the Purge Era. Washington, DC: Smithsonian Institution Press, 1996.

Ivanova 2000 — Ivanova G. M. Labor Camp Socialism: The Gulag in the Soviet Totalitarian System. Armonk, NY: M. E. Sharpe, 2000.

Jansen and Petrov 2002 — Jansen M., Petrov N. Stalin's Loyal Executioner: People's Commissar Nikolai Ezhov, 1895–1940. Stanford, CA: Hoover Institution Press, 2002.

Johnston 1999 — Gordon J. What Is the History of Samizdat? // Social History. 1999. Vol. 24. № 3. P. 115–133.

Kerber 1996 — Kerber L. L. Stalin's Aviation Gulag: A Memoir of Andrei Tupolev and the Purge Era. Washington, DC: Smithsonian Institution Press, 1996.

Khlevniuk 2003 — Khlevniuk O. V. The Economy of the OGPU, NKVD, and MVD of the USSR, 1930–1953: The Scale, Structure, and Trends of Development // The Economics of Forced Labor: The Soviet Gulag / Ed. P. R. Gregory and V. V. Lazarev. Stanford: Hoover Institution Press, 2003. P. 43–66.

Khlevniuk 2004 — Khlevniuk O. V. The History of the Gulag: From Collectivization to the Great Terror. New Haven: Yale UP, 2004.

Komaromi 2009 — Komaromi A. The Material Existence of Soviet Samizdat // Slavic Review. 2009. Vol. 63. № 3. P. 597–618.

Kopelev 1981 — Kopelev L. With Solzhenitsyn in the *Sharashka* // Michigan Quarterly Review. 1981. Vol. 20. № 4. P. 444–456.

Lampert 1980 — Lampert N. The Technical Intelligentsia and the Soviet State: A Study of Soviet Managers and Technicians, 1928–1935. New York: Holmes and Meier, 1980.

Lazarev 2003 — Lazarev V. Conclusions // The Economics of Forced Labor: The Soviet Gulag / Ed. P. R. Gregory and V. V. Lazarev. Stanford: Hoover Institution Press, 2003. P. 189–197.

Lewis 1979 — Lewis R. A. Science and Industrialization in the USSR: Industrial Research and Development, 1917–1940. London: Macmillan, 1979.

Mochulsky 2011 — Mochulsky F. V. Gulag Boss: A Soviet Memoir / Trans. and ed. by D. Kaple. Oxford: Oxford UP, 2011.

Rowland 1996 — Rowland R. H. Russia's Secret Cities // Post-Soviet Geography and Economics. 1996. Vol. 37. № 7. P. 426–462.

Schattenberg 2002 — Schattenberg S. Stalins Ingenieure: Lebenswelten zwischen Technik und Terror in den 1930er Jahren. Munich: Oldenbourg, 2002.

Shearer 1996 — Shearer D. R. Industry, State, and Society in Stalin's Russia, 1926–1934. Ithaca, NY: Cornell UP, 1996.

Shearer 2004 — Shearer D. R. Elements Near and Alien: Passportization, Policing, and Identity in the Stalinist State, 1932–1953 // Journal of Modern History. 2004. Vol. 76. № 4. P. 835–881.

Siddiqi 2003 — Siddiqi A. The Rockets' Red Glare: Technology, Conflict, and Terror in the Soviet Union // Technology and Culture. 2003. Vol. 44. № 3. P. 470–501.

Sokolov 2003 — Sokolov A. Forced Labor in Soviet Industry: The End of the 1930s to the Mid-1950s (An Overview) // The Economics of Forced Labor: The Soviet Gulag / Ed. P. R. Gregory and V. V. Lazarev. Stanford: Hoover Institution Press, 2003. P. 23–42.

Viola 2007 — Viola L. The Unknown Gulag: The Lost World of Stalin's Special Settlements. Oxford: Oxford UP, 2007.

Асиф Сиддики — профессор истории Фордхемского университета — завершает работу над книгой, предварительно озаглавленной «Science, Expertise, and the Stalinist Gulag». Его многочисленные работы по истории советской науки включают «The Red Rockets' Glare: Spaceflight and the Soviet Imagination, 1857–1957» (Cambridge, 2010) и сборник «Into the Cosmos: Space Exploration and Soviet Culture» (University of Pittsburgh, 2012). В 2016 году Сиддики получил стипендию Гуггенхайма.

Глава 5

Уилсон Т. Белл

Принудительный труд в тылу

ГУЛАГ и тотальная война в Западной Сибири, 1940–1945

В «Архипелаге ГУЛАГ» А. И. Солженицын писал, что заключенные узнавали о нападении Германии на СССР лишь по доходившим до них случайным слухам. Хотя это могло быть справедливо для наиболее отдаленных «островов» архипелага, поскольку слухи, вне всякого сомнения, являлись важной формой внутрилагерного общения, однако все-таки большая часть ГУЛАГа оказалась полностью интегрирована в местную, региональную и национальную плановую экономику, поэтому люди хорошо представляли себе и происходившее вокруг, и предназначенные им самим роли. В неопубликованных воспоминаниях бывший заключенный М. Г. Горбачев описывает, как начало войны повлияло на их небольшую мастерскую в Томске, Западная Сибирь:

> А до этого была здесь детская трудовая колония. Их куда-то вывозили, а территорию всю огородили высоким забором, да еще поверху колючей проволокой обтянули, наставили вышек по углам для часовых, и полный порядок. Сама зона была разделена на две части: одна часть жилая, с бараками для жилья, а вторая часть производственная, с цехами. Когда жили здесь колонисты, у них была музфабрика, делали гитары, балалайки, мандолины.

> Ну а нам, зэкам, пришлось совсем другой... <...> В этих же цехах, только вместо столярных верстаков наставили токарных станков, и давай мы изготовлять все для фронта, все для войны! Изготовленная нами продукция называлась готовые мины. Но, прежде чем появились на свет изготовленные мины нашими руками...[1]

Исследования ГУЛАГа Западной Сибири в период Второй мировой войны включают две темы, которые принято рассматривать отдельно друг от друга (если их рассматривают вообще). Первая из них — изучение самого ГУЛАГа во время войны, вторая — изучение тотальной войны в Советском Союзе применительно к «внутреннему» фронту в тылу. Прежде всего данная статья посвящена вопросу о том, как исследование типичного гулаговского лагеря может пролить свет на обе эти темы.

Роджер Чикеринг утверждает, что «тотальная война» — это некий «идеальный тип» в веберовском смысле, реально никогда не достигающий полной «тотальности». Однако военный ГУЛАГ значительно приблизился к этой тотальности в своей всесторонней поддержке боевых действий на фронте при полном безразличии к жизни и здоровью заключенных. Предупреждая об опасности злоупотребления термином «тотальная война», Чикеринг указал, что в практическом смысле это выражение включает в себя «увеличение численности войск, расширение масштабов операций, рост усилий по поддержке вооруженных сил и систематическое, сознательное включение гражданских лиц в число участников конфликта»[2]. Вторая мировая война, вне всяких сомнений, стала самым суровым периодом в истории ГУЛАГа.

---

1 Из неопубликованных воспоминаний М. Г. Горбачева. Когда я впервые рассматривал эти мемуары, они находились в томском мемориальном музее «Следственная тюрьма НКВД». В настоящее время эти архивы входят в состав архива ТОКМ (Томского областного краеведческого музея).

2 См. [Chickering 1999: 26]. См. также анализ этой концепции в советском контексте [Bellamy 2007: 16–38]. Беллами использует термин «тотальная война» для обозначения полной мобилизации промышленности и общества на военные действия, отличая его от понятия «абсолютной войны», при которой все гражданское население ориентировано на полное уничтожение противника. Дополнительно см. [Hagen 2011].

Изготовление артиллерийских снарядов, строительство аэродромов, пошив армейского обмундирования, производство фронтового продовольствия — все это лишь некоторые из видов советского принудительного труда, сопровождавшегося громадным числом смертей заключенных. Подобные действия явно подпадают под определение Чикеринга.

Западносибирские лагеря ГУЛАГа можно отнести к более или менее «типичным». Они никогда не относились к числу приоритетных, как в Норильске, и не символизировали всю систему в целом, как лагеря Колымы. Они располагались не в самом суровом климате, но и не в самом щадящем. Более важен тот факт, что лагеря Западной Сибири включали в себя широчайший спектр различных видов экономической деятельности. Многие из крупнейших подразделений западносибирского ГУЛАГа размещались в черте больших городов, включая Томск и Новосибирск. В отличие от некоторых более удаленных лагерей, городские кварталы в Западной Сибири достигли к тому времени высокого уровня развития и не были обязаны своим существованием системе принудительного труда. Таким образом, изучение этой темы дает хорошее представление о взаимодействии ГУЛАГа с остальным советским обществом. Следует также иметь в виду, что Западная Сибирь имела особое значение для советского фронта, будучи одним из двух основных регионов размещения эвакуированных промышленных предприятий и людских ресурсов. В отличие от большинства европейских областей Советского Союза, в период Второй мировой войны Западная Сибирь достигла огромного экономического роста. В то время как общий объем промышленного производства СССР к 1945 году упал до 91 % по сравнению с 1940 годом, этот же показатель для Западной Сибири составил 279 % [Алексеев и Карпенко 1984: 148].

Деятельность западносибирского ГУЛАГа в военный период, безусловно, ставит под сомнение саму идею, что его главной системной функцией являлось очищение общества от отдельных нежелательных лиц или целых групп. Не находясь в социальной изоляции, заключенные лагерей и колоний этого региона полностью интегрировались в местную военную экономику и регулярно взаимодействовали с «вольным» контингентом. По большому счету основное внимание на местах уделялось военному производству, а не изоляции врагов от остального общества, хотя, конечно, мы не можем полностью отделять экономические мотивы от политических. Таким образом, данная работа ставит под сомнение как утверждение Амира Вайнера, назвавшего Великую Отечественную войну ключевым событием в процессе «очищения от сорняков» советского «садоводческого государства», так и связанный с этим аргумент Стивена Барнса о роли ГУЛАГа в определении, принадлежал или нет тот или иной субъект к советскому обществу [Weiner 2001; Barnes 2011].

Кроме того, рассмотрение вопроса об основных функциях ГУЛАГа в военное время дает возможность сравнить его предварительно с другими аналогичными системами. С точки зрения пенитенциарной функции массовая мобилизация на принудительный труд и сам комплексный характер ГУЛАГа являются по меньшей мере частичной аномалией по отношению к современным системам уголовного правосудия, в которых заявленная роль тюрьмы в той или иной степени связана со сдерживанием, изоляцией, наказанием и реабилитацией. Конечно же, все четыре названных аспекта присутствовали и в советской лагерной системе, но дополнительный акцент на массовую мобилизацию в экономических целях при одновременном снижении роли социальной изоляции (на практике) указывают на некоторые важные отличия. Более того, военный ГУЛАГ как система концентрационных лагерей играл меньшую роль в вопросах государственной власти и контроля, чем аналогичные военные лагерные системы других стран, включая нацистскую Германию и британцев в ходе Англо-бурской войны 1899–1902 годов.

Таким образом, настоящая работа содержит анализ принудительной трудовой мобилизации в западносибирском регионе, а также включает предварительное рассмотрение вопроса, как тыловой труд вписывался и в советскую систему, и в более широкие сравнительные рамки.

ГУЛАГ в Западной Сибири. Общий обзор

К началу Второй мировой войны лагерная система Западной Сибири была уже хорошо налажена[3]. Еще до того, как в апреле 1930 года появился ГУЛАГ — Главное управление лагерей, органы власти, воодушевленные очевидными успехами деятельности Соловецких лагерей, создали в 1929 году СибУЛОН — Сибирское управление лагерей особого значения. Изначально Сиблагу был поручен надзор за лагерями, размещенными на территории от Омска до Красноярска, однако позже его юрисдикция сократилась вследствие административного разделения Западной Сибири в 1930-х годах. К 1937 году Сиблаг заведовал исправительно-трудовыми лагерями, колониями и спецпоселениями только в Новосибирской области, в состав которой в то время входили современные Кемеровская, Новосибирская и Томская. Два отдельных лагерных подразделения, Горношорлаг и Томасинлаг, существовавшие в этом регионе в конце 1930-х — начале 1940-х годов, были расформированы, а большинство заключенных переведено в Сиблаг еще до вторжения Германии в Советский Союз в июне 1941 года. Таким образом, перед непосредственным вступлением СССР во Вторую мировую войну западносибирская лагерная система выглядела примерно так, как показано на рис. 5.1.

Нужно отметить, что многие лагерные подразделения, обозначенные на этой карте, имели в своем составе по нескольку отдельных лагерных пунктов, часто находившихся всего в нескольких километрах друг от друга. Как видно на карте, они были разбросаны по всему региону, однако все крупные города имели по крайней мере по одному такому подразделению, а многие другие находились в непосредственной близости от Транссибирской магистрали. Лишь спецпоселения, большинство из которых располагалось в районе Нарыма, как правило, находились далеко от главных городов и поселков.

Лагеря этого региона обладали достаточной экономической диверсификацией, но ключевая роль оставалась за сельским

---

[3] Подробнее о системе региональных лагерей см. [Bell 2019; Bell 2013].

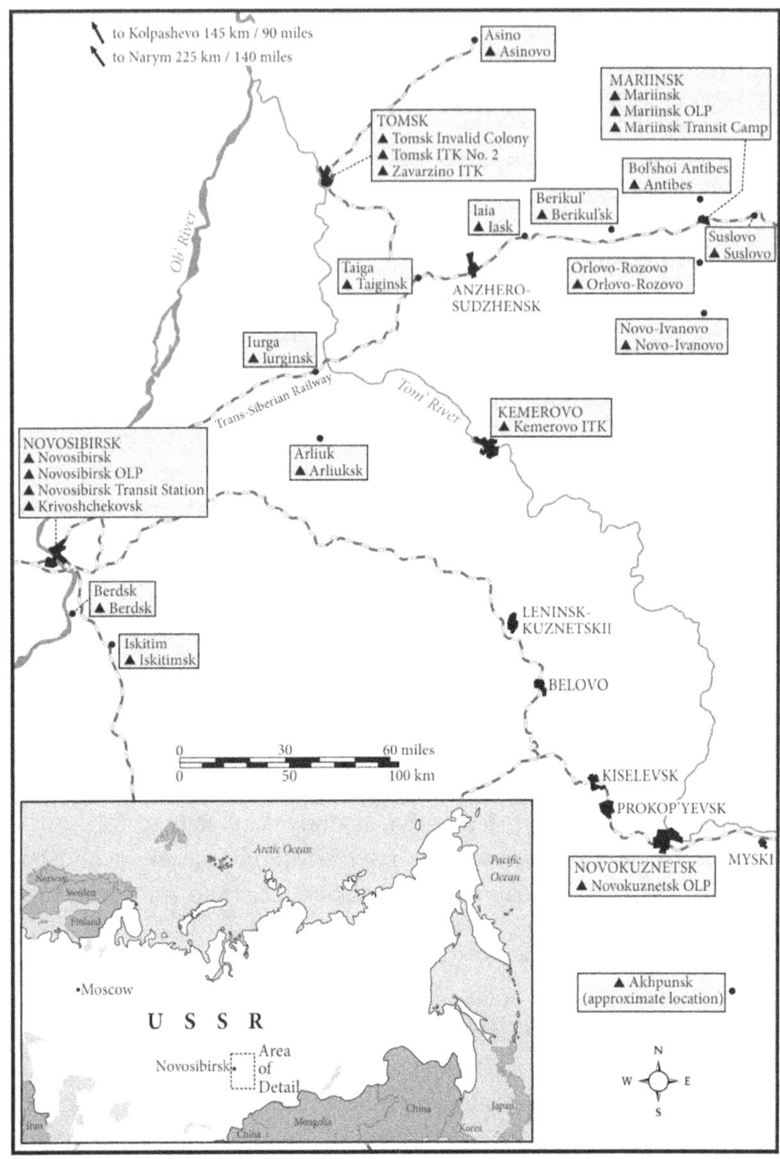

Рис. 5.1. Лагеря и колонии Сиблага, май 1941 года. Каждый треугольник на рисунке обозначает один лагерь или колонию. Оригинал карты Майка Бехтхольда опубликован в книге Уилсона Т. Белла «Stalin's Gulag at War: Forced Labour, Mass Death, and Soviet Victory in the Second World War» (University of Toronto Press, 2019), xvi. Публикуется с любезного разрешения издательства

хозяйством, поэтому Сиблагу (наряду с Карлагом в Казахстане) вменялось снабжение продовольствием лагерей всей страны. Несмотря на это, многие заключенные работали по договорам, которые заключались с организациями, не входившими в систему ГУЛАГа, в частности со строительными и оборонными предприятиями. Кроме того, система включала отдельные лагерные пункты, специализирующиеся на добыче полезных ископаемых, пошиве одежды, лесном хозяйстве, железнодорожном и дорожном строительстве. Как будет показано ниже, все эти подразделения и пункты с началом войны перешли на военное производство (если не работали на оборону и раньше), включая и сельскохозяйственные. Последние теперь обеспечивали продовольствием Красную армию за счет снижения поставок в другие регионы ГУЛАГа.

За время войны в ГУЛАГе также произошло несколько ключевых административных изменений. В 1942 году Главное управление Сиблага было переведено из Новосибирска в Мариинск, а его система разделилась на два отдельных ведомства[4]. Под надзор ГУ Сиблага теперь попадали сельскохозяйственные подразделения, в то время как УИТЛК продолжало размещаться в Новосибирске (формально находясь под юрисдикцией областного руководства) и занималось подразделениями, заключавшими оборонные и строительные контракты[5]. Большинство областных лагерей и колоний считалось исправительно-трудовыми учреждениями, хотя различия между ИТЛ и ИТК (в случае Новосибирской области) не всегда были очевидны. Последующее выделение Кемеровской (1943 год) и Томской (1944 год) областей из более крупной Новосибирской привело к созданию в них собственных управлений, независимых от УИТЛК Новосибирской области.

---

4 Подразделения были созданы по Приказу НКВД от 7 апреля 1942 года № 0116. См. [ГАРФ. Ф. 9401. Оп. 1а. Д. 117. С. 26–27].

5 Полная расшифровка УИТЛК УНКВД по НСО — Управление исправительно-трудовых лагерей и колоний управления Народного комиссариата внутренних дел по Новосибирской области.

Указанные административные изменения затрудняют статистический лагерный учет в этом регионе. В табл. 5.1. приведена численность заключенных Сиблага на 1 января 1940–1945 годов в соответствии с опубликованными данными.

Таблица 5.1

Сравнительная численность заключенных Сиблага и ГУЛАГа на 1 января 1940–1945 годов [Охотин 1998: 392].

Год	Сиблаг	ГУЛАГ всего	Заключенных в Сиблаге от общего числа заключенных ГУЛАГа (%)
1940	40 275	1 659 992	2,43
1941	43 875	1 929 729	2,20
1942	77 919	1 777 043	4,38
1943	30 463	1 484 182	2,05
1944	29 627	1 179 819	2,51
1945	39 455	1 460 677	2,70

О статистике ГУЛАГа см. [История сталинского ГУЛАГа 2004, 4: 129–130, док. 49].

Совершенно очевидно, что между Сиблагом и ГУЛАГом в целом существует значительная диспропорция в изменении числа заключенных за периоды 1941–1942 и 1942–1943 годов. Значительное увеличение Сиблага в 1941 году было связано главным образом с началом войны. НКВД эвакуировал около 750 000 человек из исправительно-трудовых лагерей и колоний на территориях, находившихся под угрозой фашистской оккупации. Некоторые из них оказались или в самом Сиблаге, или на одной из двух транзитных станций Сиблага — в Новосибирске и Мариинске[6]. Кроме того, в начале 1941 года НКВД перевел в Сиблаг большинство из 8000 заключенных Горношорлага после его расформирования.

Наиболее поразительные изменения в Сиблаге произошли в течение 1942 года. На 1 января 1943 года число его заключенных

---

[6] Эти 750 000 заключенных были выходцами из 27 различных ИТЛ и 210 ИТК. См. [Pohl 1997: 16].

составляло лишь 39,1 % по сравнению с 1 января 1942 года. На первый взгляд — поразительное сокращение, особенно на фоне того, что для ГУЛАГа в целом этот показатель составил 83,5 %.

Однако собранная статистика не учитывает, что УИТЛК по Новосибирской области функционировало как большая система лагерей и после разделения Сиблага[7]. По состоянию на весну 1942 года, то есть сразу после реструктуризации, в Сиблаге насчитывалось 33 737 заключенных, в то время как в лагерях УИТЛК содержалось 50 453 человека, причем большинство из них работали в так называемых «контрактных» лагерях [Красильников 1999: 44]. Таким образом, областное Управление продолжало оставаться самостоятельным крупным подразделением [Кузнецов 2001: 146]. Если же суммировать данные по обоим Управлениям, то фактическая численность заключенных в этом регионе на протяжении 1942 года возрастает (в отличие от общего сокращения, наблюдаемого по всему ГУЛАГу). Этот факт свидетельствует о значимости лагерей этого региона для ГУЛАГа военного времени в целом[8].

ГУЛАГ на войне

Вопрос о ГУЛАГе во время войны пока еще не стал предметом глубокого анализа в этой пусть небольшой, но быстро развивающейся области научных исследований. Русскоязычные монографии о ГУЛАГе Западной Сибири обычно заканчиваются довоенным периодом, как в случае с работами В. Н. Уйманова, С. А. Красильникова и С. А. Папкова[9]. Российские изыскания,

---

7 См. [Охотин и Рогинский 1998: 391]. Хотя в остальном эта книга и является прекрасным информационным источником, в ней отсутствуют подробные сведения о местных лагерях и колониях за последние десять лет сталинской эпохи, несмотря на то что в них содержалось огромное количество заключенных.

8 Обратите внимание на отсутствие данных по УИТЛК Новосибирской области на 1 января 1943 года. Развернутое обсуждение демографической ситуации в лагерях региона см. [Bell 2019: 51–53].

9 См. [Уйманов 2011; Уйманов 2012; Красильников 2003; Папков 1997].

посвященные ГУЛАГу военного времени в этом регионе, в основном представлены в виде кратких научных статей на узконаправленную конкретную тему (например, на тему сельского хозяйства) или собраниями различных интересных и полезных документов[10]. Таким образом, для изучения западносибирского ГУЛАГа в период войны существует обширное поле деятельности.

Англоязычные исследования этой темы также весьма немногочисленны и включают минимум информации о Западной Сибири, за исключением моей собственной книги «Сталинский ГУЛАГ на войне: принудительный труд, массовые смерти и советская победа во Второй мировой войне» [Bell 2019]. В ней я более подробно останавливаюсь на многих аспектах, затронутых в данной работе, а также анализирую отзывы и воспоминания как самих заключенных, так и лагерного персонала. Одной из первых монографий о ГУЛАГе стала работа Эдвина Бэкона «ГУЛАГ на войне», основанная на рассекреченных документах. В целом она производит впечатление добротного исследования, посвященного экономическому обоснованию деятельности ГУЛАГа, однако главная цель автора заключалась в другом. Прежде всего Бэкон стремился показать, какую именно информацию о ГУЛАГе можно разыскать в открывшихся архивах, а рамки военного времени он использовал лишь для того, чтобы ограничить объем аналитического материала по хронологии [Bacon 1994: 39, 123–144]. О мобилизационной роли военного ГУЛАГа в Западной Сибири еще предстоит узнать многое, особенно с учетом огромного количества научных работ, появившихся уже после труда Бэкона и посвященных как самому ГУЛАГу, так и всему Советскому Союзу того времени в целом.

В исследовании Норильского ИТЛ Л. И. Бородкин и С. Эртц отмечают, что малопригодные к труду заключенные часто переводились из него в другие места, в результате чего он имел в во-

---

[10] В качестве примеров кратких научных статей о ГУЛАГе военного времени в Западной Сибири см. [Бикметов 2015; Папков 2002]. См. примеры сборников документов, связанных с ГУЛАГом и освещающих военный период в регионе [Данилов и Красильников 1996; Гвоздкова 1994; Макшеев 1997].

енное время относительно низкий уровень смертности при относительно высокой продуктивности [Borodkin and Ertz 2003: 79–80]. Создается впечатление, что выполнение экономических задач, по крайней мере в Норильске, ставилось выше исполнения уголовных наказаний[11]. В недавней работе Алана Баренберга о Воркутинском ИТЛ особо отмечаются экономические причины его расширения в военный период. Это был самый близкий к блокадному Ленинграду и самый крупный источник угля в европейской части России после оккупации ключевых угледобывающих регионов страны [Barenberg 2014: 44]. Более того, администрация ГУЛАГа в 1941 году стала делиться на различные главки (главные управления) по экономическим функциям, а не по политическим соображениям (например, ГУЛЖДС — Главное управление лагерей железнодорожного строительства)[12]. И все же экономика (в данном случае — готовый механизм поставки рабочей силы для принудительного труда в важнейших видах производственной деятельности) объясняет далеко не все[13]. Эффективность труда в ГУЛАГе находилось на крайне низком уровне, и, несмотря на заявленную установку на самообеспечение, государство в целом тратило на содержание этой системы больше, чем от нее получало [Ivanova 2000: 76, 86, 96].

Политика освобождения из лагерей в военное время ясно указывает на решающее значение в этом вопросе как политических, так и уголовных аспектов. Тысячи заключенных, относительно здоровых молодых людей, освобождались из лагерей для

---

[11] Эртц утверждает, что к середине — концу 1930-х годов «администрация ГУЛАГа эволюционировала в сознании высшего советского руководства из организации, поставляющей труд заключенных, в администрацию, которая может самостоятельно исполнять сложные строительные проекты самого высокого приоритета» [Ertz 2003: 133]. Д. Нордландер пришел к аналогичному выводу для лагерей на Колыме, утверждая, что «первостепенными были экономические, а не политические потребности» [Nordlander 2003: 107].

[12] Более подробный обзора этого вопроса см. в [Bacon 1994: 72–77].

[13] Даже такие ученые, как Г. М. Иванова и О. В. Хлевнюк, показали, что ресурсы, расходуемые на лагеря, истощали ресурсы фронта и, возможно, других проектов [Ivanova 2000: 86, 104; Khlevniuk 2003: 63–65].

пополнения передовой, что, без сомнения, препятствовало экономике ГУЛАГа. Хотя ГУЛАГ и оставался своего рода «вращающейся дверью» для приговоренных к более мягким наказаниям, режим препятствовал освобождению контрреволюционеров, уже отбывших свой срок[14]. Осужденные по «политической» 58-й статье, как правило, подвергались более жесткому обращению и в результате меньше других были пригодны к работам. Более того, они по определению были политически неблагонадежны и едва ли входили в число вероятных кандидатов в помощники военной лагерной системе. Как писал Стивен Барнс, «на тот момент, когда он был мобилизован на тотальную войну, ГУЛАГ состоял из немногочисленных, нездоровых, политически неблагонадежных и в значительной степени пожилых заключенных, с большой долей женщин и с минимальным количеством... собственных кадров» [Barnes 2000: 242]. Гольфо Алексопулос утверждала, что такого рода свидетельства, наряду с частыми освобождениями и арестами, указывают на «существенный подрыв экономического производства пенитенциарной практикой» [Alexopoulos 2005: 303]. Барнс идет еще дальше, рассматривая ГУЛАГ как часть государственного аппарата, взявшую на себя ответственность за «трансформацию человека» в рамках современного «садоводческого государства»[15]. В своей недавней работе Алексопулос усложняет вопрос о смысле деятельности ГУЛАГа. Она полагает, что уже по самому замыслу фундаментальным направлением этой деятельности было разрушение здоровья и жизней заключенных. Алексопулос показывает, что распределительная система, основанная на физическом здоровье и пригодности к труду, была разработана так, чтобы заключенные работали до самой смерти или почти. Хотя экономическое обоснование такого подхода вполне очевидно, в основном Алексопулос согласна

---

[14] См. [Alexopoulos 2005]. Директива НКВД и Прокуратуры СССР № 185 от апреля 1942 года предписывала осужденным по ст. 58 оставаться в местах заключения даже после окончания срока отбытия наказания на протяжении всей войны. См. [ГАТО. Ф. Р-1151. Оп. 1. Д. 319. Л. 119].

[15] См. [Barnes 2000: 252; Barnes 2011].

с Солженицыным, назвавшим исправительно-трудовые лагеря «истребительно-трудовыми»[16].

Подобное акцентирование экономического, уголовного или идеологического аспекта не делает их, конечно, взаимоисключающими. Если администрация лагеря в Норильске принимала только трудоспособных заключенных, то администрация Сиблага часто жаловалась на плохое физическое состояние вновь прибывающих. Например, в одном из рапортов 1943 года об условиях содержания в Лагпункте № 3 (Новосибирск) плохие производственные результаты, заключающиеся в снижении продовольственных поставок, местная администрация объясняла «огромным» количеством прибывающих заключенных, способных лишь к легким физическим нагрузкам[17]. Таким образом, если рассматривать ситуацию в целом, мотивация к труду в разных лагерях и даже в разных подразделениях одного лагеря могла совершенно не совпадать.

Несмотря на плохое состояние заключенных, поступающих в западносибирские лагеря, в целом исследование показывает приоритет экономической деятельности ГУЛАГа, по крайней мере на местном уровне. С одной стороны, произошел немедленный переход к военному производству (в некоторых случаях это началось уже с началом Зимней войны с Финляндией). Даже «неблагонадежные» группы и отдельные лица могли назначаться на ответственные должности исходя из экономических соображений. Заключенные, связанные с важнейшими промышленными отраслями, задерживались в лагерях даже после отбытия срока, при этом лагерная пропаганда подчеркивала в первую

---

16 См. также статью Г. Алексопулос в настоящем издании «Истребительно-трудовые лагеря. Переосмысление игры слов Солженицына». См. также [Alexopoulos 2017].

17 См. [ГАНО. Ф. П-260. Оп. 1. Д. 24. Л. 40–41 об]. К 1 апреля 1943 года 51 % лагерного контингента не мог работать из-за плохого физического состояния. Если учесть доводы Алексопулос, что даже те, кто считался пригодным для тяжелого труда по медицинским показателям, как правило, находились в плохом физическом состоянии, то большинство заключенных в Западной Сибири, вероятно, находилось в это время на грани смерти.

очередь необходимость расширения производства. Переход на рельсы военной экономики сам по себе не вызывает удивления: в подобной ситуации находилось множество предприятий, не имеющих отношения к ГУЛАГу. Ключевым пунктом советского оборонного планирования на протяжении большей части 1930-х годов являлась возможность конверсии промышленности для военных нужд [Samuelson 2000]. С другой стороны, эти экономические факторы переплетались и часто вступали в противоречие с политическими, о чем говорит освобождение здоровых заключенных и их отправка на фронт.

Как свидетельствует М. Г. Горбачев, процитированный в начале данной работы, переход к военному производству оказал глубокое влияние на лагерную систему региона. Томская ИТК, которую описывает бывший заключенный, стала играть важную роль в производстве боеприпасов для НКВД. Например, план на ноябрь 1941 года предусматривал производство 10 000 пятидесятимиллиметровых снарядов при общем их количестве 65 000 для всего ГУЛАГа в целом [ГАРФ. Ф. 9414. Оп. 1. Д. 1978. Л. 35]. О быстром переходе к военному производству в регионе свидетельствует и тот факт, что до июня 1941 года в планах НКВД по боеприпасам Томская ИТК вообще не рассматривалась[18].

Наряду с Томской ИТК со второй половины 1940 года целое подразделение в поселке на реке Яе занималось пошивом военного обмундирования [ГАНО. Ф. П-260. Оп. 1. Д. 1. Л. 58]. Еще одна ИТК под Томском прекратила производство мебели и перешла на изготовление лыж для Красной армии. В одном из документов Новосибирского обкома даже отмечалось, что инженеры Сиблага придумали способ крепления пулеметных систем к лыжам, причем это изобретение было испытано и одобрено руководством Сибирского военного округа[19]. Заключенные областного подраз-

---

[18] См.: План НКВД по производству боеприпасов от 13 июня 1941 года [ГАРФ. Ф. 9414. Оп. 1. Д. 1978. Л. 1–2].

[19] См. [Кузнецов 2001: 138]. Штаб Сибирского военного округа находился в Новосибирске. В 1941 году в состав округа входили Новосибирская область (включая современные Томскую и Кемеровскую), Омская область, Алтайский и Красноярский края.

деления в Кривощекове трудились на строительстве огромного комбината № 179 для Наркомата боеприпасов, а также работали по договорам в различных производственных мастерских[20]. Активизировались строительные работы на авиационном заводе имени Чкалова № 153 — еще одном ключевом оборонном предприятии — и на местном аэродроме [Папков 1997: 133–134]. Даже сельскохозяйственные подразделения играли важную роль, занимаясь поставками в Красную армию лошадей и продовольствия. В начале 1943 года, когда уровень смертности в лагерях достиг рекордного уровня, один из военных лозунгов Сиблага звучал так: «Дать стране и фронту больше овощей, больше продовольствия»[21].

Центральные органы власти четко осознавали пользу принудительного труда в военный период. 30 июля 1941 года руководство НКВД в Москве обратило внимание на то, что у значительной части заключенных, работавших на аэродромах, приближается окончание срока отбывания наказания. В скором времени был издан приказ, по которому людям предписывалось оставаться на местах до завершения работ, несмотря на то что формально они подлежали освобождению [ГАРФ. Ф. 9401. Оп. 1а. Д. 107. Л. 192]. Этот экономический императив признавали и лагерные власти на местах. Например, администрация упомянутой выше Томской ИТК разрешила одному осужденному троцкисту проживать вне зоны без охраны, поскольку он был квалифицированным инженером и занимал ответственную должность исполняющего обязанности начальника литейного цеха [Bell 2013: 127]. Практика назначения так называемых контрреволюционеров на важные с экономической точки зрения должности и предоставления им значительных привилегий была в военное время распространена повсеместно, хотя это и шло вразрез с установленными правилами[22]. В ноябре 1941 года Новосибирский обком партии дал спе-

---

[20] Более подробно о комбинате № 179 см. [Савицкий 2002].

[21] Это следует из отчета культурно-воспитательного отделения Сиблага за первое полугодие 1943 года. См. [ГАРФ. Ф. 9414. Оп. 1. Д. 1452. Л. 155].

[22] Можно привести пример заключенного Г. Стрелкова, обвиненного по 58-й статье, который до ареста возглавлял золотодобывающий трест «Минусазолото» в Красноярске. Во время войны он руководил исследовательской ла-

циальное указание начальнику Сиблага Г. Н. Копаеву направлять «квалифицированных инженеров и рабочих, осужденных за бытовые *и* контрреволюционные преступления», на оборонные предприятия региона[23]. Эти случаи со всей очевидностью показывают превалирование экономической целесообразности в деятельности лагерей над политическими императивами.

Даже лагерная пропаганда, от которой следовало бы ожидать наиболее ярко выраженного подчеркивания политических мотивов, делала основной упор на производство. Конечно, в советском контексте трудно разделять экономику и политику, поскольку доказательство политической благонадежности зачастую подразумевало компетентное исполнение своей производственной роли. Одновременно было верно и обратное: власти часто рассматривали плохие экономические показатели как свидетельство политической ненадежности. В лагерной пропаганде военного времени уделялось много внимания тому, чтобы призывать к усердной работе и стыдить за нерадивость. В частности, администрация лагерей пыталась вдохновлять людей через рассказы о подвигах, совершенных бывшими заключенными на фронте. Как следует из работы Барнса, освобожденные узники Сиблага якобы посылали письма своим бывшим товарищам по лагерю, рассказывая о собственном опыте. Как следует из доклада об одном таком письме бывшего заключенного, его автор уверял бывших товарищей по лагерю, что если они будут «лодырями и саботажниками», то станут тем самым «прямыми пособниками врага». Заключенные, читавшие или слушавшие эти письма, писали в ответ, что «будут работать в тылу на разгром врага» [ГАРФ. Ф. 9414. Оп. 1. Д. 1461. Л. 196][24].

Хотя мы, несомненно, должны скептически относиться к правдивости подобных рассказов — ведь условия содержания в большинстве лагерей были ужасными, особенно в 1942 и 1943 годах, —

бораторией в Печорском лагере. Ему разрешалось жить в самой лаборатории и носить гражданский костюм, а не тюремную одежду [Figes 2012: 57].

[23] См. [ГАНО. Ф. П-4. Оп. 33. Д. 503г. Л. 161]. Курсив добавлен.

[24] См. также [Barnes 2000].

в действительности существует множество примеров, когда бывшие заключенные получали высокие награды за боевые подвиги, в том числе и звание Героя Советского Союза [Bacon 1994: 106].

Еще одним непосредственным стимулом стала практика досрочного освобождения в качестве поощрения за производительный труд. Несмотря на то что официальное сокращение срока наказания путем зачета отработанных трудодней прекратилась в 1939 году, заключенные продолжали получать досрочное освобождение за выполнение и перевыполнение рабочих норм. В 1939 году Политбюро недвусмысленно заявило, что заключенные должны отбывать полный срок, а поощрения получать в виде вознаграждений (усиленные пайки, лучшие бараки и т. д.), но без возможности досрочного освобождения [История сталинского ГУЛАГа 2004, 2: 158][25]. Тем не менее местные администрации признавали необходимость более действенных стимулов. Хотя эта практика в некотором смысле подтверждает аргумент Барнса о том, что ГУЛАГ — это не только смерть, но и искупление вины, мы должны быть довольно осторожны при использовании подобных противопоставлений. Во-первых, после освобождения многих из бывших заключенных оставляли работать в лагерях на тех же должностях. Во-вторых, как мы увидим позже, для досрочного освобождения в условиях военного времени были нужны крайне веские основания. Но в любом случае лагерная пропаганда пыталась показать заключенным, что досрочное освобождение вполне возможно при ударном перевыполнении ими трудовых норм. В большинстве отчетов о состоянии лагерной культуры существовал раздел «Досрочное освобождение и снижение сроков наказания»[26]. Во второй половине 1943 года УИТЛК по Новосибирской области дало разрешение на досрочное освобождение 161 человека и сократило сроки еще 262 заключенным. Одним из элементов работы культурно-воспитательных отделов было постоянное напоминание контингенту, что «только само-

---

[25] Документ № 76. Решение Политбюро ВКП(б) от 10 сентября 1939 года «О лагерях НКВД». См. также [Ertz 2005].

[26] В качестве примера см. [ГАРФ. Ф. 9414. Оп. 1. Д. 1463. Л. 145].

отверженным трудом и отличным поведением в быту они могут заслужить условно-досрочное освобождение» [ГАРФ. Ф. 9414. Оп. 1. Д. 1463. Л. 145].

Хотя функции западносибирского ГУЛАГа одновременно включали как экономическую, так и политическую составляющие, находившиеся между собой в некотором противоречии, имеется ряд убедительных причин рассматривать ГУЛАГ в первую очередь сквозь призму политики. Возможно, наиболее важным является то, что чрезвычайно высокий уровень смертности в данном регионе во время войны стал следствием недостаточного внимания администрации к производительности труда при одновременной дороговизне содержания как кадрового состава ГУЛАГа, так и самих заключенных. С января 1942 по август 1943 года УИТЛК по Новосибирской области теряло не менее 1,87 % заключенных ежемесячно. Наиболее высокий показатель пришелся на май 1942 года — 3,52 % [Красильников 1999: 89–90]. В 1943 году Новосибирским обкомом была сформирована инспекционная бригада для изучения условий содержания заключенных, работающих в оборонной промышленности [Красильников 1997: 282–285]. В отчете этой комиссии отмечался огромный рост смертности и числа инвалидов, особенно в 3-м Кривощековском подразделении, задействованном на строительстве комбината № 179. Если в январе 1943 года всего умерло 2,2 % заключенных, занятых в военном производстве Новосибирской области, в феврале — 2,9 %, в марте — 2,6 %, то в 3-м Кривощековском только в марте смертность составила 5,4 %. Заметим, что приведенные цифры отражают лишь месячные потери, переход же на годовые дает огромные показатели, значительно превышающие средние по ГУЛАГу в целом. В своей недавней книге Алексопулос отмечает более суровые условия содержания заключенных в неприоритетных ИТЛ и ИТК по сравнению с известными лагерями, например с Норильским, а имеющаяся статистика смертности по Западной Сибири полностью это подтверждает [Alexopoulos 2017: 183–207].

Недостаток продовольствия в военный период и переутомление приводили к тому, что борьба за выживание в лагерях вступала в более жесткую фазу и заключенные часто сражались между собой за скудную пищу. Один из заключенных, Д. Е. Алин, работавший на авиационном заводе имени Чкалова № 153, вспоминал, что хотя с начала войны нормы и были резко сокращены, но даже мизерные 260–460 граммов хлеба с небольшим количеством каши обеспечивали существование на первое время[27]. Кроме того, многие дополняли свой рацион продуктами, которые присылали родственники. Однако по мере того, как война затягивалась, положение становилось все более тяжелым. К началу 1942 года заключенные лагеря, в котором находился Алин, начали делить обычный суточный паек на пять частей и скрытно приносить в зону ломы и другие предметы (даже топоры), которые можно было использовать в качестве оружия, но не с целью попытки побега, а для защиты собственного пайка или для принуждения других заключенных отдать свою еду. Алин вспоминает случай, когда наткнулся на труп недавно прибывшего лагерника с проломленной головой. Это оказался его дальний родственник, убитый за маленькую миску каши. Сам же Алин к осени 1942 года был истощен до такой степени, что однажды потерял сознание на работе и считал себя счастливчиком, выжив в лагерном лазарете, в котором «люди мрут как мухи» [Алин 1997: 137–138].

Многие заключенные становились инвалидами и просто не могли работать, а некоторые, попав в эту категорию, даже получали досрочное освобождение. Касаясь вопроса инвалидности, бригада УИТЛК 1943 года отмечала в своем отчете:

> Этот контингент на основании директивы НКВД СССР, НКЮ СССР и Прокурора Союза от 23 октября 1942 г. за № 467/18–71/117с из лагеря досрочно освобождается, так как является большим бременем для лагеря. На 1 апреля с. г. врачебными комиссиями при ИТЛ в результате медицинского освидетельствования признано инвалидами 7 491 чел. Из них досрочно освобождено 2 917 чел., и умерло 875 чел. [Красильников 1997: 282–283][28].

---

[27] См. воспоминания Алина о его жизни и работе на авиазаводе № 153 им. Чкалова [Алин 1997]. Особенное внимание следует уделить с. 127–138.

[28] Еще одно исследование вопроса об освобождении инвалидов в регионе во время войны см. в [Исупов 2008: 168–196].

В отчете за 1944 год, основанном на результатах инспекций областной бригады УИТЛК в 1943 году, прокурор по надзору за деятельностью лагерей А. Кондрашев фактически призывал к досрочному освобождению инвалидов, чтобы улучшить статистику смертности. Такая постановка вопроса лишний раз свидетельствует о справедливости утверждения Алексопулос, что значительное число заключенных освобождалось ради их смерти вне юрисдикции ГУЛАГа, и тем самым подчеркивает полное пренебрежение к человеческим страданиям в лагерях. Особенно, что, впрочем, неудивительно, раздражает то, что подобную позицию занял прокурор[29]. Как писал Кондрашев, «...следует отметить, что выполнению директивы НКВД и прокурора Союза ССР в первом полугодии 1943 года должного внимания как Управлением Лагеря, так и прокуратурой уделено не было, вследствие чего включительно по август месяц имела место большая смертность в лагере, тогда как люди своевременно могли быть освобождены, тем самым значительно сокращена была бы смертность»[30]. Однако далее Кондрашев продолжал настаивать, что с точки зрения политической благонадежности освобождению не должны подлежать лица, осужденные по 58-й и 162-й (хищение государственного имущества) статьям Уголовного кодекса, поскольку в противном случае «не соблюдается государственная безопасность» [ГАНО. Ф. Р-20. Оп. 4. Д. 12. Л. 15][31].

---

[29] См. статью Г. Алексопулос в данном издании. Высказывание Кондрашева напоминает утверждение Зигмунта Баумана о том, что стремление к бюрократической эффективности не имеет внутренних моральных границ [Bauman 1989].

[30] Доклад о работе прокуратуры ИТЛ ИТК УНКВД за 1943 год и 1-й квартал 1944 года. См. [ГАНО. Ф. Р-20. Оп. 4. Д. 12. Л. 14].

[31] Нежелание освобождать осужденных по ст. 58, находившихся на грани смерти, противоречит утверждениям Алексопулос. Эти лица, как правило, отбывали самые длительные сроки заключения (особенно в послевоенный период), и с ними обращались хуже, чем с большинством других заключенных. Представляется вероятным, что более высокий процент лиц, осужденных по 58-й статье, оказывался на грани смерти по сравнению с другими контингентами заключенных. Если их не освобождали досрочно, то следовало бы ожидать возрастания смертности в ГУЛАГе, а не ее уменьшения, как отмечалось выше. Очевидно, этот важнейший вопрос требует проведения дополнительных исследований.

Как мы видим, освобождение в военное время могло быть связано не только с вознаграждением за ударный труд или с мобилизацией на фронт, но зачастую и с простым уклонением от необходимости брать на себя ответственность за умирающих и тяжелобольных[32]. С одной стороны, тот факт, что власти часто освобождали умирающих заключенных, явно качает маятник назад — к экономическому объяснению деятельности ГУЛАГа: эти заключенные, в конце концов, были финансовым бременем и не могли содействовать выполнению установленных производственных квот. С другой стороны, если бы экономическое производство в ГУЛАГе являлось главным приоритетом, можно было бы ожидать, что власти станут уделять больше внимания сохранности здоровья заключенных. Хотя центральный аппарат НКВД в начале 1942 года и издал приказ о создании в каждом лагере специальных «оздоровительно-профилактических пунктов» с хорошо освещенными просторными помещениями и усиленным пайком, предназначавшимися якобы для восстановления больных заключенных и превращения их в полезных работников, было совершенно очевидно, что местным властям не хватает на это выделяемых денежных средств[33].

Содержание заключенных требовало немалых затрат, включая создание медицинской инфраструктуры и жилых помещений, а также расходы на персонал и охранников, которыми зачастую становились демобилизованные солдаты. Например, начальник Сиблага Копаев утверждал, что в 1941 году на содержание 9000 нетрудоспособных заключенных было потрачено 11 млн рублей [ГАНО. Ф. П-260. Оп. 1. Д. 1. Л. 21]. В то же время в бюджет Сиблага было выделено 25 млн рублей на содержание примерно 4000 охранников. Этих денег, как указывал Копаев, было бы достаточно, чтобы построить «немаленький завод» [ГАНО. Ф. П-260. Оп. 1. Д. 1. Л. 33]. Диспропорция в финансировании охранников и заключенных-инвалидов говорит о многом, особенно с учетом

---

[32] См. статью Г. Алексопулос в данном издании.

[33] Приказ НКВД от 2 марта 1942 года № 067. См. [ГАРФ. Ф. 9401. Оп. 1а. Д. 116. Л. 66–69].

того, что на инвалидов требовались значительные медицинские расходы. Если допустить, что Копаев располагал точной информацией, то ежегодно Сиблаг тратил 1222 рубля в год на одного инвалида и 6250 рублей на одного охранника [Bell 2019: 62].

Вопрос о плохом здоровье заключенных имеет принципиальное значение для исследования, но представляется весьма сложным. С конца 1941 года и по крайней мере до первой половины 1943 года Советский Союз боролся за само свое существование, и ресурсы государства были ограничены для всех его граждан. Пик смертности как среди «негулаговского» населения Западной Сибири, так и среди заключенных пришелся на 1942 год (2,69 и 24,9 % соответственно)[34]. Даже вольные граждане, эвакуированные в Новосибирскую область, получали хлеба меньше, чем формально должен был получать узник ГУЛАГа до начала войны[35]. О. В. Хлевнюк показал, что временами и в определенных местах рацион в ГУЛАГе по некоторым видам продовольствия был даже лучше, чем в соседних городах и селах[36]. Таким образом, отсутствие внимания к здоровью заключенных не вызывает удивления, учитывая общие обстоятельства в стране. Тем не менее создается впечатление, что приоритетные лагеря в Норильске, Воркуте и даже в Колымском регионе жили лучше, чем «типовые» сиблаговские, именно по причине осознанной экономической необходимости. Например, Норильский ИТЛ принимал только трудоспособных заключенных, поэтому пиковый показатель смертности, пришедшийся на 1943 год, составил в нем 7,2 % при общем годовом уровне по ГУЛАГу 22,4 %. Смертность на Колыме в том же 1943 году составила 12,4 %, что было аналогично смерт-

---

34 Об уровне смертности в военный период см. [Applebaum 2003: 594; Исупов 2008: 76, 113].

35 См. [Северюхина 2004: 42]. Она отмечает, что в военное время паек для иждивенцев составлял 400 г хлеба в день, для служащих — 500 г, для рабочих — 800 г. Согласно приказу 1939 года гулаговский паек предусматривал 1100 г хлеба в день. Об официальных пайках см. [Кокурин и Петров 2002: 476–489, док. № 113].

36 См. статью О. В. Хлевнюка «Гулаг — не-Гулаг. Взаимодействие единого» в настоящем издании.

ности в Воркуте[37]. Как уже говорилось выше, в западносибирских лагерях этот уровень значительно превышал средний показатель по ГУЛАГу.

Таким образом, пример западносибирских лагерей показывает, что по крайней мере в плане корреляции с уровнем смертности деятельность лагерей мотивировалась одновременно как экономическими, так и политическими факторами, и эта мотивация варьировалась от лагеря к лагерю. Быстрый переход к военному производству, гибкость в использовании рабочей силы и стимулы, побуждающие заключенных работать эффективнее, склоняли баланс в этом регионе в пользу экономической мотивации. С другой стороны, низкий уровень производительности указывает на значимость политических задач, поскольку неэффективность труда и ужасные условия содержания не являются ключевыми проблемами, когда главной целью является изоляция заключенных. Однако тесное взаимодействие между свободными рабочими и работающими по принуждению позволяет предположить, что одна из главных политических целей — изоляция людей, считающихся опасными для общества, как общий компонент большинства тюремных систем — не была главным элементом деятельности военного ГУЛАГа. Наиболее отчетливо мы увидим это взаимодействие при рассмотрении вопросов, связанных с ГУЛАГом и тотальной войной.

Тотальная война

В то время как большинство современных пенитенциарных структур разрабатывалось с большим или меньшим акцентом на сдерживание, изоляцию, наказание и реабилитацию, опыт тотальной войны советского ГУЛАГа указывает на особенности советской системы[38]. Разумеется, ГУЛАГ также содержал в себе все четыре

---

[37] См. [Barnes 2011: 116; Barenberg 2014: 61–62]. О показателях смертности в Норильском лагере см. [Бородкин и Эртц 2008: 203–207].

[38] Более подробно о современном обосновании наказания см. [Reichel 2002: 238–241]. Подробнее о развитии современной тюремной системы см. [Morris 1995; Foucault 1995: 236–248].

указанных составляющих. Хотя многие современные пенитенциарные системы используют ту или иную форму принудительного труда, чрезвычайно высокая роль в ГУЛАГе принудительного труда в ключевых секторах экономики довольно необычна. По мере развития пенитенциарной системы в Европе XIX века труд заключенных становился неотъемлемой составляющей повседневной жизни, но, как правило, он рассматривался лишь как часть карательного или реабилитационного процесса. В лучшем случае, если говорить об экономической стороне, власти надеялись, что продукты труда заключенных смогут компенсировать расходы на содержание или дать осужденным необходимые навыки для будущей реинтеграции в общество [O'Brien 1995: 203–205]. По мнению Фуко, принудительный труд вообще не нес в себе экономической подоплеки, а являлся частью дисциплинарного механизма. По его словам, «тюрьма — не мастерская; она является, то есть должна являться, машиной, в которой заключенные — это одновременно и винтики, и продукты» [Foucault 1995: 242]. Но в ГУЛАГе иначе походили к вопросу принудительного труда, и это различие стало особенно заметно в военное время. Лагерь был именно мастерской, и его специфическая продукция (артиллерийские снаряды, обмундирование и прочее) должна была быть полезной государству — возможно, даже более полезной, чем сами осужденные, умиравшие в больших количествах.

Не имея выбора, заключенные ГУЛАГа жертвовали своим здоровьем, а во многих случаях и жизнью для поддержки советских военных действий. В Западной Сибири, где преобладали «сельскохозяйственные» лагеря, заключенные производили продовольствие для фронта, хотя сами голодали и находились на грани смерти от истощения. Если понимать «тотальность» тотальной войны в веберовском смысле, как некий «чистый идеал», фактически недостижимый в реальности, то производственный процесс военного ГУЛАГа очень близко подошел к достижению подобного «идеала». Война охватила практически все, ничего не оставив в стороне.

Переход рассматриваемого региона на военное производство, описанный выше, указывает на роль, которую местный ГУЛАГ сыграл в советской тотальной войне. Широкое использование принудительного труда заключенных в оборонной промышленности, по-видимому, помогало производству, по крайней мере с точки зрения правящего режима. Что же касается ГУЛАГа в целом, то с середины 1941 года до конца 1944 года заключенные произвели более 25 млн снарядов, 35 млн ручных гранат со взрывателями, 9 млн мин и 100 тысяч бомб, не говоря уже о другой продукции военного назначения — телефонных кабелях, лыжах, средствах преодоления водных преград, противогазах и обмундировании. Как писал Дж. Отто Поль, «именно тюремный труд заполнил многие пробелы, возникшие в результате огромного увеличения Красной армии во время Второй мировой войны» [Pohl 1997: 40]. В документах УИТЛК Новосибирской области с гордостью упоминается награждение комбината № 179 орденом Ленина в ноябре 1943 года и отдается должное заключенным за их вклад в общее дело[39].

Комбинат № 179 и авиазавод им. Чкалова № 153, два важнейших оборонных предприятия, дислоцировались в черте Новосибирска. Комбинат № 179, расположенный на левом берегу Оби, представлял собой обширный комплекс фабрик и казарм, в которых размещалось крупнейшее лагерное подразделение области. Накануне войны, в мае 1941 года, в многочисленных лагпунктах Кривощекова содержалось 7807 заключенных[40]. Поразительная степень взаимной интеграции принудительного и наемного труда на комбинате № 179 придает вес утверждению Кейт Браун о том, что принудительный и свободный труд в Советском Союзе следует понимать не как противоположности, а как некий единый континуум с различными степенями принуждения и стимулирования, представленными почти во всех контекстах [Brown 2007: 77][41].

---

[39] Отчет КВО УИТЛК НСО за вторую половину 1943 года. См. [ГАРФ. Ф. 9414. Оп. 1. Д. 1463. Л. 137].

[40] См. [Папков 1997: 134–135]. Сиблаг в то время состоял из 27 подразделений, в которых содержалось 63 646 заключенных.

[41] См. также статью О. В. Хлевнюка в настоящем издании.

Наибольшее удивление вызывает тот факт, что руководство области, организуя рабочую силу для военного производства, по-видимому, не особо разделяло труд заключенных и наемных рабочих: и те и другие рассматривались как единый человеческий ресурс. В декабре 1940 года, то есть еще до непосредственного вступления СССР в войну, Новосибирский обком партии потребовал переброски 5000 заключенных Сиблага и 6000 наемных рабочих из центральных областей Советского Союза для завершения проекта по строительству комбината № 179 [ГАНО. Ф. П-4. Оп. 33. Д. 238а. Л. 43]. Для Зимней войны против Финляндии было необходимо расширение производства, и местные власти стремились активизировать работу этого ключевого промышленного комплекса. Упоминание в одном списке двух источников рабочей силы подчеркивает широкие возможности властей использовать людские ресурсы для конкретных задач и стирает различия между наемным и принудительным трудом.

Даже центральные партийные органы объединяли гулаговские и свободные источники рабочей силы, направляя людей на строительство комбината. В конце декабря 1940 года на заседании Политбюро ЦК ВКП(б) обсуждался объем финансирования для капитальных вложений. В планах на 1941 год предусматривался выпуск 800 000 снарядных корпусов различных типов, а также множества других боеприпасов. Политбюро поручило главе НКВД Л. П. Берии довести число заключенных ГУЛАГа, работающих на комбинате, до 10 000 человек и распорядилось изъять из недавно расформированного Томасинлага брус и пиломатериалы в помощь строительству. В первой половине 1941 года руководству Новосибирской и Кировской областей, Алтайского края и Башкирской АССР предписывалось отправить на этот объект 11 000 наемных рабочих[42]. Обсуждение этого конкретного вопроса завершилось резолюцией, в которой, в частности, значилось: «Отнести строительство комбината № 179 к особо важным строительствам страны» [РГАСПИ. Ф. 17. Оп. 162. Д. 31. Л. 73–74]. В приказах

---

[42] Из них 2000 из Новосибирской области, 3000 из Алтайского края, 4000 из Башкирской АССР и 2000 из Кировской области.

военного периода людские ресурсы продолжали перенаправляться на комбинат аналогичным образом[43]. При этом основное внимание уделялось наличию достаточного количества рабочих рук для выполнения поставленной задачи, а не тому, был ли этот труд свободным или принудительным. Рабочих, которых вынуждали переселяться ради выполнения конкретных проектов, уже нельзя было назвать свободными в строгом смысле этого слова, даже если их жизнь была несравнимо лучше ужасов ГУЛАГа[44].

Обкомом партии Новосибирской области на Сиблаг была возложена непосильная нагрузка по скорейшему обеспечению промышленности области рабочими кадрами. На заседании 10 сентября 1941 года обком поручил Копаеву дополнительно направить на комбинат 3000 заключенных, причем первую тысячу — уже к 13 сентября, вторую — к 20 сентября, а последнюю — к 1 октября. Через месяц партийный комитет раскритиковал Копаева за неготовность новых бараков для прибывающего контингента, хотя подобная поспешность свидетельствовала лишь о недальновидном планировании[45]. Учитывая крайне короткий срок выполнения поставленной задачи, требования партии казались совершенно нереалистичными. Однако на этом история не закончилась. В декабре обком приказал Копаеву выселить большую часть этих заключенных из новых бараков, чтобы освободить место для демобилизованных красноармейцев [ГАНО. Ф. П-4. Оп. 33. Д. 503д. Л. 112–114].

Очевидно, что в подобных «контрактных» лагерях существовала масса возможностей для взаимодействия между заключенными и наемными рабочими. Центральной и местной администрации приходилось решать многочисленные проблемы, связан-

---

43 Примером может служить пункт 4 протокола Постановления Новосибирского обкома ВКП(б) № 216 от 25 сентября 1941 года. См. [ГАНО. Ф. П-4. Оп. 33. Д. 503в. Л. 70–78].

44 Подробнее о «серых» зонах интеграции свободного и принудительного труда см. в статье О. В. Хлевнюка в настоящем издании, а также [Barenberg 2014].

45 Резолюция от 10 сентября, см. [ГАНО. Ф. П-4. Оп. 33. Д. 503в. Л. 1–31], особенно л. 3. Резолюция от 14 октября, см. [ГАНО. Ф. П-4. Оп. 33. Д. 503в. Л. 83–96], особенно л. 83–95.

ные с расконвоированными заключенными, которые, пользуясь своим статусом, вступали в незаконную переписку и торговлю и даже совершали побеги [Bell 2013: 131–132]. 18 января 1943 года в Москве был издан приказ для всех начальников лагерей и колоний с требованием принять меры по недопущению подобного взаимодействия, поскольку многие заключенные воровали вещи и продукты питания у гражданского населения как на самих производственных площадках, так и при перемещении через населенные пункты [ГАРФ. Ф. 9414. Оп. 1. Д. 2513. Л. 14]. Д. Е. Алин вспоминал, как по дороге к месту работы заключенные авиазавода № 153 имени Чкалова останавливались и размахивали руками мобилизованным красноармейцам, направлявшимся поездом на фронт. Иногда красноармейцы вступали с ними в разговоры и даже перебрасывали продукты [Алин 1997: 130]. Имеющиеся данные подтверждают, что, несмотря на предпринимавшиеся попытки изоляции, существовало достаточно возможностей для широкого общения заключенных и свободных граждан. При тотальной войне изоляция играла меньшую роль, чем производство.

Хотя условия содержания заключенных, безусловно, были намного хуже, наемные рабочие также испытывали на себе суровые жизненные условия. В городах Сибири смертность обычных граждан за первый год войны выросла более чем на 25 %, а в Новосибирской области резко поднялся уровень заболеваемости брюшным и сыпным тифом, дизентерией и коклюшем [Исупов 1992: 186, 193]. В подобных условиях комбинат № 179 страдал от шокирующе высокой текучести кадров среди наемных рабочих, несмотря на чрезвычайно жесткое трудовое законодательство военного времени, особенно в области оборонной промышленности[46]. В 1942 году на завод поступили 11 497 человек, а уволилось

---

[46] Более полное исследование последствий этих законов см. в [Filtzer 2002: 27, 162]. Закон от июня 1940 года, предусматривающий наказание за опоздание на работу (или за незаконную смену работы), в условиях военного времени стал еще более жестким. Указом правительства от декабря 1941 года рабочие, занятые в военной промышленности (понимаемой все более широко по мере развития войны), могли быть приговорены к лагерям на срок от пяти до восьми лет за оставление работы без разрешения. Хотя многие из них и осуждались заочно, фактически они никогда не отправлялись в ГУЛАГ.

9324, в 1943 году поступили 7703 человека, а уволилось 7600, причем приблизительно 5000 из них просто дезертировали[47].

Многие наемные рабочие региона покидали свои места в ключевых отраслях промышленности и вступали в ряды Красной армии. За все время войны из Новосибирской области таковых оказалось около 500 000 человек. Только за вторую половину 1941 года из треста «Кузбассуголь» на фронт мобилизовалось 11 000 шахтеров [Алексеев 1984: 81]. К январю 1943 года в Новосибирской области на 100 женщин приходилось всего 35 мужчин [Исупов 2005: 120].

В связи с высокой текучестью рабочей силы обращение обкома партии к принудительному труду как к частичному решению кадровой проблемы не вызывает удивления. Следует учесть, что на комбинате № 179 работали не только заключенные, но и ссыльный контингент. На нем трудились и «потенциальные пособники врага» поволжские немцы, и ссыльные калмыки, и спецпереселенцы из Нарыма, и даже военнопленные. Ко второй половине 1942 года свыше 20 % рабочих, занятых в производстве боеприпасов в Новосибирской области, являлись узниками ГУЛАГа [Савицкий 2004: 20–21]. К концу войны этот показатель несколько снизился, но все равно оставался весьма значительным. На 1 мая 1945 года в составе комбината числилось 25 117 рабочих, из них 3120 заключенных (12,4 %), 1100 ссыльных немцев Поволжья (4,4 %), 822 военнопленных, 106 бывших «кулаков» из Нарыма и 98 ссыльных из Калмыкии [Кузнецов 2001: 157][48].

См. [Kragh 2011]. За трудовые правонарушения могли наказываться и работники транспорта. К 1942–1943 годам «военная промышленность» уже включала в себя угле- и нефтедобывающую, текстильную и химическую отрасли. Более того, этот указ действовал до 1948 года. С 1942 по 1945 год по нему было осуждено свыше 900 000 человек, еще 200 000 — в период между окончанием войны и 1948 годом. См. «Введение» Н. Верта в [История сталинского ГУЛАГа 2004–2005, 1: 79].

[47] По мнению И. М. Савицкого, подобная текучесть кадров была напрямую связана с плохими бытовыми условиями. См. [Савицкий 2004: 17–19].

[48] Интересная работа о немецких военнопленных в Советском Союзе представлена А. Хильгером, который утверждает, что центральные директивы требовали к ним гуманного отношения, но зачастую неэффективность исполнения на местах подрывала эти усилия [Hilger 2000].

Использование принудительного труда создавало свои дополнительные проблемы, поскольку администрация была обеспокоена возможностью контрреволюционной деятельности среди заключенных и ссыльных поселенцев. В ноябре 1941 года начальник Отдела спецпоселений НКВД СССР И. В. Иванов дал указание использовать в Западной Сибири и соседних регионах ссыльных немцев Поволжья в соответствии с их профессиональной квалификацией. Одновременно Иванов сообщал об участившихся случаях появления кочующих групп поволжских немцев, самовольно направляющихся в различные организации и учреждения в поисках работы. Без сомнения, эти люди просто пытались выжить и как-то справиться с тяжелой ситуацией, но, с точки зрения властей, это создавало проблемы: «Порой это бродяжничество фашистскими элементами используется для установления связей с контрреволюционными целями»[49]. В первые шесть месяцев войны в Новосибирской области наблюдался рост смертных приговоров за контрреволюционную деятельность, но начиная с 1942 года число таких приговоров (особенно смертных) в регионе резко сократилось, что говорит о смягчении репрессивных мер [Папков 2002: 208–211]. По словам О. В. Будницкого, начало войны ознаменовалось «волной упреждающих репрессий», включавшей всплеск смертных приговоров, но как только народ продемонстрировал поддержку военных действий государства, эта волна пошла на убыль [Budnitskii 2014: 791][50].

По большому счету режим видел в поволжских немцах весьма полезный трудовой потенциал. В январе 1942 года в «рабочие колонны» на весь военный период приказом Государственного комитета обороны (ГКО) было мобилизовано 120 000 ссыльных поволжских немцев мужского пола, пригодных к физическому труду. Позднее, в том же 1942 году, ГКО увеличил мобилизационный список, в который вошли мужчины от 15 до 55 лет и женщины от 16 до 45 лет (за исключением беременных и матерей с детьми до трех лет). Эти поволжские немцы были помещены

---

[49] Инструкция от ноября 1941 года. См. [ГАРФ. Ф. 9479. Оп. 1. Д. 71. Л. 202–203].

[50] См. также [Bell 2019: 75].

в так называемые «особые зоны» в лагерях ГУЛАГа, но не как заключенные, а в статусе «трудармейцев». В Западной Сибири они, как правило, привлекались на работы в лесхозах и на железнодорожном строительстве [Земсков 2005: 92–95].

На этих примерах мы видим, что принудительный труд был важным аспектом советской тотальной войны, хотя вопрос о том, насколько серьезное внимание следует уделять принудительному труду в контексте внутреннего фронта, заслуживает дальнейшего рассмотрения. Согласно данным Марка Харрисона, принудительный труд до войны составлял примерно 2 % от общей численности рабочей силы Советского Союза (включая сельское хозяйство) и этот уровень оставался неизменным в военный период, несмотря на снижение абсолютных показателей[51].

Руководство Западной Сибири имело возможность использовать принудительный труд в военном производстве и, вне всякого сомнения, рассматривало его как важную составляющую имеющихся людских ресурсов. Однако с точки зрения чисто количественных показателей ГУЛАГ имел весьма ограниченное значение для экономики региона и, следовательно, для всего советского тыла. Производственные предприятия, эвакуируемые вместе с рабочими, обладали гораздо большей экономической важностью. В то время как в лагерях Западной Сибири одновременно содержалось от 70 000 до 80 000 заключенных, почти полмиллиона эвакуированных лиц (пусть даже в это число входило множество детей и стариков) помогали компенсировать потери рабочих рук, обусловленные мобилизацией на фронт, в гораздо большем количестве. Многих эвакуированных задействовали и в сельском хозяйстве, что было крайне важно, учитывая продвижение немцев на Украине [Щеголев 1959]. Сам город Новосибирск за первые полтора года войны принял около 150 000 человек, что значительно превышало число эвакуирован-

[51] См. [Harrison 1996: 98]. В статье из данного издания «Гулаг — не-Гулаг. Взаимодействие единого» О. В. Хлевнюк утверждает о существовании значительной «серой зоны» полупринудительного труда, поэтому мы должны быть осторожны, проводя четкие различия между свободным и принудительным трудом.

ных в другие известные места, например в Ташкент[52]. Огромные государственные инвестиции, потребовавшиеся для перемещения заводов в этот регион, стимулировали его экономику и заставили государство признать ключевую роль Западной Сибири в народном хозяйстве Советского Союза в целом. В августе 1943 года Указом Президиума Верховного Совета РСФСР Новосибирск получил статус города республиканского подчинения, несмотря на то что, как отмечал один эвакуированный, «только самый центр Новосибирска походил на настоящий город» [Кузнецов 2001: 148][53].

Кроме того, огромную роль играло массовое привлечение к труду женщин и стариков. Как пишет Исупов, «труд бойцов рабочих колонн, заключенных и военнопленных играл хотя и важную, но второстепенную роль. Главный ресурс Советского Союза являло собой гражданское население». В 1939 году в Западной Сибири проживало почти 800 000 неработающих женщин и около 600 000 человек в возрасте старше 60 лет. С началом войны многие из них были привлечены к работе [Исупов 2008: 311]. Таким образом, на военные нужды был мобилизован значительный резерв представителей «свободного» труда.

Однако даже если сосредоточиться только на принудительном труде, некоторые цифры могут ввести в заблуждение. К 1 апреля

---

52 О численности населения, а также дополнительную информацию об эвакуациях военного времени см. [Edwards 1996: 3–8]. Отметим, что Савицкий насчитывает более 4 млн человек, проживавших в Новосибирской области в 1939 году [Савицкий 2004: 5]. Подробнее об эвакуации в регион в военное время см. [Исупов 1992]. В более общем плане вопрос эвакуации рассматривается в работе Р. Мэнли. Отметим, что Ташкент был одним из самых известных мест эвакуации. Во время войны там пребывало множество выдающихся интеллектуалов (в том числе Анна Ахматова), но в целом Ташкент принял меньшее число эвакуированных (100 000), чем Новосибирск (150 000). См. [Manley 2009: 2, 6].

53 См. также [Edwards 1996: 5–6]. Республиканский статус означал, что городские органы власти теперь замыкались непосредственно на республиканские, минуя область. Подобный статус присваивался городам, считавшимся особенно важными для военного периода. Приведена цитата из [Северюхина 2004: 39].

1943 года УИТЛК Новосибирской области сообщало, что 51 % заключенных не может работать из-за плохого физического состояния [ГАНО. Ф. П-260. Оп. 1. Д. 24. Л. 40–41 об.]. В 1944 году инспекция Томской ИТК № 8 установила, что 437 из 1028 заключенных оказались непригодными к физическому труду, причем даже не в самый суровый период войны [ГАНО. Ф. Р-20. Оп. 4. Д. 12. Л. 10]. Это значительно превышает средние показатели по лагерям ГУЛАГа за период войны, в которых содержалось 25–30 % нетрудоспособного контингента [Bacon 1994: 132]. Труд заключенных оставался чрезвычайно неэффективным. Учитывая работу Алексопулос, показавшую, что даже считавшиеся пригодными к физическому труду часто страдали от серьезных заболеваний и находились в крайне плохой физической форме, большая часть контингента Западной Сибири практически находилась между жизнью и смертью[54].

Можно сказать, что ГУЛАГ был одним из элементов административной головоломки по обеспечению экономики трудовыми ресурсами в условиях общенациональной и региональной тотальной войны. Довольно ограниченная роль ГУЛАГа в решении этой задачи подчеркивает существенное отличие советской лагерной системы от других лагерей военного времени. Хотя подробное рассмотрение сравнительного аспекта выходит за рамки данной работы, все же стоит сказать об этом несколько слов. Советские власти, похоже, придавали концентрационным лагерям меньшее значение, чем большинство других воюющих стран XX века. В этом смысле ГУЛАГ лишь в небольшой степени вписывается в модную ныне теорию Джорджо Агамбена о войне и концентрационных лагерях[55]. Согласно Агамбену, концлагерь возникает в том случае, когда современное государство используют войну и (или) чрезвычайное положение как предлог для помещения части нежелательных граждан (отдельных субъектов) и (или) каких-либо групп в «чрезвычайное положение», в котором они попадают в некое пороговое правовое поле, существуя вне закона,

---

[54] См. статью Г. Алексопулос в настоящем издании.

[55] См. [Ek 2006; Agamben 1995; Agamben 2005].

с одной стороны, но завися от него, с другой. Агамбен основывает большую часть своих аргументов на работах немецкого политического теоретика Карла Шмитта, в своей книге «Политическая теология» (Politische Theologie, 1922) утверждавшего, что «суверенен тот, кто принимает решение о чрезвычайном положении», и поэтому это право является центральным элементом функционирования современного государства [Шмитт 2000: 15].

Однако советская власть не рассматривала сталинский ГУЛАГ как нечто исключительное, по крайней мере в начале его существования. Более того, ГУЛАГ считался примером гуманной пенитенциарной реформы. Кроме того, заключенные ГУЛАГа обвинялись и осуждались (какими бы суровыми ни были законы и методы допроса) за преступления, нарушающие советское законодательство. Эти люди не находились вне закона, они лишь совершили некие противоправные действия, во всяком случае в глазах государства. В этом смысле не возникает сомнений, что спецпоселения больше соответствуют понятию «чрезвычайного положения» по Агамбену. В них размещались определенные группы людей — сначала раскулаченные крестьяне, а затем и целые этнические группы, — вынужденно переселенные в отдаленные районы, ограниченные в правах, но формально ни в чем не обвиняемые. Но, пожалуй, важнее всего то, что, в отличие от других воюющих государств XX века, например от британцев в Южной Африке или от немецких нацистов Второй мировой, в советском ГУЛАГе в военный период уделялось меньше внимания репрессивным мерам, чем до начала войны и после ее окончания.

Более того, даже в случаях с британскими и нацистскими лагерями теории Агамбена сталкивались с трудностями при их приложении к тем или иным аспектам этих систем. Джонатан Хислоп, например, критикует Агамбена за некий «перекос» в сторону биополитики. В случае с Южной Африкой Хислоп показывает, что заинтересованность британского правительства в мониторинге здоровья населения лагерей началась именно тогда, когда положение интернированных улучшилась, а не когда они были обречены на голодную гибель [Hyslop 2011]. На другом примере, уже из практики Второй мировой, Марк Мазоуэр критикует работу Агамбена за то, что, помимо прочего, он не признает кардинальных различий в сети нацистских лагерей, причем не только во времени, но даже и по местам размещения [Mazower 2008: 23–34]. Тем не менее Хислоп сходится с Агамбеном в том, что именно военные и (или) чрезвычайные меры стали ключевой предпосылкой для создания лагерей, а Мазоуэр обсуждает Агамбена с точки зрения «военных парадигм» власти. Любопытно, но в сравнительном контексте пример ГУЛАГа показывает, что в СССР особое военное положение не сыграло решающей роли в формировании и расширении «чрезвычайного положения».

Таким образом, мы можем поставить под сомнение как то, что Вторая мировая война в значительной степени стала для Советского Союза «путем к очищению», о чем пишет Вайнер, так и то, что война использовалась в качестве предлога для определения и установки права на «чрезвычайное положение», что следует из аргументов Агамбена относительно концентрационных лагерей [Weiner 2001: 87]. Фактическая численность ГУЛАГа во время войны сократилась приблизительно с 1,9 млн заключенных на 1 января 1941 года до минимума в 1,2 млн заключенных на 1 января 1944 года [Applebaum 2003: 591]. По крайней мере, трудно было бы утверждать, что советское государство во время войны полагалось на ГУЛАГ больше, чем в мирное время. Как уже упоминалось, вклад ГУЛАГа в экономику в военный период был примерно таким же, как и в довоенный [Harrison 1996: 98]. Конкретно в Западной Сибири число заключенных за время войны выросло, но мобилизация других людских ресурсов оказалась важнее рабочей силы ГУЛАГа, и местные власти проявляли прагматичный подход к контингентам принудительного труда.

Исходя из этих соображений можно сделать вывод, что советское государство не использовало войну в качестве предлога для расширения репрессивной лагерной системы (за исключением спецпоселений), однако даже в этом вопросе ситуация далеко не столь однозначна. Во время войны власть восстановила в гражданских правах большинство первоначальных спецпереселенцев, так называемых кулаков, которых тысячами ссылали в Новосибирскую область еще в 1930-е годы [Viola 2007: 178–179]. Впоследствии многие из них были призваны на фронт[56]. Хотя факты массовой высылки некоторых «неблагонадежных» этнических групп во время войны — поволжских немцев, чеченцев или калмыков — подтверждают гипотезу Агамбена и поддерживают аргументацию Вайнера, следует учитывать, что условия спецпоселений стали менее суровыми, чем в 1930-е годы. Среди поволжских немцев уровень смертности был довольно высок: во время войны погибло до 19 % бывшего населения Поволжья, депортированного в Западную Сибирь и Казахстан[57]. Выжившие интегрировались в местную экономику отчасти благодаря тому, что их труд был крайне востребован. Они не оказались в «чрезвычайном положении» [Westren 2012].

Можно было бы возразить, вспомнив, что суровое трудовое законодательство во время войны дополнительно создало еще одно «чрезвычайное положение», однако исполнение этих законов было крайне неуклюжим. Например, многие рабочие, осужденные за прогулы, приговаривались заочно и так и не попадали в лагеря. К тому же параллельно с этими законами проводилась политика частичного ослабления репрессивных мер в отношении религии и даже культурной элиты[58].

Тот факт, что наемные работники и заключенные трудились в непосредственной близости друг от друга, а местные власти рассматривали труд заключенных лишь как один из способов решения задачи обеспечения экономики человеческими ресурсами, также свидетельствует о том, что ГУЛАГ военного периода

---

[56] О мобилизации спецпереселенцев в Красную армию см. [ГАРФ. Ф. 9479. Оп. 1. Д. 113]. В этих многочисленных документах Новосибирскую область затрагивают, в частности, л. 13, 78–80, 99–100, 202–203. По состоянию на 12 мая 1942 года в Новосибирской области было мобилизовано 9500 спецпереселенцев (больше, чем в любом другом регионе, кроме Средней Азии).

[57] Подробнее о мобилизации спецпереселенцев в регионе см. [Bell 2019: 72–75, 102–105].

[58] О проблемах, с которыми столкнулся режим, применяя свое жесткое трудовое законодательство, см. [Kragh 2011]. Подробнее о частичном ослаблении мер, затрагивающих религиозную и культурную элиту, см. [Bonwetsch 2000: 146].

не был строго нацелен на устранение нежелательных лиц из советского общества или на использование войны как предлога для усиления государственного контроля. Местные власти были готовы использовать так называемых «врагов народа» (контрреволюционеров и ссыльных переселенцев) для трудовой помощи фронту. По крайней мере в части, касающейся нашего тематического исследования, влияние тотальной войны на ГУЛАГ определяется достаточно просто: это была попытка мобилизовать все имеющиеся ресурсы для поддержки вооруженных сил, без особой заботы о реальных человеческих потерях.

Тематическое исследование лагерей Западной Сибири в период Второй мировой войны в конечном счете высвечивает трагедию ГУЛАГа в целом. Не имея иного выбора, заключенные расплачивались здоровьем, а зачастую и жизнями, но в конечном счете другие людские ресурсы — эвакуированные и не задействованные в мирное время граждане — стали важнее для регионального тыла, особенно с учетом неэффективности принудительного труда. Хотя лагеря оказались малополезными с точки зрения количества производимых ими снарядов, обмундирования и прочей продукции военного назначения, человеческие затраты в них были ошеломляющими. Тем не менее взаимодействие между свободным и принудительным трудом, быстрый и полный переход к военному производству и прагматичное использование рабочих рук так называемых идеологических врагов говорят о том, что экономические мотивы деятельности ГУЛАГа в военный период были более важны, чем политические.

Хотя во время войны ГУЛАГ и достиг некой поворотной точки, в целом его сущность не изменилась. Более прагматичный подход к принудительному труду и системе концентрационных лагерей — это сравнительно необычное явление в военной истории XX века — уступил место усиленным репрессиям и еще большей общественной изоляции заключенных в послевоенные годы, когда ГУЛАГ достиг пика своей численности и создал ряд специальных лагерей с особенно жесткими режимами. Тем не менее, как утверждается в других источниках, высшее руководство лагерной системы страны все больше осознавало неэффективность ГУЛАГа и приняло незамедлительные меры по уменьшению его размеров после смерти Сталина[59].

Архивы

ГАНО — Государственный архив Новосибирской области.

ГАРФ — Государственный архив Российской Федерации.

ГАТО — Государственный архив Томской области.

РГАСПИ — Российский государственный архив социально-политический истории.

ТОКМ — Томский областной краеведческий музей.

Источники

Алин 1997 — Алин Д. Е. Мало слов, а горя реченька. Невыдуманные рассказы. Томск: Водолей, 1997.

История сталинского ГУЛАГа 2004 — История сталинского ГУЛАГа. Конец 1920-х — первая половина 1950-х годов: Собрание документов: В 7 т. Т. 1. Массовые репрессии в СССР / Под ред. Н. Верта и С. В. Мироненко; Т. 2. Карательная система. Структура и кадры / Под ред. Н. В. Петрова; Т. 4. Население Гулага / Под ред. А. Б. Безбородова. М.: РОССПЭН, 2004–2005.

Кокурин и Петров 2002 — ГУЛАГ (Главное управление лагерей) 1918–1960 / Под ред. А. Кокурина и Н. Петрова. М.: Материк, 2002.

Библиография

Алексеев и Карпенко 1984 — Алексеев В. В., Карпенко З. Г. Развитие народного хозяйства // Рабочий класс Сибири в период упрочения и развития социализма / Под ред. В. Алексеева и др. Новосибирск: Наука, 1984.

Бикметов 2015 — Бикметов Р. С. Сиблаг в годы Великой Отечественной войны // Вестник Кемеровского гос. ун-та, 2015. Т. 61. № 3. С. 110–115.

Бородкин и Эртц 2008 — Бородкин Л. И., Эртц С. Никель в Заполярье: труд заключенных Норильлага // ГУЛАГ. Экономика принудительно-

---

[59] См., например, [Горлицкий и Хлевнюк 2011].

го труда / Под ред. Л. И. Бородкина, П. Грегори, О. В. Хлевнюка. М.: РОССПЭН, 2008. С. 197–239.

Гвоздкова 1994 — Гвоздкова Л. И. Принудительный труд. Исправительно-трудовые лагеря в Кузбассе (1930–1950 годы). Т. 2 / Сост. Л. И. Гвоздкова, А. А. Мить. Кемерово: Кузбассиздат, 1994.

Горлицкий и Хлевнюк 2011 — Горлицкий Й., Хлевнюк О. В. Холодный мир. Сталин и завершение сталинской диктатуры. М.: РОССПЭН, 2011.

Данилов и Красильников 1996 — Спецпереселенцы в Западной Сибири, 1939–1945 / Под ред. В. Данилова и С. Красильникова. Новосибирск: Экор, 1996.

Земсков 2005 — Земсков В. Н. Спецпереселенцы в СССР, 1930–1960. М.: Наука, 2005.

Иванова 1997 — Иванова Г. М. ГУЛАГ в системе тоталитарного государства // Доклады Ин-та российской истории РАН. 1995–1996 гг. / Отв. ред. А. Сахаров. М.: ИРИ РАН, 1997.

Исупов 1992 — Исупов В. А. На изломе. Смертность населения Сибири в начале Великой Отечественной войны // Историческая демография Сибири: Сборник научных трудов / Под ред. Р. Васильевского и Н. Гущина. Новосибирск: Наука, 1992. С. 186–200.

Исупов 2004 — Исупов В. А. Социально-демографическая политика Сталинского правительства в годы Великой Отечественной войны (на материалах Сибири) // Западная Сибирь в Великой Отечественной войне (1941–1945 годы): Сборник научных трудов / Под ред. И. Исупова, С. Папкова, И. Савицкого. Новосибирск: Наука-Центр, 2004. С. 115–143.

Исупов 2008 — Исупов В. А. Главный ресурс Победы. Людской потенциал Западной Сибири в годы Второй мировой войны (1939–1945 годы). Новосибирск: Сова, 2008.

Красильников 1999 — Красильников Д. С. Лагеря и колонии на территории Новосибирской области в годы Великой Отечественной войны (1941–1945). Дипломная работа. Новосибирский ГУ, 1999.

Красильников 1997 — Наша малая родина. Хрестоматия по истории Новосибирской области, 1921–1991 / Под ред. С. А. Красильникова. Новосибирск: Экор, 1997.

Красильников 2003 — Красильников С. А. Серп и молох. Крестьянская ссылка в Западной Сибири в 1930-е годы. М.: РОССПЭН, 2003.

Кузнецов 2001 — Новониколаевская губерния — Новосибирская область: 1921–2000. Хроника, документы / Под ред. И. Кузнецова и др. Новосибирск: Сибирское отделение РАН, 2001.

Макшеев 1997 — Макшеев В. Н. Нарымская хроника, 1930–1945: Трагедия спецпереселенцев. Документы и воспоминания / Под ред. В. Н. Макшеева и А. И. Солженицына. М.: Русский путь, 1997.

Охотин и Рогинский 1998 — Система исправительно-трудовых лагерей в СССР, 1923–1960: Справочник / Под ред. Н. Охотина и А. Рогинского; сост. М. Смирнов. М.: Звенья, 1998.

Папков 1997 — Папков С. А. Сталинский террор в Сибири, 1928–1941. Новосибирск: Изд-во Сибирского отделения РАН, 1997.

Папков 2002 — Папков С. А. «Контрреволюционная преступность» и особенности ее подавления в Сибири в годы Великой Отечественной войны (1941–1945) // Урал и Сибирь в сталинской политике / Под ред. С. Папкова и К. Тэраямы. Новосибирск: Сибирский хронограф, 2002. С. 205–223.

Савицкий 2002 — Савицкий И. М. Создание в Новосибирске крупнейшего в Сибири центра оборонной промышленности в годы Великой Отечественной войны // Урал и Сибирь в сталинской политике / Под ред. С. Папкова и К. Тэраямы. Новосибирск: Сибирский хронограф, 2002.

Савицкий 2004 — Савицкий И. М. Формирование кадров оборонной промышленности Новосибирской области в годы Великой Отечественной войны // Западная Сибирь в Великой Отечественной войне (1941–1945 годы): Сборник научных трудов / Под ред. И. Исупова, С. Папкова, И. Савицкого. Новосибирск: Наука-Центр, 2004. С. 192–204.

Северюхина 2004 — Северюхина Н. В. Прощание с детством. Фрагменты семейной хроники 1941–1944. СПб.: Изд. им. Н. И. Новикова, 2004.

Уйманов 2011 — Уйманов В. Н. Пенитенциарная система Западной Сибири (1929–1941 годы). Томск: Изд-во Томского ун-та, 2011.

Уйманов 2012 — Уйманов В. Н. Ликвидация и реабилитация. Политические репрессии в Западной Сибири в системе большевистской власти (конец 1919–1941 годы). Томск: Изд-во Томского ун-та, 2012.

Хлевнюк 2008 — Хлевнюк О. В. Экономика ОГПУ, НКВД и МВД СССР, 1930–1953. Масштабы, структура и тенденции развития // ГУЛАГ: Экономика принудительного труда. М.: РОССПЭН, 2008.

Шмитт 2000 — Шмитт К. Политическая теология. М.: КАНОН-пресс-Ц, 2000.

Щеголев 1959 — Щеголев К. М. Участие эвакуированного населения в колхозном производстве Западной Сибири в годы Великой Отечественной войны // История СССР. 1959. № 2. С. 139–145.

Agamben 1995 — Agamben G. Homo Sacer: Sovereign Power and Bare Life / Trans. by D. Heller-Roazen. Stanford, CA: Stanford UP, 1995.

Agamben 2005 — Agamben G. State of Exception / Trans. by K. Artell. Chicago: University of Chicago Press, 2005.

Alexopoulos 2005 — Alexopoulos G. Amnesty 1945: The Revolving Door of Stalin's Gulag // Slavic Review. 2005. Vol. 64. № 2. P. 274–306.

Alexopoulos 2017 — Alexopoulos G. Illness and Inhumanity in Stalin's Gulag. New Haven: Yale UP, 2017.

Applebaum 2003 — Applebaum A. Gulag: A History. New York: Doubleday, 2003.

Bacon 1994 — Bacon E. The Gulag at War: Stalin's Forced Labor System in the Light of the Archives. New York: New York UP, 1994.

Barenberg 2014 — Barenberg A. Gulag Town, Company Town: Forced Labor and Its Legacy in Vorkuta. New Haven: Yale UP, 2014.

Barnes 2000 — Barnes S. All for the Front, All for Victory! The Mobilization of Forced Labor in the Soviet Union during World War Two. International Labor and Working // Class History. October 2000. Vol. 58. P. 239–260.

Barnes 2011 — Barnes S. Death and Redemption: The Gulag and the Shaping of Soviet Society. Princeton, NJ: Princeton UP, 2011.

Bauman 1989 — Bauman Z. Modernity and the Holocaust. New York: Columbia UP, 1989.

Bell 2019 — Bell W. Stalin's Gulag at War: Forced Labour, Mass Death, and Soviet Victory in the Second World War. Toronto: University of Toronto Press, 2019.

Bell 2013 — Bell W. Was the Gulag an Archipelago? De-Convoyed Prisoners and Porous Borders in the Camps of Western Siberia // Russian Review. 2013. Vol. 72. № 1. P. 116–141.

Bellamy 2007 — Bellamy Ch. Absolute War: Soviet Russia in the Second World War. New York: Knopf, 2007.

Bonwetsch 2000 — Bonwetsch B. War as a «Breathing Space»: Soviet Intellectuals and the «Great Patriotic War» // The People's War: Responses to World War II in the Soviet Union / Ed. R. Thurston, B. Bonwetsch. Urbana: University of Illinois Press, 2000. P. 137–153.

Borodkin and Ertz 2003 — Borodkin L., Ertz S. Coercion vs. Motivation: Forced Labor in Noril'sk // The Economics of Forced Labor: The Soviet Gulag / Ed. by P. R. Gregory and V. Lazarev. Stanford, CA: Hoover Institution Press, 2003. P. 75–104.

Brown 2007 — Brown K. Out of Solitary Confinement: The History of the Gulag // Kritika: Explorations in Russian and Eurasian History. 2007. Vol. 8. № 1. P. 67–103.

Budnitskii 2014 — Budnitskii O. The Great Patriotic War and Soviet Society: Defeatism, 1941–1942 // Kritika: Explorations in Russian and Eurasian History. 2014. Vol. 15. № 4. P. 767–797.

Chickering 1999 — Chickering R. Total War: The Use and Abuse of a Concept // Anticipating Total War: The German and American Experiences / Ed. by M. Boerneke, R. Chickering, S. Forster. Cambridge: Cambridge UP, 1999. P. 13–28.

Edwards 1996 — Edwards K. Fleeing to Siberia: The Wartime Relocation of Evacuees to Novosibirsk, 1941–1943 / PhD diss. Stanford University, 1996.

Ek 2006 — Ek R. Giorgio Agamben and the Spatialities of the Camp: An Introduction // Geografiska Annaler, Series B: Human Geography. 2006. Vol. 88. № 4. P. 363–386.

Ertz 2003 — Ertz S. Building Noril'sk // The Economics of Forced Labor: The Soviet Gulag / Ed. by P. R. Gregory and V. Lazarev. Stanford, CA: Hoover Institution Press, 2003. P. 127–150.

Ertz 2005 — Ertz S. Trading Effort for Freedom: Workday Credits in the Stalinist Camp System // Comparative Economic Studies. 2005. Vol 47. № 2. P. 476–491.

Figes 2013 — Figes O. Just Send Me Word: A True Story of Love and Survival in the Gulag. London: Allen Lane, 2012.

Filtzer 2002 — Filtzer D. Soviet Workers and Late Stalinism: Labour and the Restoration of the Stalinist System after World War II. Cambridge: Cambridge UP, 2002.

Foucault 1995 — Foucault M. Discipline and Punishment: The Birth of the Prison / Trans. by A. Sheridan. New York: Vintage Books, 1995.

Hagen 2011 — Hagen M. von. New Directions in Military History, 1900–1950: Questions of Total War and Colonial War // Kritika: Explorations in Russian and Eurasian History. 2011. Vol. 12. № 4. P. 867–884.

Harrison 1996 — Harrison M. Accounting for War: Soviet Production, Employment, and the Defence Burden, 1940–1945. Cambridge: Cambridge UP, 1996.

Hilger 2000 — Hilger A. Deutsche Kriegsgefangene in der Sowjetunion, 1941–1956: Kriegsgefangenenpolitik, Lageralltag und Erinnerung. Essen: Klartext, 2000.

Hyslop 2011 — Hyslop J. The Invention of the Concentration Camp: Cuba, Southern Africa, and the Philippines, 1896–1907 // South African Historical Journal. 2011. Vol. 63. № 2. P. 251–274.

Kragh 2011 — Kragh M. Stalinist Labour Coercion during World War II: An Economic Approach // Europe-Asia Studies. 2011. Vol. 63. № 7. P. 1253–1273.

Manley 2009 — Manley R. To the Tashkent Station: Evacuation and Survival in the Soviet Union at War. Ithaca, NY: Cornell UP, 2009.

Mazower 2008 — Mazower M. Foucault, Agamben: Theory and Nazis. 2008. Bd. 2. Vol. 35. № 1. P. 23–34.

Morris 1995 — The Oxford History Of The Prison: the Practice of Punishment in Western Society / Ed. by N. Morris, D. Rothman. New York: Oxford UP, 1995.

Nordlander 2003 — Nordlander D. Magadan and the Economic History of Dalstroi in the 1930s // The Economics of Forced Labor: The Soviet Gulag / Ed. by P. R. Gregory and V. Lazarev. Stanford, CA: Hoover Institution Press, 2003. P. 105–125.

O'Brien 1995 — O'Brien P. The Prison on the Continent: Europe, 1865–1965 // The Oxford History of The Prison: the Practice of Punishment in Western Society / Ed. by N. Morris, D. Rothman. New York: Oxford UP, 1995.

Pohl 1997 — Pohl J. The Stalinist Penal System: A Statistical History of Soviet Repression and Terror, 1930–1953. London: McFarland and Co., 1997.

Reichel 2002 — Reichel Ph. Comparative Criminal Justice Systems: A Topical Approach. Ed. 3. Upper Saddle River, NJ: Prentice Hall, 2002.

Samuelson 2000 — Samuelson L. Plans for Stalin's War Machine: Tukhachevskii and Military-Economic Planning, 1925–1941. New York: St. Martin's, 2000.

Viola 2007 — Viola L. The Unknown Gulag: The Lost World of Stalin's Special Settlements. New York: Oxford UP, 2007.

Weiner 2001 — Weiner A. Making Sense of War: The Second World War and the Fate of the Bolshevik Revolution. Princeton, NJ: Princeton UP, 2001.

Western 2012 — Westren M. Nations in Exile: «The Punished Peoples» in Soviet Kazakhstan, 1941–1961 / PhD diss. University of Chicago, 2012.

Уилсон Т. Белл — доцент кафедры философии, истории и политики в Университете Томпсона Риверса (США). Автор книги «Stalin's Gulag at War: Forced Labour, Mass Death, and Soviet Victory in the Second World War» (University of Toronto Press, 2018).

Глава 6

Эмилия Кустова

(Не)возвращение из ГУЛАГа

Жизненные траектории и интеграция послевоенных спецпереселенцев[1]

Работая в колхозе, учась в школе, не зная точно, где мой отец и за что [он был арестован], я приехал из Сибири воспитанным в духе советского человека. <...> Воспитанный на книгах Островского «Как закалялась сталь», Корчагин, «Тимур и его команда» и так далее, Мересьев, «Повесть о настоящем человеке», как сейчас бы сказали, я был красный или левый <...>. Я с улыб-

---

[1] Предварительная версия этой статьи была представлена на семинаре «The Soviet Gulag: New Research and New Interpretations» [«Советский ГУЛАГ: новые исследования и новые интерпретации»], прошедшем 25–27 апреля 2013 года в Джорджтаунском университете. Я искренне благодарна его организаторам и участникам за увлекательные дискуссии и благожелательную атмосферу. Советы и критические замечания анонимных рецензентов журнала «Kritika: Explorations in Russian and Eurasian History» были очень полезны при доработке статьи. Моя глубокая признательность адресуется также Алену Блюму, Марте Кравери и Валери Нивлон, руководителям проекта «Archives sonores. Mémoires européennes du Goulag» (Звуковые архивы. Европейская память о ГУЛАГе) [AS], без которых это исследование не состоялось бы. А. Блюм также дал ряд ценных советов в ходе работы над статьей и любезно разрешил использовать в ней некоторые материалы, собранные в ходе нашего совместного исследования, посвященного возвращению из ссылки.

> кой об этом говорю, потому что со временем я узнал очень простую вещь: кто в молодости не был леваком, тот никогда не будет настоящим правым...[2]

В этом коротком отрывке из интервью Антанаса Кибартаса, в 1947 году высланного из Литвы и проведшего десять лет на спецпоселении в Тюменской области, сосредоточен ряд тем и проблем, важных для понимания опыта жертв советских послевоенных депортаций[3]. В первую очередь этот опыт характеризуется противоречивым сочетанием, с одной стороны, насилия, которое несла с собой депортация (много лет спустя мать расскажет Антанасу о том, что его отец был расстрелян), а с другой — существованием таких аспектов жизни на спецпоселении, которые не только способствовали адаптации, но и вели к интеграции и даже «советизации» части спецпереселенцев, прежде всего молодежи. В словах А. Кибартаса содержится указание на ключевые механизмы такой интеграции — коллективный труд и образование, которые облегчали адаптацию, а порой и открывали двери социальной мобильности в условиях спецпоселения и особенно после освобождения. Заметим, что эти два, казалось бы, столь разных периода нередко оказываются связанными в рассказах бывших депортированных — как за счет континуитета в социальных, профессиональных, семейных траекториях, так и в силу того, что дамоклов меч возможной стигматизации не исчезал с окончанием ссылки. Наконец, в этом отрывке звучит и намек на долгий путь по пересмотру убеждений и (пере)осмыс-

---

2 Интервью с Антанасом Кибартасом, записано Ю. Мачулите, Вильнюс, октябрь 2009 года [AS], Cercec/RFI. Все использованные здесь интервью происходят из этой коллекции. Здесь и далее имена информантов, давших на это письменное согласие в соответствии с правилами CNIL и международным законодательством в области защиты личных данных, приводятся полностью. Кроме специально оговоренных случаев, все цитируемые интервью были записаны на русском языке.

3 Здесь и далее различные категории «спецконтингента» («выселенцы», «спецпереселенцы», «ссыльно-поселенцы») рассматриваются вместе, а термины «высылка», «ссылка», «спецпоселение» и «депортация» используются в качестве синонимов.

лению индивидуального и коллективного опыта депортации, который прошла часть бывших депортированных в последующие десятилетия.

Рассказ Антанаса Кибартаса — вовсе не исключение. Это и многие другие интервью с бывшими депортированными, собранные в рамках коллективного проекта «Звуковые архивы: Европейская память о ГУЛАГе»[4], убеждают нас в необходимости вернуться к ряду распространенных в историографии представлений, чтобы посмотреть на жизнь в условиях спецпоселения не только как на травматический опыт, обрекавший индивида на маргинализацию и служивший своего рода школой *homo antisoveticus*[5]. Среди более чем 200 биографических интервью с жертвами советских депортаций из Восточной Европы, записанных участниками проекта, меня будут интересовать выходцы из Прибалтики (прежде всего Литвы) и Западной Украины, высланные на спецпоселение в Сибирь в первые послевоенные годы, в том числе те из них, кто остался жить там после освобождения. Заметим, что в большинстве случаев речь идет о людях, родившихся в 30-е годы и попавших на спецпоселение подростками и детьми, что отразилось на их восприятии ссылки. Несмотря на выпавшие на их долю лишения, их опыт депортации был опытом людей, которые начинали строить свою жизнь и потому могли вынашивать планы и пытаться их осуществить, пользуясь возникавшими возможностями[6].

---

[4] Подробная информация о проекте и методике сбора интервью — на сайте Виртуального музея «Звуковые архивы: Европейская память о ГУЛАГе». URL: http://museum.gulagmemories.eu/ru/home/homepage (дата обращения: 22.03.2020), а также в статье [Блюм и Кустова 2012]. См. также коллективную монографию, вышедшую по итогам проекта, [Blum, Craveri et Nivelon 2012]. Русский перевод [Блюм, Кравери и Нивлон 2016].

[5] «Человек антисоветский» (*лат.*). Ср., например, одновременно дистанцирование по отношению к такому взгляду и его частичное воспроизводство в [Balkelis 2017].

[6] Об особенностях детского взгляда на депортацию см. [Кравери и Лозански 2012; Craveri et Losonczy 2017]. Ср. также наблюдения И. Л. Щербаковой о специфике воспоминаний бывших заключенных, молодыми попавших в послевоенный ГУЛАГ [Щербакова 2004].

Понять спектр этих возможностей поможет обращение к архивным материалам различного уровня: фондам ГАРФа, в которых отразилось управление депортациями на макроуровне[7]; областным архивам [ГАНИИО], позволяющим посмотреть на спецпереселенцев глазами руководителей местных партийных и хозяйственных органов; наконец, архивам КГБ и МВД Литвы, где хранятся, в частности, личные дела депортированных, запечатлевшие их жизненные траектории через призму полицейского видения [LYA; LCVA].

Нам предстоит понять, что делало возможной адаптацию спецпереселенцев в условиях ссылки, а затем встраивание в общество, являющееся наследником сталинского. Прежде всего необходимо оценить роль труда в жизни спецпереселенцев: даже нося принудительный характер, он мог — в отличие от лагерей и, возможно, «крестьянской» ссылки 1930-х годов [Красильников и Виола 2006: 46–47] — сопровождаться положительной мотивацией и способствовать не только физическому выживанию, но и влиять в дальнейшем на преодоление стигматизации, социальную мобильность и более широкую интеграцию спецпереселенцев, вплоть до «советизации». Под последней я подразумеваю не только усвоение официально санкционированного спектра практик и ценностей, но и включение индивида в неформальные сети общения и обмена, освоение характерных для советского общества тактик избегания и «игр с самими правилами» игры [Левада 2000: 20][8].

Изучение этих вопросов заставляет обратиться к длительным временным промежуткам, выходящим за рамки периода ссылки. В отличие от большинства работ, посвященных истории депортаций, я постараюсь поместить этот репрессивный опыт в контекст всей истории жизни индивидов. Это позволит не только

---

[7] Часть этих документов опубликована усилиями Н. Ф. Бугая, В. Н. Земскова, Н. Л. Поболя, П. М. Поляна, Т. В. Царевской-Дякиной.

[8] См. интересную попытку подвести итоги дискуссии о таких тактиках, способных сочетаться с «приспособлением и даже энтузиазмом по поводу решений и действий власти» [Осокина 2010: 284–300].

увидеть мостки, переброшенные из «ссыльной» в «вольную» жизнь, но и предложить такую микроисторию депортаций, которая, выявляя общую матрицу, заданную репрессивным действием, могла бы отразить разнообразие индивидуальных судеб и их взаимодействие с другими, в том числе нерепрессивными контекстами.

Этим исследованием движет и более общий интерес к малоизученным процессам выхода из сталинизма и попыткам интеграции различных категорий репрессированного населения в условиях характерного для 1950-х годов балансирования между принуждением и либерализацией. Эти противоречия, отмечаемые в исследованиях о возвращении из лагерей[9], проявились и в случае депортированных. Во второй половине 1950-х годов они прошли через медленное освобождение со спецпоселения, которое в большинстве случаев не сопровождалось реабилитацией, что ставило на их пути новые препятствия[10].

Предмет данного исследования расположен на стыке различных тематических и географических пространств, и его изучение может опереться на несколько больших историографических массивов: многочисленные исследования, посвященные ГУЛАГу и системе принудительного труда[11], спецпоселениям и массовым депортациям [Земсков 2005; Красильников 2003; Полян 2001; Суслов 2010; Pohl 1999; Viola 2007[12]]; более редкие работы, рассматривающие демонтаж сталинской репрессивной системы или историю советизации западных периферий СССР, включая работы о национальной памяти о депортации [Weiner 2002; Weiner 1999; McDermott and Stibbe 2010; Mertelsmann 2003; Зубкова 2008; Таннберг 2010; Balkelis and Davoliūtė 2017].

---

9 См. публикации Н. Адлер (N. Adler), С. Коэна (S. Cohen), М. Добсон (M. Dobson), в том числе на русском языке [Адлер 2005; Адлер Н. 2013; Добсон 2014; Коэн 2011], а также [Elie 2007].

10 См. подробно об этом [Blum and Koustova 2018].

11 В том числе [Barenberg 2014; Barnes 2011; Cadiot 2017; Khlevniuk 2004; Иванова 2006].

12 Русское издание [Виола 2010].

Тем не менее интересующие нас вопросы, связанные с механизмами и границами интеграции в советское общество жертв послевоенных депортаций, остаются малоизученными. Это объясняется прежде всего преобладанием макроисследований, опирающихся на архивы репрессивных органов и других государственных учреждений, а также тенденцией рассматривать опыт спецпоселения как изолированный эпизод. Несмотря на появление в последние годы работ, которые привлекают документы личного происхождения и интервью и сочетают несколько уровней анализа [Blum, Craveri et Nivelon 2012; Gheith and Jolluck 2011; Бердинских 2005; Красильников, Саламатова и Ушакова 2010], среди посвященных спецпоселениям исследований традиционно преобладает макроисторический подход, фокусирующийся на политических, экономических и правовых аспектах этого явления.

Для литературы, посвященной депортациям с западных территорий, характерно существование двух различных, редко встречающихся внутри одного исследования подходов: взгляда изнутри национальной истории и взгляда изнутри истории ГУЛАГа и спецпоселений [Purs 2010: 19, 20, 26–28, 32]. В одном случае изучается трагический — нередко трактуемый в терминах геноцида — опыт соотечественников по выживанию в чуждом мире; во втором — мир спецпоселений и лагерей на примере отдельных категорий репрессированного населения, выделяемых по географическому и / или этническому принципу [Бердинских 2005; Суслов 2010][13]. В обоих случаях жизнь на спецпоселении трактуется как изолированный — географически, хронологически, биографически — эпизод; последующая жизнь депортированных если и затрагивается, то через призму проблем памяти и травмы[14].

Немаловажно и то, что спецпоселение как особая форма репрессий и принудительного труда изучается главным образом на примере «крестьянской ссылки» 1930-х годов и истории «нака-

---

[13] Отдельно следует отметить исследования В. Ю. Башкуева, посвященные литовским спецпереселенцам, например [Башкуев 2009; Башкуев 2012].

[14] [Skultans 1997]; ряд статей из коллективной монографии [Balkelis and Davoliūtė 2017].

занных народов» [Белковец 2008; Красильников 2003; Красильников, Саламатова и Ушакова 2010; Виола 2010]. В таких вопросах, как роль труда, возможности и факторы интеграции и социальной мобильности спецпереселенцев, наши наблюдения во многом расходятся с выводами этих исследователей. Это вызвано не только использованием различных по своей природе источников и подходов, но и наличием важных особенностей в опыте жертв разных волн депортаций. Специфика каждой из них обуславливалась такими коллективными и индивидуальными факторами, как общая эволюция режима спецпоселений, продолжительность пребывания индивида в ссылке, а также контекстом освобождения (до или после 1953 года) и характером репрессий, приведших к депортации. Так, несмотря на хронологическую близость интересующих нас депортаций с операциями по принудительному переселению «наказанных народов», в их опыте есть существенные различия. Тот факт, что в случае Прибалтики и Западной Украины репрессиям подвергалось не все этническое сообщество, влиял на жизнь в ссылке и создавал особые условия в момент возвращения, когда «вредным» элементам, подвергшимся «удалению» («excision», по выражению А. Вайнера [Weiner 2002: ch. 3]), приходилось искать себе место внутри пережившего насильственную советизацию общества.

С этой точки зрения опыт депортированных с западных территорий скорее стоит сопоставлять с опытом заключенных ГУЛАГа, которые после освобождения тоже оказывались один на один с «не-ГУЛАГом» и, как показывают недавние исследования, сталкивались с большими трудностями [Добсон 2014; Адлер 2005; Elie 2007: 287, 363–368]. В то же время эти работы позволяют лучше осознать специфику положения спецпереселенцев: в определенном смысле их «возвращение» — понимаемое широко, как взаимодействие с формально свободными категориями советского общества и приспособление к «не-ГУЛАГу», — начиналось в день их приезда в ссылку и растягивалось, таким образом, на долгие годы. Это заставляет поставить, в частности, вопрос о том, какую роль в момент возвращения на родину играла предшествовавшая ему ресоциализация в условиях спецпоселения и насколько она облегчала адаптацию. Отличался ли взгляд советского режима и общества на семьи, возвращающиеся из ссылки, от отношения к бывшим узникам ГУЛАГа? Анализ опыта жизни на спецпоселении может многое дать для понимания этих и других почти не изученных вопросов, связанных с дальнейшей судьбой спецпереселенцев[15].

I. Воспоминания бывших спецпереселенцев как истории советской жизни

Эта часть статьи посвящена анализу интервью с бывшими спецпереселенцами как нарратива. Меня интересует, в частности, то, как в ходе рассказа происходит конструирование истории жизни индивидов и наделение ими смыслом своего опыта, как репрессивного, так и иного. Это позволит выявить ряд ключевых тем, которые затем будут развиты на основе архивных материалов.

Мой интерес к процессам адаптации и встраивания спецпереселенцев в советское общество был во многом определен встречами с бывшими спецпереселенцами из Литвы и Западной Украины, оставшимися жить в Иркутской области[16]. В их воспоминаниях, в значительной мере вписанных в современный российский исторический нарратив с характерным для него «примирением... с советским прошлым как “своим”» [Дубин 2008: 21], с особой силой проявляются признаки такой интеграции, поэтому именно эти интервью послужат здесь точкой отсчета. Однако, как мы увидим, интервью с теми, кто после отмены режима спецпоселения вернулся к себе на родину, не только содержат множество схожих мотивов и деталей, касающихся условий депортации и повседнев-

---

15 Среди редких исключений назовем [Weiner 2006], а также недавние публикации эстонской исследовательницы А. Рахи-Тамм [Rahi-Tamm 2017; Rahi-Tamm 2018].

16 В рамках проекта [AS] нами было записано свыше 30 интервью с бывшими депортированными из этих регионов, живущими сегодня в Иркутской области.

ной жизни на спецпоселении, но и несут на себе следы интеграции, начавшейся в годы ссылки. Различия в их воспоминаниях заключаются не столько в описании их жизни на спецпоселении, сколько в сегодняшней оценке этого опыта.

«Ну что вы хотите, трудное время было, послевоенное...»[17]

Главными особенностями интервью, записанных в Иркутской области, являются отсутствие сконструированного нарратива о депортации, размытость временных границ репрессивного эпизода и вписанность истории жизни на спецпоселении в опыт окружающих.

В отличие от респондентов, живущих сегодня в странах Восточной Европы, большинство бывших спецпереселенцев, встреченных в Иркутской области, по их словам, впервые так подробно или вообще впервые рассказывали о своей депортации. Их ответы на вопросы о жизни на спецпоселении отличаются сдержанностью и лаконизмом. За обычно коротким, но эмоциональным рассказом о моменте депортации (с описанием прихода солдат или сотрудников органов, а потом долгого, изнурительного пути в переполненных вагонах) следуют слова об очень трудной жизни в первые годы спецпоселения, затем упоминается постепенное улучшение материального положения. Акцент — в эмоциях, степени детализации рассказа — поставлен на момент собственно высылки.

В целом рассказ о депортации большей частью лишен отсылок к «большой истории» и объяснений произошедшему: индивид, «маленький человек», находится наедине со своим трагическим прошлым. В отличие, например, от жертв «раскулачивания», в случае прибалтов и западных украинцев речь идет о нелегитимной истории, содержащей множество болевых точек («лесные братья», коллаборационизм в годы Второй мировой войны).

[17] Интервью с Е. Паулаускайте-Таланиной, записано А. Блюмом, Э. М. Кустовой и Л. М. Салаховой, Братск (Иркутская область), август 2009 года [AS]. См. также страницу, посвященную Е. Паулаускайте-Таланиной, на сайте Виртуального музея. URL: http://museum.gulagmemories.eu/ru/salle/elena-talanina (дата обращения: 22.03.2020).

Отсутствие коллективных нарративных структур делает осмысление и конструирование памяти о депортации на индивидуальном уровне особенно трудным. В результате звучат короткие, трудно дающиеся рассказчику воспоминания о репрессивном опыте, который оказывается сосредоточен на коротком эпизоде и характеризуется размытостью границ.

Размытой является конечная точка репрессивного эпизода: если исходная определяется днем высылки, то завершение этого отрезка редко датируется с точностью, теряясь среди других событий. Важнейший, казалось бы, момент изменения статуса: снятие со спецучета и получение паспорта — зачастую не предстает в интервью в качестве переломного, и изменения в положении спецпереселенцев связываются скорее с другими событиями, вписанными в общий нерепрессивный контекст: женитьба или замужество, переход на новую работу, переезд в город, затопление деревни и др. Таким образом перебрасываются мостки в последующую, «вольную» жизнь, приводя к частичному растворению опыта депортации во всей биографии индивида.

Такому растворению репрессивного опыта способствует и его сближение с опытом окружающих. Оказавшись в ссылке, депортированные быстро убеждались в том, что они были отнюдь не единственными, кто подвергся насильственным переселениям и репрессиям. Упоминание представителей предыдущих или параллельных волн депортаций: немцев Поволжья, украинцев, татар, молдаван, прибалтов — встречается в большинстве интервью, причем некоторые из них указывают на то, что такое присутствие могло облегчить обустройство депортированных в первые месяцы или сыграть свою роль в их дальнейшей адаптации. Ирина Тарнавска вспоминает о том, как к перепуганным и плачущим украинцам, выгруженным на берегу Оби, вышла молодая немка и стала их ободрять словами: «Не переживайте. Вас привезли, мы уже здесь, мы уже вам барак построили. А когда нас привезли, никого не было, нам было хуже»[18].

---

[18] Интервью с И. Тарнавской, записано М. Эли и М. Кравери, Львов, октябрь 2009 года. См. также URL: http://museum.gulagmemories.eu/ru/salle/irina-tarnavska (дата обращения: 22.03.2020).

Положение депортированных не казалось исключительным еще и потому, что даже те среди окружающих, кто формально не был ограничен в правах, жили немногим лучше и пользовались, особенно в деревнях, весьма условной свободой[19]. Интенсивно разрабатываемая в историографии идея близости пространств «Гулага» и «не-Гулага» внутри единой системы принудительного труда [Хлевнюк 2013: 8–18][20] перекликается со свидетельствами депортированных, которые не только рассказывают о совместном труде и проживании под одной крышей с «вольными» колхозниками и рабочими, но и подчеркивают сходство их положений перед лицом нищеты и произвола.

Разумеется, репрессивное измерение не исчезает полностью. Скорее, оно сосредотачивается на определенных моментах и фигурах: чрезвычайно тяжелых — физически и морально — неделях, проведенных в пути в ссылку, фигуре коменданта, унизительной обязанности отмечаться и запрете отлучаться из поселка без его разрешения.

Такие упомянутые выше черты, как акцент на общих трудностях и сближение с опытом окружающих вплоть до частичного стирания репрессивного измерения, характерны для многих интервью, причем отнюдь не только с теми, кто остался жить в Сибири. Именно у последних, однако, они проявляются с максимальной силой, в том числе за счет обращения к коллективному российскому историческому нарративу с характерными для него акцентами и иерархией исторического опыта, главным из которых является опыт войны, оправдывающий все тяготы и служащий источником легитимации на индивидуальном и коллективном уровне. Война позволяет объяснить, почему было так голодно, почему работали дети, почему не было мужчин. Рассказывая о своих очень трудных первых годах жизни в сибирской деревне, куда она была выслана подростком в 1949 году, Елена Паулаускайте-Таланина несколько раз повторяет: «Ну что

---

[19] О близости колхозной деревни к ГУЛАГу по степени принуждения к труду см. [Соколов 2008: 30].

[20] См. также [Бородкин, Грегори и Хлевнюк 2008].

вы хотите, трудное время было, послевоенное, у кого муж погиб на фронте, у кого отец...»[21].

Таким образом, в устах бывших спецпереселенцев звучит рассказ, который можно охарактеризовать как *советский* с точки зрения общей структуры, сюжетов, лексики, фигур умолчания и теневых зон. Одной из его характерных особенностей является значительная степень деполитизации всего описываемого опыта, в том числе репрессий и принуждения, жертвами и свидетелями которых были респонденты[22]. Это рассказ, прежде всего, о жизни, сотканной из упорной работы, индивидуальных и коллективных усилий и достижений. Их результатом является постепенная личная и коллективная нормализация: материальное обустройство, учеба или получение более квалифицированной работы, приобретение жилья, успешная карьера детей.

«Я приехал из Сибири воспитанным в духе советского человека»[23]

В интервью с респондентами, живущими сегодня в странах Восточной Европы, можно найти немало отличий от рассказов их бывших соотечественников, оставшихся в России. Многие из этих информантов неоднократно делились своими воспоминаниями о депортации, а некоторые опубликовали их. Неудивительно, что в большинстве случаев их рассказы обладают более четкой структурой, являются более подробными и содержат точные даты и другие детали, которые опираются в том числе на документы и исторические исследования. Характерное для части постсоветского пространства, прежде всего Прибалтики, про-

---

21 Интервью с Е. Паулаускайте-Таланиной. Сравните наблюдение И. Е. Козновой о том, что в памяти российского крестьянства война включается в «череду лишений», идущих с 1930-х годов [Кознова 2016: 394].

22 Деполитизацию воспоминаний о репрессиях отмечают, в частности, Е. Р. Ярская-Смирнова и П. В. Романов [Iarskaia-Smirnova and Romanov 2001: 314]. О постепенной деполитизации всего советского общества см. [Глущенко 2012].

23 Интервью с А. Кибартасом [AS].

чтение депортации как общенациональной трагедии, составляющей ядро национальной идентичности, способствует акценту на определенных темах и закреплению ряда свидетельств в качестве авторитетных [Davoliūtė 2017: 121, 142–145].

Однако, несмотря на диалог с национальным нарративом, отголоски которого звучат в рассказах наших информантов, отнюдь не все в них сводится к «стандартному нарративу травмы как главного символа советского опыта» [Purs 2013: 35]. Они не только имеют значительные сходства с сибирским корпусом, но и содержат порой эксплицитные признания «советизации». Рассказывая о своем детстве и юности, а затем о непростом возвращении в Литву или Латвию, Сильва Линарте, Сандра Калниете, Марите Контримайте, Антанас Кибартас признавались, что вернулись на родину — пользуясь их словами — «совершенно советскими», «красными», и вспоминали, как медленно шел затем процесс осознания выпавшей на долю их семей и народа трагедии и дистанцирования по отношению к окружающей действительности[24]. Одна из особенностей интервью с вернувшимися на родину заключается именно в дистанцировании по отношению к собственному советскому опыту, которое сегодня позволяет идентифицировать и осмыслить его в качестве элемента, отделенного от настоящего.

Тяжелый труд и всеобщая нищета, сходство положения спецпереселенцев и окружающего населения, «мостки», перекинутые из периода депортации в последующую жизнь, — эти и другие звучащие во многих интервью темы позволяют наметить направления, следуя которыми нам предстоит, в том числе с помощью

---

[24] Интервью с С. Калниете, записано А. Блюмом и Ж. Дени, Рига, январь 2009 года, на французском языке [AS]. См. также URL: http://museum.gulagmemories.eu/ru/salle/candra-kalniete (дата обращения: 22.03.2020); Интервью с М. Контримайте, записано А. Блюмом и Э. Кустовой, Вильнюс, июнь 2011 года [AS]. См. также URL: http://museum.gulagmemories.eu/ru/salle/marite-kontrimaite (дата обращения: 22.03.2020); Выступление С. Линарте, Париж, 28 марта 2012 года [AS]. См. также URL: http://museum.gulagmemories.eu/ru/salle/silva-linarte (дата обращения: 22.03.2020); Интервью с А. Кибартасом [AS].

архивных материалов, продолжить изучение механизмов адаптации, способствовавших выживанию и интеграции депортированных.

II. История спецпереселенцев: между выживанием, трудом и интеграцией

Мир, в который попадали депортированные в первые послевоенные годы в Иркутской области, отличался рядом особенностей, среди которых следует назвать экономику, находившуюся под сильным давлением и функционировавшую в условиях острой нехватки рабочих рук; тяжелейшие условия жизни большинства населения; наконец, определенное ослабление идеологического, а порой и общего контроля на местной периферии (в колхозной деревне, в лесных и рабочих поселках).

Эти факторы, которые, разумеется, не являлись уделом одной лишь Иркутской области, оказали большое влияние на судьбу депортированных, прежде всего определив их роль как роль экономическую. Экономическая функция спецпереселенцев в качестве резерва рабочей силы и звена общей системы принудительной экономики сегодня хорошо известна[25]. Меньше изучен, однако, вопрос о том, как эта функция влияла на судьбу и жизненные траектории спецпереселенцев, в частности с точки зрения их адаптации и ресоциализации.

«...Из-за отсутствия рабочей силы мы находимся накануне срыва плана»[26]

Многочисленные документы, хранящиеся в иркутских партийных и государственных архивах, свидетельствуют о трудностях, с которыми сталкивались промышленность и сельское хозяйство области, пытаясь выполнить задания четвертой пяти-

---

[25] См. уже упоминавшиеся выше работы Л. Виолы, С. А. Красильникова, А. Б. Суслова.

[26] ГАНИИО. Ф. 127. Оп. 30. Д. 546. Л. 147–151.

летки. Большинство предприятий ссылалось при этом на недостаток рабочей силы, принимавший порой катастрофические масштабы. Чрезвычайно напряженной была ситуация на угольных шахтах Черемхово, а также в лесной промышленности, перед которой была поставлена задача существенно нарастить производство [ГАНИИО. Ф. 127. Оп. 17. Д. 316. Л. 156–165]. В 1949 году было образовано два новых лесозаготовительных треста, «Тайшетлес» и «Братсклес», а вместе с ними — многочисленные новые леспромхозы, которые предстояло создать с нуля. Их руководители должны были одновременно обеспечить выполнение плана лесозаготовок и создать инфраструктуру, необходимую для развертывания производства и размещения рабочих. И то и другое требовало массового завоза рабочей силы; так, в феврале 1949 года «Тайшетлес» оценивал свои потребности в 6200 человек, значительная часть которых предназначалась для леспромхозов, укомплектованных менее чем наполовину [ГАНИИО. Ф. 127. Оп. 30. Д. 548. Л. 31–34].

Не лучше была ситуация и в колхозах, о чем свидетельствует, например, адресованная Совмину просьба облисполкома завезти в 1950 году 5800 переселенцев для работы в сельском хозяйстве [ГАНИИО. Ф. 127. Оп. 14. Д. 692. Л. 15–16]. Колхозы сталкивались, в частности, с проблемой бегства крестьян в города, на промышленные стройки и в лесную промышленность. Предприятиям последней, кстати, было разрешено принимать в постоянный штат колхозников и перевозить к себе их семьи, в то время как руководству колхозов запрещалось препятствовать этому [ГАНИИО. Ф. 127. Оп. 30. Д. 376. Л. 24–28 и об].

«Текучка», как известно, была давней бедой советской экономики. Многочисленные отчеты и докладные записки упоминают бегство рабочих с шахт и из леспромхозов области, принимавшее порой массовый характер [ГАНИИО. Ф. 127. Оп. 17. Д. 367. Л. 17; Оп. 30. Д. 376. Л. 1 об.; Оп. 17. Д. 365. Л. 20]. В некоторых случаях авторы отчетов объясняли это тем, что по оргнабору и вербовке им присылали «некачественную» рабочую силу, которая состояла, по словам одного из них, большей частью

> ...из бывших уголовников, алкоголиков, больных и в основном женщин, ведущих распутный образ жизни и приезжающих не с целью работать, а исключительно с целью получения полагаемых по договору авансовых сумм, постельного белья и т. д. для того, чтобы сбежать из леспромхоза со всем полученным [ГАНИИО. Ф. 127. Оп. 30. Д. 546. Л. 36].

Впрочем, авторы большинства документов признавали, что главной причиной бегства являются ужасные условия жизни рабочих и колхозников [ГАНИИО. Ф. 127. Оп. 17. Д. 165. Л. 89; Оп. 30. Д. 376. Л. 1]. В архивных делах нет недостатка в красноречивых примерах того, что сами руководители предприятий и представители областных и районных властей признавали «невыносимыми для человека условиями»: антисанитария и скученность в общежитиях (где средняя площадь могла составлять 1,5–2 кв. м на человека); размещение в непригодных для жизни помещениях (скотных дворах, кузницах); перебои в снабжении хлебом и полное отсутствие других продуктов в магазинах [ГАНИИО. Ф. 127. Оп. 30. Д. 354. Л. 42; Д. 546. Л. 208–209; Д. 548. Л. 135–144]. Так, проверка, проведенная в Добчурском леспромхозе в 1950 году, показала:

> В магазине совсем нет предметов постоянного пользования (соли, спичек, табаку и других продовольственных продуктов). Был один соленый арбуз 18 рублей кило, и тот уже испорчен и не подлежит употреблению. Больше в магазине ничего нет (зато есть водка в достаточном количестве) [ГАНИИО. Ф. 127. Оп. 30. Д. 546. Л. 90 об.].

Особенно сильно от этого страдали жители лесных поселков, находившихся на большом расстоянии от других населенных пунктов. Так, в Тайшетском леспромхозе «...рабочие оборвались, а в магазинах товара <...> нет и купить негде, так как до районного центра сравнительно далеко, 100 км. Результатом этого является то, что рабочие ночью покидают леспромхоз и самовольно уезжают домой» [ГАНИИО. Ф. 127. Оп. 30. Д. 354. Л. 39].

«Выходом из крайне напряженного положения <...> является получение спецконтингента»[27]

Вынесенная в заглавие этого параграфа цитата отражает позицию многих руководителей предприятий области, сталкивавшихся с острой нехваткой рабочих рук. Разумеется, им были известны минусы такой рабочей силы, в частности большая доля нетрудоспособных и женщин с детьми, а также необходимость — по крайней мере, теоретическая — создавать необходимые инфраструктуры (жилье, школы)[28]. Но мобилизационный потенциал «экономики принудительного труда», ее способность быстро обеспечить резервы рабочей силы, географически закрепленной и поднадзорной коменданту, видимо, брали верх над другими соображениями[29].

Так, когда в 1948–1949 годах готовились новые крупные депортации, прежде всего из Прибалтики (операции «Весна» и «Прибой» [Blum 2015; Blum and Koustova 2017; Kašauskiene 1998; Strods and Kott 2002; Стродс 1999]), и Иркутская область была выбрана в качестве одного из «принимающих» регионов, областные и районные власти, а также руководство предприятий, прежде всего лесозаготовительных трестов, выразили желание принять значительное количество «спецконтингента». Предполагалось, что их оценки учитывают как потребности местных предприятий, так и возможности для размещения спецпереселенцев. Зимой

---

[27] ГАНИИО. Ф. 127. Оп. 30. Д. 546. Л. 36.

[28] Жалуясь на нехватку рабочей силы (и большую долю подростков и нетрудоспособных среди имеющейся), руководство Большереченского леспромхоза в 1951 году с разочарованием отмечало, что спецконтингент «для выполнения очередных задач не является реальной рабсилой, так как, во-первых, еще неизвестно, когда они прибудут, и во-вторых, если даже прибудет, потребуется эту же силу использовать для благоустройства их самих» [ГАНИИО. Ф. 127. Оп. 30. Д. 546. Л. 23–24]. См. также [ГАНИИО. Ф. 127. Оп. 30. Д. 354. Л. 28; Оп. 26. Д. 6. Л. 383]. Ср. рассказы многих депортированных о том, что руководители местных предприятий, отбирая спецпереселенцев, старались избавиться от одиноких женщин с детьми.

[29] О роли принудительного труда в лесозаготовительной отрасли см. [Pallot 2002].

1948 и 1949 годов в преддверии намеченных на весну репрессивных операций были проведены проверки с целью определения таких возможностей, а затем составлены подробные планы, учитывающие все аспекты, вплоть до того, сколько семей, с какой станции и каким эшелоном отправится на каждое предприятие.

В 1948 году в Иркутскую область прибыло свыше 11 600 спецпереселенцев из Литвы (3331 семья), большинство из которых поступило в распоряжение леспромхозов (около 2500 семей) [ГАРФ. Ф. 9479. Оп. 1. Д. 427. Л. 101]. Год спустя, в апреле 1949 года, в ходе операции «Прибой» сюда было выслано еще около 8000 семей, большая часть которых была направлена в сельское хозяйство, а также на предприятия добывающих отраслей, в частности прииски треста «Лензолото» [ГАРФ. Ф. 9479. Оп. 1. Д. 471. Л. 75–84 и об.; Л. 71]. Одновременно в Иркутскую область поступали и другие категории «спецконтингента», прежде всего из Молдавии и Западной Украины.

В результате этих операций на 1 октября 1949 года на спецучете в Иркутской области состояло 67 110 человек, в том числе 26 080 мужчин, 25 129 женщин и 15 901 ребенок. Более половины из них составляли литовцы[30]:

Контингент	семей	чел.	муж.	жен.	детей	%
литовцы-выселенцы	7 877	25 107	7 864	9 981	7 262	37,4
литовцы-спецпереселенцы	3 406	11 163	3 378	4 626	3 159	16,6
оуновцы	3 241	8 243	1 773	4 160	2 310	12,3
власовцы	—	7 725	7 716	9	—	11,5
немцы	1 522	5 213	1 901	1 790	1 522	7,8
молдаване	1 072	3 347	921	1 264	1 162	4,9
эстонцы	726	1 648	377	785	486	2,5
указники	—	4 664	2 150	2 514	—	7,0

[30] Докладная записка о выполнении указаний МВД от 19 августа 1949 года № 3825/к о работе среди выселенцев-спецпереселенцев [ГАРФ. Ф. 9479. Оп. 1. Д. 471. Л. 220–231].

«...230 человек спецпереселенцев и вербованных рабочих размещены в землянках, не подготовленных для жилья»[31]

Несмотря на подробные планы и, казалось бы, тщательную подготовку депортаций 1948–1949 годов, опиравшуюся на накопленный органами опыт [Blum 2015], в районах размещения спецпереселенцев теория начинала быстро вступать в противоречие с действительностью[32]. Предприятия Иркутской области с трудом справлялись с приемом «спецконтингента», который надо было развезти по местам, порой на сотни километров от железнодорожных станций, а затем разместить, трудоустроить и обеспечить минимальным снабжением. Очень быстро, порой еще до старта репрессивной операции начинали поступать сигналы о грозящих проблемах. Порой это приводило к изменению первоначальных планов и переадресовке эшелонов на другие станции и предприятия[33]. Последующие проверки жилищно-бытовых условий спецпереселенцев, размещенных в области, отражали многочисленные

---

[31] ГАНИИО. Ф. 127. Оп. 14. Д. 692. Л. 47.

[32] См. о расхождениях между «эстетикой» бюрократического планирования и реальностью сталинских репрессивных операций на примере «крестьянской» ссылки [Viola 2003]; а также [Viola 2007: 96, 113].

[33] В апреле 1948 года в связи в неподготовленностью треста «Красдрев» в Шиткинском районе два эшелона были переданы другим предприятиям; кроме того, было решено не завозить литовцев в Заларинский район, так как в Заларинском лесмехпункте, куда планировалось отправить 250 человек, были «нормальные условия» только для 18 семей и «неприспособленные помещения» для еще 90, остальных — «расселять совершенно негде» [ГАРФ. Ф. 9479. Оп. 1. Д. 427. Л. 99–100]. Готовясь к приему депортированных в ходе операции «Прибой» в апреле 1949 года в связи с плохими жилищными условиями в деревнях, иркутский обком решил изменить первоначальный план и направить 1867 семей из Прибалтики в промышленность вместо колхозов. Летом 1949 года МВД предложило направить половину запланированных для размещения в Иркутской области 2000 молдавских выселенцев в леспромхозы Бурят-Монгольской АССР. Месяц спустя, установив, что трест «Тайшетлес» не принял мер для улучшения жилищно-бытовых условий, оно пригрозило передать спецпереселенцев другим предприятиям области (электронный ресурс: Фонд А. Н. Яковлева. Альманах «Россия. XX век». Документы № 4.50 URL: http://www.alexanderyakovlev.org/fond/issues-doc/1023156, № 4.68 URL: http://www.alexanderyakovlev.org/fond/issues-doc/1023213).

«недочеты», за которыми скрывались тяжелейшие условия жизни депортированных: отсутствие жилья и какого бы то ни было снабжения (одним из параметров проверок было наличие случаев дистрофии), вспышки заболеваний, вызванные недоеданием, отсутствием теплых вещей и отвратительными санитарными условиями в сочетании с отсутствием медицинской помощи[34].

Тем не менее то, как планировались и проводились депортации второй половины 1940-х годов с западных территорий СССР, а главное — то, каким образом осуществлялось впоследствии управление «спецконтингентом», указывает на возникновение или развитие иных тенденций, чем те, что характеризовали подобные операции в предшествующее десятилетие. Речь идет прежде всего о свойственных «крестьянской» ссылке начала 1930-х годов «депортациях в никуда»[35] и логике «одноразовой» рабочей силы, позволявшей временно «заткнуть дыры» в местной экономике [Viola 2007: 102]. Основанием для такого предположения служит роль экономической и отчасти социальной логики при распределении депортированных по территории области[36], растущее принятие во внимание соображений социального характера при управлении «спецконтингентом» в качестве рабочей силы в последующие годы[37], а также постепенное стирание различий между ссыльными и остальными категориями рабочей силы.

---

[34] 1948 год [ГАРФ. Ф. 9479. Оп. 1. Д. 427. Л. 102–105; ГАНИИО. Ф. 127. Оп. 17. Д. 368. Л. 103]; 1949 год [ГАРФ. Ф. 9479. Оп. 1. Д. 471. Л. 66–68, 91–96; Д. 475. Л. 75–85; ГАНИИО. Ф. 127. Оп. 14. Д. 692. Л. 48–53].

[35] Термин Н. Верта («déportations-abandons») [Werth 1997].

[36] См., например: решение исполкома Иркутской области от 23 февраля 1949 года «О мероприятиях по хозяйственному устройству и расселению выселенцев в к/х и с/х Иркутской области» [ГАНИИО. Ф. 127. Оп. 14. Д. 692. Л. 20–22].

[37] В качестве примера такого учета социального аспекта (по крайней мере, на уровне риторики) можно привести аргументы, которые использовали руководители леспромхозов, чтобы получить спецпереселенцев, приписанных к другим предприятиям. Они ссылались, например, на отсутствие в одном месте условий для размещения спецпереселенцев с семьями и, наоборот, наличие в другом поселке «семьи с личным хозяйством», а у некоторых ссыльных и собственных домов [ГАНИИО. Ф. 127. Оп. 30. Д. 545. Л. 124–125].

Следует ли видеть в этом последствия войны и вызванной ею острой нехватки рабочих рук, заставлявшей отчасти пересмотреть подход к человеческим ресурсам как к неисчерпаемым? Сыграл ли определенную роль декрет от 26 ноября 1948 года, изменив взгляд на спецпереселенцев на административном и, возможно, также индивидуальном уровне? На центральном уровне решение о превращении ссылки в вечную свидетельствовало, несомненно, об ужесточении репрессивной политики [Werth 1997], а на индивидуальном — оборачивалось трагедией сотен тысяч людей, лишавшихся надежды вернуться в родные края. Но на региональном уровне тот факт, что спецпереселенцы становились отныне и, как казалось тогда, навсегда частью местного населения, заставлял строить политику в их отношении в иной, долгосрочной перспективе и в конечном счете приводил, возможно, к постепенному изменению их социально-экономического статуса, сближая его с остальным населением.

Тенденция к такому сближению, а порой и растворению «спецконтингента» в окружающем населении прослеживается во многих архивных документах, связанных с управлением рабочей силой и в целом социально-экономической и миграционной политикой. Отчасти это проявлялось уже на этапе планирования и расселения спецпереселенцев по районам. В архивах участвовавшего в планировании областного Переселенческого отдела документы, имеющие отношение к спецконтингенту, соседствуют с документами, касающимися обычных мигрантов, в основном «переселенцев из малоземельных областей», причем в отношении обеих категорий принимаются одни и те же меры: поиск свободного жилья и возможностей для продажи прибывающим скота, наделение приусадебными участками, предоставление налоговых льгот и прочее [ГАРФ. Ф. 9479. Оп. 1. Д. 475. Л. 82, 83; ГАНИИО. Ф. 127. Оп. 14. Д. 692. Л. 22, 48–53].

В дальнейшем — за исключением специальных проверок положения спецконтингента, проводимых по инициативе МВД, и в целом всей деятельности МВД по надзору за спецпереселенцами — в местных административных документах, относящихся к производству, социальной сфере, школьному образованию

Рис. 6.1. Эстонка-спецпереселенка у двери своего дома (землянки), Новосибирская область, 1950 год. © Eela Löhmus и Archives sonores. Mémoires européennes du Goulag

и прочему, «спецконтингент» упоминается вместе с остальным населением — в тех случаях, когда он вообще выделяется в качестве такового, так как нередко присутствие спецпереселенцев среди рабочих того или иного предприятия или жителей поселка, где они, как нам известно из других материалов, составляли большинство, вообще не упоминается. С точки зрения условий труда и жизни мало что в действительности различало эти категории населения. Это отчетливо звучит во множестве документов, например в следующем обращении руководства одного из леспромхозов в обком с просьбой выделить дополнительные фонды:

> В летний период 1951 г. в Моргудейский леспромхоз прибыло в постоянные кадры 142 семьи выселенцев (из Западной Белоруссии) и 69 семей плановых переселенцев (из Тамбовской области)... Все вновь прибывшие рабочие не имеют никакой теплой одежды и обуви. Кроме этого из 616 кадровых рабочих в леспромхозе 70 % также нуждаются в теплой одежде и обуви [ГАНИИО. Ф. 127. Оп. 30. Д. 545. Л. 68].

Тремя годами ранее проверка материально-бытовых условий на шахтах Черемховского бассейна показала, что «...230 человек спецпереселенцев и вербованных рабочих размещены в землянках, не подготовленных для жилья; люди спят на голых нарах, без постельных принадлежностей, вперемешку — мужчины, женщины, дети...» (рис. 6.1) [ГАНИИО. Ф. 127. Оп. 17. Д. 365. Л. 35].

В этих и многих других архивных документах конца 1940-х — начала 1950-х годов вырисовывается своего рода общность судеб спецпереселенцев и окружающих их рабочих и колхозников: вначале общая нищета и бесправие, затем медленное улучшение материального положения. Идея сходства судеб и положения отчетливо звучит и в интервью с бывшими депортированными, прежде всего в связи с темой труда и быта.

«А что я... мне надо было работать»[38]: труд в жизни и воспоминаниях депортированных

Тема труда является одной из путеводных нитей всех интервью, не только определяя опыт жизни на спецпоселении, но и задавая тон рассказу о последующих событиях, а также сегодняшней интерпретации респондентами своего репрессивного опыта. В этих рассказах труд играет сложную, неоднозначную роль: он не только предстает в качестве тяжелой обязанности, порой непосильного бремени, но и является одновременно источником различных возможностей улучшить свое положение, наладить быт, реконструировать жизнь. В этом заключается одно из важнейших отличий режима спецпоселения от условий жизни и труда заключенных лагерей.

«Труд» при этом надо понимать широко, во всех его формах и измерениях: коллективный и домашний; принудительный и являющийся результатом индивидуальной инициативы; безальтернативный, необходимый для выживания и дающий надежду на улучшение положения. Помимо обязательного участия в коллективном труде спецпереселенцы выполняли различные иные виды работ, обрабатывая приусадебной участок, занимаясь ремеслами, вступая в неформальный обмен с окружающим населением. Все эти разнообразные формы были необходимы для выживания. Многие из них вызывали подозрение со стороны

---

[38] Интервью с Е. Паулаускайте-Таланиной [AS].

режима и не раз оказывались под угрозой запрета (ср. многочисленные проверки с целью ограничения размеров приусадебных участков у колхозников), но и в этом случае они могут рассматриваться в качестве одного из векторов советизации, если понимать последнюю как модель поведения, сочетающую официально санкционированные практики и использование различных «лазеек», помогающих выжить.

Если длившийся не одну неделю путь в ссылку вспоминается всеми депортированными как один из самых тяжелых — физически и морально — моментов («стыдно было, когда везли, как преступников», — рассказывает одна из бывших депортированных[39]), то приезд и начало работы на спецпоселении во многих рассказах оказываются связаны с определенной нормализацией положения. В сам момент высылки разрешение взять с собой домашнюю утварь и инструменты стало для кого-то из депортированных источником надежды, знаком того, что «везут работать», а не на смерть[40], а затем именно работа служила для них оправданием своего присутствия здесь, позволяя объяснить — себе и другим — депортацию. Об этом вспоминают сегодня, например, русские жители деревень, в которые были привезены «выселенцы». Отвечая на наш вопрос, было ли им что-то известно о причинах депортации, жительница села Калтук Иркутской области вспоминает разговоры с привезенными литовцами: «Они никогда

---

[39] Интервью с Е. Паулаускайте-Таланиной. Отголоски такого восприятия пути в эшелонах как одного из самых страшных моментов всей депортации можно найти в отрывках из писем и разговоров, о которых информировались — через вагонных осведомителей — начальники эшелонов. Так, начальник эшелона № 97927 докладывал начальству о подавленности «выселенцев», которые считают себя арестованными и готовятся к тому, что женщин и детей выселят на Крайний Север, а мужчин уничтожат (на такие ожидания, возможно, повлиял опыт депортации 1941 года). Если верить этому отчету, депортированные ободрились, когда им разрешили открыть окна, и объяснили, что их «всего лишь» переселяют в другие районы СССР [ГАРФ. Ф. Р-9479. Оп. 1. Д. 427. Л. 189–197].

[40] Именно так А. Кибартас описывает реакцию своих родителей, воспрянувших духом после того, как им сказали взять с собой инструменты (интервью с А. Кибартасом [AS]).

про себя не рассказывали. Никогда ничего не говорили... А мы спрашивали... А они всё говорили: нас отправили сюда работать»[41].

В удивительную перекличку с этими и другими воспоминаниями, ставящими акцент на функции спецпереселенцев как рабочей силы, вступает такой специфический источник, как письма депортированных, подвергшиеся «почтовому контролю» (т. е. перлюстрации) и включенные в спецсообщения и сводки МГБ. В одном из этих писем, отправленных в 1949 году из Якутской АССР в Литву, упоминается и стигмат — ярлык кулака, снять или сгладить который парадоксальным образом позволяла высылка, и сходства в положении спецпереселенцев и окружающего населения:

> Мамочка, здесь на новом месте не играют на нервах. По моим соображениям, жизнь везде одинаковая, только здесь уже не называют кулаками и не прозывают другими разными именами, а зовут только рабочими... Я на жизнь не обижаюсь, отработаю мне положенные часы, а потом иду домой, покушаю и спокойно занимаюсь чем мне нравится. Когда посмотрю кругом, то я живу не хуже, чем другие, а может быть даже лучше...[42]

Вряд ли стоит вслед за прилежными читателями чужих писем из МГБ интерпретировать эти слова как показатель невероятной успешности осуществляемой ими политики репрессий. Эти и другие похожие слова из писем тех лет и недавних интервью свидетельствуют прежде всего о сильнейшем давлении, которому в те годы подвергалось сельское население Прибалтики в ходе принудительных хлебозаготовок, коллективизации и борьбы с реальными и мнимыми «участниками нацподполья» и их «пособниками». Именно это заставляет одного из наших респондентов, Йозаса Миляуцкаса, произнести на первый взгляд парадоксальные слова

---

41 Интервью с А. Беломестных, записано А. Блюмом, Э. Кустовой и Л. М. Салаховой, село Калтук (Иркутская область), август 2009 года [AS].

42 Спецсообщение на имя начальника 2-го ГУ МГБ СССР [LYA. Ф. К-1. Оп. 10. Д. 69. Л. 319]. Ему вторит автор другого письма: «Мы сейчас спокойны, ибо никто не называет ни кулаками, ни выродками, ни сволочами. Нам объявили, что мы здесь на равных правах со всеми гражданами и кто сколько заработает, столько и получит...» [LYA. Ф. К-1. Оп. 10. Д. 69].

об облегчении, которое испытала его семья, оказавшись на спецпоселении в Иркутской области, после того как в течение нескольких лет в Литве им неоднократно приходилось прятаться то от «лесных братьев», когда те приходили за едой, то от выселения, грозящего «бандпособникам»: «Здесь никто не бил. Здесь отец говорил: "я здесь отдыхаю". Потому что лег спать, и никто не придет к нему. А там не те, так другие ломились... И всю ночь переживать... Слышишь — выстрел. А куда ты пойдешь? Мечешься всю ночь. Утром встали — нет поросенка. И сено увезли»[43].

Разумеется, политическая стигматизация не исчезала мгновенно, более того, она не ограничивалась взаимоотношениями индивида с властью, накладывая отпечаток и на отношение со стороны окружающих. Многие свидетели говорят — чаще всего неохотно и не сразу — о том, что местные жители вначале их называли «фашистами», «бандитами», «бандеровцами»[44].

В этой ситуации именно труд и роль рабочей силы являлись теми — практически единственными — механизмами, которые могли улучшить положение депортированных, позволяя перейти от статуса «преступников» к иному, адаптироваться, а порой и интегрироваться в местное сообщество. Совместный труд позволял установить первые контакты с окружающим населением, вслед за которыми нередко начинало меняться и восприятие спецпереселенцев. Эта тема звучит во всех интервью: местные жители, депортированные, вернувшиеся на родину, и те, кто остался жить в Сибири, — все говорят об уважении со стороны окружающих, которого добивались спецпереселенцы своим трудом.

---

43 Интервью с Йозасом Миляуцкасом, записано А. Блюмом, Э. Кустовой и Л. М. Салаховой, город Братск (Иркутская область), август 2009 года. См. также посвященную ему страницу, URL: http://museum.gulagmemories.eu/ru/salle/iozas-milyautskas (дата обращения: 22.03.2020).

44 Интервью с А. Каунасом, записано А. Блюмом и Э. М. Кустовой, село Тангуй (Иркутская область), январь 2010 года [AS]. См. также URL: http://museum.gulagmemories.eu/fr/salle/anton-kaunas (дата обращения: 22.03.2020). Интервью с Е. Паулаускайте-Таланиной; Интервью с М. Контримайте; Интервью с К. Маковецкой, записано А. Блюмом, Э. М. Кустовой и Л. М. Салаховой, село Бада (Иркутская область), январь 2010 года [AS].

Из их воспоминаний не вытеснены при этом ни принудительный характер труда, ни его тяжесть, ни нищенские условия жизни. Рассказывая о том, как их водили, «как баранов», работать на колхозные поля, респонденты подчеркивают обязательный характер труда, уклонение от которого было чревато последствиями: «Мне надо было работать, чтобы земли кусочек там получить, картошки посадить. Если не будешь работать, даже с квартиры выгонят. <...> Я в 14 лет работала не по 8 часов, а по 16 часов. И днем и ночью заставляли работать...»[45].

Труд являлся прежде всего средством выживания, порой недостаточным. Елена Паулаускайте-Таланина рассказывает, что, несмотря на тяжелый труд, заработанного ею в колхозе им с матерью не хватало[46] и своим выживанием они были обязаны помощи со стороны оставшихся в Литве родных, которые с первых дней «всё присылали из дома»: денежные переводы, «мясо, сало, сахар, одежду»[47]. Важную роль могли сыграть и вещи, захваченные с собой при высылке. В ходе операций «Весна» и «Прибой» каждая семья имела право взять с собой до 1500 кг груза[48], но отнюдь не всем удавалось реализовать это теоретическое право в силу обстоятельств, сопровождавших высылку (время, отведенное на сборы, наличие транспорта и прочее). В результате если некоторые свидетели говорят, что у них было с собой лишь немного наспех захваченной одежды и еды, то другие упоминают большое количество предметов, в том числе крупных. Именно взятые с собой продукты (мука, картофель, а порой и наспех заколотые или даже

---

45 Интервью с Е. Паулаускайте-Таланиной [AS].

46 Ср. данные о выдаче хлеба на трудодни в колхозах Качугского района (Иркутская область): в 1948 году в 40 колхозах из 46 выдавалось от 100 до 500 г хлеба на трудодень [ГАНИИО. Ф. 127. Оп. 14. Д. 692. Л. 47].

47 Интервью с Е. Паулаускайте-Таланиной. Ср. результаты обследования положения спецпереселенцев в колхозах Качугского района: «иждивенцы» живут исключительно за счет приобретения продуктов в магазинах на привезенные с собой деньги [ГАНИИО. Ф. 127. Оп. 14. Д. 692. Л. 48–53].

48 Приказ министра внутренних дел СССР № 00225 «О выселении с территории Литвы, Латвии и Эстонии кулаков с семьями, семей бандитов и националистов, 12 марта 1949 года» [История сталинского ГУЛАГа 2004: 519–522].

застреленные солдатами конвоя поросята, которых потом удавалось отварить в пути, если повезло с начальником эшелона[49]) помогали выжить в первые месяцы, в то время как захваченная из дома одежда и домашняя утварь могли играть важную роль многие месяцы, а то и годы спустя[50]. В условиях «экстремальной» повседневности (пользуясь предложенным С. Красильниковым и Л. Виолой понятием [Красильников и Виола 2006: 53]), т. е. прежде всего в пути и в первое время ссылки, отсутствие необходимого запаса вещей и продуктов могло поставить под угрозу жизнь спецпереселенцев: так, авторы одного из отчетов о расселении выселенцев по колхозам Иркутской области особо отмечали «затруднительное положение» тех из них, кто был выселен из городов и потому не имел с собой достаточных запасов продовольствия [ГАРФ. Ф. Р-9479. Оп. 1. Д. 475. Л. 80][51]. Впоследствии в условиях «нормативной» повседневности отдельные предметы, прежде всего орудия труда, могли стать важным рычагом адаптации и залогом улучшения материального положения: швейная машинка, взятая из дома предусмотрительной матерью, которая потом будет обшивать свою семью и соседей, столярный инструмент, захваченный отцом, и другое.

«Маленько поправились... Привыкли уже к этой жизни»[52]

Как отмечают С. А. Красильников и Л. Виола, труд представлял собой для спецпереселенцев прежде всего «средство выживания, и только затем он мог эволюционировать в средство к существованию, удовлетворению своих потребностей, инструмент повышения социального статуса и т. д.» [Красильников и Виола 2006: 50]. Эту эволюцию позволяют проследить интервью, причем

---

[49] Интервью с А. Кибартасом; [ГАРФ. Ф. Р-9479. Оп. 1. Д. 427. Л. 193]. См. также о частых кражах имущества выселенцев солдатами конвоя (докладные записки начальников эшелонов, там же).

[50] О роли предметов, захваченных из дома, и в целом о материальном мире спецпоселений см. [Koustova 2017].

[51] 30 апреля 1949 года.

[52] Интервью с Й. Миляуцкасом [AS].

многие из них заставляют не согласиться с другим выводом этих авторов, отмечающих отсутствие позитивной мотивации к труду у спецпереселенцев, которые, по их наблюдениям, рассматривали его прежде всего как возможность покинуть спецпоселение [Красильников и Виола 2006: 50]. В воспоминаниях респондентов, прошедших опыт послевоенного «вечного» спецпоселения, можно найти признаки именно позитивной мотивации, если считать таковой нацеленность на реконструкцию своей жизни в новых, пусть и очень тяжелых условиях и рассматривать труд во всех его формах.

В воспоминаниях Йозаса Миляуцкаса труд предстает в качестве способа наладить, (ре)конструировать жизнь, а нередко и как источник удовольствия и гордости — например, когда он упоминает свой первый колесный трактор или рассказывает о том, как пригонял за 500 км из Иркутска комбайны. И сегодня, шестьдесят лет спустя, он подробно описывает, сколько зерна его семья получала на трудодень и как это количество росло по мере улучшения ситуации:

> Потом уже, через два года, мы получили 70 кг пшеницы. За год! 10 копеек на трудодень тогда платили. А потом, когда я стал трактористом, комбайнером работать, мы по 8, по 10 центнеров, по тонне, по полторы тонны получать стали. Скот стали тогда кормить, свиней кормить, коров кормить, гусей. Мельница своя была, мололи муку свою. Стали жить... [AS].

Ему вторит и Антанас Каунас, который с видимым удовольствием рассказывает и о работе на тракторе, и об охоте, которая когда-то в голодные годы помогала выжить его семье, а потом на всю жизнь стала его главным увлечением (и дала возможность немного подрабатывать)[53]. Зато в уже цитировавшемся выше интервью Елены Паулаускайте труд предстает прежде всего в качестве непосильного бремени. Младшая дочь зажиточных крестьян, она была выслана из Литвы подростком вдвоем с немолодой матерью. В Сибири ей пришлось пойти работать в кол-

[53] Интервью с А. Каунасом [AS].

Рис. 6.2. Бригада литовских и бурятских лесорубов с электропилой, Бурятская АССР, 1952 год. © Rymgaudas Ruzgys и Archives sonores. Mémoires européennes du Goulag

хоз и взять на себя обеспечение семьи. Тема изнурительного труда красной нитью проходит через все ее интервью, возникая по разным поводам, например при упоминании школы, в которую ходили некоторые ее подружки («А мне надо было работать»), в ответ на вопрос, ходила ли она с другими детьми в лес за ягодами («Какая ягода, когда мы работали!»), или по поводу реакции на сообщение о смерти Сталина («Да, люди слушали радио... — А вы? — А что я, я пришла с работы, лежала...»). Тем не менее и в ее воспоминаниях отчетливо звучит идея постепенного улучшения материального положения как спецпереселенцев, так и остальных колхозников и гордость за свою репутацию хорошей работницы. В ее рассказе примерная работа и связанное с ней общественное признание служат основой для своего рода «самореабилитации», например, когда она говорит: «Я работала безотказно всегда, меня награждали подарками...» — в ответ на вопрос, не опасался ли ее будущий муж, демобилизованный комсомолец, жениться на литовке-спецпереселенке.

Архивные документы подтверждают, что на спецпереселенцев распространялось действие тех незамысловатых механизмов поощрения, которые применял режим для поднятия дисциплины и производительности. В послевоенные годы в Иркутской области имена спецпереселенцев: литовцев, молдаван, украинцев — регулярно встречаются среди победителей соцсоревнования, стахановцев и бригад, получающих переходящее Красное знамя [ГАНИИО. Ф. 127. Оп. 30. Д. 545. Л. 28; Д. 546. Л. 38, 225]. Особенно востребованными были навыки механизированного труда (вождение трактора или грузовика, опыт использования электропил и прочее). Они позволяли, например, получить доступ к более престижной работе тракториста или шофера или повысить производительность, а следовательно, и оплату труда спецпереселенцев в леспромхозах (рис. 6.2)[54]. Молодежь из числа «спецконтингента» шла на курсы механизаторов, шоферов, а взрослым спецпереселенцам в условиях дефицита обученной рабочей силы порой удавалось получить доступ к этим профессиям благодаря имевшемуся у них практическому опыту [ГАНИИО. Ф. 127. Оп. 30. Д. 548. Л. 94–96]. Спецпереселенцам могли пригодиться и такие традиционные ремесла, как строительное, плотницкое, столярное дело; будучи востребованными на предприятиях и в колхозах, эти ремесла порой позволяли получить более квалифицированную и чуть лучше оплачиваемую работу[55]. Роль этих навыков была велика как в области коллективного труда, так и в сфере неформальных экономических отношений. Отец Марите Контримайте не только ценился начальством как отличный плотник и мастер на все руки (по прибытии в Бодайбо это позволило его семье избежать отправки в более глухие места, а в дальнейшем упростило возвращение в родную деревню в Литве), но и славился среди соседей своим умением закалывать поросят, что обеспечивало ему свежее мясо в качестве вознаграждения за эту работу[56].

---

[54] Интервью с Й. Миляуцкасом; Интервью с А. Каунасом; Интервью с Р. Рузгисом, записано Ю. Мачулите и В. Аугилюсом, Вильнюс, октябрь 2009 года (на литовском языке) [AS]. См. также URL: http://museum.gulagmemories.eu/ru/salle/rimgaudas-ruzgis (дата обращения: 22.03.2020).

[55] Интервью с А. Каунасом; Интервью с М. Контримайте [AS].

[56] Интервью с М. Контримайте [AS].

В рассказах бывших депортированных причудливо смешиваются знаки признания и улучшения положения, связанные с этими различными сферами. Талон на покупку сапог, полученный Е. Паулаускайте-Таланиной за хорошую работу (после первой сибирской зимы, проведенной в галошах), и почетные грамоты Йозаса Миляуцкаса соседствуют со знаками уважения со стороны местных жителей. Все это, в свою очередь, давало возможность включиться в сложную систему неформальных связей, где было место и для работы за плату, и для натурального обмена товарами и услугами, и для проявления солидарности [Koustova 2017: 39–42].

Таким образом, в этих интервью отразилось многообразие тактик, использовавшихся спецпереселенцами для адаптации и улучшения своего положения. Они свидетельствуют о постепенном овладении широким спектром норм и стратегий советского населения: от таких официально санкционированных механизмов, как учеба и повышение квалификации, до неформальных, а порой и официально осуждаемых тактик, например использования знакомств для получения менее тяжелой или лучше оплачиваемой работы[57]. Заметим, что следы вышеописанного можно встретить и в архивных материалах, например в связи с проверками в лесной промышленности Иркутской области, которые кое-где выявили «засилие литовцев в системе общественного питания, торговле и детских учреждениях» и предосудительные связи между спецпереселенцами и местным начальством, забывающим, по словам партийного инструктора, что «надо знать время, место, учитывать обстановку и знать, с кем пить»[58].

---

[57] Интервью с Ю. Зархи, записано М. Кравери и Ю. Мачулите, Каунас, июнь 2009 года [AS]. См. также URL: http://museum.gulagmemories.eu/ru/salle/yuliana-zarkhi (дата обращения: 22.03.2020). Интервью с М. Контримайте; Интервью с А. Каунасом [AS].

[58] Причиной одной из этих проверок стала, видимо, жалоба кого-то из других рабочих на то, что литовцы получают более легкую работу, пользуясь покровительством со стороны коменданта и руководителя этого мехлеспункта [ГАНИИО. Ф. 127. Оп. 17. Д. 368. Л. 18–20 и 52–55].

«Славно пляшут эти литовцы!»[59]

Если коллективный труд способствовал расширению контактов с окружающим наднациональным миром, то вне работы общение взрослых спецпереселенцев происходило скорее внутри национальных сообществ, по крайней мере до возвращения значительной части спецпереселенцев на родину в конце 1950-х годов[60].

Особую роль здесь играли религиозные практики. Во многих интервью встречаются упоминания семейных и коллективных молитв, религиозных обрядов, совершаемых вначале без священников, а с середины 1950-х годов, когда тех начнут освобождать из лагерей, иногда и с их участием[61]. Кроме того, регулярно упоминаются национальные праздники и другие традиционные формы досуга, объединявшие спецпереселенцев одного происхождения. Именно такие моменты, а также свадьбы, похороны (рис. 6.3), крестины чаще всего оказываются запечатленными на фотографиях, сделанных на спецпоселении[62].

Кое-где спецпереселенцам удавалось организовать подобие воскресной школы, где дети обучались чтению и письму на родном языке. Все это способствовало не только сплочению национальной общины на местном уровне, но и сохранению символических связей с родиной, воспроизводству идентификации с ней у младшего поколения и поддержанию надежд на возвращение[63]. Такие связи поддерживались и благодаря рассказам старших, письмам и посылкам с родины, присутствию в жилищах спецпереселенцев фотографий и предметов, напоминающих

---

59 Интервью с М. Контримайте [AS].

60 Подробнее о воссоздании и функционировании национальных сообществ в ссылке [Кустова 2014б].

61 Интервью с Н. Тутик, записано М. Эли и М. Кравери, Львов, октябрь 2009 года; Интервью с Е. Паулаускайте-Таланиной; Интервью с Р. Рузгисом, записано А. Блюмом и Э. Кустовой, Вильнюс, июнь 2011 года [AS].

62 См. многочисленные фотографии из личных архивов бывших депортированных, URL: http://museum.gulagmemories.eu/ru/thematique (дата обращения: 23.03.2020).

63 Ср. тексты песен из архивов МВД, анализируемые в [Башкуев 2012: 33–37].

Рис. 6.3. Похороны литовца-спецпереселенца, Иркутская область, 1950-е годы. © Bronius Zlatkus и Archives sonores. Mémoires européennes du Goulag

о родном доме. Идентификация с порой почти не знакомой родиной могла быть настолько сильной, что некоторые выросшие в изгнании дети пережили разочарование, вернувшись в родные края. О контрасте между мечтами о родине и первыми впечатлениями от встречи с ней ярко рассказывает Марите Контримайте:

> Родину я представляла очень красивой: цветущие поля, красивые дома, которые я видела на картинках учебника для чтения. Мне снились цветущие сады. В Сибири этого быть не могло. Это у меня даже немного трансформировалось, и я видела во сне цветущие ели. <...> У меня было страшное разочарование после возвращения в Литву. Потому что я приехала в ноябре, деревья были без листьев, где там уж цветы, все хмурое, грязное[64].

Если религиозные обряды подвергались однозначному осуждению, то отношение властей к другим этнически маркированным культурным практикам было более сложным и балансировало между запретным и дозволенным. Точные границы допустимого

---

[64] Интервью с М. Контримайте. Об образе родины у ссыльных литовцев [Balkelis 2017: 56–61].

Рис. 6.4. Литовские музыканты, Бурятская АССР, середина 1950-х годов. © Rimgaudas Ruzgys и Archives sonores. Mémoires européennes du Goulag

зависели от времени и местных условий. Часть респондентов говорит о том, что петь песни на родном языке можно было только в пределах дома, тогда как другие подчеркивают, что никто не таился, устраивая национальные праздники, в том числе на улице. Как об этом свидетельствуют материалы из архивов МВД, такие формы общения и связей среди спецпереселенцев одного происхождения вызывали живой интерес со стороны органов МВД и порой служили поводом для арестов по обвинению в националистической и антисоветской деятельности[65].

В то же время существовали и возможности для включения национальных культурных практик в сферу официальной советской культуры, например в форме участия спецпоселенческой молодежи в самодеятельности. По словам Марите Контримайте, литовские дети и подростки, занимавшиеся по воскресеньям с ее матерью-учительницей, были известны в Бодайбо своими талантами: «Они учились петь, танцевать и даже выступали на каких-то русских праздниках, их уже знали и говорили: "Славно пляшут эти литовцы!"»[66]. Римгаудас Рузгис также рассказывает о музыкальных и театральных выступлениях литовского ансамбля, созданного в его селе, и даже упоминает поездки на районный

[65] См. [Башкуев 2012].

[66] Интервью с М. Контримайте [AS].

слет самодеятельности (рис. 6.4). Такой размах их деятельность приобрела, видимо, уже в середине 1950-х годов, тогда как в первое время к ней относились с подозрением, и для постановки любительских спектаклей требовалось специальное разрешение. Кстати, если в этом селе литовская молодежь имела возможность играть спектакли на родном языке (правда, переводы пьес поступали на проверку к коменданту), то где-то, как подчеркивалось в отчетах, спецпереселенцы выступали на русском [ГАНИИО. Ф. 127. Оп. 30. Д. 546. Л. 105–111].

Можно предположить, что такие практики способствовали частичному снятию напряжения между потенциально стигматизируемой и травматической этнической идентификацией и ощущением включенности в наднациональное советское общество, с которым росла часть молодых спецпереселенцев. Заметим, что даже те интервью, где, как в случае Римгаудаса Рузгиса и Марите Контримайте, много внимания уделяется воспоминаниям о внутриобщинной жизни, содержат многочисленные явные или косвенные упоминания связей с местными жителями и спецпереселенцами другого этнического происхождения. В интервью с некоторыми свидетелями отношения с местными (в основном русскими) жителями порой заслоняют внутриобщинные связи, указывая на значительную включенность в местный социум[67]. Особенно сильны такие связи в рассказах младшего поколения спецпереселенцев: в их воспоминаниях об отношениях со сверстниками упоминание этнической принадлежности и статуса окружающих часто отсутствует, свидетельствуя о стирании границ между этническим и наднациональным сообществами.

III. (Бывшие) спецпереселенцы: такие же, как все, или всегда иные?

Означает ли такая интеграция идентификацию с советским политическим и социальным проектом, с официальной системой ценностей и норм в том виде, в котором они формулировались

---

[67] Интервью с Й. Миляуцкасом; Интервью с А. Каунасом [AS].

в идеологическом поле, например внутри пионерской, комсомольской или партийной организаций? В какой степени попытки такой идентификации вступали в противоречие со статусом (бывшего) спецпереселенца? И шире, в какой мере и в каких областях депортированные сталкивались с проявлениями стигматизации и дискриминации, в том числе после снятия со спецучета?

«...С 6 лет воспитывался в советском обществе, советской школой, советскими педагогами, иной жизни не помнит и не знает»[68]

Одним из ключевых пространств социализации младшего поколения спецпереселенцев была школа. Для кого-то из них она была прежде всего пространством общения с другими детьми, местом, где рано столкнувшиеся со взрослой жизнью дети и подростки вновь на время обретали подобие детства[69]. В то же время в стенах школы усваивались коды, практики и нормы, которые делали возможной дальнейшую интеграцию и восходящую социальную мобильность[70]. Большое значение имело изучение русского языка, знание которого могло сыграть важную роль в дальнейшей судьбе индивида, в первую очередь при принятии решения о продолжении учебы, выборе специализации и места обучения. Помимо прямого политического воспитания, например в рамках пионерской организации, школьное образование способствовало усвоению набора советских культурных кодов, отголоски которых до сих пор звучат в интервью с бывшими депортированными. В процитированном в начале статьи фрагменте Антанас Кибартас, желая охарактеризовать представ-

---

[68] Из письма матери, ходатайствующей об освобождении сына со спецпоселения [LYA. Ф. V5. Оп. 1. Д. 38493/5. Л. 59].

[69] См. об этом в [Кравери и Лозански 2012: 182].

[70] Ср. о роли школы как «пространства надежды и возможностей», дававшего некоторым шанс покинуть «архипелаг» крестьянских спецпоселений [Viola 2007: 171–173].

ления, с которыми он вернулся со спецпоселения, без запинки перечисляет имена авторов и героев ключевых для советского воспитательного дискурса литературных произведений: «Как закалялась сталь», «Повесть о настоящем человеке», «Тимур и его команда». Вспоминая о том, как родители нелегально отправили ее из Бодайбо к родственникам в Литву, Марите Контримайте рассказывает, как, обнаружив, что на вокзале ее никто не встречает, она «...подумала: я читала про дядю Степу — милиционера, который спасает детей, приводит домой заблудившихся, и решила поискать милицию. Как раз то самое, что не надо было делать».

Пример Марите показывает, что даже тем семьям, в которых, подобно ее, родители уделяли большое внимание «несоветскому» воспитанию детей (путем передачи национальной культуры, приобщения к религиозным практикам и нескрываемого критического отношения к режиму), с трудом удавалось противостоять влиянию, шедшему через школу. В использованных здесь архивных материалах и интервью мы не находим следов намеренной политики раскола поколений, о которой пишут исследователи «крестьянской» ссылки [Суслов 2010: 37, 164, 202; Klimkova 2007: 129]. Но даже в отсутствие такой политики в воспоминаниях звучат отголоски того напряжения, а порой и открытых конфликтов, к которым могла приводить растущая включенность младшего поколения спецпереселенцев в окружающую — советскую — среду. Чаще всего это проявлялось при пересечении той весьма условной черты, которая отделяла учебу и общение с другими детьми от участия в школьной общественной жизни.

Если вступление в партию — после снятия со спецучета — оставалось редким фактом, то членство в пионерской и комсомольской организациях было распространенной практикой среди детей спецпереселенцев. Именно вступление в комсомол воспринималось, видимо, как важный шаг по пути интеграции и в качестве такового могло стать причиной конфликтов с другими членами семьи, а сегодня — явиться предметом размышлений со стороны наших информантов. В качестве объяснения своего вступления в комсомол они приводят разнообразные как идейные, так и иные соображения: юношеский идеализм («романтиком-комсомолкой» называет себя Надежда Тутик), желание быть частью передовой советской молодежи или осознание того факта, что без рекомендации со стороны комсомольской организации нельзя продолжить учебу[71]. Марите Контримайте рассказывает об этом следующим образом:

> Понимаете, в Литве, когда мои родители приехали, я уже была пионеркой. Сама пошла. Мне нужна была какая-то идеология и эта розовая оттепель, когда реабилитировали родителей. Хоть там и были ошибки и перегибы, теперь мы все будем братья, друзья. Я сама поступила в комсомол. Когда родители узнали, мама ругалась, а папа плакал. Мне было очень больно, но я думала, что не понимают они, что мы будем строить светлое будущее и все будет хорошо[72].

Это и другие интервью заставляют меня не согласиться с идеей, согласно которой опыт депортации стал прежде всего школой антикоммунизма и привел, по словам одного из исследователей, к «формированию целого поколения молодежи, которая не питала никаких иллюзий относительно жизни в советском государстве» [Balkelis 2017: 55]. Одного опыта спецпоселения могло быть недостаточно для того, чтобы не дать появиться таким иллюзиям. Зато они могли постепенно развеяться впоследствии, в 1960–70-е годы или в период перестройки. Интересно отметить, что нередко такое переосмысление происходило изнутри, с позиций активной включенности. Это особенно ярко проступает в рассказах Марите Контримайте и Антанаса Кибартаса. И та и другой вспоминают, как, став по возвращении в Литву секретарями школьных комсомольских организаций и соприкоснувшись с мелкой местной элитой, они были шокированы царившим в этой среде лицемерием и ложью. Это привело обоих к быстрому дистанцированию по отношению к комсомольскому движению, а затем и к постепенному более широкому пересмотру взглядов на окружающее общество. В судьбах других бывших

---

[71] Интервью с Н. Тутик; Интервью с М. Контримайте [AS].

[72] Интервью с М. Контримайте [AS].

спецпереселенцев роль катализатора для такого пересмотра взглядов могло сыграть осознание трагического опыта депортации, к которому они пришли через лучшее понимание испытаний, выпавших на долю их родителей и всех взрослых жертв ссылки [Purs 2013: 37; Кравери и Лозански 2012: 177].

«...Дали понять, что не принят как спецпереселенец»

Эти слова, как и те, что были вынесены в заголовок предыдущего параграфа, взяты из письма, адресованного в сентябре 1953 года министру внутренних дел Круглову одной из литовских ссыльных [LYA. Ф. V5. Оп. 1. Д. 38493/5. Л. 58]. Умоляя освободить ее сына от режима спецпоселения, она описывала последствия этого «позорного пятна», которые ставили под вопрос дальнейшую судьбу 18-летнего юноши: от невозможности вступить в комсомол до отказа в зачислении в институт, несмотря на успешную сдачу экзаменов, на которые ему пришлось ездить, по словам матери, «под конвоем, как преступнику»[73].

Описанное в письме сочетание прямых и косвенных форм дискриминации и стигматизации характерно для положения спецпереселенцев. В период жизни на спецпоселении главной формой дискриминации было ограничение свободы передвижения. На повседневном уровне оно означало необходимость еженедельно (позднее ежемесячно) отмечаться у коменданта и в целом ставило спецпереселенцев в сильную зависимость от коменданта и вышестоящих органов МВД, которые давали разрешение отлучиться за пределы спецкомендатуры (например, для лечения или учебы) и решали многие другие важнейшие вопросы [ГАРФ. Ф. Р-5446. Оп. 47а. Д. 3205. Л. 13–14][74]. Конвоирование,

---

73 Подробнее о письмах и жалобах ссыльных [Кустова 2014а].

74 Постановление СНК СССР № 34–14с «Об утверждении положения о спецкомендатурах» и Постановление СНК СССР № 35 «О правовом положении спецпереселенцев», 8 января 1945 года. Опубликованы в [Милова 1992: 76–80]. См. подробное рассмотрение правового статуса спецпереселенцев в [Белковец 2008].

которому в ряде случаев подлежали спецпереселенцы при перемещении за пределы района расселения, также воспринималось многими как явный стигмат, своего рода клеймо «преступника»[75]. Эти напрямую обусловленные статусом спецпереселенцев формы дискриминации дополнялись на практике многими другими, конкретные проявления и степень которых могли варьировать. Во многом они зависели от местных властей: от представителей органов МВД и МГБ до председателя колхоза или директора леспромхоза. Об этом свидетельствуют, в частности, заметные различия в том, что касалось членства в общественных организациях: среди наших информантов есть как те, кто — подобно герою процитированного выше письма — не смог стать пионером и комсомольцем и тяжело переживал эту ситуацию, воспринимая ее как стигмат и форму маргинализации[76], так и — правда, крайне редкие — случаи, когда спецпереселенцам, например, предлагали вступить в партию[77].

Парадоксальным на первый взгляд образом тема дискриминации начинает отчетливее звучать во многих интервью, когда речь заходит о периоде после снятия со спецучета. Большинство депортированных, особенно те, кто вернулся к себе на родину, упоминают такие ее проявления, как трудный доступ к высшему образованию, невозможность прописаться в большом городе или вернуться в родную деревню или город, препятствия на пути карьеры

---

[75] Ср.: Р. Рузгис о подозрительном вначале отношении местных жителей, которое он объясняет тем, что литовских спецпереселенцев привезли в бурятскую деревню под конвоем [AS].

[76] Ср. интервью с Ярославом Погарским (записано А. Блюмом, Переяслав-Хмельницкий, 2009 год) и его анализ в статье [Блюм 2016], а также на сайте: http://museum.gulagmemories.eu/ru/media/pogarskij-5 (дата обращения: 23.03.2020).

[77] Интервью с М. Контримайте. Статус спецпереселенца не считался несовместимым с членством в партии, и в мае 1953 года среди «спецконтингента» насчитывалось 8000 членов и кандидатов в члены партии (Письмо С. Н. Круглова в ЦК КПС, июль 1953 года [ГАРФ. Ф. 9479. Оп. 1. Д. 725. Л. 182]). Можно предположить, что большинство среди них составляли представители «наказанных народов», которые сохраняли в ссылке комсомольские и партийные ячейки [Земсков 2005].

и вмешательства органов на том или ином этапе жизни, а также угрозу стигматизации со стороны окружающих, которая обрекала многих на полное молчание относительно своего прошлого.

Прежде чем говорить о возможных формах и масштабах дискриминации, следует напомнить, что большинство бывших спецпереселенцев было реабилитировано только в конце 1980-х годов[78]. В момент освобождения решение об их высылке не было признано ошибочным, и политические и социальные клейма, которые когда-то обусловили их зачисление в депортируемый контингент («кулак», «член семьи бандпособника»), оставались в силе. Это делало их положение особенно уязвимым — в условиях, когда даже официальная реабилитация отнюдь не исключала дискриминацию [Adler 1999: 13][79].

Если в отношении возвращения на родину и прописки бывших спецпереселенцев, чья высылка не была признана «необоснованной», существовали официальные ограничения, то в остальных сферах дискриминация не только не была оформлена юридически, но и оставалась негласной или даже имплицитной. В архивах можно найти косвенные подтверждения того, что прошлое индивида как спецпереселенца могло на протяжении всего советского периода оказывать влияние на его судьбу, сказываясь, в частности, на карьере. Так, в учетных делах некоторых бывших спецпереселенцев (в том числе тех, кто находился на спецпоселении в детском возрасте) отразилось их использование вплоть до второй половины 1980-х годов в ходе проверок при оформлении доступа к секретной информации, поступлении на новую работу или выдаче разрешения на поездку за границу[80].

Эти и другие факты указывают на то, что дискриминация проявлялась по-разному и в разной степени внутри различных социально-профессиональных групп. Оставшись жить в сибир-

---

[78] Так, в Литве по состоянию на 1 мая 1988 года было признано реабилитированными (или необоснованно высланными) чуть больше 10 % из 37 362 депортированных семей [LYA. Ф. V-135. Оп. 7. Д. 549. Л. 91].

[79] Подробно о различных типах проблем, с которыми сталкивались бывшие узники ГУЛАГа: [Адлер 2005: гл. 5].

[80] Например, [LYA. Ф. V5. Оп. 1. Д. 23398/5, 38493/5, 11986/5].

ской деревне, бывшие депортированные, видимо, редко сталкивались с прямыми ее проявлениями — при условии, что их траектория пролегала вне политически окрашенных сфер[81]. И здесь, правда, можно было столкнуться со своего рода «стеклянным потолком»: Ксения Маковецкая, ребенком оказавшаяся в ссылке, впоследствии неоднократно премировалась как лучшая доярка, ездила в этом качестве на ВДНХ, а ее муж, тоже из ссыльных украинцев, был бригадиром, а затем заведовал фермой. Но когда уже в 1970-е годы Ксению решили выдвинуть районным депутатом, «наверху», по ее словам, вспомнили о ее происхождении. Свидетельств такого «стеклянного потолка» становилось тем больше, чем дальше вела некоторых бывших спецпереселенцев и их детей восходящая мобильность и чем ближе они подходили к ключевым для режима, политически окрашенным должностям и профессиональным сферам.

Высота такого потолка и охватываемые им сферы, судя по всему, варьировали от региона к региону. И интервью, и архивные документы свидетельствуют о более сильном давлении на бывших спецпереселенцев в Прибалтике и Украине, чем в Сибири. В документах литовского МГБ — КГБ конца 1940-х — первой половины 1950-х годов наличие родственников-выселенцев, а тем более переписка и оказание им помощи постоянно упоминаются в качестве компрометирующего факта, достаточного, например, для увольнения. Это касается прежде всего новых советских национальных элит различного уровня (например, председателей колхозов, депутатов местных советов, университетских преподавателей, молодежи, отобранной для поездки на учебу в Москву и Ленинград)[82], но порой упоминается и по поводу, скажем, ра-

---

[81] Ср. гипотезу О. Климковой об отсутствии или недостаточном осознании крестьянскими семьями ограничений, связанных со статусом спецпереселенцев [Klimkova 2007: 125].

[82] Докладная записка о засоренности преподавательских кадров средних и начальных учебных заведений ЛССР [LYA. Ф. К-1. Оп. 10. Д. 99. Л. 85, 336]; Спецсообщение секретарю ЦК КПЛ Снечкусу от министра ГБ Кондакова, 27 марта 1953 года [LYA. Ф. К-1. Оп. 10. Д. 152. Л. 85–86]; Докладная записка Снечкусу о результатах дополнительной проверки студентов, направленных на учебу в Москву, март 1953 года [LYA. Ф. К-1. Оп. 10. Д. 155. Л. 108–111].

ботниц свинофермы[83]. Когда во второй половине 1950-х годов спецпереселенцы начнут возвращаться на родину, они не только окажутся под особым наблюдением КГБ в качестве одного из основных подозрительных контингентов[84], но и столкнутся с отторжением со стороны части окружающих[85].

Это приведет в том числе к возвращению в места ссылки некоторых бывших депортированных после неудачной попытки обосноваться на родине. Один из наших информантов литовского происхождения, выросший на спецпоселении в Сибири, в 1960-е годы, в начале своей службы в органах МВД, отправился в Литву, чтобы узнать о возможности вернуться туда. Он попал на прием к одному из начальников Вильнюсского городского отдела МВД, который недвусмысленно дал ему понять, что с такой анкетой шансов на карьеру у него в Литве не будет. В результате наш информант вернулся в Россию, где — несмотря на некоторые препятствия — сделал весьма успешную карьеру в органах МВД.

Не менее, а может быть, и более сильной была стигматизация в Западной Украине, где под подозрением находилось все, что могло напоминать о «националистах» и «бандеровцах»[86]. Об этом, в частности, рассказывает Ярослав Погарский, отмечая, что в Сибири он меньше ощущал клеймо прошлого[87].

Как показывает опыт Я. Погарского, через все интервью с которым красной нитью проходит тема отсутствия жилья, в ряде случаев речь шла не столько о прямом влиянии депортации как стигмы, сколько о ее социально-экономических последствиях.

---

83 Докладные записки и спецсообщения МВД ЛСР в ЦК КПЛ об антисоветских настроениях и пр., 1951 год [LYA. Ф. К-1. Оп. 10. Д. 131. Л. 42].

84 Отчеты отделов КГБ Литовской ССР, например [LYA. Ф. К-1. Оп. 10. Д. 253, 255; Ф. К-18. Оп. 1. Д. 131, 135, 325]. Ср. [Weiner and Rahi-Tamm 2012; Rahi-Tamm 2018].

85 Интервью с М. Контримайте; Интервью с Й. Миляуцкасом; Интервью с А. Каунасом; Интервью с К. Маковецкой [AS].

86 См. работы А. Вайнера, особенно [Weiner 2006].

87 См. об этом подробно [Блюм 2016: 136–141]. О том, что в Сибири депортированные сталкивались с меньшей стигматизацией, рассказывают и ссыльные калмыки [Гучинова 2008: 202, 212].

Эти и другие трудности в разной степени проявлялись в жизни индивидов, которые могли видеть или не видеть в них признаки дискриминации, в зависимости от того, как они прочитывали свой жизненный опыт. Поэтому в отношении этих вопросов так трудно не только обобщать на уровне всего бывшего «спецконтингента», существовавшего как единая группа только в отчетах карательных органов, но порой и просто сколь-либо определенно судить о характере и степени дискриминации, связанной с пережитыми репрессиями.

Очевидно, однако, что многие бывшие депортированные даже в отсутствие прямых проявлений дискриминации ощущали свою потенциальную уязвимость. Это могло не только приводить к последствиям психологического характера, но и оказывать влияние на их стратегии и жизненные траектории. Так, некоторые интервью свидетельствуют о стремлении предупредить ситуации, в которых потенциально грозящая дискриминация могла бы реализоваться. Будучи заядлым путешественником, Антанас Кибартас всегда, по его словам, избегал поездок в закрытые зоны, для посещения которых требовался специальный пропуск. Он опасался, что при оформлении такого разрешения КГБ Литвы затребует из Тюменской области дело его расстрелянного отца и под угрозой окажется вся его карьера: «Непонятно будет, останусь ли я работать на заводе счетных машин...»[88].

Судьбы и воспоминания бывших депортированных свидетельствуют одновременно о больших сходствах в их опыте депортации и в то же время важных различиях, которые проявились, в частности, в многообразии их социопрофессиональных и географических траекторий. Проявления такой дифференциации станови-

---

88 Интервью с А. Кибартасом [AS]. Ср. воспоминания Р. Рузгиса, который подчеркивает, что всегда чувствовал на себе давление и потому старался держаться как можно тише, не выходя за рамки своей профессиональной деятельности инженера (интервью с Р. Рузгисом, июнь 2011 года) [AS].

лись все заметнее, по мере того как оставался в прошлом момент высылки. Если воспоминания о моменте депортации: приход солдат или милиции, долгий путь в поезде, первые трудности, встреченные в ссылке, — с удивительным постоянством повторяются во всех интервью, то уже рассказы о последующих месяцах, а тем более годах, проведенных на спецпоселении, свидетельствуют о появлении различий с точки зрения тяжести положения, характера трудностей и форм адаптации к ним. Статус спецпереселенца и условия жизни в режиме спецпоселения определяли общую матрицу, задавали жесткие рамки, атрибутами которых был подневольный труд, нищий быт, ограничения и дискриминация, обусловленные спецучетом. Однако, несмотря на общее бесправие, все спецпереселенцы находились не в равных условиях. Разным был их исходный потенциал адаптации, определяемый в том числе возрастом, составом семьи, состоянием здоровья: эти параметры обуславливали коренные различия между, например, одинокими матерями с маленькими детьми и семьями с несколькими трудоспособными взрослыми членами. Внешние факторы, влиявшие на выживание и адаптацию, тоже могли варьировать, начиная с таких уже отмечавшихся исследователями параметров, как время года и место ссылки [Purs 2013: 42], и кончая другими факторами, в меньшей степени поддающимися обобщению и систематизации. В условиях, когда механизмов, позволявших приспособиться и улучшить положение, было немного, нередко изменение одного параметра могло иметь важнейшее значение: чуть лучше оплачиваемая работа одного из ссыльных не только облегчала повседневную жизнь всей его семьи, но и могла повлиять на дальнейшую судьбу ее младших членов, подобно тому как важнейшую роль в чьей-то судьбе сыграло наличие в месте ссылки средней школы, позволившей затем поступить в вуз. Наконец, нельзя забывать и о факторах психологического характера, усиливавших многообразие индивидуальных реакций внутри жестко заданных репрессивных рамок.

После освобождения дифференциация траекторий усиливалась: сильнее проявлялись существовавшие и ранее различия, к ним добавлялись новые. Этому способствовала сама процедура освобождения, обуславливавшая вариативность его сроков и условий (с разрешением вернуться на родину или нет, с возвратом имущества или без), причем не только среди жертв одной волны депортаций, но порой и внутри одной семьи[89]. С усложнением траекторий социальной мобильности и форм взаимодействия с государством росло и многообразие возможных форм дискриминации и стигматизации, а значит, и стратегий их преодоления[90]. За этим многообразием — требующим более пристального изучения — можно предположить существование ряда общих паттернов, которые отсылают, в частности, к использованию схожих механизмов социальной мобильности и «уловок», помогавших огибать препятствия, например, с помощью такого социального лифта, как получение высшего технического образования. Многие из этих «уловок», использовавшихся бывшими спецпереселенцами и их детьми, свидетельствуют о значительной степени встроенности в советское общество и освоении характерных для него правил игры.

Часть этих правил, однако, была унаследована от сталинской эпохи и подверглась в дальнейшем лишь смягчению, но не коренному пересмотру. Это делало положение бывших депортированных противоречивым и уязвимым, нередко заставляя их балансировать между, с одной стороны, их настоящим как людей, «воспитывавшихся в советском обществе» и «иной жизни не знающих»[91], а с другой — никогда и никем полностью не забытым прошлым. В их судьбах сконцентрированы противоречия постсталинского режима, который стремился интегрировать часть унаследованного им репрессированного населения в свой социально-политический проект, не отказываясь при этом от тех основ этого проекта (в частности, классовой логики[92]), которые ранее послужили основой репрессий.

---

89 К этому приводила, в частности, возможность добиться освобождения в индивидуальном порядке, путем ходатайств [Blum and Koustova 2018].

90 О разнообразии форм дискриминации и стратегий ее преодоления бывшими заключенными см. [Elie 2007: 367].

91 Из цитировавшегося выше ходатайства матери за сына [LYA. Ф. V5. Оп. 1. Д. 38493/5. Л. 59].

92 Подробно об этом [Weiner 2006: 335–336 и далее].

Источники

История сталинского ГУЛАГа 2004–2005 — История сталинского ГУЛАГа: конец 1920-х — первая половина 1950-х годов: Собрание документов: В 7 т. Т. 1. Массовые репрессии в СССР / Под ред. Н. Верта и С. В. Мироненко. М.: РОССПЭН, 2004.

Архивы

ГАНИИО — Государственный архив новейшей истории Иркутской области.

ГАРФ — Государственный архив Российской Федерации.

AS — Archives sonores. Mémoires européennes du Goulag (Звуковые архивы. Европейская память о ГУЛАГе).

LCVA — Lietuvos centrinis valstybės archyvas (Государственный архив Литвы).

LYA — Lietuvos ypatingasis archyvas (Литовский особый архив).

Библиография

Адлер 2005 — Адлер Н. Трудное возвращение: судьбы советских политзаключенных в 1950–1990-е годы / Пер. с англ. С. Крушельницкой. М.: Звенья, 2005.

Адлер 2013 — Адлер Н. Сохраняя верность партии. Коммунисты возвращаются из ГУЛАГа / Пер. с англ. И. Лейко. М.: РОССПЭН, 2013.

Башкуев 2009 — Башкуев В. Ю. Литовские спецпереселенцы в Бурят-Монголии (1948–1960 гг.). Улан-Удэ, 2009.

Башкуев 2012 — Башкуев В. Ю. По обе стороны режима: наблюдательные дела отдела спецпоселений МВД Б.-М. АССР как источник по истории литовской ссылки в Бурят-Монголию // Миграционные последствия Второй мировой войны: этнические депортации в СССР и странах Восточной Европы / Под ред. Н. Аблажей и А. Блюма. Новосибирск, 2012. С. 24–39.

Белковец 2008 — Белковец Л. П. Административно-правовое положение российских немцев на спецпоселении 1941–1955 гг. Историко-правовое исследование. М.: РОССПЭН, 2008.

Бердинских 2005 — Бердинских В. А. Спецпереселенцы: Политическая ссылка народов Советской России. М.: НЛО, 2005.

Блюм 2016 — Блюм А. Трудное возвращение // Мир ГУЛАГа и спецпоселений... Мир ГУЛАГа и спецпоселений: рассказывают свидетели из Центральной и Восточной Европы / Под ред. А. Блюма, М. Кравери и В. Нивлон; пер. с фр. Э. Кустовой. М.: РОССПЭН, 2016. С. 131–141.

Блюм и Кустова 2012 — Блюм А., Кустова Э. Звуковые архивы. Европейская память о Гулаге // Миграционные последствия Второй мировой войны: этнические депортации в СССР и странах Восточной Европы / Под ред. Н. Аблажей и А. Блюма. Новосибирск, 2012. С. 124–168.

Блюм, Кравери и Нивлон 2016 — Мир ГУЛАГа и спецпоселений: рассказывают свидетели из Центральной и Восточной Европы / Под ред. А. Блюма, М. Кравери и В. Нивлон / Пер. с фр. Э. М. Кустовой. М.: РОССПЭН, 2016.

Бородкин, Грегори и Хлевнюк 2008 — Гулаг: экономика принудительного труда / Под ред. Л. И. Бородкина, П. Грегори, О. В. Хлевнюка. М.: РОССПЭН, 2008.

Виола 2010 — Виола Л. Крестьянский ГУЛАГ. Мир сталинских спецпоселений. М.: РОССПЭН, 2010.

Глущенко 2012 — Глущенко И. В. Шесть тезисов об изучении «советского» // СССР. Жизнь после смерти / Под ред. И. В. Глущенко, Б. Ю. Кагарлицкого, В. А. Куренного. М.: Издательский дом ВШЭ, 2012. С. 17–26.

Гучинова 2008 — Гучинова Э.-Б. У каждого своя «Сибирь». Ссыльные калмыки в Средней Азии // Диаспоры. 2008. № 1. С. 194–220.

Добсон 2014 — Добсон М. Холодное лето Хрущева. Возвращенцы из ГУЛАГа. Преступность и трудная судьба реформ после Сталина / Пер. с англ. Д. Благова. М.: РОССПЭН, 2014.

Дубин 2008 — Дубин Б. В. Память, война, память о войне. Конструирование прошлого в социальной практике последних десятилетий // Отечественные записки. 2008. Т. 43. № 4. С. 6–21.

Земсков 2005 — Земсков В. Н. Спецпоселенцы в СССР, 1930–1960. М.: Наука, 2005.

Зубкова 2008 — Зубкова Е. Прибалтика и Кремль, 1940–1953. М.: РОССПЭН, 2008.

Иванова 2006 — Иванова Г. М. История ГУЛАГа, 1918–1958: социально-экономический и политико-правовой аспекты. М.: Наука, 2006.

Кознова 2016 — Кознова И. Е. Сталинская эпоха в памяти крестьянства России. М.: РОССПЭН, 2016.

Коэн 2011 — Коэн С. Жизнь после ГУЛАГа: Возвращение сталинских жертв / Пер. с англ. И. Давидян. М.: АИРО-XXI, 2011.

Кравери и Лозански 2012 — Кравери М., Лозански А.-М. Траектории детства в ГУЛАГе. Поздние воспоминания о депортации в СССР // Миграционные последствия Второй мировой войны: этнические депортации в СССР и странах Восточной Европы / Под ред. Н. Аблажей и А. Блюма. Новосибирск, 2012. С. 168–185.

Красильников 2003 — Красильников С. А. Серп и молох. Крестьянская ссылка в Западной Сибири в 30-е годы. М.: РОССПЭН, 2003.

Красильников и Виола 2006 — Красильников С. А., Виола Л. Введение // Политбюро и крестьянство: высылка, спецпоселение. 1930–1940. Кн. 2 / Под ред. Н. Н. Покровского и др. М.: РОССПЭН, 2006.

Красильников, Саламатова и Ушакова 2010 — Красильников С. А., Саламатова М. С., Ушакова С. Н. Корни или щепки. Крестьянская семья на спецпоселении в Западной Сибири в 1930-х — начале 1950-х гг. М.: РОССПЭН, 2010.

Кустова 2014а — Кустова Э. М. Просить, убеждать, изворачиваться: литовские спецпереселенцы ходатайствуют о возвращении на родину // Миграционные последствия Второй мировой войны: депортации в СССР и странах Восточной Европы / Под ред. Н. Аблажей и А. Блюма. Т. 3. Новосибирск: Наука, 2014. С. 31–54.

Кустова 2014б — Кустова Э. М. «Спецконтингент» как диаспора? Послевоенные литовские спецпереселенцы на пересечении множественных сообществ // НЛО. 2014. Т. 127. № 3. С. 543–557.

Левада 2000 — Левада Ю. А. Человек лукавый: двоемыслие по-российски // Мониторинг общественного мнения: экономические и социальные перемены. 2000. Т. 45. № 1. С. 19–27.

Милова 1992 — Депортации народов СССР (1930–1950-е годы). Ч. 1 / Сост. О. Л. Милова. М., 1992.

Осокина 2010 — Осокина Е. О. О социальном иммунитете, или Критический взгляд на концепцию пассивного (повседневного) сопротивления // Социальная история. Ежегодник. СПб.: Алетейя, 2010. С. 284–300.

Полян 2001 — Полян П. М. «Не по своей воле...» История и география принудительных миграций в СССР. М.: ОГИ-Мемориал, 2001.

Соколов 2008 — Соколов А. К. Принуждение к труду в советской экономике, 1930-е — середина 1950-х гг. // Гулаг: экономика принудительного труда / Под ред. Л. И. Бородкина, П. Грегори, О. В. Хлевнюка. М.: РОССПЭН, 2008. С. 17–66.

Стродс 1999 — Стродс Х. П. Депортация населения Прибалтийских стран // Вопросы истории. 1999. № 9. С. 130–136.

Суслов 2010 — Суслов А. Б. Спецконтингент в Пермской области, 1929–1953 гг. М.: РОССПЭН, 2010.

Таннберг 2010 — Таннберг Т. Политика Москвы в республиках Балтии в послевоенные годы (1944–1956). М.: РОССПЭН, 2010.

Хлевнюк 2013 — Хлевнюк О. В. Зоны советской экономики. Разделение и взаимодействие // История сталинизма. Принудительный труд в СССР. Экономика, политика, память. Материалы международной научной конференции. М.: РОССПЭН, 2013. С. 8–18.

Щербакова 2004 — Щербакова И. Л. Память ГУЛАГа. Опыт исследования мемуаристки и устных свидетельств бывших узников // Век памяти, память века. Опыт обращения с прошлым в XX столетии: Сборник статей / Под ред. И. В. Нарского, О. С. Нагорной, О. Ю. Никоновой, Ю. Ю. Хмелевской. Челябинск: Каменный пояс, 2004. С. 168–186. URL: http://www.pmem.ru/4262.html (дата обращения: 21.03.2020).

Adler 1999 — Adler N. Life in the «Big Zone»: The Fate of Returnees in the Aftermath of Stalinist Repression // Europe-Asia Studies. 1999. Vol. 51. № 1. P. 5–19.

Balkelis 2017 — Balkelis T. Ethnicity and Identity in the Memoirs of Lithuanian Children Deported to the Gulag // Narratives of Exile and Identity. Soviet Deportation Memoirs from the Baltic States / Eds. T. Balkelis, V. Davoliūtė. Budapest: European UP, 2017. P. 41–64.

Balkelis and Davoliūtė 2017 — Narratives of Exile and Identity. Soviet Deportation Memoirs from the Baltic States / Eds. T. Balkelis, V. Davoliūtė. Budapest: European UP, 2017.

Barenberg 2014 — Barenberg A. Gulag Town, Company Town. Forced Labor and its Legacy in Vorkuta. New Haven: Yale UP, 2014.

Barnes 2011 — Barnes S. A. Death and redemption: the Gulag and the shaping of Soviet society. Princeton, NJ: Princeton UP, 2011.

Blum 2015 — Blum A. Décision politique et articulation bureaucratique: les déportés lituaniens de l'opération «Printemps» (1948) // Revue d'histoire moderne et contemporaine. 2015. Vol. 62. № 4. P. 64–88.

Blum and Koustova 2017 — Blum A., Koustova E. A Soviet story — Mass deportation, isolation, return // Narratives of Narratives of Exile and Identity. Soviet Deportation Memoirs from the Baltic States / Eds. T. Balkelis, V. Davoliūtė. Budapest: European UP, 2017. P. 19–40.

Blum and Koustova 2018 — Blum A., Koustova E. Negotiating lives, redefining repressive policies: managing the legacies of Stalinist deportations //

Kritika: Explorations in Russian and Eurasian History. 2018. Vol. 19. № 2. P. 535–571.

Blum, Craveri et Nivelon 2012 — Déportés vers l'URSS: Récits d'Européens au Goulag / Eds. A. Blum, M. Craveri, V. Nivelon. Paris: Autrement, 2012.

Cadiot et Elie 2017 — Cadiot J., Elie M. Histoire du Goulag. Paris: La Découverte, 2017.

Craveri et Losonczy 2017 — Craveri M., Losonczy A.-M. Enfants du Goulag. Paris: Belin, 2017.

Davoliūtė 2017 — Davoliūtė V. «We Are All Deportees». The Trauma of Displacement and the Consolidation of National Identity during the Popular Movement in Lithuania // Narratives of Exile and Identity. Soviet Deportation Memoirs from the Baltic States / Eds. T. Balkelis, V. Davoliūtė. Budapest: European UP, 2017. P. 119–146.

Elie 2007 — Elie M. Les anciens détenus du Goulag: libérations massives, réinsertion et réhabilitation dans l'URSS poststalinienne, 1953–1964. PhD. Paris: EHESS, 2007.

Gheith and Jolluck 2011 — Gheith J. M., Jolluck K. R. Gulag Voices: Oral Histories of Soviet Incarceration and Exile. New York: Palgrave Macmillan, 2011.

Iarskaia-Smirnova and Romanov 2001 — Iarskaia-Smirnova E., Romanov P. At the Margins of Memory. Provincial Identity and Soviet Power in Oral Histories, 1940–1953 // Provincial Landscapes: Local Dimensions of Soviet Power, 1917–1953 / Ed. D. Raleigh. Pittsburgh: University of Pittsburgh, 2001.

Kašauskiene 1998 — Kašauskiene V. Deportations from Lithuania under Stalin: 1940–1953 // Lithuanian Historical Studies. 1998. Vol. 80. № 3. P. 73–82.

Khlevniuk 2004 — Khlevniuk O. History of the Gulag. From Collectivization to the Great Terror. London: Yale UP, 2004.

Klimkova 2007 — Klimkova O. Special Settlements in Soviet Russia in the 1930s–50s // Kritika: Explorations in Russian and Eurasian History. 2007. Vol. 8. № 1. P. 105–139.

Koustova 2017 — Koustova E. Equalizing Misery, Differentiating Objects: The Material World of the Stalinist Exile // Material Culture in Russia and the USSR. Things, Values, Identities / Ed. G. H. Roberts. London: Bloomsburry Publishing, 2017. P. 29–53.

McDermott and Stibbe 2010 — Stalinist Terror in Eastern Europe: Elite Purges and Mass Repression / Eds. K. McDermott, M. Stibbe. Manchester: Manchester UP, 2010.

Mertelsmann 2003 — The Sovietization of the Baltic States, 1940–1956 / Ed. O. Mertelsmann. Tartu, 2003.

Pallot 2002 — Pallot J. Forced Labour for Forestry: The Twentieth Century History of Colonisation and Settlement in the North of Perm' Oblast' // Europe-Asia Studies. 2002. Vol. 54. № 7. P. 1055–1083.

Pohl 1999 — Pohl J. O. Ethnic Cleansing in the USSR, 1937–1949. Westport: Greenwood, 1999.

Purs 2010 — Purs A. Soviet in Form, Local in Content: Elite Repression and Mass Terror in the Baltic States, 1940–1953 // Stalinist Terror in Eastern Europe: Elite Purges and Mass Repression / Eds. K. McDermott, M. Stibbe. Manchester: Manchester UP, 2010. P. 19–38.

Purs 2013 — Purs A. Official and Individual Perceptions: Squaring the History of the Soviet Deportations with the Circle of Testimony in Latvia // Maps of memory: Trauma, identity and exile in deportation memoirs from the Baltic States / Ed. by V Davoliūtė, T. Balkelis. Vilnius: Institute of Lithuanian Literature and Folklore, 2013. P. 29–45.

Rahi-Tamm 2017 — Rahi-Tamm A. Homeless for Ever: the Contents of Home and Homelessness on the Example of Deportees from Estonia // Narratives of Exile and Identity. Soviet Deportation Memoirs from the Baltic States / Eds. T. Balkelis, V. Davoliūtė. Budapest: European UP, 2017. P. 65–84.

Rahi-Tamm 2018 — Rahi-Tamm A. Doubly Marginalized People: The Hidden Stories of Estonian Society (1940–1960) // War, Revolution, and Governance: The Baltic Countries in the Twentieth Century / Eds. L. Fleishman, A. Weiner. Boston: Academic Studies Press, 2018. P. 239–265.

Skultans 1997 — Skultans V. The Testimony of Lives: Narrative and Memory in post-Soviet Latvia. Routledge, 1997.

Strods and Kott 2002 — Strods H., Kott M. The file on operation «Priboi»: A re-assessment of the mass deportations of 1949 // Journal of Baltic Studies. 2002. Vol. 33. № 1. P. 1–36.

Viola 2003 — Viola L. The Aesthetic of Stalinist Planning and the World of the Special Villages // Kritika: Explorations in Russian and Eurasian History. 2003. Vol. 4. № 1. P. 101–128.

Viola 2007 — Viola L. The Unknown Gulag: The Lost World of Stalin's Special Settlements. Oxford UP, 2007.

Weiner 1999 — Weiner A. Nature, Nurture, and Memory in a Socialist Utopia: Delineating the Soviet Socio-Ethnic Body in the Age of Socialism // The American Historical Review. 1999. Vol. 104. № 4. P. 1114–1155.

Weiner 2006 — Weiner A. The Empires Pay a Visit: Gulag Returnees, East European Rebellions, and Soviet Frontier Politics // The Journal of Modern History. 2006. Vol. 78. № 2. P. 333–376.

Weiner 2002 — Weiner A. Making Sense of War: The 2nd World War and the Fate of The Bolshevik Revolution. Princeton UP, 2002.

Weiner and Rahi-Tamm 2012 — Weiner A., Rahi-Tamm A. Getting to Know You: The Soviet Surveillance System, 1939–1957 // Kritika: Explorations in Russian and Eurasian History. 2012. Vol. 13. № 1. P. 5–45.

Werth 1997 — Werth N. «Déplacés spéciaux» et «colons de travail» dans la société stalinienne // Vingtième Siècle. Revue d'histoire. 1997. Vol. 54. № 54. P. 34–50.

Эмилия Кустова — доцент, заведующая кафедрой славистики Страсбургского университета (Франция), ответственный редактор коллективных монографий «Le spectacle de la révolution. Culture visuelle des commémorations d'Octobre, en URSS et ailleurs» (Lausanne, Antipodes, 2017, вместе с J.-F. Fayet, V. Gorin, G. Haver) и «Combattre, survivre, témoigner: expériences soviétiques de la Seconde guerre mondiale» (PUS, 2020, Strasbourg), а также автор ряда статей по истории сталинских репрессий. В настоящий момент работает над монографией о послевоенных депортациях и возвращении из ссылки.

Глава 7

Аглая Глебова

Визуальная история ГУЛАГа

Девять тезисов

I

Мы не располагаем фотографиями, свидетельствующими о зверствах в ГУЛАГе[1]. Поскольку лагеря ликвидировались постепенно и многие из них превратились в регулярно действующие тюрьмы, отсутствовали свидетельства и документация ГУЛАГа извне (этот пробел, который мог быть заполнен только в момент исторического перелома, также указывает на преемственность государственного аппарата, ответственного за российскую пенитенциарную систему). Масштабы гулаговских зверств едва ли можно представить по сохранившимся фотографиям: тесные вагоны, транспортирующие узников, нигде не показаны; бараки на снимках кажутся аккуратными и прилично устроенными; сами заключенные редко выглядят усталыми или истощенными, и они всегда живые[2]. Если ГПУ / НКВД и фотографировало

[1] Это эссе является переработанной и расширенной версией [Glebova 2015].

[2] Мне известен только один набор гулаговских фотографий, на которых изображены мертвые узники, — архив В. П. Абламского, ныне хранящийся в парижском Музее современной истории, где есть фотографии двух заключенных, убитых при попытке к бегству. Абламскому, чемпиону по конькобежному спорту и профессиональному фотографу до его ареста Советской армией в Харбине в 1946 году, было приказано администрацией Озерлага фотографировать узников, освобождаемых из заключения с 1953 по 1956 год, пока он сам не был отпущен на волю.

казни, смертельно больных узников, мертвецов или массовые захоронения, эти снимки необходимо еще разыскать (напротив, официальные лагерные записи регистрируют — пусть даже в весьма уменьшенном масштабе — болезни и смертность в ГУЛАГе).

II

Поэтому визуальная история сталинских репрессий и ГУЛАГа состоит из пробелов, потерь и изъятий. Изображения репрессированных, если они были достаточно высокопоставленными лицами, чтобы присутствовать на официальных фотографиях, вырезались со снимков и соскабливались с негативов, имена частных граждан удалялись из семейных архивов, с картин, стенных росписей, фотографий, скульптурные изображения осужденных были заперты на десятилетия в хранилищах или полностью уничтожены[3]. Сам ГУЛАГ, по формулировке А. И. Солженицына, был «почти невидимой, почти неосязаемой страной», хотя «почти» здесь, на что намекает повторение этого слова, несет в себе не меньший вес, чем слово «невидимый».

III

Россия имеет долгую историю репрессий и надзора, предшествовавшую ГУЛАГу. *Системы политического контроля, использовавшиеся в России, были вполне наглядны. Более того, они не только отражали современные дисциплинарные практики, но и открывали новые определяющие пути развития.* После убийства Александра II в 1881 году государство создало изощренную визуальную инфраструктуру для отслеживания политических диссидентов, включавшую и обширные фотоархивы. Охранное отделение (российская секретная полиция, учрежденная в 1881 году и ликвидированная в 1917-м) было «технологическим и методологическим новатором в сфере политического контроля

---

[3] В 2015 году одна такая коллекция из Спецфонда была выставлена в Национальном художественном музее Украины. См. также обзорную статью о выставке [Lucento 2016].

и надзора» [Lauchlan 2005: 44][4]. Публично правительство преподносило реформы пенитенциарной системы как гуманные и прогрессивные, во многом так же, как это делало сталинское государство в ранний период истории ГУЛАГа. Например, в 1890 году Санкт-Петербург выступил в роли хозяина Четвертого международного пенитенциарного конгресса с обширными выставочными площадками, включавшими модели тюремных камер в натуральную величину, экспозиции предметов, изготовленных узниками, и этнографическую выставку, посвященную острову Сахалин [Беляновский 2009][5]. Такого рода организация тюремной наглядности будет позднее применяться и советской пропагандой[6].

IV

Визуальный пейзаж позднеимперской России был пропитан атмосферой тюрьмы, ссылки, полицейского надзора. Ранними фотографическими примерами этого являются серии открыток с «видами и типами» Сахалина (1880–90-е годы) И. И. Павловского и Нерчинской каторги А. К. Кузнецова, который и сам был узником[7], описания В. М. Дорошевичем его поездок на Сахалин

---

[4] Большой архив парижского офиса Охранки, включая фотографии, использовавшиеся для наружного наблюдения, хранится в Гуверовском архиве Стэнфордского университета.

[5] Не меньше четырех каталогов было опубликовано в то время.

[6] Кристина Ватулеску бегло обозревает историю криминологических музеев в России, а также ГУЛАГ как место, показанное в фильме 1928 года «Соловки», в работе «Лагерь как советская экзотика: Соловки» [Vatulescu 2010: 124–135]. См. также [Draskoczy 2014]. Некоторые лагеря, самые известные среди которых Соловки и Беломорско-Балтийский канал, имели музеи, в которых работали заключенные.

[7] Алексей Кириллович Кузнецов сам был каторжанином, приговоренным к десяти годам каторги и вечной ссылке в Сибирь в 1871 году за причастность к убийству члена организации «Народная расправа», к которой принадлежал. После освобождения основал этнографический музей и первую фотографическую студию в Нерчинске. «Виды и типы Нерчинской каторги» были опубликованы как серия почтовых открыток. Копию альбома приобрел В. В. Стасов для Императорской публичной библиотеки в Санкт-Петербур-

Рис. 7.1. Иллюстрация к книге В. М. Дорошевича «Сахалин (Каторга)», издание 1903 года

(1903, рис. 7.1), а также «Сибирь и ссылка» Джорджа Кеннана (переведенная и изданная в России в 1906 году). Обе эти обильно иллюстрированные книги — наиболее известные свидетельства о каторге и ссылке. Конечно же, они не являлись официальными или хвалебными отчетами, поскольку ставили своей целью показать плачевное состояние российской пенитенциарной системы.

Машина сталинской пропаганды искусно использовала изображения царских исправительных учреждений, чтобы по контрасту выставить ГУЛАГ более прогрессивным. В некотором смысле ГУЛАГ действительно мог показаться гуманным в сравнении с царской каторгой, где заключенные представали клеймеными и закованными в кандалы. Однако в других случаях бывает трудно различить изображения советских лагерей и их предшественников: вооруженные охранники и примитивные орудия труда присутствуют и там, и там.

ге (ныне Российская национальная библиотека), где она хранится и поныне. Кузнецов будет вновь приговорен к каторге в 1906 году за участие в революционном движении.

Исправительная система поздней имперской России очень интересовала советскую власть. Многие фильмы, мемуары и картины раннего послереволюционного периода обращаются к таким темам, как аресты, полицейские обыски, каторга и жизнь революционеров в ссылке. В 1921 году было основано Общество бывших политкаторжан и ссыльнопоселенцев. У него имелись собственное издательство, архив и музей — до 1935 года, когда Общество было распущено, а многие его члены впоследствии репрессированы. Это Общество, как и в целом советская интерпретация имперских исправительных учреждений, плохо исследовано исторической наукой. В то же время богатая историография и визуальная мифология каторги и ссылки нашли свое отражение в огромной по объему пятитомной «Истории царской тюрьмы» М. Н. Гернета, изданной между 1951 и 1954 годами, еще в сталинскую эпоху [Гернет 1951–1954].

V

Доступ к советским архивам открыл миру тысячи фотографий, сделанных в ГУЛАГе. И все же многие из этих снимков, от строительной документации до портретов узников и надзирателей, малоизвестны и редко воспроизводятся[8]. *Представление о советских репрессиях и лагерях принудительного труда по-прежнему складывается главным образом на основе снимков из лубянских досье и лживых пропагандистских фильмов и фотографий, снятых в ГУЛАГе*, первоначально на Соловках и Беломорско-Балтийском канале в конце 20-х — начале 30-х годов, как для отечественной, так и для зарубежной аудитории[9]. Лубянские фото крупным

---

8 Наиболее обширная коллекция этих архивных фотографий — «ГУЛАГ» Томаша Кижни [Kizny 2004]. Энн Эпплбаум описывает некоторые из фотоальбомов о ГУЛАГе, которые она встретила в российских архивах, в своей рецензии на книгу Кижни. См. [Applebaum 2005].

9 Многие фото, сделанные на Лубянке крупным планом, воспроизводятся в книге Дэвида Кинга «Обычные граждане: жертвы Сталина» [King 2003]. О показе лагерей принудительного труда в советских фильмах 1920-х — начала 1930-х годов см., например, [Vatulescu 2010]. О фоторепортаже Александра Родченко 1933 года с Беломорско-Балтийского канала для

планом — каждого заключенного снимали в собственной одежде в профиль и анфас — неизменно потрясают, потому что здесь мы сталкиваемся лицом к лицу с узниками сталинской секретной полиции. Эти фотографии показывают прежде всего людей, принесенных в жертву во время сталинских чисток[10]. Мы видим ту сторону ГУЛАГа, которая была скрыта официальной пропагандой, пытавшейся представить лагеря гуманной системой и производительным коллективным предприятием, для чего она прибегала к многочисленным недомолвкам и разнообразным фотографическим и кинематографическим трюкам. Снимки с Лубянки, выполнявшие функции свидетельства и учета, давно воспринимаются как противоядие безликой (хотя и шокирующей) статистике ГУЛАГа.

VI

В отличие от трагических и неповторимых тюремных снимков с Лубянки или тщательно смонтированных пропагандистских фильмов и фоторепортажей, архивные фотографии ГУЛАГа, ныне хранящиеся в Государственном архиве Российской Федерации (ГАРФ) и региональных архивах и музеях, на первый взгляд кажутся почти заурядными. Хотя некоторые из этих снимков тщательно расцвечены от руки и аккуратно размещены в разукрашенных альбомах, среди них много и маленьких, шероховатых и плохо сохранившихся. Они обычно собраны в папки с лаконичными заголовками в соответствии с форматом, который использовался с целью задокументировать достижения советских заводов и колхозов, — обычная практика начиная с 1920-х годов. Большинство гулаговских фотоальбомов фокусируются на про-

---

журнала «СССР на стройке» см. [Dickerman 1998: 63–99; Wolf 2008: 168–174]; и мои работы «“Больше не образ, еще не концепция”: монтаж и невозможность соединения в фоторепортаже о ГУЛАГе Александра Родченко» [Glebova 2019] и «Элементы фотографии: эстетика авангарда и перековка природы» [Glebova 2018].

10 Сьюзи Линфилд, например, описала эффект этих фотографий как «саботирование собственных намерений» и речь от имени жертв. См. [Linfield 2010: 52–54].

Рис. 7.2. Страница из фотоальбома «Стахановцы Девятого Управления ББК-НКВД», приблизительно 1934–1936 годы (Национальный архив Республики Карелия)

дукции и инфраструктуре лагерных и специальных поселений: вот поваленные деревья или крупные планы пластов породы, расчищенная новая дорога, группа заключенных в скудной, но чистой столовой. *Эти фотографии до сих пор почти не изучались и даже не интерпретировались. Создается впечатление, что они, с их сочетанием тщательной инсценировки и почти ежедневной обыденности, стали еще одним пробелом в визуальной истории ГУЛАГа.*

VII

Фотография, даже если она постановочная, неподвластна полному контролю. Она требует сотрудничества фотографа, камеры и объекта, ее размытые очертания, и границы, и неожиданно попавшие в кадр детали (Ролан Барт называет это «punctum») постоянно угрожают помешать усилиям мастера. Сталинское государство хорошо это понимало и предприняло много усилий, чтобы сгладить огрехи фотографа и побороть неопределенность фотографии. Когда фотографии помещали в альбомы, их систематизировали, что предполагало связное повествование и наталкивало на определенное прочтение (рис. 7.2). Эти фотографические коллекции дополнялись текстом: он появлялся на обложках, в заголовках, а также на самих изображениях. Маркировалось все: например, здания изнутри и снаружи украшали раскрашенные пропагандистские лозунги. *Нам предстоит восстановить и распознать присущую фотографиям внутреннюю стихийность, случайности, связанные с созданием этих фотографий, понять не только то, что хотело высказать через них государство, но и то, что ему не удалось; увидеть то, что сумели передать эти изображения сверх того, что намеревались сделать их авторы. Это означает необходимость распознавать маргинальное, периферийное и случайное* (ведь даже в пропаганде случаются сбои), тогда как воспринимать гулаговские фотографии лишь в качестве иллюстрации к системе значит увековечить стремление государства предстать всемогущим, систематическим, органичным.

VIII

Визуальность ГУЛАГа зависит от визуальности советского общества и, в свою очередь, дает информацию, отражает способы изображения, циркулировавшие вне лагерей. Это то, что мы могли бы назвать малой зоной изображений, которая непосредственно описывает ГУЛАГ и была создана ГУЛАГом в период его функционирования: пропагандистские фотографии и фильмы, фотографические архивные отчеты, тексты и произведения искусства, созданные в лагерях[11]. Все это отражает визуальность большой зоны — от бесчисленных мемориальных фотоальбомов и иллюстрированных публикаций до дебатов об идеологически правильных способах восприятия и представления фактов.

Зрение при сталинизме было чрезвычайно политизированным чувством. Бдительность, вид визуальной проницательности, служила одной из форм идеологически правильного взгляда на действительность, ее часто изображали на плакатах как всевидящий глаз (иногда отделенный от телесной оболочки, а иногда принадлежащий какому-то особенно бдительному советскому человеку, такому как Ф. Э. Дзержинский). Глубокое недоверие к лежащим на поверхности проявлениям определяло советскую бдительность. Этот подход, позволявший навесить на всё и вся клеймо идеологически подозрительного явления и ставивший своей целью разоблачение «классовых врагов», которые, по всей вероятности, скрываются, живя у всех на виду, принял характер нормы в 1930-е годы. Возьмем, например, речь Сталина на партийном пленуме в январе 1933 года. Хотя коллективизация сельского хозяйства была к тому времени в основном завершена, Сталин в своей речи фокусирует внимание на кулаках, приводя их в качестве главного примера наивности и слепоты советского населения. Сталин сетует, что хорошие граждане социалистического государства «ищут классового врага вне колхозов, ищут его в виде людей с зверской физиономией, с громадными зубами,

---

[11] По поводу связи между Гулагом и не-Гулагом (малая и большая зоны в формулировке Солженицына и обыденном употреблении) см. статью Олега Хлевнюка в этом издании.

с толстой шеей, с обрезом в руках. Ищут кулака, каким мы его знаем из плакатов». Критикуя карикатурное изображение кулаков на ранних советских пропагандистских плакатах как устаревшее, Сталин делает вывод, что «таких кулаков давно уже нет на поверхности» [Сталин 1952, 229]. Только бдительность и родственная ему форма видения — прозорливость, которую можно описать как проникающий взгляд, дальновидность, способны воспрепятствовать этой «классовой слепоте» и гарантировать разоблачение врага, подобного хамелеону[12].

IX

Хотя подобные скептические формы восприятия были характерны для сталинизма и тесно связаны с его идеологической подоплекой, они вовсе не были уникальны. В самом деле, недоверие к эмпирическому видению присуще как современности, так и модернизму[13]. Хотя социалистический реализм обычно противопоставляется авангардным практикам, оказывается, что даже после 1934 года советская политика в области визуальных искусств проводилась отчасти с оглядкой на Запад. Как уже предполагалось ранее, этим, возможно, объясняются супрематистские мотивы в архитектуре советских павильонов на заграничных выставках, в том числе на Всемирной выставке 1937 года в Париже и Всемирной выставке 1939 года в Нью-Йорке [Кукулин 2015: n. p.]. Авангардные художники А. М. Родченко и Эль Лисицкий разрабатывали оформление пропагандистского журнала «СССР на стройке», хотя это и означало компромисс между их ранними работами и требованиями социалистического реализма 1940-х годов.

Хотя идеологическая критика глубоко затронула и в некоторых случаях бесповоротно разрушила карьеры художников, которых

---

[12] См. Кристина Ватулеску. «Кадры раннего советского кино под полицейским контролем» [Vatulescu 2010: 77–122]; Шейла Фицпатрик. «Сорвите маски! Идентичность и подлог в России двадцатого века» [Fitzpatrick 2005], в особенности «Становясь советским», 3–26, и «Два лица Анастасии», 102–113; и Олег Хархордин. «Обнаружение себя: личность как объект знания и действия» [Kharkhordin 1999].

[13] См., например, [Jay 1993; Leja 2004; Turvey 2008].

сегодня относят к модернистскому канону, большинство из них пережили период сталинских репрессий. Одним исключением является мастер фотомонтажа Г. Г. Клуцис, попавший в чистки латышской этнической общины в 1937 году. Многие менее известные художники были тоже безосновательно обвинены в национализме и репрессированы[14]. Таким, например, было дело украинского художника М. Л. Бойчука и его школы: большинство их монументальных работ было уничтожено в конце 1930-х годов (парадокс, но работы в монументальном жанре оказались особенно недолговечными, поскольку их было легче ликвидировать полностью, чем те изображения, что циркулировали в массах)[15]. Опасно было также давать высокую оценку «антисоциалистической» эстетике, то есть проявлять к ней приверженность, хотя самым большим преступлением считался не авангардизм, предшествовавший социалистическому реализму, а эстетика, появившаяся еще до Октябрьской революции (такая, как иконопись и ее изучение, или пикториальная фотография).

Из вышесказанного нельзя сделать вывод, что сталинское государство своими установками насаждало четкую эстетическую иерархию; скорее это попытка открыть новые направления поиска. Цель, в моем понимании, состоит не в том, чтобы точно определить всеобъемлющую логику: какому искусству было позволено существовать, а какое надлежало подавлять. Такой подход может служить нечаянным подтверждением догматической идеи, которую сталинский режим навязывал своим гражданам, заставляя тем самым государство казаться рациональным, а не по преимуществу непредсказуемым в своем насилии.

---

14 Самая обширная база данных о репрессированных художниках и искусствоведах хранится с Сахаровском центре. URL: http://www.sakharov-center.ru/asfcd/khudozhnikihttp://www.sakharov-center.ru/asfcd/khudozhniki (дата обращения: 20.03.2020).

15 См., например, [Bowlt 2006; Zelska Darewych 2006; Koval'skaia 2006].

Библиография

Беляновский А. С. Последнее слово тюрьмоведения: Международная тюремная выставка и конгресс 1890 года // Экспо ведомости. 2009. № 5–6. С. 34–39.

Гернет 1951–1954 — Гернет М. Н. История царской тюрьмы: В 5 т. М.: Гос. изд-во юридической литературы, 1951–1954.

Кукулин 2015 — Кукулин И. Машины зашумевшего времени: как советский монтаж стал методом неофициальной культуры. М.: Новое литературное обозрение, 2015, б. п.

Сталин 1952 — Сталин И. В. «О работе в деревне»: речь 11 января 1933 г. // Соч. М.: Гос. изд-во политической литературы, 1952. Т. 13. С. 216–233.

Applebaum 2005 — Applebaum A. Album From Hell // New York Review of Books. 2005. 24 March.

Barthes 1980 — Barthes R. Camera Lucida. New York: Hill & Wang, 1981.

Bowlt 2006 — Bowlt J. E. National in Form, International in Content: Modernism in Ukraine // Ukrainian Modernism, 1910–1930. Kyiv: National Art Museum of Ukraine, 2006.

Dickerman 1998 — Dickerman L. The Propagandizing of Things // Aleksandr Rodchenko / Ed. Magdalena Dabrowski, Leah Dickerman, and Peter Galassi. New York: Museum of Modern Art, 1998.

Draskoczy 2014 — Draskoczy J. Belomor: Criminality and Creativity in Stalin's Gulag. Brighton, MA: Academic Studies Press, 2014.

Fitzpatrick 2005 — Fitzpatrick S. Tear off the Masks! Identity and Imposture in Twentieth-Century Russia. Princeton: Princeton UP, 2005.

Glebova 2015 — Glebova A. K. Picturing the Gulag // Kritika: Explorations in Russian and Eurasian History. 2015. Vol. 16. № 3. P. 476–478.

Glebova 2018 — Glebova A. K. Elements of Photography: Avant-garde Aesthetics and the Reforging of Nature // Representations. 2018. № 142. P. 56–90.

Glebova 2019 — Glebova A. K. «No Longer an Image, Not Yet a Concept»: Montage and the Failure to Cohere in Aleksandr Rodchenko's Gulag Photoessay // Art History. 2019. Vol. 42. № 2. P. 332–361.

Jay 1993 — Jay M. Downcast Eyes: The Denigration of Vision in Twentieth-Century French Thought. Berkeley: University of California Press, 1993.

King 2003 — King D. Ordinary Citizens: The Victims of Stalin. London: Francis Boutle, 2003.

Kharkhordin 1999 — Kharkhordin O. V. Revealing the Self: The Individual As an Object of Knowledge and Action // The Collective and The Individual in Russia: A Study of Practices. Berkeley, CA: University of California Press, 1999. P. 164–230.

Kizny 2004 — Kizny T. Gulag. Buffalo, NY: Firefly Books, 2004.

Koval'skaia 2006 — Koval'skaia L. Mykhailo Boichuk and the Ukrainian School of Monumental Art // Ukrainian Modernism, 1910–1930. Kyiv: National Art Museum of Ukraine, 2006.

Lauchlan 2005 — Lauchlan I. The Okhrana: Security Policing in Late Imperial Russia // Late Imperial Russia: Problems and Prospects / Ed. Ian D. Thatcher. Manchester: Manchester UP, 2005. P. 44–63.

Leja 2004 — Leja M. Looking Askance: Skepticism and American Art from Eakins to Duchamp. Berkeley: University of California Press, 2004.

Linfield 2010 — Linfield S. The Cruel Radiance: Photography and Political Violence. Chicago: University of Chicago Press, 2010.

Lucento 2016 — Lucento A. Special Fund, 1937–1939 / CAA Reviews. 2016. 21 January. URL: http://www.caareviews.org/reviews/2693 (дата обращения: 21.09.2019).

Solzhenitsyn 1974 — Solzhenitsyn A. I. The Gulag Archipelago, 1918–1956: An Experiment in Literary Investigation / Trans. by Thomas P. Whitney. New York: Harper and Row, 1974.

Turvey 2008 — Turvey M. Doubting Vision: Film and the Revelationist Tradition. New York: Oxford UP, 2008.

Vatulescu 2010 — Police Aesthetics: Literature, Film, and the Secret Police in Soviet Times. Stanford, CA: Stanford UP, 2010.

Wolf 2008 — Wolf E. The Visual Economy of Forced Labor: Alexander Rodchenko and the White Sea-Baltic Canal // Picturing Russia: Explorations in Visual Culture / Ed. Valerie A. Kivelson and Joan Neuberger. New Haven: Yale UP, 2008. P. 168–175.

Zelska Darewych 2006 — Zelska Darewych D. Ukrainian Art and Culture through the Ages // Ukrainian Modernism, 1910–1930. Kyiv: National Art Museum of Ukraine, 2006.

Аглая Глебова — преподаватель факультета истории искусств Университета Калифорнии, Беркли. В настоящее время завершает работу над книгой об искусстве фотографии Александра Родченко, включая серию фотографий Беломорканала, сделанную в первое десятилетие правления Сталина.

Часть II

ИСТОРИЧЕСКИЙ КОНТЕКСТ

Глава 8

Дэниел Бир

Пенитенциарная ссылка в Сибирь и границы государственной власти, 1801–1881[1]

В феврале 1839 года польский революционер Юстыньян Ручиньский был приговорен к двадцати годам каторжных работ в Нерчинских рудниках в Восточной Сибири и, закованный в кандалы, оказался в составе пешей арестантской партии, двигавшейся по этапу на восток.

> И здесь начался быт, которому трудно дать подходящее название, но еще труднее дать полное представление о нем. Казалось, уж большей нужды нет на свете. К ней приводили: ежедневный 18–25-верстный переход в кандалах, ночлег в тюрьме на грязных досках, называемых «нары», нехватка белья, одежды и обуви, нищенская еда, а далее полный голод, слякоть, жара, морозы — и при этом надо было идти непременно дальше и дальше. Постоянное созерцание арестантов, их жизни, полной самого ци-

---

[1] Исследования для этой статьи выполнены при финансовой поддержке научного фонда Leverhulme Trust. Я благодарен Илье Магину, Джонатану Уотерлоу, Гэвину Якобсону, Ребекке Рейх, а также редакторам и анонимным читателям журнала «Kritika: Explorations in Russian and Eurasian History» за комментарии к предварительным вариантам статьи.

> ничного распутства, обычно поощряемого подкупленным этапным командованием... тяжкое изнурение тела физическим трудом, а души — беспокойствием и тоской — вот бледное изображение тогдашней горькой участи нашей [Ручиньский 2009: 331][2].

Ручиньский был не первым и не последним из сосланных в Сибирь, для кого, судя по воспоминаниям, самой мучительной частью ссылки оказался именно этот тринадцатимесячный переход. Между тем официальный приговор Ручиньского — каторжные работы — начал исполняться, только когда он наконец достиг Нерчинска. Что же до властей, они расценивали невзгоды арестантов на пути в ссылку лишь как временные трудности, предваряющие срок настоящего наказания для таких, как Ручиньский. Зияющая пропасть между собственным представлением властей о высылке как обычной операции перемещения в пространстве, с одной стороны, и переживанием ее осужденными как сурового испытания, с другой, отразила слабость и ограниченность самодержавия.

К началу XIX века ссылка на поселение в Сибирь и исправительные (каторжные) работы, полагавшиеся за более тяжкие преступления, стали выражением разных концепций уголовного наказания. Ссылка, по сути, была демонстрацией самодержавной государственной власти. Самодержец мог перемещать своих подданных по огромным территориям подвластной ему империи по собственному усмотрению, как гласило Соборное уложение 1649 года — «где государь укажет» [Тихомиров и Епифанов 1961: 266][3]. Таким образом, путешествие в ссылку было проявлением самодержавной власти; каждый шаг на восток — знаком уважения к господству государства. С середины XVIII века все ритуалы гражданской казни, предварявшие отправку в сибирское пенитенциарное царство, стали знаками могущества российской родовой государственной власти [LeDonne 1991: 216–217; Анисимов

---

[2] О судьбе ссыльных польских республиканцев в 1830-е и 1840-е годы см. [Beer 2016: ch. 6].

[3] Глава 21, «О разбойных и татиных делах».

1999: 498–500; Bryner 1990]. Замена смертной казни каторжными работами была актом императорского милосердия, подчеркивавшим единоличную власть правителя. Ссыльных отправляли на далекие окраины за границами (или даже воображаемыми границами) метрополии [Schrader 2002, 80–83; Bassin 1998]. При этом сибирская ссылка издавна играла также важную экономическую роль. Использование каторжан при добыче сырья на отдаленных приисках, начатое при Петре Великом, в течение XVIII века, при Екатерине Великой, превратилось в полномасштабный государственный проект по колонизации Сибирской земли [Gentes 2008: 5–6; Raeff 1983: 204–250].

Колонизация подразумевала по меньшей мере частичное исправление и даже реабилитацию ссыльных. Когда отбывших срок каторжан освобождали «на поселение», им в некоторой степени возвращалась «роль государственных подданных» [Gentes 2008: 94]. В царствование Александра I и Николая I к уже сформировавшимся колонизационным задачам переброски населения и добычи ресурсов по всей Сибири добавилась забота об общественном порядке[4]. Как показали Э. Шрейдер и Э. Гентес, государство поощряло жен в их желании следовать за мужьями в ссылку, полагая, что их присутствие окажет дисциплинирующее, исправляющее воздействие на мужчин. Создание стабильных и продуктивных семейных ячеек должно было способствовать как личной реабилитации ссыльных, так и выполнению государственной колонизационной программы [Gentes 2003а; Gentes 2003б; Schrader 2007; Beer 2016: ch. 10]. К эпохе Великих реформ официальным оправданием института ссылки стало именно исправление преступников [Schrader 2002: 83].

Ссылка, таким образом, включала разные, хотя и частично пересекающиеся аспекты наказания: государственный, экономический, колонизационный и дисциплинарный. Во всех случаях во главе угла стояла доставка заключенного на место ссылки, по выражению Гентеса, «приводной ремень, связывающий государ-

---

[4] Об эволюции практического исполнения и смысла этого колониального проекта см. [Forum 2010; Masoero 2013].

ственное воздаяние за преступление с утилитарной экономической эксплуатацией» [Gentes 2008: 57]. Дж. Пэллот в своих работах о более поздних волнах ссылок в XX веке утверждала, что представление о принудительном перемещении должно стать неотъемлемой частью нашего знания о пенитенциарных режимах российского государства. Путешествие на место ссылки было не просто временным преддверием самого наказания, а его важнейшей составляющей [Moran, Piacentini and Pallot 2012: 455–457][5]. Тем не менее в течение всего XIX века высшие правительственные органы и административные органы сибирской ссылки рассматривали его именно как временное преддверие. Безусловно, акт высылки сам по себе был наказанием, знаменовавшим мучительный отрыв осужденного от родной земли, но нигде в архивах не содержится упоминаний о процессе высылки как о преднамеренной пытке.

Невзгоды, переживаемые в пути, несомненно, служили сдерживающим фактором для потенциальных преступников. Некоторые чиновники, надзиратели и конвойные, возможно, полагали, а часто и вели себя так, будто ссыльные, идущие на восток, заслуживают именно такого обращения. Тем не менее с конца XVIII века и власти в Санкт-Петербурге, и администраторы на местах ссылки рассматривали транспортировку арестантов не как отдельную форму наказания, а как средство доставки к месту наказания. Для властей процесс высылки составлял транспортную проблему, которую нужно было решить эффективным и безопасным способом. Целью транспортировки арестантских партий было доставить здоровых и сильных каторжан и поселенцев в определенные места по всей Сибири. Тяжелые испытания в пути были отнюдь не преднамеренными и не просчитанными, а возникали как бы случайно и не были сопряжены с официальным приговором, вынесенным правонарушителям государством.

Официальная точка зрения едва ли совпадала с опытом самих ссыльных. На протяжении многих месяцев, а иногда и лет они переживали путешествие на место ссылки как тяжкое, иногда

---

5 См. также статью Дж. Пэллот в этой книге. О сталинском периоде см. [Applebaum 2003: ch. 9].

смертельно опасное испытание, причинявшее порой больше страданий, чем сами наказания, ожидавшие их на другом конце Большого Сибирского тракта. На протяжении всего XIX века слабость самодержавия сказывалась в хаосе, коррупции и жестокости, царивших в арестантских партиях. Государство обладало фундаментальной грубой силой, чтобы изгонять подданных империи из родных городов и деревень, но при этом ему не хватало ресурсов для эффективного решения транспортной проблемы, вытекающей из этой политики.

Отнюдь не являясь передвижным тюремным пространством, в котором дисциплинарная государственная власть была бы направлена на заключенных, пешие арестантские партии постоянно страдали от недостатка управления. Таким образом, пересылка была для заключенных тяжелым испытанием, и причиной этому служили административные ошибки, непригодная инфраструктура, коррупция и манипуляция подчиненными в целях наживы. Как следствие, то, что испытывали осужденные в процессе пересылки, не имело никакого отношения к официальным наказаниям, установленным законами империи[6]. Процесс подневольной миграции можно рассматривать как конкретный пример социальной рассогласованности государственной власти, отражающий нехватку ресурсов, самоуправство и продажность местных органов управления по всей империи [Brower and Lazzerini 1997; Sunderland 1996; Burbank, von Hagen and Remnev 2007; Breyfogle 2005; Burbank 2006]. С точки зрения Санкт-Петербурга пересылка осужденных и их семей была настолько неорганизованной и требовала таких материальных и человеческих затрат, что серьезно компрометировала декларируемые государством экономические, колонизационные и дисциплинарные цели. Для самих ссыльных арестантские партии были практически беззаконным миром, полным лишений, голода, опасного воздействия стихий, подстерегающих в пути болезней и постоянной угрозы насилия.

---

[6] Эти положения, конечно, касаются и института ссылки в целом. О хаотических условиях в Нерчинске в конце 1820-х годов см. [Beer 2013].

В период с начала царствования Александра I до конца правления Александра II были предприняты две серьезные попытки модернизировать транспортировку ссыльных. Во-первых, сибирские реформы 1822 года, призванные рационализировать процесс пересылки и подчинить его административному порядку. Во-вторых, с 1860-х годов государство стало пользоваться новыми транспортными средствами, чтобы ускорить перевозку заключенных и их семей из европейской части России в Сибирь. В обоих случаях эффективность реформ была радикально подорвана быстрым ростом числа ссыльных в 1820-х, а потом в 1870-х годах. В результате пенитенциарная инфраструктура почти никогда не могла угнаться за ростом численности ссыльных, и поэтому процесс пересылки оставался для ссыльных в лучшем случае суровым, а в худшем — смертельным испытанием. Это несоответствие красной нитью проходит через весь XIX век: карательные аппетиты империи превосходили ее карательные возможности.

На пороге сибирских реформ: 1801–1822

В начале века все ссыльные совершали путешествие в Сибирь пешком. Выйдя из разных городов империи, они направлялись в Москву, откуда шли на восток через Владимир, давший название печально известной дороге, которая проходила через Казань и Пермь, далее через Урал, в Тюмень и Тобольск, а оттуда вела в направлении Томска, Красноярска и Иркутска [Румянцов 1876: 10]. Владимирка, или Большой Сибирский тракт, на самом деле была всего лишь узкой грунтовой дорогой. Она вилась по открытым степям Западной Сибири, а затем ныряла в густые болотистые таежные леса Енисейской и Иркутской губерний.

Осужденные шли пешком круглый год. В летний зной те, что шли сзади, задыхались от огромных пылевых облаков, поднятых сотнями шагающих ног. В открытой степи безлесный горизонт и безоблачное небо не давали передышки от палящего солнца. Многие теряли сознание от обезвоживания и солнечных ударов. Осенние дожди давали лишь временную передышку от жары, пока дороги не превращались в бурлящее болото, в котором осужденные вязли по колено.

Русское слово «распутица» и означает осеннее и весеннее бездорожье. Подводы часто застревали в болотах; когда их поднимали по камням и бревнам, колеса и оси ломались. Летом густые березовые и хвойные леса Сибири кишели свирепым гнусом, облеплявшим открытую кожу ссыльных. В конце сентября уже начинались страшные зимние холода. В период с августа по ноябрь температура в этом резко континентальном климате падала от тридцатиградусной жары до пронизывающих двадцатиградусных морозов. Как повелось еще в XVII–XVIII веках, арестантские конвои останавливались на ночь в придорожных деревнях. Небольшие группы можно было разместить в крестьянских избах и сараях, но многолюдные партии нередко были вынуждены ночевать под открытым небом [Бортникова 1999: 45].

В начале XIX века в транспортировке ссыльных в Сибирь царил хаос. Действительный статский советник Н. О. Лаба (1766–1816), в 1802 году посетивший Сибирь с инспекцией условий содержания ссыльных, сообщал непосредственно Александру I, что многие поселенцы испытывали нехватку денег или одежды еще на европейской территории России, выходя из своих губерний; другие были ограблены чиновниками уже в пути. Третьи, хотя и были должным образом экипированы властями на местах, остались без средств, «по небрежении и распутству кормовые деньги промотав, не дошедши еще половину пути». В результате многие ссыльные вынуждены были по дороге продавать зипуны, испытывали нехватку продовольствия и теплых вещей и выбивались из сил, рассчитывая исключительно на подаяние сибиряков, в чьих избах ночевали. Лаба отмечал, что делопроизводство находилось в ужасающем состоянии, в арестантских партиях царила путаница, документы терялись и подделывались [РГИА. Ф. 383. Оп. 29. Д. 924 (1806). Л. 27; Пейзен 1859: 29–30]. В 1806 году Александр I издал указ, в котором признавалось, что сибирские власти, принимавшие ссыльных, «ни рода ни числа их верно не знали». Указом предписывалось создать в приграничных населенных пунктах каждой губернии на пути следования ссыльных специальные конторы. Там должны были составлять точные списки, в которых бы фиксировалось число прибывающих ссыльных, их состояние и место назначения [РГИА. Ф. 383. Оп. 29. Д. 953 (1818). Л. 24]. Тем не менее документация так и осталась бессистемной и неполной. Транспортировка ссыльных проходила так беспорядочно, что чиновники «потеряли счет людей и денег, отпущенных по продовольствии тех, кои приняты в зачет повинности» [РГИА. Ф. 383. Оп. 29. Д. 924 (1806). Л. 29]. Побеги, смерти и присоединение к партиям новых ссыльных из губерний, через которые лежал путь, — все это затрудняло сбор точных статистических данных о числе и местонахождении арестантов [РГИА. Ф. 383. Оп. 29. Д. 953 (1818). Л. 2].

Высшие правительственные круги были обеспокоены тем, что неспособность доставить ссыльных на место назначения живыми и здоровыми препятствует достижению экономических целей государства. В 1813 году министр внутренних дел О. П. Козодавлев (1753–1819) отправил гневное письмо генерал-губернатору Сибири И. Б. Пестелю, в котором возмущался тем, что из 1111 душ мужеского пола, предназначенных для Иркутской губернии в 1809–1811 годах, на места прибыло только 625. Из них 486 были оставлены в Томской губернии: 178 на поселении, 219 — из-за болезней, не позволявших идти дальше, а остальные — для работы на местных заводах. Признавая, что больных действительно следует оставлять в Томской губернии на попечение местных общин, министр отметил, что под этим предлогом там остаются совершенно дееспособные люди, хотя их место назначения — Иркутская губерния. Томским губернским властям было дано указание не задерживать у себя таких ссыльных [РГИА. Ф. 383. Оп. 29. Д. 938 (1811). Л. 88–89].

Чиновники на другом конце Сибирского тракта разделяли негодование Санкт-Петербурга. В 1818 году иркутские губернские власти все еще жаловались в столицу на то, что из ссыльных, следующих в Восточную Сибирь, места назначения достигает менее половины. Расследования показали, что «самые лучшие люди по летам и способностям» оставались в европейской части России и в Западной Сибири, где их направляли на различные работы. В Иркутск отправляли только тех, чье здоровье было уже подорвано почти десятилетним каторжным трудом. Власти знали об этой проблеме. Учитывая, что дорога в Иркутск часто занимала от четырех до десяти лет, в 1817 году Санкт-Петербург потребовал от всех губернаторов, чтобы ссыльные доставлялись на место назначения «без остановочно». Правительство также подвергло резкой критике практику преднамеренной отправки в Восточную Сибирь слабых и больных, неспособных к самостоятельному поселению. Эти ссыльные, отмечал Правительствующий сенат, составляют «класс тунеядцев и нищих, требующих пособия в самом пропитании, отягощающих собой крестьянские общества и... заражающих семейства пороками и болезнями». Но, будучи вне досягаемости столичных властей, местные органы управления продолжали отбирать для собственных нужд здоровых ссыльных, следующих в Сибирь. Таким образом, место назначения каждого ссыльного зависело не только от официально вынесенного приговора, но и от той экономической выгоды, которую он мог принести [РГИА. Ф. 383. Оп. 29. Д. 953 (1818). Л. 1. 12–14][7].

Утечка ссыльных из арестантских партий происходила не только потому, что местные чиновники по пути отфильтровывали самых полезных. Обычным явлением были и побеги. Беглые каторжане иногда сбивались в мародерствующие шайки бродяг, которые нападали на «целые торговые обозы», проезжавшие по глухим сибирским дорогам. В марте 1805 года генерал-губернатор Сибири И. О. Селифонтов написал Александру I письмо, в котором призывал разместить вдоль главных сибирских дорог воинские части с конными казаками, «чтобы не только положить конец таким актам бандитизма и разбоя, но и устранить опасность для жителей и путешественников». По подсчетам Селифонтова, для успешной перевозки ссыльных потребовалось бы 2880 солдат, размещенных на почтовых станциях вдоль основных маршрутов. Он понимал, однако, что собрать требуемое количество без серьезного ущерба для армии, несущей службу в других

[7] О более широкой проблеме ссыльных, достигавших Сибири нетрудоспособными, см. [Gentes 2011].

местах, будет трудно, поэтому согласился на 1825 солдат. Александр удовлетворил его просьбу, и в 1816 году была организована Внутренняя стража. Однако состоявшие в ней казаки оказались не надежнее крестьян, которых они заменили [Штутман 2000: 107–109]. Чиновники сетовали на то, что они «часто, иногда даже умышленно, за мзду, освобождают осужденных, которых сопровождают». В результате в конце 1816 года, в октябре, из арестантских партий бежало 98 осужденных, и эта цифра включала только тех, о ком сообщили гражданским властям [РГИА. Ф. 1286. Оп. 1. Д. 195 (1804). Л. 51, 53, 64; Оп. 2. Д. 245 (1817). Л. 1]. Хронические побеги и волна преступности, спровоцированная беглецами в Тобольской и Томской губерниях Сибири, вызывали растущую обеспокоенность властей [О преступлениях 1833].

В придачу к этим административным проблемам в период, предшествовавший сибирским реформам 1822 года, число ссылаемых в Сибирь росло темпами, которые угрожали сокрушить всю систему. Если с 1807 по 1813 год в ссылку отправлялось в среднем 1606 человек в год, то показатель за период с 1814 по 1818 год подскочил до 2476; в период с 1819 по 1823 год он достиг в среднем 4570 человек в год [Ссылка 1900: Приложение № 1][8]. Растущее использование административной ссылки как землевладельцами, так и крестьянскими общинами, усугубляемое обострением вызванного Наполеоновскими войнами конфликта между крестьянами и их хозяевами, способствовало росту численности ссыльных [Gentes 2008: 137]. В результате к концу второго десятилетия XIX века институт ссылки оказался на грани краха. Укрепить и реформировать его было поручено выдающемуся русскому государственному деятелю первой половины XIX века М. М. Сперанскому (1772–1839) [Raeff 1957].

Сибирские реформы 1822 года

Сибирские реформы Сперанского служили цели окончательной интеграции Сибири в состав Российской империи. Сперанский полагал, что проблему института ссылки помогут раз-

---

8 Другие примеры последствий роста см. в [Дамашек и Ремнев 2007: 274–277].

решить нравственная энергия и административная реформа [Raeff 1956: 44]. Он рассматривал доставку ссыльных в Сибирь как чисто логистический проект. Его «Устав о ссыльных», утвержденный императором и опубликованный в 1822 году, включал в качестве дополнения «Устав об этапах в Сибирских губерниях», состоявший из 13 глав и 199 параграфов. Строительство этапов (*étapes*) — специальных остановочных пунктов вдоль Большого Сибирского тракта — началось еще раньше, в 1819 году. Устав Сперанского ускорил и расширил этот процесс. В нем был определен маршрут, в основном совпадавший с уже проложенной дорогой, разделенный на этапы пути от одного перевалочного пункта к другому. Каждый пункт (этап) находился в дне пути от промежуточной станции (полуэтапа), за которой следовал еще один дневной переход до следующего этапа [Бортникова 1999: 47]. Полуэтапы предназначались только для ночевки, этапы — для двух ночевок и «дневки», дня отдыха между ночевками. Сперанский приказал построить сорок таких этапов в Западной Сибири и еще двадцать один в Восточной Сибири. На каждый этап определялась этапная команда из войск Внутренней стражи, подотчетная Военному министерству и отвечавшая за перемещение арестантских партий по маршруту под вооруженным конвоем. Во главе партии обычно двигались офицер, унтер-офицер и барабанщик, по обеим сторонам колонны — вооруженные солдаты, а впереди и позади шествия скакали верховые казаки [Устав 1822а: 4–5; Завалишин 1862, 1: 355–356].

Согласно технократическим воззрениям Сперанского, такая организация системы этапов позволяла упорядочить переправку ссыльных на места назначения и укрепить отчетность за их перемещение. Весь маршрут и график передвижения арестантских партий были им подробно расписаны. Те, чья ссылка начиналась в первой этапной команде, в Тугулыме, шли два дня с остановкой на полуэтапе до следующего этапа в Перевалове, где они передавались второй этапной команде. На этом этапе они могли отдохнуть один день и воспользоваться баней. Затем конвой вел их в Тюмень, где передавал тюменской инвалидной команде, отвечавшей за преодоление следующих 262 верст до

Рис. 8.1. Переправа партии через Енисей. [Кеннан 1906, 1: 293]

старинного города Тобольска [Устав 1822а: 26], где в соответствии с реформами Сперанского было создано специальное учреждение — Приказ о ссыльных. Таким образом, город стал руководящим центром ссылочной администрации и воротами в сибирское тюремно-каторжное царство. Ссыльные, прибывавшие в Тобольск под конвоем со всех концов империи, узнавали здесь о своем окончательном месте назначения. В тобольской пересыльной тюрьме они распределялись по постоянным партиям и оттуда продолжали свой путь на восток [Устав 1822б: 24, ст. 210–213].

Выйдя из Тобольска, ссыльные в течение двенадцати недель брели 1470 верст до Томска, одолевая в среднем по 25 верст в день с привалами не более чем на сутки. Еще 550 верст лежало между Томском и Красноярском, восточносибирским городом на Енисее (рис. 8.1), где заключенным полагался недельный отдых. После следующего перехода в тысячу верст с перерывами на суточный отдых партия наконец достигала Иркутска, столицы Восточной Сибири, где ее ждали еще несколько дней передышки. Оттуда каторжане, назначенные в Нерчинские серебряные рудники, должны были пройти еще 1500 верст [РГИА. Ф. 1286. Оп. 21. Д. 1118 (1860). Л. 1]. Согласно расчетам Сперанского, ссыльный, достигнув Иркутска, прошел бы 2944 верст за 29,5 недели со средней скоростью 25 верст в день [Gentes 2008: 198–199]. В большинстве случаев такие расчеты отличались чрезмерным оптимизмом.

Помимо наивных представлений о скорости передвижения арестантских партий, претворению в жизнь подробных планов Сперанского по эффективному и упорядоченному перемещению ссыльных через сибирские просторы помешали еще два фактора: взрывообразный рост числа ссыльных, отправляемых каждый год за Урал, и повальная коррупция ссылочной администрации. Сперанский, по-видимому, был убежден, что ежегодная численность ссыльных будет относительно стабильной, но в результате государственных репрессий в отношении армейских дезертиров и бродяг она на протяжении 1820-х годов выросла более чем вдвое[9]. Среднегодовой показатель 1819–1823 годов (4570 человек) за последующие три года вырос до 11 116. В 1825 году один чиновник с сожалением отметил, что если до 1822 года государство ссылало от 60 до 70 человек в неделю, то в настоящее время высылке еженедельно подвергается свыше двухсот человек [РГИА. Ф. 1264. Оп. 1. Д. 414 (1825). Л. 6]. Между 1823 и 1831 годами через тобольскую пересыльную тюрьму прошли 10 886 каторжан и 68 620 ссыльных — в общей сложности 79 506 человек, в том числе 9166 женщин [РГИА. Ф. 1264. Оп. 1. Д. 71 (1835). Л. 138]. Тщательно продуманные реформы Сперанского захлебнулись в этом резком и непредвиденном увеличении числа ссыльных.

В «Уставе об этапах в Сибирских губерниях» отмечалось, что, как показывал многолетний опыт, побеги в Сибири совершались, как правило, летом [Устав 1822а: 22]. В связи с этим отправляемая в летнее время партия не должна была превышать 60 человек, а в зимнее, когда лютые холода не благоприятствовали побегам, составлять максимум 100 ссыльных. В каждой партии должно

---

9 Гентес приводит разные причины роста числа заключенных в [Gentes 2010: ch. 1].

было находиться не более десяти каторжан, которые считались более опасными, чем просто ссыльные. Кроме того, Сперанский предписывал, чтобы из сборного пункта в селе Тугулым на западной границе Тобольской губернии отправлялось не более одной партии в неделю. Тем не менее из-за роста числа ссыльных в 1820-е годы чиновники были вынуждены игнорировать эти ограничения и таким образом ставить под угрозу безопасность партий. Не успели реформы Сперанского осуществиться, как число ссыльных в одной партии стало превышать 400 человек. Дальнейшие попытки ограничить размеры арестантских партий были погребены под толпами людей, хлынувшими потоком в систему ссылки. В 1835 году правительственные чиновники, уполномоченные инспектировать ссыльных, отмечали, что из-за огромного и непредвиденного роста численности арестантов «местное начальство поставлено в величайшее затруднение и даже в невозможность исполнять во всей точности правила, указанные Уставом о ссыльных». По их наблюдениям, численность одной партии регулярно превышала 250 душ [РГИА. Ф. 1264. Оп. 1. Д. 71 (1835). Л. 136 об. — 137].

Сами пешие арестантские партии представляли собой поистине жалкие процессии (рис. 8.2). Впереди шли приговоренные к каторге. Каторжане считались более опасными, чем ссыльные, и более склонными к побегу. Они шли в ручных кандалах, на ногах были тяжелые ножные оковы, соединенные цепью, проходящей через кольцо, прикрепленное к поясу. Кроме того, для предотвращения побегов они были попарно прикованы цепью к железному пруту, позже замененному цепью. Если один падал, все должны были остановиться. «Остановится один за нуждою — все должны стоять и дожидаться» [Максимов 1900: 14]. Один из современников-наблюдателей подробно описывал злоключения арестантов в пути: тяжелые оковы, хотя и обтянутые кожей, натирали ноги, измученные от ходьбы, а самым невыносимым было сковывание попарно: наручники заставляли каждого осужденного страдать от любого движения своего напарника, особенно если прикованные друг к другу были разного роста и телосложения [Румянцов 1876: 12]. В одну пару наручников могли

Рис. 8.2. Партия ссыльных пропускает санный обоз. [Kennan 1891, 2: frontispiece]

заковать двоих «за недостатком кандалов» [Ядринцев 1872: 320]. За ними шли сосланные на поселение, закованные только в наручники. Следом, уже без оков, — те, кто отправлялся в административную ссылку и в ссылку на водворение. Замыкали шествие члены семьи, добровольно последовавшие за своими родственниками в ссылку. За колонной грохотали четыре подводы, в каждую была впряжена одна лошадь. Они везли вещи ссыльных (разрешалось не более 12 кг на человека) и, если оставалось место, стариков, детей и больных [Власенко 2008: 63].

Этапы на территории Сибири, построенные в соответствии с предписаниями устава Сперанского, обычно представляли собой дворы, окруженные низким частоколом. Во дворе стояли три одноэтажных бревенчатых дома, выкрашенные уставной охрой; в одном размещался начальник этапа, в двух других — солдаты и ссыльные. Казармы для ссыльных состояли из трех или четырех больших камер, в каждой была русская печь, вдоль стен — ряды двухэтажных нар, на которых осужденные могли сидеть, спать и держать свои вещи. Ссыльные дрались за место на нарах, агрессивные закоренелые преступники занимали лучшие места — зимой у печи, а летом возле окон. Слабым и больным приходилось ютиться под скамьями на грязном полу. Полуэтапы были еще примитивнее: две избы за деревянным частоколом, одна для офицера и солдат конвоя, другая для ссыльных. Поддержание в них порядка было возложено на местных жителей, которым, впрочем, присмотр за государственными тюрьмами не приносил никакой выгоды [Румянцов 1876: 10–11].

Примерно через десять лет после постройки большинства этапов один чиновник уже докладывал в Санкт-Петербург, что почти все тюремные здания в Тобольской губернии «находятся в весьма худом положении по местности и неудобству своих помещений» [ГАРФ. Ф. 109. 1-я экспедиция. Оп. 8. Д. 357 (1833). Л. 10].

Местные власти игнорировали предписание улучшать состояние этапных построек и возводить их из камня. В 1848 году здание тобольской центральной пересыльной тюрьмы, через которую проходили все ссыльные и в которой многие проводили по несколько месяцев в ожидании следующего этапа своего пути, все еще было деревянным. На многих этапах камеры плохо отапливались и вентилировались, были переполнены и отличались полным отсутствием санитарии [ГАТОвгТ. Ф. 152. Оп. 31. Д. 127 (1849). Л. 18; РГИА. Ф. 1286. Оп. 29. Д. 836 (1868). Л. 8]; ссыльный декабрист В. П. Колесников вспоминал:

> На нарах теснятся так, что едва могут ворочаться; некоторые помещаются в ногах у других, на краю нар; остальные на полу и на нарах. Можно себе представить, какая тут духота, особливо в ненастную погоду, когда приходят все мокрые, в своих грязных рубищах! К этому еще на ночь ставится так называемая параша, т. е. просто деревянный ушат, исполняющий должность необходимой ночной мебели. Смрад от этой параши нестерпимый [Колесников 1869].

Из-за этих «ушатов», переполненных экскрементами, и из-за отсутствия вентиляции этапы становились рассадниками тифа, дизентерии, холеры и туберкулеза. Однако на Большом Сибирском тракте больных было практически некуда девать. Этапный лазарет состоял из одной палаты на шесть коек и никак не мог вместить всех заболевших в пути ссыльных. В 1845 году правительство постановило немедленно доставлять больных на телегах конвоя в больницы ближайших уездных городов. Однако в Западной Сибири на протяжении 1800 верст маршрута таких городов было всего шесть. Тем, кто нуждался в стационарном лечении, приходилось терпеть 200 и более верст тряски по знаменитым сибирским ухабам, чтобы получить медицинскую помощь [Власенко 2008: 66–67]. Те, кому везло или кто был достаточно вынослив, чтобы пережить это путешествие, часто обнаруживали, что от медицинских учреждений в сибирских городах мало толку. Одни принимали больных только за мзду; в других не было квалифицированного медицинского персонала [РГИА. Ф. 1286. Оп. 22. Д. 925 (1857). Л. 8 об.; Грицько 1860: 286]. В 1844 году Санкт-Петербург был вынужден разъяснить, что средства на захоронение умерших в пути ссыльных должны изыскивать местные власти [РГИА. Ф. 1286. Оп. 9. Д. 719 (1844). Л. 1–2, 17–18].

Злоупотребления и нехватка средств в администрации ссылки

Незапланированным, но вполне предсказуемым следствием должностных злоупотреблений и административного недофинансирования было то, что путешествие по этапу грозило не только лишениями, но порой и смертью[10]. Продажность сибирских властей, как правило, оказывалась сильнее стараний правительства обеспечить должный надзор и подотчетность во всей системе этапирования. Офицеры конвоя должны были выдавать арестантам «кормовые деньги» ежедневно или при отправлении партии с этапа на этап. Этих средств почти всегда было недостаточно для покупки продуктов питания в местных деревнях, через которые проходила партия. На этапах и полуэтапах солдаты конвоя и их семьи монопольно торговали хлебом и продуктами питания и безбожно заламывали цены [Арестанты 1863: 139–140, 149].

Эти злоупотребления порой заканчивались трагически. В июне 1855 года четверо осужденных замерзли в метель по дороге от Кличкинского рудника к Карийскому в районе Нерчинска. Начальник Нерчинского горного округа И. Е. Разгильдеев (1810–?) сообщил, что причиной смерти было не только отсутствие у заключенных теплой одежды, но и то, что, когда их застигла метель, они были крайне истощены от голода. Они не могли купить у казаков на этапах достаточно хлеба, потому что стоимость еды превышала их кормовые деньги [РГИА. Ф. 468. Оп. 20. Д. 1198 (1855). Л. 1–6]. В сообщении Третьего отделения Министерству внутренних дел в 1863 году дан подробный отчет о группе из 130 осужденных, прибывших в Красноярск в октябре в одних рубахах. Арестанты объяснили, что вымогательство начальников и персонала пересыльных тюрем вынудило их продать одежду, чтобы заплатить за еду [РГИА. Ф. 1286. Оп. 24. Д. 941 (1863).

---

10 Британское правительство в конце XVIII века приняло быстрые и эффективные меры в ответ на смертельные случаи при пересылке осужденных в Австралию, так как организованная и компетентная перевозка здоровых ссыльных считалась необходимой для выполнения более широкой задачи — криминальной колонизации. См. [Hughes 2003: 129–157; McDonald and Shlomowitz 1989: 285–313].

Л. 1–2]. В феврале 1866 года еще одиннадцать осужденных замерзли по дороге из Красноярска в иркутский острог.

Вскрытие тел показало, что «желудки их найдены совершенно пустыми». Кроме того, «никто почти из арестантов не имел теплой одежды», а один из них «прибыл без рубашки в чужом кафтане, под которым было подложено сено». Согласно показаниям выживших арестантов партии, они сообщили нижнеудинским властям, что у них нет необходимой одежды для путешествия, но «на это не было обращено должного внимания». Заключенным и в этот раз пришлось продать одежду, чтобы купить хлеб по вымогательским ценам у этапных солдат и их семей [РГИА. Ф. 1286. Оп. 29. Д. 771 (1868). Л. 10].

Хотя центральные органы власти резко критиковали эти злоупотребления, пресечь их было невозможно. Узнав о смерти заключенных в 1866 году, министр внутренних дел А. Е. Тимашев (1818–1893) в результате заметил в письме генерал-губернатору Восточной Сибири: «Если все описанное могло произойти на глазах Енисейского губернского начальства, то что следует предполагать о местностях, удаленных от такого надзора?»

Уже не в первый раз Тимашев обратил внимание губернаторов провинций на опасности, связанные с монополией этапных солдат и их семей на продажу заключенным провианта. Он упоминал о требуемом «строгом преследовании виновных в изъясненных злоупотреблениях». Подчиненные Тимашева, губернаторы Енисейской и Иркутской губерний П. Н. Замятнин и К. Н. Шелашников, всячески выкручивались, пытаясь оправдать и объяснить инцидент. Они признали, что доводить арестантов до смерти недопустимо, но утверждали, что у этих людей не было подходящей одежды уже при отправке из Томска в Красноярск: красноярская пересыльная тюрьма была так переполнена, что там вспыхнула эпидемия тифа, и у ее начальства не было иного выбора, кроме как отправить партию осужденных в Иркутск (каждый год по маршруту проходило 7500 ссыльных и их родственников).

Летальный исход можно было предотвратить, уверял Замятнин, если бы унтер-офицер Кашин, которому была вверена партия, позволил ссыльным укрыться от мороза и поправить здоровье в одной из попутных деревень. Шелашников же в очередной раз согласился, что необходимо усилить надзор и отчетность по вопросу снабжения ссыльных, отправляемых на восток. Но правительство не могло навязать свою волю начальникам этапов в тысячах верст от Санкт-Петербурга. В 1860–70-х годах ссыльные продолжали гибнуть в походных конвоях от холода, голода и болезней в таких больших количествах, что это вызвало протесты местного крестьянства, которое обязали брать на себя похороны умерших [РГИА. Ф. 1286. Оп. 29. Д. 771 (1868). Л. 4–5, 19–23 об., 32–34; Оп. 36. Д. 686 (1875). Л. 14].

Сперанский задумывал Тобольский приказ о ссыльных как эффективную административную штаб-квартиру института ссылки. На самом деле это была коррупционная яма. В Петербург шли отчет за отчетом, сообщавшие о растратах, о кражах имущества ссыльных, о бойкой незаконной торговле в местах ссылки[11]. В 1833 году один из инспекторов, полковник Маслов, доложил министру внутренних дел графу Бенкендорфу, что служащие Приказа о ссыльных выясняли, у кого из арестантов, следовавших в Восточную Сибирь, были деньги, и продавали им разрешения остаться в Тобольской губернии [ГАРФ. Ф. 109. 1-я экспедиция. Оп. 8. Д. 357 (1833). Л. 15]. Расследование по этому делу, длившееся шесть лет, выявило целый ряд злоупотреблений. Более 2000 ссыльных получили незаконное разрешение остаться в Тобольске; другие приобрели разрешения на возвращение в губернии, из которых они были высланы, а третьим были самовольно сокращены сроки заключения [РГИА. Ф. 1286. Оп. 7. Д. 377 (1840). Л. 38]. Но и два десятилетия спустя мало что изменилось. В 1862 году в редком по тем временам разоблачительном материале петербургский журнал «Зритель» сообщил о неизменной коррупции Тобольского приказа о ссыльных. Автор статьи сообщал, что чиновники иногда приходят к заключенным, притворяются, что на них возложены особые полномочия, и, «отозвав в сторонку»,

---

[11] Обычай «кормления», т. е. использование служебного положения как источника взяток и растрат, уходит корнями в Московское государство [Pipes 1997: 96].

предлагают свои услуги: похлопотать, чтобы те могли остаться в Тобольске или перевестись с иркутских заводов на поселение в Тобольской губернии [По этапу 1862: 790–791].

Статья вызвала ряд новых расследований, начатых Министерством внутренних дел, но смыкание рядов и прикрытие тылов было возведено чиновниками администрации сибирской ссылки в ранг искусства [РГИА. Ф. 1286. Оп. 24. Д. 231 (1863). Л. 14, 20–21]. Тобольский приказ о ссыльных продолжал хищение средств, выделяемых на теплую одежду, в результате чего заключенные оказывались беззащитными перед суровостью сибирской зимы. Один чиновник сообщил в 1864 году, что ссыльные по-прежнему отправляются из Тобольска настолько плохо одетыми, что «при неимении собственной одежды» никоим образом не смогут «следовать в казенной». Некоторые прибывали в Томск с тяжелыми случаями обморожения, потеряв пальцы на руках и ногах от холода [ГАТОвгТ. Ф. 152. Оп. 39. Д. 114 (1864). Л. 1].

Злоупотребления было трудно искоренить отчасти и потому, что даже самые высокопоставленные должностные лица активно участвовали в махинациях и мошенничестве. Между 1822 и 1852 годами пятеро из одиннадцати губернаторов Тобольска были уволены за коррупцию [Gentes 2010: 52]. В 1847 году генерал-губернатор Восточной Сибири В. Я. Руперт (1787–1849) был вынужден уйти в отставку после того, как расследование признало его виновным в целом ряде злоупотреблений, в том числе в том, что он заставлял каторжан работать в его собственной резиденции [РГИА. Ф. 1286. Оп. 10. Д. 1428 (1846). Л. 15–22].

Но какими бы вопиющими ни были злоупотребления властью и продажность отдельных должностных лиц, они не порождали, а только усугубляли изначальные пороки системы: нехватку ресурсов и неумелое, рассогласованное управление. В ответ на претензии Санкт-Петербурга к вопиющему положению дел в Тобольском приказе о ссыльных чиновники обычно оправдывались, что все это происходит из-за «недостатка канцелярских способов и умножения числа дел, после состоявшегося в 1823 году указа о бродягах» [РГИА. Ф. 1286. Оп. 7. Д. 377 (1840). Л. 71]. И были по-своему правы. К 1856 году Тобольский приказ о ссыльных, в обязанности которого входила экипировка, запись в статейные списки и распределение почти каждого ссыльного, вступавшего на территорию Сибири, насчитывал в общей сложности семь работников: директора, двух асессоров, двух бухгалтеров и двух секретарей. К 1873 году их число возросло до девяти [Власенко 2008: 299].

Неудивительно, что при таком скудном составе администрации спустя полвека после реформ Сперанского в делопроизводстве института ссылки по-прежнему царил хаос. Заключенные приезжали в Иркутск из Западной Сибири без надлежащих документов с указанием их преступлений и приговоров [РГИА. Ф. 1286. Оп. 36. Д. 698 (1875). Л. 1–2]. Правительственная проверка показала, что в период с 1872 по 1875 год Иркутский приказ о ссыльных не вел точных записей о проходящих через него ссыльных: «При отсутствии всех этих отметок Экспедиция в большинстве случаев, зная, что ссыльный поступил в ее распоряжение, не знает, где он находится и какими правами он пользуется по состоянию своему». Проверяющие обнаружили около пятисот необработанных дел, датированных 1870 годом, «сваленных в кучу». Были случаи, когда каторжане уже давно отбыли срок каторги и должны были быть отправлены на поселение, «но еще не уволены, за неприсылкою на них Иркутской Экспедицией статейных списков». Один приговоренный к ссылке крестьянин уже два года содержался в иркутской тюрьме в ожидании отправки, потому что чиновники не могли найти его документов [РГИА. Ф. 1286. Оп. 36. Д. 793 (1875). Л. 7, 12–17, 49]. В центре, правда, ситуация была немногим лучше. Так, в 1877 году один незадачливый арестант на полгода застрял в московской тюрьме, перед тем как отправиться в ссылку: чиновники никак не могли выяснить, какой ему вынесен приговор [РГИА. Ф. 1286. Оп. 38. Д. 407 (1877). Л. 103–103 об.].

«Круговая порука» в арестантской партии: арестантская артель

Ссыльные реагировали на жестокую и непредсказуемую обстановку в арестантских партиях тем, что на время пути устраивали в своей среде артель — сообщество заключенных. Эти неофициальные, но могущественные организации, в которые входили представители разных групп общей численностью около десяти человек на каждую партию, фактически следовали общинным традициям деревни. Артель ведала всеми сторонами жизни арестантской партии. Ее главной задачей была коллективная защита членов арестантской партии от властей. Действия артели во главе с избранным старостой регулировались традициями. В ее ведении находились торговля, общий фонд припасов и драконовские кодексы дисциплины и наказания [Ядринцев 1872: 151–152]. Хотя артель не была официальным образованием, тюремное начальство признавало ее существование и, в некоторой степени, ее необходимость. Власти закрывали глаза на многие незаконные действия артели и полагались на ее добрую волю в управлении партией. Арестанты, в свою очередь, ценили доверие этапных начальников и старались облегчить им работу, следуя предписаниям и соблюдая взятые на себя обязательства.

Перед выходом из европейских городов России партия на время пути в Тобольск выбирала старосту. Обычно это был человек, хорошо знавший Сибирь по предыдущим ссылкам, нередко бродяга, бежавший из ссылки только для того, чтобы снова быть пойманным, либо тот, кто обладал полезными навыками и профессиями. По прибытии в Тобольск артели распадались и образовывались заново уже внутри новых, постоянных партий, сформированных Тобольским приказом о ссыльных. Приказ о ссыльных должен был одобрить избрание нового старосты до того, как партия отправлялась в путь. После того как выбор был утвержден, ни один этапный офицер не имел права сменить старосту, если только этого не требовала вся путешествующая партия [Wood 1990: 403–404].

С самого начала пути артель держала «майдан» — своего рода торговый центр в рамках походной партии: торговали провиантом, табаком, водкой, содержали игорные притоны [Gentes 2009: 209–210]. Кроме того, артель распоряжалась общей денежной казной, которая использовалась главным образом как источник взяток для покупки льгот у этапных начальников и солдат. Подобные сделки касались, в частности, права просить милостыню в попутных деревнях. В деревнях можно было нанять дополнительные подводы с лошадьми для перевозки слабых и больных. Артель также заключала сделки с офицерами конвоя, которые обеспечивали арестантам льготы, но требовали, чтобы они сами поддерживали дисциплину в партии [Wood 1990: 404–405].

Будучи не в состоянии самостоятельно наводить порядок среди заключенных, власти не просто привлекали к сотрудничеству избранный кружок арестантов, получавших личные льготы в обмен на принуждение других узников к подчинению. Посредством артелей этапные начальники распределяли дисциплинарные обязанности по всей партии, а за это и льготы предоставлялись всем. В нарушение «Устава о ссыльных» Сперанского солдаты конвоя разрешали снимать ненавистные ножные оковы за пределами городов и деревень при условии, что никаких побегов не последует [Устав 1822а: 61]. Артель коллективно ручалась за поведение своих членов. Если кто-то из осужденных нарушал условия сделки, его преследовали не только конвойные, но и другие арестанты [Ядринцев 1872: 176; Kennan 1891, 1: 393]. Однажды узники даже помогли солдатам погасить пожар, начавшийся на одном из этапов. Никто при этом не пытался бежать [Ядринцев 1872: 179]. Однако когда под Тюменью трое арестантов совершили побег из партии в триста человек сразу после того, как с офицером была достигнута договоренность о дополнительном дне отдыха, остальные заключенные пришли в ярость оттого, что общее соглашение было нарушено. Видя, что полученное послабление оказалось под угрозой, артель своими силами устроила облаву на беглецов. К утру всех троих «добыли» и привели к начальнику, который назначил каждому по сто березовых розог. Сочтя наказание слишком мягким, артель добавила от себя еще пятьсот, «да таких горячих, что жестокость их изумила самого, привычного к телесным наказаниям, этапного офицера» [Максимов 1900: 17–18]. Подчиняться артели были вынуждены все арестанты, поскольку безжалостная жестокость и, следовательно, способность сдерживать потенциальных нарушителей кодекса была единственной основой, на которой артель могла вступать в переговоры с властями. Таким образом, каждый осужденный в партии вносил свой вклад в поддержание авторитета артели.

Неформальный дисциплинарный режим, однако, не всегда совпадал с официальным. Еще одна из важных обязанностей артели состояла в надзоре за исполнением сделок, от строго денежных до сугубо личных, между ее членами. Угрожая насилием, артель надзирала и, собственно говоря, делала возможным постоянный обмен товарами и услугами между осужденными. Артель следила за тем, чтобы все сделки с отсроченным платежом, от ремонта сапог до покупки водки, неукоснительно выполнялись. У некоторых для обмена были только их имена — и судьбы. Каждому приговоренному к ссылке или каторге выдавался листок, где значилось его имя, звание, происхождение, преступление, наказание и краткое описание его внешности. В фамилии или пункты назначения нередко вкрадывались писарские ошибки, так что люди порой отправлялись за тысячи верст от тех мест, куда им было назначено. Исправление такой ошибки могло занять несколько месяцев [Ядринцев 1872: 276]. Сами ссыльные прекрасно знали, что эти бумаги определяли их судьбу. Конвоирам было важно, чтобы по прибытии все вверенные им ссыльные оказались на месте, но их заботили только фамилии, а не значившиеся под ними люди. Этапные начальники были не в состоянии запомнить в лицо всех арестантов, и при смене этапов учитывалось только общее количество осужденных; перекличек не делалось. Этот изъян в делопроизводстве играл на руку самым отчаянным и бессовестным.

Месяцы, а то и годы, проведенные на этапах, позволяли не только завести новых друзей, но и завязать более зловещие, эксплуататорские отношения. В «Записках из Мертвого дома» (1862), книге, повествующей о сибирской ссылке, Достоевский доходчиво объяснил смысл обмена именами. Коварные закоренелые преступники нередко обманывали более наивных и обездоленных ссыльных, уговорив их за рубль-другой или за водку «сменяться», то есть «перемениться именем — а следовательно и участью»[12]. Тот, кто пытался, заключив подобную сделку, пойти на попятный, рисковал навлечь на себя гнев артели и мог быть даже, по словам Дж. Кеннана, «осужден на смерть за измену этим беспощадным

---

[12] См. [Достоевский 1972, 4: 59–61].

законом». Даже избежавшие немедленного наказания могли быть выслежены и потом найдены с перерезанным горлом где-нибудь в отдаленной деревне или на этапе. Над головой каждого такого заключенного, писал Кеннан, «висел дамоклов меч, который рано или поздно должен был упасть» [Кеннан 1906, 1: 291].

Проходившая под эгидой поощряемой государством артели практика подмены имен, признанная проблемой уже в начале XIX века, расцвела в 1820-е годы, когда раздулись размеры арестантских партий [РГИА. Ф. 383. Оп. 29. Д. 924 (1806). Л. 28; ГАИО. Ф. 24. Оп. 3. К. 2. Д. 23 (1827). Л. 9; ГАИО. Ф. 24. Оп. 3. Д. 69. К. 4 (1829). Л. 33, 65; Кубалов 1925: 157–158]. Стремясь сдержать незаконную торговлю именами, в 1828 году правительство приняло новый закон, согласно которому поселенец, обменявшийся именем с каторжанином, сам наказывался пятью годами каторги. Каторжанин, пойманный на подмене документов, приговаривался к сотне розог и минимум двадцати пяти годам каторжных работ вместо первоначального приговора [ПСЗ 1830–1835, 3, № 2286; 4, № 3377; РГИА. Ф. 1264. Оп. 1. Д. 51 (1828). Л. 187–188 об.; Марголис 1995б: 73]. Законы продолжали ужесточаться, но искоренить обмен именами было невозможно [ПСЗ 1830–1835, 28, разд. 1, № 27736]. В последующие десятилетия чиновники продолжали жаловаться на то, что эта практика подрывает весь институт ссылки. Местные суды были буквально завалены делами о лицах, поменявшихся именами и вследствие этого доставленных не по назначению отбывать чужой приговор [РГИА. Ф. 1149. Оп. 2. Д. 99 (1838). Л. 6; Ф. 1286. Оп. 7. Д. 341 (1840). Л. 112 об.; Ф. 1286. Оп. 8. Д. 1086 (1843). Л. 6; Максимов 1900: 17].

Обмен именами был, пожалуй, самым вопиющим фактором, подрывающим государственный институт ссылки. Он выявлял и сумбур в делопроизводстве, и отсутствие у чиновников представления о вверенных им людях. Если подмену не обнаруживали, судьба заключенного переставала зависеть от приговора. Государство могло выслать преступников из европейской части России, но доставка их в конкретные точки страны, где наказание могло бы плодотворно сочетаться с их экономическим использованием и исправлением, так и осталась благим намерением.

Женщины и дети в арестантских партиях

Для женщин путешествие в составе арестантской партии было особенно мучительным. Осужденные женщины, равно как и ни в чем не повинные жены и дочери, добровольно следовавшие за мужьями и отцами в ссылку, часто оказывались самыми обездоленными и к тому же беззащитными перед сексуальным насилием и угнетением. Сохранить какое-либо достоинство было почти невозможно. Арестантки, а нередко и невиновные жены ссыльных были вынуждены пользоваться парашами перед толпой смеющихся и глазеющих заключенных [Мельшин 1896, 1: 17]. Несмотря на то что большинство женщин-осужденных ранее не были уличены в разврате, чиновники предполагали, что все они были проститутками еще до того, как попали на этап [Frank 1996]. Многие начинали продавать себя в обмен на заступничество и самые необходимые припасы[13]. Польский ссыльный Ю. Ручиньский в 1839 году воочию убедился, что каждая ссыльная была обязана найти себе любовника среди арестантов. Причем партнера она выбирала не сама — выбор был в ведении артели, которая продавала женщин «с молотка» тем, кто давал самую высокую цену. Женщина, отказавшаяся от предложенного союза, «подвергается страшным преследованиям». «Видели мы ужасные изнасилования совершенными среди белого дня», — вспоминает Ю. Ручиньский [Ручиньский 2009: 374].

Воздействие этой торговли живым товаром на моральное и физическое здоровье ссыльных уже давно беспокоило власти. В 1817 году Томский медицинский совет отметил, что «в числе больных находились преимущественно пересыльные колодники обоего пола, которые большею частию одержимы были венерическими болезнями; причиною чего, по изъяснению Томской Врачебной Управы, была распутная их жизнь, которую женщины [вели] во время следования в столь отдаленный край» [РГИА. Ф. 1263. Оп. 1. Д. 415 (1825). Л. 296]. В 1825 году министр полиции

---

[13] Подобная практика описана в повести Н. М. Лескова «Леди Макбет Мценского уезда» (1865).

граф С. К. Вязмитинов (1744–1819) и командир Отдельного корпуса Внутренней стражи граф Е. Ф. Комаровский (1769–1843) рекомендовали, чтобы женщины и дети следовали за мужчинами отдельными партиями с интервалом в два дня [РГИА. Ф. 1263. Оп. 1. Д. 415 (1825). Л. 296, 298; Ф. 1264. Оп. 1. Д. 414 (1825). Л. 1][14]. Год спустя эти предложения были включены в закон, но осужденных обоего пола продолжали перевозить совместно, поскольку у чиновников на местах не имелось ресурсов для их разделения. В нарушение всех предписаний жен и детей, сопровождавших ссыльных в Сибирь, часто запирали на ночь вместе с закоренелыми преступниками [РГИА. Ф. 1286. Оп. 4. Д. 413 (1828). Л. 12; Ф. 1264. Оп. 1. Д. 414 (1825). Л. 4–5; Ефимов 1899: 51]. В 1840 году власти в Санкт-Петербурге все еще продолжали издавать директивы о разделении полов на этапах [РГИА. Ф. 1286. Оп. 7. Д. 341 (1840). Л. 30; Власенко 2008: 66].

Однако положение не менялось. Даже в 1870-е годы женщин и детей, добровольно следовавших за мужчинами в ссылку, попрежнему запирали в пересыльных тюрьмах и на этапах, в обход всех правил, о которых неустанно напоминали из центра [РГИА. Ф. 1286. Оп. 36. Д. 686 (1875). Л. 13–14; ГАИО. Ф. 32. Оп. 1. Д. 199 (1877). Л. 1]. В 1870–80-е годы очевидцы называли пешие арестантские партии «огромными передвижными борделями», которые обслуживали как конвойных, так и ссыльных [Москвич 1895: 73]. Невозможность отделить немногочисленных женщин от больших групп мужчин создавала гремучую смесь страстей, похоти и ревности. Ссыльный поляк В. Серошевский, в 1879 году путешествовавший в партии, где «было несколько уголовных женщин на 300 арестантов», вспоминает: «...на пути то и дело возникали всевозможные романические истории, и одной красивой молодой арестантке в конце концов из ревности распороли на одном из этапов живот» [Серошевский 1908: 209].

Особенно уязвимы были беременные женщины и кормящие матери. В 1837 году Правительствующий сенат постановил не отправлять женщин в ссылку, если они беременны или кормят

---

[14] См. также [Gentes 2003a: 243].

грудью, но сибирские власти, как обычно, игнорировали эту инструкцию, как и многие директивы центра [РГИА. Ф. 1149. Оп. 2. Д. 97 (1837). Л. 14 об.]. На самом деле, учитывая длительность дороги в ссылку и принудительный секс, многие женщины беременели в пути.

В 1870 году был отмечен случай, когда женщина из группы каторжан, перевозившихся на пароходе по Амуру, родила прямо на палубе; от глаз посторонних и от непогоды она была защищена лишь несколькими арестантскими робами. Ребенок умер менее чем через час, «вероятно, простудившись на холодном ветре» [Власов 1873: 39].

Женщины часто следовали за мужьями с несколькими маленькими детьми [РГИА. Ф. 1263. Оп. 1. Д. 1067 (1836). Л. 134–135]. Они страдали, как отмечал этнограф С. В. Максимов, от гнилостного, промозглого воздуха камер, недоедания и отвратительной тюремной пищи, от удушающей жары, холода, болезней и т. д. Многолюдные этапы, вагоны поездов и трюмы кораблей были особенно опасны для маленьких детей [Белоконский 1887: 57; Максимов 1900: 24]. Только в 1875 году около 1030 детей погибли по пути в Сибирь, как в пересыльных тюрьмах Москвы, Нижнего Новгорода, Казани, Перми, так и за их пределами. Два года спустя путешествия не пережили 404 ребенка. А в 1882 году, по оценкам Н. М. Ядринцева, из-за отсутствия в пути медицинской помощи «смертность эта постигла половину всех детей» [Кеннан 1906, 1: 86; РГИА. Ф. 1286. Оп. 36. Д. 686 (1875). Л. 20; РГИА Ф. 1286. Оп. 38. Д. 467 (1877). Л. 41 об.; Ядринцев 1882: 175].

Помимо голода, холода и отсутствия надлежащей медицинской помощи, дети сталкивались с хищническими инстинктами заключенных, которых они сопровождали. В 1873 году чиновник Министерства внутренних дел В. Власов сообщил, что неспособность властей отделить детей от арестантов в пеших этапах и на транспортных судах приводит к тому, что против них совершается множество противоправных действий — «то оргии, то противозаконные поступки».

В его отчете упоминается изнасилование молодой девушки на одном из этапов и присутствие на другом двух дочерей каторжан, двенадцати и четырнадцати лет, уже зараженных сифилисом. Этнограф В. И. Семевский в 1878 году сопровождал партию из пятисот ссыльных и членов их семей на Ленские прииски: среди них были одиннадцатилетние мальчики, которые пили, играли в карты и интересовались женщинами; была также двенадцатилетняя девочка, которая «составляла общее достояние арестантской партии» [Власов 1873: 33, 36–38; Семевский 1898, 1: xvii–xviii]. По пути к месту назначения женщины и дети в течение многих месяцев испытывали мучительную нищету, потоки личных унижений, а также подвергались сексуальным домогательствам и насилию. Их тяжелая судьба еще раз доказывает, что пытка этапированием к месту ссылки не была связана с преступлениями. Все это также подрывало пресловутый патернализм самодержавия, обнажая его равнодушие к людям, небрежность и жестокость [Miller 1998; Morrissey 2006: 11–12; Wortman 1995: ch. 9].

Модернизация института ссылки в царствование Александра II

Когда в 1880 году преподаватель Киевского университета И. П. Белоконский был сослан в Восточную Сибирь, ему пришлось опробовать на себе весь набор транспортных средств, имевшихся в то время в распоряжении государства: пешие арестантские партии и этапы, речные баржи и железные дороги [Белоконский 1887: 167–180]. Правительство стало использовать водные и железнодорожные пути, чтобы обеспечить более быструю, бесперебойную и упорядоченную доставку осужденных на восток. Несмотря на эту модернизацию процесса высылки, арестантские партии оставались опасной, жестокой и непредсказуемой средой, где мера страданий никак не соответствовала строгости наказаний.

С 1862 года заключенных стали переправлять из Москвы и других сборных пунктов, например Курска, поездами через Владимир в Нижний Новгород. Поезда, приспособленные для перевозки ссыльных, состояли из вагонов третьего класса с решетками на окнах. Из-за скученности арестанты размещались не только на скамьях, но и под ними, и в проходах: «запечатанные двери и отсутствие вентиляции» брали свое. Путь в 410 верст до Нижнего Новгорода занимал сутки [Белоконский 1887: 80; РГИА. Ф. 1286. Оп. 38. Д. 467 (1877). Л. 34].

К 1860-м годам власти, чтобы ускорить высылку, обратили внимание на сибирские реки. В 1867 году частные подрядчики поставили баржи для перевозки в общей сложности 5434 ссыльных на север по реке Тобол от Тюмени до Тобольска. Человеческий груз, состоявший из 4651 взрослого, 566 детей в возрасте до пятнадцати лет и 126 младенцев, был доставлен в распоряжение Тобольского приказа о ссыльных, который приступил к их распределению по пешим партиям или транспортировочным баржам, в зависимости от их конечного пункта назначения. Тех, кто направлялся в Томск и далее, вновь погрузили на баржи, которые везли их по Иртышу на север, а затем свернули к югу, против течения Оби, чтобы совершить четырнадцатидневное плавание до Томска. Это были поспешно переоборудованные грузовые баржи, оснащенные решетками, чтобы арестанты не прыгали за борт, пытаясь обрести свободу.

Как отмечал один из чиновников, не всегда было возможно отделить одиноких женщин от мужчин. Он также сообщал, что параши находятся прямо в каютах заключенных и «при большом скоплении арестантов воздух в камерах недостаточно очищается» [РГИА. Ф. 1286. Оп. 28. Д. 917 (1867). Л. 80], что было явно слишком мягко сказано.

Однако не все сибирские реки составляли удобную единую систему, так что некоторые участки пути необходимо было преодолевать по суше. Один из таких отрезков пролегал между Пермью и Тюменью, на маршруте, по которому в 1867 году прошли 16 235 осужденных. В том же году предприимчивый купец Алексей Михайлов заключил соглашение с Министерством внутренних дел. Михайлов обязался предоставить лошадей и подводы, рассчитанные на шесть человек каждая, для перевозки осужденных и их семей по 710 километрам Пермско-Тюменского шоссе за 1,5 копейки с «человеко-версты» — цену ненамного ниже той, которую готово было отпускать на эти нужды государство. Михайлов обязался ежедневно перевозить до 120 арестантов и членов их семей в летние месяцы, а зимой — «как можно чаще». Свою деятельность по перевозке заключенных он начал в августе 1868 года [РГИА. Ф. 1286. Оп. 28. Д. 921 (1872). Л. 1–3, 115, 298–300]. Однако, несмотря на все технические и транспортные новшества, правительство не смогло справиться с ростом числа ссыльных, отправляемых в Сибирь. В 1860-х годах в Сибирь прибыло в среднем 11 200 ссыльных и членов их семей; к 1870-м годам среднее число возросло до 16 600, при 48-процентном среднегодовом росте от одного десятилетия к следующему [Ссылка 1900: Приложение 1, табл. 1].

К 1870-м годам перевозка ссыльных в Сибирь обрела промышленные масштабы, и в ней задействовалось все больше рабочей силы и ресурсов. Затраты на ее осуществление росли. К 1869 году на этапах между Нижним Новгородом и Ачинском, городом на границе Западной и Восточной Сибири, служило 56 офицеров, 96 старших унтер-офицеров, 472 младших унтер-офицера, 1851 рядовой и 56 писарей [РГИА. Ф. 1286. Оп. 28. Д. 920 (1869). Л. 122]. Согласно государственному аудиту, проведенному в 1876 году, правительство потратило на перевозку ссыльных в Сибирь 659 841 рубль: 94 527 рублей на провиант, 46 379 рублей на одежду, 429 324 — на транспортные расходы, 69 644 — на лечение больных и т. д. [РГИА. Ф. 1286. Оп. 38. Д. 380 (1877). Л. 5].

«В виду сбережения здоровья людей и сокращения расходов на ссыльную часть» власти в 1867 году решили приостановить высылку в зимние месяцы. Министр внутренних дел Тимашев утверждал, что вытекающие из этого задержки с отправкой были ценой, которую стоило заплатить:

> Задержание осужденных в течение шести месяцев, хотя и кажется отягощением участи, но если принять в соображение, что при зимней перевозке многие из них подвергаются страданиям от суровости северного климата, нередко окончающимся смертью, что ослабнув от такого пути, они перестают быть способными к труду и что, лишившись таким образом возможности приобретать средства к жизни, становятся в тягость населению ссыльного края, то едва ли не будет более удобным, даже в этом отношении, отказаться от зимней перевозки арестантских партий [РГИА. Ф. 1286. Оп. 28. Д. 290 (1869). Л. 125–126].

Министерство подсчитало, что, ограничив высылку летними месяцами, когда использование речного судоходства позволяло быстро перевозить гораздо большее число заключенных, государство могло бы экономить до 300 тысяч рублей в год [РГИА. Ф. 1286. Оп. 28. Д. 290 (1869). Л. 74].

Провести в жизнь такую политику оказалось трудно. Камнем преткновения для приостановки зимних переездов оказалась недостаточная пропускная способность этапов и пересыльных тюрем. Власти изо всех сил пытались пропустить через систему как можно больше узников в короткий пятимесячный срок, с мая по сентябрь. Одним из узких мест был участок Сибирского тракта от Томска до Ачинска. При отсутствии водных или железнодорожных путей осужденные в Томске вновь собирались в пешие партии, чтобы пройти оставшуюся часть пути: 590 км до Красноярска, затем еще 1080 км до Иркутска. К 1869 году в Томск ежегодно прибывало на баржах из Тюмени около 7500 осужденных (первые группы — в начале июня). В течение летних месяцев пенитенциарная инфраструктура — этапные здания и солдаты — была в состоянии принять только 3250 осужденных. Суммарное отставание почти в 4250 человек приводило к тому, что заключенные каждое лето буквально заполоняли томские остроги. Поэтому власти решили продолжить перевозку из Томска на восток в течение всего года, в том числе пешие переходы при низких, часто смертельно опасных зимних температурах [РГИА. Ф. 1286. Оп. 28. Д. 290 (1869). Л. 77–79].

Несмотря ни на что, тюрьмы европейской части России попрежнему были переполнены арестантами, которые всю зиму проводили в острогах и отправлялись в Сибирь только летом следующего года, когда водные пути оттаивали [РГИА. Ф. 1286. Оп. 38. Д. 407 (1877). Л. 103]. В период с 1 мая по 1 августа 1876 года 413 ссыльных умерли от болезней в Москве в ожидании высылки, из них более 150 детей. Еще 512 человек скончались в Нижнем Новгороде, Казани и Перми, а 104 погибли на маршруте между этими основными транзитными пунктами [РГИА. Ф. 1286. Оп. 36. Д. 686 (1875). Л. 20].

На протяжении всего правления Александра II сибирские этапы и пересыльные тюрьмы оставались ветхими, кишащими болезнетворными микробами постройками; ссыльные и их семьи массово заболевали в переполненных, подверженных сквознякам и плохо отапливаемых помещениях [РГИА. Ф. 1286. Оп. 29. Д. 836 (1868). Л. 8–8 об.]. В 1871 году Власов докладывал, что в Восточной Сибири «большинство этапных помещений не соответствует своему назначению по тесноте или ветхости и не представляет никакой возможности соблюдать в них порядок» [Власов 1873: 37]. Базовые санитарные условия в этих помещениях оставались ужасающими. В 1868 году в Красноярске «вследствие черезвычайной тесности в остроге», в который было набито более 1500 арестантов, разразилась эпидемия тифа. Тюремная больница, рассчитанная на 80 коек, вынуждена была справляться с 250 пациентами [РГИА. Ф. 1286. Оп. 29. Д. 771 (1868). Л. 2; ГАИО. Ф. 32. Оп. 1. Д. 199 (1877). Л. 1]. В 1880 году не менее 87 из 290 заключенных, содержавшихся в тобольской пересыльной тюрьме, страдали от цинги — факт, который власти приписывали «сырости здания тюрьмы и скудной пище заключенных» [ГАРФ. Ф. 122. Оп. 5. Д. 619 (1880). Л. 1–2]. Постоянная переполненность, недофинансирование и некомпетентность управленцев привели к тому, что путь осужденных в ссылку, может быть, и стал занимать меньше времени, но остался изнурительным, а иногда и смертельным.

В период от царствования Александра I до царствования Александра II самодержавие оказалось неспособным должным образом финансировать и эффективно управлять уголовной миграцией в Сибирь. Попытки рационализировать и модернизировать высылку оставались неадекватными растущим административным и материально-техническим проблемам этого процесса. Процесс отправки оставался хаотичным, часто опасно хаотичным, его осложнял рост числа ссыльных, подрывали нехватка средств и коррупция. И все же, несмотря на всю свою несправедливость и неэффективность, система выдержала. Бюрократическая инерция, нехватка средств на альтернативные решения (главным образом на строительство сети современных, достаточно вместительных тюрем в европейской части России) и отсутствие организованного противодействия со стороны массы осужденных — все это вело к тому, что государство продолжало применять грубую силу, высылая провинившихся в Сибирь[15]. Сопротивление режиму ссылки исходило не от заключенных, а от самих правительственных кругов изнутри и от российского гражданского общества извне.

Однако к концу царствования Александра II как официальное, так и общественное мнение начало решительно склоняться против института ссылки. В 1870–80-е годы были созданы различные правительственные комиссии для разработки решений, позволявших прекратить использование государством Сибири как «свалки» преступников [РГИА. Ф. 1149. Оп. 9. Д. 3 (1877). Л. 337]. Каждая предложила ряд реформ в законодательстве с целью сокращения ежегодного числа ссыльных и содействия строительству тюрем. В 1877 году Комиссию о тюремной реформе, учрежденную в составе Государственного совета, возглавил К. К. Грот, который привлек к ее работе высших чиновников из всех ключевых министерств, а также экспертов по правовым вопросам. После двух лет регулярных заседаний комиссией было установлено, что

> ...совершенно очевидно, что причины неустройства ссылки лежат в самом законодательстве в практической недостижимости тех целей, к которым оно доныне стремилось, в особенности при недостатке в средствах денежных, при отсутствии опытных распорядителей, при неудобстве положения Сибири для штрафной колонизации и наконец при тех огромных размерах, в каких допускалось пользование ссылкой [РГИА. Ф. 1149. Оп. 9. Д. 3 (1877). Л. 777; Ссылка 1900: 78–80; Adams 1996: 97–120].

В свете изменившейся правовой культуры империи после Великих реформ комиссия признала, что сибирская ссылка была «вредной и не имеющей под собой юридического основания». Однако только через два десятилетия правительство приступит к серьезной реформе [Марголис: 1995a: 19; Wortman 1976: ch. 9].

---

15 Единственным известным исключением были акты коллективного сопротивления, организованные ссыльными поляками после подавления Польского восстания 1863 года. См. [Beer 2016: 210–213; Gentes 2017].

Квинтэссенцией отсутствия «юридической основы» стали пешие арестантские партии — прибежища лишений, нищеты и насилия, в которых страдания ссыльных не были напрямую связаны с совершенными преступлениями и вынесенными приговорами. В последние десятилетия XIX века широкая общественная реакция на отсутствие разумной моральной экономики, на которой бы основывался институт ссылки, начала серьезно раздражать самодержавие. Проблемы, которые прежде оставались лишь предметом дискуссий и критики неудач на страницах официальных докладов и меморандумов, в последние два десятилетия XIX века выплеснулись на страницы популярной прессы как в Сибири, так и в европейской части России [Сибирь № 15 (5 октября 1875): 5; № 37 (11 сентября 1877): 1; Гонимые 1882: 12]. В так называемых толстых журналах публиковалось огромное количество художественной литературы, мемуаров и фактических отчетов, осуждавших грубые нарушения в арестантских партиях в частности и несправедливость системы ссылки в целом [Андреев 1877; Чудновский 1886; Москвич 1895; Мельшин 1896; Белозерский 1902; Murav 1993].

Репортажи о судьбах женщин, детей, административных ссыльных, политзаключенных и самих несчастных сибиряков заполняли страницу за страницей, взывая к реформам. А. П. Чехов высказался от лица многих, когда в 1890 году написал в письме своему редактору: «...мы сгноили в тюрьмах *миллионы* людей, сгноили зря, без рассуждения, варварски; мы гоняли людей по холоду в кандалах десятки тысяч верст, заражали сифилисом, развращали, размножали преступников...» [Чехов 1974–1982, 4: 140].

Публиковавшиеся из номера в номер в «Русской мысли» в 1893–1894 годах главы из книги Чехова «Остров Сахалин» нанесли сокрушительный удар по представлениям о ссылке и о легитимности государства, которое ею управляло [Чехов 1893–1894]. К тому времени и американец Дж. Кеннан успел прославиться в России как яростный критик института ссылки: хотя его статьи и книги до 1905 года публиковались только на Западе, они цитировались, пересказывались и обсуждались на страницах русской прессы [Восточное обозрение 1889: 9]. Пожалуй, самое большое влияние на общественность оказало обличение сибирской ссылки, вышедшее из-под пера Л. Н. Толстого в 1899 году. Его последний великий роман «Воскресение» безжалостно описывает унизительные условия, в которые были поставлены мужчины, женщины и дети, вынужденные совершить изнурительное путешествие в ссылку[16]. К концу столетия большинство образованных россиян считало сибирскую ссылку в целом и пешие этапы в частности позорными пережитками варварского прошлого и свидетельством отсталости России от европейских соседей.

Оторванные от своих городов и деревень, родных и друзей, ссыльные оказывались заброшены в чужой и пугающий мир изнурительных переходов, перенаселенных этапов, болезней, нищеты и постоянной угрозы насилия. Однако эти лишения и мучения были следствием не столько преднамеренной и взвешенной карательной политики Санкт-Петербурга, сколько неспособности государства исполнять свои же директивы и достигать своих же карательных и колонизаторских целей. Совершая трудное путешествие на восток в ссылку, арестанты и их семьи подвергались непредсказуемым испытаниям, абсолютно не обусловленным официальной системой законов и наказаний. К 1880-м годам ссылка в Сибирь стала публично осуждаемым признаком слабости, произвола и злоупотреблений государственной властью.

Источники

Арестанты 1863 — Арестанты в Сибири // Современник. 1863. Т. 99. № 11. С. 133–175.

Белоконский 1887 — Белоконский И. П. (Петрович). По тюрьмам и этапам: Очерки тюремной жизни и путевые заметки от Москвы до Красноярска. Орел: Изд. Н. А. Семеновой, 1887.

---

[16] См.: Толстой Л. Н. Воскресение. Более подробно об этой критике см. [Beer 2016: 341–350].

Восточное обозрение 1889 — Восточное обозрение. 1889. № 4. 1 окт.

Гонимые 1882 — Гонимые // Восточное обозрение. 1882. № 3. 15 апр.

Достоевский 1972 — Достоевский Ф. М. Полн. собр. соч.: В 30 т. Л.: Наука. Ленинградское отделение, 1972.

Завалишин 1862 — Завалишин И. Описание Западной Сибири: В 2 т. М.: Грачев, 1862.

Колесников 1869 — Колесников В. П. Записки несчастного // Заря. 1869. № 5. С. 5–26.

Мельшин 1896 — Мельшин Л. (Якубович П. Ф.). В мире отверженных: записки бывшего каторжника: В 2 т. СПб.: В. М. Вольф, 1896.

По этапу 1862 — По этапу от Петербурга до Тобольска // Зритель. 1862. № 52.

ПСЗ 1830–1835 — Полное собрание законов Российской империи: Собрание второе: В 55 т. СПб., Типография Второго отделения Его Императорского Величества канцелярии, 1830–1835.

Ручиньский 2009 — Ручиньский Ю. Конарщик. 1838–1878: Воспоминания о сибирской ссылке // Воспоминания из Сибири: Мемуары, очерки, дневниковые записи польских политических ссыльных в восточную Сибирь в первой половине XIX столетия / Публ., сост., перевод, предисл. Б. С. Шостаковича. Иркутск: Артиздат, 2009. С. 325–476.

Сибирь — Сибирь, газета, 1873–1887.

Тихомиров и Епифанов 1961 — Соборное уложение 1649 года / Под ред. М. Н. Тихомирова и П. П. Епифанова. М.: Изд-во Московского ун-та, 1961.

Устав 1822а — Устав об этапах в сибирских губерниях // Учреждение для управления сибирских губерний. СПб.: Сенатская типография, 1822.

Устав 1822б — Устав о ссыльных // Учреждение для управления сибирских губерний. СПб.: Сенатская типография, 1822.

Чехов 1974–1982 — Чехов А. П. Полн. собр. соч. и писем: В 30 т. Письма: В 12 т. М.: Наука, 1974–1982.

Архивы

ГАИО — Государственный архив Иркутской области.

ГАРФ — Государственный архив Российской Федерации.

ГАТОвгТ — Государственный архив Тюменской области в городе Тобольске.

РГИА — Российский государственный исторический архив.

Библиография

Андреев 1877 — Андреев Е. Обязательная работа каторжных и арестантов в России // Журнал гражданского и уголовного права. 1877. № 1–2. С. 82–107.

Анисимов 1999 — Анисимов Е. В. Дыба и кнут: Политический сыск и русское общество в XVIII веке. М.: Новое литературное обозрение, 1999.

Белозерский 1902 — Белозерский Н. От Петербурга до Нерчинска // Русская мысль. 1902. № 12. С. 53–71.

Бортникова 1999 — Бортникова О. Н. Сибирь тюремная: Пенитенциарная система Западной Сибири в 1801–1917 гг. Тюмень: Министерство внутренних дел, 1999.

Власенко 2008 — Власенко А. А. Уголовная ссылка в Западную Сибирь в политике самодержавия XIX века: Дисс. ... канд. ист. наук. Омский гос. ун-т, 2008.

Власов 1873 — Власов В. И. Краткий очерк неустройств, существующих на каторге. СПб., 1873.

Грицько 1860 — Грицько [Елисеев Г. З.]. Уголовные преступники // Современник. 1860. № 74.

Дамашек и Ремнев 2007 — Сибирь в составе Российской империи / Под ред. Л. М. Дамашека и А. В. Ремнева М.: Новое литературное обозрение, 2007.

Ефимов 1899 — Ефимов И. В. Из жизни каторжных Илгинского и Александровского, тогда казенных, винокуренных заводов. 1848–1853 г. СПб.: Университетская типография, 1899.

Кеннан 1906 — Кеннан Дж. Сибирь и ссылка: В 2 ч. / Пер. З. Н. Журавской. СПб.: Изд. С. Н. Салтыкова, 1906.

Кубалов 1925 — Кубалов В. Г. Забытый декабрист (А. Н. Луцкий) // Декабристы в Восточной Сибири: Очерки. Иркутск: Изд-во Губернского архивбюро, 1925.

Максимов 1900 — Максимов С. В. Сибирь и каторга. 3-е изд. СПб.: В. И. Губинский, 1900.

Марголис 1995а — Марголис А. Д. Система сибирской ссылки и закон от 12 июня 1900 года // Тюрьма и ссылка в императорской России: Исследования и архивные находки / Под ред. А. Д. Марголиса. М.: Лантерна: Вита, 1995. С. 13–28.

Марголис 1995б — Марголис А. Д. Солдаты-декабристы в Петропавловской крепости и сибирской ссылке // Тюрьма и ссылка в императорской России: Исследования и архивные находки / Под ред. А. Д. Марголиса. М.: Лантерна: Вита, 1995. С. 61–76.

Мельшин 1896 — Мельшин Л. [Якубович П. Ф.]. Кобылка в пути // Русское богатство. 1896. № 8. С. 5–37.

Москвич 1895 — Москвич В. [Веселов]. Погибшие и погибающие: Отбросы России на сибирской почве // Русское богатство. 1895. № 7. С. 46–81.

О преступлениях 1833 — О преступлениях по всей Сибири, в коих участвовали ссыльные с 1823 по 1831 год // Журнал Министерства внутренних дел. 1833. № 8. С. 224–233.

Пейзен 1859 — Пейзен Г. Г. Исторический очерк колонизации Сибири // Современник. 1859. Т. 77. № 9. С. 9–46.

Румянцов 1876 — Румянцов Н. П. Исторический очерк пересылки арестантов в России. СПб., 1876.

Семевский 1898 — Семевский В. И. Рабочие на сибирских золотых приисках: Историческое исследование: В 2 т. СПб.: М. М. Стасюлевич, 1898.

Серошевский 1908 — Серошевский В. Л. Ссылка и каторга в Сибири // Сибирь, ее современное состояние и нужды / Под ред. И. С. Мельника. СПб.: Изд. А. Ф. Девриена, 1908. С. 201–233.

Ссылка 1900 — Ссылка в Сибирь: Очерк ее истории и современного положения. СПб.: Типография Санкт-Петербургской тюрьмы, 1900.

Чехов 1893–1894 — Чехов А. П. Остров Сахалин // Русская мысль. 1893. № 10 (с. 1–33); № 11 (с. 149–170); № 12 (с. 77–114); 1894: № 2 (с. 26–60); № 3 (с. 1–28); № 5 (1–30); № 6 (с. 1–27); № 7 (с. 1–30).

Чудновский 1886 — Чудновский С. Колонизационное значение сибирской ссылки // Русская мысль. 1886. № 10. С. 40–66.

Штутман 2000 — Штутман С. М. На страже тишины и спокойствия: Из истории внутренних войск России (1811–1917 гг.). М.: Газоил, 2000.

Ядринцев 1872 — Ядринцев Н. М. Русская община в тюрьме и ссылке. СПб.: А. Моригеровский, 1872.

Ядринцев 1882 — Ядринцев Н. М. Сибирь как колония. СПб.: М. М. Стасюлевич, 1882.

Adams 1996 — Adams B. The Politics of Punishment: Prison Reform in Russia, 1863–1917. DeKalb: Northern Illinois UP, 1996.

Applebaum 2003 — Applebaum A. Gulag: A History. London: Penguin, 2003.

Bassin 1998 — Bassin M. Expansion and Colonialism on the Eastern Frontier: Views of Siberia and the Far East in Pre-Petrine Russia // Journal of Historical Geography. 1998. Vol. 14. № 1. P. 3–21.

Beer 2013 — Beer D. Decembrists, Rebels, and Martyrs in Siberian Exile: The «Zerentui Conspiracy» of 1828 and the Fashioning of a Revolutionary Genealogy // Slavic Review. 2013. Vol. 72. № 3. P. 528–551.

Beer 2016 — Beer D. The House of the Dead: Siberian Exile Under the Tsars. London: Allen Lane, 2016.

Breyfogle 2005 — Breyfogle N. Heretics and Colonizers: Forging Russia's Empire in the South Caucasus. Ithaca, NY: Cornell UP, 2005.

Brower and Lazzerini 1997 — Russia's Orient: Imperial Borderlands and Peoples, 1700–1917 / Ed. by D. R. Brower and E. J. Lazzerini. Bloomington: Indiana UP, 1997.

Bryner 1990 — Bryner C. The Issue of Capital Punishment in the Reign of Elizabeth Petrovna // Russian Review. 1990. Vol. 49. № 4. P. 389–416.

Burbank 2006 — Burbank J. An Imperial Rights Regime: Law and Citizenship in the Russian Empire // Kritika: Explorations in Russian and Eurasian History. 2006. Vol 7. № 3. P. 397–431.

Burbank, von Hagen and Remnev 2007 — Russian Empire: Space, People, Power, 1700–1930 / Ed. by J. Burbank, M. von Hagen and A. Remnev. Bloomington: Indiana UP, 2007.

Forum 2010 — Forum: Colonialism and Technocracy at the End of the Tsarist Era // Slavic Review. 2010. Vol. 69. № 1. P. 120–188.

Frank 1996 — Frank S. P. Narratives within Numbers: Women, Crime, and Judicial Statistics in Imperial Russia, 1834–1913 // Russian Review. 1996. Vol. 55. № 4. P. 541–566.

Gentes 2003a — Gentes A. A. «Licentious Girls» and Frontier Domesticators: Women and Siberian Exile from the Late 16th to the Early 19th Centuries // Sibirica. 2003. Vol. 3. № 1. P. 3–20.

Gentes 2003б — Gentes A. A. Sakhalin's Women: The Convergence of Sexuality and Penology in Late Imperial Russia // Ab Imperio. 2003. № 2. P. 115–137.

Gentes 2008 — Gentes A. A. Exile to Siberia, 1590–1822. Basingstoke: Palgrave, 2008.

Gentes 2009 — Gentes A. A. «Beat the Devil!»: Prison Society and Anarchy in Tsarist Siberia // Ab Imperio. 2009. № 2. P. 201–224.

Gentes 2010 — Gentes A. A. Exile, Murder, and Madness in Siberia, 1823–1861. Basingstoke: Palgrave Macmillan, 2010.

Gentes 2011 — Gentes A. A. «Completely Useless»: Exiling the Disabled to Tsarist Siberia // Sibirica. 2011. Vol. 10. № 2. P. 26–49.

Gentes 2017 — Gentes A. A. The Mass Deportation of Poles to Siberia, 1863–1880. Basingstoke: Palgrave, 2017.

Hughes 2003 — Hughes R. The Fatal Shore: A History of the Transportation of Convicts to Australia, 1787–1868. London: Vintage, 2003.

Kennan 1891 — Kennan G. Siberia and the Exile System: In 2 vols. New York: Century, 1891.

LeDonne 1991 — LeDonne J. P. Absolutism and Ruling Class: The Formation of the Russian Political Order, 1700–1825. Oxford: Oxford UP, 1991.

Masoero 2013 — Masoero A. Territorial Colonization in Late Imperial Russia: Stages in the Development of a Concept // Kritika: Explorations in Russian and Eurasian History. 2013. Vol. 14. № 1. P. 59–91.

McDonald and Shlomowitz 1989 — McDonald J., Shlomowitz R. Mortality on Convict Voyages to Australia, 1788–1868 // Social Science History. 1989. Vol. 13. № 3. P. 285–313.

Miller 1998 — Miller P. Transformations of Patriarchy in the West, 1500–1900. Bloomington: Indiana UP, 1998.

Moran, Piacentini and Pallot 2012 — Moran D., Piacentini L., Pallot J. Disciplined Mobility and Carceral Geography: Prisoner Transport in Russia // Transactions of the Institute of British Geographers. 2012. Vol. 37. № 3. P. 446–460.

Morrissey 2006 — Morrissey S. K. Suicide and the Body Politic in Imperial Russia. Cambridge: Cambridge UP, 2006.

Murav 1993 — Murav H. «Vo Glubine Sibirskikh Rud»: Siberia and the Myth of Exile // Between Heaven and Hell: The Myth of Siberia in Russian Culture / Ed. by G. Diment and Yu. Slezkine. New York: St. Martin's, 1993. P. 95–111.

Pipes 1997 — Pipes R. Russia under the Old Regime. 2nd ed. New York: Penguin, 1997.

Raeff 1956 — Raeff M. Siberia and the Reforms of 1822. Seattle: University of Washington Press, 1956.

Raeff 1957 — Raeff M. Michael Speransky: Statesman of Imperial Russia, 1772–1839. The Hague: Martinus Nijhoff, 1957.

Raeff 1983 — Raeff M. The Well-Ordered Police State: Social and Institutional Change through Law in the Germanies and Russia, 1600–1800. New Haven: Yale UP, 1983.

Schrader 2002 — Schrader A. M. Languages of the Lash: Corporal Punishment and Identity in Imperial Russia. DeKalb: Northern Illinois UP, 2002.

Schrader 2007 — Schrader A. M. Unruly Felons and Civilizing Wives: Cultivating Marriage in the Siberian Exile System, 1822–1860 // Slavic Review. 2007. Vol. 66. № 2. P. 230–256.

Sunderland 1996 — Sunderland W. Taming the Wild Field: Colonization and Empire on the Russian Steppe. Ithaca, NY: Cornell UP, 1996.

Wood 1990 — Wood A. Administrative Exile and the Criminals' Commune in Siberia // Land Commune and Peasant Community in Russia: Communal Forms in Imperial and Early Soviet Russia / Ed. by Roger Barlett. London: Macmillan, 1990. P. 395–414.

Wortman 1976 — Wortman R. S. The Development of a Russian Legal Consciousness. Chicago: University of Chicago Press, 1976.

Wortman 1995 — Wortman R. S. Scenarios of Power: Myth and Ceremony in Russian Monarchy: In 2 vol. Vol. 1. Princeton, NJ: Princeton UP, 1995.

Дэниел Бир читает курсы лекций по современной европейской истории в Королевском колледже Холлоуэй Лондонского университета и является автором книг «Renovating Russia: The Human Sciences and the Fate of Liberal Modernity, 1880–1930» (2008) и «The House of the Dead: Siberian Exile under the Tsars» (2016).

Глава 9

Айдан Форт

Британский Архипелаг ГУЛАГ

Лагеря Либеральной империи, 1871–1903

Уже самим фактом своего существования лагеря указывают на крах надежд Просвещения. Образы мрачных бараков, оцепленных колючей проволокой, где, изнуренные непосильным трудом и голодом, как могут выживают скелетоподобные арестанты, связываются зачастую (и, разумеется, справедливо) с концентрационными лагерями гитлеровской Германии и ГУЛАГом Ленина, Сталина и их преемников. Советские и немецкие лагеря являют нам суровое напоминание об отчаянной эпохе бесчинствовавшей идеологии. Они — символы террора нашего времени. И вместе с тем подобные лагеря — ни в коем случае не изобретение тоталитарных режимов скоротечного XX века: в чинно-неторопливом, с виду либеральном XIX столетии Британская корона распоряжалась огромной империей трудовых лагерей[1].

Лагеря были призваны отсечь от общества бродяг, преступников и прочий контингент, представлявший социальную или политическую угрозу. В отличие от тюрем и прочих учреждений пенитен-

---

[1] Подробнее см. в [Forth 2017].

циарной системы, лагерь предполагал коллективное содержание заключенных, выводя тем самым (часто ввиду чрезвычайных обстоятельств) такую систему за пределы привычных юридических процедур. На протяжении XIX и начала XX века лагерные системы применялись в самых разных странах, чаще всего во имя установления контроля над «проблемными группами населения»; объединяли их изнурительная работа, штрафные пайки и мизерная оплата труда. Лагеря метрополии в основном были предназначены для «опасных» и иных «нежелательных» элементов. Лишь попав в благодатную колониальную почву, британские лагеря дали богатые всходы. Авторитарная природа имперского правления, направленная на расовую и культурную инаковость, подчас скрытая от общественного контроля, побуждала чиновничий аппарат использовать множество поводов (как физических, так и психологических) для принудительной отправки групп подозреваемых в лагерные учреждения. Конечно, трудовые, концентрационные лагеря, а за ними и лагеря смерти заслужили свою недобрую славу в веке двадцатом, однако уже в предыдущем столетии Британия и прочие колониальные державы скопили предостаточно культурных, материальных и политических предпосылок, определивших дальнейшее развитие этой системы.

Учитывая практически общемировой размах лагерной системы Великобритании, не будет большой натяжкой рассматривать ее как прообраз ранних советских и нацистских лагерей. Даже больше: именно британская система управления выработала структурные и идеологические предпосылки, задавшие тон всему дальнейшему развитию лагерных систем. Имперской администрацией был выработан замысловатый логистико-бюрократический аппарат, призванный отслеживать и контролировать чуждый или потенциально опасный контингент. Сама психологическая установка на допустимость и периодическую необходимость отсекать от общества ту или иную неблагонадежную социальную или расовую группу также появилась именно в Британской империи, откуда и распространилась по всему западному миру. Кроме того, как важное орудие в возделываемом империей мировом саду, лагеря наполнялись просветительским пафосом классификации и определения людских масс по всему пространству земли, для чего необходимо было прополоть ее, выкорчевывая потенциальные сорняки во имя общественного порядка и процветания[2]. Лагеря Британской империи — плоть от плоти системы принуждения и надзора — прекрасно вписались (и им же были, следовательно, оправданы) в дискурс социального благоденствия, гуманистического пафоса и в целом забот о «санитарной реформе» — словом, императивов, легитимизировавших европейское господство, ладно проповедовавшихся, но далеко не столь ладно претворявшихся в жизнь.

Часто при помощи лагерной системы британское правительство пыталось совладать с чрезвычайными ситуациями вроде голода, эпидемии или войны. Конечно, система развивалась, отталкиваясь от обстоятельств и конкретных ситуаций, но сам факт ее развития позволяет глубже вникнуть во внутреннее устроение западной культуры, породившей институт внесудебного лишения свободы. Британские лагеря — эти артефакты нашей социально-политической современности, принадлежавшие первому государству «современного» типа, — приглашают познакомиться с археологией насилия, общей для всех стран европейского идеологического спектра. Утвердив практику превентивного задержания групп людей, считающихся «потенциально опасными», но не осужденных за какие-либо преступления, британская лагерная система, таким образом, вполне соответствует общей типологической характеристике будущих концентрационных лагерей[3].

Впрочем, получившая прививку либерализма и открытого общества Британия в своих лагерях, конечно, никогда и близко не достигала жестокости советского ГУЛАГа, не говоря уж о нацистских лагерях смерти. Напротив даже: предполагалось, что

---

[2] Согласно Зигмунту Бауману, современная держава озабочена главным образом как раз своим «садом» и медициной [Bauman 1989: 70–73; Бауман 2010: 92–93]. О попытках «озеленить человеческий сад» в согласии с просвещенческими представлениями о совершенстве см. в [Weiner 2003].

[3] Общую классификацию и частные характеристики лагерных систем XX века см. в [Kotek et Rigoulot 2000; Pitzer 2017; Stone 2017].

лагерная система поможет снять социальное напряжение и «перевоспитать» элементы общества, сочтенные «негодными». Однако же при всем том британские лагеря зиждились на новом типе государственного мышления, чаявшего в массовом порядке управлять потенциально опасными слоями населения. Рассматривая различные лагерные системы как в либеральных, так и в авторитарных государствах в контексте изучения британского «лагерного архипелага», можно прийти к однозначному выводу, что принудительное внесудебное интернирование в лагерь вовсе не являлось исключительной прерогативой антилиберальных «империй зла». В самом деле, даже сам термин «концентрационный лагерь» вошел в употребление при описании действий Британии в Южной Африке, хотя попытки переселить и «сконцентрировать» определенную массу людей в специально огороженном месте предпринимались и ранее[4]. Плоть от плоти современных им социальных и политических обстоятельств, лагерные системы пронизывали весь политикум — слева направо, от либеральных до тоталитарных, от умеренных до фанатиков; так что и британские лагеря обладали «фамильным сходством» (весьма, впрочем, отдаленным) с печально известными советскими и немецкими концлагерями. Настоящая глава призвана предостеречь от ложного или поверхностного приравнивания британских лагерей к советским, ведь даже внутри самих этих режимов в зависимости от места и времени лагерная система представала совершенно различной. Держа в уме все вышесказанное, мы рассмотрим практику лагерного интернирования в либерально-капиталистическом государстве в надежде, что таким образом мы также проясним для себя и устройство лагерной системы, обслуживавшей идеологическую машину с размахом логистических возможностей Советской империи и прочих тоталитарных режимов.

---

[4] Во время Англо-бурской войны, к примеру, в Британии на слуху постоянно была испанская «реконцентрация» на Кубе (1896–1898): генерал-губернатор острова Валериано Вейлер-и-Николау разделил всю Кубу на сектора и массово переселял жителей в укрепленные поселения, являвшиеся по сути специально устроенными лагерями.

Лагерная система Британии

Британские лагеря, образовавшиеся в ходе войн или в ожидании каких-либо кризисов, были призваны сосредоточить (то есть именно «сконцентрировать»), содержать и опекать население колоний империи, подстраиваясь под социальные, политические и эпидемиологические требования сегрегации, карантина и исправительной системы. Начиная с римского *campus Martius* (Марсова поля), лагеря издавна ассоциировались с военным делом. Современные свои очертания (ряды палаток, временных хижин и проч.) лагеря обрели в эпоху Наполеоновских войн, когда возникла необходимость быстро и слаженно управлять массовыми армиями. Логистическая модель (в смысле планировки, санитарных норм, поставок воды и провизии) армейских лагерей, воплотивших в себе новую политическую культуру, и легла в основу будущих концентрационных лагерей для гражданского населения. Армейское происхождение британской лагерной системы проявилось самым очевидным образом в концентрационных лагерях времен Англо-бурской войны (1899–1902): чиновники просто адаптировали солдатские лагеря для массового заключения гражданских лиц в условиях военного положения. Лагеря для жителей бурских областей стали классическим примером принудительного содержания населения в Британской империи; о новой спорной военной методике заговорил весь мир, «во всей красе» увидевший реализацию идеи массового интернирования.

Впрочем, южноафриканские лагеря были лишь эпизодом в богатой лагерной истории империи. Скажем, в лагеря, устроенные в ценном имперском активе Британии — Индии, власти ссылали население колоний для улучшения общественного порядка и благополучия, трудовых работ, отбытия наказания или социально-политического перевоспитания. Лагеря, устроенные для борьбы с голодом, предоставляли рабочие места и кров нуждающимся; в карантинные лагеря определяли санитарно подозрительных и эпидемиологически опасных; наконец, в лагеря отправлялись также и члены «преступных каст», которых невозможно было безболезненно встроить в общество. Параллельно с этим в каторжные лагеря на Андаманских островах ссылались преступники и диссиденты, арестованные во время восстания сипаев 1857 года (также называемого Первой войной Индии за независимость). Британские лагеря успешно опирались на многолетний опыт содержания и перевоспитания, накопленный тюрьмами, работными домами и прочими институциями метрополии, связанными с организацией и управлением массовым трудом.

Конкретные политические шаги, приведшие к образованию того или иного лагеря, рознятся в зависимости от ситуации. В целом, однако же, в лагеря массово направлялись *потенциально* опасные слои населения по чрезвычайным распоряжениям, без судебного разбирательства. Далеко не всегда лагеря и иные пенитенциарные институции были четко и ясно разграничены между собой, однако с течением времени и изменениями в дисциплинарной системе границы проявились сами собой. Но в любом случае концентрационные лагеря всегда отличались своей превентивной, упреждающей натурой: подавляющее большинство заключенных были именно «подозреваемыми», а не осужденными за какое-либо противоправное деяние преступниками. На уровне культуры британские лагеря представали вместилищем всевозможной инаковости, отчуждаемой от общества ввиду их неблагонадежной расовой, классовой или общинной принадлежности, метафорически трактуемой через противопоставление чистого и здорового — грязному, больному и опасному. Вместе с тем, подобно всей империи (как в метрополии, так и в колониальных владениях), британский лагерный архипелаг предстает эдаким «двуликим Янусом» — неволящим, но вместе с тем и заботящимся.

Работные дома и трудовые лагеря

Девятнадцатое столетие принесло Британии резкую смену социальных и политических курсов, в результате чего экономика, ориентированная прежде на сельское хозяйство, уступила место преимущественно городской, пронизанной промышленными предприятиями. Подобный «государственный переворот» спровоцировал активизацию новых образовательных и административных механизмов, а массовая демократия сменила прежнюю систему аристократических привилегий, утверждая верховенство права и тем самым преображая прежних подданных в полноправных граждан. В согласии с предложенным вигами планом парламент принял ряд законодательных актов, которые упрочили конституционную систему, зиждущуюся на национальном суверенитете и расширении внешнего влияния империи, так что в результате процветающей свободной торговли и капиталистического развития страны еще более укрепилась либеральная конституционная монархия. Параллельно с этим в Британии оседали разномастные этнические и политические беженцы со всех концов континента, спасающиеся кто от террора французских революционеров, кто от еврейских погромов в России или Восточной Европе.

Пожалуй, если держать в уме самодержавие XVIII века и тоталитарные режимы XX столетия, с определением британской системы правления как либерально-демократической особых проблем вроде бы не возникает. Но коль скоро эта система выбивалась из ряда других именно своей включенностью в либеральное настроение, то историку Британии не худо отнестись со вниманием и к тем, кто оказался из нее исключен. Как говорит Зигмунт Бауман, политическое общество нового типа исходит из того, что маргинальные группы — будь то колонии или же некое девиантное меньшинство в метрополии — должны либо сжиться с общим политическим телом, либо же физически его покинуть. Развивая телесную метафору, Бауман уточняет, что логика новой политики требует либо «поглотить» любую девиантность, посредством чего «чужое [общественному] телу станет его частью», либо же «изрыгнуть» ее из общества вовсе[5]. XIX столетие в Британии — это в огромной степени история образования респектабельных членов общества из деревенских крестьян и городских работяг в суровой школе фабрик, тюрем и работных домов. Однако к концу века обнаружился и «опасный осадок» —

---

[5] Слова Баумана приводятся по [Moses 2004: 32].

слой населения, не затронутый образованием и новыми настроениями: «беспочвенные» и «дегенеративные» бродяги, будто бы вовсе не заинтересованные ни в каком включении, или, опять же, «поглощении» их системой. Таким образом, выявленная необходимость в исключении — «ампутации» или хотя бы изоляции подобных девиантных групп, постоянной или же временной, определила окончательные границы либеральных преобразований, дав «зеленый свет» будущим лагерям.

Работные дома, которыми быстро обросла метрополия после нового Закона о бедных 1834 года[6], вкупе с паспортно-пропускной системой и необходимостью отмечаться в полиции, держали «опасные слои населения» в узде; в помощь им, а также будущей британской (а затем и прочих стран) лагерной системе в 1869 году был также принят Акт о закоренелых преступниках, направленный на предотвращение рецидивов противоправных деяний. В теории работные дома должны были всецело способствовать преображению и перевоспитанию заключенных в них, исключенных обществом лишь временно, во имя того, чтобы в дальнейшем с радостью принять их обратно в качестве полезных своих членов. Однако, кроме того, работный дом также являлся и институтом упреждения преступления, направленным на защиту интересов членов общества, уже являющихся полезными, и стремящимся поэтому оградить их от потенциального вредоносного соприкосновения с социальным классом, овеянным криминалом, нечистоплотностью и болезнью. Сам же этот класс часто интерпретировался через расовую аргументацию для пущей наглядности его «неблагонадежности» и «опасности». Выделяя «преступный класс» как сугубо социальную или биологическую, но вовсе не юридическую категорию, работные дома насильственно заключали предполагаемых членов этого класса, ограничивая свободу их передвижения и сознательно принуждая к тяжелым жизненным условиям. В стенах работного дома с комендантом

---

[6] Закон, радикально урезавший выплаты пособий малоимущим, предусматривал принудительное помещение в работные дома каждого обратившегося за финансовой помощью к государству. — *Примеч. пер.*

во главе нуждавшийся в помощи член общества был обязан неукоснительно отбыть установленный срок, на время которого он терял право на снисхождение, досрочное освобождение и должен был находиться в строго отведенном ему месте. Словом, богатый опыт работных домов успешно перекочевал в концентрационные лагеря в Индии и Южной Африке. Кроме того, работные дома предложили будущим лагерям готовую модель принуждения к трудовым работам и дисциплинарной муштре, сближая тем самым управление лагерной системой с руководством промышленным предприятием[7].

В 80-х годах XIX столетия социальное реформирование в Британии происходило в атмосфере гнетущего пессимизма: реформаторам не удавалось сладить с тем самым все глубже «тонущим осадком», так сказать «общественно непримиримыми» жителями, в которых чиновники видели потенциальных бунтовщиков, угрожающих владеющему собственностью среднему классу. Скажем, в 1886–1887 годах обитатели «дремучего Лондона» — тогдашний Ист-Энд быстро превращался в разноцветное полчище представителей всевозможных колоний — в знак несогласия с проводимой социальной политикой пересекли невидимые границы районов столицы, «вторглись» в «цивильные» и респектабельные окрестности Гайд-парка и наводнили Трафальгарскую площадь [Jones 1976]. Отбросив поползновения к социальной адаптации и заботы о нуждающихся, городские власти взяли курс на территориальную изоляцию и принудительную сегрегацию, в скором времени наладив полномасштабную сеть огороженных и охраняемых трудовых колоний, приписанных к уже существующим работным домам и острогам. Образование трудовых лагерей в черте города вытекало не только из логики работных домов, но также и из растущего недовольства существующей пенитенциарной системой и осуществляемой ею «цивилизаторской миссией».

---

[7] О фундаментальной роли, сыгранной дисциплинарными институциями вроде работных домов в Англии и промышленных предприятий в становлении насильственных режимов в XX веке, см. [Traverso 2003].

Ярым поборником и выразителем дискурса социальной угрозы был пионер социологии и реформатор Чарльз Бут, предложивший выслать из метрополии в заокеанские трудовые лагеря скопом весь расово и биологически дегенеративный «осадок»; там, заявлял он, вполне по силам было бы разместить хоть все 345 000 потенциально угрожающих обществу социальных элементов [Brown 1968][8]. Подобный план — одновременно трудновыполнимый и чересчур авторитарный — так никогда и не был претворен в жизнь. Впрочем, он ладно влился в струю евгенических изысканий, направленных на то, чтобы перековать «преступные классы», состоящие из людей ненормального типа; так что призывы к устроению исправительных лагерей подальше от Британии пользовались стабильной поддержкой на протяжении 1890-х годов. Кое-кто даже утверждал, что в лагеря следует отправить всех «странных» и «отчужденных» из числа бедняков, осаждающих метрополию, поскольку те якобы от рождения ленивы, аморальны и в целом неспособны жить по уму и труду. Сторонники «лагерного плана» заявляли, что «не ко всем людям стоит относиться как к равным», а принудительное переселение расценивали как «необходимую меру по предотвращению появления [*не*приспособленных[9]] детей, меченных генетическим клеймом своих родителей» [Jay 1896]. Таким образом, хоть трудовые лагеря для бедняков метрополии и возникли в ином политическом контексте, нежели колониальные концентрационные лагеря, тем не менее логика, согласно которой проводилось исключение человеческих масс (измеряемых теперь сугубо через призму расово-биологических категорий) из общества, вообще не нуждалась в юридических фактах преступлений и наказаний, но была направлена именно на профилактическое очищение несущих слоев этого общества от социально-политической скверны, *потенциальными* разносчиками которой являлись, угрожая тем самым общественному и государственному порядку, слои «осадочные».

---

8 О «дегенерации», обсуждавшейся на рубеже XIX–XX веков, см. [Pick 1989].

9 В смысле прямо истолкованного дарвиновского выживания наиболее приспособленного, сильнейшего вида. — *Примеч. пер.*

Рис. 9.1. Главный вход в трудовой лагерь в Хадли. Коллекция Мэри Эванс и Питера Хиггинботтэма (Mary Evans / Peter Higginbotham Collection), № 1041620

Пусть тотального отчуждения нищих от общества так, собственно, и не произошло, однако тогда же, в 1890-х годах, возникла более умеренная полуофициальная сеть трудовых лагерей, управлявшаяся членами Армии спасения[10] и чиновниками Центрального лондонского комитета по безработице. В этих лагерях, расположенных за пределами Лондона — в Хадли, Лайндоне, Холлсли-Бэй[11] и прочих удаленных от Лондона городках, — вплоть до Второй мировой войны и утверждения окончательного курса на «государство благосостояния»[12] любой нуждающийся мог найти кров и устроиться работу на лесоповал, в каменоломню, на прокладку дорог, рытье траншей и так далее (см. рис. 9.1). Лагеря были небольших размеров: всего в каждом палаточном городке во время работ проживало несколько сотен мужчин. Территория лагерей была ограждена и находилась под охраной, контролировавшей въезд и выезд; перемещение лагерных обитателей было

---

[10] Международная христианская организация со штаб-квартирой в Лондоне, занимавшаяся помощью малоимущим. — *Примеч. пер.*

[11] Небольшие города в графствах Эссекс и Саффолк (Холлсли-Бэй) соответственно. — *Примеч. пер.*

[12] Также «государство *всеобщего* благосостояния», «социальное государство», «государство-защитник» и проч. — *Примеч. пер.*

несколько ограничено угрозой штрафов в виде лишения премий и надбавок. Таким образом, «тонущий осадок» в самом деле оказывался удален от общества на безопасное расстояние, с которого «потенциальная зараза» уже не представляла для жителей респектабельных Сити никакой угрозы.

Помимо профилактики потенциальных преступлений, трудовые сельскохозяйственные лагеря действительно вносили весомый вклад в перевоспитание своих обитателей. Ведь несмотря на формальное лагерное клеймо «беспомощно тонущего осадка», сами лагеря не подразумевались как пристанище для навечно изгнанных, отторгнутых от социального тела людей. Напротив, согласно исследованию Джона Филда, конечной целью объявлялось «тяжелым физическим трудом закалить юные души» и «перековать» их для участия в общей трудовой жизни [Field 2009]. Впрочем, экономист Викторианской эпохи Альфред Маршалл строго напоминает, что все же главной целью лагерных организаций являлась сегрегация «развратников и их потомков» в целях охранения жизненного пространства для более «благонадежных» общественных классов [Reisman 1987: 439].

Колонии-поселения, надзорные учреждения и лагеря для «преступных каст»

Трудовые лагеря в метрополии так или иначе затрагивали относительно скромную долю населения. В колониях же дело обстояло совершенно иначе: количество «опасных классов» там позволяло системе принудительного массового заключения развернуться в полной мере, выстраивая, как выразился Франц Фанон, «мир изолированных отсеков» [Fanon 1963: 27; Фанон 2003: 18]. Подобно тому как работные дома в метрополии предложили свои стены в качестве места надежно контролируемого содержания подозреваемых групп (пусть даже так никогда и не осужденных), еще ранее устроенные «учреждения по надзору» за аборигенами в Австралии и Северной Америке существенно обогатили британский опыт массовой концентрации колониального населения в ограниченных пространствах.

Популярные в имперском сознании мнения о расовом (прилагающемся к классовому) превосходстве вкупе с приматом имперской воли к завоеванию и оккупации интересующих ее территорий придавали дополнительный импульс развитию лагерной системы. Подробно исследовавший эту эпоху историк Коул Харрис отмечает, что колониализм, «особенно проводящийся через создание новых поселений, всегда имеет целью перемещение прежнего населения с родной земли и переход ее в руки новых хозяев» [Harris 2002: xxiv]. Ради полного истребления — как в случае с резервацией Вибаленна, положившей конец тасманским аборигенам[13], — а может, во имя «удержания, попечения и удаления» местных жителей от «цивилизации, которой они не понимали и в защите от которой нуждались», — как с аборигенами в комплексе поселений Кэхлин[14], — но так или иначе Британская корона считала необходимым разделять население с обжитой им землей [Madley 2008; Moses 2004: 3–48; Wells 2000: 64]. Уже совсем скоро охраняемые лагеря и резервации, «устроенные таким образом, чтобы поддерживать порядок, при этом регулярно пополняясь», показали себя действенным средством препарирования и управления колониальным миром со всей массой странных (а значит, и потенциально опасных) его обитателей [Attwood 2000: 44]. Пусть иные лагеря и создавались из благих — гуманистических ли, христианских ли — побуждений, но все равно в итоге сводились к совершенно имперсоналистическому подходу, разгулявшемуся до «мрачных бараков, оцепленных колючей проволокой», в XX веке. Кроме того, обеспечивая неустанный надзор и действенное наказание, пусть и оправдываемое необходимостью защищать самих лагерных обитателей, система в первую очередь оберегала триумвират столпов цивилизации — «труд, чистоту и порядок» [Wells 2000: 67]. Сторонники лагерей ратовали за «со-

---

[13] Поселение Вибаленна — «Дом черного человека» на острове Флиндерс, куда в 1830 году были сосланы аборигены, получило такое название, поскольку задумывалось как безопасное от «белых людей» место. Однако условия оказались крайне скудны, и через 17 лет выживших осталось всего 47. Последняя чистокровная тасманийка скончалась в 1876 году. — *Примеч. пер.*

[14] Комплекс задумывался как превентивное решение проблемы метисации, с которой столкнулись колонизаторы. — *Примеч. пер.*

бирание» местного населения в охраняемых комплексах, поскольку лишь благодаря «бдительному присмотру и опеке возможно предотвращение распространения заболеваний, дабы аборигены не выработали отвращение к работе» [Wells 2000: 67].

По мере радикализации по ходу XIX столетия расового вопроса все острее становилась интервенционистская политика управления имперскими колониальными владениями. Особо стоит отметить здесь Сипайское восстание[15], разгоревшееся в 1857 году, после чего на затерянных в бескрайнем океане островах вроде Андаманского архипелага Британия развернула сеть исправительных колоний, куда ссылались обвиненные в подстрекательстве к мятежу, гражданском неповиновении и прочих политических преступлениях. В отличие от мощных кирпично-цементных тюремных зданий в метрополии, куда преступники попадали в соответствии с привычными юридическими процедурами, здесь сам контингент заключенных, вкупе со скудным финансированием, выделяемым на подобные неприбыльные предприятия колониальным руководством, на долгое время обеспечил al fresco[16] обитателям лагерей; первая «клеточная» тюрьма появилась на Андаманских островах лишь в 1906 году. Тем временем, в отсутствие капиталистического рынка наемной силы, лагеря показали себя весьма эффективным инструментом в организации принудительного труда. В каждом лагере в палатках и хижинах проживало приблизительно по двадцать тысяч арестантов, занятых необходимым обществу тяжелым трудом, что параллельно позволяло колониальным чиновникам набираться ценного опыта в управлении новым диковинным тюремным аппаратом. Надо думать, арестанты далекого Андаманского архипелага не менее остро переживали тропическую версию изгнания из родных краев, чем позднее узники «Архипелага ГУЛАГ»[17] [Anderson 2007].

---

[15] Мятеж индийских солдат против неоправданной жестокости колониальных властей, продолжавшийся два года. — *Примеч. пер.*

[16] На свежем воздухе (*ит.*). — *Примеч. пер.*

[17] «Наверно, придумало человечество ссылку раньше, чем тюрьму. Изгнание из племени ведь уже было ссылкой. Соображено было рано, как трудно человеку существовать оторванному от привычного окружения и места» (Архипелаг ГУЛАГ, ч. VI, гл. 1). — *Примеч. пер.*

Чиновникам расстояния были порукой в «расчистке» социальных и политических беспорядков на субконтиненте, самих же арестантов этап «по черным водам»[18] бескрайнего океана лишал кастовых и социальных связей, а это в сущности означало практически ту же «гражданскую смерть»[19], что собирала жатву в сибирском ГУЛАГе [Anderson 2003][20]. Словом, имперская пенитенциарная система обнаружила пространство для реинтеграции безнадежно, казалось бы, устаревших процедур вроде каторжных ссылок в Австралию или какую-то из Америк, синтезировав на их основе искомые новые методы сегрегации.

Морская природа британского могущества определила создание многочисленных островных каторжных лагерей, однако именно Индийский субконтинент стал главной лагерной сценой XIX столетия. Усилия, прилагаемые колониальными властями к побуждению южноазиатских кочевых племен к оседлому и «цивилизованному» существованию, вылились в 1830-х годах в создание поднадзорных поселений, а затем и «охраняемых деревень», куда власти принудительно собирали различные племена (вроде народности бхилов, живших в горах Бомбейского президентства), опасаясь их мобильности и воинской доблести [Benjamin and Mohanty 2007: 363]. Также была введена строгая система проездных документов, благодаря чему потенциальная угроза мятежа была успешно устранена, а колониальный мир был реорганизован в соответствии с видением новой администрации; во многом предпринятые в Индии шаги повторяли путь, прой-

---

[18] Второй роман трилогии индийского писателя Мулка Раджа Ананда о жизни маленького человека на фоне борьбы Индии за свою независимость. — *Примеч. пер.*

[19] Например: «Отсюда — не докричишься, здесь можешь хоть и сжигаться». Или: «Его уже не пугает смерть, им овладевает податливое розовое состояние. Он перешел все рубежи, забыл, как зовут его жену и детей, забыл, как звали его самого» (Архипелаг ГУЛАГ, ч. II, гл. 12 и ч. III, гл. 7 соотв.). — *Примеч. пер.*

[20] Об изгнанничестве арестантов ГУЛАГа см. главы в настоящем издании Даниэля Бира и Джудит Пэллот. О фундаментальной роли Британской империи и Советского Союза в мировой истории каторжных поселений см. [Anderson 2018, ch. 7–8, 10].

денный чиновниками в метрополии, стремившимися побороть нищих и бродяг, чтобы наконец взять под контроль «потенциально опасный» слой общества. Несомненно, изначально чиновники руководствовались лучшими гуманистическими чувствами, считая, что прольют свет цивилизации на дремучие племена, переселяемые ими в специально для того устроенные и охраняемые деревни; но, как и в прочих на первый взгляд либеральных начинаниях британской цивилизаторской миссии, те, кого таковая миссия цивилизовала, неизменно сталкивались с насильственным к тому принуждением и многочисленными жизненными трудностями.

Спорадические усилия по ссылке в лагеря южноафриканских племен участились в 1871 году с принятием Британской Индией Акта о преступных кастах. Опираясь на законодательный опыт метрополии, а именно на Акт о закоренелых преступниках, колониальное правительство адаптировало закон в контексте индийских реалий, наделив местных чиновников полномочиями задерживать группы представителей низших сословий и бродяг, препровождая их в специально устроенные лагеря. К вящему подкреплению «принципа колониального различения»[21], акт 1871 года дозволял проводить невиданные доселе нигде в Британии коллективные аресты и превентивные задержания. Если в Англии у задержанного еще оставался хоть «какой-то шанс, — как обмолвился как-то один чиновник, — на правосудие и информированный процесс по своему делу», то Индия представлялась громадной опасной территорией, кишащей странными и неблагонадежными туземцами, к которым следовало относиться совершенно особым образом, в первую очередь по части дисциплины и безопасности[22]. Таким образом, согласно приня-

---

[21] Установка, постулировавшая фундаментальный расовый, культурный, моральный и прочий примат колонизатора над колонизируемым. — *Примеч. пер.*

[22] NAI. Home Department (Judicial). January 1876, nos. 139–150: Adoption of the Necessary Measures in Order to Render Part I of the Criminal Tribes Act XXVII of 1871 Applicable to the Lower Provinces of Bengal.

тому акту множество «странных» племен баварийцев, минайцев, санорийцев и прочих были скопом причислены к «преступным кастам» знакомых властям «цыган» и отправлены в лагерные комплексы, где под надзором британских солдат им надлежало рыть каналы, укладывать железнодорожное полотно и выполнять прочую тяжелую работу.

Лагеря для преступных каст были задуманы для защиты респектабельных местных аграриев от потомственных бандитских группировок, существовавших «в расколе с обществом»[23]. Эти закоренелые преступники были «врагами всем нам», утверждал Питер Игертон, тогдашний комиссар Амритсара, так что необходимо было принимать соответствующие меры, пусть прямо и не прописанные юридически[24]. Таковыми мерами и явилось целенаправленное концентрирование рассеянных по субконтиненту каст в лагерях с последующим обеспечением их принудительной трудовой деятельностью. Идеологи акта 1871 года проводили метафорические параллели между преступными элементами и распространением чумы, требуя как можно скорее удалить заразные элементы в карантин, «дабы предотвратить поражение болезнью всего общественного тела» [Nigam 1990: 266]. Только так, говорили они, — «локализовав [очаги болезни], сконцентрировав все преступные элементы в одном месте»[25] — колониальной администрации под силу совладать с местными кастами, «надзор за которыми будет осуществлять специально назначенный офицер, распоряжения которого будут строги, но справедливы»[26]. Территорию охраняли отряды полиции, въезд и выезд осу-

---

23 C. P. Carmichael, inspector general of police to secretary to government, North-Western Provinces (NWP). 6 July 1870. NAI. Legislative Department. November 1871, nos. 44–127. Part A: The Criminal Tribes Act, 1871.

24 P. H. Egerton, commissioner and supt. Amritsar Division, 20 February 1869. NAI. Legislative Department. November 1871, nos. 44–127. Part A: The Criminal Tribes Act, 1871.

25 NAI Home Department (Judicial). January 1879, nos. 59–64: Workings of the Criminal Tribes Act in the North-Western Provinces during 1877.

26 J. F. K. Hewitt, magistrate. Chumparun. NAI Home Department (Judicial), January 1876, nos. 139–150.

ществлялся строго по пропускам, во главе каждого лагеря стоял суперинтендант — словом, порядки мало чем отличались от колонии-поселения[27]. Пайки же явно отражали мнение, что «ничто лучше голода не заставит [этих арестантов] хорошенько потрудиться»[28]. Кроме того, поскольку экономические интересы всегда оставались в приоритете у колониальной администрации, лагеря довольно скоро вышли на самоокупаемость.

Концентрация в лагерях преступных каст проходила в соответствии все с той же логикой внесудебной сегрегации и стереотипным представлением о попадающих в лагеря как урожденных бродягах и преступниках, бороться с которыми следует особыми методами. В отличие от учреждений пенитенциарной системы метрополии, рассматривавших преступления или же подозрение в совершении таковых конкретными лицами, в категориальный аппарат колониальной антропологии входили как «лица, ставшие преступниками», так и «от рождения преступные группы». В соответствии с этой установкой колониальные власти не признавали за членами низших каст каких бы то ни было личных прав, относя их всех разом к классу преступников. В общем, ввиду «урожденной преступной натуры» членов преступных каст существующее законодательство показало себя «неэффективным», так что кастовый вопрос «был решен разом и окончательно <...> при помощи ряда <...> особых мер»[29]. Подобно нацистским и советским концлагерям, в лагеря для преступных каст массово заключались люди, сочтенные потенциально опасными сугубо по причине их этнической или социальной принадлежности. Несмотря на весь гуманистический пафос приводимых аргументов и веру в благотворное воздействие труда как основы цивилизации,

---

27 C. A. Elliott, esq., offg. secy. to govt. NWP, 21 April 1871, NAI. Legislative Department. November 1871, nos. 44–127, Part A: The Criminal Tribes Act, 1871.

28 NAI. Legislative Department. November 1871, nos. 44–127, Part A: The Criminal Tribes Act, 1871, description of the Mughya Domes by Lieut.-Col. A. H. Paterson, insp. gen. of police, Lower Provinces.

29 NAI. Legislative Department. December 1873, nos. 27–30. Part A: North-Western Provinces Rules under Criminal Tribes Act, 1871: Note from Officiating Inspector-General of Police, NWP, no. 28, 29 August 1873.

кастовые лагеря, нацеленные не на конкретных, изобличенных в том или ином преступлении какой бы то ни было юридической процедурой, лиц, но на целый слой населения, проводили санкционированную колониальным начальством сегрегацию.

Лагеря для голодающих и больных в Британской Индии

Итак, отсеянные по социально-этническим признакам члены преступных каст теперь попадали в специальные трудовые резервации на местах, а политические преступники ссылались в далекие островные каторжные колонии. Однако социальные потрясения, вызванные вспышками голода и чумы в 1870-х и 1890-х годах[30], еще более расширили «аудиторию» подневольной лагерной рабочей силы, поскольку под эгидой разнообразных законов о здравоохранении и помощи населению в соответствующие лагеря попало еще несколько миллионов человек[31]. Лагеря помощи голодающим хорошо отражали внутреннюю противоречивость идеологии колониальной системы, окрыленной, с одной стороны, своей «цивилизаторской миссией», с другой же — не забывающей экономически эксплуатировать цивилизуемых. Бамбуковые времянки этих последних, рядами стоящие за непроходимым кустарником или вовсе обнесенные колючей проволокой, явились плодами антикризисного управления, главная методика которого сводилась (ввиду чрезвычайной ситуации) к временной гуманитарной интервенции и применению финансовых и прочих репрессивных мер к голодающим. Схожим двояким образом оправдывались эвакуационные лагеря и карантины (рис. 9.2), куда массово

---

[30] В 1855 году в Китае разгорелась третья пандемия чумы. К 1870-м годам из Гонконга чума добралась до Британской Индии, в результате чего погибло более 10 млн человек. К началу XX века число жертв увеличилось еще на 12,5 млн. Помимо карантинных лагерей и ограничения передвижения населения, власти также ввели запрет на аюрведические практики. — *Примеч. пер.*

[31] Общее число заключенных в лагеря на территории Индии во время вспышек голода 1870-х и 1890-х годов свыше 10 млн представляется вполне вероятным. См. [Forth 2017: 44; Hall-Matthews 2002: 231].

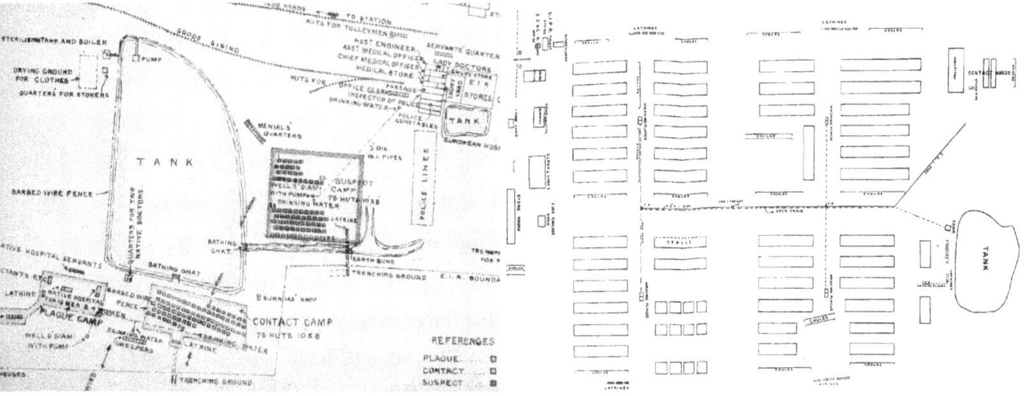

Рис. 9.2. Лагеря во время эпидемии чумы.
Слева: Изоляционный комплекс помощи пораженным чумой на железнодорожном узле Кхана, 1897. MSA General Dept., "Plague, 1897", vol. 69: «Железнодорожные дезинфекционные станции и лагеря временного содержания».
Справа: Эвакуационный лагерь Дадар в Бомбее, 1890. Фото из «Отчета бомбейского противочумного комитета» (Times of India Steam Press, Bombay, 1898), приложение

принудительно ссылали «нечистых» и «нецивилизованных» зачумленных.

На первый взгляд лагеря помощи пораженным чумой и пострадавшим от голода представляются вполне рациональной мерой в условиях чрезвычайной ситуации. Однако же на практике все вновь сводилось к культурному стереотипу коренного жителя колонии как социальной и санитарной угрозы цивилизованному обществу. Несмотря на заявления «объективных» представителей экономических и медицинских наук, легитимизировавших чумные и голодные лагеря, подобными мерами, по сути, никто никогда не предполагал решать проблемы с пропитанием или медицинской помощью населению: лагеря были сугубо идеологическим продуктом викторианского капитализма вкупе с исковерканными расовыми предрассудками здравоохранительными концепциями. При всем пафосе идеи спасения от мора и голода в лагерях царила все та же жесточайшая дисциплина, указывавшая на отсутствие сущностных различий между медицинской и пенитенциарной системами сегрегации и социальной изоляции. Сквозь призму лагерной системы Британской Индии мы можем лучше изучить генеалогию нацистских, советских и прочих концентрационных лагерей, точно так же аргументировавших массовые ссылки людей их нечистотой, болезнями, заразой, вредоносным образом жизни и проч.

Вспышки голода 1876–1877 и 1896–1897 годов в первую очередь волновали колониальных начальников тем, что устоявшиеся социальные механизмы переставали работать: потенциально опасные «преступные классы» необходимо было переселять, что грозило социальными и политическими волнениями. Но власти опасались не только вспышек преступности: памятуя о массовых беспорядках 1857–1858 годов, в массе праздношатающихся голодных людей видели серьезную угрозу общественному порядку[32]. Переселение в город, пригород или орошаемый район представлялось наиболее рациональной стратегией выживания при голоде, так что «праздношатание» властью трактовалось как иррациональное бегство и проявление «слепых инстинктов дикого зверя»[33]. В одночасье объекты лучших гуманистических переживаний и забот обернулись «зловредными паразитами» и «абсолютно бесполезными и никчемными общественными элементами»[34]. Подобные умонастроения любезно подставили плечо чиновникам, дабы тем удобнее было «предпринять первый шаг по борьбе с голодом»[35]: массово задержать его изможденных, но потенциально опасных «праздношатающихся» жертв. Группы задержанных голодающих концентрировали в лагеря, где заставляли трудиться в обмен на паек.

Это был не первый случай голода в Индии, и в прошлом «Бритиш Радж»[36] щедро раздавал голодающим зерно. Однако в 1890-е годы власти отдавали предпочтение практике коллективных задержаний и временной изоляции голодающих: по городам устра-

---

[32] О предполагаемой политической опасности праздношатающихся масс см. [Hall-Matthews 1996: 228]; также см. [Masselos 1995].

[33] См. [Arnold 1988: 91–92]; цитаты взяты из Отчета комиссии по голоду в Индии: C 3086, Report of the Indian Famine Commission, Part IV: Evidence in Reply to Inquiries of the Commission (1885), 181.

[34] Отчет комиссии: C 3086, 67.

[35] BL. Temple Papers, MSS EUR F86/208(a): Minutes of Evidence, 49.

[36] Альтернативное название Британской Индии. — *Примеч. пер.*

ивались целые рейды, в результате которых «задержанных всеми средствами вплоть до насильственных старались оставить в лагере»[37]. Чиновники администрации и сами признавали, что принудительные задержания зачастую представляли собой «процедуру, весьма далекую от законных и демократических норм, скорее смахивающую на преступное нападение»[38]. По-армейски прямо и строго суть дела описал подполковник Томсон, тогдашний санитарный комиссар Северо-Западных провинций (будущий начальник британских концлагерей во время войны в Южной Африке), заявивший, что все пересуды «о каких-то “правах” <...> канули в сражении не менее чудовищном, чем сам голод». Нельзя допускать даже обсуждения приказов, не говоря уж о том, чтобы «рассматривать их в суде»; напротив, эффективность «всей кампании» зиждется на «фигуре лидера, то есть — Диктатора, слово которого есть конечный приговор, нещадно карающий» любого, кто поднял голос против государственной воли [Thomson 1914: 115–116].

Помимо концентрации «праздношатающихся» голодающих, по мере ухудшения ситуации власти также стали отправлять на временное поселение в лагеря и вполне оседлых, «респектабельных» земледельцев. Нежелание властей как мириться с потенциальными убытками, так и вмешиваться в ценовую политику на рынке зерна отражалось в мизерных пайках, выделяемых голодающим, вынужденным за это тесниться в громадных жилых комплексах и изнурительно трудиться на общественных работах. По сути, то же настроение, что ранее привело к образованию работных домов и трудовых колоний в Британии, вылилось в Индии в создание лагерей помощи, главными условиями получения которой являлись строжайшая трудовая дисциплина и необходимость неукоснительно отбыть установленный срок.

---

37 BL. Bombay Famine Proceedings, IOR/P/6257.

38 Нечто подобное Джорджо Агамбен называет «чрезвычайным положением», с жаром, переходящим подчас в безапелляционность, описывая нацистские концлагеря содержания и уничтожения. См. [Agamben 2005; Agamben, 1998; Агамбен 2011].

Журналист Уильям Дигби[39] отметил, что даже «более благополучные жители Индии питали к лагерям помощи то же отвращение, с которым относились к работным домам в Англии обычные малообеспеченные люди», указывая, что «скотские условия лагерей помощи, в которые вынужденно отдает себя бедствующий человек, отвращает от любой государственной милости и более стабильные классы» [Digby 1878, 2: 351, 295]. Однако дело в том, что тяжелые условия существования в лагерях помощи, которые их обитатели ставили в один ряд с прочими репрессивными мерами британских властей, задумывались чиновниками именно таким образом, чтобы стать своего рода «форпостом», не позволяющим попавшим в беду еще и впасть в «грех уныния и лености». Как бы в довесок к «заслуженной мере боли» лагерь предоставлял скудную пайку тем, у кого не было иного выбора, как принять ее, отсеивая их от прочих нуждавшихся, кто еще мог как-то сводить концы с концами [Ignatieff 1989]. Битком набитые голодающими общежития трудовых лагерей прекрасно отражали идеологию *laissez-faire* и в целом отношение к рабочей силе викторианского правительства: считалось, что принятых мер вполне достаточно и более щедрых благотворительных жестов уже не требуется.

Новая вспышка чумы 1896 года в Бомбее, Кейптауне и ряде других колониальных портов империи подарила британским властям очередную возможность прибегнуть к концентрационным лагерям под эгидой радения за колониальное благополучие. История лепрозориев наглядно показывает, что практика принудительной сегрегации издавна применялась не только как мера здравоохранения, но и даже в большей степени как способ исключения из общества. Схожим образом метафоры болезни и нечистоты исправно служили лагерным системам XX столетия; впрочем, что касается чумы, страх заразиться чудовищной болезнью был далеко не метафорой.

---

[39] В Индии Уильям Дигби работал в газетах «The Ceylon Observer» и «The Madras Times». Публично критиковал политику невмешательства (*laissez-faire*), проводимую правительством сэра Ричарда Тэмпла, настаивая на необходимости увеличения помощи бедствующим. По итогам кампании издал обширное двухтомное описание голода в Индии. — *Примеч. пер.*

Медицинское начальство колоний считало принудительное содержание в карантине объективно необходимой мерой, предписанной современной медициной и гигиеной; однако тотальные обыски и жестокие задержания «подозреваемых» (в антисанитарии) трудно объяснить с точки зрения одной лишь науки, вне социального и расового контекста. Подобно обитателям лондонских трущоб, бедняки и бродяги в колониях также представлялись местным властям угрозой общественному порядку, так что неудивительно, что противопоставление «неотесанного и грязного туземца» лощеному и вышколенному британскому офицеру в белоснежной форме колониальных войск стало стереотипным. Подобные стереотипы ладно встраивались и в расовый имперский дискурс — ведь из колониальных нечистот вытекал также и общий вывод о «подчас завуалированных, но все же угрозах политике, жизни, морали и культуре» [Chandavarkar 1992: 211]. Таким образом, чумные лагеря с колючей проволокой применялись британскими властями исходя из социальных, культурных и политических предпосылок, не имеющих к эпидемии прямого отношения.

Принудительная отправка населения в карантинные лагеря во время чумы осуществлялась в русле той же логики, что и прочие ссылки: что определенная группа подозревается в наличии преступных намерений или осуществляет преступную деятельность. Это подтверждается и корреспонденцией официальных лиц, где одни и те же группы постоянно называются то жертвами, то злоумышленниками. Конечно, жертвам пандемии сопереживали, однако куда большую популярность завоевал образ индуса или африканца — разносчика чумы, злоумышляющего бежать, сея на своем пути заразу и смерть, что сообщало властям необходимый импульс к тому, чтобы данную группу задержать и изолировать за колючей проволокой[40]. Подобно тому как в викторианской социальной реформе отразились представления о «слоях, представляющих потенциальную опасность», суровые меры,

---

[40] MSA. General Department (Plague), 1899. Vol. 617: Views of the Various Officers regarding the Establishment of Detention Camps; MSA. General Department (Plague), 1898. Vol. 366: Detention and Disinfection Measures.

принятые колониальными властями при пандемии чумы, также были направлены сугубо на «представителей ненадежных классов», не затрагивая ни европейцев, ни (зачастую) членов высших сословий индийского общества[41]. Таким образом, чумные лагеря являлись превентивной мерой, направленной на определенные социальные классы, подозреваемые в наличии в их среде заболевания, а не на конкретных лиц, болезнь которых была бы подтверждена строгими медицинскими данными.

Тут можно вспомнить слова Луи-Эдуарда Шевалье о том, что «не следует искать причины социальных кризисов в эпидемиях», поскольку они лишь «срезают слой почвы, обнажая глубоко укорененное социальное неравновесие», усугубляя тем самым уже существующие настроения[42]. Чума явилась удобным поводом принудительно убрать из центральных городов колонии социально и расово неугодные классы. В Бомбее, скажем, постоянные военные рейды вытеснили из центра города полунищих индуистских и мусульманских рабочих, положив начало образованию пригородных трущобных кварталов. Не меньших успехов добились британские полисмены в Кейптауне: городской центр был полностью очищен от чернокожих, выселенных в районы, которые во времена апартеида станут именоваться «черными пятнами» [Swanson 1977: 389].

Концентрационные лагеря в Южной Африке

Вспышки чумы и голода 1890-х годов в Британской Индии окончательно закрепили лагерную ссылку в качестве нормативной процедуры в случае кризисной ситуации, предложив начальству прочих колоний империи готовый инструментарий с багажом наработок по опеке и контролю над малоимущими и подозрительными слоями населения, сконцентрированными в специальных лагерных пространствах. Если армейские лагеря обогатили коло-

---

[41] MSA. General Department (Plague), 1899. Vol. 617: Views of the Various Office regarding the Establishment of Detention Camps; MSA. General Department (Plague), 1898. Vol. 366: Detention and Disinfection Measures.

[42] Цит. по [Swanson 1977: 389].

ниальную систему организационно-логистическим опытом обустройства и коллективного пребывания во временном пространстве, то индийские концлагеря способствовали ее распространению на гражданское население. Словом, к началу следующего столетия индийские концлагеря сделались ясной и оформленной практикой, надежно встроенной в колониальную систему управления. Выработав собственные внутренние уставы, писаные и неписаные правила и управленческие процедуры, в лагерях научились успешно содержать «опасные» слои населения. Однако отлаженной в «Бритиш Радже» практике потребовалось пересечь Индийский океан и добраться до Южной Африки, чтобы подарить языкам народов мира устойчивое словосочетание — «концентрационный лагерь».

В ходе Англо-бурской войны (1899–1902) британцы раскинули сеть из более чем сотни лагерей с совокупной численностью содержащихся в них африканцев и африканеров (или буров), превышающей четверть миллиона[43]. С учетом жуткой статистики смертности — от болезней, усугубляемых природными условиями, голода, перенаселения и антисанитарии в общей сложности погибла пятая часть всех заключенных — британские концентрационные лагеря как бы сами собой встают в один ряд с советскими и нацистскими. В самом деле, многочисленные факты указывают на то, что именно южноафриканские лагеря начала XX века задали основную траекторию политического насилия, успешно подхваченную затем тоталитарными империями. Еще Ханна Арендт отмечала, что «[бурские] лагеря во многих отношениях соответств[овали] концентрационным лагерям начала тоталитарного правления; в них отправлялись "подозреваемые", правонарушения которых не могли быть доказаны и которые не могли быть приговорены к наказанию в ходе обычного судебного процесса» [Arendt 1968: 440; Арендт 1996: 571]. После Второй мировой войны бурские националисты также публично (и, пожалуй, чересчур цинично и прямолинейно) приравнивали британские

---

[43] Подробную статистику см. в работе [Spies 1976]. Новейшие данные по лагерной социологии см. [Heyningen 2013]. Также см. [Forth 2017: ch. 5–7].

лагеря к нацистским лагерям смерти[44]. Вместе с тем стоит все же отметить, что британские лагеря серьезно различались с лагерями советского и нацистского режимов размерами, продолжительностью функционирования, а также размахом жестокости. Кроме того, южноафриканские лагеря широко применялись лишь в активный период боевых действий, а не во время затяжной конфронтации с расовыми, классовыми и политическими врагами, так что, по крайней мере, заявленную (пусть, быть может, и не глубинную) мотивацию британских лагерей также стоит отличать от советской и нацистской. Изначально лагеря планировались как мера противодействия повстанческому движению, посредством которой можно очистить театр военных действий от потенциальных партизан и отрезать противника от источников снабжения. Массовые превентивные аресты и содержание во внесудебном порядке в тяжелых условиях, несомненно, роднят британские лагеря с классическими примерами тоталитарного насилия XX века; вместе с тем пришедшая в Южную Африку из Индии XIX столетия лагерная практика сохранила традиционный колониальный императив на опеку и перевоспитание задержанных.

В отличие от прежних британских лагерей, южноафриканские появились в контексте войны и существовали согласно законам военного времени, наделявшим власти куда большими полномочиями в области массовых арестов и ссылок, чем законы о бродяжничестве или введение чрезвычайного положения из-за эпидемий чумы или голода. Быстро выйдя за рамки скромной колониальной войны, конфликт предвосхитил «тотальные войны» наступившего века, размывая своим размахом границы между гражданскими лицами и комбатантами[45]. Таким образом, массовые аресты южноафриканского населения отражали новей-

---

[44] Подробный разбор политических реалий, фактов и мифов вокруг южноафриканских лагерей см. в [Stanley 2006].

[45] Combatant (*фр.*) — лицо, участвующее в боевых действиях на стороне одного из противников. Впрочем, строгое юридическое определение сражающемуся лицу (комбатанту) было дано лишь в 1907 году на Второй Гаагской мирной конференции (Англо-бурская война шла с 1899 по 1902 год). — *Примеч. пер.*

шие тенденции интенсификации военных конфликтов, что автоматически трансформировало все гражданское население (включая женщин и детей) в узаконенные войной объекты насилия [Bell 2007][46]. В ходе жестокого противостояния с повстанческими отрядами, в причастности к которым, ввиду их этнического происхождения, массово подозревались мирные африканеры, лагеря явились средством установления контроля над безличной, враждебно настроенной массой населения (и непривычным колониальным ландшафтом) в масштабах целой страны, а вместе с тем и радикального предотвращения моральной или материальной поддержки партизан.

После занятия британскими войсками Претории, Блумфонтейна и других крупных городов бывших бурских республик война окончательно перешла в фазу противостояния с партизанами, рассеянными по всему театру военных действий. Тогда, выслеживая партизан и жестоко карая население, предоставлявшее им кров, провиант или амуницию, британские войска прибегли к тактике выжженной земли, оставляя за собой бесплодные и пустынные поля, подобные индийским землям, истощенным очередной засухой. Уже совсем войдя в раж, главнокомандующий британскими войсками лорд Китченер даже предложил ссылать вражеских гражданских лиц на Мадагаскар, Фиджи или еще на какой-нибудь остров, дабы Южная Африка стала «безопасной и комфортной для белых <читай «британских»> колонизаторов»[47]. Однако логистика подобного плана была признана чрезмерно затратной, и лорд Китченер принял решение насильственно сгонять все бурское население в занятые армией города, чтобы оттуда доставлять их в устроенные за городской чертой концентрационные лагеря, где бы наконец гражданские лица были поднадзорны и подконтрольны британским военным. Этот план напоминает примененную испанским генералом Валериано Вейлером-и-Николау тактику

---

[46] В своей работе Белл приводит существенно дополненную концепцию Карла Шмитта. См. [Schmitt 2007; Шмитт 2007].

[47] TNA. PRO 30/57/22. Correspondence of Lord Kitchener. Kitchener to Brodrick, 21 June 1901, Y62.

«реконцентрации», когда во время кубинской военной кампании мирное население принудительно собиралось и изолировалось в охраняемых лагерях, чтобы не дать ему содействовать повстанческим отрядам [Smith and Stucki 2011; Davey 1960]. Война в Южной Африке во многом также предопределила ход будущих британских конфликтов в колониальных протекторатах Кении и Малайе, где для отсева гражданских лиц от предполагаемых мятежников также применялись лагеря, которые историк Кэролайн Элкинс определила как «британский ГУЛАГ в Кении» [Elkins 2005; Khalili 2013].

Несомненно, концентрационные лагеря применялись для выполнения специализированных военных задач, однако историки часто склонны преувеличивать роль, отводимую лагерям стратегическим расчетом. Принудительное интернирование африканеров аргументировалось отработанными еще в Индии культурными клише, рисующими подозреваемых как «класс, представляющий опасность»: грязную, выродившуюся расу «дикарей, чей белый налет едва прикрывает их грубость»[48], заявлял генерал Китченер[49]. Понимая под гигиеной и в целом чистотой синоним цивилизации, британцы раз за разом описывали буров как «полуцивилизованную, немытую, праздно-ленивую массу», окончательно растерявшую «инстинкты своих европейских предков», которые бы «сгорели со стыда, подобно любому цивилизованному европейцу», взгляни они сейчас на то, что сталось с их потомками[50]. Таким образом, хотя военный контекст сформировал стратегические предпосылки принудительной массовой изоляции, аргументация таковой осталась в русле привычных оппозиций чистоты и нечистоты и тому подобных тезисов, сопровождавших и прежних лагерных арестантов.

В довесок к достижению военных целей, при помощи концентрационных лагерей британцы стремились реализовать и прежние

---

48 Африканеры являются потомками первых колонистов — голландцев, немцев и французов (т. е. белых). — *Примеч. пер.*

49 TNA. PRO 30/57/22, Middleton Papers. Kitchener to Brodrick, 21 June 1901, Y62.

50 TNA. CO 879/75/3: African no. 687. Correspondence Relating to Refugee Camps in South Africa, no. 165.

стремления к перевоспитанию неблагонадежных социальных элементов. Так что неудивительно, что во главе подавляющего большинства южноафриканских концлагерей стояли не погрязшие в насилии генералы, но гражданские чиновники, плоть от плоти устоявшейся традиции лагерной концентрации подозрительных элементов колониального общества. Да и само колониальное начальство с готовностью проводило параллель между военными концентрационными лагерями и предшествующими попытками интернирования, призывая на помощь в организации и управлении будущей южноафриканской лагерной системой подполковника Томсона и прочих «лагерных экспертов», набивших руку в Индии и гордившихся «аналогичным успешным опытом с чумными и голодными лагерями»[51]. Колониальной администрацией даже был созван специальный комитет, призванный инспектировать лагеря на предмет здравоохранения, санитарии и проведения разъяснительно-воспитательной работы с задержанным контингентом; словом, все было исполнено в лучших традициях всевозможных высоконачальственных «защитников обездоленных» в работных домах и трущобах метрополии[52]. Итак, привычные процедуры по надзору и контролю над социально и расово подозрительными и дегенеративными элементами сообщили известный вектор развития будущей системе южноафриканских концентрационных лагерей. Таким образом, соглашаясь с Ханной Арендт, считающей концентрацию бурского населения предтечей печально известных лагерных систем XX века, одновременно с тем следует заметить, что сами лагеря в Южной Африке являлись продуктом имперского сознания века девятнадцатого, наделенным характерным букетом бесчеловечной риторики и пафоса гуманистической заботы. Провозгласив наступление нового века политического насилия и тотальных войн, британские лагеря все же остались укоренены в традициях индийского прошлого.

---

[51] TNA. CO 879/75/3, no. 54. Mr. Chamberlain to Administrator Lord Milner, 16 November 1901.

[52] LSE. Deane/Streatfield Papers, Streatfield 2/11 (Письма Люси Стритфилд сестре).

Британские и советские лагеря: сравнительный разбор

Британия, родина либеральной мысли, породила тем не менее также и лагеря. Такова наша реальная история, которой еще предстоит всерьез заняться — как историкам империи, которые частенько отмахиваются от нашего неприглядного лагерного прошлого, так и историкам советской эпохи, поскольку такой подход позволяет рассматривать ГУЛАГ в более глобальном контексте. С помощью детального сравнительного анализа следует ответить на два главных вопроса: во-первых, каким образом опыт британской лагерной системы XIX столетия повлиял на дальнейшее развитие лагерей в Советском Союзе и Третьем рейхе? Существовала ли непосредственная кадровая и политическая преемственность между имперской и тоталитарной системой? Во-вторых, какие структурные параллели существовали между лагерными системами различных режимов? Каким образом в лагерных системах разных государств адаптировались базовые идеи социально-политических угроз, преступности и исправления преступников в системе снабжения и в целом организации жизнедеятельности лагерей?

Детальный сравнительный анализ лагерных систем (к которому историки пока лишь подбираются) неизбежно требует оговорок о серьезных различиях — скажем, между британскими и советскими лагерями (как и немецкими, китайскими и прочими), а также о различиях между лагерями даже внутри единой государственной системы. Очевидно, что британские каторжные лагеря и временные лагеря для зараженных чумой или голодающих имеют ряд важных различий, пусть все они и мотивировались одними глубинными установками. Аналогичным образом различались и условия пребывания в ГУЛАГе в зависимости от времени и места: при Ленине или Сталине, на каторжных работах в Сибири или в какой-то обычной исправительной колонии, и так далее. То же относится и к нацистской Германии: лагерная система 1933–1938 годов предложит куда более щедрый материал для сравнительного анализа, чем газовые камеры в Освенциме, ставшие скорее радикальным примером обширной системы немецких лагерей, нежели ее нормой[53]. Сама история требует, чтобы мы с особым вниманием проходили каждый ее поворот и перекресток; но историк и сам постоянно рискует оказаться в незавидном положении не узнавшего типичный для разных исторических путей поворот. В такой ситуации, пожалуй, полезно было бы расширить «круг подозреваемых», перейдя от привычных сопоставлений системы ГУЛАГа и нацистских лагерей к, скажем, системе лаогаев — тюремных ферм и колоний в КНР, или нынешним «ГУЛАГам» в Северной Корее. При таком подходе удобное и привычное различение на «либеральных» (вроде Британии) и «авторитарных» (СССР) может зазвучать по-новому, порой даже меняя своих адресатов. Подобный анализ также поможет глубже понять культурные и материальные предпосылки развития современных лагерных учреждений.

Непосредственные связи

До 1920-х годов, говоря о «концентрационных лагерях», комментаторы и политики зачастую подразумевали колониальные лагеря Британской империи. Все газеты мира писали об Англобурской войне, разнося тем самым семена будущих лагерных систем. На региональном уровне война спровоцировала качественные изменения в южноафриканских колониальных режимах; конечно, европейские державы конкурировали между собой за колониальное господство, но в то же время их связывали отношения взаимного партнерства [Lindner 2010]. Так, немецкая делегация внимательно ознакомилась с лагерями англичан в Южной Африке, и через пару лет Германия уже развернула свои собственные, где затем истребляла племена нама и гереро[54] (1904–1905). Ну а кайзеровские колониальные лагеря, в свою очередь, «вдохновили» нацистские лагеря 1930-х годов; впрочем,

---

53 См. последние исследования концлагерей в широком контексте немецких исправительно-дисциплинарных учреждений, например, [Caplan and Wachsmann 2010].

54 Племена проживали на территории современной Намибии. В результате геноцида было уничтожено около 80 % гереро и 50 % нама. — *Примеч. пер.*

это — тема отдельного обстоятельного исследования [Hull 2005; Erichsen and Olusoga 2011; Kreienbaums 2019].

Британские лагеря, кстати, довольно часто приходили на ум политикам и идеологам Третьего рейха[55]. Можно вспомнить, скажем, характерную перепалку Германа Геринга с британским послом Невиллом Хендерсоном, когда нацистский лидер схватил с полки энциклопедию и вслух зачитал начало словарной статьи: «*Konzentrationslager:* впервые применен Британской империей во время бурской войны» [Henderson 1940: 21]. А спустя год уже сам Гитлер публично заявил о том, что именно англичане создали прецедент, когда «изобрели» концентрационный лагерь, «а немцы, — продолжал он, — просто прилежно выучили английские уроки» [Moore, 2010: 672].

Словом, очевидно, что журналистика и колониальные отношения между странами способствовали мировому распространению британского «новшества»[56]. Тем не менее историкам еще предстоит выявить конкретные пути, которыми британские идеи шли на службу более поздним политическим режимам. К примеру, предположения Ханны Арендт о преемственности, связывающей колониализм с насилием в XX веке, очень заманчивы, однако требуют дальнейших строго научных подтверждений (особенно в контексте советских лагерей)[57]. Для исследования глобальной родословной советского ГУЛАГа весьма плодотворным представляется анализ общественного резонанса, произведенного в царской России известием о концентрационных лагерях соперничающих колониальных держав. Первым же именно советским деятелем, публично высказавшимся по поводу лагерей, был Л. Д. Троцкий: он пристально следил за противостоянием

---

[55] Пропагандистский фильм 1941 года «Дядюшка Крюгер» (Ohm Krüger), к примеру, демонстрировал южноафриканские лагеря, изображая их инструментом массовых репрессий и геноцида.

[56] Отличное исследование британских, советских и китайских лагерных систем (как государственной, так и кадровой политики) в контексте отношений между странами [Mühlhahn 2009].

[57] Касательно перспектив и рамок строгого анализа взаимосвязи европейского империализма с советскими и нацистскими лагерями см. [Gerwarth and Malinowski 2009].

в Южной Африке, так что, скорее всего, позаимствовал идею лагерей именно у англичан [Hyslop 2011][58]. Но так ли сильно влияет осведомленность в резонансных вопросах на реальные политические решения? На этот вопрос у исторической науки удовлетворительного ответа пока нет.

Изучая предположительную генеалогию и иные связи советской (как и любой другой) лагерной системы, все же не стоит преувеличивать роль британского «прецедента» до некоего образца для всех будущих лагерей. Куда большее влияние на становление системы ГУЛАГа оказали ярость Первой мировой войны и революционная повестка межвоенных десятилетий; к тому же, не считая борьбы за влияние в Афганистане, Россия довольно мало напрямую контактировала с британским колониализмом. Таким образом, изучая межкультурные и межгосударственные связи, не стоит также забывать и о коренных различиях в пройденном народами и государствами историческом пути.

Структурная преемственность

В дополнение к поискам (и вне зависимости от успешности таковых) конкретных лагерных «родословных» следует также уделить серьезное внимание исследованию общих закономерностей развития на уровне глубинных социополитических структур. Изучение британских лагерей выявило, как мы видели, целый ряд культурных предпосылок, роднящих британскую систему с советским ГУЛАГом и прочими лагерями. Лагерное снабжение и в целом обеспечение жизнедеятельности, упор на дидактическое и трудовое исправление, наказание и реабилитация, а также изоляция политических арестантов — вот, пожалуй, главные темы для сравнительного структурного анализа.

Как британские, так и советские чиновники действовали в парадигме трудовой идеологии, выкристаллизовавшейся на фоне общеевропейской индустриализации и развития фабричного производства. Отлаженная практика применения арестантского

---

[58] Обзор русской прессы в контексте концлагерей в Африке см. [Holquist 2003].

труда на крупных общественных работах в метрополии определила трудовую политику и индийских лагерей для голодающих или ссыльных: рабочий день арестанта начинался в семь утра, к полудню дозволялось передохнуть и перекусить скудным пайком, затем работы возобновлялись и продолжались уже до конца дня. Лагерные руки рыли каналы, трамбовали будущие магистрали и укладывали железные дороги — главный символ британского благосостояния; и все это — практически даром! Однако же лагерный труд нес и дидактическую функцию, так что, даже если работы не было, она все равно была: скажем, в голодных лагерях в Индии обитателей заставляли перетаскивать валуны из одной груды в другую — «ради блага самих же трудящихся»[59].

Дискурс трудовой реабилитации был весьма актуален и в южноафриканских лагерях, где помимо прочего ставилась также и цель подготовить заключенных к условиям современного, индустриального мира. Опираясь на индийский опыт, в африканских лагерях применяли «систему рабочих отделений», не позволявшую лагерным обитателям «попусту тратить время». Чернокожие африканцы попадали в тяжелейшие условия каторжных работ; белым африканерам (особенно женщинам и детям) приходилось несколько легче, а за работу порой даже немного платили. Женщины работали в швейных цехах, прачечных и убирали территорию и помещения, а юноши и мужчины «рыли, копали, драили, кололи <...> и выполняли иную необходимую работу»[60]. Труд и суровая дисциплина лагерной жизни, по выражению одного чиновника, были призваны помочь заключенным «не пасть жертвами современного мира»[61]. Уникальный расово-политический климат, исторически сложившийся в Южной Африке, весьма благоприятно влиял на плоды подобной социальной инженерии, особенно богатый урожай которой пришелся на время массовых бурских лагерей, где концентрировался «странный» контингент то ли полуцивили-

[59] Report of the Bombay Famine Commission (1880), 42.

[60] NASA. Free State Depot (FSD). SRC 6060: Compulsory Labour in Refugee Camp Vredefort Rd.

[61] NASA. FSD SRC. Vol. 138: Report by Lewis Mansergh on Burgher Refugee Camp — Amalinda Bluff, East London, 18 July 1902.

зованных, то ли полудиких людей, которые, несомненно, «отчаянно нуждались в попечении и руководстве»[62]. В общем и целом как британская, так затем и советская лагерные системы были одержимы созданием тотально дисциплинированной рабочей силы.

Итак, арестантам бурских лагерей зачастую приходилось не столь тяжко в сравнении с обитателями ГУЛАГа. Однако прочим британским колониям повезло в этом отношении куда меньше, поскольку их обитателям грозило скорее истребление, чем исправление. Наиболее яркий пример тому — голодные лагеря, где руководствовались расовыми предрассудками вкупе с капиталистическими убеждениями о вреде и недопустимости «дармовой» и «всеобщей» благотворительности. И так уже изможденные голодом бедняки вынуждены были отдавать себя фактически в рабство за мизерную пайку, что выливалось в массовые болезни и резкий скачок смертности. Вот, к примеру, выдержка из медицинского осмотра подопечных голодного лагеря в Броче[63]: «...состояние работников приближается к критическому. Молодые и здоровые при поступлении, они обратились в истощенные, еле передвигающиеся тени. Все осмотренные существенно потеряли в весе, и с каждым днем болезненная худоба лишь разрастается»[64]. Несомненно, умирающие от голода получали в лагерях известную поддержку, взамен, однако же, подвергаясь — по Солженицыну — «истребительно-трудовым»[65] работам[66].

---

[62] Приведем одно замечание социолога Филипа Смита, емко и метко описывающее отношение англичан к бурам: «Всякая неоднозначность, не подпадающая ни под одну известную категорию или же пребывающая на границе между таковыми, серьезно рискует быть понятой в качестве “опасной”, даже “колдовской”, “незаконной” или как минимум “нуждающейся в управлении”» [Smith 2008, 28].

[63] Ныне Бхаруч. — *Примеч. пер.*

[64] BL. IOR/P/5986, no. 2285. Fortnightly Inspection Reports of Officers of the Sanitary Department for the Fortnight Ending 13 April 1900.

[65] «Вот и назвал я эту Часть — истребительно-трудовые. Как чувствовали мы шкурой нашей». Или: «Потому что лагеря — истребительные, этого не надо забывать» (Архипелаг ГУЛАГ, ч. III, гл. 5 и 9). — *Примеч. пер.*

[66] Подробнее см. в статье Гольфо Алексопулос «Истребительно-трудовые лагеря. Переосмысление игры слов Солженицына» настоящего издания.

Гольфо Алексопулос указывает, что тема питания и в целом снабжения в ГУЛАГе заслуживает пристального изучения; в этом отношении нелишним будет провести сравнение и с выделением пайков в британских лагерях. Так, скопированные с работных домов голодные лагеря переняли со всем прочим и главный «оплот дисциплины» — «обеденный час», в который заключенным раздавались пайки, дотошно соразмерные их рабочей продуктивности[67]. Стремясь изо всех сил сократить издержки на пропитание голодающих, лагерные начальники постоянно экспериментировали с размером порции, пытаясь нащупать минимум, «необходимый для поддержания жизни»[68]. Не жизни даже: то была какая-то «жизнедеятельность», голое функционирование биологического существования, нарочито отрезанное от какого-либо подобия уюта и здоровья. Критики клеймили лагеря помощи голодоморными приютами, «растягивающими смерть до процесса умирания, не дозволяя мучениям окончиться одним махом»[69]. Система штрафных пайков применялась и в африканских лагерях, причем порции политических заключенных были «до того неадекватны», что, по мнению ученого-диетолога Джона Холдейна, «без дополнительных средств пропитания [которые иногда можно было купить в лагерной лавке] голодная смерть наступала через пару месяцев (или ранее, в случае наличия сопутствующих заболеваний)»[70]. Открыв в лагерях торговые площадки и выплачивая заключенным грошовое жалованье, британские власти стремились сохранить видимость чинного и открытого капиталистического предприятия. Однако же, не считая вывески, гласящей об идеологических разногласиях, что в советских, что в британских лаге-

---

[67] C 3086, 234.

[68] MSA. Revenue Department (Famine), 1900 no. 71. Vol. 49: Orders Regarding the Restriction of Famine Relief to What Is Necessary for the Preservation of Health and Strength.

[69] Г-н Найт, письмо в газету «Statesman and Friend of India» от 15 февраля 1878 года. Цит. по: «George Couper and the Famine in the North-West Provinces», 1878 (Statesman Office, 1878), 3.

[70] TNA. CO 879/75/3: African no. 687. Correspondence Relating to Refugee Camps in South Africa, no. 79, memorandum by Dr. J. S. Haldane on the rations in the concentration camps.

Рис. 9.3. Типовой план концентрационного лагеря и лагерь «неугодных».
Слева: Лагерь Амалинда Блафф в Ист-Лондоне (Капская колония) NASA. Free State Archive Depot, SRC vol. 38 [Государственный архив ЮАР].
Справа: Лагерь «неугодных» в Винбурге [Национальный архив Соединенного Королевства] TNA, CO 1069/215, 105.
Также на внутренней стороне обложки в [Pakenham 1979].

рях присутствовало практически идентичное отношение к заключенным через призму труда и пайков.

Также внимания заслуживает медицинская помощь политическим заключенным и прочим «проблемным» обитателям лагерей. В типичном для новых политических реалий стремлении к тотальному порядку внутрисистемной организации, в британских и советских лагерях заключенные группировались в соответствии с их работоспособностью, социальным классом, политическими взглядами и тому подобными критериями. Чумные лагеря привнесли в систему отбора также и медицинский критерий, взятый в дальнейшем на вооружение и прочими лагерными учреждениями. Выше уже указывалось на сходство колониальных карантинных практик с их армейскими предшественницами, так что вовсе неудивительно, что для подавления народных волнений южноафриканские колониальные власти обратились к эпидемиологическим практикам сегрегации и изоляции. В соответствии с «рациональными и научными принципами», отточенными еще в XIX столетии, власти массово отправляли политически «неугодных» за колючую проволоку, где им, по разумению властей, предоставлялся шанс исправиться (рис. 9.3).

Концентрационные лагеря в Южной Африке задумывались одновременно и как центры оказания помощи, и как органы массового надзора и контроля. Как и в советском ГУЛАГе, самая суровая кара ожидала «политически неугодных»: «бунтовщиков», а с ними и «тех, кто не умел держать язык за зубами»[71], отдельно содержали в бараках за колючей проволокой, отправляя на самые изнурительные работы. К примеру, в лагере Блумфонтейн было устроено специальное «оцепленное проволокой пространство», прозванное Птичьей клеткой, где «во славу птиц небесных» арестанты «работали киркой и лопатой по восемь часов без передышки»[72], а в Винбурге «призывавшие нарушать закон и сопротивляться властям» сидели за «оцинкованным забором в семь или восемь футов[73] высотой»[74]. Мотивировалась подобная сегрегация противодействием заражению вредоносными идеями основной массы лагерных заключенных. Так начиналась лагерная метафоризация вполне буквального эпидемиологического языка индийских чумных карантинов.

Кроме того, горящие викторианской одержимостью чистотой и лоском британские чиновники часто ставили знак равенства между социальной и политической угрозой, в результате чего грязные бродяги и оборванные нищие попадали в те же «неугодные лагеря», что и политические заключенные. В том же Блумфонтейне, скажем, суперинтендант славился тем, что швырял «грязных бездельников» к «неугодным» в Птичью клетку[75], а лагерь в Норвалспонте и вовсе называли Свиным раем, поскольку туда попадали самые «отчаянно грязные и запаршивленные»[76]. То, что большевистские власти также отождествляли социальную опасность арестованных с политической (ведь классовый враг — угроза и общественному, и государственному порядку), применяя

---

[71] NASA. Transvaal Depot (TD). SOPOW 41 PR/A3828/02.

[72] NASA. FSD SRC 3966: Discipline in Bloemfontein Refugee Camp.

[73] Около 2,5 м. — *Примеч. пер.*

[74] NASA. FSD SRC 5998: Report on the Showyard Refugee Camp.

[75] NASA. FSD SRC 3966: Discipline in Bloemfontein Refugee Camp.

[76] WL. 7MGF/E/2. Millicent Fawcett's diary.

к ним ту же риторику о грязи, болезни и паразитах, заслуживает подробного исследования в свете идеологии британских и прочих лагерных систем[77].

Вместе с тем политическая мотивированность выявляет также и серьезные расхождения между советскими и британскими лагерями. Так как подавляющее большинство ссылаемых в ГУЛАГ были уголовными преступниками, советская лагерная система вписывается в парадигму исправительно-трудовых учреждений Британской империи и прочих стран; тем не менее очевидно, что большевистское правительство придавало куда большее значение ссылке предателей родины, внутренних врагов и фанатичному поддержанию чистоты идеологии, чем их британские визави. Да, несомненно, изоляция политически неугодных элементов и идеологическая повестка (капитализм и расово-социальная рознь вместо марксизма-ленинизма) довольно сильно мотивировали британских чиновников; тем не менее в большинстве случаев политика и идеология оставались лишь известной яркости фоном для чумных и голодных лагерей. Напротив, советская система ГУЛАГов, являясь непосредственным инструментом воздействия революционной политики в условиях длящегося кризиса, с куда большим размахом и воодушевлением заключала в свои объятия политических врагов режима (по крайней — впрочем, может, оттого и менее репрезентативной — мере, в эпоху правления Сталина).

Таким образом, строгое компаративное исследование лагерных систем с необходимостью должно описывать как явные параллели между ними, так и точки их расхождения. Как британские, так и советские лагеря на фундаментальном уровне явились результа-

---

[77] В контексте обращения с политзаключенными возможны и иные временные и пространственные пересечения: учитывая схожесть культурных представлений и установок, полезно включить в сравнительный ряд, к примеру, французские *capms de regroupement* — «лагеря перегруппировки» в Алжире или американские «стратегические деревни» во время Вьетнамской войны. В будущие сравнительные штудии по периоду холодной войны обязательно стоит включить британские «исправительные центры» для подозреваемых в подпольном движении Мау-Мау в колониальной Кении. О лагерях в Алжире, США и проч. см. [Hogan and Marin-Domine 2007; Stone 2017; Pitzer 2017].

том общих новоевропейских структурных предпосылок. Обе системы развивались в схожих рамках оппозиций чистоты и нечистоты, эксплуатации лагерной рабочей силы, экономии на ее содержании и страхах социально-политических диверсий; но, несмотря на до сих пор не признанные — или же в силу чрезмерной нелицеприятности замалчиваемые — сходства, советские и британские лагеря очевидно разделяет целый ряд культурных и контекстуальных предпосылок, определявших в дальнейшем причины арестов, сроки и условия содержания.

Советская эпоха, отразившаяся в лагерной системе, имела характер неизбывного, продлившегося практически весь XX век чрезвычайного положения. Однако если британские лагеря и готовили почву для продолжительной социальной и расовой сегрегации, то большинство из них все же функционировало как временно необходимая мера. Конечно, работные дома, каторжные ссылки и лагеря для преступных каст прочно вошли в карательную систему Британской империи, но лагеря помощи при чуме, голоде и прочие концентрации расформировывались вслед за тем, как пропадало «чрезвычайное положение»[78] — их в систему включившее. Именно здесь проходит водораздел, по ту сторону которого расположен ГУЛАГ, очевидно понимаемый как системная норма (несмотря даже на существенные перемены, произошедшие после смерти Сталина), как стандартизованный аппарат поддержания дисциплины и проведения карательных мероприятий, вокруг которого было выстроено по сути все советское общество и все советское государство.

Вдобавок к огромным срокам, арестантам ГУЛАГа зачастую приходилось жить в куда более суровых условиях в сравнении с заключенными британских лагерей. Само собой, измерить уровень страдания и жестокости — дело в высшей степени трудное, если вообще возможное; однако же если распределить советские лагеря, тюрьмы и прочие учреждения пенитенциарной системы на графике, то ГУЛАГ (подобно нынешним российским

---

[78] Выражение итальянского философа Джорджо Агамбена (см. примеч. 38). — *Примеч. пер.*

тюрьмам — замечает на полях Джудит Пэллот) со всей очевидностью займет законное первое место в системе государственного насилия[79]. Что же касается британских лагерей в Южной Африке, то, не считая «неугодных», ограда там была далеко не всегда, а начальство зачастую выписывало интернированным пропуска в город. По сути большинство африканских лагерей скорее напоминали советские трудовые колонии (менее суровое воплощение ГУЛАГа), чем страшные каторжные лагеря, символизирующие для массового сознания советское насилие [Barnes 2011: 20–27].

Историкам необходимо устоять перед искушением искать в страданиях жертв ГУЛАГа «сенсации», равно как стоит удержаться и от его прямых отождествлений с бесчеловечным террором нацистских концлагерей. Действительно: трезвое, неангажированное исследование повседневной лагерной жизни, а также принимавшихся в гуманитарных и исправительных целях мер может поколебать расхожее представление о ГУЛАГе как инструменте сугубо политического террора. И наоборот: необходимо прямо заявить о жестокости, проросшей на лагерной почве Британской империи, поскольку именно там задержанные впервые в столь массовом порядке столкнулись лицом к лицу с карательной системой потенциально враждебной к ним колониальной системы. В то же время следует отметить более либеральную и открытую направленность самой государственной системы Британии в сравнении с Советским Союзом. Несомненно, в британских лагерях также применялась «палочная дисциплина» и практиковались телесные наказания — особенно когда полномочия делегировались непосредственно чиновникам «на местах»[80]. Вместе с тем подобные практики часто шли вразрез с официально провозглашаемым гуманитарным посылом, вложенным в британские лагеря. Что характерно, критика «лондонских либералов» в ключевые моменты служила системным стоп-краном,

---

[79] См. статью Дж. Пэллот «ГУЛАГ как горнило российской пенитенциарной системы XXI века» в настоящем издании.

[80] К выражению Сталина о «перегибах на местах» из статьи «Головокружение от успехов», посвященной коллективизации. — *Примеч. пер.*

прекращающим насилие и злоупотребление властью[81]. В результате такой открытой дискуссии правительству нередко приходилось улучшать условия в колониальных лагерях в соответствии с заявленным гуманистическим посылом. Таким образом, основной массив британских лагерей был сформирован в результате обсуждения системных противоречий и спровоцированных тем самым реформам, что, в свою очередь, позволило избежать страшного долголетия ГУЛАГа, пропитанного болью и жестокостью.

То есть кажется, что либерализм все же преуспел — если не в предотвращении лагерной системы как таковой, то хотя бы в ее обуздании. Ведь по самым пессимистичным оценкам, уровень смертности в колониальных лагерях не превышал 25 %. Однако когда эти данные появились в прессе, поднялся такой гневный шквал критики, какой просто невозможно представить в советском обществе, в результате чего властям пришлось внести существенные коррективы в управление африканскими лагерями. Позже все же выяснилось, что «главными убийцами» буров были не британцы, а холера и грипп, однако благодаря общественному давлению уровень смертности в реформированных и санитарно более пригодных лагерях упал практически до нулевой отметки. В этой связи было бы крайне полезно изучить лагерные болезни и меры, предпринятые к их излечению в условиях многотысячных лагерей как британской, так и советской системы[82].

Наконец, подавляющее большинство британских лагерей появилось в результате колониальных успехов империи, в то время как в метрополии таковых — не считая работных домов и немногочисленных трудовых колоний (а также лагерей для интернированных во время мировых войн) — никогда не было[83]. Зачастую

---

81 Как в случае с геноцидом африканских племен в немецких лагерях. См. об этом в работе Изабель Халл [Hull 2005: 183–194].

82 См. по этому поводу статью Дэна Хили «Жизнь, списанная со счетов. Ослабленные заключенные и заключенные-инвалиды и биополитика ГУЛАГа» в настоящем издании.

83 О лагерях для военнопленных существует громадная литература, не входящая в общий корпус британской истории гражданской концентрации. См., например, [Kushner and Cesarani 1993; Dove 2006].

власти с куда большей охотой санкционировали применение грубой силы где-то на окраинах империи, чем в метрополии, поскольку насильственными методами намного легче и удобнее осуществлять надзор и контроль над огромными безличными массами местного населения колоний. Кроме того, лагеря оказались наиболее действенным инструментом подавления и собирания кочевых (а значит, таящих в себе угрозу) племен в одном строго определенном поселении; причем «собирание» понималось часто в духе обезличенной метафоры загона диких зверей на охоте. Вместе с тем британское общество было куда глубже интегрировано с государством, отчего общественный контроль напрямую зависел — по словам Мишеля Фуко — от «либерального правленитета»[84]: то есть коллективного внутреннего переживания и проживания нормы, прививания много более утонченного вкуса к праву, чем способны привить ограничения, наложенные сугубо извне [Foucault 1991; Фуко 2011]. Поскольку основообразующую функцию в британском обществе Нового времени выполняли тюрьмы и работные дома, они и выступали концептуальными прообразами колониальных лагерей. Но опять же: власть в метрополии весьма редко проявлялась в форме принудительных внесудебных массовых ссылок.

В свете того, что завоевания в заморских краях интересовали империю куда больше, чем территориальные приобретения на европейском континенте, британский колониальный опыт представляется весьма примечательным. Будучи островным государством, Британия придерживалась вполне четких различений на территорию «метрополии» и остальной «империи», несмотря на то что далекие колониальные дела влияли на культуру метрополии, подчас даже провоцируя в ней неосознанные глубинные изменения. Владычествуя над громаднейшей империей в истории человечества, Британия без труда транслировала в колонии от-

---

[84] Неологизм Фуко *gouvernementalité* (соотв. англ. *governmentality*) с трудом, но по-разному передавался в русскоязычных изданиях. Среди прочих вариантов: «правительственность», «управленчество», «правительность» и даже «властноментальность». — *Примеч. пер.*

работанные прежде в метрополии принудительные и карательные практики. Однако же после Первой мировой войны лишенные былого влияния в Африке и Азии Советский Союз и Германия обратились с колонизаторскими амбициями внутрь самой Европы, в результате чего границы метрополий и колоний быстро утратили прежнюю четкость, затерявшись на бескрайних пространствах евразийской советской империи и немецкого *остланда.* Без сомнения, весь мир наблюдал биение британского «сердца тьмы»[85], однако по большей части оно оставалось в заморских владениях империи.

Многие считают главным достижением Британии всеобъемлющий либерализм, который, однако, никоим образом не стал панацеей от новейших вирусов: открытие британских лагерей сопровождалось в высшей степени агрессивной риторикой о расовых различиях, угрозах обществу, метафорами заразности и прочими аргументами, призванными массово «расчеловечить» отправляемых в лагерь туземцев. Несмотря на то что идея о правах личности была немногим старше лагерей, ей противопоставлялись «чрезвычайное положение» и законы чрезвычайной ситуации, санкционировавшие массовое интернирование групп населения, сочтенных потенциально опасными, по административному распоряжению вне каких-либо судебных процедур. Параллельно с постепенно узаконенным статусом лагеря вскоре получили и методологическое подкрепление: нарождающаяся наука социология значительно облегчала коллективную классификацию людей в качестве угрозы на основании их принадлежности к определенной группе.

Как и советские, британские лагеря не возникли сами по себе, но явились результатом развития уже существующих системных структур и практик. Его сравнительный и межкультурный анализ помогает установить общие его предпосылки, определившие затем и дальнейшее развитие лагерных систем в разных странах. На службе у революционного авторитаризма или же у «либеральной» Империи, лагеря все равно опирались на логистические модели

---

85 Повесть Джозефа Конрада. — *Примеч. пер.*

и дисциплинарные практики, основы которых были заложены в предшествующем XIX столетии. Военно-промышленная машина обогатила пенитенциарную систему опытом по части снабжения и размещения людских масс; фабрики, работные дома и тюрьмы стали опытными лабораториями, оттачивавшими новую идеологию трудового исправления, вокруг которой затем формировалась как лагерная система, так и в целом новое общество массового типа. Эксплуатация рабочей силы, научный расизм и вынужденный контакт с радикально чуждым населением — все это вылилось в формирование представлений о низших и худших людях, причем легко допускалось ужесточение методик их контролирования.

Британские и советские лагеря обернулись страшными, невыразимыми страданиями, однако, по иронии, в основе обеих систем лежал единый пафос Просвещения: в образованных современными державами политических обществах нового типа — основанных на принципе равных возможностей и направленных (помимо территориальных) также на владение и народными ресурсами — различия неизбежно подлежали либо ассимиляции, либо уничтожению, либо же территориальному перемещению. Так, несмотря на заявления об исправлении или предоставлении помощи, лагеря, очевидно, часто применялись для концентрации групп всевозможных низших классов. Посулив задержанному «опеку с целью защиты», на деле его изолировали как разносчика опасной инфекции, дабы пресечь ее дальнейшее распространение по всему телу общества, принудительно оставляя задержанного лицом к лицу с системой. Таковы были в целом внешние мотивы и внутренние культурные предпосылки к развитию британских лагерей; вместе с тем они во многом заложили фундамент советских и многих других лагерных режимов.

Архивы

BL — British Library.
LSE — London School of Economics.
MSA — Maharashtra State Archives.

NAI — National Archives of India.
NASA — National Archives of South Africa.
TNA — The National Archives of Great Britain.
WL — Women's Library, London.

Библиография

Агамбен 2011 — Агамбен Дж. Homo Sacer: чрезвычайное положение. М.: Европа, 2011.

Арендт 1996 — Арендт Х. Истоки тоталитаризма. М.: ЦентрКом, 1996.

Бауман 2010 — Бауман З. Актуальность Холокоста. М.: Европа, 2010.

Фанон 2003 — Фанон Ф. Весь мир голодных и рабов [отрывки] // Антология современного анархизма и левого радикализма. М.: Ультра, Культура, 2003. С. 15–78.

Фуко 2011 — Фуко М. Безопасность, территория, население. Курс лекций, прочитанных в Коллеж де Франс в 1977–1978 учебном году / Пер. с фр. Н. В. Суслова, А. В. Шестакова, В. Ю. Быстрова. СПб.: Наука, 2011.

Шмитт 2007 — Шмитт К. Теория партизана: Промежуточное замечание к понятию политического / Пер. Ю. Ю. Коринца. М.: Праксис, 2007.

Agamben 1998 — Agamben G. Homo Sacer: Sovereign Power and Bare Life. Stanford, CA: Stanford UP, 1998.

Agamben 2005 — Agamben G. States of Exception. Chicago: University of Chicago Press, 2005.

Anderson 2007 — Anderson C. Sepoys, Servants, and Settlers: Convict Transportation in the Indian Ocean, 1787–1945 // Cultures of Confinement: A History of the Prison in Africa, Asia, and Latin America / Ed. Frank Dikotter and Ian Brown. Ithaca, NY: Cornell UP, 2007. P. 185–220.

Anderson 2003 — Anderson C. The Politics of Convict Space: Indian Penal Settlements and the Andaman Islands // Isolation: Places and Practices of Exclusion / Ed. Alison Bashford and Carolyn Strange. New York: Routledge, 2003. P. 40–55.

Anderson 2018 — A Global History of Convicts and Penal Colonies / Ed. Clare Anderson. London: Bloomsbury Academic, 2018.

Arendt 1968 — Arendt H. The Origins of Totalitarianism. New York: Harcourt, 1968.

Arnold 1988 — Arnold D. Famine: Social Crisis and Historical Change. New York: Basil Blackwell, 1988.

Attwood 2000 — Attwood B. Space and Time at Ramahyuck, Victoria, 1863–1885 // Settlement: A History of Australian Indigenous Housing / Ed. Peter Read. Canberra: Aboriginal Studies Press, 2000. P. 41–54.

Barnes 2011 — Barnes S. A. Death and Redemption: The Gulag and the Shaping of Soviet Society. Princeton, NJ: Princeton UP, 2011.

Bauman 1989 — Bauman Z. Modernity and the Holocaust. Ithaca, NY: Cornell UP, 1989.

Bell 2007 — Bell D. The First Total War: Napoleon's Europe and the Birth of Warfare as We Know It. Boston: Houghton Mifflin, 2007.

Benjamin and Mohanty 2007 — Benjamin N., Mohanty B. B. Imperial Solution of a Colonial Problem: Bhils of Khandesh up to c. 1850 // Modern Asian Studies. 2007. Vol. 41. № 2. P. 343–367.

Brown 1968 — Brown J. Charles Booth and Labour Colonies, 1889–1905 // Economic History Reviewю 1968. Vol. 21. № 2. P. 349–361.

Caplan and Wachsmann 2010 — Concentration Camps in Nazi Germany: The New Histories / Eds. Jane Caplan and Nikolaus Wachsmann. New York: Routledge, 2010.

Chandavarkar 1992 — Chandavarkar R. Plague, Panic, and Epidemic Politics in India, 1896–1914 // Epidemics and Idea: Essays on the Historical Perception of Pestilence / Ed. Terence Ranger and Paul Slack. Cambridge: Cambridge UP, 1992. P. 203–240.

Davey 1960 — Davey A. M. The Reconcentrados of Cuba // Historia. 1960. Vol. 5. № 3. P. 193–195.

Digby 1887 — Digby W. Famine Campaign in Southern India: Madras and Bombay Presidencies and Province of Mysore, 1876–1878. Vol. 2. London: Longmans, Green, 1878.

Dove 2006 — «Totally Un-English»? Britain's Internment of «Enemy Aliens» in Two World Wars / Ed. Richard Dove. Amsterdam: Rodopi, 2006.

Elkins 2005 — Elkins C. Imperial Reckoning: The Untold Story of Britain's Gulag in Kenya. New York: Henry Holt, 2005.

Erichsen and Olusoga 2011 — Erichsen C., Olusoga D. The Kaiser's Holocaust: Germany's Forgotten Genocide and the Colonial Roots of Nazism. London: Faber and Faber, 2011.

Fanon 1963 — Fanon F. The Wretched of the Earth. New York: Grove, 1963.

Field 2009 — Field J. Able Bodies: Work Camps and the Training of the Unemployed in Britain before 1939. The Significance of the Historical Perspective in Adult Education Research Conference. Cambridge: University of Cambridge, Institute of Continuing Education. 2009. July, 6.

Forth 2017 — Forth A. Barbed-Wire Imperialism: Britain's Empire of Camps, 1876–1903. Berkeley, CA: University of California Press, 2017.

Foucault 1991 — Foucault M. Governmentality // The Foucault Effect: Studies in Governmentality / Ed. Graham Burchell et al. Chicago: University of Chicago Press, 1991. P. 119–150.

Gerwarth and Malinowski 2009 — Gerwarth R., Malinowski S. Hannah Arendt's Ghosts: Reflections on the Disputable Path from Windhoek to Auschwitz // Central European History. 2009. Vol. 42. № 2. P. 279–300.

Ignatieff 1989 — Ignatieff M. A Just Measure of Pain: The Penitentiary in the Industrial Revolution, 1750–1850. London: Peregrine, 1989.

Hall-Matthews 1996 — Hall-Matthews D. Historical Roots of Famine Relief Paradigms: Ideas on Dependency and Free Trade in India in the 1870s // Disasters. 1996. Vol. 20. № 3. P. 216–230.

Hall-Matthews 2002 — Hall-Matthews D. Famine Process and Famine Policy: A Case Study of Ahmednagar District, Bombay Presidency, India, 1870–1884. DPhil thesis, University of Oxford, 2002.

Harris 2002 — Harris N. C. Making Native Space: Colonialism, Resistance, and Reserves in British Columbia. Vancouver: University of British Columbia Press, 2002.

Henderson 1940 — Henderson N. Failure of a Mission: Berlin 1937–1939. New York: G. P. Putnam's Sons, 1940.

Heyningen 2013 — Heyningen E. van. The Concentration Camps of the Anglo-Boer War: A Social History. Auckland Park: Jacana Media, 2013.

Hogan and Marin-Domine 2007 — The Camp: Narratives of Internment and Exclusion / Eds. Colman Hogan and Marta Marin-Domine. Newcastle: Cambridge Scholars Publishing, 2007.

Holquist 2003 — Holquist P. Violent Russia, Deadly Marxism? Russia in the Epoch of Violence, 1905–1921 // Kritika: Explorations in Russian and Eurasian History. 2003. Vol. 4. № 3. P. 635–636.

Hull 2005 — Hull I. V. Absolute Destruction: Military Culture and the Practices of War in Imperial Germany. Ithaca, NY: Cornell UP, 2005.

Hyslop 2011 — Hyslop J. The Invention of the Concentration Camp: Cuba, Southern Africa, and the Philippines, 1896–1907 // South African Historical Journal. 2011. Vol. 63. № 2. P. 251–276.

Jones 1976 — Jones G. S. Outcast London: A Study in the Relationship between Classes in Victorian Society. Baltimore: Penguin, 1976.

Jay 1896 — To Check the Survival of the Unfit: A New Scheme by the Rev. Osborn Jay, a Militant Bethnal Green Parson, for Sending the Submerged to a Penal Settlement // The London (12 March 1896). URL: http://www.mernick.org.uk//thhol/survunfi.html (дата обращения: 17.03.2020).

Khalili 2013 — Khalili L. Time in the Shadows: Confinement in Counterinsurgencies. Stanford, CA: Stanford UP, 2013.

Kotek et Rigoulot 2000 — Kotek J., Rigoulot P. Le siècle des camps: Détention, concentration, extermination. Cent ans de mal radical. Paris: Lattes, 2000.

Kreienbaum 2019 — Kreienbaum J. A Sad Fiasco: Colonial Concentration Camps in Southern Africa, 1900–1908 / Trans. by Elizabeth Janik. New York: Berghahn Books, 2019.

Kushner and Cesarani 1993 — The Internment of Aliens in Twentieth-Century Britain / Eds. Tony Kushner and David Cesarani. Portland, OR: Frank Cass, 1993.

Lindner 2010 — Lindner U. Imperialism and Globalization: Entanglements and Interactions between the British and German Colonial Empires in Africa before the First World War // German Historical Institute London Bulletin. 2010. Vol. 32. № 1. P. 4–28.

Madley 2008 — Madley B. From Terror to Genocide: Britain's Tasmanian Penal Colony and Australia's History Wars // Journal of British Studies. 2008. Vol. 47. № 1. P. 77–106.

Masselos 1995 — Masselos J. Migration and Urban Identity: Bombay's Famine Refugees in the Nineteenth Century // Bombay: Mosaic of Modern Culture / Ed. Sujata Patel and Alice Thorner. Oxford: Oxford UP, 1995. P. 25–58.

Moore 2010 — Moore P. «And What Concentration Camps Those Were!» Foreign Concentration Camps in Nazi Propaganda, 1933–1939 // Journal of Contemporary History. July 2010. Vol. 45. № 3. P. 649–674.

Moses 2004 — Genocide and Settler Society: Frontier Violence and Stolen Indigenous Children in Australian History / Ed. by Dirk Moses. New York: Berghahn, 2004.

Mühlhahn 2009 — Mühlhahn K. The Dark Side of Globalization: The Concentration Camps in Republican China in Global Perspective // World History Connected. 2009. Vol. 6. № 1. URL: http://worldhistoryconnected.press.illinois.edu/6.1/muhlhahn.html (дата обращения: 17.03.2020).

Nigam 1990 — Nigam S. Disciplining and Policing the «Criminals by Birth». Part 2: The Development of a Disciplinary System, 1871–1900 // Indian Economic and Society History Review. 1990. Vol. 27. № 3. P. 257–287.

Pakenham 1979 — Pakenham Th. The Boer War. London: Weidenfeld and Nicholson, 1979.

Pick 1989 — Pick D. Faces of Degeneration: A European Disorder, 1848–1918. New York: Cambridge UP, 1989.

Pitzer 2017 — Pitzer A. One Long Night: A Global History of Concentration Camps. New York: Little, Brown, and Company, 2017.

Reisman 1987 — Reisman D. A. Alfred Marshall: Progress and Politics. New York: St. Martin's, 1987.

Schmitt 2007 — Schmitt C. Theory of the Partisan: Intermediate Commentary on the Concept of the Political. New York: Telos, 2007.

Smith 2008 — Smith Ph. Punishment and Culture. Chicago: University of Chicago Press, 2008.

Smith and Stucki 2011 — Smith I., Stucki A. The Colonial Development of Concentration Camps // Journal of Imperial and Commonwealth History. 2011. Vol. 39. № 3. P. 417–437.

Spies 1976 — Spies S. B. Methods of Barbarism? Roberts and Kitchener and Civilians in the Boer War, January 1900 — May 1902. Cape Town: Human and Rousseau, 1976.

Stanley 2006 — Stanley L. Mourning Becomes...: Post/Memory and Commemoration of the Concentration Camps of the South African War. New York: Manchester UP, 2006.

Stone 2017 — Stone D. Concentration Camps: A Short History. Oxford: Oxford UP, 2017.

Swanson 1977 — Swanson M. The Sanitation Syndrome: Bubonic Plague and Urban Native Policy in the Cape Colony, 1900–1909 // Journal of African History. 1977. Vol. 18. № 3. P. 387–410.

Thomson 1914 — Thomson S. J. The Real Indian People: Being More Tales and Sketches of the Masses. London: William Blackwood and Sons, 1914.

Traverso 2003 — Traverso E. Origins of Nazi Violence. New York: New Press, 2003.

Weiner 2003 — Landscaping the Human Garden: Twentieth-Century Population Management in a Comparative Framework / Ed. by Amir Weiner. Stanford, CA: Stanford UP, 2003.

Wells 2000 — Wells S. Labour, Control, and Protection: The Kahlin Aboriginal Compound, Darwin, 1911–1938 // Settlement: A History of Australian Indigenous Housing / Ed. Peter Read. Canberra: Aboriginal Studies Press, 2000. P. 64–74.

Айдан Форт — доцент истории канадского Университета МакЭвана, автор книги «Barbed-Wire Imperialism: Britain's Empire of Camps, 1876–1903» (University of California Press, 2017).

Глава 10

Дитрих Байрау

Лагерные миры и принудительный труд

Сравнение национал-социалистической и советской систем лагерей

Проблемы и сравнительные критерии

Возникновение в XX веке лагеря как института тесно связано с изобретением в XIX веке бараков, колючей проволоки и новых видов транспорта, а также с развитием организационных технологий, позволявших держать в заключении большие массы людей под контролем всего нескольких вооруженных охранников. Британские концентрационные лагеря в Южной Африке во времена Англо-бурской войны стали моделью для всего мира. На протяжении XX века лагерь как институт для сосредоточения людей имел различные функции: интернирование беженцев и переселенных народов, исправление и труд (иногда на принудительной основе), исполнение функций тюрьмы и, не в последнюю очередь, массовое уничтожение людей вследствие систематических лишений, что в XX веке было весьма частой вещью в лагерях военнопленных (ЛВП). Белжец, Собибор и другие места, где нацисты уничтожали людей, не были лагерями в узком смысле этого слова, а скорее отправными точками на пути к индустриализации массовых убийств. В таких лагерях, как Освенцим и Майданек, имели место и принудительный труд, и уничтожение.

В этой главе лагеря, принудительный труд и лишение свободы рассматриваются в совокупности. Во времена Первой мировой войны лагеря стали в Европе местами длительного содержания более 9 млн пленных (и беженцев). Печальный итог британских лагерей в Южной Африке — массовые смерти, по меньшей мере в некоторой степени обусловленные недостаточным питанием и чудовищными болезнями — был повторен в лагерях времен Первой мировой, в особенности в тех, что принадлежали центральным державам и России. Новшеством стала более или менее добровольная трудовая повинность для групп заключенных. Во время войны предполагалось использовать нереализованный потенциал заключенных как военный ресурс, с помощью которого можно было решить проблему нехватки рабочей силы из-за мобилизации солдат на фронт. Содержание заключенных обходилось сравнительно дешево, так как им полагалось такое же размещение и оплата, как и солдатам захватившей их армии. Однако лишь за несколькими исключениями принудительный труд не использовался в качестве меры наказания или перевоспитания, как это было ранее в некоторых колониях или позднее в тоталитарных диктатурах [Нахтигаль 2011; Oltmer 2006; Нагорная 2010].

Лагеря и принудительный труд стали объектом пристального внимания новейшей историографии тоталитарных диктатур XX века [Dahlmann und Hirschfeld 1999; Kotek und Rigoulot 2001; Овери 2015: 579–617[1]; Jahr und Thiel 2013; Greiner und Kramer 2013; Lingen und Gestwa 2014]. Хотя лагеря вряд ли можно описывать как «тайную парадигму политического пространства современности», они тем не менее являют собой основные элементы — модули, — из которых складывается тоталитарная диктатура: лагерь — их типовое изображение [Агамбен 2011:

---

[1] Здесь основное внимание уделяется сравнению нацистских концентрационных лагерей и советской системы лагерей.

157][2]. Эта формулировка охватывает вопросы прототипов и моделей, вариаций, трансформаций и меняющихся функций концентрации людей в лагерях. Появление лагерей произошло в особый исторический момент. Поэтому мы можем проследить скорее определенный обмен знаниями между ними, чем историческую преемственность. Проблема вероятной преемственности или передачи знаний между конкретными странами весьма противоречива в случае Германии и пока что даже не была предметом дискуссии в случае России [Zimmerer 2013; Beer 2017: 383–385]. Войны и политические конфликты стали основными факторами, ведущими к принудительной концентрации людей в закрытых пространствах. Только во время Второй мировой войны количество людей, содержавшихся в лагерях, приблизительно оценивается в 50 млн: по 20 млн в лагерях на немецкой и японской территориях и около 10 млн в СССР [Lingen und Gestwa 2014: 16, 18]. Переполненность лагерей, лишение людей личного пространства и применение к ним карательных или унизительных дисциплинарных методов обычно дополнялись психологическим давлением, угрозами применения силы или прямым насилием.

В данной статье предметом обсуждения является сравнение нацистской Германии и СССР времен сталинизма, двух политических систем, приблизившихся, хоть и весьма различным образом, к модели тоталитарного государства. В этом контексте лагеря с их меняющейся структурой и разнородными функциями были частью разросшейся системы квазиказарменной перековки людей, «масс», если использовать терминологию того времени. В преступных государствах лагеря составляли основу правления. Они были встроены в дифференцированную систему многочисленных видов полицейского и административного принуждения, таких как, например, обязанность трудиться, ограничение свободы передвижения, принудительный труд, лишение свободы и убийство. Лагеря представляли собой теневую сторону крепнувшего явления *Volksgemeinschaft* («народное единство») в Гер-

---

2 Цит. по: [Patel 2013].

мании и социализма в сталинском СССР, другими словами, диктатур, содействие и поддержку которым оказывали группы общества, в СССР известные как «энтузиасты», а в Германии как «идеалисты» [Арендт 2008: 71–72]. Формирование воинственного общества, воображаемого и реального, наряду с энтузиазмом и идеализмом порождало насилие. В обоих случаях политика определялась исключительно, в понимании Карла Шмитта, как борьба, как отношения свой — чужой [Kennedy 198; Смирнов 1998: 10–15; Литвин 1995: 114–115; Jakobson 1993].

Обе системы применяли технику концентрации людей в лагерях и использования подневольного труда, практиковавшуюся во время Первой мировой войны [Liulevicius 2000]. Хаотично возникавшие в Германии после 1933 года пыточные центры и лагеря, лагеря и специальные поселения для депортированных кулаков в СССР — все это было составной частью революционных переворотов. Таким образом, режим получил возможность использовать любые насильственные методы, в особенности уничтожение — в сталинистской терминологии «ликвидацию» — реальных и воображаемых врагов. Лагеря стали центральной составляющей более крупного плана по переделке общества. В случае Германии цель состояла в достижении национального единства и, во время войны, в установлении сложной иерархической системы апартеида, которая обеспечила бы ее власть и доминирование над континентом. В случае СССР целью было построение социализма и создание нового типа исторической общности.

Другой «положительной» составляющей лагерей стало «просвещение», а скорее, внушение ценностей режима, направленное главным образом на молодежь. Лагерь в разных своих инкарнациях стал образом жизни для больших групп населения: детские лагеря, молодежные лагеря, пионерские лагеря с образовательной (политической) повесткой, военно-спортивные и, не в последнюю очередь, военные лагеря, соревнования, устраиваемые с целью воспитания стойкости в себе и противнике. Трудовая мобилизация, субботники, а также другие виды «добровольной» работы были призваны воспитать отношение к труду как к общественной обязанности. Лагерно-казарменный стиль организации масс на демонстрациях, праздниках и (в случае национал-социалистов) партийных съездах служил для формирования коллективного поведения. Они воплощали и символизировали *Volksgemeinschaft* или социализм и оказывали значительное влияние на повседневную жизнь [Karow 1997; Fitzpatrick and Lüdtke 2009]. В случае СССР этот эффект был наиболее заметен в отношении городского населения. У [немецкого] лагеря лекторов [*Dozentenlager*], воспетого философом Мартином Хайдеггером, был советский аналог — внутренние собрания членов партии и собрания на отдельных производствах и в организациях. Они выполняли функции машин по вынесению постановлений, служили платформой для публичной критики и самокритики, а также процедур по приобщению и исключению из коллективного сообщества [Erren 2003]. Лагеря были местом, где «энтузиастические» и «идеалистические» части населения подвергались мобилизации и дрессировке, и в то же время институтами принуждения и насилия в отношении изгоев [Plaggenborg 2008].

В качестве основы для сравнительного анализа нацистских и советских лагерных миров я избрал три модели институтов принуждения. Лагеря можно определить как «тотальные институты», следуя работе И. Гофмана «Приюты» [Goffman 1961][3]. Для них также характерны черты, найденные В. Софски в институтах «абсолютной власти»: при применении дисциплинарных полномочий пространство использовалось для муштры и слежки [Sofsky 1993]. Эта классификация в целом соответствует «тотальным институтам» И. Гофмана или модели М. Фуко в его «Надзирать и наказывать» [Фуко 1999]. Вместе с тем для абсолютной власти пространство выступает инструментом социальной дискриминации и смерти [Sofsky 1993: 69]. Софски разработал свою модель на примере нацистских концентрационных лагерей и лагерей смерти. Но в действительности большинство лагерей в Германии и СССР скорее соответствуют модели «тотального института», чем «абсолютной власти», хотя бы потому, что упор

---

[3] Некоторые историки не задумываясь отринули социологические модели Гофмана, Фуко и Софски как неисторические, не вполне понимая их значение и функцию. См. [Kramer 2013: 20].

в них делался на принудительный труд. Их целью, в контексте более широкого проекта преобразования, было достижение тотального контроля и эксплуатации, полного контроля над временем, пространством, телом и душой заключенного — «единицы», по выражению М. Горького[4]. Типология конкретного лагеря в большой мере зависела от степени контроля над свободой перемещения заключенных.

Власть сама по себе провоцирует всевозможные унижения и насилие вплоть до убийств. Принуждение и насилие не были направлены исключительно сверху вниз, от властей к заключенным, в значительной степени они приводили к ожесточению отношений между самими заключенными. Постоянная нехватка пищи, одежды и пространства, а также плохие санитарные условия вели к конфликтам с лагерной администрацией и между заключенными. Принуждение угнетенных к абсолютной беспомощности, согласно Софски, — основа для установления террора. Абсолютная власть начинается там, где заканчивается традиционный деспотизм. Деспотизм, несмотря на присущий ему произвол, заинтересован в высокой производительности труда угнетаемых. Со значительными оговорками эта модель применима к миру советских лагерей и к большей части нацистских трудовых лагерей. Абсолютная власть, однако, превратила труд в один из компонентов экономики смерти, как это было в Освенциме или Майданеке.

Но даже самая абсолютная власть основывалась на передаче полномочий исполнителям [Sofsky 1993: 27–40]. Даже в большей степени это понимание отражено в модели тотальных институтов И. Гофмана, где власть может осуществляться лишь при условии делегирования и «сотрудничества» с угнетаемыми. Гофман описывает феномен «подпольной жизни» — внутренних процессов, возникающих при исполнении распоряжений сверху. Р. Овери отмечает, что приказы лагерной администрации существовали одновременно с неписаными внутренними правилами населения лагеря [Овери 2015: 608]. Отнюдь не только в советских лагерях

---

4 Цит. по [Макуров 1992: 79].

наблюдалось постоянное расхождение с экономической точки зрения между официальными инструкциями и их исполнением [Бородкин 2013: 16–23; Spoerer 1999]. Такого рода расхождения возникали благодаря противоречивым инструкциям, издаваемым в попытках совместить «дисциплинарные меры» (насилие и угрозы насилием) с экономической эффективностью в ГУЛАГе и после 1942–1943 годов в нацистских концентрационных лагерях. Сочетание противоречащих друг другу интересов исполнителей, которое формировало официальные требования и существующие на местах ограничения, при их реализации приводило к созданию невыносимых условий для заключенных: недоедание, болезни, полное отсутствие мотивации трудиться, использование любой возможности для саботажа рабочих задач или для прямого отлынивания от работы. Насилие со стороны лагерной администрации по отношению к заключенным и не в меньшей степени насилие заключенных в отношении друг друга не поддавалось контролю из центра: тотальный контроль оставался труднодостижимым. Вместо этого лагеря превратились в специфическую «сферу насилия», окруженную колючей проволокой и вышками [Sofsky 1996; Baberowski 2008; Collins 2011]. С одной стороны, насилие и постоянная угроза насилия среди заключенных были обусловлены чрезмерной и зачастую произвольно применяемой властью, а с другой — бесправием, лишениями и борьбой за выживание. Эта ситуация обострилась до такой степени, что к концу 1940-х годов руководство советских лагерей на местах уже не могло быть уверено, что обладает монополией на насилие [История ГУЛАГа 2004–2005, 6: 65–77].

Нацистская Германия и оккупированная Европа

Развитие системы апартеида

В 1935 году, когда количество заключенных в СССР уже превысило полмиллиона, в концентрационных лагерях нацистской Германии содержалось лишь около четырех тысяч узников. После хаотичной начальной фазы, когда нацисты сажали своих политических оппонентов в подвалы, заброшенные производственные здания и магазины, пытали и время от времени убивали их, к середине 1930-х годов гестапо переориентировалось на использование уже появившихся концентрационных лагерей в качестве расово-биологической и расово-гигиенической «профилактики», нацистской версии «чистки» общества [Orth 1999: 338]. Накануне войны в концентрационных лагерях было около 21 000 заключенных, а к ноябрю 1939 года это число выросло примерно до 30 000 [Herbert, Orth und Dieckmann 1998: 25–29, 56]. Система концентрационных лагерей расширялась в течение войны; учреждение в 1942 году Главного административно-хозяйственного управления СС (WVHA) ознаменовало собой появление новой искомой комбинации репрессивности и продуктивности. Благодаря повседневному насилию, уже укоренившемуся в лагерях, эта политика привела к возникновению практики уничтожения с помощью труда. Таким образом, концентрационные лагеря — в дополнение к лагерям истребления Хелмно, Собибору, Треблинке, Майданеку и Освенциму-Биркенау — функционировали в качестве пунктов массовых убийств, совершаемых частично путем казней, частично с помощью газенваген или газовых камер. В январе 1945 года в концентрационных лагерях, находившихся в ведении WVHA, содержалось около 714 000 узников, 203 000 из которых были женщины.

Между 1935 и 1945 годами общее число прошедших через 24 концентрационных лагеря в Рейхе и оккупированной Европе (включая около тысячи внешних лагерей) приблизительно оценивается в 2,5–3,5 млн. Число пропавших без вести или убитых заключенных — около 2 млн, 450 000 из них — на территории Рейха [Herbert, Orth und Dieckmann 1998: 31]. После провала блицкрига против СССР Гитлер и Гиммлер сделали убийство евреев одной из целей войны, что объясняет обширность — вплоть до создания препятствий военным действиям — брошенных на это ресурсов [Hilberg 1990]. После массовых убийств евреев в СССР и Польше выживших сначала заставили работать в гетто (с 1941 по 1943 год). Гетто были затем переделаны в трудовые лагеря; при Генерал-губернаторстве в гетто насчитывалось примерно 300–400 лагерей [Herbert, Orth und Dieckmann 1998: 419].

В 1941–1942 годах нацисты обращались с советскими военнопленными не многим лучше, чем с евреями. В основных и транзитных лагерях на территории СССР, Польши и Германии советских заключенных просто морили голодом вплоть до конца 1941 или начала 1942 года. Даются противоречивые оценки тому, каково приблизительное соотношение убитых в ходе «ликвидаций» (*Aussonderung*) и погибших в лагерях в качестве военнопленных[5]. По современным оценкам, из около 5,3 млн советских военнопленных 2,6 млн умерли или были целенаправленно убиты. В декабре 1945 года на освобожденной территории, занятой войсками союзников, советские власти зарегистрировали в целом 2 млн советских военнопленных, 1,8 млн из которых вернулись затем в СССР.

В сентябре 1941 года на территории Рейха планировалось разместить 127 лагерей для советских военнопленных, многие из которых представляли собой простые огороженные лагерные площадки без всякой инфраструктуры. В августе 1944 года в Великогерманском рейхе принудительным трудом были заняты более 1,9 млн военнопленных, в том числе около 632 000 солдат Красной армии, почти 600 000 французских военнопленных и 158 000 итальянских «военных интернированных» (официальный термин для итальянских военнопленных) [Herbert 1985: 271][6]. Большинство военнопленных работали за пределами лагерей на строительстве индустриальных объектов, в шахтах, а также в сельском хозяйстве. Сто сорок два так называемых основных лагеря (*Stammlager*) — более устроенные, постоянные лагеря — находились в Рейхе и предназначались для младшего командного состава и других рангов, и 16 — в Генерал-губернаторстве [Matiello und Vogt 1986]. В генеральном комиссариате Белорутения (Бела-

---

5 Aussonderung (*нем.*) — технический термин для обозначения ликвидации советских политруков и других «неприемлемых». За последние десятилетия появилось множество исследований, посвященных советским военнопленным. Первой публикацией стала [Streim 1981]. См. также [Otto 1998; Speckner 2003; Ibel 2008; Pohl und Sebta 2013; Römer 2008; Селеменев 2016].

6 Другие цифры приведены в [Spoerer 2001: 221; Osterloh 1997: 8; Цайтхайн 2005].

русь) между 1941 и 1944 годами было более 200 лагерей для военнопленных с постоянно меняющейся заполненностью и длительностью функционирования, в том числе около 90 лагерей главной администрации центральных железных дорог, в каждом из которых находилось от 100 до 600 военнопленных [Адамушко 2004]. На территории оккупированной Украины также располагались сотни лагерей для военнопленных, во многих из которых находились тысячи заключенных [Дубик 2000].

Вследствие директивы фюрера от 25 сентября 1944 года военнопленные были исключены из ведения Верховного главнокомандования вермахта, и Гиммлер был назначен главнокомандующим армией резерва (*Ersatzheeres*) [Streim 1981: 16]. Хотя это событие, возможно, и не изменило материального положения военнопленных, оно безусловно означало рост влияния Гиммлера. Эта мера стала еще одним этапом в развитии общества апартеида в том виде, в котором оно различными путями развивалось в отдельных регионах под властью нацистов.

Лагерные миры

К. Герлах назвал лагерь «существенно важным элементом нацистского режима» [Gerlach 1999: 495]. После начала войны в регионах, находившихся под контролем нацистов, было размещено множество лагерей различных административных категорий и функций. Административные категории включали концентрационные лагеря, трудовые лагеря, тюрьмы / пенитенциарные учреждения, лагеря военнопленных, лагеря интернированных, лагеря принудительного труда, лагеря с тюремным режимом, лагеря министерства юстиции, лагеря для переселенцев (из различных территорий, оккупированных СССР в 1939 году, и из Южного Тироля) [Weinmann 1990: lxxxix–cxxxiii, cxiv–cxlv; Schwarz 1990: 72]. По большей части рабочая сила этих лагерей находилась в ведении организации Тодта, которая с 1940 года отвечала за строительство, вооружение и, соответственно, за использование внутреннего и иностранного труда, за привлеченных на принудительные работы, за военнопленных и заключенных концентрационных лагерей. Большинство иностранных рабочих были размещены в лагерях, и их заработная плата была ниже, чем у немецких рабочих [Herbert 1985: 181, 270–271; Spoerer 2001: 89–167, 222; Benz und Distel 2008, 1: 1, 344].

Установление строгой расовой иерархии среди заключенных всех лагерей выражалось в разных размерах пайков и заработной платы. Советским военнопленным и остарбайтерам всегда приходилось обходиться меньшим, чем их соседям по заключению из стран-союзниц. Итальянские военные интернированные находились в середине [Schreiber 1990: 450, 454, 456; Glanning und Geppert 2017; Spoerer 2001: 80–84, 122–135, 228; Overmans, Hilger und Polian 2012: 23, Tabl. 9–11, 880–882]. В одном *Stammlager* дискриминация была столь велика, что зубные протезы предоставлялись «только западным заключенным и полякам», а «русским не полагалось стоматологической помощи» [Stopsack und Thomas 1995: 37].

В Рейхе в середине 1944 года иностранные рабочие составляли 10–40 % рабочей силы в зависимости от типа промышленности [Herbert 1985: 221, 270–72, 425]. Однако с усугублением нехватки рабочей силы дискриминационные меры в отношении советских военнопленных и остарбайтеров были ослаблены [Herbert 1985: 263–269; Spoerer 2001: 158–160]. Тем не менее политика истребления евреев посредством труда, как правило, продолжалась вплоть до объявления безоговорочной капитуляции.

Иерархии устанавливались в соответствии с расовым или этническим происхождением иностранных рабочих, волонтеров и лиц, подвергаемых принудительному труду. На нижних ступенях стояли евреи, цыгане и представители восточнославянских народов (отмеченные знаком «Ost»), затем в порядке возрастания — итальянцы, восточноевропейцы, поляки, уроженцы Запада и, на вершине пирамиды, жители Северной Европы. Эта иерархия наиболее ярко проявлялась в распределении продовольственных пайков и заработной платы, поощрениях, возможности получать письма и в степени свободы перемещения (в любом случае ограниченной), а именно в возможности покидать лагерь, посещать рестораны или кинотеатры и т. д. Положение военнопленных, работавших в горнодобывающей промышленности, было особенно трудным. Уровень заболеваемости и смертности там был столь высок, что жалобы поступали даже от Верховного главнокомандования вермахта [Stopsack und Thomas 1995: 124–129]. Кроме того, существовали отличия, касавшиеся сексуальных связей с иностранцами. Связи между французскими заключенными и немецкими женщинами карались относительно мягко, но если обнаруживались сексуальные отношения между советскими военнопленными и немецкими женщинами, заключенным грозила смерть через повешение, а немецким женщинам, опозорившим расу, — заключение в концентрационный лагерь [Hüser und Otto 1992: 158, 326; Spoerer 2001: 204–205]. В борделях для иностранных гражданских рабочих и заключенных лагерей (включая концентрационные) разрешалось работать только иностранкам [Weinmann 1990: cxi; Wagner 2004: 415–418].

О положении остарбайтеров можно судить по письмам, аккуратно обработанным немецкими цензорами: из писем, перлюстрированных в марте 1943 года, 98 % содержали «нелицеприятные отзывы о Германии». Там говорилось о длинном рабочем дне (вплоть до 18 рабочих часов), тяжелой и грязной работе, работе без выходных. Частыми были жалобы, что, несмотря на низкую температуру, работать приходится в лохмотьях и без зимней одежды, в рваной обуви или совсем без нее. Также жаловались на плохую еду и скудный рацион, ветхие и часто неотапливаемые бараки, низкую плату, плохую медицинскую помощь, оскорбления и дискриминацию со стороны местного населения [Herbert 1985: 287–288; Spoerer 2001: 200–202].

Отбросы общества апартеида: концентрационный лагерь

Информации о внутренней жизни в концентрационных лагерях у нас гораздо больше, чем о гражданских трудовых лагерях и лагерях военнопленных[7]. По сравнению с последними, неформальные иерархии, правила, интенсивность межгрупповой конкурен-

[7] См. [Stopsack und Thomas 1995; Hüser und Otto 1992: 326]. Шперер только вскользь касается этого предмета: [Spoerer 2001: 190–199].

ции в концентрационных лагерях были гораздо более пагубными и опасными для жизни. Говоря символически, концентрационные лагеря были адом в социальной иерархии: в них характеристики лагерного существования, потенциально могущие присутствовать и в других лагерях, были выражены до крайности, вплоть до смерти заключенного.

Абсолютная власть, по формулировке Софски, проявлялась в деперсонализации заключенных уже по прибытии их в лагерь: их раздевали донага, брили им головы, присваивали номера, выдавали одинаковую одежду. Открытый двор, правила пребывания в бараках, длинные одинаковые ряды коек, хождение строем, надзор за работой, тягостная муштра перекличек — все это использовалось для осуществления тотального контроля. «Сфера личного и границы телесной дистанции были в значительной степени ликвидированы, поэтому сообщество заключенных, каким бы атомизированным оно ни казалось, в то же время означало крайнюю близость заключенных друг к другу» [Botz 1996: 55]. Они становились мишенью для словесных нападок и физического насилия. Все процедуры, начиная с приема в лагерь и заканчивая направлением на работу, оскорбляли и унижали их физически и психологически. Кроме того, они становились свидетелями или жертвами насилия и пыток. О происходящих казнях было хорошо известно заключенным.

Еще одной чертой деперсонализации был тотальный контроль над временем заключенного. Если те, кого помещали в гражданские трудовые лагеря или лагеря для военнопленных, обладали различными, хоть и ограниченными возможностями для проведения свободного времени, то заключенные концентрационных лагерей таких возможностей не имели [Spoerer 2001: 196–199]. Утренняя суета, тягостные переклички, иногда тянущиеся часами, внезапные обыски, изматывающая работа, недостаточный (и всегда поспешный) прием пищи наполняли время узника. Свободное, нерегулируемое время было доступно только определенным элитным заключенным.

Во время войны заключенные постоянно недоедали и страдали от голода. Как говорили в концентрационном лагере Кайзервальд недалеко от Риги, пайку хлеба утащит и вошь [Herbert, Orth und Dieckmann 1998: 489]. Все чувства, все усилия заключенного вертелись вокруг еды: в этом смысле человек был низведен до телесных функций. Гигиенические и санитарные условия были и ужасающи, и унизительны. Это приводило к частым эпидемиям и полным карантинам, доходившим до того, что даже надсмотрщики СС не могли попасть на территорию лагеря. В период войны среднее время выживания в концентрационном лагере исчислялось несколькими месяцами. Промышленные предприятия также не возражали против постоянной текучки рабочих-заключенных, а точнее, высокого уровня смертности [Zumbansen 2002; Heusler 2010].

«Доходяги», или *Muselmänner*, — разговорное выражение для обозначения заключенных, которые были настолько истощены физически и умственно, что не могли ни работать, ни поддерживать общение, — стали знаковыми фигурами в этих обстоятельствах. К ним относились как к существам, находившимся между жизнью и смертью, способным только к приему пищи и выделению отходов жизнедеятельности [Pawelczynska 1979: 125–126; Sofsky 1993: 229–236].

Для большей части заключенных атомизация и диссоциация — физическое и психологическое разрушение личности — были характерным опытом. По этой причине развитие какого бы то ни было «общества» или общины на основе некоего чувства солидарности жертв было совершенно невозможно. Резкие колебания численности заключенных в лагерях, частые перевозки, высокий уровень смертности в сочетании с высокой ротацией заключенных во внешних лагерях (*Außenkommandos*) способствовали атомизации в период войны. Не менее важным фактором была практика категоризации и идентификации заключенных с помощью разноцветных клиновидных нашивок на форму: желтая звезда Давида с меткой «J», треугольники красного (для политических заключенных), зеленого (для уголовников), розового (для гомосексуалов) и других цветов. Во время войны к этому списку были присоединены иностранцы, иногда враждебные, часто лингвистически чуждые представители иных народов, которых снабдили треугольниками, главным образом красного цвета (как политических противников), и разнообразными национальными метками.

Актив заключенных: «капралы Гиммлера»?

Анна Павельчинска изучала на примере Освенцима, у каких групп было больше шансов на выживание в концентрационном лагере [Pawelczynska 1979: 52–57]. Для выживания было важно, с каким социальным капиталом заключенный попадал в лагерь: осуждение за политику, участие в национальном сопротивлении или случайная облава. Некоторым группам, например «политическим», представителям некоторых религий и борцам сопротивления, было легче найти единомышленников и поддержку на критически важное для жизни и смерти время привыкания к порядкам концентрационного лагеря.

В концентрационных и других лагерях существовали группы, которым удавалось избежать индивидуальной и коллективной диссоциации. Это были те, в ком СС и лагерные надзиратели нуждались для укрепления абсолютной власти. Сотрудники-заключенные (*Funktionshäftlinge*), или так называемый актив заключенных, занимали разнообразные должности в «блоках» (бараках), например исполняли полицейские или канцелярские обязанности, занимались ремеслом, помощью на кухне, были фельдшерами или сиделками, зачастую добившись назначения на эти должности в результате борьбы с соперниками. Некоторым удавалось оказывать помощь и другим заключенным, но структура власти СС была такова, что подобные акты поддержки сопровождались «обременением чувством вины», потому что «возможности помогать другим заключенным были редки по сравнению с необходимостью действовать против них» [Benz und Distel 2008, 1: 121, 242–257; 208–212; Wagner 2004: 345–356, 445–451]. Победа в борьбе за должность, дарующая небольшие, но столь важные для выживания привилегии, неизбежно отделяла заключенного от остальных. Борьба за эти должности и привилегии создавала то, что И. Гофман называл «подпольной жизнью» тотальных институтов.

В борьбе за должности возникали также группы солидарности или коалиции. Вражда часто возникала при поощрении лагерной администрации, которая с целью «разделять и властвовать» стравливала уголовников (с зелеными треугольниками) с политическими заключенными (с красными треугольниками). До войны, когда основной упор делался на оскорбление и унижение заключенных, должности чаще доставались уголовникам. Во время войны концентрационные лагеря должны были эффективно служить целям строительства и промышленности, поэтому политические и иностранные заключенные (с красными треугольниками) получили больше возможностей для достижения успеха. Условия содержания в обычных лагерях, внешних лагерях и рабочих отрядах значительно отличались друг от друга [Osterloh 1997: 106, 130–137; Stopsack und Thomas 1995: 49; Hüser und Otto 1992: 127–128]. Однако одну общую тенденцию можно проследить: благодаря опыту и отсутствию языкового барьера у немецких групп заключенных — как политических, так и уголовных — было больше шансов получить желанные должности. То же самое можно сказать о представителях других центрально- и западноевропейских национальностей — чехах, голландцах и т. д. Предрассудки СС и остальных надзирателей против синти, цыган, евреев, славян, а также «антисоциального элемента» и гомосексуалов зачастую разделялись и остальными заключенными. Эти предрассудки усугублялись скученностью заключенных и борьбой между ними за все более скудные ресурсы [Wagner 2004: 399].

Положение привилегированных заключенных можно сравнить с еврейскими советами и еврейской полицией в гетто. По этому поводу В. Кирштейн говорит о концепции «общей вины», подчеркивая при этом асимметричность ответственности [Kirstein 1992: 57]. Исполнение команд и обеспечение «порядка» в соответствии с требованиями лагерного руководства происходило не только силами сотрудников, но и с привлечением актива заключенных, от старост до бригадиров (*капо*). Актив лагеря часто должен был вместе с низшими чинами СС выполнять «грязную работу». Подтасовывая бумаги или статистику, члены актива могли спасти других заключенных, направив их на более легкую работу или сфальсифицировав медицинские записи. Это неизбежно происходило за счет других заключенных, у которых не было связей с активом. Отдел трудовой статистики Бухенвальда (отдел, отвечавший за распределение работы) занимался составлением списков для транспортировки заключенных, в том числе в гибельный лагерь Дора-Миттельбау, где предполагалось строить ракеты Фау-1 и Фау-2. С одной стороны, руководство лагеря в Бухенвальде направляло приходящие поезда прямо в лагерь Миттельбау, а с другой — в списках, составлявшихся в самом Бухенвальде, показательно часто встречаются представители групп заключенных, не имевших связей с активом лагеря (в данном случае коммунистами разных национальностей), а это означало, что списки заключенных, направляемых в регион Гарц, где находился Миттельбау, состояли главным образом из уголовников, «антисоциального элемента», гомосексуалов и иностранцев [Niethammer 1994; Herbert, Orth und Dieckmann 1998: 939–958; Orth 1999: 49–52; Wagner 2004: 402]. В трудовом лагере в Освенциме было хорошо развито польское подполье, участникам которого удалось получить многие должности. Но и польскому подполью не удалось избежать этой дилеммы, в результате чего еврейское сопротивление было оставлено на произвол судьбы [Herbert, Orth und Dieckmann 1998: 959–982; Benz und Distel 2008, 1: 242–257].

В лагере Нацвейлер и в некоторых внешних лагерях Дора-Миттельбау французские заключенные иногда выходили на первое место по уровню смертности. Среди них было много жертв директивы «Ночь и туман» — членов Сопротивления, высланных из Франции по приказу В. Кейтеля 7 декабря 1941 года. Часто бывшие чиновники или представители интеллектуальных профессий, они должны были в рабочих командах подчиняться уголовникам, что приводило к повышенной смертности [Kirstein 1992: 77; Wagner 2004: 404].

Солидарные сообщества, формирование которых в условиях борьбы за скудные ресурсы всегда вело к неизбежному, ради собственного спасения, отторжению иных групп и лиц, появлялись главным образом тогда, когда заключенные работали вместе продолжительное время: в лагерной канцелярии, в медпунктах, иногда в рабочих командах и на заводах. В редких случаях, особенно в медпунктах, заключенные могли вступать в личный контакт с персоналом СС. Обмен и коррупция иногда преодолевали пространственные и социальные дистанции. С точки зрения «нормальных» полуголодных заключенных, бригадиры, старосты блоков и другие члены лагерного актива были агентами СС. Гиммлер, согласно некоторым свидетельствам, называл членов актива своими «капралами» [Benz und Distel 2008, 1: 120]. С одной стороны, привилегии, которые могли быть им дарованы, например возможность иметь сексуальные отношения, посещать бордели, развлекаться на досуге, были проявлениями нарочито демонстративного потребления [Wagner 2004: 440–441]. С другой стороны, члены актива, обладая так называемым самоуправлением, были единственной средой, в которой была возможна организация сопротивления, обмена информацией и поддержки [Herbert, Orth und Dieckmann 1998: 208–212, 959–982; Benz und Distel 2008, 1: 242–257].

Сотрудники лагеря

И в ГУЛАГе, и во всей совокупности нацистских лагерей количественное несоответствие между заключенными, с одной стороны, и сотрудниками и охраной лагеря, с другой, было поразительным. В обоих случаях криминальные организации с их необузданным насилием сохраняли заложенный в них потенциал для мобилизации и существенного контроля. «Абсолютная власть» осуществлялась в лагерях в первую очередь при помощи угроз, насилия и убийств, а также через делегирование полномочий меньшинству из числа потенциальных жертв в обмен на минимальные привилегии. Бесперебойные поставки все новых заключенных позволяли загонять их до смерти путем «повышения продуктивности», либо истребляя их с помощью работы, либо эксплуатируя их труд или путем «исправления», в зависимости от политической задачи. В обеих системах организованное необузданное насилие считалось источником власти. Разница между ними заключалась в поставленных целях.

В 1943 году в управлении концентрационными лагерями участвовали около 2500 членов СС, при числе заключенных, превышавшем 200 000 человек. В январе 1945 года в подразделениях СС, охранявших лагеря, насчитывалось около 38 000 человек, в том числе, по разным источникам, от 3500 до 4000 женщин-надзирательниц. Формально членами СС могли быть только мужчины, женщин называли членами «женской свиты войск СС». В этот период в концентрационных лагерях содержалось примерно 714 000 заключенных [Orth 1999: 59–60; Benz und Distel 2008, 1: 33–39, 195; Mailänder Koslov 2009: 18, 20, 99]. С началом войны охраной концлагерей занялось подразделение СС под названием «Мертвая голова». В ходе войны оно получало все большее подкрепление за счет военнослужащих, потерявших трудоспособность на фронте, *фольксдойче*, латышей и украинцев [Orth 1999: 53–55; Mailänder Koslov 2009: 85–86; Benz 2015]. Охранникам не позволялось заходить в лагеря, но их использовали для охраны рабочих бригад на выезде.

Сотрудники лагерей принадлежали к «центру» общества, как и другие основные виновники актов нацистского насилия. Это были представители военного поколения молодых нацистов (мужской его части). Они не смирились с послевоенным порядком вещей и зачастую оставались неустроенными. Сотрудники лагерей большей частью происходили из нижних и средних слоев населения, часто не имевших стабильной работы [Orth 1999; Mailänder Koslov 2009: 92–136]. Враждебность и агрессивность были характерными чертами как нацистской элиты, так и рядовых партийцев и тех, кто продвигался по службе в СС. Эти сотрудники были заняты в тюрьмах, обычных и концентрационных лагерях, на оккупированных территориях, особенно на Востоке, где требовалось много «грязной работы». Идеологическая обработка в основном имела второстепенное значение. Классический пример — использование женщин в качестве надзирательниц в женском лагере Равенсбрюк и других местах. Поначалу испуганные и стыдливые, девушки быстро превращались в сварливых, агрессивных, склонных к садизму женщин, копирующих поведение своего начальства [Mailänder Koslov 2009: 136–139]. Идеологическая перековка мужчин происходила с помощью принудительного товарищества (в молодежных организациях и часто в армии), когда каждый воспитывал в себе и других твердость, дисциплину, соревновательность и дух *Führerprinzip* [вождизма]. Сотрудники высших органов управления, учрежденных во время войны для «повышения продуктивности» концентрационных лагерей, демонстрировали профессионализм, жесткость и ролевое дистанцирование. В конечном счете результатом этого неизбежно стала эскалация насилия в отношении врагов, в особенности в отношении *Untermenschen* [«недочеловеков»]. В итоге насилие провоцировало соучастие [Paul und Mallmann 2004; Welzer 2005].

Советский журналист и писатель В. С. Гроссман, посетив место, где ранее находился лагерь Треблинка-1, размышлял о том, были ли корни этого преступления специфически немецкими [Гроссман 1958]. Эту немецкость он обнаружил в использовании казарменной муштры, целью которой была не военная подготовка, а физическое и психологическое разрушение личности. Также присутствовали фанатичная аккуратность бараков, многочасовые хождения строем, лай команд надзирателей, карательные меры, безумная спешка на работах, принудительные пробежки и марши, форма, бритье головы и всего тела. Военные знаки отличия были заменены на разноцветные треугольники. Были также восстановлены некоторые традиции, исчезнувшие в прусской Германии во времена наполеоновских реформ, а именно неограниченные побои (характерные для прусской армии в XVIII веке) и столь же неограниченные крики. Были заново введены давно забытые немецкие традиции публичного наказания и даже повешения. Их устраивали на плацу, как спектакли на сцене, всегда в присутствии заключенных, а как минимум с 1942–1943 годов еще и с заключенными в роли палачей. Кроме того, практиковались пытки в так называемых бункерах — внутренних тюрьмах. Садистское воображение не знало границ в изобретении все новых унижений для заключенных [Orth 1999: 126–135; Kirstein 1992: 51–61; Mailänder Koslov 2009: 410–450].

На самом деле лагерные инструкции разрешали «регламентированное» и запрещали произвольное насилие. После 1942 года «звери», скомпрометировавшие себя превышением допустимого уровня насилия, подлежали замене на «достойных» руководителей лагерей. Но даже если в отдельных случаях насилие пресекалось, внутренняя динамика насильственных отношений неизбежно проявлялась позднее, пагубно сказываясь на продуктивности труда заключенных. В более слабой форме эта динамика проявлялась и в лагерях другого типа[8].

Власть устанавливалась путем пространственного разделения и подчеркнутой дистанции между лагерными сотрудниками и заключенными. В зависимости от занимаемой должности, сотрудники жили в буржуазных или мелкобуржуазных идиллических поселках в частных домах с садами и более или менее разнообразными возможностями проведения досуга. Гроссман изумлялся по поводу лагеря Треблинка-1, как кошмарные злодеяния могли сосуществовать с основательным немецким порядком [Гроссман 1958]. Разрыв между идиллией и порядком за пределами колючей проволоки и насилием, голодом и болезнями внутри во многих отношениях был классическим примером раздвоения личности. Рудольф Хесс с его любовью к цветам и животным и должностью главы концентрационных лагерей и лагерей смерти представляет собой типичный пример ролевого дистанцирования, моральной шизофрении и диссоциации у преступника [Welzer 1993; Ternon 1996: 99–101; Mailänder Koslov 2009: 169–172]. Ойген Когон определил этот феномен как соприкосновение двух совершенно несовместимых «областей опыта» [Kogon 1948: 353].

На оккупированном Востоке условия жизни сотрудников лагерей были не столь идиллическими. В сравнении с нищетой местного населения, а тем более с заключенными, лагерные сотрудники жили на островках комфорта. Представление о немцах как о высшей расе действительно нашло здесь свое воплощение. Элементы апартеида имели здесь более выраженный характер по сравнению с Германией, в том числе благодаря пространственному отделению от местного населения, которое контактировало со своими новыми хозяевами только в качестве их слуг и подчи-

---

8 См. [Herbert, Orth und Dieckmann 1998: 922–925; Wagner 2000].

ненных. Кроме физической дистанции, серьезные различия имелись и в уровне жизни. В воспоминаниях часто встречаются описания контраста между жалкими фигурами заключенных концентрационных и иных лагерей и откормленными, хорошо одетыми охранниками (а часто и членами лагерного актива заключенных) [Mailänder Koslov 2009: 195–256; Matthäus 2003].

Эта дистанция была установлена в официальном порядке: любые личные контакты между персоналом лагеря и заключенными были запрещены, как, разумеется, и любой обмен подарками или услугами, а главное, как и любые несанкционированные посягательства. Идеология внедрялась не столько с помощью прямой обработки, сколько путем официальных приказов и практик: заключенные считались врагами, угрозой (в том числе личному здоровью) и подонками. Учитывая грязь, вшей и свирепствовавшие эпидемии, в особенности на оккупированных территориях на Востоке, страх заразиться был велик, и физический контакт с заключенными происходил исключительно при помощи сапог и дубинок. Руководство лагерей носило перчатки и в любом случае нечасто сталкивалось с заключенными. Они сидели за письменными столами в аккуратных офисах [Mailänder Koslov 2009: 152–157, 222].

В то же время лагерные работники находились в «дисциплинарной сфере», то есть они также были объектом военной дисциплины и наблюдения, а их время и поведение регламентировались жесткими правилами. Контроль и наказания исходили как сверху, так и от коллег. Такие условия обеспечивали чувство безопасности и комфорта: люди вместе отмечали праздники, иногда даже вместе участвовали в оргиях, жили относительно обычной жизнью за пределами лагеря, с обычными семейными и рабочими заботами. Эта обстановка, физическая безопасность, обусловленная избавлением от необходимости служить на фронте, выступала своего рода «абсорбером морального шока» [Kirstein 1992: 59].

Была некоторая неопределенность для по большей части молодых лагерных сотрудников — контроль вступления в брак. Члены СС и женщины-надзирательницы могли заключать брак только после изучения их свидетельств об арийском происхождении и официальных справок о генетическом здоровье. Коротко говоря, дисциплина в частном пространстве мира лагерного персонала коррелировала с чрезмерным насилием в их окружении, воспринимавшемся как враждебное, были ли это лагеря или более широкое пространство оккупированных территорий с присущими им вездесущими партизанами и саботажем.

Советский Союз

Лагеря и принудительный труд в советском обществе

Война была главным орудием, которое Гитлер и Гиммлер хотели использовать для трансформации европейских народов и обществ. Война сделала эту трансформацию возможной, она способствовала ломке барьеров на пути к насилию и узаконивала эту ломку, структурировала нормы, касавшиеся принудительного труда и лагерей. Сталинская же система обязана своим происхождением и агрессивными проявлениями Первой мировой и особенно Гражданской войнам. Полностью эта система сформировалась позднее, в мирный период (или как минимум в период необъявленной войны или ожидания войны).

Если в 1950–60-е годы ГУЛАГ понимался в контексте тоталитарной модели, а позднее (в некотором отношении и до сего дня) — в контексте быстрой индустриализации, призванной преодолеть отсталость, и Большого террора, то современные историки фокусируют внимание на концентрации власти в руках Сталина, деспотических приемах его правления и готовности его палачей, с которой те выполняли свою работу [Viola 2013: 20–21; Werth 1997; Binner, Bonwetsch und Junge 2009; Баберовски 2014; Хлевнюк 2015]. Нет сомнений, что все основные репрессивные кампании были инициированы Сталиным, что он их развязывал, мог их сворачивать или продолжать. Гораздо менее четко, как мне кажется, проговаривается тот факт, что во всем, что касалось насилия, Сталин всегда действовал в соответствии с политической стратегией и традициями социалистов. Понимание большевистской властью социализма предполагало, что эта система может быть навязана сопротивляющемуся населению. Поэтому насилие и методы принуждения считались обоснованными, как и сосредоточение власти в одних руках вплоть до деспотизма. Такие элементы социализма, как централизованное государство и плановая экономика, в соединении с партийной организацией создали необходимые условия для возникновения нового типа территориального *Machtstaat* [силовое государство]. Начиная с 1930-х годов ему на службу был поставлен и патриотизм. Так рядом с категорией «классовые враги» появились «враги народа» и «враги нации». Сталинская деспотия походила на *Führerstaat* [государство фюрера] тем, что тоже появилась из массовых движений и считала себя обществом борьбы.

Однако для сталинской системы, с учетом количественных критериев, подчинение, устрашение врага, эксплуатация труда и иногда перевоспитание имели приоритет над физическим уничтожением. «Ликвидация кулаков как класса» предполагала убийства и смерть, но не была нацелена на их полное физическое уничтожение. В некоторых лагерях, в особенности на Крайнем Севере, например на Колыме при постройке железной дороги из Игарки в Салехард, или на урановых шахтах, по сути происходило то же истребление трудом, что и в нацистских концентрационных лагерях[9]. Причина смерти значительной части заключенных (во время транспортировки, по прибытии в лагеря или места высылки, в самих лагерях) — специфическая для этой системы культура импровизации, организационной перегрузки и некомпетентности, характерная для первой «припадочной пятилетки» [Солженицын 1973–1974, 1: 386; Lewin 1973].

Согласно справочнику о системе лагерей, в 1920–50-е годы всего существовало 476 лагерных комплексов разного размера и разной продолжительности их функционирования. В 1949 году было 67 лагерных комплексов и 1734 колонии [Смирнов 1998; Иванова 1997a: 97, 111, 115]. Такие территории, как Белбалтлаг (организованный для строительства Беломорско-Балтийского канала),

---

[9] По истории ГУЛАГа см. [Эпплбаум 2015]. Я использовал немецкое издание книги [Applebaum 2003; Gregory and Lazarev 2003; Медведев 2001; Бородкин 2013; История ГУЛАГа 2004–2005; Ertz 2006; Barenberg 2014; Khlevniuk 2015].

большая часть Карелии или Севвостлаг (Северо-Восточный лагерь), контролировавший Колыму и Чукотку, не подпадали под юрисдикцию советского правительства и подчинялись исключительно лагерному руководству. Размеры лагерей и количество заключенных менялись с годами. В 1936 году в колониях и лагерях находилось 1,2 млн человек, в 1940 году — 1,7 млн, в 1953 году — 2,3 млн [Земсков 1991; Getty, Rittersporn and Zemskov 1993; Merl 1995]. Во время войны количество заключенных в лагерях предположительно составляло 3–4 % от общей рабочей силы в СССР [Bacon 1994: 125]. Каталог 1940 года содержит восемь миллионов карточек бывших и текущих заключенных [История ГУЛАГа 2004–2005, 4: 80]. Между 1934 и 1953 годами через лагеря прошли примерно 18–19 млн человек [Ellman 2002: 1161]. Депортированные кулаки находились под особым надзором НКВД. Если их не относили к особо опасным классовым врагам, их депортировали в так называемые спецпоселения. В 1938 году количество спецпоселенцев (бывших кулаков) приближалось к миллиону [Земсков 2005: 33]. Целые народы: русские немцы (1,2 млн), крымские татары (около 165 000), множество северокавказских народностей — были сосланы «навечно». После войны к ним присоединились кулаки, являвшиеся предполагаемыми или действительными врагами советского режима, и бойцы сопротивления из западных регионов, аннексированных сначала в 1939-м, а затем снова — в 1944 году, общим числом 351 000 человек [Земсков 1991: 155].

Большевики начинали с заявления, что они освободят и рабочих, и труд. Однако уже к началу коллективизации исправительные трудовые лагеря, исправительные трудовые колонии и спецпоселения были встроены в систему социального принуждения. Начиная с 1930-х годов эта система подразумевала выдачу (или изъятие) трудовых книжек и внутренних паспортов, после 1940-х — отмену свободы передвижения для колхозников, привязывание работников к месту работы на производстве или службе, принудительный труд на рабочем месте (за более низкую плату), ссылки и постоянную необходимость регистрироваться в органах внутренних дел по месту ссылки и, в худшем случае, — помещение в лагерь.

В 1943 году возникли лагеря, в которых была возрождена предреволюционная практика *каторги*, где заключенных заставляли выполнять особенно тяжелую работу. Стимулом для этого было желание наказать коллаборантов [История ГУЛАГа 2004–2005, 2: док. № 197; 4: док. № 149]. В 1948 году появились так называемые особые лагеря, предназначенные для политических заключенных, считавшихся наиболее опасными для режима. В 1951 году существовало десять таких лагерей с общим количеством заключенных около 200 000 человек [История ГУЛАГа 2004–2005, 2: 40–41]. Кроме того, в 1945 году был создан отдельный специальный лагерь, что еще сильнее увеличило давление на заключенных [Ivanova 2005]. Во время войны самые разные структуры использовали трудовые армии, в которые входили представители депортированных народов или меньшинств, например советские немцы. После войны специальный контингент, т. е. военизированные формирования трудармии, использовались НКВД / МВД, Красной армией и другими структурами. Из фильтрационных лагерей, где содержались все советские военнопленные и интернированные гражданские лица, подозреваемые в коллаборационизме, в рабочие батальоны и специальный контингент МВД было направлено более 900 000 человек, не признанных полностью реабилитированными [Полян 1996: 294].

Лагерный мир расширился после войны за счет военнопленных из Германии, ее союзников и Японии, находившихся в ведении Главного управления по делам военнопленных и интернированных (ГУПВИ). Количество немецких военнопленных, умерших от недоедания во время транспортировки или в лагерях во время военного и послевоенного голода и кризиса снабжения, оценивается приблизительно в 300 000 человек при общем их числе примерно 3,1–3,4 млн. В 1947 году около 1,75 млн военнопленных трудилось в 200 лагерях и 192 так называемых рабочих батальонах. Помимо них было еще около 100 000 интернированных гражданских лиц, главным образом этнические немцы из Польши, Румынии и Венгрии[10]. В глазах власти принудительный труд во-

---

[10] См. отдельные тома из серии «Zur Geschichte der deutschen Kriegsgefangenen

еннопленных и интернированных гражданских лиц был частью послевоенного коллективного соглашения о репарациях, а не индивидуальным наказанием, что было характерно для ГУЛАГа. Поэтому офицеров не заставляли работать во время войны, а после, когда возникла нужда в их труде, под давлением властей этот труд выдавался за добровольный. Служащих вермахта и членов СС и оккупационных правительств осудили как военных преступников и направили в ГУЛАГ или особые отделения лагерей для военнопленных, в которых осуществлялся более жесткий контроль. Приблизительная оценка их численности — 35 000 человек [Karner 1995; Hilger 2000: 259–283, 332–367; Zeidler 1996][11].

Социальный статус заключенных лагерей

Общей чертой обеих диктатур было то, что большинство заключенных оказывались арестованы из-за принадлежности к определенной группе населения, а не из-за своего индивидуального поведения. Основные исключения из этого правила — это заключенные немецких концентрационных лагерей середины 1930-х годов и заключенные советских концентрационных лагерей времен Гражданской войны, а также лагерей на Соловецких островах (СЛОН). В 1938 году «контрреволюционеры» времен Гражданской войны, троцкисты и другие «уклонисты» продолжали сидеть в лагерях [История ГУЛАГа 2004–2005, 4: 70]. В 1948 году спектр врагов в узком смысле этого слова расширился, особенно за счет коллаборационистов (около 122 000 человек) и членов прибалтийского и украинского антисоветского подполья. В лагерях оставались и те, кого раньше относили к категории «каэров»

des Zweiten Weltkrieges. Die deutschen Kriegsgefangenen in der Sowjetunion» («К истории немецких военнопленных во время Второй мировой войны. Немецкие военнопленные в Советском Союзе») [Cartellieri 1967; Fleischhacker 1965; Ratza 1973; Schwarz 1969; Böhme 1966; Robel 1974]. См. также [Загорулько 2000: 1038, 1941; Overmans 1999: 286; Miller 2015; Гучинова 2016].

11 Предположительно больше половины осужденных были виновны в военных преступлениях. Современники говорили — не особенно осознавая ответственность — о советской «фабрике допросов» или «машине приговоров» [Cartellieri 1967: 321, 324].

(контрреволюционеры, уклонисты и классовые враги) [История ГУЛАГа 2004–2005, 4, док. № 37]. В узком смысле слова врагами режима не были ни так называемые буржуазные спецы, которых судили с конца 1920-х годов, ни кулаки и высланные навечно народы, ни даже жертвы Большого террора 1936–1938 годов. Как писал А. И. Солженицын, «половина Архипелага была Пятьдесят Восьмая. А политических — не было...» [Солженицын 1973–1974, 2: 297]. В своей язвительной манере он называет их «кроликами» [Солженицын 1973–1974, 1: 20].

Советские лагеря были частью иерархического общества, в котором права, привилегии и дискриминационные практики изначально зависели от социально-моральных и политических критериев. Однако начиная с конца 1920-х годов социальная иерархия во многом стала определяться политико-экономической характеристикой места работы. Заключенные лагерей и спецпоселенцы считались «отбросами», за ними шли колхозники, а затем множество статусных групп в городах и сельской местности, у которых было больше прав и привилегий. Рабочая и жилищная сферы были чрезвычайно зарегулированы, а место работы и проживания ограничивало (или отменяло полностью) свободу передвижения и определяло степень доступа к материальным благам и привилегиям. С начала 1930-х годов советское общество превратилось в систему, в которой место и тип работы и членство в партии определяли статус человека. Поэтому исключение из партии обычно происходило перед арестом [Осокина 1993; Moine 1997; Попов 1995].

Кампании общественного осуждения, уголовные дела и лагеря (о существовании которых знали все, учитывая, что через них прошли миллионы советских граждан и что находились они не так далеко от обычных мест работы) следует рассматривать как факторы, порождавшие постоянную тревожность и обусловленное этим поведение. То же можно сказать и о привычке «говорить по-большевистски» как в общественных местах, так и в частных беседах. Во многом это походило на поведение заложников[12].

---

12 Этот подход принципиален для Й. Хелльбека [Хелльбек 2017]. См. также [Beyrau 1998].

Ситуацию описывает шутка того времени о делении советского общества на три категории: тех, кто сидел, тех, кто сидит сейчас, и тех, кто сядет потом [Kaminski 1990: 167].

Заложниками системы являлись даже те, кто сам принадлежал к элите или к исполнителям террора. Эта ситуация существенным образом отличается от нацистского режима. Несмотря на тоталитарную анархию — постоянное соперничество и конфликты из-за круга полномочий, — ничто никогда не угрожало жизни немецкой элиты и сотрудников лагерей. Напротив, в СССР во времена сталинизма «погибло 22 тысячи чекистов» [Альбац 1992: 94].

По сравнению с нацистской классификацией, советское деление граждан на категории было в целом менее жестким, пусть всего лишь из-за слабости административного управления. Кроме того, советские власти время от времени решали отдать предпочтение перевоспитанию и потенциальному исправлению классовых врагов[13]. Заключенные лагерей были «подонками» общества, но, учитывая высокую текучесть в лагерях и между лагерями и окружающим миром, статус заключенного в исключительных случаях мог поменяться на статус лауреата Сталинской премии, маршала или Героя Труда. Немецкие ученые, депортированные в СССР, описывали положение их советских коллег так: потеряв свободу, они вернули ее — фрагментарно — в виде привилегий [Barwich 1967: 46].

«Труд в СССР есть дело чести»

В Дахау и Освенциме лозунг «*Arbeit macht frei*» [«Труд освобождает»] красовался на входных воротах. Похожим образом, в СССР начиная с середины 1930-х годов лагеря обтекаемо именовались «исправительно-трудовыми лагерями» или «исправительно-трудовыми колониями». Со времен Гражданской войны о существовании концентрационных лагерей говорили совершенно открыто [История ГУЛАГа 2004–2005, 2: док. № 30]. Концепция

---

13 Аспекту перевоспитания уделено особое внимание в следующих работах: [Barnes 2011; Weikersthal 2011].

«исправления» в 1930-х годах все еще сохраняла некоторые изначально присущие ей компоненты, которые в 1920-х годах пропагандировали советские судебные власти: воспитание преступников с помощью труда и самоокупаемость пенитенциарных заведений с помощью труда заключенных. С появлением крупных лагерных комплексов после кампаний по коллективизации в лагерях стали пропагандировать перевоспитание («перековку» на языке того времени). Вместо лозунга «Пролетарии всех стран, соединяйтесь!» в лагерных газетах размещали парафраз сталинского комментария на Первом Всесоюзном совещании стахановцев в 1935 году: «Труд в СССР есть дело чести, дело славы, дело доблести и геройства» [Сталин 1967, 1: 90; Горчева 1996: 51; Weikersthal 2011]. На пропаганду перевоспитания тратились значительные средства, чтобы воспитательный характер принудительного труда казался заключенным и в особенности окружающему миру более правдоподобным. Это была демонстрация искаженных черт социалистической утопии свободного труда. Как и во время Гражданской войны, насилие сопутствовало просвещению. Пропаганда перековки была особенно значительна в случае Беломорско-Балтийского канала, и посещения Горького и других писателей делали ее откровенно гротескной [Jakobson 1993: 48–50, 119–27, 133; Klein 1995: 53–98; Barnes 2011].

Военнопленные тоже не могли избежать столкновения с пропагандой. Если говорить о немецких военнопленных, в конце войны было организовано антифашистское движение (сокращенно «*Antifa*»). Его задачей было заниматься политическим перевоспитанием заключенных, особенно в духе ответственности немцев перед СССР и — весьма практично — необходимости и законности принудительного труда как искупления. Военнопленные должны были проявить себя на фронте восстановительных работ, возмещая своим трудом нанесенный ущерб[14].

---

[14] Например, существует фотография собрания военнопленных в эстонском лагере, на которой немецкий лозунг написан не совсем точно: «Unsere Lager 286 arbeiten in der ersten Front der Wiedergutmachung». См. также [Ratza 1973: 112–113; Robel 1974; Hilger 2000: 220–255].

В 1930-х годах на Беломорско-Балтийском канале была введена система поощрения заключенных, касающаяся норм питания (она просуществовала до конца 1940-х годов) и зачета рабочих дней (до 1939 года). Имелось в виду, что, перевыполняя норму, можно было получить увеличенную пайку или сократить срок заключения. До конца 1940-х годов, когда была введена оплата в рублях, получение пищи напрямую зависело от выполнения работы. Стопроцентное выполнение нормы, не говоря уже о перевыполнении, приводило к перенапряжению и истощению и без того ослабленных физически заключенных. Бывшие заключенные неоднократно подчеркивали, что шансы на выживание повышались в случае *невыполнения* нормы, даже если это приводило к уменьшению пайки [Солженицын 1973–1974, 3–4: 199, 205; Barton 1959: 224; Юкшинский 1958: 16; Ratza 1973: 65]. С краткими передышками голод и недостаточное питание оставались повседневным явлением в лагерях до конца 1940-х годов. Годы голода в СССР, главным образом начало 1930-х годов, военное и послевоенное время, когда смертность была особенно высока, совпали с общим кризисом снабжения в лагерях [Земсков 1994: 121–123; Getty, Rittersporn and Zemskov 1993: 1042; Виола 2010: 175–195]. Как часто отмечалось, в большинстве лагерей и мест ссылки смерть была результатом не столько целенаправленных убийств, сколько систематической перегрузки местных властей и административного равнодушия [Böhme 1966: 49, 151; Hilger 2000: 402–407; Эпплбаум 2015: 446–447; Wheatcroft 1996: 1319–1353]. Голод и плохое питание оставались главнейшими факторами в советских лагерях в течение полутора десятилетий: «Голод никогда не устает» [Müller 2009: 89]. До 1947 года голод был постоянным состоянием немецких военнопленных. Сочетание физических и психологических явлений и их последствия постоянно всплывают в воспоминаниях: ритуалы распределения и потребления пищи, важная роль хлеба, хлеб как валюта, фантазии о еде, периодическое (как правило, тайное) переедание, постоянные розыски еды, воровство еды, замедленные движения — «походка пленного», скелетоподобные фигуры *дистрофиков*, потеря сексуального влечения, «евнухоидная скромность», снижение эмоциональной и умственной активности [Fleischhacker 1965; Lehmann 1986: 58–90, цит. на 88]. К 1947–1948 годам фигура «доходяги» в советском лагере стала столь же эмблематичной, как *Muselmann* в концентрационных лагерях [Солженицын 1973–1974, 3–4: 205–207].

Пока существовала система лагерей, шансы арестанта на спасение оставались неопределенными. После шока, вызванного арестом, допросами и судом, последующая деперсонализация заключенного совершалась в пересыльных тюрьмах и по прибытии в лагерь. Деперсонализация происходила в ходе раздевания донага, краже немногого имущества заключенного, непрерывных проверок, перекличек, перевозки в переполненных вагонах. В лагерях каждому заключенному, согласно официальным предписаниям, полагалось 1,5–2 квадратных метра [История ГУЛАГа 2004–2005, 4: 228–232, 254, 260, 271]. В реальности же эти стандарты редко поддерживались. В особенности в 1930-х годах заключенным приходилось спать на досках, в землянках и других подобных местах. Даже самые простые предметы обихода, например одеяла, были в дефиците или отсутствовали [Werth 1997: 250; Khlevniuk 2004: 208–210, 231–232, 275–276]. Большое место в воспоминаниях заключенных занимают описания отвоевывания пространства [Солженицын 1973–1974, 2: 204]. Строгая регламентация времени заключенного больше напоминала ситуацию в нацистских лагерях для *Ostarbeiter* и военнопленных, чем в концентрационных лагерях.

В советских лагерях большинство не принадлежавших к каким-либо кругам заключенных страдали от недоедания, тяжелой работы, изоляции и часто, как и в немецких лагерях, от физической диссоциации и «обледенения» [Pawelczynska 1979: 131–132; Herbert, Orth und Dieckmann 1998: 1159; Макуров 1992: 36–37, 146]. Дети кулаков, запомнившие первые дни изгнания, рассказывали о таких же невзгодах: материальные лишения, унизительная зависимость от начальства, массовая гибель окружающих их людей и мучительный вопрос, есть ли в их страданиях хоть какой-то смысл. В своих воспоминаниях они обычно не придавали особого значения теме психологического состояния [Макшеев 1997: 36–37, 43–44, 133–134, 149–150].

Хотя условия в лагерях СЛОН до конца 1920-х годов походили на условия в нацистских концентрационных лагерях, позднее эти и другие лагеря изменились и стали использоваться как для наказания, так и для экономической эксплуатации [История ГУЛАГа 2004–2005, 2: 31–44]. До и после войны лагерному персоналу время от времени делались предупреждения, что в целях экономической эффективности над заключенными нельзя издеваться. На практике, однако, насилие было будничной вещью [Eisfeld und Herdt 1996: 269; Виола 2010: 132, 148–149; История ГУЛАГа 2004–2005, 4: док. № 63]. Это были пытки, избиения, оскорбления, связывание, кандалы, погружение в воду, лишение пищи, изоляция в холодных карцерах [Козлов 2004–2005: 87].

Подпольная жизнь в лагерях

В советском случае, как и в немецком, мы тоже наблюдаем несоответствие между тоталитарным стремлением к власти и подпольной жизнью тотальных институтов. Сотрудники лагеря на местах, от руководства до охранников, члены актива из числа заключенных (на лагерном жаргоне «придурки»), уголовники — у всех были свои неписаные правила поведения, формировавшие подпольную жизнь лагеря. Структура и отбор персонала были схожи с концентрационными и трудовыми лагерями, контролировавшимися немцами (после Сталинграда), где основной упор делался на экономическую эффективность без учета физических возможностей заключенных. Такая практика кажется невозможной, лишь если равнодушие к человеческой жизни считается преступным, что было не так в обоих случаях. Насилие, дезорганизация, импровизация, небрежность, болезни, уровень смертности — все это не должно было влиять на отчетные цифры и выполнение плана, а когда было нужно, даже подтасовывалось. Лагерные отчеты на удивление единообразно сообщают, что 10–15 % заключенных были признаны слабосильными. Только во время войны эти цифры, согласно статистике ГУЛАГа, выросли до 35–40 %. Принимая во внимание, что некоторые из них наотрез отказывались работать, можно утверждать, что во время войны почти половина заключенных не выводилась на работы [Кокурин 1994: 67]. В лагерях для военнопленных количество тех, кто не мог работать и состоял в «ротах для выздоравливающих», также было высоким во время войны [Ratza 1973: 126, 128, 131, 137; Hilger 2000: 165–172].

Из-за нехватки квалифицированной рабочей силы заключенных использовали для работы в администрации, а после освобождения они оставались работать на фабриках в статусе ссыльных. Москва снова и снова запрещала эту практику. Со временем, однако, стало возможным достичь компромисса [История ГУЛАГа 2004–2005, 2: док. № 163]. Крупные лагерные территории в Норильске или Магадане были окружены поселками, в которых жили ссыльные и вольнонаемные. Они работали частично внутри, частично за пределами лагеря [Barenberg 2007: 7–10, 70–71, 202–208]. Даже ремесленники и профессионалы из числа военнопленных, не говоря о чиновниках, часто переезжали в окрестности лагерей [Ratza 1973: 1–61; Lehmann 1986: 96–97; Hilger 2000: 198–206, 211–219]. Таким образом, связи с внешним миром не поддавались полному контролю со стороны руководства лагеря, а это означало, что мошенничество, контрабанда, фальсификация трудовой статистики и случайное нормирование труда были обычной практикой, согласно воспоминаниям военнопленных [Ratza 1973: 141]. Так, в лагерях складывались коалиции, а в более поздний период — солидарные сообщества, коррупционные круги, заговоры тишины, одним словом, туфта или тухта — «методы фиктивной трудовой отчетности» [Солженицын 1973–1974, 2: 156; История ГУЛАГа 2004–2005, 2: док. № 27, 30, 127, 150, 161]. По этой причине подсчеты Берии, касающиеся вклада ГУЛАГа в победу в войне и послевоенное восстановление, весьма вероятно, по большей части фиктивные, так как он заткнул рот жертвам и скрыл потери материалов [Davies 1994: 24–37, 292; Ivanova 2005: 97–98, 136; История ГУЛАГа 2004–2005, 4: 94–95].

После войны в ГУЛАГе за должности в лагерях стали бороться и представители иных, кроме русской, этнических групп. Эта борьба часто бывала жестокой. В воспоминаниях военнопленных встречаются бранные характеристики по отношению к таким «лагерным элитам» и «лагерной буржуазии» [Cartellieri 1967: 89–95;

Lehmann 1986: 52; Hilger 2000: 156–159]. Большинство заключенных ГУЛАГа едва ли могло получить доступ к этим привилегиям и продолжало страдать от голода или хронического недоедания, оставаясь бессильным перед уголовниками и надзирателями.

В конце 1940-х годов проблема подпольной жизни обострилась, и не случайно, так как произошло улучшение материального положения в лагерях. Борьба за ресурсы и контроль над бараками и зонами стала драматичной и жестокой. Коалиции менялись (всегда за счет третьих лиц). Не только политические (или этнические) группы боролись с уголовниками, но и уголовники — занимающие должности и увиливающие от работы — боролись друг с другом. Сотрудники лагерей (чьи шпионы нередко становились жертвами убийств) иногда теряли контроль и сами присоединялись к воюющим сторонам. В документах эти конфликты названы борьбой с бандитизмом. Одним из наиболее ранних примеров таких столкновений может служить так называемая «сучья война» около 1950 года. Крупномасштабные беспорядки в лагерях в 1953–1954 годах возникли из-за этих разногласий и были восприняты тогда в Москве как сигнал, что лагерная система нуждается в фундаментальных переменах и в ее существующей форме неприемлема [Солженицын 1973–1974, 5–7: 262–348; Эпплбаум 2015: 232–243, 375–389; Козлов 2004–2005: 60–102].

Сотрудники лагеря

Работа в лагере не была особенно привлекательной ни для руководителей, ни для сотрудников нижнего уровня или охраны. Многие из начальников лагерей не вполне добровольно занимали свои должности. Направление на работу в лагерь часто являлось прямой или косвенной формой наказания за какие-либо проступки в ОГПУ или НКВД. Служба в этих суровых условиях скрашивалась более долгими отпусками, отдыхом на юге и другими льготами. С годами начальники лагерей могли окружить себя различными благами в соответствии со своими вкусами и предпочтениями. Постепенно даже в самых мрачных местах появлялись театры, хоры и другие культурные учреждения, в которых работали заключенные. Совсем как раньше у русских аристократов, у лагерных начальников были свои «крепостные» артисты[15].

Сотрудникам низшего уровня и охранникам приходилось идти на ту работу, которая была в наличии. После войны бывших солдат, резервистов и не полностью реабилитированных «отфильтрованных» посылали служить в охрану. Дело в том, что работа сотрудников низового уровня и охраны была не слишком приятной. Из-за того что их жизнь была не намного лучше, чем у заключенных, поиски дополнительных заработков и коррупция были неизбежны [История ГУЛАГа 2004–2005, 2: док. № 38, 61, 104, 125, 132, 153, 169, 259]. Сочетание деятельности воров в законе и коррумпированных сотрудников сформировало то, что принято оценивать как «токсичное наследство» советского и постсоветского общества [Galeotti 2019: 60].

Только ближе к концу 1930-х годов были открыты школы и курсы, обучающие службе в лагерях [История ГУЛАГа 2004–2005, 2: 46, док. № 12, 15, 109–124, 154–171, 176]. После создания ведомственных подразделений (главков) в ГУЛАГе выросло значение профессионализма, более высокого уровня вовлеченности вольнонаемных и осужденных технических работников, выполнения плана [История ГУЛАГа 2004–2005, 2: док. № 17; 3: док. № 167–179]. Вопреки мнению Сталина, который желал, чтобы с заключенными обращались прежде всего как с осужденными, с 1940-х годов начинают приниматься в расчет экономические соображения: изнывающие от голода заключенные и увиливающие от работы уголовники не справлялись со все более сложной технической работой [История ГУЛАГа 2004–2005, 3: 47; Gestwa 2010: 390–440].

Удивительно, что партийная организация появилась в ГУЛАГе только в 1937 году. Членами партии в основном были руководящие сотрудники (более 90 %), среди же сотрудников более низкого уровня партийных было немногим больше 20 %. Чем ниже положение в администрации и охране, тем ниже процент членов

---

15 На тему сотрудников см. [История ГУЛАГа 2004–2005, 2: 42–48, док. № 12, 15, 44, 130, 131, 135; Hooper 2013; Hedeler 2002: 109–131]. О культуре в ГУЛАГе: [Schwarz 1969; Kizny 2004: 258–296; Klause 2014].

партии. Идеологическая обработка членов партии не была слишком интенсивной. Партийные собрания могли использовать для выражения недовольства. Периодически участники выражали недовольство как заключенными, так и «теми, кто наверху», — из-за низкой оплаты, плохих жилищных условий и обслуживания [Ivanova 2005: 48, 158–60, 172–173, 188–191; История ГУЛАГа 2004–2005, 2: док. № 49, 126, 127, 130].

Подпольная жизнь лагеря определялась его двойной функцией места наказания и экономического производства, а также нехваткой контроля свыше. С 1930-х годов ставить «социально близких», т. е. уголовников, на руководящие позиции было обычным делом. В то же время обойтись без квалифицированных рабочих и «политических» тоже было невозможно. В повседневной жизни насилие исходило скорее от уголовников, чем от надзирателей [Ivanova 2005: 70–74]. Особенно в тех случаях, когда им доставались должности охранников, бригадиров и десятников. Крики, избиения и грабеж становились тогда обыденным явлением, потому что руководство — будь оно хоть злонамеренным, хоть равнодушным — находилось под давлением. План надлежало выполнить даже в плохих трудовых условиях (это касалось оборудования, пищи и санитарии) [Солженицын 1973–1974, 2: 155–157]. Однако у них было достаточно широкое пространство для маневра. То же можно сказать и о бригадирах из числа военнопленных и их советских прорабах [Ratza 1973: 129]. Сотрудничавшие с администрацией заключенные тоже подвергались слежке. В 1944 году в ГУЛАГе действовало не менее 72 455 агентов, а среди сосланных рабочих — более 19 000 [История ГУЛАГа 2004–2005, 4: 96]. Наличие агентов, наряду с голодом и тяжелым трудом, приводило к «мощнейшему эмоциональному напряжению» и среди военнопленных[16].

Дистанция между охраной и сотрудниками лагеря с одной стороны и заключенными с другой обычно была не столь большой, как в немецких лагерях. Низший персонал и охранники

---

16 Цитата из [Cartellieri 1967: 116]. См. также [Lehmann 1986: 50–51; Hilger 2000: 256, 284].

зависели от дополнительных доходов. Так формировались коррупционные цепочки между уголовниками и облеченными властью заключенными, в которых участвовали также ссыльные, работавшие на производстве в лагерях, и сотрудники лагерей. Периодическое вмешательство Москвы, увольнения и аресты устраняли только самые значительные нарушения. Учитывая повсеместный дефицит в экономике, эти усилия вряд ли могли производить значительный эффект [Юкшинский 1958: 72; Nordlander 1998]. В начале 1930-х годов, когда все еще наблюдалась нехватка охранников, заключенные в удаленных регионах охраняли сами себя. Охранники, которых часто набирали из уголовников, улучшали свой рацион, устраивая набеги на окрестности [Jakobson 1993: 43, 99; Stettner 1996: 256–59; Hedeler 2002: 109–131, 110, 116, 120; Макуров 1992: 38–39]. (К концу войны практика охраны заключенными самих себя применялась даже в Германии) [Orth 1999: 54; Wagner 2004: 440].

В первой половине XX века лагерь стал преходящим опытом для огромной части населения (в особенности мужского пола): начиная с молодежных, летних, учебных лагерей и казарм и заканчивая лагерями для военнопленных, трудовыми, концентрационными и, наконец, лагерями уничтожения, часто бывшими составной частью лагерной территории. Лагерь был институтом и социализации, и наказания и являлся характерной чертой тотальной войны и тоталитарных диктатур. Лагеря и принудительный труд воплощали собой негативный аспект *Volksgemeinschaft* и социализма, которые были с воинственным пылом и воодушевлением поддержаны большей частью общества. Лагеря являлись частью процесса трансформации общества — создания в Германии и на подконтрольных ей европейских территориях общества апартеида и создания в СССР общества, организованного в соответствии со стратифицированными правами. Спектр лагерей варьировался от учреждений всестороннего контроля и эксплуатации до мест истребления трудом. В лагерях сочеталась экономическая «продуктивность» с наказанием вплоть до «израсходования» заключенных. Используя эту комбинацию, преступные государства получали экономические выгоды, не обращая внимания на человеческие жизни.

Если взглянуть на отношения между охранниками и охраняемыми, то в обеих системах обращает на себя внимание организационная сила карательных структур. Серьезное различие же заключается в том, что в случае Германии с грязными, жалкими заключенными сохранялась значительная дистанция и вражда по признаку национальной принадлежности, а в СССР различия и социокультурная дистанция между заключенными и низшими чинами была незначительна. Специальная идеологическая обработка не играла большой роли в обоих случаях. Обстоятельства содержания в полувоенном исправительном учреждении провоцировали жестокость и равнодушие к страданиям и смертям заключенных.

Даже действуя в системе террора, лагерное начальство полагалось на делегирование исполнения наказаний и эксплуатации, а тем самым на сотрудничество (и коррупцию) с частью угнетенного населения. Получив минимальные необходимые для выживания привилегии, эта разнородная масса выстраивала и обеспечивала работу лагерей, в том числе и периодически занимаясь охраной заключенных. По терминологии И. Гофмана, в тотальных институтах тоже развивалась подпольная жизнь. Примечательно, что это приводило к периодическому использованию уголовниками права вето в советских лагерях или к проявлениям солидарности среди заключенных и помощи в организации побегов.

При сравнении советской и нацистской систем лагерей нельзя сглаживать различия между ними. В немецких лагерях принудительный труд и истребление заключенных были одним из элементов ведения войны, имевшей целью реструктуризацию европейских народов под «германским» владычеством. Это подразумевало более решительные (по сравнению с СССР) планы и действия касательно массовых убийств. Но и СССР был не чужд политике социал-дарвинизма и национализма в отношении населения. Организованный голод, депортации и специальные поселения были системообразующими для советского государства. Статус заключенного в СССР был, однако, более изменчивым, чем в нацистской системе управления. Это, безусловно, было связано с более долгой продолжительностью правления Сталина и с тем, что большинство заключенных были советскими гражданами, чье перевоспитание, хотя бы теоретически, не считалось полностью невозможным. Это относилось и к военнопленным «фашистам».

Обе системы лагерей сформировались и закончили свое существование при диктатуре фюрера (или вождя). Другими словами, в обеих системах существовала связь между культом руководства и различными формами, уровнями и целями террора.

Источники

Адамушко 2004 — Лагеря советских военнопленных в Беларуси: 1941–1944: Справочник / Под ред. В. И. Адамушко и др. Минск: НАРБ, 2004.

Гроссман 1958 — Гроссман В. С. Треблинский ад // Повести, рассказы, очерки. М.: Воениздат, 1958. URL: http://militera.lib.ru/prose/russian/grossman2/02.html (дата обращения: 17.09.2020).

Загорулько 2000 — Военнопленные в СССР. 1939–1956: документы и материалы / Под ред. М. М. Загорулько. М.: Логос, 2000.

История ГУЛАГа 2004–2005 — История сталинского ГУЛАГа: конец 1920-х — первая половина 1950-х годов: Собрание документов: В 7 т. / Под ред. Ю. Н. Афанасьева и др. М.: РОССПЭН, 2004–2005.

Кокурин 1994 — ГУЛАГ в годы войны: доклад начальника ГУЛАГа НКВД СССР М. Г. Наседкина. Август 1944 года / Под ред. А. И. Кокурина // Исторический архив. 1994. № 3.

Макуров 1992 — ГУЛАГ в Карелии: Сборник документов и материалов 1930–1941 / Под ред. В. Г. Макурова и др. Петрозаводск: Карельский научный центр РАН, 1992.

Макшеев 1997 — Нарымская хроника, 1930–1945. Трагедия спецпереселенцев: документы и воспоминания / Под ред. В. Н. Макшеева. М.: Русский путь, 1997.

Селеменев 2016 — Лагеря советских военнопленных в Беларуси: 1941–1944: Документы и материалы / Сост. В. Д. Селеменев и др.; под ред. В. И. Адамушко и др. Минск: Беларусь, 2016.

Солженицын 1973–1974 — Солженицын А. И. Архипелаг ГУЛАГ: В 3 т. Париж: YMCA Press, 1973–1974.

Сталин 1967 — Сталин И. В. Соч.: В 14 т. Stanford, CA: Hoover Institution on War, Revolution, and Peace, 1967.

Цайтхайн 2005 — Цайтхайн — Книга Памяти советских военнопленных: В 2 т. / Под ред. Н. Хаазе и др.; пер. с нем. Б. Харитонова. Дрезден: Объединение Саксонские мемориалы в память жертвам политического террора: Народный Союз Германии по уходу за военными могилами, 2005.

Библиография

Агамбен 2011 — Агамбен Дж. Homo sacer. Суверенная власть и голая жизнь / Пер. с ит. И. Левиной и др. М.: Европа, 2011.

Альбац 1992 — Альбац Е. М. Мина замедленного действия. Политический портрет КГБ. М.: РУССЛИТ, 1992.

Арендт 2008 — Арендт Х. Банальность зла. Эйхман в Иерусалиме / Пер. с англ. С. Кастальского и Н. Рудницкой. М.: Европа, 2008.

Баберовски 2014 — Баберовски Й. Выжженная земля. Сталинское царство насилия / Пер. с нем. Л. Ю. Пантиной. М.: РОССПЭН, 2014.

Бородкин 2013 — Бородкин Л. И. «Вертикаль» управления ГУЛАГом: проблема «принципал — агент» // История сталинизма. Принудительный труд в СССР. Экономика, политика, память / Под ред. Л. И. Бородкина и др. М.: РОССПЭН, 2013. С. 19–36.

Виола 2010 — Виола Л. Крестьянский ГУЛаг: мир сталинских спецпоселений / Пер. с англ. Е. Осокиной. М.: РОССПЭН, 2010.

Горчева 1996 — Горчева А. Ю. Пресса ГУЛага: 1918–1955. М.: Изд-во Московского ун-та, 1996.

Гучинова 2016 — Гучинова Э.-Б. Рисовать лагерь. Язык травмы в памяти японских военнопленных о СССР. Sapporo: Slavic-Eurasian Research Center, Hokkaido University, 2016.

Дубик 2000 — Довідник про табори, тюрми та гетто на окупованій території України (1941–1944) / Упоряд. М. Г. Дубик. Київ: Державний комітет архівів України, 2000.

Земсков 1991 — Земсков В. Н. Заключенные, спецпоселенцы, ссыльнопоселенцы, ссыльные и высланные (статистическо-географический аспект) // История СССР. 1991. № 5. С. 151–165.

Земсков 1994 — Земсков В. Н. Судьба «кулацкой ссылки» (1930–1954 гг.) // Отечественная история. 1994. № 1. С. 118–147.

Земсков 2005 — Земсков В. Н. Спецпоселенцы в СССР, 1930–1960. М.: Наука, 2005.

Иванова 1997а — Иванова Г. М. ГУЛаг в системе тоталитарного государства. М.: ГОНФ, 1997.

Козлов 2004–2005 — Козлов В. А. Введение // История сталинского ГУЛага: конец 1920-х — первая половина 1950-х годов: Собрание документов: В 7 т. / Под ред. А. Безбородова и др. М.: РОССПЭН, 2004–2005. Т. 6. С. 25–38.

Литвин 1995 — Литвин А. Л. Красный и белый террор в России 1918–1922 гг. Казань: Татарское газетно-журнальное изд-во, 1995.

Медведев 2001 — Медведев Ж. А. Атомный ГУЛаг // Вопросы истории. 2001. № 1. С. 44–60.

Нагорная 2010 — Нагорная О. С. Другой военный опыт: российские военнопленные Первой мировой войны в Германии (1914–1922). М.: Новый хронограф, 2010.

Нахтигаль 2011 — Нахтигаль Р. Мурманская железная дорога (1915–1919 годы): военная необходимость и экономические соображения / Пер. с нем. М. Ивановой и П. Кайзера. СПб.: Нестор-История, 2011.

Овери 2015 — Овери Р. Сталин и Гитлер / Пер. с англ. М. В. Ана. М.: АСТ, 2015.

Осокина 1993 — Осокина Е. А. Иерархия потребления: о жизни людей в условиях сталинского снабжения. 1928–1935. М.: Изд-во МГУ, 1993.

Полян 1996 — Полян П. М. Жертвы двух диктатур: остарбайтеры и военнопленные в Третьем рейхе и их репатриация. М.: Ваш выбор ЦИРЗ, 1996.

Попов 1995 — Попов В. П. Паспортная система в СССР (1932–1976 гг.) // Социологические исследования. 1995. № 8. С. 3–14.

Смирнов 1998 — Система исправительно-трудовых лагерей в СССР, 1923–1960: Справочник / Сост. М. Б. Смирнов. М.: Звенья, 1998. С. 10–15.

Фуко 1999 — Фуко М. Надзирать и наказывать. Рождение тюрьмы / Пер. с фр. М. Наумова. М.: Ad Marginem, 1999.

Хелльбек 2017 — Хелльбек Й. Революция от первого лица. Дневники сталинской эпохи. М.: Новое литературное обозрение, 2017.

Хлевнюк 2015 — Хлевнюк О. В. Сталин. Жизнь одного вождя. М.: Corpus, 2015.

Эпплбаум 2015 — Эпплбаум Э. ГУЛАГ / Пер. с англ. Л. Мотылева. М.: Corpus, 2015.

Юкшинский 1958 — Юкшинский В. И. Советские концентрационные лагери в 1945–1955 гг. Мюнхен: Ин-т по изучению СССР, 1958.

Applebaum 2003 — Applebaum A. Der Gulag. Berlin: Siedler, 2003.

Baberowski 2008 — Baberowski J. Gewalt verstehen // Zeithistorische Forschungen. Bd. 5. 2008. № 1. S. 5–17.

Bacon 1994 — Bacon E. Gulag at War: Stalin's Forced Labor System in the Light of the Archives. Basingstoke: Macmillan, 1994.

Barenberg 2007 — Barenberg A. From Prison Camp to Mining Town: The Gulag and Its Legacy in Vorkuta, 1938–1965. PhD diss., University of Chicago, 2007.

Barenberg 2014 — Barenberg A. Gulag Town, Company Town: Forced Labor and its Legacy in Vorkuta. New Haven: Yale UP, 2014.

Barnes 2011 — Barnes S. Death and Redemption: The Gulag and the Shaping of Soviet Society. Princeton, NJ: Princeton UP, 2011.

Barton 1959 — Barton P. L'institution concentrationnaire en Russie, 1930–1957. Paris: Librairie Plon, 1959.

Barwich 1967 — Barwich H., Barwich E. Das rote Atom. Munich: Scherz, 1967.

Beer 2017 — Beer D. The House of the Dead. Sibirian Exile Under the Tsars. London: Penguin, 2017.

Benz 2015 — Benz A. Handlanger der SS. Die Rolle der Trawniki-Männer im Holocaust. Berlin: Metropol, 2015.

Benz und Distel 2008 — Der Ort des Terrors: Geschichte der nationalsozialistischen Konzentrationslager / Hg. von W. Benz, B. Distel. 9 Bs. Munich: C. H. Beck, 2008.

Beyrau 1998 — Beyrau D. Geiseln und Gefangene eines visionären Projekts: Die russischen Bildungsschichten im Sowjetstaat // Stalinismus vor dem Zweiten Weltkrieg: Neue Wege der Forschung / Hg. von M. Hildermeier. Munich: R. Oldenbourg, 1998. S. 55–77.

Binner, Bonwetsch und Junge 2009 — Binner R., Bonwetsch B., Junge M. Massenmord und Lagerhaft: Die andere Geschichte des Großen Terrors. Berlin: Akademie, 2009.

Böhme 1966 — Böhme K. W. Die deutschen Kriegsgefangenen in sowjetischer Hand: Eine Bilanz // Zur Geschichte der deutschen Kriegsgefangenen des Zweiten Weltkrieges: In 14 Bd. Bd. 7. München: Ernst und Werner Gieseking, 1966.

Botz 1996 — Botz G. Binnenstrukturen, Alltagsverhalten und Überlebenschancen in Nazi-Konzentrationslagern // Strategie des Überlebens: Häftlingsgesellschaften in KZ und Gulag / Hg. von R. Streibel, H. Schafranek. Vienna: Picus, 1996. S. 45–71.

Cartellieri 1967 — Cartellieri D. Die deutschen Kriegsgefangenen in der Sowjet-union: Die Lagergesellschaft: Eine Untersuchung der zwischenmenschlichen Beziehungen in den Kriegsgefangenenlagern // Zur Geschichte der deutschen Kriegsgefangenen des Zweiten Weltkrieges: In 14 Bd. Bd. 2. München: Ernst und Werner Gieseking, 1967.

Collins 2011 — Collins R. Dynamik der Gewalt: Eine mikrosoziologische Theorie. Hamburg: Hamburger Edition, 2011.

Dahlmann und Hirschfeld 1999 — Lager, Zwangsarbeit, Vertreibung und Deportation: Dimensionen der Massenverbrechen in der Sowjetunion und in Deutschland 1933 bis 1945 / Hg. von D. Dahlmann und G. Hirschfeld. Essen: Klartext, 1999.

Davies 1994 — The Economic Transformation of the Soviet Union, 1913–1945 / Ed. By R. W. Davies et al. Cambridge: Cambridge UP, 1994.

Eisfeld und Herdt 1996 — Deportation, Sondersiedlung, Arbeitsarmee: Deutsche in der Sowjetunion 1941 bis 1956 / Hg. von A. Eisfeld, V. Herdt. Cologne: Verlag Wissenschaft und Politik, 1996.

Ellman 2002 — Ellman M. Soviet Repression Statistics: Some Comments // Europe-Asia Studies. 2002. Vol. 54. № 7. P. 1151–1172.

Erren 2003 — Erren L. Zum Ursprung einiger Besonderheiten der sowjetischen Parteiöffentlichkeit: Der stalinistische Untertan und die «Selbstkritik» in den dreißiger Jahren // Sphären von Öffentlichkeit in Gesellschaften sowjetischen Typs: Zwischen partei-staatlicher Selbstinszenierung und kirchlichen Gegenwelten / Hg. von G. T. Rittersporn et al. Frankfurt/Main: Peter Lang, 2003. S. 131–163.

Ertz 2006 — Ertz S. Zwangsarbeit im stalinistischen Lagersystem. Eine Untersuchung der Methoden, Strategien und Ziele ihrer Ausnutzung am Beispiel Norilsk, 1935–1953. Berlin: Duncker & Humblot, 2006.

Fitzpatrick and Lüdtke 2009 — Fitzpatrick S., Lüdtke A. Energizing the Everyday: On the Breaking and Making of Social Bonds in Nazism and Stalinism // Beyond Totalitarianism: Stalinism and Nazism Compared / Ed. M. Geyer and S. Fitzpatrick. Cambridge: Cambridge UP, 2009. P. 266–301.

Fleischhacker 1965 — Fleischhacker H. Die deutschen Kriegsgefangenen in der Sowjetunion: Der Faktor Hunger // Zur Geschichte der deutschen Kriegsgefangenen des Zweiten Weltkrieges: In 14 Bd. Bd. 3. München: Ernst und Werner Gieseking, 1965.

Galeotti 2019 — Galeotti M. The Vory. Russia`s Super Mafia. New Haven — London: Yale UP, 2019. P. 60.

Gerlach 1999 — Gerlach C. Kalkulierte Morde: Die deutsche Wirtschafts- und Vernichtungspolitik in Weißrussland 1941–1944. Hamburg: Hamburger Edition, 1999.

Gestwa 2010 — Gestwa K. Die Stalinschen Großbauten des Kommunismus: Sowjetische Technik- und Umweltgeschichte, 1948–1967. Munich: R. Oldenbourg, 2010.

Getty, Rittersporn and Zemskov 1993 — Getty J., Rittersporn G., Zemskov V. Victims of the Soviet Penal System in the Pre-War Years: A First Approach on the Basis of Archival Evidence // American Historical Review. 1993. Vol. 98. № 4. P. 1017–1049.

Glanning und Geppert 2017 — Zwischen allen Stühlen. Die Geschichte der italienischen Militärinternierten / Hg. von C. Glanning, D. Geppert. Berlin: Dokumentationszentrum NS-Zwangsarbeit Berlin-Schöneweide, 2017.

Goffman 1961 — Goffman E. Asylums: Essays on the Social Situation of Mental Patients and Other Inmates. New York: Anchor, 1961.

Gregory and Lazarev 2003 — The Economics of Forced Labor: The Soviet Gulag / Ed. By Gregory P., Lazarev V. Stanford, CA: Hoover Institution Press, 2003.

Greiner und Kramer 2013 — Die Welt der Lager: Zur «Erfolgsgeschichte» einer Institution / Hg. von B. Greiner und A. Kramer. Hamburg: Hamburger Edition, 2013.

Hedeler 2002 — Hedeler W. Das Beispiel KARLag // Stalinscher Terror 1934–1941: Eine Forschungsbilanz / Hg. von W. Hedeler. Berlin: BasisDruck, 2002.

Herbert 1985 — Herbert U. Fremdarbeiter: Politik und Praxis des «Ausländer-Einsatzes» in der Kriegswirtschaft des Dritten Reiches. Berlin: J. H. W. Dietz Nachf, 1985.

Herbert, Orth und Dieckmann 1998 — Die nationalsozialistischen Konzentrationslager: Entwicklung und Struktur / Hg. von U. Herbert, K. Orth, C. Dieckmann. Göttingen: Wallstein, 1998.

Heusler 2010 — Rüstung, Kriegswirtschaft und Zwangsarbeit im «Dritten Reich» / Hg. von A. Heusler et al. Munich: R. Oldenbourg, 2010.

Hilberg 1990 — Hilberg R. Die Vernichtung der europäischen Juden. Vol. 1–3. Frankfurt/Main: Fischer Taschenbuch, 1990.

Hilger 2000 — Hilger A. Deutsche Kriegsgefangene in der Sowjetunion, 1941–1956: Kriegsgefangenenpolitik, Lageralltag und Erinnerung. Essen: Klartext, 2000.

Hooper 2013 — Hooper C. Bosses in Captivity? On the Limitations of Gulag Memoirs // Kritika. 2013. № 14. P. 1, 117–142.

Hüser und Otto 1992 — Hüser K., Otto R. Das Stammlager 326 (VI K) Senne 1941–1945: Sowjetische Kriegsgefangene als Opfer des Nationalsozialistischen Weltanschauungskrieges. Bielefeld: Verlag für Regionalgeschichte, 1992.

Ibel 2008 — Einvernehmliche Zusammenarbeit? Wehrmacht, Gestapo, SS und sowjetische Kriegsgefangene / Hg. von J. Ibel. Berlin: Metropol 2008.

Ivanova 2005 — Ivanova G. Eine unbekannte Seite des GULag: Lagersondergerichte in der UdSSR (1945–1954) // Jahrbücher für Geschichte Osteuropas. 2005. Vol. 53. № 1. S. 25–41.

Jahr und Thiel 2013 — Lager vor Auschwitz: Gewalt und Integration im 20. Jahrhundert / Hg. von C. Jahr und J. Thiel. Berlin: Metropol, 2013.

Jakobson 1993 — Jakobson M. Origins of the Gulag: The Soviet Prison Camp System, 1917–1934. Lexington: University Press of Kentucky, 1993.

Kaminski 1990 — Kaminski A. Konzentrationslager 1896 bis heute: Geschichte, Funktion, Typologie. Munich: Piper, 1990.

Karner 1995 — Karner S. Im Archipel GUPVI: Kriegsgefangenschaft und Internierung in der Sowjetunion 1941–1956. Munich: R. Oldenbourg, 1995.

Karow 1997 — Karrow Y. Deutsches Opfer: Kultische Selbstauslöschung auf den Reichsparteitagen der NSDAP. Berlin: Akademie, 1997.

Kennedy 1986 — Kennedy E. Carl Schmitt und die «Frankfurter Schule»: Deutsche Liberalismuskritik im 20. Jahrhundert // Geschichte und Gesellschaft. 1986. Bd. 12. № 3. S. 380–419.

Khlevniuk 2004 — Khlevniuk O. The History of the GULAG. From Collectivization to the Great Terror. London, New Haven: Yale UP, 2004.

Khlevniuk 2015 — Khlevniuk O. No total Totality // Kritika. 2015. Vol. 16. № 4. P. 961–973.

Kirstein 1992 — Kirstein W. Das Konzentrationslager als Institution totalen Terrors: Das Beispiel des KL Natzweiler. Pfaffenweiler: Centaurus Verlagsgesellschaft, 1992.

Kizny 2004 — Kizny T. Gulag. Hamburg: Hamburger Edition. 2004.

Klause 2014 — Klause I. Der Klang des Gulag. Musik und Musiker in den sowjetischen Zwangsarbeitslagern der 1920er bis 1950er Jahre. Göttingen: Vandenhoeck & Ruprecht, 2014.

Klein 1995 — Klein J. Belomorkanal: Literatur und Propaganda in der Stalinzeit // Zeitschrift für Slavische Philologie. 1995. Vol. 55. № 1. S. 53–98.

Kogon 1948 — Kogon E. Der SS-Staat: Das System der deutschen Konzentrationslager. Frankfurt/Main: Verlag der Frankfurter Hefte, 1948.

Kotek und Rigoulot 2001 — Das Jahrhundert der Lager: Gefangenschaft, Zwangsarbeit, Vernichtung / Hg. von J. Kotek und P. Rigoulot. Berlin: Propyläen, 2001.

Kramer 2013 — Kramer A. Einleitung // Die Welt der Lager: Zur «Erfolgsgeschichte» einer Institution / Hg. von B. Greiner und A. Kramer. Hamburg: Hamburger Edition, 2013. S. 7–42.

Lehmann 1986 — Lehmann A. Gefangenschaft und Heimkehr: Deutsche Kriegsgefangene in der Sowjetunion. Munich: C. H. Beck, 1986.

Lewin 1973 — Lewin M. The Disappearance of Planning in the Plan // Slavic Review. 1973. Vol. 32. № 2. P. 271–287.

Lingen und Gestwa 2014 — Zwangsarbeit als Kriegsressource in Europa und Asien / Hg. von K. von Lingen und K. Gestwa. Paderborn: F. Schöningh, 2014.

Liulevicius 2000 — Liulevicius V. G. War Land on the Eastern Front: Culture, National Identity, and German Occupation in World War I. Cambridge: Cambridge UP, 2000.

Mailänder Koslov 2009 — Mailänder Koslov E. Gewalt im Dienstalltag: Die SS-Aufseherinnen des Konzentrations- und Vernichtungslagers Majdanek. Hamburg: Hamburger Edition, 2009.

Matiello und Vogt 1986 — Die Kriegsgefangenen- und Internierteneinrichtungen 1939–1945: Handbuch und Katalog. Lagergeschichte und Lagerzensurstempel / Hg. von G. Matiello, W. Vogt. Koblenz: Selbstverlag, 1986. Vol. 1.

Matthäus 2003 — Ausbildungsziel Judenmord? «Weltanschauliche Erziehung» von SS, Polizei und Waffen-SS im Rahmen der «Endlösung» / Hg. von J. Matthäus. Frankfurt/Main: Fischer Taschenbuch Verlag, 2003.

Merl 1995 — Merl S. Das System der Zwangsarbeit und der Opferzahl im Stalinismus // Geschichte in Wissenschaft und Unterricht. 1995. Vol. 46. № 5–6. S. 277–305.

Miller 2015 — Miller G. A. Japanese and European Prisoners of War in the USSR 1945–1948: Siberia, Altai Region: A Complete Encyclopaedic Directory. Barnaul: The Spectrum Typography, 2015.

Moine 1997 — Moine N. Passportisation, statistique des migrations et controle de l'identité sociale // Cahiers du monde russe. 1997. Vol. 38. № 4. S. 587–600.

Müller 2009 — Müller H. Atemschaukel: Roman. Munich: Carl Hanser, 2009.

Niethammer 1994 — Der «gesäuberte» Antifaschismus: Die SED und die roten Kapos von Buchenwald. Dokumente / Hg. von L. Niethammer. Berlin: Akademie, 1994.

Nordlander 1998 — Nordlander D. Origins of a Gulag Capital: Magadan and Stalinist Control in the Early 1930s // Slavic Review. 1998. Vol. 57. № 4. P. 791–812.

Oltmer 2006 — Kriegsgefangene im Europa des Ersten Weltkriegs / Hg. von J. Oltmer. Paderborn: F. Schöningh, 2006.

Orth 1999 — Orth K. Das System der nationalsozialistischen Konzentrationslager: Eine politische Organisationsgeschichte. Hamburg: Hamburger Edition, 1999.

Osterloh 1997 — Osterloh J. Ein ganz normales Lager: Das Kriegsgefangenen-Mannschaftsstammlager 304 (IV H) Zeithain bei Riesa/Sa. 1941 bis 1945. Leipzig: Gustav Kiepenheuer, 1997.

Otto 1998 — Otto R. Wehrmacht, Gestapo und die sowjetischen Kriegsgefangenen im deutschen Reichsgebiet 1941/42. Munich: R. Oldenbourg, 1998.

Overmans 1999 — Overmans R. Deutsche militärische Verluste im Zweiten Weltkrieg. Munich: R. Oldenbourg, 1999.

Overmans, Hilger und Polian 2012 — Rotarmisten in deutscher Hand: Dokumente zur Gefangenschaft, Repatrierung und Rehabilitierung sowjetischer Soldaten des Zweiten Weltkrieges / Hg. von R. Overmans, A. Hilger, P. Polian. Paderborn: Ferdinand Schöningh, 2012.

Paul und Mallmann 2004 — Täterbiographien Karrieren der Gewalt: Nationalsozialistische Täterbiographien / Hg. von G. Paul, K. Mallmann. Darmstadt: Wissenschaftliche Buchgesellschaft, 2004.

Patel 2013 — Patel K. K. Volksgenossen und Gemeinschaftsfremde: Über den Doppelcharakter der nationalsozialistischen Lager // Lager vor Auschwitz: Gewalt und Integration im 20. Jahrhundert / Hg. von C. Jahr und J. Thiel. Berlin: Metropol, 2013. S. 311–334.

Pawelczynska 1979 — Pawelczynska A. Values and Violence: A Sociological Analysis. Berkeley: University of California Press, 1979.

Plaggenborg 2008 — Plaggenborg S. Staatlichkeit als Gewaltroutine: Sowjetische Geschichte und das Problem des Ausnahmezustandes // Staats-Gewalt: Ausnahmezustand und Sicherheitsregimes. Historische Perspektiven / Hg. von A. Lüdtke und M. Wildt. Göttingen: Wallstein, 2008. S. 117–144.

Pohl und Sebta 2013 — Zwangsarbeit in Hitlers Europa. Besatzung, Arbeit, Folgen / Hg. von D. Pohl, T. Sebta. Berlin: Metropol 2013.

Ratza 1973 — Ratza W. Die deutschen Kriegsgefangenen in der Sowjetunion: Der Faktor Arbeit // Zur Geschichte der deutschen Kriegsgefangenen des Zweiten Weltkrieges: In 14 Bd. Bd. 4. München: Ernst und Werner Gieseking, 1973.

Robel 1974 — Robel G. Die deutschen Kriegsgefangenen in der Sowjetunion: Antifa // Zur Geschichte der deutschen Kriegsgefangenen des Zweiten Weltkrieges: In 14 Bd. Bd. 8. München: Ernst und Werner Gieseking, 1974.

Römer 2008 — Römer F. Der Kommissarbefehl: Wehrmacht und NS-Verbrechen an der Ostfront 1941/42. Paderborn: F. Schöningh, 2008.

Schreiber 1990 — Schreiber G. Die italienischen Militärinternierten im deutschen Machtbereich, 1943–1945: Verraten, verachtet, vergessen. Munich: R. Oldenbourg, 1990.

Schwarz 1969 — Schwarz W. Die deutschen Kriegsgefangenen in der Sowjetunion. Aus dem kulturellen Leben // Zur Geschichte der deutschen Kriegsgefangenen des Zweiten Weltkrieges: In 14 Bd. Bd. 6. München: Ernst und Werner Gieseking, 1969.

Schwarz 1990 — Schwarz G. Die nationalsozialistischen Lager. Frankfurt/Main: Campus, 1990.

Sofsky 1993 — Sofsky W. Die Ordnung des Terrors: Die Konzentrationslager. Frankfurt/Main: S. Fischer, 1993.

Sofsky 1996 — Sofsky W. Traktat über die Gewalt. Frankfurt/Main: Fischer, 1996.

Sofsky 1998 — Sofsky W. An der Grenze des Sozialen: Perspektiven der KZ-Forschung // Die nationalsozialistischen Konzentrationslager: Entwicklung und Struktur / Hg. von U. Herbert, K. Orth, C. Dieckmann. Göttingen: Wallstein, 1998. P. 1141–1169.

Spoerer 1999 — Spoerer M. Profitierten Unternehmen von der KZ-Arbeit? Eine kritische Analyse der Literatur // Historische Zeitschrift 268. 1999. № 1. S. 61–95.

Speckner 2003 — Speckner H. In der Gewalt des Feindes. Kriegsgefangenenlager in der «Ostmark» 1939 bis 1945. Vienna et al.: Oldenbourg, 2003.

Spoerer 2001 — Spoerer M. Zwangsarbeit unter dem Hakenkreuz: Ausländische Zivilarbeiter, Kriegsgefangene und Häftlinge im Deutschen Reich und im besetzten Europa 1939–1945. Stuttgart: DVA, 2001.

Stettner 1996 — Stettner R. «Archipel Gulag»: Stalins Zwangslager — Terrorinstrument und Wirtschaftsgigant. Entstehung, Organisation und Funktion des sowjetischen Lagersystems, 1928–1956. Paderborn: F. Schöningh, 1996.

Stopsack und Thomas 1995 — Stalag VI A Hemer: Kriegsgefangenenlager 1939–1945: Eine Dokumentation im Auftrag der Stadt Hemer und der Volkshochschule Menden-Hemer-Balve / Hg. von H. Stopsack, E. Thomas. Hemer: Stadt Hemer, 1995.

Streim 1981 — Streim A. Die Behandlung sowjetischer Kriegsgefangener im «Fall Barbarossa»: Eine Dokumentation unter Berücksichtigung der Unterlagen deutscher Strafverfolgungsbehörden und der Materialien der Zentralen Stelle der Landesjustizverwaltungen zur Aufklärung von NS-Verbrechen. Heidelberg: C. F. Müller Juristischer Verlag, 1981.

Ternon 1996 — Ternon Y. Der verbrecherische Staat: Völkermord im 20. Jahrhundert. Hamburg: Hamburger Edition, 1996.

Viola 2013 — Viola L. The Question of the Perpetrator in Soviet History // Slavic Review. 2013. Vol. 72. № 1. P. 1–23.

Wagner 2000 — Wagner J. Apotheose des Lagerterrors: Die Boelcke-Kaserne in Nordhausen (1944/45) // Sozialwissenschaftliche Informationen. 2000. Vol. 29. № 3. S. 152–158.

Wagner 2004 — Wagner J. Produktion des Todes: Das KZ Mittelbau-Dora. Göttingen: Wallstein, 2004.

Weikersthal 2011 — Weikersthal F. Die «inhaftierte» Presse: Das Pressewesen sowjetischer Zwangsarbeitslager, 1923–1937. Wiesbaden: Harrassowitz, 2011.

Weinmann 1990 — Das nationalsozialistische Lagersystem / Hg. von M. Weinmann. Frankfurt/Main: Zweitausendundeins, 1990.

Welzer 1993 — Welzer H. «Härte und Rollendistanz»: Zur Sozialpsychologie des Verwaltungsmassenmordes // Leviathan. 1993. Vol. 21. № 3. S. 358–373.

Welzer 2005 — Welzer H. Täter: Wie aus ganz normalen Männern Massenmörder werden. Frankfurt/Main: Fischer, 2005.

Werth 1997 — Werth N. Ein Staat gegen sein Volk // Das Schwarzbuch des Kommunismus. Unterdrückung, Verbrechen und Terror / Hg. von S. Courtois u. a. München; Zürich: Piper, 1998. S. 5–295.

Wheatcroft 1996 — Wheatcroft S. The Scale and Nature of German and Soviet Repression and Mass Killings, 1930–1945 // Europe-Asia Studies. 1996. Vol. 48. № 8. P. 1319–1353.

Zeidler 1996 — Zeidler M. Stalinjustiz kontra NS-Verbrechen. Die Kriegsverbrecherprozesse gegen deutsche Kriegsgefangene in der UdSSR in den Jahren 1943–1952. Kenntnisstand und Forschungsprobleme. Dresden: Hannah-Arendt-Institut für Totalitarismus-Forschung, 1996.

Zimmerer 2013 — Zimmerer J. Lager und Genozid: Die Konzentrationslager in Südwestafrika zwischen Windhuk und Auschwitz // Lager vor Auschwitz: Gewalt und Integration im 20. Jahrhundert / Hg. von C. Jahr und J. Thiel. Berlin: Metropol, 2013. S. 54–67.

Zumbansen 2002 — Zwangsarbeit im Dritten Reich: Erinnerung und Verantwortung. Juristische und zeithistorische Betrachtung / Hg. von P. Zumbansen. Baden-Baden: Nomos Verlagsgesellschaft, 2002.

Дитрих Байрау — доктор исторических наук, профессор Института восточноевропейской истории и страноведения Тюбингенского университета, специалист по новейшей истории России, СССР и Восточной и Центральной Европы, занимается сравнительным изучением истории. Его многочисленные работы включают «Schlachtfeld der Diktatoren: Osteuropa im Schatten von Hitler und Stalin» (2000), «Mortal Embrace: Germans and (Soviet) Russians in the First Half of the Twentieth Century» в сборнике «Fascination and Enmity: Russia and Germany as Entangled Histories, 1914–1945» под ред. Майкла Дэвида-Фокса, Питера Холквиста и Александра М. Мартина (2012) и «Krieg und Revolution. Russische Erfahrungen» (2017).

Глава 11

Клаус Мюльхан

«Уплатить кровавый долг»

Система китайских трудовых лагерей в 1950-х годах

Когда 1 октября 1949 года на площади Тяньаньмэнь Мао провозглашал основание Китайской Народной Республики, он выражал в своей речи надежду, что грядет новая эра. Риторика «нового Китая», отразившая всеобщее ощущение принадлежности к подлинно революционному процессу, который превратит дряхлую, отсталую Срединную империю в обновленное, деятельное, прогрессивное социалистическое общество, быстро завоевала популярность в самом Китае и среди западных наблюдателей. Конечно, в 1950-е годы и вправду был предпринят ряд политических мер, которые глубоко изменили Китай и ускорили его движение к социалистическому строю. С одной стороны, не подлежит сомнению, что в 1950-х молодое правительство осуществляло программу активных преобразований, затронувших самые разные сферы политики, экономики и повседневной жизни — от земельной реформы и государственного строительства до коллективизации и нового брачного законодательства. В результате этих мер существовавшие органы, порядки и общественные отношения исчезли, и на их месте стали возникать новые структуры и социальные практики. С другой стороны, хотя Мао любил сравнивать Китай с чистым листом бумаги, на котором можно начертать самые красивые иероглифы, в 1949 году страна начала не с нуля; можно проследить многочисленные связи, соединяющие прежний Китай с Китаем социалистическим. Только начиная с 2000-х годов историки стали приглядываться к узам преемственности, преодолевающим разрыв 1949 года. До сих пор преемственная связь 1950-х годов с 1930–40-ми изучалась в основном на примерах политических целей (развитие, модернизация), политического строя (однопартийное государство) и международной политики[1]. Еще одна важная тема, по-прежнему требующая более тщательного исследования, касается вспышек насилия, связывающих 1950-е (и 1960-е) годы с Гражданской войной 1940-х годов. В 1949 — начале 1950-х годов во многих концах Китая еще продолжалось противоборство. На протяжении 1950-х годов новому правительству долго угрожали разные мятежи. Правительство отвечало на эти угрозы агрессивными, ожесточенными политическими и военными кампаниями. По сути, в 1950-е годы в «новом Китае» открытое насилие было неотъемлемой частью жизни при социализме. Как в сельской местности, так и в городах граждане молодого государства время от времени становились очевидцами жестоких расправ новой власти с реальными или мнимыми врагами. Сознательное применение силы считалось необходимой мерой, призванной защитить социалистический строй и подавить противодействие таким сугубо социалистическим методам, как коллективизация, национализация и государственный контроль над обществом.

Данная статья посвящена системе трудовых лагерей в маоистском Китае как явлению, при котором к «врагам народа» применялись политические меры, характеризуемые сочетанием подавления и высылки, продуманных актов устрашения и публичного осуждения. 1950-е годы стали временем массового насилия в колоссальных масштабах, хотя измерить эти масштабы затруднительно, а то и невозможно. Однако масштабы насилия — не главная тема этой статьи; скорее мне хочется реконструировать исторические факторы и обстоятельства, вызвавшие подобный всплеск насилия, с миллионами репрессированных людей и во-

---

[1] О преемственной связи см. [Kirby 2004].

влечением большого количества преступников и свидетелей. Меня интересует, каковы ключевые компоненты этих политических мер, *кто* организовывал террор, как насильственные методы встроились в новую политическую систему, какой вид они принимали, как функционировали и в чем были их основные плюсы и минусы с точки зрения тех, кто их осуществлял. Что заключается здесь в понятии «насилие»? Есть ли смысл в историзации трудовых лагерей? В мои намерения не входит изображать Коммунистическую партию Китая (КПК) и ее вождей кровожадными диктаторами и палачами народа и представлять трудовые лагеря как следствие звериной жестокости, но, напротив, я хочу заострить внимание на внутренне противоречивой динамике китайского социализма и его непростом наследстве. По мнению Ханны Арендт, частое применение силы революционными государствами выявляет присущую им нестабильность и (осознанный) недостаток легитимности [Arendt 1951: 477]. Если основываться на этом наблюдении, то представляется, что использование трудовых лагерей само по себе демонстрировало слабость и неустойчивость власти КПК.

Массовое насилие характеризуется уничтожением больших прослоек гражданского населения, часто сопровождаемым зверствами, которые с первого взгляда кажутся бессистемными или лишенными смысла. Однако помимо крайней жестокости людей, на которых мы зачастую возлагаем ответственность за подобные злодеяния, массовое насилие и убийства являются следствием своеобразного «рационализма». Они не просто рождаются в «исступлении бойни» («battlefield frenzy», выражение, использованное Кристофером Браунингом для описания взаимной беспощадности солдат в разгар войны [Browning 1992: 160]), а, скорее, становятся итогом обдуманной программы перемещения и истребления групп гражданского населения (мужчин, женщин и детей).

Термин «массовое насилие» подразумевает не конкретную технологию или специфическое орудие убийства (нож, пулемет, ядовитый газ и пр.), но коллективно организованный акт или серию актов, имеющих целью ликвидацию целых групп безоружных людей. Поскольку массовые преступления требуют высокой степени организованности, ответственность за них часто лежит на государстве. Очевидно, что подобные зверства под силу и отдельным группировкам, повстанческим отрядам, партизанским движениям, стремящимся к власти. Однако данная форма насилия становится более эффективной, когда у ее организаторов в распоряжении имеются особенно действенные методы: при поддержке армии, полиции, административных ресурсах и разветвленных сетях связи внутри населения можно совершать широкомасштабные убийства [Valentino 2004]. Помимо этого, важными составляющими современной системы государственного насилия являются также конкретные образы, метафоры и политическая идеология. Согласно Джеймсу Скотту, в основе политических программ, направленных на кардинальное переустройство общества, нуждающегося в устранении будущего конфликта, лежит высокий модернизм в авторитарной форме [Scott 1998][2]. Эта утопическая цель неизбежно ведет к отрицанию многих базовых прав личности, если не их существования в целом. Высокий модернизм также является фундаментом того типа современного коммунизма, который получил развитие на базе советской модели. Маоизм как разновидность сталинизма в той же мере испытывал влияние некоторых элементов этого подхода к созданию нового человека и нового общества. Настоящая статья помещает трудовой лагерь в более широкий исторический контекст, а также обрисовывает взаимный обмен идеями и методами между китайской и советской лагерными системами, следствием чего явилось их сходство, но также различия и модификации.

С этой целью я анализирую дискурс, стоявший за склонностью руководства страны применять насилие в борьбе с реальными или мнимыми врагами. Массовые репрессии осуществлялись двумя способами, с помощью двух различных наборов действующих лиц. При первом способе использовались массовые движения и кампании, организуемые местными партийными ячейками при поддержке местных госучреждений. Второй способ задействовал правоохранительные органы. Я заключаю, что в 1950-е

---

2 Русское изд. [Скотт 2010].

годы система трудовых лагерей играла значительную, системную роль. Реагируя на недостаток собственной легитимности и продолжавшееся сопротивление, власти вознамерились выстроить эффективную систему для борьбы с оппонентами. Однако большинством исследований данный аспект игнорировался или преуменьшался, поэтому вопрос массового насилия все еще ждет всестороннего критического пересмотра.

Обстоятельных научных трудов о лагерной системе лаогай немного. Ранее они в основном опирались на опубликованные документы и воспоминания, отчасти по причине нехватки достоверных архивных источников [Domenach 1992; Wu 1992; Williams 2004]. Важнейшие фонды находятся в архивах центрального правительства и центральных партийных органов и по-прежнему закрыты для исследователей. Больше повезло ученым с местными архивами. Ныне стала доступна значительная масса бывших секретных материалов, включая тайные полицейские отчеты, лагерные картотеки, полные, без купюр, тексты речей и инструкций партийных работников и руководителей, досье заключенных, содержащие признания и отчеты о работе, мемуары, письма и устные рассказы. Эти документы проливают свет на повседневную жизнь лагерей, особенно такие моменты, как применение силы, условия труда и перевоспитание, тогда как управление системой лаогай в целом, в том числе подробная статистика, остается малоизвестным аспектом[3]. Один из главных обсуждаемых в литературе вопросов — несоответствие благостных официальных заверений суровой лагерной действительности. Другая проблема касается общего политического и социального назначения лагерной системы.

Государство как орудие

За репрессиями, волны которых регулярно прокатывались по Китаю в 1950-е годы, стоял особый политико-правовой дискурс, который оформлял и оправдывал применение силы. Вожди КПК

---

[3] См., например, [Ning 2017; Smith 2013; Kiely 2014; Dikötter 2013; Mühlhahn 2009; Schoenhals 2013].

рассматривали государство и закон как инструменты управления и власти, не видя в них самостоятельной ценности. Как таковые закон или государство никогда не относились к ценностям или порядкам, существующим независимо от общества. По мнению КПК, закон не связан с идеями правосудия (или справедливости); скорее это орудие борьбы с врагами социализма. По словам Мао Цзэдуна, «государственная машина — армия, полиция, суд и т. п. — является орудием подавления одного класса другим. По отношению к враждебным классам она является орудием подавления, насилием» [Мао 1969–1977, 4: 510][4]. Партия отвергла также идею всеобщего равенства перед законом. Напротив, поскольку закон рассматривался как продолжение классовой борьбы и инструмент для расправы с врагами, всегда следовало проводить фундаментальное различие между понятиями «мы», или «народ», и «они», то есть «враги народа». Народу было дано право участвовать в общественной жизни, но так называемые враги народа, или контрреволюционеры, подчинялись «демократической диктатуре» народа. В сочинениях Мао, как и в более поздних официальных и юридических документах, понятие врага или контрреволюционера оставалось размытым. Со временем были введены такие критерии, как «политическая косность», «исторические проблемы» или «классовое происхождение», хотя они всегда оставались размытыми и гибкими, завися от конкретного периода и политического курса. Если вначале врагов выискивали преимущественно вне партии, например среди бывших приверженцев Гоминьдана и прочих оппозиционных сил, то к середине 1950-х фокус внимания сместился на группы и отдельных лиц внутри рабочих организаций и партийных ячеек. На протяжении пятидесятых годов определение врага делалось все более туманным, расширяя границы поиска. «Демократическая диктатура» предполагала, что с врагами или контрреволюционерами следует расправляться сурово и беспощадно: другими способами и более жестоко, чем с правонарушителями — выходцами из народа. Врага надо либо

---

4 Я привожу здесь официальную, отредактированную версию текста Мао, поскольку именно в этом виде она имела хождение в Китае.

истребить, либо заставить перековаться с помощью тяжелого труда и стать «новым человеком» (*синь жэнь*). Последний процесс Мао также описывал как превращение «отбросов» в нечто полезное [Мао 1969–1977, 5: 360].

Хотя в целом партия сосредоточилась на насильственном перевоспитании, в зависимости от обстоятельств контрреволюционеров приходилось уничтожать, потому что те «вызывают глубокую ненависть масс» [Мао 1969–1977, 5: 61] и имеют перед массами тяжкие кровавые долги. Таким образом, применение насилия оправдывалось народным возмущением и кровавыми долгами (*се чжай*). Последнее выражение часто встречается в речах и сочинениях Мао. Концепция «кровавых долгов» использовалась, чтобы доказать, что народное возмущение наделило партию законным правом искать возмездия и кары в борьбе со злейшими врагами. Помимо того, Мао ясно давал понять, что контрреволюция в Китае по-прежнему существует, поэтому потребуются новые кампании для борьбы с ней. Социалистическое государство обязано быть настороже и не может позволить себе отказаться от применения силы:

> Нужно ли, однако, вводить закон о непредании казни ни одного из контрреволюционеров, выявленных в учреждениях? Нет, это наша внутренняя политическая установка, которая не подлежит обнародованию... Но если, допустим, кто-то бросит бомбу и убьет всех, половину или треть людей, находящихся здесь в зале, то скажите, следует ли его казнить? Безусловно, следует [Мао 1969–1977, 5: 360].

Революционное правосудие, по мнению Мао, неизбежно подразумевало перегибы: «Чтобы выпрямить, надо перегнуть; не перегнешь — не выпрямишь» [Мао 1969–1977, 1: 30]. Правосудие должно пройти этап карательных мер, этап открытого и беспощадного возмездия. Наказаниям полагалось быть такими, чтобы в них видели символическое выражение общественного возмущения гнусными злодеяниями. При умелой организации публичные расправы являлись мощным инструментом. Они могли применяться для подавления и искоренения оппозиции. В то же время разыгранная на публике драма карающего правосудия служила цели сплотить общественное мнение вокруг партийного курса и направить возмущение на определенных врагов. Мао не скрывал, что, на его взгляд, это должно принять форму террора. Террор не только допускался, как неизбежное зло, но был необходим революционной программе.

В центре этого дискурса находится тип мышления, берущий начало в бинарном противопоставлении «друг — враг», или, говоря словами Мао, противопоставлении народа и врагов народа[5]. В результате фундаментальное разделение на друзей и врагов произошло не только в области права, но и в политике и повседневной жизни. Карл Шмитт определил это разделение как один из основополагающих принципов диктатуры [Schmitt 1976][6]. Начиная с середины 1930-х годов на протяжении почти 50 лет размежевание на «друзей» и «врагов» в Китае составляло каркас политики и закона, так что вся «нация практически полностью существовала на базисе этого бинарного разделения» [Dutton 1992: 4]. Политическая и правовая сферы оказались полностью подчинены мнимой потребности контролировать и защищать бинарное разделение на друзей и недругов. Государственные учреждения рассматривались как орудия для борьбы с врагами и защиты народа. Вопрос лояльности или нелояльности перевешивал все прочие соображения, открывая путь злоупотреблению силой, направляемому и разрешенному государством. Идеология классовой борьбы, таким образом, господствовала в политической жизни: она оправдывала и поощряла подавление и уничтожение тех, кто считался непокорным или рассматривался как препятствие на пути революции.

Массовые кампании, террор и укрепление режима

Важнейшим рычагом нового правительства для обращения государственной мощи против врагов был так называемый народный трибунал. Трибуналы существовали параллельно с обыч-

---

5 См. [Dutton 2005: 3].

6 Цит. по [Dutton 1992: 3]. Русское изд. [Шмитт 2016].

ными народными судами, но носили особый характер и действовали только в течение конкретной кампании[7]. Впервые трибуналы были введены во время движения за земельную реформу в 1950 году. 20 июля 1950 года было обнародовано Положение об организации народных трибуналов. Трибуналы формировались народными правительствами на уровне провинций или выше и по выполнении своих задач распускались. Основной их задачей являлось «применение судебного производства для покарания местных деспотов, бандитов, специальных агентов, контрреволюционеров и преступников, которые попирают законность и правопорядок в отношении аграрной реформы»[8]. Трибуналы имели право производить аресты, задерживать подозреваемых и приговаривать к различным мерам наказания, от тюремного заключения до смертной казни[9]. В состав трибуналов по большей части входили члены местных парторганизаций. Впоследствии многие из них назначались в обычные суды на основании того, что уже получили судебную подготовку во время работы в трибуналах.

Для отправления правосудия народные трибуналы использовали такие методы «привлечения масс», как массовые суды и обвинительные митинги. Широко применялись три формата: «обвинительный митинг» (*кунсу хуэй*), «большое собрание для объявления приговора» (*сюаньпань дахуэй*) и «массовый суд» (*гуньшэн*) [Mühlhahn 2009: 181]. К участию в каждом из них могло привлекаться до десяти тысяч человек. Подобные мероприятия организовывались таким образом, чтобы активизировать население и вести среди него разъяснительную работу при помощи отрицательных примеров и страха публичного наказания. Функ-

---

7 Существовало несколько типов кампаний, различавшихся степенью участия общественности и целевым контингентом (см. [Strauss 2006]). В этой главе я фокусирую внимание на двух типах: больших массовых кампаниях (*цюньджун юньдун*) 1950–1953 годов и регулярных мелких кампаниях, проводившихся бюрократией и направленных против ограниченных социальных или профессиональных групп. Трибуналы задействовались обоими типами.

8 Цит. по [Dutton 1992: 36].

9 Тюремное заключение на срок свыше пяти лет требовало утверждения правительством провинции.

ционируя вне официальной судебной системы, народные трибуналы в сотрудничестве с органами общественной безопасности и партийными организациями нередко осуществляли масштабные чистки, приводя в исполнение политику правительства. В 1950–1953 годах в результате всенародных кампаний и движений были выделены и изолированы от остального общества несколько социальных групп: землевладельцы (кампания земельной реформы), контрреволюционеры («кампания по подавлению контрреволюции»), коррумпированные чиновники (кампания против «трех зол»: коррупции, расточительства и бюрократизма), капиталисты и частные предприниматели (кампания против «пяти зол»: взяточничества, уклонения от налогов, махинаций, казнокрадства, утечки государственных экономических тайн), работники образования и вообще представители интеллигенции («кампания за перестройку мышления»).

Нижеследующий пример демонстрирует ход обвинительного митинга, проведенного во время «кампании по подавлению контрреволюции». 20 мая 1951 года пекинское городское народное правительство организовало огромный публичный митинг для предъявления обвинений контрреволюционерам. Обращаясь к возбужденной толпе, министр общественной безопасности Ло Жуйцин предложил приговорить к смерти около 220 преступников из примерно 500 обвиняемых. Следом за ним выступал майор Пэн Чжэнь, завершивший свою речь словами:

> Представители народа! Товарищи! Мы с вами выслушали отчет министра Ло и обвинения пострадавшей стороны. Что будем делать с этими порочными, жестокими деспотами, бандитами, предателями и шпионами? Что будем делать с этими животными? («Расстрелять!» — раздались выкрики из толпы.) Верно, их следует расстрелять. Если их не казнить, это будет несправедливо... Мы истребим всех этих деспотов, бандитов, предателей и шпионов. Мы расстреляем их всех, кого только сможем найти. (Громкие аплодисменты и скандирование лозунгов: «Поддержим народное правительство! Поддержим майора Пэна!») На днях бюро общественной безопасности вынесло результаты своего расследования на обсуждение в городской консультативный комитет. Сегодня эти результаты обсуждались уже всеми вами. Вы выра-

> зили единодушное мнение по этому вопросу. После митинга мы передадим дела в военный суд городского комитета военного контроля для вынесения приговоров. Завтра — осуждение; послезавтра — казнь. (Громкие аплодисменты и выкрики.) Нынешние обвиняемые — лишь часть контрреволюции. В тюрьме содержится только кучка. Сверх того, немало их скрывается в Пекине. Все жители города должны подняться и начать сотрудничать с органами общественной безопасности, чтобы ликвидировать и изничтожить их (громкие аплодисменты) [Жэньминь жибао. 1951. 3 июня].

Тщательно подготовленные и организованные, массовые суды и обвинительные митинги «имели целью сконцентрировать беспредметную ненависть населения к контрреволюционерам и одновременно стимулировать активную публичную поддержку режима» [Strauss 2002: 97]. Организуя массовые кампании, власти осознанно старались усилить популярность режима, расширить официальный и неофициальный инструментарий революционного государства, выстроить и укрепить вертикаль бюрократического управления. Целью массовых кампаний, проводившихся китайским правительством в начале 1950-х годов, были борьба с потенциальной оппозицией, установление мира в стране и получение одобрения и поддержки населения. Многие политические меры, например земельная реформа, коллективизация и национализация частных предприятий в городской местности, оказались крайне непопулярными и встречали сопротивление [Гао Хуа 2000; Ян Куйсун 2009; Dikötter 2013]. Учитывая недостаток собственной легитимности, партия нуждалась в проведении кампаний, чтобы снискать поддержку населения. Для этого выделялись существенные людские и финансовые ресурсы, а следовательно, режим придавал кампаниям большое значение.

Во время кампаний начала 1950-х годов, по неполной официальной статистике, полиция, армия и партийные органы фактически без всякого участия обычных судов провели около 4 000 000 арестов [Dutton 1992: 167]. Сотни тысяч «классовых врагов» или «врагов народа» были приговорены к смерти и казнены. Смертные приговоры массовых судов приводились в исполнение немедленно либо на следующий день[10]. Казни, как правило, были публичными. Приговоренного ставили на колени, спиной, после чего приканчивали одним выстрелом. Публичное проявление беспощадной жестокости производило на общество глубочайшее впечатление и недвусмысленно демонстрировало, к чему в конечном счете приводит «классовая борьба». Миллионы людей были приговорены к тюремному заключению чрезвычайными судами, армией или полицией[11]. Инакомыслящие и реальные или мнимые враги подверглись насилию и террору. КПК доказала готовность применять репрессии против собственных граждан и, при необходимости, в любой момент существенно изменить или проигнорировать ключевые положения шаткого социалистического законодательства.

Однако аресты и казни, а также готовность местных партработников участвовать в кампаниях приобрели неожиданный размах. Чем дольше протекали кампании типа земельной реформы и борьбы с контрреволюцией, чем больше крови казненных лилось на землю, тем настойчивее становились призывы центрального правительства к местным властям проявлять сдержанность[12]. Многие исполнители на местах (партийные работники,

---

[10] Пример массового суда и массовой казни около 50 землевладельцев во времена движения за земельную реформу описан в [Ruf 1998: 86–87].

[11] Часто называется цифра в 800 000 казненных контрреволюционеров. Сам Мао в 1957 году объявил, что во время кампании по искоренению контрреволюции 1950–1953 годов было уничтожено 700 000 человек. В период с 1954 по 1957 год были казнены как контрреволюционеры еще 70 000 человек. Мао также признавал, что по ошибке убивали и невинных людей (см. [Мао 1989: 142]). Если в среднем к смерти приговаривали треть или четверть всех осужденных контрреволюционеров, можно подсчитать, что общее их количество составляло 2 100 000 — 2 800 000 человек. И это самое малое; подлинные цифры, вероятно, намного выше. См. также [Yang Kuisong 2008].

[12] В 1950 и 1951 годах Мао Цзэдун написал несколько заметок о движении за подавление и ликвидацию контрреволюции: «При подавлении контрреволюции необходимо проводить партийную линию масс» (май 1951 года) [Мао 1969–1977, 5: 53–56]; «При подавлении контрреволюции нужно бить осмотрительно, метко и беспощадно» (декабрь 1950 года — сентябрь 1951 года) [Мао 1969–1977, 5: 57–62]). Он выражал растущее беспокойство тем, что движение выходит из-под контроля. 8 мая 1951 года Мао доказывал, что немедленной

ополченцы) явно использовали эти кампании для сведения старых счетов с соседями и решения затянувшихся местных конфликтов в свою пользу.

Массам надлежало не только наблюдать за событиями, но и принимать в них активное участие. Их следовало «поднять» (*фадун цюньчжун*) и навязать им роль в курсе, проводимом властью, чтобы таким образом они коллективно подтверждали ее народную легитимность. Широкое и непосредственное участие масс в уголовном процессе надо было тщательно отрепетировать. К многочисленным судебным процессам и кампаниям привлекали представителей всех слоев общества, мобилизуя низовые партийные кадры и объединяя их ради целей, продвигаемых властями. Как утверждала Джулия Стросс, говоря о массовых кампаниях, самой важной аудиторией являлась «региональная и местная прослойка революционной власти» [Strauss 2002: 85]. Задачей центральной власти было расположить к себе местных и городских руководящих партработников, через которых центр проводил свои директивы. Поэтому кампании, массовые суды и народные трибуналы играли важнейшую роль в трансляции норм, установленных властями, и надзоре за их соблюдением. Функционируя в обход судебной системы, они снабжали центральную власть мощной идеологической и нравственной мотивацией, обеспечивавшей покладистость и исполнительность низового партийного состава и чиновников, а также населения в целом. В то время как судебная система служила организационным ядром санкционированного процесса, массовые суды и кампании действовали как гибкие неофициальные механизмы, призванные эффективно, непосредственно, быстро вводить на местах социально-политические нормы и удостоверяться в их широкой общественной поддержке и выполнении.

казни подлежат только преступники, совершившие наиболее страшные преступления (убийство, изнасилование); всем остальным следует предоставлять отсрочку на один-два года [Мао 1969–1977, 5: 59]. 15 июня 1951 года [Мао 1969–1977, 5: 61] он рассуждал о том, что его прежнюю политику нельзя клеймить как слишком снисходительную. В любом случае частые высказывания Мао свидетельствуют о том, как трудно было контролировать кампанию.

Кампания по подавлению контрреволюции придала этим массовым организациям более структурированную форму и, с официального одобрения, предоставила им возможность расширить свои полномочия. Ко времени окончания данной кампании в 1953 году в Китае было 170 000 домовых или рабочих комитетов безопасности с численностью массовых активистов более 2 000 000 человек[13]. Они стали опорой для имевших небольшие штаты отделов общественной безопасности и решили проблему, беспокоившую соответствующее министерство со времени освобождения. Под руководством местных органов общественной безопасности, предприятий, деревень и городов их силы объединились, взяв под контроль все аспекты социальной жизни, чтобы охранять общественный порядок буквально на каждой улице и в каждой рабочей бригаде.

Исправление через труд: лагерная система лаогай

По мере того как Народно-освободительная армия брала города, военная администрация устанавливала новые порядки. Прежде всего властям пришлось бороться с общественными волнениями, которые вспыхивали вслед за боями во многих местах, особенно в городах. Консолидация и восстановление порядка при помощи вышеупомянутых кампаний являлись первейшими задачами. Военное руководство приступило к поимке так называемых военных преступников, шпионов и предателей, чтобы уничтожить существующие очаги сопротивления и остатки сил Гоминьдана. В это же время Народно-освободительная армия боролась с преступностью, проституцией, уличным бандитизмом и бродяжничеством. Одновременное наступление на военного противника и на преступность снискало властям народную поддержку, считавшуюся важным средством для укрепления нового строя. Кампании, рабочие и домовые комитеты и органы общественной безопасности успешно выполняли свои функции в 1950–60-е годы. От различных организаций

---

[13] См. [Тао Сыцзюй 1996: 104].

или кампаний пострадали миллионы китайцев. Кого-то сразу казнили, но большинство были отправлены в отдаленные районы на принудительные работы. Хотя новые власти производили множество арестов, мест для содержания арестованных по-прежнему заметно не хватало. Всего через несколько месяцев после провозглашения Китайской Народной Республики тюрьмы были серьезно переполнены. Вскоре после событий 1949 года режим столкнулся с вопросом: что делать с огромным количеством людей, заклейменных как враждебные элементы и подозревавшихся в неприятии идей социализма? Ответ был: создать масштабную систему трудовых лагерей.

Начало лагерной системе было положено в мае 1951 года. В это время проводилось Третье всенародное совещание по общественной безопасности, на котором впервые целенаправленно обсуждались методы обращения с осужденными правонарушителями и проблемы размещения заключенных[14]. Мероприятие посетили многие ключевые лидеры — факт, доказывающий, какое большое значение придавалось этим обсуждениям. В числе прочих программную речь прочел Лю Шаоци, свои замечания высказал Пэн Чжэнь, а Мао Цзэдун лично отредактировал окончательную резолюцию совещания[15]. Это не значит, что «исправление через труд» (*лаогай*) не имело прецедентов; таковые существовали ранее, в цзянсийский и яньаньский периоды.

В своем обращении Лю Шаоци указал на значительность проблемы. Он сообщил участникам совещания, что срочно требуется решить вопрос о размещении большого количества заключенных. Необходимо изыскать способы охранять, организовывать, исправлять и, если нужно, наказывать осужденных[16]. Он предложил, чтобы надзор за тюрьмами был поручен ведомству общественной безопасности. Далее Лю порекомендовал органи-

---

14 См. [Ян Сяньгуан 1989: 25].

15 См. [Ян Дяньшэн и Чжан Цзиньсан 1998: 30].

16 См. [Цай Яньшу 1988: 9]. Частично данная речь перепечатана в [Ван Гэнсинь 1992: 163–164]. В указанной речи Ли Шаоци упомянул общее количество заключенных, но в перепечатке эти сведения были опущены.

зовывать лагеря таким образом, чтобы осужденных поощряли за соблюдение распорядка и усердный труд. Работающие должны вознаграждаться: «Если кто-то прилежно трудится, выдайте ему небольшую награду или премию. Повышайте его активность мелочами вроде сигарет, мяса или мыла». Отдельно он остановился на пользе труда заключенных для китайской экономики:

> Если хорошо поставить дело, оно сулит много выгод. Это трудовые ресурсы численностью <...> человек [число в тексте вымарано. — *К. М.*], равные всем трудовым ресурсам Болгарии. [Эти ресурсы] не нуждаются в страховании и заработной плате; они могут выполнять массу работы, возводить огромные объекты. В Советском Союзе заключенные использовались на строительстве нескольких каналов. Если мы все сделаем правильно, это принесет экономическую и политическую пользу. Потому что мы не уничтожили их, мы можем позволить им работать, и, возможно, в будущем, через какое-то время, они превратятся в хороших людей (*хао жэнь*)[17].

Как показывает приведенная цитата, советский ГУЛАГ был важным ориентиром в дискуссиях внутри китайского руководства. Советники из СССР предоставляли китайским властям подробные проекты [Kaple 1998]. В этой области в первые годы существования КНР опирались не только на данные советников, но также на книги и статьи, переведенные с русского языка на китайский. Сами трудовые лагеря призваны были стать наиболее успешной и наиболее социалистической формой карательного воздействия. Они должны были перевоспитывать преступников и в изобилии производить материальные блага. Под прикрытием пропаганды правительственные документы того времени свидетельствуют, что трудовые лагеря создавались как «проект под

[17] См.: Лю Шаоци. Обращение к Третьему всенародному совещанию по общественной безопасности (11 мая 1951) [Ван Гэнсинь 1992: 163–164]. Согласно статистике ООН, в 1951 году население Болгарии составляло 7,2 млн человек, а рабочая сила — 5,4 млн. См.: URL: http://www.un.org/esa/population/publications/worldageing19502050/pdf/054bulga.pdf. (в настоящее время ссылка недоступна). Следовательно, в 1951 году, перед учреждением системы трудовых лагерей, в Китае насчитывалось по меньшей мере 5 000 000 заключенных.

ключ», основанный на советских разработках и с учетом возможностей относительно небольшого китайского бюджета.

Резолюция, принятая 15 мая 1951 года, явилась ключевым документом, заложившим организационные основы лаогай[18]. Одним из важных вопросов, затронутых в ней, был вопрос о надзоре за тюрьмами. Совещание одобрило решение, согласно которому заведование тюремной системой отныне вверялось Министерству общественной безопасности. В резолюции также содержались подробные нормативные положения, наметившие внутреннюю структуру лаогай [Сунь Сяоли 1994: 22]. Осужденные, приговоренные к пяти годам заключения и более, должны были распределяться по отрядам (*дадуй*), находившимся под управлением провинциальных органов лаогай. Основное производство и строительные проекты, разрабатываемые в соответствии с потребностями государственного переустройства, планировалось поручать отрядам лаогай. Отряды эти в организационном плане представляли собой крупные трудовые лагеря; они образовали ядро системы лаогай[19]. Одной из важных особенностей системы (по аналогии с советским ГУЛАГом) являлось то, что ставка в ней делалась преимущественно на саморегулирование (например, посредством деления заключенных в лагерях на политических и уголовных), и охраны было немного. Приговоренные к срокам от одного до пяти лет направлялись в небольшие лагеря лаогай, подчинявшиеся районной или уездной администрации. Поэтому они оставались поблизости от своего местожительства и под контролем местных властей. Осужденные на срок менее года должны были трудиться под надзором (*гуаньчжи*), им разрешалось работать на прежней работе и жить дома. Подчеркивалось, что помимо организации труда и производства лагерям следовало заниматься перевоспитанием преступников. Воспитательная работа включала в себя политическое, идеологическое, культурное, а также гигиеническое направления. Вы-

---

[18] Резолюция Третьего всенародного совещания по общественной безопасности (15 мая 1951) [Ван Гэнсинь 1992: 162].

[19] См. [Domenach 1995: 89].

сокие трудовые и воспитательные показатели следовало поощрять различными привилегиями, вплоть до условно-досрочного освобождения, за плохое поведение наказывать (самое суровое наказание — увеличение срока заключения).

Наконец, резолюция призывала к созданию административного аппарата системы лаогай. Органам общественной безопасности на всех уровнях предписывалось открыть специальные бюро для управления объектами лаогай. Провинции и крупные города должны были направлять в эти бюро по 20–30 чиновников, районы — по 5–10, уезды — 2–3 человек. Положения об административной структуре системы весьма примечательны, особенно в сравнении с советскими. Китайское руководство явно не хотело учреждать отдельное централизованное ведомство для управления системой лаогай, как было в Советском Союзе. Вместо этого был использован существующий аппарат общественной безопасности. Все крупные подразделения или лагеря лаогай, таким образом, управлялись провинциальными органами общественной безопасности, а не центральным ведомством из Пекина. В то время как в Москве существовало Главное управление исправительно-трудовых лагерей (ГУЛАГ), Министерство общественной безопасности в Пекине не имело непосредственной власти над большинством учреждений лаогай [Applebaum 2003][20]. За исключением нескольких межпровинциальных инфраструктурных проектов, Одиннадцатое управление министерства (*шии цзюй*) ограничивалось условным присмотром за провинциальными бюро общественной безопасности, которые, в свою очередь, надзирали за повседневной деятельностью лагерей[21].

С мая 1951 года началась широкомасштабная организация системы лаогай. Для координации деятельности центральное руководство создало совместные административные комитеты, где в различных подразделениях и на разных уровнях управления работали сотрудники ведомств общественной безопасности, финансов, водоснабжения, государственного строительства, тя-

---

[20] Русское изд. [Эпплбаум 2015].

[21] Роль провинций также подчеркивается в [Domenach 1995: 127–128].

желой промышленности и железных дорог. Комитеты занимались реализацией конкретных шагов по обустройству учреждений лаогай. Важным вопросом, обсуждавшимся на собраниях, был вклад системы трудовых лагерей в народное хозяйство. Директивы центральной власти требовали, чтобы учреждения лаогай взялись за важные экономические задачи в рамках государственного переустройства. Эта миссия, разумеется, являлась и основным назначением советского ГУЛАГа. Как отмечалось выше, настаивая на вкладе системы лаогай в экономику, китайские власти подражали Советскому Союзу. Задействование отрядов лаогай на строительстве гидросооружений (на реках Хуанхэ, Хуайхэ) представлялось правительству особенно уместным. Центральные партийные органы также торопили местное руководство изыскивать способы быстрого перемещения большого количества заключенных в новые исправительные учреждения, чтобы они могли без промедления начать деятельность. Несколько месяцев спустя, в сентябре 1951 года, прошел Четвертый всенародный съезд по общественной безопасности. На нем опять подробно обсуждался вопрос тюрем [Ян Сяньгуан 1989: 24]. Министр Ло Жуйцин в своем сообщении обратил особое внимание на задачу исправления контрреволюционеров. В деятельности лаогай должны были сочетаться труд и политика, наказание и перевоспитание. Несмотря на сделанный министром акцент на перевоспитании, окончательная резолюция сосредоточилась на организации труда в лагерях. С самого начала были разногласия, чему отдать предпочтение в системе лаогай: труду или исправлению. Хотя вслух заявлялось о приоритете перевоспитания, в начале 1950-х годов власти делали акцент на тюремном труде и производстве. Они рассуждали практически исключительно об экономической роли лагерей, редко упоминая об исправлении. В этом положение лаогай также зеркально отражало проблемы ГУЛАГа. Поначалу идея перевоспитания занимала видное место в повестке советской пенитенциарной политики, но с наступлением 1930-х годов быстро забылась [Khlevniuk 2004].

Инициативы правительства вскоре дали ощутимые результаты. К июню 1952 года к работе были привлечены 62 % осужденных.

Тюремный труд сделался заметным экономическим фактором. Переброска заключенных на большие стройки дала властям возможность сократить численность свободной рабсилы примерно на 80 000 человек. Помимо учреждений лаогай, которые использовались в инфраструктурных проектах, координировавшихся и управлявшихся из Пекина, в провинциях существовало множество лагерей, представлявших собой сельскохозяйственные фермы. К 1952 году насчитывалось 640 ферм-лаогай, в 56 из них содержалось более 1000 заключенных. Чуть меньше были распространены горнодобывающее производство и печи для обжига. Промышленный сектор в 1952 году включал в себя 217 учреждений лаогай, в 160 из которых содержалось более 100 заключенных, в 29 — более 500 человек в каждом[22]. В 1952 году в распоряжении властей находилось по меньшей мере 857 учреждений, не считая передвижных лагерей, использовавшихся на строительстве железных дорог и каналов.

Первый пятилетний план, официально выполнявшийся с 1953 по 1957 год, обеспечил возможность в полной мере использовать тюремный труд для государственного переустройства в масштабах всей страны. Целью было выжать из системы лаогай максимальную экономическую выгоду. К 1954 году количество учреждений лаогай многократно возросло; руководство страны располагало 4671 трудовым лагерем. Многие из них были относительно малы и находились в ведении уездных властей или местных партийных работников. К принудительному труду было привлечено более 83 % заключенных. 40 % узников были задействованы на фермах, 34 % — в промышленности, в частности горнодобывающей и тяжелой, 20 % работали на сооружении каналов и железных дорог.

Этап создания трудовых лагерей завершился 26 августа 1954 года опубликованием Положения о лаогай Китайской Народной Республики. Текст Положения был составлен с помощью совет-

---

[22] Здесь и далее, если не оговорено иное, приводятся цифры из [Сунь Сяоли 1994: 23]. Гарри У [Wu 1992: 60] называет похожие данные по количеству лагерей, однако указывает намного большее число заключенных.

ников из СССР. Стиль изложения также наводит на мысль, что его авторы были озабочены прежде всего техническими и организационными проблемами[23]. Общие теоретические вопросы затрагиваются только в первых двух статьях Положения. В статье 1 сформулировано назначение системы лаогай: «карать контрреволюционеров и прочих уголовных преступников и перевоспитывать их посредством труда» [Blaustein 1962]. Статья 2 разъясняет, что все учреждения лаогай рассматриваются как «один из инструментов демократической диктатуры народа». Данное определение является ключевым пунктом; это не просто общая фраза. Надо помнить, что в своей речи 1949 года Мао толкует демократическую диктатуру как власть народа (а именно союза рабочих и крестьян) над контрреволюционными классами[24]. Установление диктатуры над внутренними врагами, продолжает он, явилось предпосылкой для упрочения победы революции. Отсюда вытекает, что лаогай считался главным инструментом государства в противоборстве с мнимыми или реальными врагами социалистического Китая. «Демократическая диктатура» народа была орудием борьбы с противниками, оберегавшим народное правительство от свержения. На кону стояла не справедливость или правосудие, но победа революции. Акцент на диктатуре и классовой борьбе, который делается во второй статье Положения, открыто подразумевает, что ведется война и, следовательно, применение явного насилия оправданно. Видя в политике продолжение войны, китайское руководство явно шло путем, завещанным ленинизмом и сталинизмом. Как объяснял министр Ло Жуйцин, данная стратегия являла собой «эффективный способ искоренить контрреволюционную деятельность и всю уголовную преступность» [Ло Жуйцин 1994: 233].

Вероятно, самый противоречивый параграф Положения — статья 62[25]. В ней указывалось, что тем заключенным, которые

---

23 Подобное соображение высказывается также в [Domenach 1995: 96].

24 Мао Цзэдун. О демократической диктатуре народа [Мао 1969–1977, 4: 513].

25 Представляется, что данная статья вызывала споры и внутри руководства. Ло Жуйцин уделил немало места ее обсуждению в своем общем введении к Положению [Ло Жуйцин 1994: 23].

после отбытия срока пожелают остаться в лагере, поскольку не имеют ни дома, ни перспективы найти работу либо проживают в малонаселенных районах, следует, в случае если их размещение будет возможно, продолжать службу в трудовых лагерях. Иными словами, в статье говорилось, что при определенных условиях заключенные должны оставаться в лагере даже по истечении срока наказания. Главнейшим вопросом было: кто из освобождающихся заключенных по-прежнему имеет дом или работу и не живет в малонаселенном районе? Большинство узников после приговора лишались регистрации по месту жительства, так что действительно больше не имели ни дома, ни работы. Хотя смысл статьи был туманным, она закладывала основы так называемой системы трудоустройства (*цзю е*) для отсидевших заключенных. Освободившиеся осужденные получали работу и жилье в тех трудовых лагерях, где они отбывали срок, или поблизости от них[26]. Официально их именовали «трудоустраиваемым контингентом» (*цзю е жэньюань*), в разговорном же обиходе — «свободными зэками» (*цзыю фань*). Фактически большинство узников, официально освободившихся из мест заключения по истечении срока, оставались в лагере на положении «свободных зэков» на неопределенное время[27]. До 1978 года это была одна из главных особенностей трудовых лагерей: лишь немногие заключенные имели возможность когда-нибудь выйти оттуда, вернуться домой и снова жить обычной жизнью. Численность «свободных зэков» неуклонно росла, так что в некоторых учреждениях «трудоустраиваемый контингент» даже составлял большинство.

Хотя система трудоустройства официально существовала параллельно с системой лаогай, ее следует рассматривать как продолжение последней. Очевидно, что политические и эконо-

---

[26] Эта статья была детализирована во «Временном положении об освобождении преступников, отбывших наказание, и их трудоустройстве» от 7 сентября 1954 года. См. [Wu 1992, 1: 13–14, 108–110; Domenach 1995: 99–100].

[27] Единственными категориями, действительно подлежавшими освобождению, были люди, получившие срок до двух лет, старые и немощные заключенные, партийные работники КПК и их дети, а также те, кто имел семьи в сельской местности. См. [Wu 1992: 111].

мические резоны, а также соображения безопасности привели власти к принятию концепции «держать дольше, выпускать меньше» (*долю, шаофан*) [Wu 1992: 111]. Сутью этой концепции была изоляция групп гражданского населения, которые считались враждебными. Кроме того, она утверждала приоритет общеэкономических запросов системы перед необходимостью исправления и перевоспитания. Система лаогай имела в своем распоряжении постоянно возраставшие трудовые ресурсы; в то же время она гарантировала, что контрреволюционеры и другие враги никогда больше не будут представлять угрозу социалистическому Китаю. Подобная реальность, впрочем, демонстрирует еще одно примечательное противоречие внутри официальной теории лаогай. Систему трудовых лагерей в целом официально восхваляли за способность исправлять и перевоспитывать преступников, однако лишь немногие из этих преступников в конце концов признавались полностью исправившимися. Подобная дилемма существовала и в СССР 1930-х годов [Shearer 2009; Fitzpatrick 1999]. Несмотря на официальные заявления об исправлении и перековке, фактически к узникам, а нередко и к их родным относились как к неисправимым и запятнанным людям.

В результате поспешной, часто нескоординированной организации системы лаогай в начале 1950-х годов возникла разрозненная сеть учреждений, которой было трудно и дорого управлять [Domenach 1995: 89]. Поэтому после 1955 года центральное руководство стало подталкивать провинциальные власти к слиянию и укрупнению мелких лагерей. Почти все учреждения лаогай, созданные после 1955 года, являлись огромными лагерями, способными вмещать десятки тысяч заключенных. В 1955 году 4600 учреждений были преобразованы в 2700. В 1957 году их количество снова уменьшилось, уже до 2000. 1323 лагеря из этого числа были промышленными предприятиями, 619 — фермами, 71 — инфраструктурными проектами [Сунь Сяоли 1994: 25]. В течение всего нескольких лет центр тяжести переместился с сельского хозяйства на промышленность.

Между 1955 и 1958 годами у властей сформировался взгляд на лаогай как на серьезный экономический актив. Это оправдывалось утверждением, что все правонарушители при социализме обязаны вносить вклад в народное строительство. Вполне прямолинейно заявлялось, что заключенные должны производить «материальные блага» в обмен на прощение коллектива [Ян Дяньшэн и Чжан Цзиньсан 1998: 31]. В теории тюремный труд считался средством перевоспитания, но на деле являлся экономическим ресурсом, которым государство не могло позволить себе разбрасываться. Более того, предполагалось, что упор на труд и производство сулит большие выгоды: постепенно превращая тюрьмы в самоокупаемые фермы и фабрики, власти могли бы снизить расходы на исправительные учреждения. Наряду с этим принудительный труд становился практически незаменим для планомерного осуществления и завершения больших амбициозных строек, считавшихся символами достижений социалистического строя. Он играл важную роль в огромных инфраструктурных проектах; систематически использовался в качестве замены труду свободных рабочих, который последние считали слишком опасным или тяжелым. Тюремной рабсиле регулярно поручали возделывание бросовых земель, базовые этапы строительства железных дорог и каналов, рытье шахт и штолен. Только когда изматывающая и рискованная подготовительная работа заканчивалась, в дело вступал авангард китайского коммунизма — рабочие, привлеченные государством для завершения стройки.

Общая численность заключенных возросла с 5 млн человек в 1951 году до 40–50 млн к началу «культурной революции»[28]. Уровень смертности был высок: Жан-Люк Доменак подсчитал, что с 1959 по 1962 год смертность в лагерях ежегодно возрастала на 10 %. Общее количество умерших за эти четыре года, вероятно, составило около 4 млн человек [Domenach 1995: 58, 215, 248]. Кроме того, согласно Доменаку, в период с 1949 по 1952 год умерло приблизительно 2 млн заключенных. В 1950-е годы в китайских

---

[28] В нескольких китайских документах для внутреннего пользования указано, что в начале 1960-х годов в стране насчитывалось около 2 млн лагерей. При среднем количестве 20 000 человек в лагере общая численность заключенных равняется 40 млн. Из сообщений некоторых очевидцев, однако, нам известно, что в отдельных лагерях могло содержаться более 40 000 осужденных.

лагерях в результате казней, голода, издевательств и болезней погибло 6 млн человек. В это число не включены миллионы людей, казненных или убитых вне лагерей, например в ходе кампаний. Возможно, приведенная статистика неточна, однако мы не можем игнорировать тот факт, что эти оценки явно указывают на массовые депортации, насилие и массовую гибель населения в Китае в 1950-х годах.

В этой статье мной был рассмотрен и исследован ранее широко не изучавшийся аспект взаимодействия между политикой и обществом — и между индивидуумом и новым социалистическим государством — в первые годы существования Китайской Народной Республики. Ясно, что социалистическому Китаю было глубоко присуще повсеместное распространение насилия. Однако виды и формы насилия менялись. Откровенное публичное применение силы в ходе массовых кампаний начала 1950-х годов начиная с 1953 года вытеснила менее гласная система, которая ссылала, эксплуатировала и истязала врагов в лагерях, преимущественно в отдаленных районах. Насилие продолжалось и, разумеется, оставалось заметным, но тем или иным образом ускользало из поля зрения. То, что Карл Шмитт назвал когда-то «чудовищными полномочиями» государства распоряжаться жизнью людей, начало коренным образом формировать китайскую политическую культуру в 1950-х годах. Возникшее бинарное разделение на друзей и врагов привело к растущей поляризации и политизации, которая глубоко затронула и, в сущности, радикализировала жизнь в 1950-е годы.

Чем объяснить подобную эволюцию? Бесспорно, Китайская Народная Республика унаследовала от предыдущих режимов тяжелую обстановку в государстве: разрушенные города, снесенные плотины, обнищавшие деревни, потоки беженцев, пересекающие страну [Mühlhahn 2019: 480–486]. Требовалось затратить колоссальные силы, не всегда достигая успеха, чтобы перевоспитать, перестроить, изничтожить при помощи принуждения и убеждения существующий мир капитала и глобальных связей. Дореволюционная жизнь напоминала о себе множеством мелочей и сопротивлялась радикальному преобразованию. Социализм зарождался в борьбе. Оглядываясь в прошлое, мы видим, что ранняя республика — это эра противостояния, которая требовала агрессивного, даже грубого применения таких технологий управления, как «реформа мышления» и кампании за перевоспитание. КПК пришлось вступить в противоборство с прежним Китаем, несмотря на возрастающую мощь партии и усиление государства. Прежде всего, в этом состоянии страха, неопределенности и тревоги, партия, дабы утвердить свою власть и оставить поле битвы за собой, прибегла к «чрезвычайному положению». Для Джорджо Агамбена, пишущего о концентрационных лагерях вообще, беззаконие в лагерях является лишь отражением повсеместного «чрезвычайного положения». В лагере, рассуждает Агамбен, «чрезвычайное положение, бывшее, по сути, временным прекращением действия правовой системы по причине фактической ситуации опасности, отныне обретает постоянную пространственную локализацию, которая сама по себе, впрочем, неизменно остается вне обычного правопорядка» [Агамбен 2011: 214]. Это утверждение указывает на принципиально нестабильную форму революционной диктатуры, которая аккумулирует у себя категории чрезвычайности, в то же время подчеркивая, что определяющая характеристика государства — его выход за строго конституционные рамки.

Лагерный режим, установившийся в Китае в 1950-х годах, навязывал принудительный труд и программы перевоспитания. Однако освобождение из лагеря не было гарантировано и зависело от воли местной администрации. Поскольку заключенным редко выносили четкие приговоры, никто из них не знал, сколько придется отсидеть. Постоянная необходимость увеличивать выпуск продукции и стигматизация заключенных приводили к росту насилия в лагерях. Следствием явились ухудшение положения узников и ужасающая смертность. В этом пространстве за пределами общества не действовали ни права человека, ни культурные нормы, ни нравственность. Арестованные лишались человеческих свойств и, по выражению Агамбена, доводились до «голой жизни». Совершив эту операцию, государственная власть создала пространство, где ей уже не мешали никакие рамки и ограничения. В лагерях государство объявило войну своим внутренним врагам и теперь могло вести беспощадную борьбу с теми, кто считался враждебно настроенным или опасным. Притом что организация постоянно действующего государственного аппарата и системы управления сопровождалась провозглашением правовых норм и процедур, социалистический строй тайно или явно создавал механизмы, позволявшие партии действовать в обход уголовного правосудия. Чрезвычайное положение сделало возможным массовые депортации граждан и массовые преступления, происходившие в Китайской Народной Республике в 1950–60-е годы.

Во многом подобное развитие событий в социалистическом Китае пошло по пути советского ГУЛАГа. Обе лагерные системы характеризовались сильным, даже доминирующим акцентом на экономические функции лагерей, имея целью использовать тюремное производство как движущую силу индустриализации. Мышление высокого модернизма отдавало приоритет экономическому развитию, которого следовало добиваться любой ценой и которое приводило к тому, что Кристиан Герлах назвал «“эволюционным” насилием» в лагерях [Герлах и Верт 2011: 228]. Общей для обеих систем были и изначальная идеологическая прерогатива перевоспитания, и уверенность в социальных корнях преступности. Отсюда стремление выковать «новых людей», присутствующее и там, и здесь. На практике, впрочем, усилия по перевоспитанию подрывались молчаливой убежденностью в неисправимости преступников и отчуждением общества. В результате в обеих системах была чрезвычайно высокая смертность, вызванная безжалостной эксплуатацией физического труда и идеологией классовой борьбы[29]. Последняя оказывала колоссальное влияние, превращая лагеря в карательные орудия для наказания и изоляции врагов.

---

[29] См. статью Г. Алексопулос «Истребительно-трудовые лагеря. Переосмысление игры слов Солженицына» в настоящем издании; а также [Mühlhahn 2009: ch. 3].

Впрочем, имелось по меньшей мере три ключевых различия между системами, обусловленных спецификой исторических обстоятельств, которые отличали Китай от Советского Союза. Во-первых, в противоположность СССР, в Китае не было централизованного управления лагерями. В 1950-е годы руководство страны оставалось относительно слабым и продолжало борьбу за контроль над регионами. Реализация его инициатив зависела от провинций и районов. Во-вторых, весьма важную роль в управлении лагерями играли методы перевоспитания и идеологической перековки. Значимость этого аспекта уходит корнями в республиканский период, когда исправление заключенных уже доминировало над лишением свободы. В-третьих, хотя практика широкого привлечения возмущенных масс находит аналогии в сталинизме и советской истории, в Китае она была качественно иной [David-Fox 2015]. Причина кроется в особой структуре власти и общественного контроля в Китае [Tu Wei-ming 1997: 167]. Здесь нет сходства со сталинским тоталитаризмом, потому что общественная динамика, хотя и запущенная директивами сверху, подпитывалась искренним подъемом и массовым участием снизу. Китайская модель социализма с «привлечением масс» характеризовалась чрезвычайно децентрализованной системой принуждения и всепроникающего принципа добровольности как среди гонимых, так и среди гонителей. Подобные механизмы вовлекали каждого человека; никому не было дозволено просто наблюдать. Это систематически размывало категориальные различия между жертвой и мучителем. Вместе эти приемы и технологии двигали государственную власть в направлении, не просматривавшемся в дореволюционные периоды. Продолжая наступление на феодально-капиталистические структуры власти, революционное руководство сумело таким образом добиться небывалого успеха. Дореволюционная классовая структура рассыпалась, а большинство инакомыслящих и противников партийных политических инициатив в течение нескольких лет были заключены в тюрьмы и устранены.

Источники

Ван Гэнсинь 1992 — Ван Гэнсинь. Мао Цзэдун лаодун гайцзао сысян яньцзю (Размышления Мао Цзэдуна об «исправлении посредством труда»). Сиань: Шэхуэй кэсюэ, 1992 (на кит. яз.).

Ло Жуйцин 1994 — Ло Жуйцин. Лунь жэньмин гунань гунцзо (О работе народной общественной безопасности). Пекин: Цюньчжун чубаньшэ, 1994 (на кит. яз.).

Мао 1969–1977 — Мао Цзэдун. Избранные произведения: В 5 т. Пекин, 1969–1977.

Blaustein 1962 — Blaustein A. P., ed. Fundamental Legal Documents of Communist China. South Hackensack, NJ: F. B. Rothman, 1962.

Mao 1989 — Mao Tse-tung. The Secret Speeches of Chairman Mao: From the Hundred Flowers to the Great Leap Forward / Ed. Roderick MacFarquhar et al. Cambridge, MA: Council on East Asian Studies, Harvard University, 1989.

Библиография

Агамбен 2011 — Агамбен Дж. Homo sacer. Суверенная власть и голая жизнь / Пер. с ит. И. Левиной и др. М.: Европа, 2011.

Гао Хуа 2000 — Гао Хуа. Хун тайян ши цзэнян шэнци дэ (Как поднималось над Китаем красное солнце). Гонконг: Chinese UP, 2000 (на кит. яз.).

Герлах и Верт 2011 — Герлах К., Верт Н. Государственное насилие — общество насилия // За рамками тоталитаризма. Сравнительные исследования сталинизма и нацизма. М.: Российская политическая энциклопедия (РОССПЭН); Фонд «Президентский центр Б. Н. Ельцина», 2011.

Скотт 2010 — Скотт Дж. Благими намерениями государства. Почему и как проваливались проекты улучшения условий человеческой жизни. М.: Логос, 2010.

Сунь Сяоли 1994 — Сунь Сяоли. Чжунго лаодун гайцзао чжиду дэ лилунь юй шицзянь: Лиши юй сяньши (Лаогай — теория и практика китайской тюремной системы: история и действительность). Саньхэ: Чжунго чжэнфа дасюэ чубаньшэ, 1994 (на кит. яз.).

Тао Сыцзюй 1996 — Тао Сыцзюй. Ло Жуйцин: Синь Чжунго ди и жэнь гун'ань бучжан (Ло Жуйцин: Первый министр общественной безопасности «нового Китая»). Пекин: Цюньчжун чубаньшэ, 1996 (на кит. яз.).

Цай Яньшу 1988 — Цай Яньшу. Лаодун гайцзао гунцзо гайлунь (Краткая история лаогай). Гуандун: Гуандун гао дэн цзяо юй, 1988 (на кит. яз.).

Шмитт 2016 — Шмитт К. Понятие политического / Пер. с нем. под ред. А. Ф. Филиппова. СПб.: Наука, 2016.

Эпплбаум 2015 — Эпплбаум Э. ГУЛАГ / Пер. с англ. Л. Мотылева. М.: Corpus, 2015.

Ян Дяньшэн и Чжан Цзиньсан 1998 — Чжунго тэсэ цзяньюй чжиду яньцзю (Исследования по тюремной системе с китайскими характеристиками) / Ред. Ян Дяньшэн, Чжан Цзиньсан. Пекин: Фалюй, 1998 (на кит. яз.).

Ян Куйсун 2009 — Ян Куйсун. Чжунхуа жэминь гунхэго цзяньгошэ яньцзю (Исследования по образованию Китайской Народной Республики). Наньчан: Цзянси жэминь чубаньшэ, 2009 (на кит. яз.).

Ян Сяньгуан 1989 — Лаогай фасюэ цыдиань (Юридический словарь трудовой реформы) / Ред. Ян Сяньгуан. Чэнду: Сычуань цышу, 1989 (на кит. яз.).

Applebaum A. Gulag: A History. New York: Doubleday, 2003.

Arendt 1951 — Arendt H. The Origins of Totalitarianism. New York: Harcourt, Brace, 1951.

Browning 1992 — Browning Ch. R. Ordinary Men: Reserve Police Battalion 101 and the Final Solution in Poland. New York: HarperCollins, 1992.

David-Fox 2015 — David-Fox M. Crossing Borders: Modernity, Ideology, and Culture in Russia and the Soviet Union. Pittsburgh: University of Pittsburgh Press, 2015.

Dikötter 2013 — Dikötter F. The Tragedy of Liberation: A History of the Chinese Revolution, 1945–1957. London: Bloomsbury, 2013.

Domenach 1992 — Domenach J.-L. Chine, l'archipel oublié. Paris: Fayard, 1992.

Domenach 1995 — Domenach J.-L. Der vergessene Archipel: Gefängnisse und Lager in der Volksrepublik China. Hamburg: Hamburger Edition, 1995.

Dutton 1992 — Dutton M. Policing and Punishment in China: From Patriarchy to «the People». Cambridge: Cambridge UP, 1992.

Fitzpatrick 1999 — Fitzpatrick Sh. Everyday Stalinism: Ordinary Life in Extraordinary Times. Soviet Russia in the 1930s. Oxford: Oxford UP, 1999.

Kaple 1998 — Kaple D. A. Soviet Advisors in China in the 1950s // Brothers in Arms: The Rise and Fall of the Sino-Soviet Alliance, 1945–1963 / Ed. O. A. Westad. Washington, DC: Woodrow Wilson Center Press, 1998. P. 117–140.

Khlevniuk 2004 — Khlevniuk O. V. The History of the Gulag: From Collectivization to the Great Terror. New Haven: Yale UP, 2004.

Kiely 2014 — Kiely J. The Compelling Ideal: Thought Reform and the Prison in China, 1901–1956. New Haven: Yale UP, 2014.

Kirby 2004 — Kirby W. C. The Chinese Party-State under Dictatorship and Democracy on the Mainland and on Taiwan // Realms of Freedom in Modern China / Ed. W. C. Kirby. Stanford: Stanford UP, 2004. P. 113–138.

Mühlhahn 2009 — Mühlhahn K. Criminal Justice in China: A History. Cambridge, MA: Harvard UP, 2009.

Mühlhahn K. Making China Modern. From the Great Qing to Xi Jinping. Cambridge, MA: Harvard UP, 2019.

Ning 2017 — Ning W. Banished to the Great Northern Wilderness: Political Exile and Re-education in Mao's China. Ithaca: Cornell UP, 2017.

Ruf 1998 — Ruf G. Cadres and Kin: Making a Socialist Village in West China, 1921–1991. Stanford, CA: Stanford UP, 1998.

Smith 2013 — Smith A. M. Thought Reform and China's Dangerous Classes: Reeducation, Resistance, and the People. Lanham, MD: Rowman and Littlefield, 2013.

Schmitt C. The Concept of the Political. New Brunswick, NJ: Rutgers UP, 1976.

Schoenhals 2013 — Schoenhals M. Spying for the People: Mao's Secret Agents, 1949–1967. Cambridge: Cambridge UP, 2013.

Scott 1998 — Scott J. C. Seeing Like a State: How Certain Schemes to Improve the Human Condition Have Failed. New Haven: Yale UP, 1998.

Shearer 2009 — Shearer D. R. Policing Stalin's Socialism: Repression and Social Order in the Soviet Union, 1924–1953. New Haven: Yale UP, 2009.

Strauss 2002 — Strauss J. C. Paternalist Terror: The Campaign to Suppress Counterrevolutionaries and Regime Consolidation in the People's Republic of China, 1950–1953 // Comparative Studies in Society and History. 2002. Vol. 44. № 1.

Strauss 2006 — Strauss J. Morality, Coercion, and State Building by Campaign in the Early PRC: Regime Consolidation and After, 1949–1956 // China Quarterly. 2006. № 188. December. P. 891–912.

Tu Wei-ming 1997 — Tu Wei-ming. Destructive Will and Ideological Holocaust: Maoism as a Source of Social Suffering in China // Social Suffering / Ed. A. Kleinman, V. Das, M. M. Lock. Berkeley: University of California Press, 1997.

Valentino 2004 — Valentino B. A. Final Solutions: Mass Killings and Genocide in the Twentieth Century. Ithaca, NY: Cornell UP, 2004.

Williams and Wu 2004 — Williams Ph. F., Wu Y. The Great Wall of Confinement: The Chinese Prison Camp through Contemporary Fiction and Reportage. Berkeley: University of California Press, 2004.

Wu 1992 — Wu H. Laogai: The Chinese Gulag. Boulder, CO: Westview, 1992.

Yang Kuisong 2008 — Yang Kuisong. Reconsidering the Campaign to Suppress Counter-Revolutionaries // China Quarterly. 2008. № 193. March. P. 102–121.

Клаус Мюльхан — профессор истории, социолог и культуролог, специалист в области истории и культуры Китая. С 1 июня 2020 года занимает пост президента Университета Цеппелина во Фридрихсхафене. Книга Мюльхана «Criminal Justice in China» (2009) получила учрежденную Американской исторической ассоциацией премию имени Джона К. Фэрбэнка за исследования в области истории Восточной Азии.

Глава 12

Сонгмин Чо

Возникновение и эволюция концлагерей в Северной Корее

Сравнение с советским ГУЛАГом

Когда придет конец Северной Корее, ее концентрационные лагеря (иначе Кванлисо) по массовости нарушений прав человека займут свое законное место в одном ряду с нацистскими концлагерями и советским ГУЛАГом [Cha 2012: 170]. Эти концлагеря появились в 1945 году: Ким Ир Сен основал их по советскому образцу, когда под опекой Советского Союза в Северной Корее началось государственное строительство. Каждое событие в истории страны, от Корейской войны до установления династической передачи власти в семье Кимов, влекло за собой увеличение числа и размеров лагерей. На сегодняшний день, по приблизительным подсчетам, в лагерях КНДР содержится от 150 до 200 тысяч заключенных [Hawk 2012: 27]. После страшного голода в середине 1990-х годов сильно увеличилось количество беженцев из Северной Кореи, и по свидетельствам бывших узников стали понятны масштабы и степень нарушений прав человека в этих лагерях[1]. Совет по правам человека ООН (СППЧ)

---

[1] После окончания Корейской войны и до 2001 года Южная Корея предоста-

в 2003 году принял резолюцию по правам человека в Северной Корее, осудившую эти нарушения. После этого международное сообщество стало все больше внимания уделять повсеместному и систематическому нарушению прав человека в северокорейских лагерях. В феврале 2014 года Следственная комиссия, учрежденная СППЧ, опубликовала шокирующий доклад о преступлениях правительства Северной Кореи против человечности в масштабах, не имеющих себе равных в современном мире, включая массовые уничтожения, убийства, использование рабского труда, пытки, изнасилования, принудительные аборты и другие формы сексуального насилия [Report 2014: 365].

Большинство исследователей северокорейских лагерей для политзаключенных основное внимание уделяют нарушениям прав человека, и совсем немногие рассматривают причины эволюции самой лагерной системы. Почему за шесть десятилетий истории КНДР от начала государственного строительства и до недавней передачи власти Ким Чен Ыну лагеря так и не прекратили своего существования? Как изменились функции северокорейских лагерей? Как соотносятся политические репрессии или экономический кризис в Северной Корее и эволюция лагерной системы? Как повлияли северокорейские культурные факторы на структуру лагерей? В этой главе мы коснемся всех этих вопросов, обозначив ряд факторов, которые смогут объяснить возникновение северокорейских лагерей и функциональные изменения в них.

Причины возникновения лагерной системы проще всего объяснить тем, что режим семьи Кимов нуждался в политическом орудии для поддержания своей власти, основанной на терроре. Но северокорейские лагеря могли бы исполнить эту репрессивную роль без чрезмерной жестокости, без «коллективной ответственности» и «детоубийств на почве расизма», что не встречалось в других трудовых лагерях, таких как ГУЛАГ. Под первым понятием, иначе ёнчваче, имеется в виду наказание за политическую

вила убежище примерно 2000 беженцев из Северной Кореи; к 2013 году их количество увеличилось до 25 000. Статистические данные по количеству беженцев из КНДР см. [Byrne 2015].

оппозицию или преступления в течение трех поколений. Под вторым — насильственное проведение абортов или убийство детей северокорейских женщин, депортированных в тюремные лагеря из Китая [Hawk 2012: 40]. Далее в этой главе будет показано, что причина этих отличий кроется в особенностях исторического развития Северной Кореи, ее культуре и традиционных ценностях.

Систематическое сравнение конкретных ситуаций и примеров позволяет нам более четко выявить отличительные черты северокорейской лагерной системы. Метод сравнительно-исторического анализа полезен при обобщении различных проявлений исследуемого феномена, но также помогает понять его уникальность в ходе анализа сходства и различий в его проявлениях на той или иной почве [Skocpol 2003: 412]. Для этого мы сможем воспользоваться накопленными данными о ГУЛАГе, история которого в конце холодной войны была таким же «черным ящиком», как история лагерей Северной Кореи сегодня. Сравнение с ГУЛАГом является основным методом исследования, поскольку за пределами Северной Кореи первичная информация полностью отсутствует. Большая часть сведений о северокорейских лагерях получена от беженцев. Без первоисточников (официальных документов, опубликованных правительством КНДР или мемуаров представителей высшего руководства) мы, однако, не можем с уверенностью сказать, как и почему режим Кимов создавал лагерную систему. Мы можем попытаться заполнить этот пробел, внимательно изучая сходства и различия между Советским Союзом и Северной Кореей и, в частности, обращаясь к истории ГУЛАГа. Хотя выводы, полученные таким образом, нуждаются в подтверждении, в будущем, получив доступ к архивам Северной Кореи, ученые смогут опереться на них, чтобы определить предмет своего исследования.

На начальном этапе государственного строительства пути развития Северной Кореи и Советского Союза были очень похожи, но позже разошлись. Несмотря на тридцать лет разницы, Северная Корея под властью Кимов по своей политической структуре очень напоминала Советский Союз под властью Сталина: тоталитарное государство во главе с единоличным диктатором. Для укрепления своей власти Ким Ир Сен, как и Сталин, репрессировал немало настоящих и воображаемых врагов, что привело к значительному увеличению количества северокорейских концлагерей в 1950-х годах. Однако через десять лет после их создания траектория развития северокорейской лагерной системы заметно отличалась от ГУЛАГа. В советских лагерях случались бунты, а после смерти Сталина их количество сократилось, тогда как в Северной Корее лагерей становится все больше и больше, а ситуация с нарушениями прав человека ухудшается с каждым десятилетием. Советские историки могут спорить о соотношении между карательными, экономическими и политическими функциями ГУЛАГа, но большинство из них согласятся, что эти функции имели место. В Северной Корее, как я убежден, культурные факторы, такие как конфуцианское представление о родственных связях и национальная идеология чучхе, повлияли на развитие лагерной системы больше, чем политические или экономические причины.

Далее я сделаю обзор литературы по северокорейским лагерям, опубликованной на английском и корейском языках, и рассмотрю те факты, которые нам известны на данный момент. Затем я обращусь к стадии формирования северокорейских лагерей на этапе государственного строительства в 1950-х годах и их сходству с ГУЛАГом эпохи Сталина. Я прослежу за тем, как в 1960-х годах росло их количество и усиливалась жестокость обращения с заключенными, тогда как при Хрущеве ГУЛАГ сильно уменьшился в размерах, а закончу сравнением политических и экономических функций северокорейской лагерной системы с аналогичными функциями ГУЛАГа и анализом культурных и идеологических факторов, объясняющих ее отличие от советской.

Что нам известно о северокорейских лагерях?

Фактическая информация о северокорейских лагерях впервые появилась в личных воспоминаниях беженцев из Северной Кореи в 1990-х годах. Например, Кан Чхольхван пробыл в Лагере № 16 десять лет, в 1992 году бежал в Южную Корею и в 2003-м опубликовал свои мемуары. Это была первая книга, в которой описывался распорядок дня заключенных и жестокая реальность северокорейских лагерей. Ан Мён Чхоль был охранником в областной тюрьме Хверён, а ранее работал в четырех разных лагерях. Мемуары Ана, опубликованные в 2007 году, заслуживают особого внимания как первый рассказ о функционировании северокорейских концлагерей с точки зрения тех, кто ими управляет [Ahn 2007].

Книгу Кана перевели на английский язык в 2001 году [Kang, Rigoulot 2005]. Она привлекла внимание всего мира к нарушениям прав человека в северокорейских концлагерях, а в 2004 году Конгресс США принял Закон о правах человека в Северной Корее[2]. Международные организации, такие как Совет ООН по правам человека и правозащитные негосударственные организации (НГО), также занялись изучением ситуации с правами человека в КНДР. Из исследований последних хотелось бы отметить опубликованный Комитетом по правам человека в Северной Корее в 2003 году труд Дэвида Хока «Тайный ГУЛАГ» — за всесторонний анализ функционирования северокорейских концлагерей, сделанный на основе интервью более чем 60 беженцев из Северной Кореи[3].

С ростом интереса к этой проблеме на английском языке были опубликованы новые личные мемуары. Шин Дон Хёк вырос в концлагере и бежал в Южную Корею в 2006 году. История Шина удивительна тем, что он родился у двух заключенных в зоне абсолютного контроля в Лагере № 14. Сейчас известно, что в северокорейских лагерях есть две разных части: зона революционизации и зона абсолютного контроля. Узники в первой зоне

---

[2] В 2005 году президент Дж. Буш пригласил Кана в Белый дом.

[3] После первого издания в 2003 году Хок продолжил работу над своим исследованием, дополняя его новыми данными, полученными у беженцев в 2012, 2013 и 2015 годах. «Тайный ГУЛАГ» (The Hidden Gulag) и другие публикации о концлагерях КНДР можно найти на сайте Комитета по правам человека в Северной Корее: URL: https://www.hrnk.org/publications/hrnk-publications.php (дата обращения: 28.10.2019).

арестованы за относительно легкие преступления, например за незаконное слушание южнокорейского радио. Их могут освободить, если заметят прогресс в революционизации или решат, что они вернулись в лоно ортодоксальной северокорейской идеологии. В зоне же абсолютного контроля находятся приговоренные к пожизненному сроку. Северокорейские власти считают, что эти узники политически ненадежны и не заслуживают возвращения в общество[4]. С самого рождения Шин автоматически считался «неисправимым врагом» страны и был обречен на пожизненное заключение. С помощью американского журналиста «Побег из лагеря смерти» Шина в 2012 году сначала опубликовали на английском языке, а затем перевели на корейский[5]. Когда позже Шин сообщил о неточностях в своем рассказе — он находился не только в Лагере № 14, как говорилось в книге, но побывал и в других лагерях, — разгорелась жаркая дискуссия [Shoichet, Park 2015]. Однако все равно остается правдой то, что ему удалось бежать из лагеря и что там он подвергался жестоким пыткам.

На основании этих мемуаров и других свидетельств беженцев из КНДР южнокорейское правительство и НГО, занимающиеся защитой прав человека, опубликовали ряд докладов о системе лагерей в Северной Корее. Корейский институт национального объединения, подведомственный Министерству объединения, с 1996 года ежегодно публикует Белую книгу по правам человека в Северной Корее[6]. «Архив нарушений прав человека в Северной Корее» — НГО, базирующаяся в Сеуле, — в 2011 году опубликовал доклад «Система функционирования северокорейских концлагерей и права человека» [Yoon 2011]. В этом докладе приводится, пожалуй, самое полное описание процедуры ареста и задержания, институционного положения лагерной системы, распорядка дня заключенных, функционирования лагерей и нарушений в них

---

4 См. [Do, Kim, Han, Lee, Hong 2015: 114–115].

5 В 2015 году книга была переведена на русский язык. — *Примеч. ред.* См. [Харден 2015].

6 Этот ежегодный отчет освещает широкий спектр правозащитных вопросов не только в отношении концлагерей Северной Кореи, но все равно в центре внимания остаются нарушения прав человека именно в них.

прав человека. В подобных докладах обычно стараются предать широкой огласке повсеместное и систематическое нарушение прав человека в КНДР.

Что касается надежности сведений, предоставляемых беженцами из Северной Кореи, опыт изучения ГУЛАГа до и после того, как открыли архивы, показывает, что к некоторым видам информации, таким как количество заключенных или сравнительное соотношение между разными категориями заключенных в лагере, нужно относиться с крайней осторожностью. Хотя большая часть того, что Александр Солженицын писал о ГУЛАГе, оказалась правдой, наименее точными были количественные данные: количество узников, количество ежегодно освобождаемых узников и так далее [Солженицын 1990]. Почти все, что мы слышим о северокорейских лагерях, больше походит на рассказ Солженицына, а не на официальные архивные материалы, которые в последнее время значительно расширили наше представление о ГУЛАГе.

Несмотря на некоторую неопределенность, возникающую из-за недостижимости первоисточников, мы знаем уже достаточно много о северокорейских лагерях, с того, где они находятся, и до того, как они функционируют. Во-первых, данные о местоположении концлагерей подтверждаются при сопоставлении многочисленных источников информации. Во многих докладах указание на конкретное расположение того или иного лагеря на карте сопровождается данными спутниковой фотосъемки[7]. На этих снимках беженцы из Северной Кореи смогли показать посты охраны, бараки и другие здания.

Во-вторых, удалось установить иерархию мест лишения свободы. От срока приговора и характера преступления зависит, на каком уровне пенитенциарной системы содержатся заключенные[8]. Например, Кванлисо — это тип концлагеря, где большинство

---

[7] Подробный анализ спутниковой съемки северокорейских концлагерей на Google Earth см.: North Korea's Largest Concentration Camps on Google Earth. URL: http://freekorea.us/camps/ (дата обращения: 28.10.2019).

[8] Подробнее о различных видах мест заключения и принудительного труда в Северной Корее см. [Hawk 2015: 7–9].

заключенных и членов их семей осуждены на пожизненный срок. Он близок ГУЛАГу по размерам и по масштабности использования принудительного труда. Кёхвасо — концлагерь, где политические преступники и члены их семей отбывают длительный, но не пожизненный срок заключения. Семья и друзья заключенных в Кёхвасо знают об их судьбе и местонахождении, в отличие от узников Кванлисо, которые как бы исчезают по воле правительства. В Кёянгсо политзаключенные содержатся вместе с уголовниками, но сроки здесь короче, чем в Кёхвасо.

В-третьих, удалось узнать об организационной структуре управления лагерями. Бовибу, Департамент государственной безопасности КНДР (ДГБ), исполняет роль, близкую ЧК или гестапо в плане организации и управления лагерной системой. В виду нехватки человеческих ресурсов у Бовибу Министерство общественной безопасности КНДР (МОБ), Анчжонбу, присылает подготовленных военных для физической охраны концлагерей. В-четвертых, данные о распорядке дня заключенных в концлагерях можно получить из свидетельств северокорейских беженцев [Oh 2005; Yoon 2011: 318–332].

Тем не менее, как ни странно, причинам возникновения и эволюции северокорейской лагерной системы с исторической точки зрения уделяется крайне мало внимания. Поскольку Северная Корея является тоталитарной системой с единоличной диктатурой, считается само собой разумеющимся, что правительство Кимов развивало собственный вариант концлагерей для устрашения населения. Такое объяснение с точки зрения здравого смысла принимается в основном из-за того, что никто никогда не пытался объяснить причины распространения лагерной системы в КНДР с научной точки зрения иначе, чем устрашением населения. Также отвлекает от попыток понять эволюцию лагерной системы КНДР с исторической точки зрения распространение презентизма в исследовании северокорейских лагерей: моральный долг призывает критиковать систематические нарушения прав человека в Северной Корее, продолжающиеся и в наше время[9].

---

9 В «Тайном ГУЛАГе» Хока содержится исторический обзор, но там приводится только краткая общая информация.

Чтобы определить основные факторы, влияющие на эволюцию лагерей Северной Кореи, нужно выяснить, каково основное назначение северокорейской лагерной системы, и понять, как оно изменялось со временем. В изучении ГУЛАГа при объяснении его появления и эволюции научная полемика сосредоточилась на соотношении между политическими репрессиями и экономической эксплуатацией. В случае с КНДР такой полемики не наблюдается. Южнокорейские историки пытались сравнивать северокорейские лагеря с ГУЛАГом, но они просто рассматривали параллельно истории двух систем, не анализируя их сходства и различия [Oh 2012: 302–359; Jang 2011: 121–150]. Чем лагеря Северной Кореи отличаются от ГУЛАГа и как сравнение поможет понять своеобразие северокорейской лагерной системы?

Чтобы ответить на эти вопросы, нам нужно проследить историческую эволюцию северокорейской лагерной системы и проанализировать ее связь с политическими событиями и состоянием экономики в стране в течение продолжительного времени. Одновременно мы сможем сравнить ее политические и экономические функции с функциями ГУЛАГа.

Возникновение лагерной системы в Северной Корее

В 1945 году в конце Второй мировой войны Москва установила в Пхеньяне коммунистический режим, КНДР оказалась в зоне влияния Советского Союза, который перебросил туда значительные силы и отправил группу советников. Поддержка Советского Союза позволила руководству Северной Кореи получить международное признание и материальную помощь, чтобы противостоять своим капиталистическим противникам в Южной Корее. Советники из СССР сыграли ключевую роль в подготовке конституции 1948 года, а также многочисленных законов и распоряжений преобразовательного характера [Gause 2012: 91]. Также группа советников познакомила Ким Ир Сена с идеей ГУЛАГа как образца тюремной системы коммунистического режима[10]. Эта инфор-

[10] Подробный анализ советского влияния на государственное строительство в КНДР см. в [Lankov 2002].

мация частично получена от советников по безопасности, отправленных Москвой и принимавших непосредственное участие в становлении северокорейской полицейской системы — среди них был и родившийся в СССР глава северокорейской службы безопасности Пан Хак Се. Согласно архивным изысканиям А. Н. Ланькова, специалиста по истории КНДР, до того, как решением советского Политбюро от 10 сентября 1946 года Пана отправили в Корею, он работал в политическом сыске и разведке в Центральной Азии, возможно в Кзыл-Орде[11]. Используя свой опыт практической работы в карательных органах, Пан сделался ведущей фигурой в репрессивном аппарате государственной безопасности, в который входила и система лагерей[12]. Пример Пана показывает, как глубоко СССР повлиял на построение государственности в КНДР, перенеся туда свою политическую систему.

Строя коммунистическое государство, Северная Корея активно копировала первоначальную коммунистическую программу Советского Союза после большевистской революции. Чтобы уничтожить зажиточных крестьян, кулаков, Советы в 1929 году начали кампанию по раскулачиванию, отнеся их к категории классовых врагов пролетариата. Сталин объявил о ликвидации кулаков как класса и в 1930–1931 годах казнил или отправил в специальные поселения 2 млн крестьян[13]. Северная Корея последовала примеру и провела в 1946 году во всей стране земельную реформу, руко-

---

[11] Крайне мало можно узнать по документальным источникам, имеющимся в нашем распоряжении, о докорейском прошлом Пана. Ланьков собирал информацию у других советских корейцев, которые работали преподавателями, инженерами или даже чиновниками в корейских этнических сообществах в Центральной Азии на территориях, принадлежавших тогда Советскому Союзу, до того, как их отправили, как и Пана, советниками в формирующиеся государственные органы КНДР [Lankov 2002: 128–129].

[12] На Пане, как на министре внутренних дел КНДР до 1958 года, также лежит ответственность за проведение чисток, которые внесли свой немалый вклад в расширение лагерной системы в 1950-х и 1960-х годах. Подробнее об этом см. [Lankov 2012].

[13] Статистические данные в разных источниках колеблются от 1 679 258 до 1 803 392 человек. Об истории депортации кулаков и о спецпоселениях, которые послужили основой сталинского ГУЛАГа, см. [Виола 2010].

водствуясь принципом «свободное присвоение и свободное распределение». Казни не были частым явлением, но в остальном ее программа следовала политике периода большевистской революции 1918–1920 годов и сталинской коллективизации (и советизации на западной окраине СССР после 1939 года) и сочетала разные ее элементы, также объявив землевладельцев классовыми врагами, лишив их собственности, коллективизировав землю и отправив многих из них как «врагов революции» в новые спецлагеря. В северокорейских документах, полученных армией США во время Корейской войны, упоминается о создании в 1950 году 17 спецлагерей для работников принудительного труда [Gause 2012: 126]. Новые тюрьмы КНДР, как и советские колонии и спецпоселения в отдаленных местах вроде Сибири, играли важную роль при подавлении внутреннего сопротивления коммунистической программе установления диктатуры пролетариата на начальной стадии социалистического государственного строительства.

Стиль руководства Ким Ир Сена походил на сталинский. Оба руководителя использовали государственный репрессивный аппарат сначала при переходе к социалистическому государству, а потом как политическое орудие для уничтожения соперников в борьбе за власть. Большой террор был начат Сталиным в 1937–1939 годах для уничтожения потенциальной оппозиции с депортации или расстрела около миллиона представителей военного командования, национальных меньшинств, членов партии, государственных служащих, крестьян, «социально чуждых элементов» и прочих так называемых врагов народа. Точно так же Ким Ир Сен приступил к чистке своих политических противников в Трудовой партии Кореи в начале 1950-х годов. Он устранил членов яньаньской прокитайской фракции, представляемой Цой Чан Иком, и советской фракции, возглавляемой Пак Чан Оком, отправив их в лагеря [Suh 2013: 97]. Как и Сталин, Ким Ир Сен использовал систему лагерей в личных целях как инструмент террора и репрессий для укрепления своей политической власти.

Размеры северокорейских концлагерей сильно увеличились во время Корейской войны 1950–1953 годов. Ким Ир Сен отправил туда много северокорейцев за сотрудничество с вооруженными силами США и Южной Кореи в военное время. Точно так же во время фашистской оккупации Второй мировой войны Сталин испытывал опасения, и обоснованные, и надуманные, что контрреволюционеры будут сотрудничать с быстро приближающимися немецкими войсками. Население, оказавшееся в зоне оккупации, и солдаты Красной армии, попавшие в плен к немцам, вскоре пополнили ряды узников ГУЛАГа. В первые два года после фашистского вторжения массовое освобождение заключенных для пополнения рядов Красной армии, а также чрезвычайный уровень смертности в лагерях значительно сократили население ГУЛАГа, но эти потери быстро восполнились за счет новых задержанных в ходе войны с Германией[14]. Прямо в день немецкого вторжения НКВД издал приказ о создании лагерей усиленного режима для контрреволюционеров и других особо опасных преступников. Точно так же Пхеньян создавал новые концлагеря во время Корейской войны, когда отправляли в тюрьму любого, заподозренного даже в малейшем противостоянии режиму.

Значительное расхождение в развитии ГУЛАГа и северокорейских лагерей отмечается после войн, увеличивших их численность. Так, демографический состав узников ГУЛАГа сильно изменился в послевоенный период после прибытия с недавно присоединенных западных территорий поляков и украинцев. Иностранные заключенные, не испытывавшие ни малейшей лояльности к Советскому Союзу, в последние годы существования ГУЛАГа активно принимали участие в организации мятежей и сопротивления. В лагерях же Северной Кореи после Корейской войны этнический состав практически не изменился, так как большинство иностранных или южнокорейских пленников освободили в обмен на северокорейских военнопленных.

Советский Союз после Второй мировой войны также создавал специальные лагеря, чтобы изолировать в одном месте политических заключенных, что послужило еще одной причиной активизации движения сопротивления в ГУЛАГе [Barnes 2011: 166]. Как следствие, у политзаключенных отпала необходимость бо-

---

[14] См. [Barnes 2011: 154].

роться за выживание в тюрьмах, где правила диктовали свирепые уголовники[15]. В условиях исключительно политической тюрьмы они смогли организовать восстание против охраны, что положило начало закату ГУЛАГа [Barnes 2011: 213]. В Северной Корее тоже изолировали политических преступников в специальных лагерях, но в отличие от политзаключенных ГУЛАГа они не вели никакой организационной деятельности, поскольку в годы войны их количество было невелико. После Корейской войны репрессивный аппарат только ужесточался по мере укрепления диктаторского режима Ким Ир Сена в ходе борьбы за власть. Ким Ир Сен успешно использовал войну как предлог для уничтожения своих противников и отправил их в специальные лагеря для политических преступников. Перед тем как сосредоточить в своих руках абсолютную власть, Ким Ир Сену пришлось вступить в противоборство с советской и янъаньской фракциями — которых поддерживали, соответственно, СССР и Китай, — а также с фракцией, сформировавшейся из членов бывшей Трудовой партии Южной Кореи (ТПЮК). В августе 1953 года на Шестом пленуме Центрального комитета Трудовой партии Кореи Ким Ир Сен впервые выступил против ТПЮК и арестовал Пак Хон Ёна, занимавшего пост министра иностранных дел, по обвинению в подготовке переворота [Lankov 2013: 13–14].

Различия в послевоенном развитии двух лагерных систем не отменяют того, что возникли они по одним и тем же политическим причинам. Обе системы были частью грандиозных программ по преобразованию общества через уничтожение контрреволюционных сил в масштабах страны. Обе превратились в политические орудия для расправы с личными врагами диктатора в ходе борьбы за власть. А война была тем внешним фактором, который изменил их во многом сходным образом. Эти сходства отражают сильное советское влияние и сознательные попытки Северной Кореи скопировать советскую систему.

---

[15] О борьбе за власть в советских лагерях между политзаключенными и преступными элементами см. [Mochulsky 2012: 25–64].

Отход от системы ГУЛАГа

Можно утверждать, что процесс отказа от системы трудовых лагерей как мест массового лишения свободы начался в Советском Союзе еще до смерти Сталина. Мятежи заключенных, в том числе длившееся сорок дней Кенгирское восстание, подняли вопрос о целесообразности ГУЛАГа в долгосрочной перспективе[16]. Более того, лагеря ГУЛАГа явно становились экономическим бременем, а не источником дохода. Сокращение продуктивности принудительного труда вместе с нехваткой продовольствия и предметов первой необходимости в стране, а также финансовые затраты на обеспечение лагерей заставили политическую элиту задуматься об экономической целесообразности ГУЛАГа[17].

Смерть Сталина в марте 1953 года и решение его преемника отказаться от сталинского наследия позволили советскому государству решить взрывоопасную проблему ГУЛАГа, закрыв большое количество концлагерей. Неполитические преступники были амнистированы сразу, большинство политзаключенных освободили в середине и в конце 1950-х годов. Наибольшее количество политзаключенных освободили в 1956 году в преддверии и после выступления Хрущева с секретным докладом, осудившим политику Сталина [Добсон 2014: 59–91]. Некоторые черты системы ГУЛАГа сохраняются в российской пенитенциарной системе и сегодня, но она больше не является личным орудием диктатора для осуществления политических репрессий и не используется для массовой эксплуатации труда[18].

---

[16] Как было отмечено выше, во время Второй мировой войны солдат Красной армии, попавших в плен к немцам, признавали коллаборационистами и ссылали в ГУЛАГ. Вновь прибывшие обладали военным опытом, знаниями и мужеством, чтобы выступить против охраны лагеря [Barnes 2011: 203].

[17] Об экономических затратах на систему ГУЛАГа см. [Gregory 2003: 1–22]. О том, как в некоторых лагерях заключенным выплачивались зарплаты и денежные вознаграждения, что повышало затраты на них со стороны государства, см. [Borodkin, Ertz 2003: 75–104].

[18] От системы ГУЛАГа полностью отказались только в конце 1980-х годов. Она сокращалась, но не исчезала. Даже сейчас в российской пенитенциарной

В Северной Корее, напротив, лагерная система продолжает существовать уже седьмое десятилетие. Хотя мятежи в ГУЛАГе, аналога которым в КНДР не было, значительно повлияли на разницу в путях развития двух лагерных систем, отличия в принципах передачи власти в каждой из стран также оказали на это свое влияние. Культ личности Ким Ир Сена процветал и во время его правления, и во время правления его сына, Ким Чен Ира, в течение всех 1980-х годов. Вторая мировая война послужила поводом для продолжительного периода расширения ГУЛАГа, и его население достигло своего максимума в начале 1950-х годов, а северокорейские лагеря росли по мере того, как Ким Ир Сену требовалось в очередной раз удостовериться в народной верности. Пхеньян провел целую политическую кампанию для того, чтобы заново разделить все население КНДР согласно новой системе социальной классификации *сонбун*[19]. Правительство в 1967 году провело исследование, и через три года все население окончательно разделили на три политические группы: лояльный основной класс, подозрительный колеблющийся класс и политически неблагонадежный враждебный класс. По некоторым данным, к этому враждебному классу было отнесено где-то 70 000 человек, и всех их отправили в концлагеря далеко в горах [White Paper 2007].

На встрече Центрального политического комитета Трудовой партии Кореи в марте 1967 года Ким Ир Сен провел еще одну крупномасштабную чистку, направленную против верхушки Капсанской фракции. Начиная с середины 1960-х годов, когда безопасность КНДР находилась под угрозой из-за ухудшения отношений с Китаем во время китайской «культурной революции», некоторые члены Центрального комитета критиковали политику Ким Ир Сена за требование одновременно развивать тяжелую промышленность и оборону страны и распространение

системе сохраняются черты ГУЛАГа — на окраинах страны продолжают использовать труд заключенных. См. текст Дж. Пэллот в этой книге и другие ее статьи, например [Pallot 2008: 234–256; Pallot 2015: 26–50].

[19] Подробнее об этом см. [Collins 2012].

культа личности Кима[20]. Поскольку многие из арестованных занимали руководящие посты в органах местного самоуправления, после чистки две трети руководящих должностей на уровне провинций оказались свободными. Как свидетельствуют беженцы из Северной Кореи, в 1960-х годах лагерная система неожиданно сильно выросла в размерах и по количеству лагерей, и по увеличению численности заключенных. В частности, в 1961 году открыли Лагерь № 18 в Пукчхане, а в апреле 1964-го Лагерь № 13 в Чонсоне. В Лагере № 13 было около пяти тысяч заключенных, но, когда их количество увеличилось в четыре раза, его разделили на Лагерь № 12 и Лагерь № 13[21].

Устранив все возможные угрозы своей власти с помощью лагерной системы и приведя большинство граждан в состояние боевой готовности, Ким Ир Сен приступил к реорганизации органов внутренней безопасности. С принятием в 1972 году новой конституции Ким Ир Сен приказал создать отделение тайной полиции и назначил Ким Пен Ха главой Департамента государственной безопасности. Новая организация создала новые концлагеря в районах Кэчхон и Чхонджин. Большинство ненадежных политзаключенных перевели в эти лагеря, и права человека стали нарушаться еще больше[22].

Сосредоточение власти в руках Ким Ир Сена в 1970-х годах обеспечило Ким Чен Иру политическую стабильность для проведения такой же политической кампании в 1980-х годах и в начале 1990-х. Во время его первого публичного появления на Шестом съезде партии в октябре 1980 года его избрали постоянным членом Политбюро, Секретарем ЦК, членом Центрального военного комитета, и это явно говорило о том, что он получил статус

---

[20] Эта группировка известна под названием Капсанская фракция, потому что ее члены раньше входили в Капсанский рабочий комитет, подпольную организацию, боровшуюся за освобождение Кореи от японской колонизации. См. [Son 2003: 61–62].

[21] См. [Yoon 2011: 82].

[22] [Oh 2005: 75].

преемника[23]. Устанавливая второй культ личности, Ким Чен Ир также начал контролировать органы госбезопасности. Когда состоялась династическая передача власти, некоторые члены правительства выказали признаки неудовольствия или протеста, и Ким Чен Ир опять обратился к лагерной системе. По свидетельству перебежчика из Северной Кореи, бежавшего в апреле 1982 года, в 1980–1982 годах около 15 000 человек было отправлено в политические тюрьмы за несогласие с планом наследования, и Ким Чен Ир открыл еще четыре концлагеря [Heo 2011: 108].

Таким же образом было подавлено сопротивление и повторились масштабные чистки в начале 1990-х годов. Например, в 1992 году Департамент государственной безопасности раскрыл заговор группы недовольных северокорейских военнослужащих, которые готовили переворот 25 апреля во время праздничного парада в честь шестидесятилетия создания Корейской народной армии (КНА)[24]. По словам Чой Чуль Хваля, бывшего полковника КНА, бежавшего из КНДР в 1995 году, после попытки переворота Ким Чен Ир распорядился провести массовые чистки среди офицерского состава. За период с октября 1992 года по июнь 1994 года власти Северной Кореи арестовали или казнили почти 300 из 370 офицеров высокого ранга, а их семьи отправили в Центр заключения политических преступников № 16 [Gause 2012: 127].

С середины 1990-х годов и до начала 2000-х кардинально изменилась обстановка на международной арене, и режиму КНДР пришлось решать проблемы, связанные с безопасностью страны. После падения коммунистического блока и «предательства» Китая, установившего дипломатические отношения с Южной Кореей в 1992 году, Северная Корея оказалась в изоляции. Окончание холодной войны заставило Пхеньян внимательнее следить за северокорейцами — студентами и дипломатами — за рубежом,

---

[23] Кроме Ким Ир Сена Ким Чен Ир был единственным, кто занимал три руководящих поста одновременно [Gause 2012: 121].

[24] Подборку фактов о движении сопротивления в Северной Корее см. в [Stanton 2007].

чтобы они, видя, как другие народы Восточной Европы и Советского Союза утрачивают доверие к своим правительствам, не начали сомневаться в законности власти Кимов. И действительно, количество заключенных из этих групп населения в указанный период увеличилось, большинству из них в вину вменялись идеологические преступления [Oh 2005: 74]. Нет четкого определения того, в чем именно заключается идеологическое преступление. Этот термин как нельзя лучше показывает произвол северокорейского законодательства, единственная задача которого — устранить потенциальных противников режима Кимов.

Смерть Ким Ир Сена 8 июля 1994 года никак не сказалась на лагерной системе, но в 2000-х та перестала расширяться в результате повышенного внимания со стороны мирового сообщества к нарушениям прав человека. Пхеньян официально отрицает существование концентрационных лагерей. Некоторые концлагеря, находившиеся в приграничных районах, были закрыты, а их узники переведены в другие лагеря[25]. Однако нет никаких данных о том, что впоследствии заключенных освободили, а права человека стали нарушать меньше. Наоборот, правительство предпринимает эти шаги, чтобы скрыть массовость нарушений прав человека. Идеологическая борьба с Южной Кореей, где прошли демократические преобразования, продолжается, и режиму Кимов необходимо сохранять верность народа. Передача власти представителю третьего поколения — от Ким Чен Ира Ким Чен Ыну — заставила Пхеньян сохранить лагерную систему. Как следствие, власти усилили полномочия органов безопасности и надзора, а по последним данным, в пяти оставшихся политических концлагерях под управлением ДГБ находится примерно 150 000 человек[26].

---

[25] Ан Мён Чхоль, работавший охранником в северокорейских концлагерях, объясняет слияние, закрытие и перемещение лагерей желанием скрыть их наличие от международного сообщества [Yoon 2011: 54–55].

[26] Достоверно известно, что под управлением ДГБ продолжают функционировать лагеря № 14, 15, 22, 23 и 25 [Oh 2012: 345].

Политические и экономические функции советских и северокорейских лагерей

И советская, и северокорейская системы лагерей в самом начале своего существования были во многом похожи, и обе использовались Сталиным и Ким Ир Сеном как политические орудия для утверждения царства террора. Их пути разошлись, когда Хрущев осудил культ личности Сталина, что привело к развалу ГУЛАГа, тогда как династическая передача власти в семье Кимов обеспечила лагерям длительное существование. Насчет роли ГУЛАГа в развитии экономики сейчас ведутся яростные споры. Сыграли ли северокорейские лагеря такую же роль, как ГУЛАГ, в масштабной мобилизации рабочей силы для национальной индустриализации, сказать нельзя за недостатком сведений.

Нельзя отрицать, что ГУЛАГ на ранней стадии советской индустриализации внес значительный вклад в осуществление национальных проектов, таких как строительство Беломорканала, большое число заключенных ГУЛАГа участвовало в строительстве железных дорог, гидроэлектростанций, в добыче угля[27]. Во время Второй мировой войны рабочие силы ГУЛАГа, чтобы удовлетворить возросшую потребность в продукции для фронта, использовались особенно активно[28]. Участие ГУЛАГа в крупномасштабных национальных проектах означает, что экономические причины сыграли не последнюю роль в его расширении.

Однако, как утверждают некоторые ученые, эти проекты могли не иметь первостепенного значения [Khlevniuk 2004: 344]. Э. Эпплбаум, например, предполагает, что морской путь из Балтийского в Белое море вовсе не был так крайне необходим [Эппл-

---

27 Кроме эксплуатации физического труда советское правительство и администрация ГУЛАГа постоянно использовали технических специалистов из числа заключенных и принудительный интеллектуальный труд. См. текст А. Сиддики в этой книге, а также [Khlevniuk 2004: 34; Эпплбаум 2006: 99].

28 В советском тылу во время войны проводились две несвязанные кампании: требовалось производить больше продукции при минимальных затратах и постоянно звучали политические призывы к героическому труду [Эпплбаум 2006: 132].

баум 2006: 98]. О. В. Хлевнюк, признанный авторитет в области истории ГУЛАГа, также считает, что не всегда понятно, насколько важны были эти стройки, на которых погибло столько заключенных: невозможно оценить экономический вклад концлагерей с точки зрения капиталовложения [Khlevniuk 2004: 344–336]. Несомненно, в последние годы существования системы массового заключения ГУЛАГ был скорее экономическим бременем, чем приносил доход [Добсон 2014: 14][29]. Крупнейшие политически мотивированные события, например массовые расстрелы 1937–1938 годов, также заставляют усомниться в том, действительно ли советское правительство в первую очередь стремилось просто использовать принудительный труд в экономических целях, так как значительная часть сотен тысяч расстрелянных людей была трудоспособными мужчинами, многие из них — квалифицированные специалисты [Khlevniuk 2004: 185]. Эпплбаум делает вывод, что задачей ГУЛАГа было подавление малейшего проявления оппозиции и укрепление личной власти верховного вождя [Khlevniuk 2004: 330].

В конечном счете спор о том, чем объяснять ГУЛАГ — политическими функциями или экономической эффективностью, — проблема курицы и яйца. Сторонники того, что становление системы обусловлено политическими репрессиями, утверждают, что советское руководство только позже осознало, что лагеря могут дать экономически полезную рабочую силу. Те же, кто подчеркивает роль экономики, уверены, что с самого начала советское руководство намеревалось массово использовать трудовые ресурсы для освоения далеких районов с неблагоприятными погодными условиями и сильно пересеченной местностью. Они считают, что политические чистки ужесточались из-за экономических потребностей. Решение вопроса, что было первично, а что вторично, выходит за рамки данного исследования[30]. Обе сторо-

---

[29] Подробнее об экономической рентабельности ГУЛАГа в последние годы его существования см. [Ivanova 2000: 118–119, 124–126; Barenberg 2014: 122–130].

[30] О том, как этот спор проходил на советской почве, см. [David-Fox 2004].

ны признают, что рабочая сила ГУЛАГа использовалась в реализации национальных проектов по индустриализации страны и его важность для экономики отрицать нельзя.

Северокорейские лагеря не сделали такого вклада в индустриализацию страны, какой сделал ГУЛАГ для СССР. Рост количества концлагерей в Северной Корее явно соотносится с укреплением власти и ее передачей правящим режимом Кимов. Но экономика КНДР с конца 1970-х до середины 1990-х переживала спад, потом был кризис, несмотря на расширение лагерной системы, что позволяет предположить отрицательное или незначительное соотношение между этим расширением и экономическим развитием страны. По сведениям, полученным от беженцев, в лагерях в небольших количествах производили товары широкого народного потребления, такие как бакалея, одежда и мебель, то есть Пхеньян не использовал заключенных на грандиозных стройках, сравнимых с Беломорканалом в Советском Союзе[31]. Наоборот, вид промышленной деятельности каждого концлагеря преимущественно зависел от его местоположения. Например, в районах, богатых полезными ископаемыми, заключенные работали на рудниках. В других местах они занимались сельским хозяйством или скотоводством [Yoon 2011: 334–337[32]]. Лагерная экономика КНДР, судя по всему, в основном производит товары широкого потребления для страны, а также занимается самообеспечением [Yoon 2011: 333]. Ее вклад в экономику страны даже не стоит и сравнивать со вкладом ГУЛАГа [Oh 2012: 345].

Если сравнить территорию Северной Кореи с территорией Советского Союза, понятно, что необходимости в грандиозных стройках, таких как Беломорканал, или в освоении просторов, вроде Сибири, там не было. Хотя беженцы из Северной Кореи ссылались на слухи о том, что заключенные участвовали в строи-

---

[31] Перечень товаров, которые производятся в северокорейских лагерях, см. в [Yoon 2011: 334–337].

[32] В этой книге также описывается конкретная экономическая деятельность каждого лагеря из списка.

тельстве таких сооружений, как дамбы, подземные туннели, атомные или иные военные сооружения, но экономическое влияние этих строек вряд ли сопоставимо с влиянием ГУЛАГа на индустриализацию в СССР[33]. Вместо этого КНДР смогла мобилизовать широкие народные массы в качестве рабочей силы, как это сделал Китай во время Большого скачка. Северная Корея приступила к осуществлению кампании «Чхоллима» в 1957 году, что явилось началом стремительной индустриализации с массовой мобилизацией населения[34]. Под лозунгом «Один за всех, все за одного» мобилизовывались все имевшиеся рабочие силы всех секторов промышленности. Учитывая масштабы мобилизации, небольшой размер страны и высокую плотность населения, кажется вполне вероятным, что правительство КНДР не смешивало политзаключенных с гражданами, чей трудовой вклад назывался героическим или революционным. Хотя когда-нибудь архивные данные и прольют свет на этот вопрос, крайне маловероятно, что вклад северокорейских лагерей в индустриализацию окажется сопоставимым с вкладом ГУЛАГа.

Другими словами, в отличие от ГУЛАГа расширение лагерной системы Северной Кореи не зависело от экономики. Несмотря на сходство политических причин, которые привели к их созданию, хозяйственная деятельность лагерей в КНДР имела меньшее значение, чем в Советском Союзе. Хотя укрепление единоличной диктатуры совпадает с увеличением количества лагерей, до конца неясно, какие еще факторы, если не экономические, обусловили длительность их существования и особо жестокое нарушение прав человека. Чтобы объяснить отличительные черты северокорейских лагерей, нам нужно рассмотреть влияние на их эволюцию традиционной культуры и разработанной на местной почве идеологии.

---

[33] Северокорейские беженцы говорили, что с секретных строек никто никогда не возвращался, — скорее всего, людей казнили, чтобы сохранить секретность [Yoon 2011: 430–431].

[34] См. [Kim Sung-bo 2009: 145].

Культурные и идеологические факторы в лагерной системе Северной Кореи

В корейской культуре особую важность имеют кровные узы. И действительно, северокорейская политика выражает корейскую социальную традицию почти во всех отношениях, что отличает ее от политической культуры Советского Союза. Например, Ким Ир Сен ссылался на конфуцианские понятия сыновней почтительности (*хе*) к родителям и абсолютной верности (*чжун*) родине, а не на коммунистические понятия классового антагонизма или классовой борьбы, к которым прибегают советские лидеры вместе с призывами к социалистическому патриотизму и верности государству[35]. Возвышая конфуцианские ценности благополучной семьи до государственного уровня, Ким Ир Сен, по идее, превратил все северокорейское общество в единую семью во главе с ним самим (отцом) и Трудовой партией Кореи (матерью)[36]. Таким образом, объектами сыновней почтительности и абсолютной верности становится верховный вождь и государственные партийные органы. Права человека рассматриваются как награда, пожалованная вождем и отцом [Song 2011: 176]. В культе личности Сталина вождь тоже воспринимался как отец, чья фигура выражала экономические и социальные связи, через которые граждане получали обычные товары и услуги как дар от щедрого руководителя [Brooks 2000: 15]. Но в Северной Корее отношения межу верховным вождем и его подчиненными более тесно связаны воображаемыми кровными семейными узами. Столь важная роль, придаваемая конфуцианским семейным ценностям, способствовала распространению лагерной системы и наиболее жестокому нарушению прав человека в Северной Корее.

---

35 О том, как конфуцианские идеи отразились в политическом дискурсе при легитимизации диктатуры семейства Кимов, см. [Kang 2011: 63–87].

36 В преамбуле к Конституции КНДР 1998 года Ким Ир Сен восхваляется за объединение всего северокорейского общества в единую семью. Пропаганда и СМИ Северной Кореи называют Ким Ир Сена «великим вождем и отцом», а партию «партией-матерью».

Ёнчваче (коллективная вина) и принудительные аборты ради соблюдения чистоты расы как раз показывают важность семейных ценностей. Ёнчваче основывается на древней вере в то, что потомки политических диссидентов с большой вероятностью унаследуют антиправительственные идеи и, если их не уничтожить, будут мстить за своих родителей. В Советском Союзе на родственниках репрессированных не ставили несмываемое клеймо. Сталин в 1935 году, говоря о детях лишенцев, произнес знаменитую фразу о том, что сын не отвечает за своего отца [Fitzpatrick 1999: 130]. Ким Ир Сен же, напротив, в 1972 году приказал уничтожать потомков диссидентов вплоть до третьего поколения[37]. Поэтому в концлагеря КНДР вместе с осужденными политическими преступниками отправляют целые семьи. Недавние репрессии против Ян Сон Тэка в 2014 году коснулись также его семьи и окружения, что подтверждает живучесть системы ёнчваче и в Северной Корее Ким Чен Ына [Gause 2015: 3; Cathcart 2013]. Это во многом объясняет разительное увеличение лагерей в критические моменты северокорейской истории.

Широкое распространение принудительных абортов и детоубийств стало возможным из-за присущей культуре Северной Кореи одержимости чистотой крови внутри семьи[38]. После ужасного голода в середине 1990-х годов значительно увеличилось количество случаев продажи северокорейских женщин «в брак» китайским фермерам[39]. Китайская полиция репатриирует их на родину, где правительство отправляет их в лагеря. По свидетельствам перебежчиков из Северной Кореи, в случае беременности таких женщин принуждают к абортам, чтобы «китайское семя» не взросло на северокорейской почве[40]. Нет никаких данных

---

37 См. [The Gulag 2012; Kim 2013].

38 О расизме в КНДР как основе политической системы см. [Myers 2011].

39 О тяжелой жизни и лишениях, которые терпят перебежчики из КНДР в Китае, см. [Kim 2010: 61–81].

40 См. [Cohen 2014; и UN North Korea Report 2014]. С показаниями беженцев можно ознакомиться здесь: [Hawk 2015].

о том, что подобные преступления столь же систематически и в таких же масштабах происходили в ГУЛАГе[41].

Характерное для культуры Северной Кореи внимание к семье и родственным связям привело к отказу общества видеть в заключенном человека, он становился «нечленом семьи». Осужденных предателей великого вождя-отца и партии-матери ждала судьба хуже, чем осужденных убийц: полное исключение из общества без малейшей надежды на возвращение. Классовая система КНДР, которая сильно отличается от классовой системы советского общества под властью Сталина, также оказала значительное влияние на формирование этих различий [Szalontai 2006: 16]. Как отмечалось выше, в Северной Корее только 30 % населения классифицировались как верная «основа», 40 % считались подозрительными колеблющимися, а 30 % — политически неблагонадежным враждебным классом. В Советском Союзе в 1920-х — начале 1930-х годов только 3,5–3,9 % всех потенциальных избирателей были лишенцами (т. е. лишенными гражданских прав) [Szalontai 2006: 217][42]. Как следствие, большинство жителей КНДР пребывали в постоянном страхе, что за их лояльностью пристально следит правительство. При такой социальной структуре в худшем положении находились заключенные лагерей. Враждебный класс хотя бы еще считался частью нормального северокорейского общества, а заключенные вообще исключались из социальной пирамиды. Таким образом, они были намного более изолированы и бесправны, чем контрреволюционеры ГУЛАГа. Иначе говоря, они не считались полноценными людьми. Власти специально готовили охранников лагеря относиться к узникам именно так. Тем, что заключенные считались недо-

---

41 Высылку в лагеря инвалидов тоже можно считать еще одним существенным отличием КНДР от Советского Союза. В ГУЛАГ инвалиды не попадали только из-за того, что были инвалидами. В «Отчете о правах человека в Северной Корее» Государственного департамента США за 2013 год упоминается о высылке из Пхеньяна и принудительной стерилизации людей с физическими и психическими отклонениями.

42 Подробнее о преобразовании классовой структуры в Советском Союзе в 1920–30-х годах см. [Fitzpatrick 1993].

стойными жить как люди, тюрьмы КНДР больше походят на нацистские концлагеря, чем на ГУЛАГ. Дискриминация внутри одной этнической группы никак не связана с коммунистической идеологией, в отличие от полей смерти в Камбодже; единственный критерий — субъективно воспринимаемая верность семье Кимов[43].

Северокорейскую идеологию чучхе тоже можно считать причиной крайней жестокости нарушений прав человека в концлагерях. Чучхе, дословно «самодостаточность», — важнейшая составляющая северокорейского мировоззрения. После советско-китайского раскола и разногласий, возникших между этими двумя странами и КНДР в 1960-х годах, Ким Ир Сен решил отойти от марксизма-ленинизма и на Пятом съезде партии в ноябре 1970 года принял чучхе как официальную идеологию[44]. Три столпа чучхе: идеологическая независимость, экономическая самодостаточность и самостоятельное обеспечение государственной безопасности. Под влиянием этой идеологии КНДР стала крайне националистическим государством. Правительство дополняет идеологию чучхе понятием органического общества, изображая Северную Корею как единый социально-политический живой организм, где верховный вождь, партия и народные массы объединены кровными узами. Верховный вождь выполняет роль мозга, а народ — это его тело и конечности. Народ должен повиноваться вождю-мозгу, тело и конечности не могут существовать без него. Заключенные лагерей, таким образом, воспринимаются отделенными от единого тела органического общества, недостойными жизни. Если следовать такой логике, высокая смертность и чрезмерная жестокость в нарушении прав человека в лагерях вполне допустимы.

---

[43] Воспоминания бывшего охранника см. [Ahn 2007].

[44] При Хрущеве в Советском Союзе критиковали культ личности в Северной Корее, что Пхеньян воспринял как вмешательство в свои внутренние дела. В середине 1960-х годов отношения между странами улучшились, что сказалось на ухудшении отношений КНДР с Китаем во время «культурной революции», когда последний критиковал Пхеньян за «ревизионистские» тенденции к сближению с Советским Союзом. См. [Lee 2001: 154].

При коммунизме советского толка в классовой борьбе участвуют рабочие и их враги. Права человека в полной мере даны только пролетариату, у буржуазии и империалистов правительство может на законном основании их отобрать [Song 2011: 25]. Однако Северная Корея отошла от этих марксистских взглядов и отказалась от классового понимания прав. Почитание Ким Ир Сена как доброго правителя противоречит учению марксизма, но вписывается в конфуцианскую концепцию доброго правительства [Song 2011: 143]. Чучхе — основанная на преданности форма социальной стратификации, заменившая классовое сознание; при внесении поправок в конституцию в 2009 году Северная Корея официально отказалась от коммунизма. Преданность Ким Ир Сену стала единственным критерием, дающим людям права человека. Именно национальная идеология чучхе вместе с элементами конфуцианства больше всего повлияла на эволюцию лагерной системы в Северной Корее.

Лагеря в Северной Корее существуют уже более шестидесяти лет, в два раза дольше ГУЛАГа и в пятнадцать раз дольше Освенцима. В этой главе была сделана попытка объяснить историческую эволюцию лагерной системы КНДР через сравнение с ее прототипом, ГУЛАГом. Вслед за Сталиным Ким Ир Сен использовал лагеря как инструмент укрепления своего царства террора. После смерти Сталина и последующего возвышения Хрущева ГУЛАГ прекратил свое существование. В Северной Корее, наоборот, при наследственной передаче власти размеры лагерей только увеличились. В этой главе были сделаны выводы, что ГУЛАГ можно объяснить политическими и экономическими факторами, а на эволюцию лагерей Северной Кореи повлияли культурные факторы, роль которых в СССР не заметна. Отличительные черты северокорейской лагерной системы сложились под влиянием важных для конфуцианства идей семейной иерархии и сыновней почтительности, а также самобытной идеологии чучхе. От ареста защищает лишь абсолютная преданность семье Кимов, а культурные представления позволяют арестовывать одновременно представителей трех поколений одной семьи. Таким образом, благодаря культуре и идеологии лагерная система зажила собственной жизнью, перестав выступать исключительно в роли репрессивного аппарата.

При изучении северокорейских лагерей неизбежно возникают серьезные вопросы об отношении тоталитаризма и концентрационных лагерей. В своей эпохальной книге об истоках тоталитаризма Х. Арендт пишет, что концентрационные лагеря являются «поистине центральным институтом организованной тоталитарной власти», где пропаганда становится излишней, как и сама человечность, а лагерь превращается в памятник идеологической незыблемости тоталитарного режима [Арендт 1996: 569]. Кроме той задачи, которую Арендт определила как первостепенную в распространении террора, у концлагерей нацистской Германии и Советского Союза были и другие, не менее важные. Нацистские лагеря смерти вполне очевидно были направлены на геноцид европейского еврейства, а советское руководство значительно расширило ГУЛАГ, приступив к форсированной индустриализации и крупномасштабному строительству. В КНДР у лагерей, по видимости, нет иных практических функций, кроме изоляции потенциальных несогласных и устрашения общества. Вместо этого на основе культурных факторов сформировалась своеобразная логика: как верховное руководство передается в трех поколениях, так и политических преступников следует наказывать в трех поколениях. Традиционная важность генеалогии и чистоты крови, переосмысленная в виде политической идеологии чучхе, в северокорейских лагерях привела к принудительным абортам и детоубийствам. Эти отличительные черты лагерей Северной Кореи не служат никакой практической цели. То, что это продолжает происходить, наводит на мысль, что распространение лагерей, возможно, в чем-то отражает традиционную культуру и характерные особенности возникшей на местной почве идеологии. Если это так, то система может просуществовать намного дольше других, ей подобных.

Сравнение лагерей КНДР и ГУЛАГа не только освещает особенности первых, но наводит на новые мысли для исследования последних. В этой главе говорилось, что конфуцианство повлияло на эволюцию северокорейской лагерной системы, но влияние культурных факторов на отношение к заключенным и в ГУЛАГе, и в пенитенциарной системе в целом остается слабо изученным. Продолжается спор о соотношении экономических и политических факторов в истории ГУЛАГа. Ни один специалист по ГУЛАГу не станет совсем игнорировать культурные факторы, но стоит рассмотреть его и с точки зрения причинно-следственных связей, а не просто оценивая смысловое содержание [Skocpol 2003: 414]. В общем, при изучении причин возникновения репрессивных структур авторитарных режимов культурные факторы заслуживают равного внимания[45]. В частности, влияние конфуцианской культуры на обращение с заключенными в китайском варианте ГУЛАГа, лаогае, может стать еще одной темой для будущего исследования, особенно в сравнении с КНДР. Понимание истории возникновения и эволюции мест заключения крайне важно для всех, кто занимается изучением прав человека в целом или только в Северной Корее.

Источники

Солженицын 1990 — Солженицын А. И. Архипелаг ГУЛАГ, 1918–1956. Опыт художественного исследования. М.: Новый мир, 1990.

Харден 2015 — Харден Б. Побег из лагеря смерти / Пер. с англ. Д. Куликова. М.: Эксмо, 2015.

Библиография

Арендт 1996 — Арендт Х. Истоки тоталитаризма / Пер. с англ. И. В. Борисовой, Ю. А. Кимелева, А. Д Ковалева, Ю. Б. Мишкенене, Л. А. Седова. М.: ЦентрКом, 1996.

Виола 2010 — Виола Л. Крестьянский ГУЛАГ: Мир сталинских спецпоселений / Пер. с англ. Е. Осокиной. М.: РОССПЭН; Фонд «Президентский центр Б. Н. Ельцина», 2010.

---

[45] О «культурном повороте» в пенологии и его значении для истории наказаний в России см. главу Дж. Пэллот в этой книге.

Добсон 2014 — Добсон М. Холодное лето Хрущева: возвращенцы из ГУЛАГа, преступность и трудная судьба реформ после Сталина / Пер. с англ. Д. А. Благова. М.: РОССПЭН, 2014.

Эпплбаум 2006 — Эпплбаум Э. ГУЛАГ. Паутина большого террора / Пер. с англ. Л. Мотылева. М.: Московская школа политических исследований, 2006.

Ahn 2007 — Ahn M.-Ch. Bukkan jeongchibum suyongso kyungbi daewon ui suki (The Memoir of a Former North Korean Political Prison Guard). Seoul: Shidae Jungshin, 2007.

Barenberg 2014 — Barenberg A. Gulag Town, Company Town: Forced Labor and Its Legacy in Vorkuta. New Haven: Yale UP, 2014.

Barnes 2011 — Barnes S. Death and Redemption: The Gulag and the Shaping of Soviet Society. Princeton, NJ: Princeton UP, 2011.

Borodkin, Ertz 2003 — Borodkin L., Ertz S. Coercion versus Motivation: Forced Labor in Norilsk // The Economics of Forced Labor: The Soviet Gulag / Ed. P. R. Gregory and V. Lazarev. Stanford, CA: Hoover Institution Press, 2003.

Brooks 2000 — Brooks J. «Thank You, Comrade Stalin!» Soviet Public Culture from Revolution to Cold War. Princeton, NJ: Princeton UP, 2000.

Byrne 2015 — Byrne L. North Korean Defection by the Numbers // NK News. 2015. July 8. URL: https://www.nknews.org/2015/07/north-korean-defection-by-the-numbers (дата обращения: 28.10.2019).

Cathcart 2013 — Cathcart A. The Fall of Jang Song-Taek // The National Interest. 2013. December 11. URL: http://nationalinterest.org/commentary/the-fall-jang-song-taek-9539 (дата обращения: 31.10.2019).

Cha 2012 — Cha V. The Impossible State: North Korea, Past and Future. New York: Ecco Books, 2012.

Cohen 2014 — Cohen R. China's Forced Repatriation of North Korean Refugees Incurs United Nations Censure // International Journal of Korean Studies. 2014. Vol. 18. № 1. Brookings. July 7. URL: http://www.brookings.edu/research/opinions/2014/07/north-korea-human-rights-un-cohen (дата обращения: 31.10.2019).

Collins 2012 — Collins R. Marked for Life: Songbun — North Korea's Social Classification System. Washington, DC: Committee for Human Rights in North Korea, 2012.

David-Fox 2004 — David-Fox M. On the Primacy of Ideology: Soviet Revisionists and Holocaust Deniers (In Response to Martin Malia) // Kritika: Explorations in Russian and Eurasian History. 2004. Vol. 5. № 1. P. 81–105.

Do, Kim, Han, Lee, Hong 2015 — Do K., Kim S.-A., Han D., Lee K.-S., Hong M. White Paper on Human Rights in North Korea 2015. Seoul: Korean Institute for National Unification, 2015.

Fitzpatrick 1993 — Fitzpatrick S. Ascribing Class: The Construction of Social Identity in Soviet Russia // Journal of Modern History. 1993. Vol. 65. № 4. P. 745–770.

Fitzpatrick 1999 — Fitzpatrick S. Everyday Stalinism: Ordinary Life in Extraordinary Times. Soviet Russia in the 1930s. New York: Oxford UP, 1999.

Gause 2012 — Gause K. Coercion, Control, Surveillance, and Punishment: An Examination of the North Korean Police State. Washington, DC: Committee for Human Rights in North Korea, 2012.

Gause 2015 — Gause K. North Korean House of Cards: Leadership Dynamics under Kim Jong-un. Washington, DC: Committee for Human Rights in North Korea, 2015.

Gregory 2003 — Gregory P. R. An Introduction to the Economics of the Gulag // The Economics of Forced Labor: The Soviet Gulag / Ed. P. R. Gregory and V. Lazarev. Stanford, CA: Hoover Institution Press, 2003. P. 1–21.

The Gulag 2012 — The Gulag behind the Goose-Steps // The Economist. 2012. April 12. URL: http://www.economist.com/node/21553090 (дата обращения: 31.10.2019).

Hawk 2012 — Hawk D. The Hidden Gulag. Washington, DC: Committee for Human Rights in North Korea, 2012.

Hawk 2015 — Hawk D. Hidden Gulag VI: Gender Repression and Prisoner Disappearance. Washington, DC: Committee for Human Rights in North Korea, 2015.

Heo 2011 — Heo Man-Ho. Kukje ingwon bub ul kijun uro barabon bukhan ui jungchibum suyongso (North Korean Political Prison Camps: A View Based on International Norms of Human Rights) // Sahoe gwahak damron gua jungchaek (Social Science Discourse and Policy). 2011. Vol. 4. № 1 (на кор. яз.).

Ivanova 2000 — Ivanova G. Labor Camp Socialism: The Gulag in the Soviet Totalitarian System. Armonk, NY: M. E. Sharpe, 2000.

Jang 2011 — Jang K. Bukhan ui Gangje Suyongso wa Dokyil yi Juneun Kyohun (North Korea's Prison Camps and Lessons from Germany) // Unification Strategy. 2011. Vol. 11. № 1.

Kang, Rigoulot — Kang Ch., Rigoulot P. The Aquariums of Pyongyang: Ten Years in the North Korean Gulag. New York: Basic Books, 2005.

Kang 2011 — Kang J. Political Uses of Confucianism in North Korea // Journal of Korean Studies. 2011. Vol. 16. № 1. P. 63–87.

Khlevniuk 2004 — Khlevniuk O. V. The History of the Gulag: From Collectivization to the Great Terror / Trans. by Vadim A. Staklo. New Haven: Yale UP, 2004.

Kim 2013 — Kim D. Three Generations of Punishment: The Atrocities Being Committed in North Korea // Point of View. 2013. January 25. URL: http://www.bbnpov.com/?p=904 (дата обращения: 31.10.2019).

Kim 2009 — Kim Sung-bo et al. Sajin gwa gurim uro bonun bukkan hyundaesa (North Korea's Modern History in Picture and Painting). Seoul: Unjin Jishik House, 2009.

Kim 2010 — Kim M. Escaping North Korea: Defiance and Hope in the World's Most Repressive Country. Lanham, MD: Rowman and Littlefield, 2010.

Lankov 2002 — Lankov A. From Stalin to Kim Il Sung: The Formation of North Korea, 1945–1960. New Brunswick, NJ: Rutgers UP, 2002.

Lankov 2012 — Lankov A. Pang Hak-Se: Founder of NK Security Police // Korea Times. 2012. February 22. URL: http://www.koreatimes.co.kr/www/news/issues/2016/01/363_105493.html (дата обращения: 28.10.2019).

Lankov 2013 — Lankov A. The Real North Korea. New York: Oxford UP, 2013.

Lee 2001 — Lee J. Hyundae bukkan ui yihae (An Understanding of Modern North Korea). Seoul: Yeoksa Bipyeongsa, 2001.

Mochulsky 2012 — Mochulsky F. V. Gulag from the Inside // Gulag Boss: A Soviet Memoir / Trans. and ed. Deborah Kaple. New York: Oxford UP, 2012.

Myers 2011 — Myers B. The Cleanest Race: How North Koreans See Themselves and Why It Matters. Brooklyn, NY: Melville House, 2011.

Oh 2005 — Oh K. Bukhan inkwon chimhae ui gujojeok shiltae-e guanhan yeongu. Analysis of North Korea's Structural Human Rights Violations, with a Focus on Political Prisons. MA diss. Korea University, 2005.

Oh 2012 — Oh K. Soryeon, Bukhan, Jungguk ui jeongchibum suyongso bigyo (A Comparison of the Soviet, North Korean, and Chinese Political Prisons) // Research on North Korean Human Rights Policy. Seoul: Korea Institute of National Unification, 2012.

Pallot 2008 — Pallot J. Continuities in Penal Russia: Space and Gender in Post-Soviet Geography of Punishment // What Is Soviet Now? Identities, Legacies, Memories / Ed. Th. Lahusen and P. H. Solomon. Münster: Lit, 2008. P. 234–256.

Pallot 2015 — Pallot J. The Topography of Incarceration: The Spatial Continuity of Penality and the Legacy of the Gulag in Twentieth- and Twenty-First Century Russia // Laboratorium: Russian Review of Social Research. 2015. Vol. 7. № 1. P. 25–50.

Report 2014 — Report of the UN Commission of Inquiry on Human Rights in the Democratic People's Republic of Korea. February. 2014. VII. Para. 1211.

Shoichet, Park 2015 — Shoichet C. E., Park M. North Korean Prison Camp Survivor Admits Inaccuracies, Author Says // CNN. 2015. January 20. URL: https://edition.cnn.com/2015/01/18/asia/north-korea-defector-changes-story/ (дата обращения: 28.10.2019).

Skocpol 2003 — Skocpol T. Doubly Engaged Social Science: The Promise of Comparative Historical Analysis // Comparative Historical Analysis in the Social Sciences / Ed. James Mahoney and Dietrich Rueschemeyer. New York: Cambridge UP, 2003. P. 407–428.

Son 2003 — Son G. Kim Jong-il Report. Seoul: Bada, 2003.

Song 2011 — Song J. Human Rights Discourse in North Korea: Post-Colonial, Marxist, and Confucian Perspectives. New York: Routledge, 2011.

Stanton 2007 — Stanton J. Can They Do It? A Brief History of Resistance to the North Korean Regime. URL: https://freekorea.us/2007/03/06/can-they-do-it-a-brief-history-of-resistance-to-the-north-korean-regime/ (дата обращения: 30.10.2019).

Suh 2013 — Suh J. Origins of North Korea's Juche: Colonialism, War, and Development. Lanham, MD: Rowman and Littlefield, 2013.

Szalontai 2006 — Szalontai B. Kim Il Sung in the Khrushchev Era: Soviet-DPRK Relations and the Roots of North Korean Despotism, 1953–1964. Stanford, CA: Stanford UP, 2006.

UN North Korea Report 2014 — UN North Korea Report Main Findings // BBC News. 2014. February 17. URL: http://www.bbc.com/news/world-asia-26223180 (дата обращения: 31.10.2019).

White Paper 2007 — White Paper on Human Rights in North Korea. Seoul: Korean Institute for National Unification, 2007.

Yoon 2011 — Yoon Y. et al. Bukkan jungchibum suyongso ui unyungchegye wa inkwon shiltae (North Korean Prison Camps' Operational System and Human Rights Situations). Seoul: Archives of North Korean Human Rights Record, 2011.

Сонгмин Чо — доцент Азиатско-Тихоокеанского центра исследований безопасности имени Дэниела К. Иноуэ, специализируется на политике Китая и Северной Кореи. Сонгмин Чо родился в Южной Корее, получил степень магистра в области международных отношений в Пекинском университете и докторскую степень в области государственного управления в Джорджтаунском университете.

Глава 13

Джудит Пэллот

ГУЛАГ как горнило российской пенитенциарной системы XXI века

Для начала сравним рассказы двух женщин о том, как их транспортировали к местам заключения.

> После вынесения приговора, как-то ночью, нас очень грубо разбудили и предложили приготовиться к выезду. Погрузили в машины, на которых было написано «Хлеб», буквально затолкали до невозможной тесноты. А я все удивлялась: откуда такая жестокость? Проехали немного, несколько женщин от духоты потеряли сознание, мы стали кричать и стучать. Машину остановили. Конвоиры вытаскивали обморочных и укладывали их прямо на дорогу. Свежий воздух их оживлял... Потом — опять духота и, наконец, остановка и погрузка в вагоны для перевозки скота, но вагоны с нарами, а на площадке перед дверями в полу небольшое отверстие, сантиметров 12–15, не больше, для естественных надобностей. На нарах — по двое (худеньким еще ничего, а тем, кто покрупнее, — уж больно тесно). Вскоре состав тронулся. Кормили селедкой и хлебом и ставили ведро воды. Утомительная дорога — потеряли счет дням. Куда нас везут, никто не знал. Наконец на рассвете остановка и выгрузка. Видим — станция «Потьма». Значит, это Мордовская республика. Здесь отбывают свои сроки раскулаченные. На подводы укладываем вещички — кто что прихватил при аресте. И вот затем такая картина.
>
> Лесная дорога, по ней тянется цепочка женщин разного возраста, за ними несколько подвод с вещами, спереди, сзади и по бокам — конвой из молодых солдат; гусеница кажется бесконеч-

ной: ведь как-никак целый железнодорожный состав. Шли долго, были привалы, ели хлеб. Очень хотелось пить. Если надо было присесть, то не стесняясь тут же, в толпе женщин... К вечеру подошли к высокому забору — наверное, в три человеческих роста. Ворота раскрылись и «проглотили» всю массу живых существ (Людмила, 1937) [Грановская 1991: 195].

Мы не знали, куда мы едем. Нас запихнули в камеры [в СИЗО] ждать, пока конвой приедет и заберет матрешки. Нас привезли на станцию, было холодно, зима, и мы сидели в воронках на морозе полтора часа и ждали поезд. Поезд прибыл, сначала они первых загрузили, потом — остальных мужчин и женщин. Отделения в поезде были рассчитаны на четверых, но нас туда загружали по десять человек, вместе с нашими вещами. Десять человек, все с сумками, в одном плацкартном отделении... Мы ехали в прямом смысле один на другом целый день. Некоторые девушки, которые ездили с нами, пошли дальше; мы ездили все вместе, несмотря на то что они были несовершеннолетние. ВИЧ-положительные, туберкулезники должны же ехать отдельно, но мы все были вместе. Нам разрешалось ходить в туалет один раз за 12 часов. Кормили нас по тюремным нормам — банку сухого пюре, хлопья овсянки, — но не давали горячей воды, чтобы их приготовить... Это был кошмар... Надзиратель был молодым парнем, и он сказал, что мы должны развлекать его, шутить. Это было ужасно... так унизительно... У одной девочки была очень высокая температура, но конвой сказал, что она сама ее набивает. Она обливалась потом весь день, ходила мокрая, и ей не разрешали ходить в туалет одной: она обязана была быть с сопровождением. Она сделала два шага и упала, они просто затолкнули ее обратно на койку (Соня, 2007)[1].

Первый фрагмент взят из воспоминаний Л. И. Грановской, арестованной в 1937 году и перевезенной из Ленинграда в Мордовию для отбытия пятилетнего срока; второй рассказ принадлежит женщине-заключенной, у которой я взяла интервью в 2007 году: ее сравнительно недавно перевезли из Москвы также в Мордовию, для отбытия восьмилетнего срока. Обстоятельства

---

1 Интервью было взято в рамках проекта британского Совета по экономическим и социальным исследованиям. Имя героини, как и другие имена в этом тексте, было изменено.

ареста этих двух женщин были различны: Людмила была политической заключенной, ее арестовали как жену врага народа, Соню же осудили за торговлю наркотиками. Условия их заключения тоже различались. Людмилу Ивановну не защищала подпись России под Европейской конвенцией о правах человека, а после освобождения ее сослали на север России. Соне же, которой удалось воспользоваться амнистией начала 2000-х, решившей проблему перенаселения тюрем, — напротив, разрешили в 2008 году возвратиться домой, где она стала дожидаться освобождения своего гражданского мужа, отбывавшего 12-летний срок, тоже за торговлю наркотиками.

Рассказы этих женщин о транспортировке к местам заключения обнаруживают удивительное сходство: обе они испытали на себе обращение, которое считают унизительным, оскорбительным, обезличивающим, — как мы увидим далее, характерные признаки «сурового наказания». Причина, по которой осужденные в Российской Федерации и ныне, подобно своим предшественникам, вынуждены переносить дальние переезды, связана с наследием той системы, при которой исправительные учреждения были призваны помещать правонарушителей в «места заключения», расположенные на периферии. Российская пенитенциарная система предусматривает четкое разделение труда по географическому принципу, заложенное в годы ГУЛАГа и сохранившееся по сей день, — за счет тех решений, которые принимались на протяжении десятилетия после смерти Сталина по вопросу о том, какие «острова архипелага» следует сохранить. Система эта включает места предварительного заключения (СИЗО), расположенные в крупных городах, и «исправительные колонии», в которых осужденные отбывают свое наказание. Такие колонии находятся преимущественно за пределами городов, в удаленных местах, и часто концентрируются в отдельных зонах периферийных регионов [Pallot 2005; Moran et al. 2011]. После 1930–50-х годов места содержания заключенных были перестроены: общежития, в которых помещаются спальные корпуса, теперь в основном кирпичные, а не деревянные; помывочные перенесены внутрь зданий; устроены актовые и спортивные залы, церкви,

Рис. 13.1. Пункт охраны в лагере в Мордовии. © Judith Pallot, 2016

а кое-где и мечети; однако в целом планировка осталась той же, какой была в советское время. Внутреннее пространство колонии делится на административную, производственную и жилую зоны, а вся территория огорожена по периметру, по верху ограждений протянута колючая проволока и установлены наблюдательные вышки (рис. 13.1).

Страдания, которые Соня перенесла во время этапирования в исправительную колонию, обнаруживают куда более глубоко укорененное и сложное наследие ГУЛАГа. Оказывается, что принципы организации жизни заключенных тоже сохранились до нашего времени. К ним относятся коллективистский подход к условиям проживания и мероприятиям по ресоциализации, обязательное использование труда заключенных, решение ряда бытовых задач за счет их самоорганизации, а также такие дисциплинарные практики, как круговая порука, соревновательность и доносительство среди заключенных. Все эти практики держатся на всепроникающем милитаризме и системе исполнения наказаний, славящейся своей суровостью. Применение наказаний, не предусмотренных законом, не прекратилось и после крушения СССР, о чем свидетельствует, например, случай, получивший широкую известность летом 2018 года. Тогда по всему миру разошелся скандальный видеоролик, где восемь сотрудников избивали одного осужденного. Случилось это в исправительной колонии (ФКУ ИК-1), расположенной в Ярославской области [Боброва 2018]. Год спустя в своей речи перед Советом Федерации генеральный прокурор Ю. Я. Чайка признал, что в процессе расследования ярославского скандала были вскрыты и другие случаи не предусмотренных законом наказаний, применявшиеся в каждом втором регионе Российской Федерации[2].

В том, как в современной России наказывают людей, очевидно просматривается наследие ГУЛАГа, однако прослеживается также не столь явная связь между опытом Людмилы и Сони и более отдаленными по времени пенитенциарными практиками, коренящимися в самоуправляемой крестьянской общине и волостном суде, а также в карательной власти помещиков в царской России. Принцип круговой поруки, некогда обеспечивавший, например, уплату налогов в крестьянской общине, позже использовался администрацией в местах заключения — и в имперские, и в советские, и в постсоветские времена. Весь коллектив осужденных наказывали за проступок одного человека, будь то невыполнение трудового задания или несоблюдение порядка в прикроватной тумбочке. Чайка упомянул этот принцип как одну из причин того, что в современной тюремной системе по-прежнему сохраняется злоупотребление применением силы: в число таких причин, по его словам, входят «недостаточная открытость пенитенциарной системы и круговая порука, порожденные неэффективным ведомственным контролем ФСИН и ее территориальных органов»[3]. Несмотря на все изменения, произошедшие в пенитенциарной политике после революции 1917 года, в ранний послесталинский период и затем в 1984–1993 годах, основы современной пенитенциарной системы в России оставались на удивление неизменными[4]. Как я покажу далее, в результате Российская Федерация вступила в XXI век с такими институтами и практиками, при которых ее пенитенциарная система оказалась в числе наиболее суровых.

---

2 URL: https://gulagu.net/news/11892.html (в настоящее время ссылка недоступна).

3 URL: https://www.kommersant.ru/doc/3939066 (дата обращения: 21.09.2019).

4 См., соответственно, [Jakobson 1993; Solomon 1980; Hardy 2012; King 1994].

Модерность и уголовные наказания в России

В этой главе я рассмотрю причины устойчивости различных видов наказания в России, задавшись вопросом о том, почему определенные институты, существовавшие в прошлом, сохранялись даже тогда, когда их изначальное назначение было давно утрачено. Любимый аргумент российских властей — всем знакомая ссылка на «пережитки». Согласно этому аргументу, негативное наследие советской пенитенциарной системы будет изживаться, по мере того как Россия будет продолжать свой путь к внедрению лучших мировых практик; причина, по которой 25 лет спустя после крушения коммунизма это преображение еще не свершилось, состоит в том, что такова цена реформ: рост преступности и институциональные препятствия неизбежны в переходный период. Критики видят ситуацию иначе. Настаивая на том, что подобные пережитки отражают незавершенность процесса демократизации в России, они утверждают, что наследие лагерной системы не будет изжито до тех пор, пока в России не произойдет настоящая демократизация. Многие критики существующего строя считают, что нынешняя уголовно-исполнительная система представляет собой «новый ГУЛАГ»[5].

Обе приведенные точки зрения согласуются с теорией модернизации. Применительно к истории наказаний эта теория утверждает, что наказание является придатком какой-либо формы легального или рационального доминирования в рамках некоей более общей цельности, представляющей собой модерность, и тюрьма — ее визитная карточка. В классических формулировках Вебера, Дюркгейма и Монтескье модерность характеризуется тенденцией к созданию более мягких пенитенциарных систем. Это объясняется тем, что реститутивные подходы и гражданско-правовые средства защиты лучше приспособлены для рыночно

[5] Среди активистов гражданского общества эту точку зрения наиболее последовательно выразили Л. А. Пономарев [Ponomarov 2007], Д. Л. Быков [Быков 2018] и Брет Стивенс [Stephens 2008]. Среди специалистов по истории ГУЛАГа вопрос о взаимосвязях между ГУЛАГом и неудавшейся демократией в России рассматривает О. В. Хлевнюк [Khlevniuk 2004].

ориентированных отношений договорного типа, чем пенитенциарное регулирование и уголовное наказание; в модерном государстве целью является реформирование правонарушителя, а не разрушение его тела. Из такой логики следует, что чем более деспотично и менее демократично государство, тем более сурово оно наказывает своих граждан. Известно, что в России в позднеимперский период возникли начатки модерной пенитенциарной системы, включая такие ее неотъемлемые особенности, как индивидуализация наказаний (наказание соответствует конкретному человеку, а не его преступлению), размещение в камерах, возвращение ссыльных, централизованное административное управление пенитенциарной системой, а также исправление через труд и индивидуальную рефлексию. Сельскохозяйственная колония на острове Сахалин стала в Российской империи аналогом исправительной колонии в Меттре; «Кресты», построенные по паноптическому проекту архитектора А. О. Томишко и функционировавшие по филадельфийской системе, стали местной вариацией Пентонвиля, открытого в Лондоне в 1842 году. Тип городской тюрьмы был внедрен в России примерно за полвека до революции, и, как показал Майкл Джейкобсон, прогрессивные идеи индивидуализации и реабилитации повлияли на идеи ранних большевиков в отношении наказаний, даже притом, что реальная практика увлекала советскую пенитенциарную систему в более зловещем направлении [Jakobson 1993]. Согласно классической теории модернизации, все, что случилось потом, явилось прерыванием нормального развития в сторону модерной, социально ориентированной системы наказаний. Официальные историографы признают этот тезис с той оговоркой, что, при всех «эксцессах» ГУЛАГа, подспудная траектория развития пенитенциарной системы в России была прогрессивной начиная с даты ее основания как централизованной системы в 1879 году и по сей день.

Постструктурализм предлагает иную телеологию, в которой тюрьма олицетворяет собой стремление модерности к порядку и систематическую апроприацию пространства. Наиболее известны идеи Мишеля Фуко. Я не буду воспроизводить ни доводы Фуко относительно усиления дисциплинарной власти, ни аргументы его противников. Для Фуко тюрьма не столько связана с возмездием, заключением, применением правовых санкций, сколько представляет собой эталон приоритизации порядка во всех индустриальных обществах. Назначение пенитенциарных технологий, как описывает его Фуко в своей оказавшей большое влияние на последующие исследования книге «Надзирать и наказывать: Рождение тюрьмы», состоит в том, чтобы разрушать автономную личность, контролировать классы, несущие опасность, и создавать модели менее явных и более всепроникающих способов регуляции для последующего внедрения в общество [Foucault 1977]. В этой работе он говорил прежде всего о природе власти во всем теле общества в целом, однако немногие специалисты по истории пенитенциарных систем могут игнорировать его идеи относительно расцвета тюрем. Тот факт, что он заимствует метафору архипелага, дает понять, что советский опыт стал неотъемлемой частью теоретической схемы Фуко, но в разном контексте он говорит о Советском Союзе по-разному [Plamper 2002]. У Фуко ГУЛАГ оказывается одновременно и механизмом наказания в эпоху, предшествующую Просвещению, и буржуазной пенитенциарной практикой, хотя в отношении последнего определения он настаивал, что террор и суровые наказания свидетельствуют о провале, а не о расцвете модерного дисциплинарного порядка.

При всей неоднозначности высказываний Фуко относительно СССР, его исследования истоков современной власти позволили специалистам по истории России делать предположения о поддержании порядка в Российской империи и в Советском Союзе. Среди историков, изучающих Россию имперского периода, самый явный последователь Фуко — Эндрю Джентес, пытающийся описать царскую систему ссылки через двоякое стремление «наказать тело» и «дисциплинировать душу». Также он использует теорию правительственности Фуко для описания саморегулирующихся «антиобщин» осужденных, декабристов, разбойников и бюрократов, ставших результатом ссылочной системы в Сибири [Gentes 2008; Gentes 2010]. На самом деле ссылка плохо вписывается в теории Фуко, хотя она, в разных формах и под разными названиями, была одной из отличительных черт пенитенциарной культуры в России с самого раннего времени и остается таковой до настоящего дня.

В недавних исследованиях, посвященных советскому периоду, обнаруживается центральная роль «регулирования через изгнание», что в разных случаях описывалось как «исключающее насилие», «изгнание», «депортация», «выселение», «ссылка» — в целях установления дисциплинарного порядка. Очевидные примеры — депортация кулаков и лиц той или иной этнической принадлежности, но исследования, посвященные «массовым операциям», показали, сколь активно использовалась эта форма общественного контроля [Hagenloh 2000; Hagenloh 2009; Shearer 2009]. В целом же установление численности, категоризация и статистическое описание советского населения, а также сложно организованная государственная система надзора говорят о зарождении в СССР биополитики. В анализе Фуко присутствуют составляющие, которые отчетливо перекликаются с тем, что нам известно о власти в ГУЛАГе. Идеи о паноптическом наблюдении дали почву для дальнейших исследований. Так, Мария Лос, под сильным влиянием идей Ханны Арендт, предположила, что условия сталинских лагерей позволили зародиться «расширенному паноптицизму» — одной из форм «тоталитарной надзорно ориентированной биополитики» [Los 2004][6]. Трудовой лагерь не был паноптическим в классическом смысле, но он был основан на всеохватывающем взаимном надзоре, который оказался возможен благодаря совместному проживанию и труду. Лос называет эту форму паноптицизма «расширенной» — ведь она выходит за пределы «интернализации всевидящего ока и привычки самоконтроля», поскольку каждому осужденному дают понять, что он «потенциально находится под наблюдением остальных

---

[6] Стивен Пфафф, говоря о Германской Демократической Республике (ГДР), очерчивает пределы дисциплинирующих возможностей надзора [Pfaff 2001]. О. В. Хархордин [Kharkhordin 1999] высказывается об общежитиях 1950-х годов в том же духе, что и Лос. С. Ю. Бойм [Boym 2008], опираясь на труды Фуко, Карла Шмитта и Джорджо Агамбена, рассматривает процесс размывания границ между темой просвещения и сталинизмом.

как тайного ока системы» [Los 2004: 35]. Пьячентини и Слейд предпочитают характеризовать надзор в ГУЛАГе и в системе, ставшей его преемницей в современной России, как полиоптический, привлекая тем самым внимание ко множественности мест осуществления надзора [Piacentini, Slade 2015].

Взгляд с позиции последователей Фуко ставит под сомнение, хотя и не отрицает полностью более привычные политэкономические объяснения расцвета ГУЛАГа и связанных с ним методов наказания. Согласно политэкономическим объяснениям, опирающимся на марксистский анализ Георга Руше и Отто Кирхгаймера, цель наказания состоит в удовлетворении насущных потребностей государства [Rusche, Kirchheimer 2009]. Соответственно, система ссылки в XIX веке отвечала насущным потребностям царской России, а именно помогала заселить периферию и обезопасить границы, а ГУЛАГ отвечал потребностям советского государства в мобилизации ресурсов. Главная особенность таких объяснений состоит в том, что пенологическое наполнение каждого вида наказания подчиняется новой функции[7].

Теорию модернизации как основу для понимания исторического разнообразия видов наказаний широко критиковали как социологи, так и историки за пределами России. Эта критика очень важна для стоящей передо мной задачи — разобраться в особенностях преемственности систем наказаний в России до наших дней. Прежде всего, хотя теория модернизации, возможно, и объясняет в общем и целом те перемены, которые со временем происходят в методах наказания (например, переход от публичной казни и пыток к заключению под стражу и изоляции преступника с последующей реабилитацией), подобные теории не в состоянии соответствующим образом объяснить многообразие видов наказаний в разных современных обществах. По количественным и качественным показателям (то есть по общему числу осужденных, находящихся в тюрьмах, и тому, насколько хорошо с ними обращаются) различные тюремные режимы, существующие в современных обществах, специалисты располагают по шкале от

---

[7] См., например, [Lazerev 2003].

мягких до строгих, где на одном конце находится скандинавская «исключительность», а на другом — англофонная «избыточность» [Pratt, Eriksson 2013]. Во-вторых, различия между странами не укладываются в схему «от большей демократичности к меньшей», и это не соответствует ожиданиям согласно теории модернизации. Главное несоответствие связано с США, где действует один из наиболее суровых пенитенциарных режимов, притом что это развитая демократия. В-третьих, системы наказания во многих демократических странах Запада, вместо того чтобы следовать линейной траектории в направлении все более мягких и реститутивных пенитенциарных форм, переживали периоды отката к крайней строгости. И здесь вновь самый наглядный пример дают США, где, как считают специалисты в области пенологии, в 1970-х годах произошел поворот в «карательном» направлении [Garland 2001; Pratt et al. 2005][8]. Даже скандинавская исключительность стала предметом пристального рассмотрения. В то же время внедрение в Великобритании новых форм обращения с заключенными, на первый взгляд рассчитанных на ослабление суровости и авторитарности, как оказалось, привело к причинению им новых страданий, связанных с неолиберальной стратегией «респонсибилизации»[9].

В свете трех приведенных полемических доводов против трактовки наказания в духе теории модернизации следует отметить, что вслед за опустошением тюрем, сопровождавшим крушение СССР и политический переход России к некоей форме демократии, произошло столь значительное увеличение количества заключенных, что в середине 1990-х годов Россия вытеснила

---

8 «Новую пунитивность» отмечали даже в странах, которые традиционно являются пенологически либеральными, в том числе в Канаде [Moore, Hannah-Moffat 2005] и в странах Северной Европы [Pratt, Eriksson 2013: 209; Jewkes, Bennett 2007: 202].

9 О критике концепции Джона Пратта и Анны Эрикссон о скандинавской исключительности, изложенной в [Pratt, Eriksson 2013], и в поддержку этой критики см. [Ugelvik, Dullum 2013]. Исследование последствий перехода к более свободному административному управлению в британских тюрьмах см. в [Crewe 2015].

США с первого места в мире по доле заключенных среди населения. И до сих пор на долю США, Китая, Бразилии, Индии и России приходится половина всех заключенных мира, хотя за последнее десятилетие их численность в России резко сократилась[10]. В 2002 году в Российской Федерации более миллиона человек находилось в местах лишения свободы, а к середине 2019 года их число сократилось до 537 760 человек; однако это сокращение произошло именно в момент усиления авторитарности режима[11].

«Культурный поворот» в пенологии и его значение для истории наказаний в России

Ввиду отмеченных противоречий между теориями модернизации и пенитенциарной практикой в центре внимания пенологов оказался вопрос о том, каким образом наказания опосредуются культурой. Отказавшись от поиска утилитарных объяснений для различных видов наказаний, новое поколение социологов, изучающих пенитенциарные системы, рассматривает наказание как иррациональный акт, в основе которого лежит либо привычка, либо ритуал. Этот «культурный поворот» в пенологии связан прежде всего с именем специалиста по тюремной социологии Дэвида Гарленда, который обратил внимание на то, как формирование системы наказаний определяется «пенитенциарной чувствительностью», отражающей более широкий социальный этос и социальные проблемы. Эта чувствительность коренится глубоко в национальной культуре и передается из поколения в поколение, несмотря на изменения общественного, политического

---

[10] Список возглавляют США, где на 100 тысяч населения приходится 655 заключенных. Россия теперь опустилась на 15-е место по доле заключенных среди населения, притом что выше ее в этом списке находится несколько малых островных государств. Однако среди промышленно развитых стран она по-прежнему занимает 5-е место, поскольку на 100 тысяч населения в ней приходится 416 заключенных. Более 50 стран имеют показатель менее 150 заключенных на 100 тысяч. Полный список см. в [Walmsley 2018].

[11] URL: https://www.prisonstudies.org/country/russian-federation (дата обращения: 21.09.2019).

и экономического контекста [Garland 1990; Garland 2001]. Особенно пристальное внимание Гарленд уделяет пенитенциарным агентам — людям, ответственным за осуществление наказаний, — чьи «исходящие из здравого смысла практики» определяют особенности «пенитенциарных культур». Тюремные служащие действуют в системе координат, нормализующей и рационализирующей определенные представления об их работе. Это, безусловно, относится и к истории пенитенциарной системы в России; в Советском Союзе преобладание групповых норм над индивидуальным восприятием и поведением отдельно взятого человека — характерное свойство тоталитарных институтов — обеспечивалось концентрацией тюремных учреждений в закрытых «зонах», где таким образом создавалась социальная среда, состоящая преимущественно из других тюремных служащих и их семей. В этом пространстве «исходящие из здравого смысла практики» выполнения работы тюремного служащего, передавались с советских времен и далее — в некоторых случаях между поколениями в пределах одной семьи [Pallot et al. 2010].

В наше время круг вопросов, изучаемых пенологией, очень широк. Помимо рассмотрения различных видов наказаний как укорененных в культуре и связанных с конкретными формами чувствительности, исследователи также изучают пенитенциарные институты как места совершения ритуальных действий и культурного производства с диффузными культурными последствиями, выходящими далеко за пределы контроля над преступностью, осуществляемого этими институтами. Главным выразителем такого более герменевтического подхода стал американский философ Филип Смит. Он отрицает откровенно функциональные теории наказания и модернизации как движущей силы изменения пенитенциарных систем [Smith 2008][12]. Смит утверждает, что наказание не в меньшей степени связано с поэтикой, чем с властью; его теория наказаний является одновременно драматургической, семиотической и религиозной, материальная архитектура в ней подчинена мифологии. Свои идеи он иллюстрирует детальным анализом

---

[12] См. также критику Гарленда в [Garland 2009].

главных фетишей «западного» подхода к наказаниям: это гильотина, кандалы, электрический стул и смертельная инъекция, тюрьма обыкновенная и паноптическая. Российскими эквивалентами можно считать столыпинский вагон без окон, этапирование, деревянные заборы, наблюдательные вышки и бараки в трудовом лагере, а также железные решетки и тяжелые двери изоляторов в крупных городах (как в начале телесериала «Зона», где очень хорошо передана эта атмосфера). С точки зрения Смита, задача историка пенитенциарных систем состоит в том, чтобы обнаружить эти виды наказаний, определяемые текучими культурными категориями, которыми они пронизаны и на которых основаны. Вслед за Эмилем Дюркгеймом, Мэри Дуглас и М. М. Бахтиным Смит определяет их как коды, составляющие фундамент всей общественной жизни: бинарные оппозиции порядка и беспорядка, чистоты и грязи, святости и зла.

В противовес идеям Фуко, в схеме Смита специалисты, придумывающие наказания, вовсе не участвуют в процессе создания все более рациональных и независимых средств реформирования преступников (или, в случае СССР, более эффективного использования их труда); они реагируют на страх общества перед беспорядком, грязью и низостью. Таким образом, центральное положение в его аргументации занимает социальная рефлексивность над процессом уголовного судопроизводства: пенитенциарные практики формируются за счет движения туда-обратно, в попеременном утверждении и отрицании, между центром и бахтинской периферией, в вопросе о том, как надлежит обращаться с правонарушителями (как бы ни определялись правонарушения в тот или иной период). Поскольку центральная роль в пенологии Смита отводится диалогу, его идеи оказывается трудно применить к изменению пенитенциарных форм в России, где наказания за «некорректное» прочтение посланий, содержащихся в официальном дискурсе, отбили у граждан желание выступать с критикой, и государство получило практически безграничные возможности для пресечения любых выражений инакомыслия. При этом, однако, пенитенциарные формы в России становились темой словесных баталий, пусть даже и закулисных. Бытовавшее в царской

России официальное представление об исправительной колонии на Сахалине как о рае, где «растут кукуруза и арбузы», было разрушено благодаря Чехову, убедительно изобразившему эту колонию как место безрадостное, где люди словно похоронены заживо [Corrado 2010]. В самый разгар сталинских репрессий смех, шутки и карнавальные превращения разрушали существующие иерархии и бросали вызов официальному дискурсу о «перевоспитании трудом» [Davies 1997]. В 1950-е годы советское общество смогло выразить свои чувства по отношению к пенитенциарной политике государства в «эпистолярном протесте», толчок к которому дали татуировки, резкие высказывания, преступность и пагубное влияние вернувшихся заключенных [Dobson 2009: 165]. Другие участники, действующие на периферии, — например, люди разных чинов и званий, причастные к осуществлению наказаний на всех уровнях, — также имели возможность выразить свои взгляды на состояние дел в тюрьмах Советского Союза посредством официальных каналов. Таким образом, нельзя сбрасывать со счетов вклад периферии в те изменения, которые разные виды наказаний претерпели в советский период.

После краха СССР диалог между центром и периферией о состоянии российских тюрем претерпел резкие и значительные изменения. Общественность теперь хорошо проинформирована об условиях содержания в пенитенциарных институтах, поскольку проблема преступления и наказания обсуждается и в печати, и на радио и телевидении, и в Интернете. Такая ситуация сохраняется, хотя государство попыталось прервать обсуждение этой темы, объявив ведущие организации гражданского общества, защищающие права заключенных, иностранными агентами. Бывшие заключенные и их родственники часто выступают на телевидении с рассуждениями о системе уголовного судопроизводства, сериалы на тюремные сюжеты чрезвычайно популярны у зрителей, книги и статьи, посвященные реальным преступлениям, издаются большими тиражами. В популярных произведениях тюрьмы часто изображаются либо как места репрессивные, варварские и не соответствующие требованиям времени, либо, с другой стороны, как обители веселья. Расхожие представления о том, будто бы заключенным живется лучше, чем находящимся на свободе, и «вор должен сидеть в тюрьме», сосуществуют с видеороликами на YouTube, где охранники избивают заключенных, сообщениями о гибели людей в местах заключения, а также со свидетельствами бывших заключенных, такими как недавние мемуары О. А. Навального [Навальный 2018].

Мало кто из современных специалистов в области пенитенциарной социологии поспорил бы с тем, что наказание — коммуникативный процесс, который участникам необходимо декодировать в соответствии с ситуацией, однако они у них могут возникнуть сомнения, стоит ли при этом сбрасывать со счетов роль условных экономических и политических факторов или влияние новых технологий в области надзора на развитие пенитенциарной политики и практики. Легко согласиться с Гарлендом в том, что система взглядов, из которой следует исходить при анализе современных видов наказаний, должна в равной мере воспринимать как культуру, так и власть, как *mythos*, так и *techne*, как смысл, так и механизм; она должна допускать, чтобы культурные смыслы формировались на локальном уровне, как и трансцендентные культурные императивы [Garland 2009]. Такой многоаспектный подход особенно важен для России, где институты уголовного судопроизводства призваны осуществлять функции и достигать целей, лежащих за пределами пенитенциарной реальности. В самом деле, историки часто подчеркивали непенитенциарные функции российской системы наказаний, так что пенитенциарные (понимаемые в XX веке трояко: как возмездие, поражение в правах и реабилитация) часто отодвигались на дальний план. Однако с начала XXI века историческая наука проделала большой путь к восстановлению этого равновесия путем исследования повседневных практик лишения свободы и рассмотрения странных противоречий ГУЛАГа[13].

Читая такие исторические труды, я вижу, как западные исследователи борются с последствиями понимания ГУЛАГа преиму-

---

[13] Работы, с моей точки зрения особенно полезные, [Adler 1999; Alexopoulos 2005; Barnes 2011; Baron 2007; Bell 2018; Ruder 1998].

щественно в качестве тюрьмы. Любые наказания причиняют страдания: ведь именно для этого они, в конце концов, и предназначены; однако пенитенциарная социология утверждает, что разные наказания делают это по-разному, с разными целями и разными последствиями. Историкам, изучающим наказания в России, еще предстоит ответить на вопросы о том, почему одним видам отдавалось предпочтение по сравнению с другими, а также о том, чем объясняется длительное использование одних видов и лишь непродолжительное — других. И как раз здесь пристальное внимание культурной пенологии к связи между наказанием и обществом может помочь преодолеть те пробелы и несоответствия, которые обнаруживаются в трактовке изменений пенитенциарных форм в долгосрочной перспективе с точки зрения теории модернизации. Это происходит за счет привлечения внимания к усвоенным практикам лиц, несущих ответственность за осуществление наказаний, к взаимосвязям между «чувствительностью к наказаниям» (со стороны высших слоев, специалистов и общества в целом) и пенитенциарной политикой, а также к глубокой укорененности в культуре смыслов, вкладываемых в наказания.

Суровые и мягкие виды наказаний

Здесь я должна сделать отступление, чтобы объяснить, что я имею в виду, когда говорю о «суровом наказании», поскольку одна из устойчивых черт пенитенциарной системы в России состоит в причинении заключенным сильных страданий. Однако, как и во многих других пенитенциарных режимах, здесь это в разное время делалось разными способами. С тех пор как Гришэм Сайкс написал свою революционную работу о «обществе пленников», пенологи предпринимали попытки классифицировать различные виды наказаний в зависимости от причиняемого ими вреда или страданий [Sykes 1958]. Тюремные режимы, в которых заключенным разрешено работать, позволены регулярные посещения, удовлетворяются базовые потребности заключенных, им обеспечены комфортные и безопасные условия проживания, открыт доступ к получению образования и к профессиональному обучению, предоставлены возможности для досуга и развлечения, а также предусмотрено осуществление заключенными их гражданских прав, можно назвать мягкими. Напротив, вынужденное безделье, подверженность насилию со стороны других заключенных, произвол охраны, утрата гражданских прав, ограничение свободы высказываний, недостаток бытовых удобств, отсутствие физической и психологической помощи, одиночное заключение и сенсорная депривация — всё это признаки суровых пенитенциарных систем, усугубляющих страдания заключенных. Суровому наказанию неизменно сопутствует деградация — такое обращение с заключенными, при котором они чувствуют себя униженными, презираемыми или недооцененными и приходят к отрицанию собственной индивидуальности. Существует много разных форм деградации; бесспорно унизительны не предусмотренные законом наказания, такие как пытки, однако бывают и более символичные разновидности унижений, например принуждение заключенных к ношению униформы, помещение их в клетки на судебных заседаниях, лишение их возможности уединиться, в том числе для справления интимных нужд, применение кандалов и наручников, необходимость передвигаться со скованными за спиной руками. Все эти практики на повседневном уровне применяются системой уголовного судопроизводства в современной России.

Общеизвестно, что условия заключения в ГУЛАГе были суровыми и что многие из применявшихся там наказаний выходили за рамки закона. Многие, но не все, и вот эти последние становятся предметом пристального рассмотрения, поскольку по ним можно судить о более широком этосе общества и о стоящих перед ним моральных проблемах в отношении наказаний. Историки-германисты указывали на то, что в период Третьего рейха в Германии продолжали применяться пробации и амнистии, что заложило основу для умеренной пенитенциарной системы, сформировавшейся после войны [Whitman 2003]. В России трудно найти подобные примеры, даже если вынести за скобки радикальные формы наказаний, не предусмотренные законом. Прогрессивные предложения, обсуждавшиеся пенологами в первое десятилетие советской власти, оказались фактически мертворожденными, а образцом для сталинских трудовых лагерей послужили концентрационные лагеря, практика принудительного труда и смертной казни времен красного террора [Jakobson 1993]. И все же начало применения суровых наказаний связано не с большевистской революцией: и прежде ссыльные в Сибири подвергались унижениям, депривации и мучениям в несравнимо большей степени, нежели было необходимо для того, чтобы очистить городское общество от социальных отклонений и заселить Сибирь. Очевидно, что жестокое обращение с заключенными не оскорбляло чувствительности масс, поскольку крестьяне смеялись и издевались над соотечественниками, идущими по этапу [Adams 1996; Gentes 2005; Wood 1989].

Джеймс Уитман, сравнивая США с континентальной Европой, привязывает различия в степени суровости, с которой соответствующие системы обращаются с правонарушителями в наши дни, к взаимосвязям между наказаниями и социальной иерархией [Whitman 2003: 13–15]. В континентальной Европе XVIII столетия «уравнение» наказаний произошло таким образом, что на преступников из простонародья распространились те же не унижающие и не лишающие достоинства виды наказаний, которые традиционно предусматривались для преступников из высших сословий, тогда как в США равенство было установлено за счет «снижения планки». Уитман утверждает, что на протяжении XIX века англо-американский мир боролся с наказаниями для привилегированных классов и что этот процесс сложным образом был связан с рабовладением, так что в наши дни в вопросе обращения с заключенными США оказались позади других развитых стран. Этот тезис в духе функционализма наводит на некоторые мысли и в отношении России. В противоположность предшествующим режимам, сталинское государство по большому счету достигло равенства в пенитенциарном плане тем же путем, что и англо-американский мир, — путем снижения планки до минимального общего знаменателя, так что деградация, унизительное обращение и отсутствие уважения к правонарушителям распространились на всех заключенных. Теперь же, когда Российская Федерация вынуждена применять наказания, соответствующие международным конвенциям о гуманном обращении с заключенными, система стремится выработать максимально суровые условия заключения, допустимые в соответствии с действующими нормами, нередко преступая черту между тем, что законно, и тем, что выходит за рамки закона.

Читая рассказы Сони и Людмилы Грановской, мы уже убедились, что опыт этапирования был и остается унизительным. То, что рассказы этих двух женщин так схожи между собой, весьма примечательно не только потому, что между ними пролегли пятьдесят лет и современная Российская Федерация — все же не СССР сталинской эпохи, но еще и потому, что рассказчицы вышли из разных социальных слоев. В попытках разобраться, как на «сообщество пленников» повлияло замещение прямой принудительной власти более диффузным дисциплинарным контролем в пенитенциарном контексте, пенологи, работающие в западных юрисдикциях, обратили внимание на различия в опыте заключенных в зависимости от их классовой, этнической, гендерной принадлежности и разницы в возрасте. Правда, в случае Людмилы и Сони агрессивное воздействие конкретного метода перемещения к местам отбытия наказания на их самосознание и чувство собственного достоинства проникает сквозь разделяющие этих женщин социальные различия и временную дистанцию. Взятые вместе, их свидетельства составляют классический пример «тезиса о депривации» и показывают, что он вполне применим к нашему пониманию методов наказания в современной России. «Тезис о депривации» связан с открытиями Сайкса, Гоффмана, а также Коэна и Тэйлора, которые, напомню, утверждали, что страдания, перенесенные в «тотальном институте» тюрьмы, создают единое сообщество пленников, чьи внутренние различия нивелируются за счет их противопоставленности источнику деградации [Goffman 1961; Cohen, Taylor 1978; Sykes 1958][14].

---

[14] Альтернативу модели депривации составляет другая важная модель, согласно которой тюремное общество определяется переносом во внутреннее пространство тюрьмы общественных отношений, ценностей и индивидуальных особенностей, сложившихся за ее пределами.

Ниже я вовсе не настаиваю на существовании прямой аналогии между системой наказаний, представленной сталинским ГУЛАГом, и сегодняшней российской пенитенциарной системой, а тем более дореволюционной ссылкой. Я хочу сказать другое: что в России условия заключения, по сути своей предназначенные для причинения страданий, были восприняты из советского периода и встроены в систему наказаний, действующую в наши дни. В этом отношении мы видим здесь полную противоположность тому, что случилось в Германии. Далее речь пойдет о карательной ссылке и карательном коллективизме — двух институтах, исторически характерных для России; я подробно рассмотрю их, с тем чтобы выявить их культурные смыслы, и проанализирую рассказы нынешних заключенных в поисках скрытых ключей к тому, как они переживались в прошлом. Тщательное изучение современных рассказов заключенных о том, как им пришлось испытать на себе наследие ГУЛАГа, может привлечь внимание и к пенитенциарным аспектам лагерной повседневности, прежде ускользавшим от внимания исследователей. Оно может также привести нас к утверждению «сермяжных истин», подталкивающих к пересмотру представлений о том, какая мера бесчеловечности связана с той или иной формой наказания. Я опираюсь на интервью, взятые в Российской Федерации для двух исследовательских проектов. Первый из них проводился в 2007–2010 годах и был посвящен женщинам-заключенным. В рамках этого проекта были опрошены 60 женщин, отбывавших срок в исправительных колониях или недавно освободившихся. Второй проект, 2012–2014 годов, был посвящен заключенным после этапирования в места лишения свободы, членам семей заключенных, отбывающих тюремный срок в России, и включал в себя не ограниченные по времени интервью с 25 женщинами — женами, сожительницами, матерями и детьми тех, кто находился в тот момент в заключении[15].

[15] В первом проекте интервью были взяты у 115 заключенных, 25 бывших заключенных и примерно 12 сотрудников исправительных колоний в европейской части России. Результаты опубликованы в [Pallot, Piacentini 2012]. Во втором проекте были опрошены 25 жен, матерей и дочерей заключенных, ныне отбывающих наказание в российских колониях.

«Перемещение само по себе было наказанием — наказанием ссылкой»

Историки обычно трактуют ссылку и тюремное заключение как разные способы наказания, воспроизводя тем самым бинарную модель, восходящую к Джереми Бентаму, для которого перемещение преступников в колонии составляло противоположность тюрьме[16]. Идею ссылки (и ее альтернативных форм и / или аналогов — высылки и изгнания) как особой дисциплинарной меры развил впоследствии Фуко своим метафорическим изображением ссылки и безумия — «корабля дураков», где он описывает несчастного, помещенного в пустынный морской пейзаж меж берегов, которые никогда не станут для него своими [Foucault 2006: 110]. В наши дни пенология рассматривает ссылку и тюремное заключение скорее как совместимые между собой противоположности, а не как альтернативные способы наказания, однако аналитическое различие между ними проводится на основе противопоставления понятий изгнания с правом передвижения и без такого права, из которых каждое имеет свои характерные особенности [Castles, Davidson 2000]. Однако ссылка — это нечто большее, чем устранение людей из метрополии: это отсечение обезображенного или с гражданской точки зрения мертвого органа от единого тела общества. При этом всегда было и до сих пор остается крайне важным, что происходит с людьми там, куда их ссылают. Об этом говорится в недавно опубликованном сборнике по истории транспортировки осужденных[17].

Разграничение ссылки и других видов наказания также проходит через всю историю наказаний в России, хотя ссылка была связана с каторжным трудом в условиях изгнания без права передвижения [Adams 1996: 73; Frank 1999: 237]. Вполне возможно, что в сознании

---

[16] Источником заголовка этого раздела является [Finnaine 1997: 13].

[17] См. [Anderson 2018]. Транспортировка осужденных в России со времен империи до наших дней рассматривается в главе 10, написанной Сарой Бэдкок и Джудит Пэллот («Russia and the Soviet Union from the 19th to the 21st century»).

представителей законодательной власти границы между различными категориями принудительного труда и ссылки в Сибирь, к которым приговаривали преступников, были очевидны, однако сельские жители, упоминая о соотечественниках, приговоренных волостными судами к тюремному заключению или к службе в штрафных батальонах, называли их одинаково часто как ссыльными, так и заключенными. Этому имеется аналог и в наши дни: россияне, которых приговаривают к тюремному заключению, ожидают, что их отправят куда-то далеко от дома и им предстоит полное страданий путешествие в колонию, где они будут отбывать срок. Старания сменявших одна другую во второй половине XIX века комиссий по реформированию пенитенциарной системы, направленные на установление законодательных и концептуальных различий между ссылкой и каторгой, нашли отражение в научных трудах в области истории наказаний в императорской России. Так, один историк определил каторгу как систему, которая *включает* в себя тюрьмы, но не сводится к тюремному заключению [Gentes 2008: 10–13][18]. Солженицын также исходит из представления о ссылке как о «чистой» пенитенциарной форме и оплакивает ее деградацию из-за смешения с каторгой, тогда как на самом деле они всегда были неразлучны. Возможно, что как раз подобная путаница заставила Фуко предположить, будто французская *relégation* послужила источником вдохновения для создателей советских трудовых лагерей; как отмечает Плампер, он не учел, что по природе своей каторга — это прежде всего лишение свободы [Plamper 2002: 265–266].

При всех заявлениях нового правительства большевиков о разработке социалистической пенитенциарной системы концентрационные лагеря, устроенные в период Гражданской войны и красного террора с целью изоляции политических противников и использования их труда, составляют связующее звено между царской системой ссылки и ГУЛАГом, поскольку несут в себе

---

[18] Джентес также говорит о каторге как о разновидности ссылки. Он рассматривает это взаимное наложение понятий как свидетельство того, что системы ссылки и тюремного заключения — «ровесницы».

представление о том, что общество можно очистить путем физического препровождения нежелательных элементов (ленинских «вредных насекомых», «блох-жуликов» и «клопов-богатых») в места, удаленные от крупных городов [Jakobson 1993: 39–40; Volkogonov 1997: 197]. В 1930-е годы криминолог Ф. П. Милютин, опираясь на эту практику, сформулировал принцип, согласно которому лица, совершившие тяжкие преступления, не должны содержаться в заключении в районах своего проживания или в местах с благоприятным климатом; их следует отправлять на восток, где сам климат будет способствовать ускорению перевоспитания [Hardy 2012: 103]. Поскольку ГУЛАГ постепенно распространялся на географическую периферию, любой заключенный, вне зависимости от своего статуса, с большой долей вероятности мог быть перевезен на большие расстояния для отбытия срока, а затем и последующей ссылки, во враждебных природно-климатических условиях[19]. Этот принцип был подтвержден в 1961 году, когда было узаконено требование, согласно которому колонии строгого режима надлежало размещать вдали от населенных пунктов. В наше время Уголовно-исполнительный кодекс предусматривает для осужденных, приговоренных к содержанию в колониях особого и строгого режима, исключение из положения о том, что заключенным следует отбывать срок в области своего проживания. Такое же исключение предусмотрено и для женщин, поскольку женских исправительных колоний меньше, чем административных областей, однако женщин запрещено высылать в колонии, расположенные на Крайнем Севере.

Лучшие традиции эмпирического изучения ГУЛАГа прошли долгий путь к деконструкции границы между ссылкой и тюремным заключением. Теперь мы понимаем, что заключенные в лагерях, получившие статус «бесконвойников» / «расконвойников», могли проводить долгое время за пределами лагеря, в то время как ссыльные и ссыльнопоселенцы проходили во многом через

---

[19] См. картографическое представление разрастания ГУЛАГа в пространстве и времени на интернет-ресурсе: URL: http://www.gulagmaps.org (дата обращения: 27.05.2020).

те же испытания, что и заключенные [Bell 2018; Klimkova 2007; Viola 2007]. В своем исследовании, посвященном ГУЛАГу в Казахстане, Стивен Барнс рассматривает лагеря, колонии, тюрьмы и внутреннюю ссылку как единую систему наказаний, тогда как факты, подтверждающие слияние лагерей и спецпоселений, доказывают справедливость взглядов Кейт Браун, обнаруживающей в СССР совокупность разнообразных мест лишения свободы [Barnes 2011; Brown 2007]. Как явствует из этих работ, обращение с людьми, высланными на периферию, далеко не всегда полностью соответствовало их правовому статусу.

Разрушение границы между ссылкой и тюремным заключением в 1930–50-е годы составляет фактор, чрезвычайно важный для понимания последующей истории пенитенциарной системы в России. Вместо того чтобы нанести смертельный удар ссылочной системе — мера, назревшая очень давно, — в ходе ликвидации ГУЛАГа после 1953 года было произведено слияние изгнания с правом и без права передвижения в единую пенитенциарную форму, которую Пьячентини и я определили как «тюремную ссылку» [Piacentini, Pallot 2014]. Последние полвека показали, что в России практика ссылки в качестве наказания и в карательных целях является глубоко укоренившейся реакцией на преступность, социальные девиации и оппозиционную деятельность — даже после того, как в 1953 году прекратились массовые депортации, а после 1991 года ссылки были исключены из арсенала наказаний, к которым могут прибегать суды. Выразители радикальных взглядов на культуру, такие как Филип Смит, обычно видят в «тюремной ссылке» очень значимый символ, свидетельствующий о стремлении российского государства очистить общество от зла, грязи и беспорядка. Сам факт публичной ссылки в отдаленные колонии М. Б. Ходорковского, П. Л. Лебедева, О. Г. Сенцова, И. И. Дадина, Pussy Riot, бесчисленных крымских татар и других осужденных за реальные и мнимые преступления, показывает, что наказание в России — это в значительной мере коммуникативный процесс, цель которого — сообщить, что нарушение общественного порядка может принимать злонамеренные формы, требующие в ответ символического наказания в виде ссылки.

«Ужасы транспортировки»

Транспортировка, понимаемая в пенологическом смысле как система изгнания или высылки, неизбежно принуждает заключенных к совершению дальних путешествий. Реформаторы пенитенциарной системы в духе Бентама понимали, что даже краткие переезды на пути к пенитенциарному учреждению дают осужденным возможность поразмышлять и раскаяться в своих действиях, так что, пережив «страшную пытку» в процессе физической транспортировки, они прибывают на место преображенными. Фуко также видел в «камере-вагоне» место протекания паноптических процессов [Foucault 1977: 264]. Исторически сложилось так, что транспортировка заключенных традиционно сопровождалась обычными для тюремного заключения признаками деградации: в пути их ожидали скудный паек, лай собак, непрерывный надзор, жесткий контроль людского потока, утрата самоидентичности и автономности — неотъемлемые атрибуты наказания, вне зависимости от места назначения, будь то тюрьма, колония, каторжные работы или спецпоселение [Pallot, Piacentini 2012: ch. 6; Moran et al. 2014; Moran et al. 2012].

В своей популярной истории ГУЛАГа Энн Эпплбаум с недоумением говорит о перевозке заключенных в сталинское время: по ее словам, это была «самая необъяснимая сторона жизни в ГУЛАГе» и «почти столь же трудная для понимания, как и сами лагеря» [Applebaum 2003: 169–170]. Можно найти объяснение жестокости лагерного руководства и следователей, но «гораздо труднее объяснить, почему простой конвойный вдруг отказывается дать воду заключенным, умирающим от жажды, дать аспирин ребенку, у которого жар, или защитить женщин от группового изнасилования, ведущего к смерти» [Applebaum 2003: 172]. Точно так же озадачен и Солженицын, хотя он и находит объяснение поведению конвоиров в скуке и уязвленной гордости [Solzhenitsyn 1974: 494–499][20]. Мой тезис в связи с этими комментариями состоит в том, что жестокость в процессе транспортировки может

[20] Также см. [Viola 2013].

вызвать недоумение лишь в том случае, если транспортировка рассматривается функционально, как способ перемещения заключенных из пункта А в пункт Б. Если же она понимается как неотъемлемая составляющая наказания для преступников, то жестокость уже не так удивляет. Говоря о транспортировке из Британии в Австралию в XVIII и XIX веках, Марк Финнейн утверждает, что сдерживающее воздействие «ужасов транспортировки» — неопределенность, сопровождающая людей в пути, и неизвестность их дальнейшей судьбы — обусловило столь значительную привлекательность для британских властей этого процесса как карательного средства, альтернативного смертной казни [Finnaine 1997: 13].

В России жестокость транспортировки была присуща дореволюционной ссылке, где осужденные носили железные кандалы, вынужденно совершали длительные переходы, отдыхали в плохо построенных транзитных тюрьмах, их рацион был сильно ограничен, они не получали медицинской помощи [Wood 1989: 200]. К началу XX века «исходящие из здравого смысла практики», связанные с работой конвойных, уже установились, но достойное обращение с заключенными, очевидно, в их число не входило. По всей видимости, впоследствии не происходило никаких существенных подвижек ни в устоявшихся правилах поведения охраны, ни в распорядке дня, ни в привычках, ни в повседневной жизни. В наше время конвой представляет собой одно из наименее заметных подразделений Федеральной службы исполнения наказаний и остается на периферии инициатив по ее реформированию. Процесс транспортировки полностью выпадал из поля зрения наблюдателей в области прав человека, родственников и адвокатов — как раз потому, что его так трудно зафиксировать во времени и пространстве[21].

---

[21] Конец недоступности условий транспортировки заключенных для каких-либо проверок был положен 19 апреля 2019 года, когда Европейский суд по правам человека вынес «пилотное постановление» по делу «Томов и другие против России». Согласно требованиям этого постановления, Россия должна была улучшить условия при транспортировке заключенных до уровня европейских стандартов.

В ответ на вопрос, который я задала бывшему заключенному весной 2011 года, — о том, почему в XXI веке транспортировка должна быть таким тяжелым испытанием, — я получил однозначный ответ: потому, что именно в этом и состоит ее смысл. Далее мой собеседник перечислил привычные ужасы:

> Ты совершенно неустроен, у тебя нет никакой стабильности; ты постоянно в движении и постоянно, постоянно у тебя происходят эти обыски... на этапе ты не можешь достать свою еду... ты вынужден есть то, что тебе дают — это всё страдания. В то же время ты окружен незнакомцами. Это очень раздражающая, нервирующая обстановка. В конце концов, ты никогда не знаешь, чем все закончится, — вот почему это наказание (бывший заключенный, интервью взято в 2011 году).

Другая информантка, также бывшая заключенная, убеждена, что транспортировка специально организована таким образом, чтобы сломить заключенных еще до того, как они попадут в колонию:

> Вы понимаете, они уже жертвы, сломленные, и поэтому они следуют режиму колонии. Эта постыдная система означает, что униженный человек просто хочется выбраться отсюда, сбежать, чтобы это закончилось. Она поступает, так сказать, свежим мясом. Те, кто прошел через это уже однажды, знают, как это, что происходит тут, и они хоть и ненавидят тут всё, но ничего не делают, они ничего не делают. Почему? Это порочный круг, понимаете? Вот так, когда она приезжает в колонию, она уже сломленная. Ее личность разрушена, она потеряла свой разум (Марина, 2009).

У нас нет доказательств того, что конвойные следуют каким-то инструкциям, согласно которым транспортировка должна стать для осужденных тяжелым испытанием, но существуют устоявшиеся ритуалы, ведущие к унижениям и деградации. Среди таких ритуалов можно назвать требование, чтобы от автозака к столыпинскому вагону заключенные передвигались бегом, при этом порой уворачиваясь от дубинок конвойных и от зубов лающих собак; запрет на посещение туалетов, кроме как в строго определенное время; постоянное нахождение в толпе; а также сокрытие от заключенных сведений о том, где они находятся и куда их везут: «Прежде всего, они не говорят тебе, куда тебя посылают... Мы понятия не имели об этом, и когда нас вызывали на этап, они не говорили — куда. Об этом не говорят. Мне сказали, это секрет. Ты готовься, на этап — и это всё» (Люда, интервью взято в 2009 году).

В защиту практики, принятой в Соединенных Штатах, пенитенциарную систему которых часто сравнивают с российской, надо сказать, что здесь транспортировка заключенных в исправительные учреждения обычно происходит быстро и заключенные знают, куда их везут. Процесс перевозки осужденных на дальние расстояния не является карательной мерой. А в России является, и так было всегда.

«Тюремная ссылка» как суровое наказание

Поразительное сходство обнаруживается между тем, как нынешние и бывшие российские заключенные описывают свои впечатления от транспортировки, и теми тревогами, которые испытывают, по их собственным словам, беженцы, просители убежища и другие перемещенные лица, лишенные крова или отправленные в изгнание. Это чувство, как оно описано Солженицыным, предвосхищает понятие «живой смерти» у Джорджо Агамбена в его работе «Homo Sacer»: «Вот это и есть та мрачная сила ссылки — чистого перемещения и выдворения со связанными ногами, о которой догадались еще древние властители, которую изведал еще Овидий. Пустота. Потерянность. Жизнь, нисколько не похожая на жизнь...» [Солженицын 2006: 303]. Рассказы современных заключенных содержат много неосознанных связей с понятием ссылки. Вот что рассказала одна женщина, отбывающая двенадцатилетний срок, когда ее спросили о том, как она воспринимает удаленность места заключения:

> Эмоционально, конечно, легче, если ты в тюрьме в знакомом месте. Знаете, приходят женщины с этапа, которые даже не знают, где этот город, куда их привезли, находится. У нас были женщины отовсюду. Они даже представить себе не могут, где

> они находятся и что это за место. Они знают, что это где-то на севере, но понятия не имеют, где именно. Да, для них это очень тяжело, они ничего не понимают. Это как если бы они за границу приехали... Они думают, что они в чужой стране (Марина, заключенная, интервью взято в 2009 году).

Слова современных заключенных подтверждают, что транспортировку за пределы «домашнего региона» справедливо рассматривать как «этапирование» в его историческом, карательном смысле. Чтобы показать, как путь от следственного изолятора к месту отбывания срока в исправительном учреждении способствует все большему отчуждению осужденного от его прежней жизни, западные пенологи часто используют метафору движения с отмели на глубину: чем дольше срок заключения, тем больше заключенные ощущают социальную дистанцию и тем глубже им кажется «погружение»[22]. Любопытно, что в особо охраняемом ФКУ СИЗО-1 ФСИН, или «Кремлевском централе», расположенном в центре Москвы и подведомственном непосредственно Федеральной службе исполнения наказаний, заключенные называют это место «подводной лодкой», потому что чувствуют себя там почти полностью изолированными от общества. В России этот процесс отчуждения в результате транспортировки в отдаленные колонии часто получает как буквальный, так и метафорический смысл. Большие временные затраты, окружные маршруты и прекращение всякой связи с домом — все это приводит к тому, что у заключенных возникает чувство отчуждения, подчеркивающее их физическую отделенность от всего привычного. Кроме того, у них нарушается ориентация в пространстве. Для несовершеннолетних де-

---

[22] Первым метафору «погружения» использовал Дэвид Доунс в своей работе 1988 года, где он рассматривал различия между пенитенциарными системами Великобритании и Нидерландов [Downes 1988]. Относительная «глубина» тюремного заключения измерялась на основе таких параметров, как качество еды, помещений для мытья, уровень оплаты труда заключенных, а также то, как персонал пользуется своей властью. На большой «глубине» заключение воспринимается как тяжкое испытание, как угроза самоидентичности, время, выпавшее из жизни [Downes 1988: 170].

вушек этапирование часто оказывается первым долгим путешествием в жизни. Например, одну шестнадцатилетнюю девушку в колонии, расположенной в селе Льгово Рязанской области, у которой интервью было взято в 2007 году, привезли из Ухты, города в Республике Коми, расстояние до которого составляет более тысячи километров. Поскольку путешествие длилось два месяца, ощущение отдаленности колонии усилилось у девушки многократно, хотя она и не могла выразить свои чувства с красноречием Солженицына. Не случайно же словом «этап», которое в XVII веке использовали для обозначения убогих, переполненных дорожных станций, где русские каторжники ночевали на пути к месту ссылки, со временем стали расширительно обозначать и весь процесс транспортировки. Несмотря на попытки нынешней Службы исполнения наказаний устранить лексику, связанную со ссылкой, из современных рассуждений о пенитенциарной системе и заменить «этап», «этапирование» и «ссыльные пункты» на «конвой», «конвоирование» и «транзитные тюрьмы», старые формулировки по-прежнему широкоупотребительны в среде работников исправительных учреждений, заключенных и в широких слоях населения.

Еще одно свидетельство нормализации понятия «тюремной ссылки» состоит в том, что восстание декабристов привело к формированию особого культурного и символического нарратива, использовавшегося для описания опыта осужденных в XX и XXI веках. Сейчас это проявляется в самоидентификации и социальной репрезентации родственниц заключенных как «декабристок». Эта метафора, обозначающая прежде всего верных жен, в XXI веке преодолела классовые и семейно-ролевые границы и теперь используется применительно к любому человеку, у которого кто-то из родных сидит в тюрьме [Katz, Pallot 2014]. Вот примеры из интервью с родственниками нынешних заключенных:

> Мне кажется, нет разницы... так можно сказать, потому что жены декабристов следовали за ними в Сибирь, в эти холодные пустоши. И мы в чем-то связаны теми же цепями... Да, нас можно сравнить (жена заключенного, интервью взято в 2010 году).

> Я буду делать, что я хочу. Дайте им сказать, чего они хотят... Мы, конечно, жены-декабристки: куда муж, туда и жена[23].

> В этом есть своя правда. Да, многие оставляют все и едут, но я скажу про себя: я не поеду (Ольга, интервью 2010 года).

> Я знаю что-то о женах декабристов, но они мне не нравятся... Я не знаю почему, но, наверное, потому, что они в такой же ситуации, как мы... но им было проще... О них есть много стихов, которые любой школьник знает. Они знают о Трубецкой: каждый учитель истории рассказывает о них, — но никто не знает о женах, сестрах и дочерях заключенных в советское время и в современной России, и никто не хочет помогать, и нету такой чести в этом... В нашем кругу, в нашем обществе есть больше осуждения. Ситуация другая. Мы <ее мать и сестра> точно бы не переехали. У нас не было денег на это или времени, и пользы бы тоже не было (дочь заключенной, интервью взято в 2011 году).

Последний комментарий перекликается со словами Евгении Гинзбург, сравнивающей страдания декабристов и узников ГУЛАГа не в пользу советской системы: «Всю жизнь считала, что декабристки — непревзойденные страдалицы. А между прочим: “покоен, прочен и легок на диво слаженный возок”... Попробовали бы они в столыпинском вагоне...» [Гинзбург 2015: 188].

Во всех этих отрывках речь идет не о том, как конкретно используется исторический стереотип, а о том, что он вообще используется для описания наказаний в XXI веке. Ольга Романова, которая в 2011 году часами ждала в приемной Бутырской тюрьмы, чтобы навестить своего тогдашнего мужа, не слишком сочувственно относится к жалобам других жен:

> Если ты утонченная барышня, «духовка», мечешься, сомневаешься, страдаешь — ты «декабристка», да? А когда без размышлений набиваешь сумки продуктами и херачишь по снежному полю к тюрьме или лагерю — то «не декабристка», и это не подвиг? А я вот думаю: мне в тюрьму к мужу, что там было, — 10 минут на метро! А женщины приезжают из аулов, детей

---

[23] Ребенок от ЗК. URL: http://forumtyurem.net/lofiversion/index.php/t86-100.html (в настоящее время ссылка недоступна).

> оставляют на вокзалах, почти не говорят по-русски, ничего не знают и не понимают, но прутся в эту чертову тюрьму и там пытаются всеми правдами и неправдами что-то о мужьях выведать, а их все гоняют, оскорбляют — вот с ними поговорите про необыкновенную любовь и про высокое чувство долга...[24].

Дисциплинирующая сила ссылки и изгнания усугубляет наказание, как бы пронизывая собой пространство транспортировки. Гигантский монолит советской пенитенциарной системы гротескно разросся далеко за пределы обычного тюремного заключения и встроился в физический ландшафт СССР, где он до сих пор продолжает существовать, хотя и в редуцированном виде. Когда заключенные говорят, что их отправляют «в другую страну» или на каторгу, когда женщины с Крайнего Севера в южных колониях оказываются «в ссылке» или когда родственники заключенных сравнивают свой опыт с опытом декабристок, — они помещают себя в рамки исторического стереотипа русской «тюремной ссылки».

Коллективизм как суровое наказание

Транспортировка осужденных на дальние расстояния для отбывания наказания в форме лишения свободы фактически является одним из видов суровых наказаний, представляющих в наше время живое наследие эпохи ГУЛАГа. Подход Филипа Смита подразумевает, что такое наказание преисполнено символического смысла и направлено на очищение общества от нежелательных элементов, но оно также имеет и функциональное значение: пенитенциарные учреждения располагаются вдали от любопытных глаз, вне досягаемости общественных наблюдательных комиссий (на обширных восточных территориях у них нет регулярно поступающих средств для проверок колоний на предмет нарушений), средств массовой информации и высококвалифицированных юристов. Не все тюремные служащие уверены, что вывод заключенных из-под влияния присущих им

---

[24] Цит. по [Ерошок 2011].

социальных и семейных связей — это так уж плохо, хотя они и доверяют официальным доводам ФСИН о «пользе сохранения семейных связей». Применявшийся во времена ГУЛАГа аргумент об отправке заключенных на периферию ради мобилизации природных ресурсов и строительства социализма уже не работает, но находятся другие оправдания для дальнейшего поддержания многовековой российской тяги к решению социальных проблем посредством ссылки.

Гораздо менее очевидна справедливость утверждения, что и коллективизм, еще один крайне устойчивый компонент пенитенциарной системы в России, также позволяет отнести ее к числу наиболее суровых, однако с учетом наличия карательной и милитаризованной пенитенциарной культуры это безусловно так. Коллективизм превращается в крайне суровое наказание, когда подразумевает отрицание индивидуальности заключенных и, в результате чрезмерного надзора, усугубляет их уязвимость, открывая возможности для издевательства одних заключенных над другими[25]. В истории российской пенитенциарной системы коллективизм проявлялся по-разному: в заранее предопределенных приговорах; в высылке целых социальных и этнических групп; в применении амнистий в соответствии с Уголовным кодексом; в коллективном осуществлении условно-досрочного освобождения, аттестации и вознаграждения заключенных; а также в объединении заключенных, находящихся в местах лишения свободы, в группы в целях управления их бытовой и трудовой жизнью, процессами перевоспитания и реабилитации. В России коллективизм всегда находился в диалоге с индивидуализмом, даже во времена ГУЛАГа, но неизменно играл ведущую роль [Tikhonov 2003].

Одним из многих способов реализации принципа коллективизма в российских пенитенциарных учреждениях является коммунальное общежитие (рис. 13.2). У таких общежитий были прототипы в дореволюционный период — жилища типа бараков и камер, закрепленные за артелями, в сибирских пересыльных

---

25 См. сравнение коллективизма в Грузии и в России [Piacentini, Slade 2015].

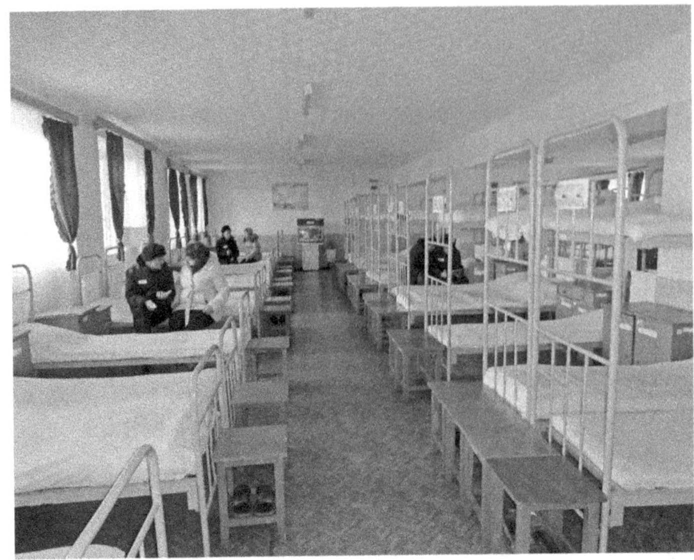

Рис. 13.2. В бараке в день посещений. © Judith Pallot, 2016

тюрьмах и исправительных колониях, а также в ГУЛАГе, где условия проживания должны были походить на типичные для рабочих общежитий и тем самым создавать нужный контекст для психологического развития и перевоспитания. В 1950-е годы между бригадой и администрацией был встроен новый иерархический уровень — отряд [Kharkhordin 1999: 300–305]. Использование заключенных для выполнения различных бытовых и административных работ по всему лагерю было тесно связано с совместным проживанием и способствовало поддержанию дисциплины. Вот как описала эту систему К. Д. Медведская, отбывавшая заключение в Сиблаге как жена врага народа:

> Самое ужасное, что развращающе действовал на людей этот режим. Здесь доносы требовались и поощрялись. Если кто-то видел чужую провинность и не донес, того наказывали вместе с провинившейся. И поднимала голову подлость человеческая по призыву себе подобных. Ибо начальство наше было далеко не на высоте, и это было явно [Medvedskaia 2001: 227].

От такой ситуации остается лишь маленький шаг до той, когда все станут бояться, что и в них тоже подозревают возможных информаторов: Мария Лос называет это «расширенным паноптицизмом».

Использование труда заключенных для выполнения хозяйственных работ — практика, принятая во многих юрисдикциях, но именно институционализация властных полномочий среди заключенных в СССР привела к тому, что коммунальный быт в отряде никогда не соответствовал демократическим моделям коллектива. А. Т. Марченко так описывает собрание своего отряда в мордовской колонии в 1960-х годах: «В бараке полно народу, согнали всех, кого смогли. За столом — президиум, председатель ведет общее собрание отряда. В президиуме заключенные, рядом с ними — начальники отряда. Демократия! На повестке дня — выборы в Совет Коллектива. У кого есть предложения?» Описав процедуру единогласного избрания заранее определенных кандидатов, Марченко продолжает: «Почему так? Очень просто. Ведь на самом деле кандидатуры предлагают не зэки, а администрация через "своих", заранее подготовленных людей. Хочешь не хочешь, начальство все равно настоит на своем, и в Совете будут те, кто нужен начальству» [Марченко 1993: 145–146].

Триада коммунального быта и труда, самоорганизации и системы административно регулируемого избрания «старост», сложившаяся в ГУЛАГе, ныне составляет основу управления заключенными в исправительных колониях. Отряды, к которым приписывают заключенных, размещаются в общежитиях, и в каждом из них начальником является также заключенный (завхоз или старшая дневальная), назначенный руководством. Этого заключенного поддерживают его помощники и комитеты самоорганизации, в ведении которых находятся различные хозяйственные и прочие функции: пожарная безопасность, образование, энергосбережение, охрана труда, социальная поддержка, чистота и опрятность, наставничество, а также, до отмены этой функции в 2009 году, дисциплина и порядок. Примерно 30 % заключенных являются членами комитетов самоорганизации, хотя далеко не все они — активисты. Совет коллектива, о котором говорит Марченко (в наши дни — «отрядный коллектив»), состоит из заключенных-начальников и председателей комитетов самоорганизации. Он направляет своих представителей в комитет коллективов всей колонии.

Коммунальный быт лишает заключенных личностного пространства и возможности уединиться, и эта проблема усугубляется переполненностью общежитий, отсутствием дверей в ванных комнатах и строгим пространственно-временным контролем в группах. Помимо проблем с личностным пространством, тюремный коллективизм усиливает у заключенных чувство незащищенности и страха. По словам одного осужденного, отбывавшего наказание в нескольких колониях строгого режима, «российская колония — это место, в котором правит страх, и в какой-то степени страх поощряется администрацией». Описывая жизнь в отряде, он продолжил: «Это постоянный страх — уже привычный, так что ты перестаешь в какой-то момент о нем думать, его осознавать. Это очень опасное место, это как идти по тонкому льду».

Это утверждение напоминает жалобы заключенных в Великобритании, полагающих, что нынешняя тюрьма — это «гораздо более тяжкий труд», чем прежде, потому что заключенным теперь приходится нести ответственность за собственную реабилитацию. Заключенные должны хорошо себя показать, чтобы заработать хорошую характеристику и соответствующие привилегии, а в конечном счете и условно-досрочное освобождение. Значит, им приходится очень осторожно вести себя с персоналом: когда вопрос стоял лишь о физических издевательствах со стороны персонала, им было, по-видимому, все-таки проще [Crewe 2011: 509–510]. Нечто подобное существует и в российских колониях, но усугубляется еще и тем, что, наряду с психологическим давлением, может сохраняться и физическое; кроме того, давление свойственно и для взаимоотношений с другими заключенными, а не только с персоналом.

Тюремные субкультуры и соответствующие иерархии власти, накладывающиеся друг на друга, составляют основной фактор, из-за которого рядовые заключенные в российских пенитенциарных учреждениях не чувствуют себя в безопасности. Принято считать, что преступные группы в колониях произошли от «воров в законе» времен ГУЛАГа, но исследования современных тюремных субкультур обнаруживают различные тенденции, в том числе и основанные на отрицании «воровского закона» в его изначальном виде [Анисимков 2003; Антонян, Колышницына 2009; Oleinik 2003]. Но какой бы ни была их позиция в отношении исторически сложившихся стереотипов, именно от преступников-рецидивистов зависит качество жизни каждого заключенного в отряде. Цель преступников состоит в том, чтобы обеспечить себе комфортную жизнь, а для этого нужно, чтобы другие заключенные удовлетворяли их потребности, например отдавали свои посылки или добивались послаблений от лагерного начальства. Вот что говорит мой информант: «Очень страшно сказать нет: они могут сказать тебе не выйти на работу или начать голодовку и отказаться от еды, и это уголовники, которые заставляют всех себе подчиняться».

Большая психологическая нагрузка на заключенных усугубляется еще и тем, что оперативники вербуют из их среды активистов и информаторов. Заключенные-начальники (завхоз / дневальная) обычно не пользуются поддержкой и авторитетом среди простых заключенных. Чаще это зэки со стажем, нередко профессиональные преступники, переметнувшиеся на сторону лагерной администрации в надежде, что в награду им скостят срок на несколько лет. Комитеты самоорганизации могут действовать и во благо заключенных, но даже в этом случае они представляют собой один из каналов осуществления карательной власти в отряде. Вот как одна из заключенных рассказывает о санитарном комитете в своей колонии — вполне безобидном на первый взгляд:

> Ну, у нас вот, например, такая ерунда, как каждый день, кроме субботы и воскресенья, у нас идут рейды по СБС — санитарно-бытовая секция, и СДП — секция дисциплины и порядка. Что делают эти рейды? Как бы объяснить? То есть к 11 часам утра надо всё убрать, все должно быть убрано в тумбочке, буквально все — лишняя одежда, предметы, — то есть открываешь тумбочку, а там буквально мышь повесилась, чтобы там не было абсолютно ничего... И лезут они везде — и под эти кровати, и под табуретки, и ищут везде пыль, и ищут они везде, в самых абсурдных местах... И придумали это сами осужденные! (Бывшая заключенная, интервью взято в 2009 году.)

Секции дисциплины и порядка (СДП), упомянутые информанткой, были созданы в 2005 году; их задача состояла в обеспечении соблюдения правил внутреннего распорядка в отряде (таких правил множество: они касаются и расписания, и формы одежды, и мест для курения, и соблюдения тишины после отбоя и проч.). СДП были упразднены в 2009 году, когда центру пришлось признать, что они стали инструментом запугивания и насилия в среде заключенных. В заявлении Министерства юстиции решение о роспуске СДП объяснялось следующим образом: «Изменения направлены на недопущение передачи администрацией исправительного учреждения своих полномочий по надзору и контролю за осужденными лицам, отбывающим наказание, и предотвращение конфликтных ситуаций между осужденными»[26].

В неформальном контексте тогдашний министр юстиции А. В. Коновалов назвал СДП «одиозной» особенностью колоний[27]. Однако в течение нескольких лет правозащитники получали сообщения о том, что в некоторых колониях СДП продолжают функционировать, и теперь широко известно, что карательная власть в колониях осуществляется через активистов, которых администрация или отдельные должностные лица вербуют для выполнения по их поручению «грязной работы», например для вытягивания признаний, для насильственного принуждения к соблюдению правил, для вымогательств и наказаний. Незаконное использование заключенных в дисциплинарных целях свидетельствует о том, насколько трудно избавиться от некоторых привычных практик, которые поддерживаются в российских пенитенциарных учреждениях духом коллективизма.

Международные организации в области прав человека критически относятся к общежитиям именно потому, что в них создается пространство для формирования тюремных субкультур; однако они признают, что обойтись без общежитий бывает трудно. Если уж заключенных селят в общежитиях, то за ними необходим надлежащий надзор, и подходить к их размещению следует крайне осмотрительно. Преимущество тюрем с помеще-

---

26 URL: https://www.infox.ru/news/112/37210-v-turmah-likvidirovany-sekcii-discipliny-i-poradka (дата обращения: 21.09.2019).

27 URL: https://www.newsru.com/russia/31dec2009/sdp.html (дата обращения: 30.04.2020).

ниями камерного типа, где каждый заключенный селится в отдельную камеру, состоит в том, что в дневные часы они могут общаться, а ночью, в самое опасное время, они заперты у себя и таким образом надежно защищены. Так, конечно, бывает не всегда, но сам принцип — разумный. В российских колониях охранники патрулируют открытые пространства круглосуточно, но начальник отряда уходит домой ежедневно в пять часов вечера, и группы заключенных численностью до 100–120 человек (это в теории, но на самом деле их нередко бывает и больше) оказываются брошенными на произвол судьбы. В составе такого «коллектива» могут оказаться образованные и необразованные, прежде работавшие и безработные, мусульмане и православные, граждане любой из бывших советских республик, осужденные за очень разные правонарушения и, конечно же, представители официальной и неофициальной власти, которые контролируют повседневную жизнь отряда. И все бы ничего, если бы такой распорядок не приводил к возникновению среды «низкого доверия», как принято говорить в пенологии, в результате чего, по приведенным выше словам одного респондента, на протяжении всего периода заключения многие чувствуют себя так, словно идут «по тонкому льду».

Поливалентность карательного коллективизма

Наследие советской пенитенциарной системы несет в себе определенные проблемы и для Службы исполнения наказаний, особенно с тех пор, как условия в пенитенциарных учреждениях стали предметом внешних проверок. По мере того как менялась политическая конъюнктура, структуры и принципы управления в системе исполнения наказаний требовали новых обоснований, и в результате в XXI век они вступили нагруженные множеством разных смыслов. Помню, как в 2005 году на одной конференции, где я присутствовала, генерал из Службы исполнения наказаний активно защищал систему коммунальных общежитий; в ответ на критическое замечание участника из Норвегии он заявил, что у русских людей есть культурная предрасположенность к совместному проживанию и что в отдельных камерах им будет плохо.

В XIX веке проживание в бараках оправдывалось тем, что крестьяне слишком малообразованны, чтобы проводить время в раздумьях в одиночных камерах [Adams 1996: 110]. Напомню: это была эпоха филадельфийской системы, когда новое откровение состояло в том, что заключенных следует держать в полной изоляции, чтобы они могли задуматься о своих преступлениях и измениться, и затем возвратиться в общество преображенными. Когда от полной изоляции отказались, реформирование личности осталось тем не менее руководящим принципом и обоснованием тюремного заключения, и считалось, что достичь такого реформирования проще всего путем индивидуального подхода к заключенным: им следует обеспечивать условия жизни, максимально приближенные к внешним (существующим на свободе). Обоснованием для барачного быта в советском трудовом лагере, напротив, служил социалистический принцип коммунального проживания. В официальном дискурсе XXI века барак был переименован в общежитие, хотя сами заключенные по-прежнему называют место, где живут, бараком. Помимо ссылок на особенности русской культуры (будто бы русским больше нравится жить в коллективе), обоснованием для системы коммунальных общежитий служит также либеральный, ориентированный на всеобщее благосостояние «принцип аппроксимации». Вот так, например, одно должностное лицо объяснило в 2017 году необходимость совместного проживания в российской исправительной колонии:

> Они [заключенные] должны привыкнуть жить в обществе. Мы готовим их к жизни на свободе. Они не могут жить, как будто они на необитаемом острове. Их выпустят к людям, и они должны быть в состоянии общаться, поддерживать контакты с людьми. Они должны научиться уважать тех, кто их окружает. Они должны научиться понимать людей и понимать взаимоотношения между людьми. Поэтому они должны научиться, как жить в отряде.

Соревнование (уже не социалистическое) между отрядами и колониями — по-прежнему в порядке вещей, однако к более традиционным соревнованиям в области производства и культуры быта добавились новые: КВН, конкурсы красоты, футбол и экономия энергии.

Подобной поливалентностью обладает и самоорганизация. До революции 1917 года институты крестьянской общинной жизни переносились на ситуацию этапирования и пребывания в исправительно-трудовой колонии — для выполнения тех же задач, что и в обычной жизни: для разрешения споров, распределения продовольствия и поддержания порядка, — и власти понимали их именно так. В XX и XXI веках власти трактовали самоорганизацию по-разному: то как демократический механизм для заключенных, то как инструмент распределения ответственности. Дисциплина, как было показано выше, официально уже не является целью самоорганизации, хотя многие заключенные с этим бы не согласились. Таким же образом использование труда заключенных, прежде подававшееся как средство социалистической перековки, исправления и перевоспитания правонарушителей, теперь трактуется в официальном дискурсе как мера, ведущая к их ресоциализации. На смену предприятиям исправительно-трудовых учреждений пришли центры трудовой адаптации осужденных или учебно-производственные (трудовые) мастерские, хотя заключенные продолжают работать на тех же самых заводах и в тех же мастерских, что и раньше.

Эти интерпретации могут опираться на различные традиционные дискурсы о национальном характере и гендере. Так, применительно к женским колониям теперь выдвигается довод о том, что отряд — это «одна большая семья», где женщины чувствуют себя лучше: такое представление одновременно инфантилизирует заключенных и воспроизводит гендерные стереотипы. В этом мифе роль матери иногда выполняет дневальная: «Есть что-то полезное, материнское в том... это как заботиться о своих детях... Да, особенно женщины получают много от этого. В мужских колониях это так не работает. В мужских колониях ничего похожего нет, они бы даже не поняли этот принцип» (тюремная служащая, интервью взято в 2007 году).

В беседах с персоналом женских колоний начальника отряда также представляли в образе матери или учителя, как, например, в одном из интервью, где был задан вопрос об использовании персоналом военной формы:

> Начальник отряда — она воспитатель, но она не может дать заключенным расслабиться в ее присутствии, потому что она заставляет их выполнять свои обязанности перед коллективом, чтобы они работали, убирали за собой... Это как быть учителем; учителя учатся одеваться подобающе, чтобы дети видели нас и обращали внимание. Если ты одет неправильно, урок нормально не пройдет (тюремная служащая, интервью взято в 2007 году).

Информация, которую несут в себе пенитенциарные практики, не всегда декодируется в соответствии с авторским замыслом, однако до тех пор, пока альтернативные толкования, например со стороны самих заключенных, не выходят за рамки пенитенциарного монолита, нет нужды в применении власти и осуществлении контроля. Однако в последние два десятилетия центральному аппарату пенитенциарной системы стало трудно контролировать развитие и распространение смыслов, и в результате ему пришлось принимать меры к тому, чтобы действия исполнителей подтверждали основной смысловой посыл. Также было необходимо убедить общественность в соответствии российских тюрем их непосредственному назначению — в том, что они не сеют больше хаоса, зла и грязи, чем побеждают. Настоящий шквал обвинений в применении пыток, в бесчеловечном и унижающем достоинство обращении с заключенными со стороны персонала и активистов, отстаивающих его интересы, а также рост количества тюремных служащих, которых суды признают виновными в злоупотреблении властью или в коррупции, — все это свидетельствует о вопиющей неспособности центрального аппарата контролировать взаимодействие с периферией. В России назрела необходимость смены многовековых ориентиров в том, что касается наказаний.

Мертворождение тюрьмы в России

Тюремная реформа в Российской Федерации осуществлялась в ситуации полемических дискуссий об исполнении наказаний и, по крайней мере отчасти, стала реакцией на эти дискуссии.

Первые шаги к реформированию этой системы были сделаны в начале 1990-х годов и связаны были с тем, что Российская Федерация подала заявку на вступление в Совет Европы. Ранние реформы пенитенциарной системы осуществлялись в рамках более широких изменений в системе уголовного судопроизводства, и первые шаги были направлены на то, чтобы привести законодательство, регулирующее условия содержания под стражей, в соответствие с европейскими тюремными правилами и с требованиями Комитета по предупреждению пыток Совета Европы. Практики, которые теперь квалифицируются как внеправовые, были запрещены, а нормы, регулирующие условия проживания заключенных (выделенное пространство, режим посещения (рис. 13.3), питание и гигиена), были пересмотрены. Важные символические изменения, такие как исключение слова «трудовой» из названия пенитенциарных учреждений, были ориентированы на то, чтобы сместить акценты и подчеркнуть, что цель тюремной политики состоит в реформировании преступников. На самом же деле, хотя в некоторых областях за первое десятилетие произошли значительные изменения, в целом они были скромными, поскольку пенитенциарные учреждения оказались перегружены: разрушение старого порядка в 1990-е годы привело к повышению уровня преступности, и пенитенциарная экономика потерпела крах. Не было ни ресурсов, ни политической воли для того, чтобы бросить вызов устоявшейся пенитенциарной культуре или подвергнуть сомнению базовую мифологию этой системы, в том числе рассмотреть две обсуждаемые здесь проблемы: вытеснение наказания на периферию и растворение личности в коллективе. Прошло почти два десятилетия, прежде чем в рамках тюремной реформы были наконец поставлены все эти вопросы, но даже тогда в этой связи говорили не о реформе, а о «концепции», подчеркивая тем самым радикальный характер нововведений. В 2010 году Российская Федерация объявила о публикации Концепции развития уголовно-исполнительной системы до 2020 года[28].

---

[28] Концепция развития уголовно-исполнительной системы Российской Федерации до 2020 года, утверждена распоряжением Правительства Российской Федерации от 14 октября 2010 года № 1772-Р. URL: http://fsin.su/document/

Рис. 13.3. Двор барака в день посещений. © Judith Pallot, 2016

Эта Концепция была тесно связана с президентом Д. А. Медведевым и отражала его искренний интерес к модернизации системы уголовного судопроизводства. Большое внимание в ней было уделено гуманизации наказаний, альтернативам тюремному заключению и модернизации прежде предложенных технологий надзора, но самой интересной ее особенностью стало предложение упразднить исправительные колонии, заменив их тюрьмами строгого режима с камерами вместимостью от двух до восьми заключенных и с небольшими мастерскими, а также тюрьмами открытого типа, устроенными по образцу существующих колоний-поселений. В Концепции также указано на необходимость оптимизировать продолжительность перемещения в тюрьму, хотя о географической реструктуризации тюремного комплекса речи не идет.

Отчасти положения Концепции были сформулированы в расчете на международную аудиторию, как свидетельство модернизации пенитенциарной системы Российской Федерации, однако наибольший интерес представляет заложенная в ней информация для внутреннего потребления: о том, что источником имеющихся

---

index.php?ELEMENT_ID=6663 (дата обращения: 12.12.2010); на сайте ФСИН этот документ больше не доступен (копия находится в личном распоряжении автора статьи).

проблем в пенитенциарной системе является наследие ГУЛАГа. В устном выступлении 2011 года, которое впоследствии подверглось критике, Медведев «признался», что российская пенитенциарная система не справляется с задачей реабилитации осужденных потому, что она «на 95 % советская» [Селиверстов 2014: 163]. А. А. Реймер, который возглавлял Федеральную службу исполнения наказаний (а в настоящий момент сам отбывает наказание за коррупцию!) и в 2012 году должен был проконтролировать изменения, изложил эту концепцию так: «Важнейшая задача, стоящая перед нами — кардинальное изменение сложившейся конфигурации уголовно-исполнительной системы. Необходимо сменить лагерный архипелаг со всеми его сохранившимися традициями и принципами коллективно-отрядного перевоспитания трудом»[29]. Бывший министр юстиции А. В. Коновалов подтвердил справедливость такого взгляда, отметив, что в Российской Федерации «наследие ГУЛАГа» все еще играет большую роль. В сентябре 2011 года он обратился к комитету Государственной Думы и отметил, что действующая пенитенциарная система «несет в себе многие черты реминисценции (неявного воспроизведения) еще времен ГУЛАГа, а может быть, и дореволюционной каторги»[30]. Во введении к Концепции объясняется, почему, с точки зрения нынешней Службы исполнения наказаний, с этим нужно бороться: «...изменение видов исправительных учреждений для содержания осужденных в местах лишения свободы с фактическим прекращением их коллективного содержания, постоянного пребывания осужденных в состоянии стресса, обусловленного необходимостью лавирования между требованиями администрации и основ-

---

[29] Российские тюрьмы уходят от традиций ГУЛАГа // Закония. 2010. 17 дек. URL: http://www.zakonia.ru/news/72/60468 (дата обращения: 30.04.2020). 26 июня 2012 года Путин снял Реймера с должности и назначил на его место Г. А. Корниенко — сотрудника Федеральной службы безопасности и своего помощника.

[30] Justice Minister: Russian Penitentiary System Reminiscent of GULAG // Eurasian Law: Breaking News. 2011. 22 Sept. URL: http://eurasian-law-breaking-news.blogspot.co.uk/2011/09/justice-minister-russian-penitentiary.html; https://vz.ru/society/2011/9/21/524096.html (дата обращения: 21.09.2019).

ной массы осужденных»[31]. В более раннем проекте Концепции Коновалов высказывал более откровенные обвинения в адрес коллективизма: «В качестве исторического наследия современной УИС достался своеобразный уклад тюремной жизни обвиняемых и осужденных. Сохраняется активность криминальных лидеров, пытающихся культивировать так называемые "воровские традиции". Распространению криминальной культуры, сплочению криминально ориентированного спецконтингента способствует явно устаревшая система коллективного содержания осужденных» [Малинин, Трапаидзе 2014]. Любопытным отголоском конца 1950-х годов прозвучали слова Коновалова, когда он заверил участников конференции тюремных служащих, предположительно настроенных враждебно по отношению к предложенным изменениям, что «лагерь — это не курорт».

Возвращаясь к предположению Филипа Смита, что изменение модальностей наказания происходит тогда, когда центр оказывается не в состоянии контролировать неуправляемые смыслы на периферии, отметим, что Концепцию в ее первоначальном виде можно трактовать как дискурсивную атаку на отрицательное отношение к работе Службы исполнения наказаний, а не как свидетельство стремления к усовершенствованию технологий «власти-знания» (Фуко), ориентации на гуманитарные виды наказания (Дюркгейм) и не как реакцию на изменение функциональных потребностей государства (Руше и Кирххаймер). С точки зрения культурного радикала, стремление к ликвидации коллективизма указывает на то, что центральный аппарат пенитенциарной системы получил сигнал о крайне негативном отношении общества к дезорганизации его институтов. Так, в общественном восприятии российские исправительные колонии представляются как рассадники преступности, а не центры ее искоренения, и как зоны сильного загрязнения, опасные для здоровья (тюремный транспорт, коммунальные общежития и санузлы считаются источниками распространения в России

---

31 URL: http://www.73.fsin.su/document/kontseptsiya_razvitiya_uis_do_2020_goda.php (дата обращения: 30.04.2020).

антибиотикорезистентного туберкулеза и других инфекционных заболеваний), а сама Служба исполнения наказаний считается рассадником преступности. Русская православная церковь сходится со Смитом во мнениях относительно того, что многие наказания имеют религиозные корни[32].

Вскоре стало ясно, что объявление о «рождении тюрьмы» в России оказалось преждевременным. В июне 2012 года Реймера сняли с должности, и теперь он, как и некоторые его коллеги и преемники, отбывает наказание за коррупцию. Планы по замене колоний исправительными учреждениями западного образца вскоре были отвергнуты на фоне коррупционных скандалов, тюремных бунтов, нехватки средств, необходимых для перепрофилирования колоний, а также на фоне резкой критики со стороны консервативных традиционалистов в Государственной Думе и чиновников Службы исполнения наказаний, особенно в регионах. Сыграл свою роль также уход Медведева с президентского поста и возвращение Путина с его жесткой политикой. После того как идею ликвидации исправительной колонии в ее традиционном виде отложили в долгий ящик, вновь стала утверждаться ценность традиционных практик: так, в составленной одним из ведущих юридических факультетов книге о системе исправительных учреждений содержится неожиданное утверждение, что якобы система колоний заслужила восхищение со стороны реформаторов пенитенциарной системы в Европе [Голик 2014]. Новая комиссия, созданная Государственной Думой и начавшая свою работу в январе 2014 года, скорректировала Концепцию и внесла в нее поправки, сместив равновесие в сторону других аспектов модернизации, таких как внедрение электронных систем наблюдения и выделение дополнительных ресурсов на обучение и оплату труда персонала [Бабушкин 2014].

Мертворождение тюремной системы свидетельствует прежде всего об устойчивости в России пенитенциарной культуры, име-

[32] См.: Юбилейный архиерейский собор Русской Православной Церкви. Основы социальной концепции Русской Православной Церкви, 9: Преступность, наказание, исправление, IX.3. URL: https://mospat.ru/ru/documents/social-concepts/ix (дата обращения: 30.04.2020).

ющей глубокие исторические корни, что можно объяснить преемственностью в системе координат, в рамках которой Служба исполнения наказаний интерпретирует свою роль и свое назначение, а также воздействием более глубинных культурных императивов. В этой главе я утверждаю, что в России сохраняется приверженность определенным пенитенциарным формам, живучесть которых невозможно удовлетворительно объяснить, лишь сославшись на «рациональные» экономические или политические факторы. Однако это вовсе не значит, что применение и устойчивость таких пенитенциарных форм следует объяснять исключительно исходя из культурных особенностей. Точно так же, хотя я концентрирую внимание на карательных аспектах тех форм наказания, о которых здесь идет речь, это вовсе не значит, что они непременно *являются* карательными. Например, вопрос о том, вызывает ли проживание в общежитии ощущение отсутствия личностного пространства или чувство незащищенности, зависит от конкретных надзорных мероприятий, предусмотренных в соответствующем учреждении, и от организации жилых помещений. Трудно выстроить что-то хорошее там, где для отбывания наказания осужденных перевозят на большие расстояния, но даже для этого существуют более гуманные способы, чем те, что используются в России. Впрочем, имеются и некоторые основания для оптимизма: в настоящее время ведется активное обсуждение перспектив развития пенитенциарной системы в России, и в этой дискуссии принимают участие ФСИН, Министерство юстиции, Совет при Президенте Российской Федерации по развитию гражданского общества и правам человека, правозащитные и тюремные НПО, — и хотя последние теперь признаны иностранными агентами, все они участвуют в обсуждении очень активно. Самым обнадеживающим явлением, несомненно повлиявшим на качество жизни заключенных, стало общее сокращение их численности. В этой связи возникает вопрос: не говорит ли это о том, что Россия наконец стала сдвигаться на пенитенциарной шкале от крайней суровости наказаний в сторону их смягчения? Пенология не исключает возможности того, что количественные и качественные показатели, применяемые для оценки степени суровости, глубины и веса тюремной системы в какой бы то ни было юрисдикции, могут друг другу соответствовать; обычно эти два вида показателей действительно обнаруживают взаимосвязь. Для того чтобы качество тюремной жизни в России начало сближаться с количественными показателями, необходимо обратить внимание на степень гуманности и справедливости обращения с заключенными, поскольку именно от этого зависит, как они перенесут свое заключение. В этом отношении России предстоит еще многое сделать, потому что потребуется перевоспитать самих ответственных за перевоспитание заключенных: только так можно окончательно изжить наследие ГУЛАГа.

Библиография

Анисимков 2003 — Анисимков В. М. Россия в зеркале уголовных традиций тюрьмы. СПб.: Юридический центр Пресс, 2003.

Антонян, Колышницына 2009 — Антонян Ю. М., Колышницына Е. Н. Мотивация поведения осужденных. М.: ЮНИТИ-ДАНА, 2009.

Бабушкин 2014 — Блог Андрея Бабушкина // Livejournal. 23 января 2014 г. URL: http://an-babushkin.livejournal.com/102871.html (дата обращения: 16.04.2020).

Боброва 2018 — Боброва О. 10 минут в классе воспитательной работы // Новая газета. 2018. № 77. 20 июля. URL: https://www.novayagazeta.ru/articles/2018/07/20/77222-10-minut-v-klasse-vospitatelnoy-raboty (дата обращения: 21.09.2019).

Быков 2018 — Быков Д. Л. Юбилейное: Как лучший памятник ГУЛАГу, стоит нетронутый ГУЛАГ // Новая газета. 2018. № 137. 10 дек. URL: https://www.novayagazeta.ru/articles/2018/12/08/78871-yubileynoe (дата обращения: 21.09.2019).

Гинзбург 2015 — Гинзбург Е. С. Крутой маршрут. М.; Берлин: Директ-Медиа, 2015.

Голик 2014 — Голик Ю. В. Реформа после Реформы // Уголовно-исполнительная политика, законодательство и право / Под ред. В. И. Сильверстова, В. А. Уткина. М.: Юриспруденция, 2014. С. 78–93.

Грановская 1991 — Грановская Л. И. Арест // Нева. 1991. № 9. С. 193–198. URL: https://www.sakharov-center.ru/asfcd/auth/?t=page&num=4783 (дата обращения: 22.09.2019).

Ерошок 2011 — Ерошок З. Новые декабристки // Новая газета. 2011. № 44. 25 апр. URL: https://www.novayagazeta.ru/articles/2011/04/24/5832-novye-dekabristki (дата обращения: 21.09.2019).

Малинин, Трапаидзе 2014 — Малинин В. Б., Трапаидзе К. З. Критика концепции развития уголовно-исполнительной системы РФ // Ленинградский юридический журнал. 2014. Т. 35. № 1. С. 208. URL: https://cyberleninka.ru/article/n/kritika-kontseptsii-razvitiya-ugolovno-ispolnitelnoy-sistemy-rf (дата обращения: 16.04.2020).

Марченко 1993 — Марченко А. Т. Мои показания: От Тарусы до Чуны; Живи как все / Сост. Л. И. Богораз; предисл. Ю. Я. Герчука. М.: Весть; ВИМО, 1993. URL: https://www.sakharov-center.ru/asfcd/auth/?t=page&num=9923 (дата обращения: 21.09.2019).

Медведская — Медведская К. Д. Всюду жизнь (быль) // URL: http://nkvd.tomsk.ru/projects/posledniysvidetel/manuscript_memories/MedveckajaKD/ (дата обращения: 22.09.2019).

Навальный 2018 — Навальный О. А. 3 1/2. С арестантским уважением и братским теплом. М.: Indiviuum, 2018.

Селиверстов 2014 — Селиверстов В. И. Концепция развития уголовно-исполнительной системы должна быть изменена // Уголовно-исполнительная политика, законодательство и право / Под ред. В. И. Сильверстова, В. А. Уткина. М.: Юриспруденция, 2014. С. 159–167.

Солженицын 2006 — Солженицын А. И. Архипелаг ГУЛАГ: 1918–1956. Опыт художественного исследования. Т. V–VII. Екатеринбург: У-Фактория, 2006.

Adams 1996 — Adams B. F. Politics of Punishment: Prison Reform in Russia, 1863–1917. DeKalb: Northern Illinois UP, 1996.

Adler 1999 — Adler N. Life in the «Big Zone»: The Fate of Returnees in the Aftermath of Stalinist Repression // Europe-Asia Studies. 1999. Vol. 51. № 1. P. 5–19.

Alexopoulos 2005 — Alexopoulos G. Amnesty 1945: The Revolving Door of Stalin's Gulag // Slavic Review. 2005. Vol. 64. № 2. P. 274–306.

Anderson 2018 — A Global History of Convicts and Penal Colonies / Ed. by C. Anderson. London: Bloomsbury, 2018.

Applebaum 2003 — Applebaum A. Gulag: A History of the Soviet Camps. London: Allen Lane, 2003. Vol. 6.

Barnes 2011 — Barnes S. A. Death and Redemption: The Gulag and the Shaping of Soviet Society. Princeton, NJ: Princeton UP, 2011.

Baron 2007 — Baron N. Soviet Karelia: Policies, Planning, and Terror in Stalin's Russia, 1920–1939. Abingdon: Routledge, 2007.

Bell 2018 — Bell W. T. Stalin's Gulag at War: Forced Labour, Mass Death, and Soviet Victory in the Second World War. Toronto; Buffalo; London: University of Toronto Press, 2018.

Boym 2008 — Boym S. The Banality of Evil, Mimicry, and the Soviet Subject: Varlam Shalamov and Hannah Arendt // Slavic Review. 2008. Vol. 67. № 2. P. 342–363.

Brown 2007 — Brown K. Out of Solitary Confinement: The History of the Gulag // Kritika: Explorations in Russian and Eurasian History. 2007. Vol. 8. № 1. P. 67–103.

Castles, Davidson 2000 — Castles S., Davidson A. Citizenship and Migration: Globalization and the Politics of Belonging. London: Routledge, 2000.

Cohen, Taylor 1978 — Cohen S., Taylor L. Prison Secrets. London: National Council for Civil Liberties, 1978.

Corrado 2010 — Corrado Sh. M. The «End of the Earth»: Sakhalin Island in the Russian Imperial Imagination, 1849–1906. (PhD diss.) University of Illinois, 2010.

Crewe 2011 — Crewe B. Depth, weight, tightness: Revisiting the pains of imprisonment // Punishment and Society. 2011. Vol. 13. № 5. P. 509–529.

Crewe 2015 — Crewe B. Inside the Belly of the Penal beast: understanding the Experience of Imprisonment // International Journal for Crime, Justice and Social Democracy. 2015. Vol. 4. № 1. P. 50–65.

Davies 1997 — Davies S. Popular Opinion in Stalin's Russia: Terror, Propaganda, and Dissent, 1934–1941. Cambridge: Cambridge UP, 1997.

Dobson 2009 — Dobson M. Cold Summer: Gulag Returnees, Crime, and the Fate of Reform after Stalin. Ithaca, NY: Cornell UP, 2009.

Downes 1988 — Downes D. Contrasts in Tolerance: Post-War Penal Policy in the Netherlands and England and Wales. Oxford: Clarendon Press, 1988.

Finnaine 1997 — Finnaine M. Punishment in Australian Society. Oxford: Oxford UP, 1997.

Foucault 1977 — Foucault M. Discipline and Punish: The Birth of the Prison / Trans. by A. Sheridan. London: Allen Lane, 1977.

Foucault 2006 — Foucault M. History of Madness / Ed. by J. Khalfa; trans. by J. Murphy. London: Routledge, 2006.

Frank 1999 — Frank S. P. Crime, Cultural Conflict, and Justice in Rural Russia, 1856–1914. Berkeley: University of California Press, 1999.

Garland 1990 — Garland D. Punishment and Modern Society: A Study in Social History. Chicago: University of Chicago Press, 1990.

Garland 2001 — Garland D. The Culture of Control: Crime and Social Order in Contemporary Society. Oxford: Clarendon, 2001.

Garland 2009 — Garland D. A Culturalist Theory of Punishment? // Punishment and Society. 2009. Vol. 11. № 2. P. 259–268.

Gentes 2005 — Gentes A. W. Katorga: Penal Labor and Tsarist Siberia // The Siberian Saga: A History of the Russian Wild East / Ed. by E.-M. Stolberg. Frankfurt/Main: Peter Lang, 2005. P. 73–85.

Gentes 2008 — Gentes A. A. Exile to Siberia, 1590–1822. Basingstoke: Palgrave Macmillan, 2008.

Gentes 2010 — Gentes A. A. Exile, Murder, and Madness in Siberia, 1823–1861. Basingstoke: Palgrave Macmillan, 2010.

Goffman 1961 — Goffman E. Asylums: Essays on the Social Situation of Mental Patients and Other Inmates. Harmondsworth: Penguin 1961.

Hagenloh 2000 — Hagenloh P. M. «Socially Harmful Elements» and the Great Terror // Stalinism: New Directions / Ed. by Sheila Fitzpatrick. London: Routledge, 2000. P. 286–305.

Hagenloh 2009 — Hagenloh P. M. Stalin's Police: Public Order and Mass Repression in the USSR, 1929–1941. Baltimore: Johns Hopkins UP, 2009.

Hardy 2012 — Hardy J. S. «The Camp Is Not a Resort»: The Campaign against Privileges in the Soviet Gulag, 1957–1961 // Kritika. 2012. Vol. 13. № 1. P. 89–122.

Jakobson 1993 — Jakobson M. Origins of the Gulag: The Soviet Prison Camp System, 1917–1934. Lexington: University of Kentucky Press, 1993.

Jewkes, Bennett 2007 — Jewkes Y., Bennett J. Dictionary of Prisons and Punishment. Cullompton: Willan, 2007.

Katz, Pallot 2014 — Katz E., Pallot J. Prisoners' Wives in Post-Soviet Russia: «For My Husband I Am Pining!» // Europe-Asia Studies. 2014. Vol. 62. № 2. P. 204–224.

Kharkhordin 1999 — Kharkhordin O. The Collective and the Individual in Russia: A Study of Practices. Berkeley: University of California Press, 1999.

Khlevniuk 2004 — Khlevniuk O. V. The History of the Gulag: From Collectivization to the Great Terror. New Haven: Yale UP, 2004.

King 1994 — King R. D. Russian Prisons after Perestroika: End of the Gulag? // British Journal of Criminology. 1994. Vol. 34. P. 62–82.

Klimkova 2007 — Klimkova O. Special Settlements in Soviet Russia in the 1930s–50s // Kritika: Explorations in Russian and Eurasian History. 2007. Vol. 8. № 1. P. 105–139.

Lazerev 2003 — Lazerev V. Conclusions // The Economics of Forced Labor / Ed. by P. R. Gregory, V. Lazerev. Stanford, CA: Hoover Institution Press, 2003. P. 190.

Los 2004 — Los M. The Technologies of Total Domination // Surveillance and Society. 2004. Vol. 2. № 1. P. 15–34.

Medvedskaia 2001 — Medvedskaia K. D. Life Is Everywhere // Remembering the Darkness: Women in Soviet Prisons / Ed. and trans. by V. Shapovalov. Lanham [Md.]: Rowman & Littlefield, 2001. P. 225–242.

Moore, Hannah-Moffat 2005 — Moore D., Hannah-Moffat K. The Liberal Veil: Revisiting Canadian Penality // The New Punitiveness: Trends, Theories, Perspectives / Ed. by J. Pratt et al. Cullompton: Willan, 2005. P. 85–100.

Moran et al. 2011 — Moran D., Pallot J., Piacentini L. The Geography of Crime and Punishment in the Russian Federation // Eurasian Geography and Economics. 2011. Vol. 52. № 1. P. 79–104.

Moran et al. 2012 — Moran D., Piacentini L., Pallot J. Disciplined Mobility and Carceral Geography: Prisoner Transport in Russia // Transactions of the Institute of British Geographers. 2012. Vol. 37. № 3. P. 446–460.

Moran et al. 2014 — Moran D., Piacentini L., Pallot J. Liminal Transcarceral Space: Prison Transportation for Women in the Russian Federation // Carceral Spaces: Mobility and Agency in Imprisonment and Migrant Detention / Ed. by D. Moran, N. Gill, D. Conlan. Farnham: Ashgate, 2014. P. 109–126.

Oleinik 2003 — Oleinik A. N. Organized Crime, Prison, and Post-Soviet Societies. Aldershot: Ashgate, 2003.

Pallot 2005 — Pallot J. Russia's Penal Peripheries: Space, Place, and Penalty in Soviet and Post-Soviet Russia // Transactions of the Institute of British Geographers. 2005. Vol. 30. № 1. P. 98–112.

Pallot et al. 2010 — Pallot J., Piacentini L., Moran D. Patriotic Discourses in Russia's Penal Peripheries: Remembering the Mordovan Gulag // Europe-Asia Studies. 2010. Vol. 62. № 1. P. 1–33.

Pallot, Piacentini 2012 — Pallot J., Piacentini L. Geography, Gender, and Punishment. The Experience of Women in Carceral Russia. Oxford UP, 2012.

Pfaff 2001 — Pfaff S. The Limits of Coercive Surveillance: Social and Penal Control in the GDR // Punishment and Society. 2001. Vol. 3. № 3. P. 381–407.

Piacentini, Pallot 2014 — Piacentini L., Pallot J. «In Exile Imprisonment» in Russia // British Journal of Criminology. 2014. Vol. 54. № 1. P. 20–37.

Piacentini, Slade 2015 — Piacentini L., Slade G. Architecture and Attachment: Carceral Collectivism and the Problem of Prison Reform in Russia // Theoretical Criminology. 2015. Vol. 19. № 2. P. 179–197.

Plamper 2002 — Plamper J. Foucault's Gulag // Kritika: Explorations in Russian and Eurasian Studies. 2002. Vol. 3. № 2. P. 255–280.

Ponomarov 2007 — Ponomarov L. Revival of the Gulag: Putin's Penitentiary System. URL: https://open.bu.edu/ds2/stream/?#/documents/16699/page/1 (дата обращения: 26.05.2020).

Pratt et al. 2005 — The New Punitiveness: Trends, Theories, Perspectives / Ed. by J. Pratt et al. Cullompton: Willan, 2005.

Pratt, Eriksson 2013 — Pratt J., Eriksson A. Contrasts in Punishment: An Explanation of Anglophone Excess and Nordic Exceptionalism. London: Routledge, 2013.

Ruder 1998 — Ruder C. A. Making History for Stalin: The Story of the Belomor Canal. Gainesville: UP of Florida, 1998.

Rusche, Kirchheimer 2009 — Rusche G., Kirchheimer O. Punishment and Social Structure / Intr. by D. Melossi. New Brunswick, NJ: Transaction Publishers, 2009.

Shearer 2009 — Shearer D. R. Policing Stalin's Socialism: Repression and Social Order, 1924–1993. New Haven: Yale UP, 2009.

Smith 2008 — Smith Ph. Punishment and Culture. Chicago: University of Chicago Press, 2008.

Solomon 1980 — Solomon P. H. Soviet Penal Policy, 1917–1934: A Reinterpretation // Slavic Review. 1980. Vol. 39. № 2. P. 195–217.

Solzhenitsyn 1974 — Solzhenitsyn A. The Gulag Archipelago, 1918–1956: An Experiment in Literary Investigation / Trans. by Th. P. Whitney. Glasgow: Collins/Fontana, 1974. Vol. 1. Pt. 2.

Solzhenitsyn 1978 — Solzhenitsyn A. The Gulag Archipelago, 1918–1956: An Experiment in Literary Investigation / Trans. by Th. P. Whitney. Glasgow: Collins/Fontana, 1978. Vol. 3. Pt. 6.

Stephens 2008 — Stephens B. Putin's Torture Colonies // Wall Street Journal. 2008. 12 February. URL: http://online.wsj.com/article/SB120277726156660765.html (дата обращения: 27.04.2020).

Sykes 1958 — Sykes G. M. Society of Captives: A Study of a Maximum Security Prison. Princeton, NJ: Princeton UP, 1958.

Tikhonov 2003 — Tikhonov A. The End of the Gulag // The Economics of Forced Labor / Ed. by P. R. Gregory, V. Lazerev. Stanford, CA: Hoover Institution Press, 2003. P. 67–73.

Ugelvik, Dullum 2013 — Penal Exceptionalism?: Nordic prison policy and practice / Ed. by Th. Ugelvik, J. Dullum. London: Routledge, 2013.

Viola 2007 — Viola L. The Unknown Gulag: The Lost World of Stalin's Special Settlements. New York: Oxford UP, 2007.

Viola 2013 — Viola L. The Question of the Perpetrator in Soviet History // Slavic Review. 2013. Vol. 72. № 1. P. 1–23.

Volkogonov 1997 — Volkogonov D. Lenin: A New Biography / Trans. by H. Shukman. New York: Free Press, 1997.

Walmsley 2018 — Walmsley R. World Prison Brief / 12th ed. URL: https://www.prisonstudies.org/sites/default/files/resources/downloads/wppl_12.pdf (дата обращения: 21.09.2019).

Whitman 2003 — Whitman J. Q. Harsh Justice: Criminal Punishment and the Widening Divide between America and Europe. Oxford: Oxford UP, 2003.

Wood 1989 — Wood A. Crime and Punishment in the House of the Dead // Civil Rights in Imperial Russia / Ed. by O. Crisp and L. Edmondson. Oxford: Clarendon, 1989. P. 215–233.

Джудит Пэллот — почетный профессор Оксфордского университета и директор по науке Александровского института Хельсинкского университета. С 2016 по 2019 год занимала пост президента Британской ассоциации славянских и восточноевропейских исследований. На протяжении четырех десятилетий занимается исследованиями и преподаванием в области изучения России. Пэллот ведет научную деятельность в двух основных направлениях. Первое касается адаптации производства в сельских домашних хозяйствах к условиям аграрной реформы и экономических преобразований, второе — отношения к различиям российской уголовной системы и наследия советских времен в пенитенциарной культуре на территории бывшего СССР, Восточной и Центральной Европы. В 2018 году автору был предоставлен грант на продолжение исследований в Александровском институте, посвященных мерам наказания в бывшем Советском Союзе и в государствах — преемниках коммунизма. Пэллот принадлежит большое количество публикаций в журналах, она также является автором и соавтором более десяти книг, в том числе «Land Reform in Russia, 1906–1917: Peasant Responses to Stolypin's Project of Rural Transformation» (Oxford UP, 1999); «Russia Unknown Agriculture» (Oxford UP, 2007, в соавторстве с Татьяной Нефедовой); «Waiting at the Prison Gate: Women and Prisoners in Russia» (IB Tauris, 2016, в соавторстве с Еленой Кац); «Gender, Geography and Punishment: Women's Experiences of Carceral Russia» (OUP, 2012, в соавторстве с Лаурой Пьячентини).

Глава 14

Беттина Грайнер

ГУЛАГ: воплощение создавшего его государства

Чем на самом деле был ГУЛАГ? Как показывают все главы данной книги, точного ответа на этот на первый взгляд простой вопрос нет. Проблема начинается уже с двусмысленного термина «ГУЛАГ». Строго говоря, это было ведомство НКВД, отвечавшее за координацию подневольного труда. Эта основная функция указывает на второе значение термина, ставшего синонимом советской пенитенциарной системы в целом. Более того, этим термином обозначаются не просто лагеря, но и тюрьмы, колонии и специальные поселения. Был даже ГУЛАГ, не имевший конкретного места, поскольку сталинский режим обрекал миллионы людей на принудительный труд не в лагерях, а на их обычных рабочих местах. По мнению Ф. Шнелля, такая неоднозначная трактовка, вероятно, отчасти объясняется тем, что у ГУЛАГа нет ни местоположения в классическом понимании этого слова, ни, в высшем смысле, своего «лица», как, например, у холокоста. У ГУЛАГа нет своего Освенцима, нет символа вроде ворот с лозунгом «Труд освобождает», нет явных ключевых слов, таких как «газовые камеры» [Schnell 2013: 134].

В ГУЛАГе погибли миллионы людей. Начиная с 1923 года эта гигантская сеть, в некоторые периоды времени включавшая более 30 тысяч концлагерей и бесчисленное множество колоний-поселений, охватывала около 20 млн узников и людей, занятых принудительным трудом. Мы никогда не узнаем точное число заключенных и умерших в ГУЛАГе: имеющиеся подсчеты сделаны по большей части относительно определенных периодов, да и то эти цифры оспариваются. Согласие достигнуто лишь в одном: число людей, погибших в сталинских лагерях, огромно. Как писал Н. Дэвис, оно «намного превышает суммарное количество погибших на Сомме, при Ипре и Вердене, в Освенциме, Майданеке, Дахау и Бухенвальде» [Davies 2004: 9].

И все же эти миллионы, даже в разгар сталинских репрессий, не были жертвами намеренной политики истребления вроде той, что проводили немцы в Треблинке, Собиборе, Бельзеце и других лагерях смерти. Детально задокументировано, что заключенные гибли в результате человеконенавистничества и равнодушия — отношения, при котором ценность человеческой жизни сводилась к работе, которую мог выполнить заключенный.

Вот почему тот факт, что миллионы жизней прервались в лагерях, колониях и спецпоселениях, сам по себе не позволяет сделать какие-либо выводы относительно функции ГУЛАГа. Конечно, убедительная интерпретация «Перечня болезней», приведенная Г. Алексопулос в этой книге, имеет большое значение. Используя этот источник, она уверенно утверждает, что находившихся при смерти (доходяг), то есть явно обреченных и крайне истощенных непосильным трудом узников освобождали, чтобы те умирали за пределами лагеря.

Отсюда проистекает наше понимание показателей смертности в ГУЛАГе, и именно поэтому необходимо сказать по поводу аргумента автора, что ГУЛАГ — институт не только массовой смерти, как принято считать, но и массового убийства. Однако согласуется ли функция ГУЛАГа с таким выводом — совсем другой вопрос. Есть обстоятельство, которое указывает на обратное: едва ли большевистский режим уничтожил меньшее количество жизней вне ГУЛАГа. Голод, насилие и смерть царили по обе стороны заграждения из колючей проволоки, а последствия их были в равной мере разрушительны.

И все же эти заграждения не обозначали реальную границу между свободой и неволей. Их скорее надо рассматривать как пористые фильтры, проницаемые с обеих сторон. Мир за пределами колючей проволоки ни в коей мере не был свободным. Строгие законы, регламентировавшие проживание и перемещение, паспортизация, введенная в 1930-е годы, делали различия между тем, что было внутри и снаружи, относительно незначительными. Коллективизированные крестьяне стали, по существу, современными рабами. Положение рабочих было не многим лучше. Почти все граждане государства существовали в условиях сурового дисциплинарного режима, подвергаясь угнетению во имя амбициозных программ модернизации. В этом свете ГУЛАГ был самым экстремальным вариантом порабощения, заключения внутри Советского Союза, рассматриваемого как единое целое на его обширной территории. ГУЛАГ представлял собою выдающуюся вершину во все усложнявшейся иерархии привилегий и запретов. Следовательно, рассматривать ГУЛАГ как некую крайность или феномен, обладающий своей особой логикой внутри советского режима, будет ошибкой [Schnell 2013: 135–136]. Аргументация Д. Ширера похожа: «Система ГУЛАГа воспроизводила в самом чистом виде преимущественно насильственные способы взаимодействия советского государства со своими гражданами» [Shearer 2015: 722]. Почти все главы этой книги подтверждают такую трактовку ГУЛАГа как ярчайшего воплощения создавшей его системы. Такое прочтение также во многом обязано красноречивым результатам исследований О. В. Хлевнюка о ГУЛАГе, и не только о нем (в этой книге в том числе), а также не менее впечатляющему предложению К. Браун, внесенному в 2007 году, рассматривать ГУЛАГ не как изолированное явление, а на фоне более длительного периода истории Советского Союза [Brown 2007: 77–78]. Менее чем за десять лет эти импульсы открыли новые перспективы в изучении ГУЛАГа. Вопросы, касавшиеся размеров ГУЛАГа или его интерпретации в качестве изолированного или монолитного учреждения, стоявшие столь остро непосредственно после развала Советского Союза, кажутся теперь гораздо менее важными. Интерес все больше фокусируется на связях, взаимодействии и параллелях ГУЛАГа с более широким культурным фоном Советского Союза. Главы этой книги ярко демонстрируют, насколько продуктивным оказалось это изменение угла зрения для нашего понимания ГУЛАГа.

Чтение этих глав является огромным стимулом, поскольку новые направления исследований зачастую приводят к открытиям в равной мере удивительным и волнующим. Исследование Э. Кустовой о спецпереселенцах из Литвы и Западной Украины, показывающее, что принудительный труд мог приводить к социальной интеграции, более того, он позволял некоторым депортированным посредством деятельности твердо самоопределиться, как коллективно, так и индивидуально, резко противоречит расхожим (зачастую на национальном уровне) рассказам о пережитой эмоциональной травме и гонениях. Эта совершенно новая точка зрения обеспечивает столь нужную здесь надежную защиту от политизированных интерпретаций.

Работа А. Сиддики является еще одним примером. Его исследование шарашек, или лагерей для ученых, живописует во многом не изученную главу ГУЛАГа об уникальном сотрудничестве ученых-заключенных и их находящихся на свободе коллег. Особенно интересно то, что это принудительное сотрудничество, возникшее в начале 1930-х годов, было прекращено распоряжением сверху, а потом возобновлено в годы Большого террора и еще раз в конце 1940-х годов, независимо от научных или экономических успехов. Эта волнующая глава привлекает внимание читателей по многим причинам. Она показывает, что историю карательной практики в Советском Союзе никоим образом нельзя отделять от политической истории страны. ГУЛАГ не только зависел от политических циклов системы, но и отражал их. Однако реальная проблема состоит в том, что функцию ГУЛАГа также нельзя объяснить материальными условиями.

В мои намерения не входит обсуждать здесь все главы книги. Однако, я думаю, важно подчеркнуть, что издатель продемонстрировал необыкновенно умелый подход в выборе рассматриваемых тем. И дело не только в том, что многие статьи обращаются к ранее не изученным источникам или излагают точки зрения, которым уделялось мало внимания в прошлом. Меня также восхищает и то, что все эти тексты похожи на мозаичную плитку:

каждый из них добавляет свой собственный цвет и детали нашему пониманию ГУЛАГа. Их удачное расположение в книге расширяет наше представление, показывая, какой противоречивой, хаотичной и, прежде всего, динамичной была история ГУЛАГа. Отдельные фрагменты мозаики не соединяются в четко организованное, единое целое. Вместо этого они образуют какую-то шероховатую пуантилистскую композицию, составленную из множества ярко высвеченных одновременно элементов.

Конечно, эта книга способна внести свою лепту в эмоциональное обсуждение проблем исследования ГУЛАГа, которое продолжается до сих пор. Какова была его функция? Можно ли его лучше объяснить с экономической точки зрения или следует рассматривать как орудие политических репрессий? Какую роль играло перевоспитание? Насколько уместно говорить об эффективности экономики колонии-поселения? Авторы предлагают различные ответы в рамках своих исследований конкретных случаев. И все же при этом каждый такой результат подчеркивает силу книги, ясно показывая, что на эти вопросы, относящиеся к периоду бурного развития ГУЛАГа, если и можно ответить, то только весьма условно. Примером может служить глава У. Белла о ГУЛАГе в Западной Сибири во время войны. Он фокусирует свое внимание на конкретных исправительно-трудовых лагерях, которые были быстро переоборудованы для военного производства в регионе, где во время войны погибло больше людей, чем во всем ГУЛАГе за тот же период. Белл подробно и взвешенно рассматривает экономические и карательные аспекты, также и особенно на местном уровне, на фоне советской военной экономики, что делает его статью убедительной. Неудивительно, что в конце концов в уникальном контексте тотальной войны баланс смещается в сторону экономической необходимости. Мы также знаем, что с окончанием войны репрессивный элемент вновь обретает силу. Это исследование особенно интересно тем, что Белл не рассматривает лагеря изолированно, а помещает их в контекст массовой мобилизации тыла. К тому же такой подход ясно показывает, что ГУЛАГ был лишь одной из частей мозаики тотальных военных усилий всей страны и отдельных регионов, а это еще один знак того, что вопрос о функции ГУЛАГа не может рассматриваться вне постоянно меняющегося политического контекста.

Выпуская этот сборник, издатель дает толчок исследованиям ГУЛАГа и в другом аспекте. В нескольких статьях используется сравнительный метод. Таким образом, авторы не только открывают глаза читателям на малоисследованную область (причем не только в отношении советской истории)[1], но и доказывают, насколько продуктивным может быть этот подход. Фокусируется ли внимание на бесчеловечных порядках и традициях, таких как транспортировка в лагеря в XIX веке или в наши дни, или национальных и межнациональных процессах обучения и перемещения — в любом случае, сравнения добавляют нюансы нашим знаниям о ГУЛАГе. То же самое в равной степени применимо к сравнительным исследованиям отношений периферии и столичных центров, их имперских притязаний на власть. Столь же поучительны и расследования, касающиеся радикализации и мобилизации такого удивительно адаптивного учреждения, как (концентрационные) лагеря, и их приспособления и применения как демократическими, так и диктаторскими режимами. И еще один привлекающий внимание вопрос: как соотносились лагеря с другими формами лишения свободы, практикой переселения, ссылками и местами массовых убийств, и, учитывая особый взгляд на современные узловые моменты исследований о ГУЛАГе, чем они отличаются от этих других форм.

Сопоставление нацистского и советского опыта, наверное, является архетипичной классикой сравнительной истории лагерей,

---

1 Большинство исследований различных лагерных систем следуют подходу, который можно назвать энциклопедическим. Хорошо известный пример — книга Ж. Котека и П. Ригуле [Котек, Ригуле 2003]. Еще в большей степени сравнительный подход, фокусирующийся на вопросах динамического развития лагерей и радикализации этого института, в рамках немецкого гранта был впервые предпринят П. Райф-Спиреком и Б. Ритшером [Reif-Spirek, Ritscher 1999]. Недавно исследования в этом направлении продолжили Б. Грайнер и А. Крамер [Greiner, Kramer 2013], а также К. Яр и Й. Тиль [Jahr, Thiel 2013].

и она тоже присутствует здесь. Для решения этой задачи был привлечен Д. Байрау, один из самых именитых немецких историков, специализирующихся на Восточной Европе. Поразительным образом он избегает какой-либо дискуссии (практически обязательной в немецкой научной литературе) о легитимности сравнения двух лагерных систем. Общепринятое мнение, что любое подобное сравнение не может поколебать уникальность холокоста, стало в Германии признаком хорошего тона. В этом смысле научные дискуссии в этой стране не совсем свободны от политической установки, что имеет вполне оправданные причины, коренящиеся в уклонении Германии от признания своей вины после 1945 года. Возникает вопрос: имеют ли все еще место подобные явления в политической культуре Германии? Сравнительный анализ Байрау выгодно отличается от прочих работ тем, что он не фокусируется на самых экстремальных видах лагерей и мест массового уничтожения, а охватывает гораздо более широкую перспективу. Поступая так, он косвенным образом обращается к относительно недавней теме научных исследований, касающихся нацистских лагерей, которой немецкие ученые уделяют все больше внимания. Ключевыми терминами здесь являются «исключение» и «включение», которые затрагивают двусмысленность лагерей в Германии как инструментов установления «национального единства» (*Volksgemeinschaft*). Байрау рекомендует поразмыслить на эту тему и относительно СССР, что я всячески поддерживаю.

Не менее интересен его подход и к другой российской / советской лагерной системе, которая также отображает историю ГУЛАГа, — лагерям для военнопленных двух мировых войн. Нет сомнения, что первые концентрационные лагеря возникли в начале XX века на окраинах империй как инструмент, как сказали бы теперь, борьбы с антиправительственными силами. Более того, тот факт, что многие колониальные державы почти одновременно использовали идею сосредоточения населения, также указывает на новый тогда дискурс средств массовой информации и важность вооруженных сил как подходящей структуры для передачи актуальной международной информации. Рассуждая о британских концентрационных лагерях в Англо-бурской войне, А. Форт нисколько не грешит против истины, указывая на «фамильное сходство», узнаваемое и в эпоху ГУЛАГа. И все же следует понимать, что только расширение власти современного государства во время Первой мировой войны посредством интеграции науки, техники и идеологии позволило создать современную лагерную систему. То, что имперские власти репетировали на экспериментальных пространствах на периферии империй или, в случае России, на столь же периферийных границах государства, теперь должно было применяться в гораздо более широких масштабах в городах, и, что особенно важно, опираясь на ресурсы и ментальность современного государства [Kramer 2013: 17]. Не только ранее не вообразимая цифра в 8–9 млн военнопленных, но и обширная инфраструктура или милитаризованная межнациональная культура лагерей были исторически новыми. Помимо этого, что лагеря для военнопленных стали резервными источниками рабочей силы или центрами административного управления для отрядов принудительного труда, нередко в зонах боевых действий в прифронтовой полосе.

Количество военнопленных, оказавшихся в России, насчитывало от 1,6 до 2,3 млн солдат и офицеров вражеских армий. Исследования также указывают на 250 лагерей для военнопленных по всей стране, которые не были ликвидированы в конце войны и вскоре влились в ГУЛАГ. По некоторым оценкам, около 80 % этих пленников были направлены на принудительные работы. После 1915 года номинально свободное гражданское население тоже привлекалось к труду на линии фронта российской армии и в районах сосредоточения войск. Это означало, что одна из основных функций ГУЛАГа уже выполнялась во время Первой мировой войны. Эта кажущаяся преемственность может быть названа «ГУЛАГом до ГУЛАГа», но это определение необходимо отбросить на данном этапе [Sanborn 2005: 318]. Однако по меньшей мере было бы полезно изучить вопросы передачи информации, преемственности в организации и мобилизации во времена войны и кризиса.

Упоминание Байрау о советских лагерях для военнопленных времен Второй мировой войны полезно и для прояснения нашей точки зрения на ГУЛАГ. В годы Второй мировой войны было взято в плен около 35 млн солдат. Ни одной лагерной системе XX века не приходилось иметь дела с такими цифрами, к которым приближалось население лагерей для военнопленных. Попадание в плен на войне было массовым явлением невиданного масштаба, как и смерть в плену, особенно в Германии и СССР, и зависела она от того, в чей власти оказывались пленные, и от даты их пленения. Так, в немецком плену умерло почти 60 % советских пленных. В советских лагерях для военнопленных Главного управления по делам военнопленных и интернированных (ГУПВИ при НКВД — МВД) смертность тоже приобрела массовый характер. Приблизительно треть из примерно 3,2 млн солдат и офицеров вермахта, взятых в плен, не выжила, даже притом, что рабочая сила в лагерях ГУПВИ была очень важна для Москвы. Сталин требовал, чтобы ему регулярно сообщали о состоянии здоровья пленных, оказываемой им медицинской помощи и рационе их питания. Даже притом, что ситуация с продовольствием в разоренной войной стране была, мягко выражаясь, тяжелой и в лагерях неоднократно приходилось объявлять чрезвычайное положение, узников ГУПВИ, как правило, кормили лучше, чем заключенных ГУЛАГа, а иногда даже лучше, чем гражданское население сопредельных регионов. Сталин даже был готов разрешить освобождать пленных немцев по причине плохого состояния здоровья, в пределах, совместимых с его пониманием экономической целесообразности. Таким образом, возможностей для сравнения с другими национальными лагерными системами более чем достаточно.

Статья К. Мюльхана о китайском лаогае за десятилетие до «культурной революции» демонстрирует, какой плодотворной может быть сравнительная перспектива. Немногим больше чем за десятилетие количество заключенных увеличилось десятикратно, с 5 до почти 50 млн. Только в короткий промежуток между 1959 и 1962 годами около 4 млн заключенных или были убиты, или умерли от голода, жестокого обращения и болезней. И в исследовании Мюльхана на первом месте вновь стоит вопрос, какова функция лагерей: идеологическая перековка, наказание, экономическая эксплуатация, колонизация отдаленных территорий?

Он рассуждает об этом и о выявлении контрреволюционеров на фоне все более распространявшего насилия, которое охватывало все китайское общество и было поддержано снизу мобилизацией и восторженным участием масс. Это утверждение определяет по крайней мере одно из различий, которые выявляются при сравнении со сталинизмом. Иначе дело обстоит с децентрализованной организацией или, точнее выражаясь, намеренным игнорированием центральной власти, которая в любом случае (еще) не была достаточно могущественной, чтобы осуществить свою миссию во всем Китае. Несмотря на все различия, нужно помнить, что китайское руководство безусловно зависело от советского опыта. Научные работы о ГУЛАГе были переведены на мандаринское наречие китайского языка и изучались в Политбюро. Консультировались также у советских специалистов. Этот пример переноса межнационального знания поразителен, в особенности потому, что китайская сторона активно вносила коррективы, по крайней мере в вопросах управления. Необходимость в экспертизе возникла также, когда в советском руководстве раздались первые голоса, критикующие ГУЛАГ. Северокорейский случай, описанный Сонгмин Чо, обнаруживает сходные совпадения и влияния.

Даже сравнительный подход не дает исчерпывающих ответов на вопрос, чем же был ГУЛАГ. Тем не менее он позволяет сделать важные выводы об историческом месте этого института, шлифуя наше понимание контекстов и массовых явлений, которые придали ГУЛАГу подвижную и противоречивую форму важнейшего воплощения государства, которое его создало.

Библиография

Котек, Ригуле 2003 — Котек Ж., Ригуле П. Век лагерей. Лишение свободы, концентрация, уничтожение. Сто лет злодеяний / Пер. с фр. Е. Мурашкинцевой, Н. Малыхиной, Ю. Розенберг. М.: Текст, 2003.

Brown 2007 — Brown K. Out of Solitary Confinement: The History of the Gulag // Kritika: Explorations in Russian and Eurasian History. 2007. Vol. 8. № 1. P. 67–103.

Davies 2004 — Davies N. Preface // Gulag / Ed. By Tomasz Kizny. Buffalo, NY: Firefly, 2004.

Greiner, Kramer 2013 — Greiner B., Kramer A. Welt der Lager: Zur «Erfolgsgeschichte» einer Institution. Hamburg: Hamburger Edition, 2013.

Jahr, Thiel 2013 — Jahr C., Thiel J. Lager vor Auschwitz: Gewalt und Integration im 20. Jahrhundert. Berlin: Metropol, 2013.

Kramer 2013 — Kramer A. Einleitung // Welt der Lager: Zur «Erfolgsgeschichte» einer Institution / Hg. von B. Greiner und A. Kramer. Hamburg: Hamburger Edition, 2013. S. 7–42.

Reif-Spirek, Ritscher 1999 — Gedenkstätten mit «doppelter Vergangenheit» / Hg. von P. Reif-Spirek und B. Ritscher. Berlin: Links, 1999.

Sanborn 2005 — Sanborn J. A. Unsettling the Empire: Violent Migration and Social Disaster during World War I // Journal of Modern History. 2005. Vol. 77. № 2. P. 290–324.

Schnell 2013 — Schnell F. Der Gulag als Systemstelle sowjetischer Herrschaft // Welt der Lager: Zur «Erfolgsgeschichte» einer Institution / Hg. von B. Greiner und A. Kramer. Hamburg: Hamburger Edition, 2013. P. 134–165.

Shearer 2015 — Shearer D. R. The Soviet Gulag — An Archipelago? // Kritika: Explorations in Russian History. 2015. Vol. 16. № 3. P. 711–724.

Беттина Грайнер работает в Фонде федерального канцлера Вилли Брандта и является директором Дома-музея Вилли Брандта в Любеке. Она является автором книги «Suppressed Terror: History and Perception of Soviet Special Camps in Germany» (2014) и редактором книги «Die Welt der Lager: Zur “Erfolgsgeschichte” einer Institution» (2013, в соавторстве с Аланом Крамером).

Предметно-именной указатель

Содержание

Часть II. ИСТОРИЧЕСКИЙ КОНТЕКСТ

Научное издание

ФЕНОМЕН ГУЛАГА
Интерпретации, сравнения, исторический контекст

Под общей редакцией М. Дэвида-Фокса

Директор издательства *И. В. Немировский*
Заведующий редакцией *К. Тверьянович*

Ответственный редактор *И. Знаешева*
Дизайн *И. Граве*
Редакторы *М. Выбурская, Р. Рудницкий*
Корректоры *А. Нотик, Л. Виноградова*
Верстка *Е. Падалки*

Подписано в печать 09.12.2020.
Формат издания 60 × 90 $^{1}/_{16}$. Усл. печ. л. 39,5.
Тираж 300 экз.

Academic Studies Press
1577 Beacon Street, Brookline, MA 02446 USA
https://www.academicstudiespress.com

ООО «БиблиоРоссика».
190005, Санкт-Петербург, 7-я Красноармейская ул., д. 25а

Эксклюзивные дистрибьюторы:
ООО «Караван»
ООО «КНИЖНЫЙ КЛУБ 36.6»
http://www.club366.ru
Тел./факс: 8(495)9264544
email: club366@club366.ru

Знак информационной продукции согласно
Федеральному закону от 29.12.2010 № 436-ФЗ

www.ingramcontent.com/pod-product-compliance
Lightning Source LLC
LaVergne TN
LVHW010552100826
845148LV00014B/2691

* 9 7 9 8 8 9 7 8 3 7 0 1 4 *